首任校长郭沫若塑像

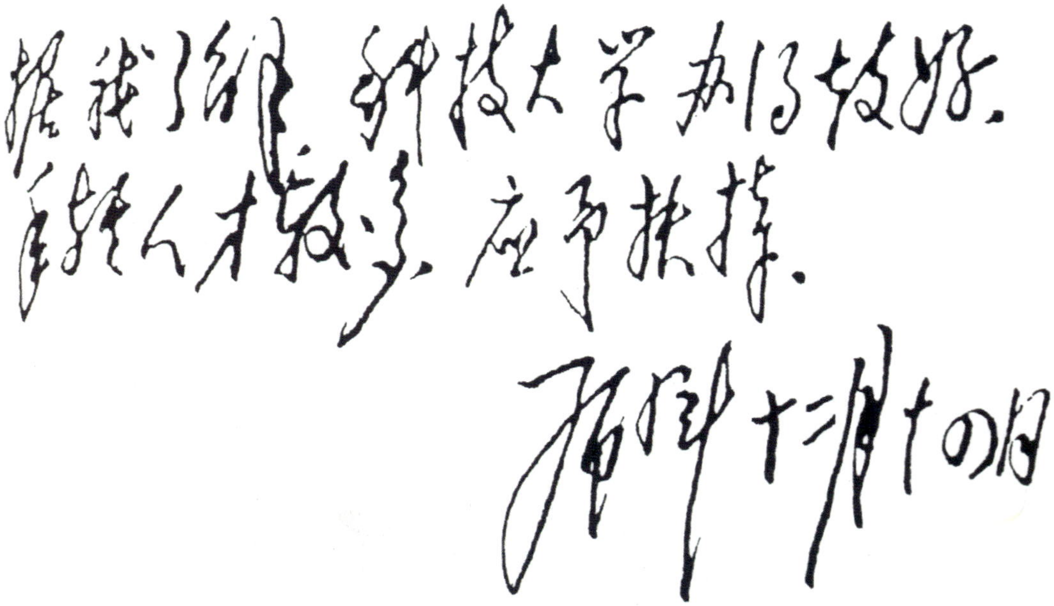

1983年12月，邓小平同志为中国科大题词

2016年4月，习近平总书记视察中国科大，与同学们亲切交流

校党委书记　许武

校长、中国科学院院士　包信和

2017年3月25日，中共中央政治局委员、国务院副总理刘延东（中）视察中国科大先进技术研究院

2017年6月16日，中央第四巡视组向我校党委反馈专项巡视情况

2017年11月29日，校党委理论学习中心组召开贯彻党的十九大精神专题学习会

2017年8月30日，我校与中国科学院长春应用化学研究所共建应用化学与工程学院揭牌仪式

2017年12月23日，我校生命科学与医学部成立，全国政协副主席韩启德（左）与安徽省委副书记信长星揭牌

2017年8月30日，国家量子保密通信“京沪干线”项目通过总技术验收

2017年底，国家重大科研仪器设备“多波段脉冲单自旋磁共振谱仪”研制成功

2017年9月24日，包信和校长出席东亚研究型大学协会第23届年会

2017年12月18日，诺贝尔物理学奖获得者、美国加州理工学院Kip Stephen Thorne教授在我校作报告

出征马拉松

创客中心

机器人大赛

勤奋路

一鉴亭

孺子牛

雪松

中国科学技术大学
年鉴 USTC Yearbook
2017

本书编委会　编

中国科学技术大学出版社

图书在版编目(CIP)数据

中国科学技术大学年鉴.2017/本书编委会编.—合肥:中国科学技术大学出版社,2019.2
ISBN 978-7-312-04654-4

Ⅰ.中… Ⅱ.本… Ⅲ.中国科学技术大学—2017—年鉴 Ⅳ.G649.285.41-54

中国版本图书馆 CIP 数据核字(2019)第 025842 号

出版 中国科学技术大学出版社
安徽省合肥市金寨路 96 号,230026
http://press.ustc.edu.cn
https://zgkxjsdxcbs.tmall.com
印刷 安徽国文彩印有限公司
发行 中国科学技术大学出版社
经销 全国新华书店
开本 787 mm×1092 mm 1/16
印张 50
插页 6
字数 1285 千
版次 2019 年 2 月第 1 版
印次 2019 年 2 月第 1 次印刷
定价 100.00 元

出版说明

一、《中国科学技术大学年鉴(2017)》(以下简称《年鉴》)是全面反映2017年中国科学技术大学基本情况及各项建设事业改革与发展的史料性文献资料，收录了2017年内学校主要活动和各项工作的重要文献、文件、统计数据等资料，部分统计资料的时间跨度有所延伸。

二、本《年鉴》内容共分18个部分，涉及学校概况、年度聚焦、重要文献、文件选辑、规章制度、机构与干部、学科专业、教学与人才培养、科学研究与科技产业、教职工队伍、国内外学术交流与合作、“全院办校、所系结合”、办学支撑条件、学院和国家实验室介绍等各个方面，并专题收录了学习宣传贯彻党的十九大精神、中央巡视中国科学技术大学党委及巡视整改、生命科学与医学部成立大会专题文献以及2017年大事记。除另有注明的以外，所有资料的截止时间均为2017年底。

三、本《年鉴》力求资料完整、内容翔实、数据准确。由于编辑力量和水平有限，疏漏、误差之处在所难免，读者如有发现，敬请批评指正。

四、本《年鉴》由中国科学技术大学档案馆(校史馆)和党政办公室联合组织编写，得到了学校领导、各学院和国家实验室、机关各部门和各直属单位的大力支持与帮助，谨此一并致谢。

编　者

2018年6月

目　录

一、学校概况

中国科学技术大学是中国科学院所属的一所以前沿科学和高新技术为主、兼有医学、特色管理和人文学科的综合性全国重点大学。

1958 年 9 月，中国科大创建于北京，首任校长由郭沫若兼任。它的创办被称为“我国教育史和科学史上的一项重大事件”。建校后，中国科学院实施“全院办校、所系结合”的办学方针，学校紧紧围绕国家急需的新兴科技领域设置系科专业，创造性地把理科与工科即前沿科学与高新技术相结合，注重基础课教学，高起点、宽口径培养新兴、边缘、交叉学科的尖端科技人才，汇集了严济慈、华罗庚、钱学森、赵忠尧、郭永怀、赵九章、贝时璋等一批国内最有声望的科学家，得到迅速发展，建校第二年即被列为全国重点大学。

1970 年初，学校迁至安徽省合肥市，开始第二次创业。“文革”结束后，学校锐意改革，大胆创新，在全国率先提出并实施了创办少年班、首建研究生院、建设国家大科学工程、面向世界开放办学等一系列具有创新精神和前瞻意识的教育改革措施，得到迅速恢复和发展。学校在“七五”“八五”期间一直得到国家的重点建设，很快发展成为国家高质量人才培养和高水平科学研究的重要基地。

20 世纪 90 年代以来，学校主动适应国内外科技、教育和社会经济发展的要求与挑战，大力推行教学科研改革和结构性调整，成为国家首批实施“985 工程”和“211 工程”的大学之一，也是唯一参与国家“知识创新工程”的大学。多位党和国家领导人来校视察，关心中国科大发展。学校办学实力和水平得到稳步提升，走出了一条独具特色的“精品办学、英才教育”的内涵式发展之路，迈出了创建一流研究型大学的坚实步伐。

学校现任名誉校长为中国科学院院士、发展中国家科学院院士周光召教授，党委书记由许武教授担任，校长是中国科学院院士、发展中国家科学院院士包信和教授。

学校有 20 个学院、32 个系，设有研究生院，以及苏州研究院、上海研究院、先进技术研究院。学校有数学、物理学、力学、天文学、生物科学、化学共 6 个国家理科基础科学研究和教学人才培养基地，1 个国家生命科学与技术人才培养基地，8 个一级学科国家重点学科，4 个二级学科国家重点学科，2 个国家重点培育学科，18 个安徽省重点学科。作为 A 类世界一流大学建设高校，学校有 11 个学科入选世界一流学科建设名单。在教育部第四轮学科评估中，学校 7 个学科入选 A+学科，包括理学全部基础学科在内的 15 个学科入选 A 类学科。

学校建有国家同步辐射实验室、合肥微尺度物质科学国家研究中心、火灾科学国家重点实验室、核探测与核电子学国家重点实验室（联合）、语音及语言信息处理国家工程实验室（联合）、热安全技术国家地方联合工程研究中心、量子信息与量子科技前沿协同创新中心、国家高性能计算中心（合肥）、安徽蒙城地球物理国家野外科学观测研究站、大尺度火灾国际联合研究中心等 16 个国家级科研机构和 52 个院省部级重点科研机构。

学校现有各类普通高等教育在校学生 24960 人，其中博士生 5201 人，硕士生 12404 人，本科生 7355 人。本科生生源和培养质量一直在全国高校中名列前茅。校园总面积约 163 万平方米，建筑面积 96.5 万平方米，拥有资产总值 31.9 亿元的先进教学、科研仪器设备，图书馆藏书 240 万册，已建设成国内一流水平的校园计算机网络，以及若干科研、教学公共实验中心。

学校在人才队伍建设上坚持培养与引进并重的方针，按照事业、感情、待遇并重和培养、使用、关爱并举的原则，努力建设一流的师资队伍。现有专任教师 1605 人，科研机构人员

632人。学校有中国科学院和中国工程院院士49人，发展中国家科学院院士17人，教授704人(含相当专业技术职务人员)，副教授941人(含相当专业技术职务人员)。同时，一批国内外著名学者受聘担任名誉(客座)教授、“大师讲席”教授。

学校大力弘扬“勤奋学习、红专并进、理实交融”的校风，坚持精品办学、英才教育的理念，形成了不断开拓创新的优良传统，以及教学与科研相结合、理论与实践相结合的鲜明特色，培养出大批德才兼备的高层次优秀人才。近年来，学校不断深化教学内容与课程体系改革，加强以德育为核心、以创新能力培养为重点的全面素质教育，毕业生以综合素质高、创新能力强受到社会广泛赞誉。建校以来，为国家培养了数万名德才兼备的高层次优秀人才，其中涌现出一大批在国内外科技、教育、经济、管理和国防等领域的科技骨干，包括72名“两院”院士。他们取得了令人瞩目的成就，为学校赢得了社会公认的良好信誉。

学校面向世界科学前沿领域和国家重大需求，凝结科学目标，开展科学研究，努力提高学术研究水平和科研创新能力与竞争力，取得了一批具有世界领先水平的原创性科技成果。2001～2017年，学校获国家级科技奖励37项、省部级科技奖励176项，每年在国际上发表的科技论文及被引用情况一直居国内高校前列，被科技部评为全国科研业绩最佳的四所大学之一。2004年以来，在单分子物理化学、纳米科技的基础研究、量子信息科学、铁基超导体、火灾科学与防治技术、极地科学考察与研究等领域，科研成果53次入选世界十大科技进展(新闻)、中国十大科技进展(新闻)、国内十大科技新闻、国际物理学重大进展、中国基础科学研究十大新闻和中国高等学校十大科技进展等。

学校一贯坚持立足国内，面向世界，开展广泛的学术交流与合作。学校先后与30多个国家和地区的百余所大学和研究机构签订了合作交流协议，平均每年有近300位外籍专家学者来校讲学或进行合作研究，先后派出教师上万人次赴30多个国家或地区访问学习或进行合作研究，许多学成归国的教师在教学、科研、管理等工作岗位上担当了重任。

长期以来，学校积极探索有中国特色的高等教育改革与发展道路，为国家经济建设和社会发展，特别是科技与教育事业作出了重要贡献，是我国在国际上有较大影响力的大学之一，在国际权威学术期刊《Science》和《Research》评出的中国13所杰出大学中，均名列前茅。目前，全校上下正深化改革，锐意创新，力争把学校建设成为具有世界水平、中国特色和科教优势的世界一流大学，为实现“创寰宇学府，育天下英才”的宏伟目标而努力奋斗。

二、年度聚焦

中国科大党委接受中央专项巡视

3月4日至4月30日，中央第四巡视组对校党委进行专项巡视。在此期间，校党委认真学习习近平总书记关于巡视工作的重要讲话精神，为接受中央巡视做好各项准备工作，切实保障巡视工作顺利开展。巡视结束后，校党委收到中央巡视组的书面感谢。

6月16日，中央第四巡视组向校党委反馈巡视意见。校党委随即成立巡视整改领导小组和工作小组，建立整改工作机制，保证巡视中发现的所有问题整改到位。校党委按时向中央巡视办呈交了巡视整改报告，巡视整改清单中的具体任务在整改集中期均完成整改。

刘延东考察中国科大先进技术研究院

3月25日，中共中央政治局委员、国务院副总理刘延东考察中国科学技术大学先进技术研究院，并出席教育工作座谈会。国务院副秘书长江小涓、国家卫计委主任李斌、科技部党组书记王志刚、安徽省委书记李锦斌等参加调研。

刘延东详细听取了关于量子科学实验卫星、量子京沪干线工作进展情况的汇报，勉励科研人员要敢于创新，再接再厉，继续做好量子通信技术的有关科研工作。刘延东对中国科大科研团队在量子通信研发领域取得的成绩表示赞赏。

包信和担任中国科大校长

6月8日，中国科学技术大学举行全校教授干部大会。中共中央组织部干部三局局长赵凡宣布了中共中央、国务院关于包信和同志担任中国科学技术大学校长的决定。中国科学院院长、党组书记白春礼，安徽省委副书记信长星，安徽省委常委、省委组织部部长邓向阳出席会议。

我校入选“双一流”建设高校

9月20日，教育部、财政部、国家发改委印发《关于公布世界一流大学和一流学科建设高校及建设学科名单的通知》,我校入选A类世界一流大学建设高校,共有数学、物理学、化学、天文学、地球物理学、生物学、科学技术史、材料科学与工程、计算机科学与技术、核科学与技术、安全科学与工程等11个学科入选世界一流学科建设名单。

学校成立了“双一流”建设领导小组,制定了《中国科学技术大学一流大学建设方案》,明确了我校建设世界一流大学的“三步走”总体目标。计划到21世纪中叶,建成质量优异、特色鲜明的世界一流大学,整体水平稳居世界一流大学前列,成为我国基础研究和原始创新的重要承载者和策源地,以及人才培养高地、国家科教中心、创新文化殿堂和学术交流圣地。

全面参与合肥综合性国家科学中心建设

1月10日,《合肥综合性国家科学中心建设方案》获国家发改委、科技部正式批准,合肥成为与上海、北京并列的三大综合性国家科学中心之一。

学校全面参与合肥综合性国家科学中心建设,积极推进量子信息与量子科技创新研究院、生命科学与医学部、高精度地基授时系统(合肥一级核心站)等建设,进一步提升交叉前沿领域的源头创新能力和科技综合实力。安徽省出台《关于支持创建量子信息科学国家实验室的意见》,明确把中国科大创建量子信息科学国家实验室作为安徽省科技创新的“一号工程”。

生命科学与医学部成立

12月23日,安徽省人民政府、国家卫计委、中国科学院三方共建的中国科大生命科学与医学部揭牌成立,安徽省立医院成为中国科学技术大学附属第一医院。三方共同支持学校探索“理工医交叉融合、医教研协同创新、生命科学与医学一体化发展”的“科大新医学”模式。为加快我校生命科学与医学部的建设,安徽省将其纳入合肥综合性国家科学中心的重点建设内容;国家卫计委大力支持其深化医教研协同创新,优化医学人才培养结构,培养高新尖人才;中国科学院将其纳入“率先行动”计划研究所分类改革,支持学校参与卓越创新中心和创新研究院等建设,大力发展“科大新医学”。

国际学院成立

4月19日,学校成立国际学院,统筹推进国际师资队伍建设、英语课程体系建设、海外合作交流、国际学生培养等工作。建立多层级、广覆盖的国际师资引进机制，充分利用各类引智和国际合作项目，推进国际化师资队伍建设；加强全英语授课课程体系建设，深入实施“英语授课推进计划”；积极拓展师生海外交流渠道；加强留学生招生宣传，积极开展本科留学生招生工作。

两位教授当选“两院”院士

11月27日，中国工程院公布了2017年新当选的67名院士名单，中国科大生命科学学院田志刚教授当选中国工程院院士。

11月28日，中国科学院公布了2017年新当选的61名院士名单，中国科大地球和空间科学学院窦贤康教授当选中国科学院院士。

潘建伟入选《自然》2017年十大科学人物

12月18日，英国《自然》杂志发布了其评选的2017年对科学产生重大影响的十大科学人物，我校潘建伟院士名列其中。《自然》杂志认为：潘建伟将中国带到远距离超安全量子通信技术的前沿，他的团队从地球将一个光子的量子状态传输给了1400千米高空一颗轨道卫星上的另一个光子。

学科建设水平持续提升

12月，教育部发布全国第四轮学科评估结果，我校物理、化学、地球物理、天文学、科学技术史、核科学与技术、安全科学与技术等7个学科入选A+学科，15个学科入选A类学科，理学基础学科全部入选A类学科。同时，我校化学、物理学、材料科学、工程学、地球科学、生物学与生物化学、计算机科学、环境科学与生态学、数学、临床医学、社会科学总论等11个学科进入ESI全球前1%学科领域，其中化学、物理学、材料科学、工程学进入ESI全球前1‰学科领域。

重大科研平台建设成效显著

2017年，中国科学院量子信息与量子科技创新研究院揭牌成立，合肥微尺度物质科学国家研究中心、类脑智能技术及应用国家工程实验室获批组建，合肥先进光源(HALS)预研工程正式启动，参与建设的未来网络试验设施获批立项，与中国科学院合肥物质科学研究院共建的稳态强磁场实验装置通过国家验收。此外，极地环境与全球变化安徽省重点实验室、大数据分析与应用安徽省重点实验室、安徽省机器人标准基地、安徽省先进功能高分子薄膜工程实验室、安徽省废水资源化利用工程实验室获批成立。

科技论文质量保持优异

10月31日，中国科学技术信息研究所正式发布“2016年度中国科技论文统计结果”。统计显示，2016年度我校发表SCI论文篇均被引达15.08次，连续7年保持C9高校第一，自2013年度首次超过世界平均值以来保持快速增长，远超同期世界平均值11.80次。第一署名单位发表的SCI论文中卓越科技论文占比54.9%，该比例在C9高校中排名第三。近十年间(2007～2016年)我校作为第一署名单位累计发表SCI论文19766篇，篇均被引15.08次，继续在全国主要高校中排名第一。此外，潘建伟院士课题组(2篇)和谢毅院士课题组(1篇)发表的3篇论文入选2016年度“中国百篇最具影响国际学术论文”。

另据汤森路透公布的数据显示，我校2007年1月1日至2017年8月31日期间共发表SCI/SSCI论文36418篇，篇均被引14.02次，超过世界平均值(12.00次)，在全国主要高校中排名第一。

多项成果入选国际、国内十大科技成果

2月20日，科技部发布2016年度中国科学十大进展。谢毅团队的成果“研制出将二氧化碳高效清洁转化为液体燃料的新型钴基电催化剂”名列榜首。

12月26日，科技日报社发布2017年国内、国际十大科技新闻。我校主导研制的“墨子号”卫星实现星地量子通信入选国内十大科技新闻之首，并同时入选国际十大科技新闻。

12月31日，由“两院”院士评选的2017年度中国十大科技进展新闻揭晓，潘建伟团队两项成果“世界首台超越早期经典计算机的光量子计算机诞生”和“量子通信‘从理想王国走到现实王国’”同时入选。此外，我校参与完成的“‘悟空’发现疑似暗物质踪迹”成果也入选。

多项成果获国家科技奖励

1月9日,中共中央、国务院在北京举行2016年度国家科学技术奖励大会,我校共有3项成果获奖。俞书宏教授研究团队的“纳米结构单元的宏量制备与宏观尺度组装体的功能化研究”项目获国家自然科学奖二等奖,陈宏芳教授参与完成的“重离子碰撞中的反物质探测与夸克物质的强子谱学与集体性质研究”项目获国家自然科学奖二等奖,我校参与完成的“北京正负电子对撞机重大改造工程”获国家科技进步奖一等奖。此外,我校客座教授凯瑟琳娜·科瑟·赫英郝斯获得国际科学技术合作奖。

三、学习宣传贯彻党的十九大精神专题文献

关于认真学习宣传贯彻党的十九大精神的通知

（党宣字〔2017〕115号）

各分党委、党总支、直属党支部，机关各部、处、室：

深入学习宣传贯彻党的十九大精神，是当前和今后一个时期我校各级党组织和广大党员、师生员工的首要政治任务。根据中央和上级有关文件精神，结合我校实际，现就我校学习宣传贯彻党的十九大精神有关事项通知如下。

一、充分认识学习宣传贯彻党的十九大精神的重大意义

中国共产党第十九次全国代表大会于10月18～24日在北京举行。这是在全面建成小康社会决胜阶段、中国特色社会主义进入新时代的关键时期召开的一次十分重要的大会。大会高举中国特色社会主义伟大旗帜，以马克思列宁主义、毛泽东思想、邓小平理论、“三个代表”重要思想、科学发展观、习近平新时代中国特色社会主义思想为指导，分析了国际国内形势发展变化，回顾和总结了过去5年的工作和历史性变革，作出了中国特色社会主义进入了新时代、我国社会主要矛盾已经转化为人民日益增长的美好生活需要和不平衡不充分的发展之间的矛盾等重大政治论断，深刻阐述了新时代中国共产党的历史使命，确立了习近平新时代中国特色社会主义思想的历史地位，提出了新时代坚持和发展中国特色社会主义的基本方略，确定了决胜全面建成小康社会、开启全面建设社会主义现代化国家新征程的目标，对新时代推进中国特色社会主义伟大事业和党的建设新的伟大工程作出了全面部署。大会批准了习近平同志代表十八届中央委员会所作的《决胜全面建成小康社会，夺取新时代中国特色社会主义伟大胜利》的报告，批准了中央纪律检查委员会的工作报告，审议通过了《中国共产党章程（修正案）》，选举产生了新一届中央委员会和中央纪律检查委员会。

习近平同志的报告，深刻回答了新时代坚持和发展中国特色社会主义的一系列重大理论和实践问题，描绘了决胜全面建成小康社会、夺取新时代中国特色社会主义伟大胜利的宏伟蓝图，进一步指明了党和国家事业的前进方向，是全党全国各族人民智慧的结晶，是我们党团结带领全国各族人民在新时代坚持和发展中国特色社会主义的政治宣言和行动纲领，是马克思主义的纲领性文献。《中国共产党章程（修正案）》将习近平新时代中国特色社会主义思想写入党章，确立为我们党必须长期坚持的指导思想。修改后的党章充分体现了十八大以来党的理论创新、实践创新、制度创新成果，充分体现了党的十九大报告确立的重大理论观点和重大战略思想，对推进党的事业和党的建设必将更好发挥规范和指导作用。

认真学习宣传贯彻党的十九大精神，事关党和国家工作全局，事关中国特色社会主义事业长远发展，事关最广大人民根本利益，对于动员全党全国各族人民更加紧密地团结在以习近平同志为核心的党中央周围，高举中国特色社会主义伟大旗帜，坚定道路自信、理论自信、制度自信、文化自信，为实现推进现代化建设、完成祖国统一、维护世界和平与促进共同发展三大历史任务，为决胜全面建成小康社会、夺取新时代中国特色社会主义伟大胜利、实现中华民族伟大复兴的中国梦、实现人民对美好生活的向往继续奋斗，具有重大现实意义和深远历史意义。

二、深刻领会、准确把握党的十九大精神的思想精髓和核心要义

全校各级党组织要组织广大党员、师生员工认真学习党的十九大报告和党章，学习习近平总书记在党的十九届一中全会上的重要讲话精神，把着力点聚焦到习近平新时代中国特色社会主义思想上，聚焦到党和国家事业取得历史性成就和发生历史性变革上，聚焦到中国特色社会主义进入新时代等重大论断上，聚焦到贯彻落实党的十九大的重大决策部署上，聚焦到习近平总书记是全党拥护、人民爱戴、当之无愧的党的领袖上，坚持全面准确，坚持读原著、学原文、悟原理，做到学深悟透。学习过程中，着重把握以下几个方面。

（一）深刻领会党的十九大的主题。不忘初心，牢记使命，高举中国特色社会主义伟大旗帜，决胜全面建成小康社会，夺取新时代中国特色社会主义伟大胜利，为实现中华民族伟大复兴的中国梦不懈奋斗。这是党的十九大的主题，明确回答了我们党在新时代举什么旗、走什么路、以什么样的精神状态、担负什么样的历史使命、实现什么样的奋斗目标的重大问题。中国共产党人的初心和使命，就是为中国人民谋幸福，为中华民族谋复兴。这个初心和使命是激励中国共产党人不断前进的根本动力。中国特色社会主义是改革开放以来党的全部理论和实践的主题，在未来的征程上，要高举中国特色社会主义伟大旗帜，更加自觉地增强道路自信、理论自信、制度自信、文化自信，确保党和国家事业始终沿着正确方向胜利前进。决胜全面建成小康社会是到2020年必须完成的奋斗目标，要举全党全国之力，为实现第一个百年奋斗目标而奋斗。全面建成小康社会是党和国家事业发展的一个阶段性目标，这个目标实现后，我们要在新的历史起点上夺取新时代中国特色社会主义伟大胜利，为实现中华民族伟大复兴的中国梦不懈奋斗。

（二）深刻领会习近平新时代中国特色社会主义思想的丰富内涵。党的十八大以来，以习近平同志为核心的党中央，坚持解放思想、实事求是、与时俱进、求真务实，坚持辩证唯物主义和历史唯物主义，紧密结合新的时代条件和实践要求，以全新的视野深化对共产党执政规律、社会主义建设规律、人类社会发展规律的认识，进行艰辛理论探索，取得重大理论创新成果，创立了习近平新时代中国特色社会主义思想。习近平新时代中国特色社会主义思想，是对马克思列宁主义、毛泽东思想、邓小平理论、“三个代表”重要思想、科学发展观的继承和发展，是马克思主义中国化最新成果，是党和人民实践经验和集体智慧的结晶，是中国特色社会主义理论体系的重要组成部分，是全党全国人民为实现中华民族伟大复兴而奋斗的行动指南，必须长期坚持并不断发展。

习近平新时代中国特色社会主义思想，从理论和实践结合上系统回答了新时代坚持和发展什么样的中国特色社会主义、怎样坚持和发展中国特色社会主义这个重大时代课题。党的十九大报告用“8个明确”概括了这一思想的主要内容。为贯彻落实习近平新时代中国特色社会主义思想，党的十九大报告提出新时代坚持和发展中国特色社会主义的基本方略，并概括为“14个坚持”。我们要认真学习、深刻理解习近平新时代中国特色社会主义思想，全面贯彻党的基本理论、基本路线、基本方略，牢固树立中国特色社会主义道路自信、理论自信、制度自信、文化自信，确保学校各项改革发展事业始终沿着正确方向胜利前进。

（三）深刻领会党的十八大以来取得的历史性成就和发生的历史性变革。党的十八大以来的五年，是党和国家发展进程当中极不平凡的五年。以习近平同志为核心的党中央，以巨大的政治勇气和强烈的责任担当，提出一系列治国理政新理念新思想新战略，出台一系列重大方针政策，推出一系列重大举措，推进一系列重大工作，解决了许多长期想解决而没有解决的难题，办成了许多过去想办而没有办成的大事，推动党和国家事业发生了历史性变革，开启了中国特色社会主义新时代。五年来的成就是全方位的、开创性的，五年来的变革是深层次的、根本性的。这些历史性变革，对党和国家事业发展具有重大而深远的影响。

（四）深刻领会中国特色社会主义进入了新时代。经过长期努力，中国特色社会主义进入了新时代，这是我国发展新的历史方位。这个新时代，是承前启后、继往开来、在新的历史条件下继续夺取中国特色社会主义伟大胜利的时代，是决胜全面建成小康社会，进而全面建设社会主义现代化强国的时代，是全国各族人民团结奋斗、不断创造美好生活、逐步实现全体人民共同富裕的时代，是全体中华儿女勠力同心、奋力实现中华民族伟大复兴中国梦的时代，是我国日益走近世界舞台中央、不断为人类作出更大贡献的时代。中国特色社会主义进入新时代，在中华人民共和国发展史上、中华民族发展史上具有重大意义，在世界社会主义发展史上、人类社会发展史上也具有重大意义。这意味着近代以来久经磨难的中华民族迎来了从站起来、富起来到强起来的伟大飞跃，迎来了实现中华民族伟大复兴的光明前景；意味着科学社会主义在21世纪的中国焕发出强大生机活力，在世界上高高举起了中国特色社会主义伟大旗帜；意味着中国特色社会主义道路、理论、制度、文化不断发展，拓展了发展中国家走向现代化的途径，给世界上那些既希望加快发展又希望保持自身独立性的国家和民族提供了全新选择，为解决人类问题贡献了中国智慧和中国方案。

（五）深刻领会新时代我国社会主要矛盾发生变化的新特点。中国特色社会主义进入新时代，我国社会主要矛盾已经转化为人民日益增长的美好生活需要和不平衡不充分的发展之间的矛盾。我国稳定解决了十几亿人的温饱问题，总体上实现小康，不久将全面建成小康社会，人民美好生活需要日益广泛，不仅对物质文化生活提出了更高要求，而且在民主、法治、公平、正义、安全、环境等方面的要求日益增长。同时，我国社会生产力水平总体上显著提高，社会生产能力在很多方面进入世界前列，更加突出的问题是发展不平衡不充分，这已经成为满足人民日益增长的美好生活需要的主要制约因素。我国社会主要矛盾的变化是关系全局的历史性变化，对党和国家工作提出了许多新要求。要在继续推动发展的基础上，着力解决好发展不平衡不充分问题，大力提升发展质量和效益，更好满足人民在经济、政治、文化、社会、生态等方面日益增长的需要，更好推动人的全面发展、社会全面进步。我国社会主要矛盾的变化，没有改变我们对我国社会主义所处历史阶段的判断，我国仍处于并将长期处于社会主义初级阶段的基本国情没有变，我国是世界最大发展中国家的国际地位没有变。我们要牢牢把握社会主义初级阶段这个基本国情，牢牢立足社会主义初级阶段这个最大实际，牢牢坚持党的基本路线这个党和国家的生命线、人民的幸福线。

（六）深刻领会新时代中国共产党的历史使命。实现中华民族伟大复兴是近代以来中华民族最伟大的梦想。中国共产党一经成立，就把实现共产主义作为党的最高理想和最终目标，义无反顾肩负起实现中华民族伟大复兴的历史使命，团结带领人民进行了艰苦卓绝的斗争，谱写了气吞山河的壮丽史诗。今天，我们比历史上任何时期都更接近、更有信心和能力实现中华民族伟大复兴的目标。行百里者半九十。中华民族伟大复兴，绝不是轻轻松松、敲锣打鼓就能实现的，必须准备付出更为艰巨、更为艰苦的努力。实现伟大梦想，必须进行伟大斗争。这个伟大斗争就是具有许多新的历史特点的伟大斗争。要充分认识这场伟大斗争的长期性、复杂性、艰巨性,发扬斗争精神,提高斗争本领,不断夺取伟大斗争新胜利。实现伟大梦想,必须建设伟大工程。这个伟大工程就是我们党正在深入推进的党的建设新的伟大工程。要不断增强党的政治领导力、思想引领力、群众组织力、社会号召力,确保我们党永葆旺盛生命力和强大战斗力。实现伟大梦想,必须推进伟大事业。这个伟大事业就是中国特色社会主义伟大事业。要更加自觉地增强“四个自信”,既不走封闭僵化的老路,也不走改旗易帜的邪路,始终坚持和发展中国特色社会主义。伟大斗争,伟大工程,伟大事业,伟大梦想,紧密联系、相互贯通、相互作用,其中起决定性作用的是党的建设新的伟大工程。建设伟大工程,要结合伟大斗争、伟大事业、伟大梦想的实践来进行,确保党始终走在时代前列,始终成为全国人民的主心骨,始终成为坚强领导核心。

(七) 深刻领会实现第一个百年奋斗目标和向第二个百年奋斗目标进军。改革开放之后,我们党对我国社会主义现代化建设作出战略安排,提出“三步走”战略目标和“两个一百年”奋斗目标。从现在到 2020 年,是全面建成小康社会决胜期。要按照全面建成小康社会各项要求,紧扣我国社会主要矛盾变化,突出抓重点、补短板、强弱项,特别是要坚决打好防范化解重大风险、精准脱贫、污染防治的攻坚战,使全面建成小康社会得到人民认可、经得起历史检验。党的十九大对第二个百年奋斗目标进行了战略规划,将全面建设社会主义现代化国家的新征程分为两个阶段来安排。第一个阶段,从 2020 年到 2035 年,在全面建成小康社会的基础上,再奋斗 15 年,基本实现社会主义现代化。第二个阶段,从 2035 年到 21 世纪中叶,在基本实现现代化的基础上,再奋斗 15 年,把我国建成富强民主文明和谐美丽的社会主义现代化强国。从全面建成小康社会到基本实现现代化,再到全面建成社会主义现代化强国,是新时代中国特色社会主义发展的战略安排。

(八) 深刻领会社会主义经济建设、政治建设、文化建设、社会建设、生态文明建设等方面的重大部署。在经济建设上,要贯彻新发展理念,建设现代化经济体系,以供给侧结构性改革为主线,推动经济发展质量变革、效率变革、动力变革,不断增强我国经济创新力和竞争力。在政治建设上,要坚持党的领导、人民当家做主、依法治国有机统一,健全人民当家做主制度体系,发展社会主义民主政治,推进社会主义民主政治制度化、规范化、程序化。在文化建设上,要坚定文化自信,推动社会主义文化繁荣兴盛,牢牢掌握意识形态工作领导权,培育和践行社会主义核心价值观,加强思想道德建设,繁荣发展社会主义文艺,推动文化事业和文化产业发展。在社会建设上,要提高保障和改善民生水平,加强和创新社会治理,不断满足人民日益增长的美好生活需要,让改革发展成果更多更公平惠及全体人民。在生态文明建设上,要践行绿水青山就是金山银山的理念,加快生态文明体制改革,形成节约资源和保护环境的空间格局、产业结构、生产方式、生活方式,建设美丽中国。

(九) 深刻领会新时代党的建设总要求和重点任务。十九大报告提出了新时代党的建设总要求,要坚持和加强党的全面领导,坚持党要管党、全面从严治党,以加强党的长期执政能力建设、先进性和纯洁性建设为主线,以党的政治建设为统领,以坚定理想信念宗旨为根基,以调动全党积极性、主动性、创造性为着力点,全面推进党的政治建设、思想建设、组织建设、作风建设、纪律建设,把制度建设贯穿其中,深入推进反腐败斗争,不断提高党的建设质量,把党建设成为始终走在时代前列、人民衷心拥护、勇于自我革命、经得起各种风浪考验、朝气蓬勃的马克思主义执政党。

三、充分发挥我校在建设创新型国家中的重要作用，为建设社会主义现代化强国提供有力的人才和科技支撑

不忘初心，方得始终。创新是引领发展的不竭动力，是建设现代化经济体系的战略支撑。党的十九大报告，为党和人民的事业发展作了新规划，描绘了新时代的发展蓝图。报告指出要坚定实施科教兴国战略、人才强国战略、创新驱动发展战略，加快建设创新型国家。要瞄准世界科技前沿，强化基础研究，实现前瞻性基础研究、引领性原创成果重大突破。从1958年为“两弹一星”培养科技人才而建校，到如今一系列科研成果领跑世界、一大批拔尖人才成为国家建设的栋梁，中国科大的红色基因和创新血液始终传承不变。我们要牢记习近平总书记的嘱托，以立德树人为根本任务，以深化综合改革为根本动力，以增强人民获得感幸福感为根本标准，以加强党的建设为根本保证，把十九大精神作为推动世界一流大学建设事业发展、培养高素质人才的强大思想武器。要以习近平新时代中国特色社会主义思想为指导，深刻认识中国特色社会主义进入新时代的特征和需求，深刻认识中国科技教育发展所处的历史方位、时代特点和未来方向，准确把握报告中关于科技人才、高水平创新团队与科技创新、加快建设创新型国家等重大部署，在建设创新型国家新征程中，充分发挥骨干引领作用，为建设社会主义现代化强国提供有力的人才储备和科技支撑。

四、切实加强组织领导，认真抓好十九大精神的学习宣传贯彻工作

全校各级党组织和广大党员、师生员工要根据中央和上级的总体部署和要求，结合实际、周密安排、精心组织，迅速掀起学习宣传贯彻党的十九大精神的热潮，把思想和行动统一到十九大精神上来，把智慧和力量凝聚到落实党的十九大确定的各项任务上来，切实用习近平新时代中国特色社会主义思想武装头脑、指导实践、推动工作，始终做到理论上清醒，政治上坚定，行动上坚决，不断开创中国特色世界一流大学建设工作新局面。

（一）全校各级党组织和全体师生员工要深刻领会习近平新时代中国特色社会主义思想的精神实质和丰富内涵，在学深研透党的十九大精神上下功夫，逐字逐句研究报告全文，深入学习研究习近平新时代中国特色社会主义思想的科学体系、发展脉络、内在逻辑、思想内涵，吃透精神、领会实质、理解要义。

（二）各级党委理论学习中心组要认真落实年度理论学习中心组学习计划，以学习贯彻十九大精神为主题，精心选题，认真组织，发挥引领示范带动作用；党委领导班子要以身作则，以上率下，带头深入学习大会精神，带头讲党课，带头谈认识体会，将十九大精神学深学透、融会贯通，在学习贯彻落实十九大精神中切实当好表率；在举办理论学习中心组学习会时，可以扩大到教工、学生支部书记以及班主任、辅导员。要组织师生员工、入党积极分子撰写学习心得体会。

（三）各分党委（党总支、直属党支部）领导班子要抓好本单位本部门多形式、分层次、全覆盖的学习教育，通过报告会、座谈会、研讨会等多种形式，组织广大党员、入党积极分子、教学科研和管理骨干、各群团组织，深入学习领会十九大精神；要指导各党支部，组织全体党员以“三会一课”、主题党日、座谈交流等形式，进行深入学习讨论，保证每个支部、每名党员都要原原本本、原汁原味学习党的十九大报告和党章。

（四）各分党委（党总支、直属党支部）领导班子要深入基层，深入实验室、课堂、学生宿舍，及时了解师生员工思想动态，检查指导支部学习情况。各党支部要充分利用周三下午集体学习时间，认真组织全体师生开展学习活动。在学习宣传贯彻十九大精神的过程中，要面向不同师生群体开展宣传，不断创新方式方法和平台载体，探索方法手段，努力增强学习宣传党的十九大精神的针对性实效性。

（五）马克思主义学院要把学习党的十九大精神作为学生思想政治教育和课堂教学的重要内容，精心抓好党的十九大精神进教材、进课堂、进头脑的工作。党委宣传部门抓好十九大精神的学习宣传，及时组织征订十九大理论学习参考资料，利用学习宣传贯彻十九大精神专题网、理论学习网、校刊、新媒体等平台，及时报道我校学习动态，及时交流我校师生学习心得体会，为广大师生释疑解惑；适时邀请有关专家为全校干部师生作辅导报告；对基层开展理论学习情况进行检查指导。

（六）各单位、各部门要高度重视十九大精神学习宣传报道，注重宣传学习贯彻的具体举措和实际行动，注重反映广大师生学习贯彻的典型事迹和崭新风貌，对在学习过程中涌现的好案例、好做法和积极分子要及时予以宣传报道。学习宣传情况经分党委审核后及时报送党委宣传部。党委宣传部要利用新闻网、理论学习网、学习宣传贯彻十九大精神专题网等平台，以及学校官方微博微信等新媒体，全面准确地予以宣传报道。

（七）全校各级党组织和广大党员干部要把坚决维护党中央权威、坚持党中央集中统一领导作为新时代党的建设首要任务，把牢固树立“四个意识”落实在岗位上、体现在行动中，不折不扣贯彻执行十九大各项决策部署，始终在思想上政治上行动上同以习近平同志为核心的党中央保持高度一致。要用习近平新时代中国特色社会主义思想武装头脑，推进“两学一做”学习教育常态化制度化，认真组织开展“不忘初心、牢记使命”主题教育。要充分运用巡视整改成果，营造和保持风清气正的政治生态和上下一心的发展环境。要以十九大精神为指导，完善落实我校综合改革和“双一流”建设的各项任务，扎实推进中国特色世界一流大学建设。

各单位、各部门要制订学习宣传贯彻十九大精神的具体计划和措施，及时报送党委宣传部。

特此通知。

中共中国科学技术大学委员会
2017 年 11 月 8 日

关于成立十九大精神宣讲团的通知

（党宣字〔2017〕119 号）

各分党委、党总支、直属党支部，机关各部、处、室：

为了深入学习宣传贯彻十九大精神，切实把党的十九大提出的重大理论观点、重大战略思想、重大工作部署讲清楚、讲明白，帮助广大党员干部、师生员工更好地学习、领会和把握，推动党的理论和路线方针政策深入基层、深入课堂、深入人心，不断兴起学习宣传贯彻党的十九大精神热潮，校党委研究决定，成立中国科学技术大学十九大精神宣讲团。

宣讲团团长由校党委书记许武同志担任，宣讲团成员包括：校党委常委、党员校领导、有关部门主要负责同志、各学院党委（党总支，下同）书记以及马克思主义学院骨干教师等（具体名单见附件1）。

在宣讲期间，宣讲团成员分头到有关部门、联系学院或实验室，集中宣讲十九大精神。各学院面向本院师生的宣讲活动，除学校安排的集中宣讲外，由各分党委负责组织宣讲团队，认真贯彻落实。寒假前，要确保宣讲十九大精神在科大校园内实现全覆盖，宣讲到每一位师生员工（具体安排见附件2）。

特此通知。

附件：1. 中国科学技术大学十九大精神宣讲团成员名单
2. 中国科学技术大学十九大精神集中宣讲安排表

中共中国科学技术大学委员会
2017年11月24日

附件1

中国科学技术大学十九大精神宣讲团成员名单

团　长：许　武

成　员：叶向东　陈晓剑　周先意　朱长飞　蒋　一　王晓平　黄素芳　何淳宽
杨保国　李　峰　黄超群　古继宝　褚家如　傅　尧　周丛照　赵　林
叶　政　尹　民　邓建松　叶邦角　葛学武　魏海明　刘明侯　陈卫东
钱　海　刘　斌　刘天卓　李晓纲　屠　兢　尹　红

附件2

中国科学技术大学十九大精神集中宣讲安排表

宣讲人	宣讲单位	参加人员	责任人	时间
许　武	党校、机关各部门	东西区面授党校学员、 校机关干部代表	赵永飞 何淳宽	12月上旬
叶向东	物理学院 化学与材料科学学院	物理学院、 化学与材料科学学院师生代表	叶邦角 葛学武	12月上旬

续表

宣讲人	宣讲单位	参加人员	责任人	时间
陈晓剑	信息科学技术学院 计算机科学与技术学院	信息科学技术学院、 计算机科学与技术学院师生代表	陈卫东 钱　海	12月上旬
周先意	管理学院 地球和空间科学学院	管理学院、 地球和空间科学学院师生代表	刘天卓 刘　斌	12月上旬
朱长飞	国家同步辐射实验室 火灾科学国家重点实验室	国家同步辐射实验室、 火灾科学国家重点实验室 师生代表	田扬超 宋卫国	12月上旬
蒋　一	少年班学院 人文与社会科学学院 公共事务学院	少年班学院、 人文与社会科学学院、 公共事务学院师生代表	尹　民 屠　兢 李晓刚	12月上旬
王晓平	工程科学学院 生命科学学院	工程科学学院、 生命科学学院师生代表	刘明侯 魏海明	12月上旬
黄素芳	数学科学学院	数学科学学院师生代表	邓建松	12月中旬
何淳宽	合肥微尺度物质科学 国家研究中心	合肥微尺度物质科学 国家研究中心师生、 管理人员代表	王　兵	12月中旬
杨保国	软件学院	软件学院师生代表	尹　红	12月中旬
李　峰	苏州研究院	苏州研究院师生	李　斌	12月中旬
叶　政	上海研究院	上海研究院师生	陈良高	12月中旬
黄超群	先进技术研究院	先进技术研究院师生代表	朱东杰	12月中旬
古继宝	图书馆、档案馆、 网络中心、博物馆	有关单位干部职工代表	汪忠诚	12月中旬
褚家如	离退休干部办公室	离退休干部代表	刘　艳	12月中旬
傅　尧	校医院、出版社、 资产经营有限责任公司	有关单位干部职工代表	夏炳乐 杨定武	12月中旬
周丛照	附属中学	附属中学教师代表	李　蓓	12月中旬
赵　林	饮食集团	饮食集团职工代表	顾　韬	12月中旬

关于认真组织学习《中国共产党章程(修正案)》的通知

(党组字〔2017〕112号)

各分党委、党总支、直属党支部:

10月24日,中国共产党第十九次全国代表大会胜利闭幕。大会通过了关于《中国共产党章程(修正案)》的决议。大会一致同意,在党章中把习近平新时代中国特色社会主义思想同马克思列宁主义、毛泽东思想、邓小平理论、"三个代表"重要思想、科学发展观一道确立为党的行动指南。要求全党以习近平新时代中国特色社会主义思想统一思想和行动,增强学习贯彻的自觉性和坚定性,把习近平新时代中国特色社会主义思想贯彻到社会主义现代化建设全过程、体现到党的建设各方面。

根据中组部"两学一做"学习教育协调小组统一部署,校党委要求各院级党组织认真及时组织师生党员学习宣传贯彻党的十九大精神,把学习《中国共产党章程(修正案)》、十九大报告,作为推进"两学一做"学习教育常态化制度化的核心内容,加强统筹规划,组织专题学习,畅谈学习体会,更加自觉地学习党章、遵守党章、贯彻党章、维护党章,在思想上政治上行动上同党中央保持高度一致。

特此通知。

中共中国科学技术大学委员会

2017年10月30日

安徽省委书记李锦斌来我校宣讲十九大精神

11月28日上午,安徽省委书记李锦斌到中国科学技术大学宣讲党的十九大精神,作形势政策报告。他强调,要坚持用习近平新时代中国特色社会主义思想武装头脑、指导实践,志存高远、脚踏实地,努力在实现中国梦的伟大实践中放飞青春梦想、书写人生华章。

省委常委、秘书长陶明伦,省委有关部门、省教育厅负责同志,中国科大在校校领导包信和、叶向东、陈初升、周先意、朱长飞、蒋一、王晓平、黄素芳,全体中层干部和师生代表参加宣讲会,宣讲会由校党委书记许武主持。

李锦斌重点围绕"站在新的历史方位上,党的十九大宣示了什么""走进新时代,安徽面临的形势任务是什么""让国家强起来,青年学子应该做什么",与师生们交流了学习体会。

他说，学懂弄通做实十九大精神，要把握好习近平新时代中国特色社会主义思想这个“新思想”，把握好党的十八大以来党和国家事业发生历史性变革这个“新成就”，把握好中国特色社会主义进入了新时代这个“新方位”，把握好我国社会主要矛盾发生历史性变化这个“新特点”，把握好分两步走建设社会主义现代化强国这个“新目标”，把握好经济社会发展重大部署这个“新任务”，把握好新时代党的建设总要求这个“新要求”，切实增强学习贯彻的思想和行动自觉。

李锦斌指出，安徽正处在大有作为的重要战略机遇期，朝着全国发展第一方阵奋力前进。要牢固树立和践行新发展理念，真正使科技创新成为江淮大地最强音符，区域发展形成多点支撑基本格局，绿水青山成为安徽形象最美底色，开放包容成为安徽走向世界靓丽名片，和谐幸福成为全省人民生动写照。

李锦斌希望，青年学子要有理想有抱负，坚定不移跟党走，要有本领有品德，争当优秀接班人，要有担当有作为，同心共筑中国梦，勇做时代弄潮儿。科大要聚焦“红专并进、理实交融”，向着“双一流”目标奋力前进。老师要聚焦传道授业、立德树人，当好学生成长成才的引路人。

李锦斌表示，省委、省政府将继续当好“服务员”“辅导员”“组织员”，更好保障学校建设，促进学生发展，推动校地共建。

宣讲会后，李锦斌就科技创新、人才发展、脱贫攻坚等问题回答了学生提问。

最后，许武书记就全校如何贯彻好党的十九大精神提出三点要求：一是结合李锦斌书记的报告，进一步深入学习贯彻党的十九大精神。全校各级党组织、全体党员和广大师生员工要以李锦斌书记的宣讲为契机，进一步充分认识党的十九大的重大意义，切实把思想和行动统一到十九大精神上来，更加紧密地团结在以习近平同志为核心的党中央周围。二是结合李锦斌书记的报告，进一步深入学习贯彻习近平总书记考察我校重要讲话精神。习近平总书记去年 4 月 26 日考察我校时指出，中国科大这些年抓科技创新动作快、力度大、成效明显，值得肯定。全校要再接再厉，勇于创新、敢于超越、力争一流，将学校立德树人的目标和国家需求相结合，为全面建成小康社会、夺取新时代中国特色社会主义伟大胜利、实现中华民族伟大复兴中国梦的宏伟目标作出新的贡献。三是结合李锦斌书记的报告，进一步加快推动学校建设发展。全校要以党的十九大精神为指引，统筹推进学校各项工作。要联系党和国家事业发展需求，紧密结合学校改革发展实际，将党的十九大精神转化为自觉行动，以永不懈怠的精神和一往无前的奋斗姿态抓好十九大精神的贯彻落实，在开放中推进自主创新，培养优秀创新人才，推动学校各项事业稳步健康发展。

（中国科学技术大学新闻网）

许武书记为安徽高校师生代表宣讲十九大精神

12 月 19 日上午，十九大代表、教育部十九大精神“百人宣讲团”成员、中国科大党委书记许武为安徽高校师生代表宣讲十九大精神。来自安徽大学、安徽农业大学、安徽医科大学、安徽中医药大学、安徽交通职业技术学院、安徽电气工程学校的师生代表及中国科大东西区面授党校学员、省教育工委有关部门负责人和我校机关管理干部近700人参加了报告会。

报告会由安徽省教育工委副书记王佩刚主持。

许武从党的十九大的重要意义、党的十九大报告的核心内容、贯彻落实十九大精神三个方面进行了全面系统的阐释，全面回顾了十八大以来我国和我省教育事业改革发展取得的巨大成就，围绕新思想、新成就、新时代、新变化、新目标、新部署、新要求等“七个新”系统梳理了十九大报告的核心内容。他指出，党的十八大以来，以习近平同志为核心的党中央高度重视教育工作，坚持把教育摆在优先发展战略地位，对教育工作作出了一系列重大决策部署，扎实推动教育惠民举措，人民群众获得感明显增强，教育事业全面发展，教育公平状况不断改善，教育改革进入“全面施工内部装修”阶段，关键领域改革取得重要进展，教育的国际影响力明显增强，教育质量和水平显著提高。

许武表示，学习贯彻党的十九大精神，最根本的是学习贯彻习近平新时代中国特色社会主义思想，要深刻领会这一重要思想的历史地位、精神实质和丰富内涵，充分认识党的十九大把习近平新时代中国特色社会主义思想确立为党必须长期坚持的指导思想的重大政治意义、理论意义、实践意义和深远历史意义，牢牢把握“八个明确”的主要内容和“十四个坚持”的基本方略，以此武装头脑、指导实践，坚定不移把新时代中国特色社会主义推向前进。

许武强调，学习贯彻党的十九大精神，就要以习近平新时代中国特色社会主义思想为指引，深刻把握党的十九大作出的重大决策部署，密切联系工作实际，推动高等教育各项事业发展不断迈上新台阶；加快教育现代化，建设教育强国，办好中国特色社会主义教育，着力实施“写好教育奋进之笔行动”；自觉用十九大精神武装教育系统领导干部和师生员工，切实把思想和行动统一到习近平新时代中国特色社会主义思想上来，确保习近平新时代中国特色社会主义思想在教育领域落地生根，为建设富强民主文明和谐美丽的社会主义现代化强国提供有力支撑，让中国特色社会主义伟大旗帜在教育系统高高飘扬。

许武强调，迈向新征程，必须毫不动摇坚持和完善高校党委领导下的校长负责制，毫不动摇把学校各级党组织建设得更加坚强有力，使我们党始终走在时代前列。坚持久久为功、持之以恒，巩固中央政治巡视成果，扎实践行新时代党的建设总要求，不断加强和改进学校党的建设，为推进“双一流”建设和综合改革提供坚强政治保证。

许武最后强调，要认真学习领会党的十九大精神，紧密团结在以习近平同志为核心的党中央周围，高举中国特色社会主义伟大旗帜，认真学习贯彻习近平新时代中国特色社会主义思想，进一步增强“四个意识”，坚定“四个自信”，锐意进取，埋头苦干，为加快教育现代化、建设教育强国，为决胜全面建成小康社会、夺取新时代中国特色社会主义伟大胜利、实现中华民族伟大复兴的中国梦、实现人民对美好生活的向往继续奋斗！

宣讲结束后，许武就青年大学生如何成长成才、海外人才归国、大学生创新创业、学科发展与园区建设等大学生感兴趣的话题，回答了学生的提问。

最后，王佩刚强调，学习宣传贯彻十九大精神，是当前和今后一个时期全党全国首要政治任务，要以此次宣讲为契机，在学懂、弄通、做实上下功夫。通过大家同心协力，同向同行，真正把教育系统广大党员干部和师生员工思想和行动统一到十九大精神上来，把智慧和力量凝聚到落实党的十九大提出的各项任务上来，自觉用习近平新时代中国特色社会主义思想武装头脑，奋力谱写安徽教育新篇章。他希望广大青年学子，将个人理想融入祖国发展的宏图伟业，不忘初心跟党走，在新的时代，用自己的拼搏奋进，放飞青春梦想，书写人生华章。

（中国科学技术大学新闻网）

四、中央巡视中国科学技术大学党委及巡视整改专题文献

关于成立配合中央巡视工作领导小组、工作组的通知

（党办字〔2017〕7号）

各分党委、党总支、直属党支部，机关各部、处、室：

根据中央巡视工作统一部署，中央巡视组将于近期来校开展专项巡视。为切实做好配合中央巡视各项工作，经校党委常委会议研究，决定成立配合中央巡视工作领导小组。领导小组下设综合协调与材料组、信访核查组、宣传思政组。

一、领导小组

组　长：许　武　万立骏

成　员：潘建伟　叶向东　陈初升　陈晓剑　周先意　朱长飞　蒋　一　王晓平　黄素芳　杨金龙

二、工作组

1. 综合协调与材料组

组　长：陈晓剑

副组长：刘天卓　何淳宽　黄超群　褚家如

成员单位：

党政办公室、纪委、监察审计处、党委组织部、党委宣传部、档案馆、人力资源部、资产与后勤保障处、保卫与校园管理处

2. 信访核查组

组　长：叶向东

副组长：黄超群　丁望斌　章　晨　何淳宽

成员单位：纪委、监察审计处、党委组织部、财务处、科研部、党政办公室、人力资源部、保卫与校园管理处、离退休干部工作办公室

3. 宣传思政组

组　长：蒋　一

副组长：董　雨　杨保国　刘天卓

成员单位：党委宣传部、党委学生工作部、党政办公室、教务处、研究生院、团委、网络信息中心

特此通知。

中共中国科学技术大学委员会

2017年2月23日

中央第四巡视组专项巡视
中国科学技术大学党委工作动员会召开

根据中央关于巡视工作的统一部署，2017 年 3 月 4 日上午，中央第四巡视组专项巡视中国科学技术大学党委工作动员会召开。会前，中央巡视工作领导小组办公室负责同志向党委书记许武、校长万立骏传达了习近平总书记关于巡视工作的重要讲话精神。会上，中央第四巡视组组长马瑞民就即将开展的专项巡视工作作了讲话，中央巡视工作领导小组办公室负责同志就配合做好巡视工作提出要求。许武主持会议并作表态讲话。

中央第四巡视组副组长赵树林、章轲、王利华及巡视组全体成员，中国科大校领导班子成员出席会议，校党委委员、纪委委员，“两院”院士，校学术委员会、学位委员会、教学委员会正、副主任，各学院党政负责人，国家（重点）实验室负责人，机关各部、处、室负责人，直属单位党政主要负责人，离退休干部代表等列席会议。

马瑞民指出，党的十八大以来，以习近平同志为核心的党中央把全面从严治党纳入“四个全面”战略布局，不断增强全面从严治党的系统性、创造性、实效性，开启了管党治党的新征程。巡视是全面从严治党的战略部署，是加强党内监督的战略性制度安排，是促进标本兼治的战略举措，是国之利器、党之利器。要深入学习贯彻习近平总书记关于巡视工作的重要论述和系列重要讲话精神，提高政治站位和政治觉悟，坚定不移深化政治巡视，准确把握政治巡视内涵，突出巡视监督的政治作用，推动全面从严治党向纵深发展。正确把握政治和业务的关系，坚持从政治上发现问题，以“四个意识”为政治标杆，把贯彻“五位一体”总体布局和“四个全面”战略布局作为基本政治要求，把维护党中央集中统一领导作为根本政治任务，贯彻新发展理念，坚定“四个自信”，坚持问题导向，查找政治偏差，坚决维护以习近平同志为核心的党中央权威，为实现“两个一百年”奋斗目标和中华民族伟大复兴的中国梦提供有力保障。中国科学技术大学党委和各级党员领导干部要牢固树立“四个意识”，以党的旗帜为旗帜，以党的意志为意志，以党的使命为使命，坚决维护党中央集中统一领导，结合实际贯彻落实中央各项决策部署，推进各项事业发展取得新成效。

马瑞民强调，中央巡视组将坚决贯彻落实党的十八大和十八届三中、四中、五中、六中全会精神，以习近平总书记系列重要讲话精神为指引，深入了解党的组织和党的领导干部在尊崇党章、坚持党的领导、加强党的建设和落实党的路线方针政策方面情况，履行全面从严治党责任、执行党的纪律、落实中央八项规定精神、党风廉政建设和反腐败工作以及选人用人情况，发现并推动解决存在的突出问题，督促领导干部切实承担起管党治党政治责任，严肃党内政治生活，净化党内政治生态，强化党内监督，严明党的纪律，推动全面从严治党从宽松软走向严紧硬。紧扣高校特点，紧盯高校党委和党员领导干部，突出“关键少数”，坚持以下看上，重点检查高校贯彻党的教育方针，坚持正确办学方向，落实意识形态责任制、执行党委领导下的校长负责制、加强和改进基层党组织建设等情况，促进营造风清气正的高校环境，构建立德树人的良好政治生态。

中央巡视工作领导小组办公室负责同志指出，党的十八大以来，在以习近平同志为核心的党中央坚强有力领导下，巡视工作在坚持中深化、在深化中坚持，不断与时俱进，站位越来越高，定位越来越准确，成效越来越显著。政治巡视是政治体检，要在政治高度上突出党的领导，在政治要求上抓住党的建设，在政治定位上聚焦全面从严治党，深入查找政治偏差，发挥政治“显微镜”、政治“探照灯”作用。中国科学技术大学党委要以巡视为契机，站在巩固党的执政基础的政治高度，坚守政治信仰，站稳政治立场，把准政治方向，始终同党中央保持高度一致，做到旗帜鲜明讲政治，意志坚定讲忠诚，使命光荣讲担当，切实担负起全面从严治党的主体责任，支持纪检机关履行好党内监督专责机关职责，把严的要求贯穿管党治党全过程，营造风清气正的政治生态。中国科学技术大学党委和各级党员领导干部要切实增强自觉接受监督的政治意识，充分信任、坚决支持配合中央巡视组工作，加强对巡视组的监督，共同完成好这次巡视任务。对妨碍、干扰巡视工作的行为，将依纪依规严肃处理、追究责任。

许武表示，中央巡视组到中国科大开展巡视工作，既是对中国科大工作的一次全面指导检查，也是对中国科大党政领导班子和全体党员干部的激励和鞭策，更是我们加强和改进党的领导、全面从严治党、改进工作作风、提高工作水平的强大动力和重要政治契机。我们一定站在深入学习贯彻习近平总书记系列重要讲话精神、全面从严治党、贯彻“五位一体”总体布局和“四个全面”战略布局、全面增强“四个意识”的政治高度，深刻认识开展巡视工作的重大意义。我们一定切实把思想和行动统一到中央关于巡视工作的部署和要求上来。中国科大是中华人民共和国成立后我党为“两弹一星”事业亲手创办的大学，“红专并进、科教报国”是科大人永恒的使命，校党委坚决拥护和支持中央决定，将尽一切努力保证巡视工作的正常、顺利开展。配合本次中央巡视工作，是我校今年工作的核心，校级领导班子成员、各部门同志一定要高度重视，自觉服从巡视工作安排，积极诚恳接受巡视组的监督和指导，不折不扣地执行中央巡视工作的纪律要求，本着对党、对学校、对个人高度负责的态度，讲大局，守纪律，协助巡视组全面、客观地了解和掌握学校各项工作的真实情况。我们一定要把这次巡视作为接受中央政治“体检”和党性检验的过程，作为解决自身问题、推动事业改革发展的重要机遇，切实把自己摆进去，主动自觉接受巡视监督，认真查摆问题，实事求是反映问题，全面深入整改问题，推动学校全面从严治党向纵深发展，形成风清气正的政治生态。在工作过程中，我们诚恳地希望巡视组领导对中国科大的各项工作以及今后的发展提出宝贵意见、建议。我们一定把这些宝贵意见和建议转化为学校各项事业发展的强劲动力。对巡视中发现的问题与不足，一定按照巡视组的要求，闻风而动、即知即改，对违反中央八项规定精神和“四风”问题，一定扭住不放、立行立改；对巡视后反馈的问题，一定认真反思、举一反三，采取有力的措施，积极进行整改。全体校领导班子成员一定增强政治意识，提高政治站位，强化政治担当，坚决把自己摆进去，层层传导压力，层层压实责任。

据悉，中央巡视组将在中国科学技术大学工作 2 个月左右。巡视期间(3 月 4 日～4 月 30 日)分别设专门值班电话：0551-63826230；专门邮政信箱：安徽合肥 6105 信箱，邮编 230061。巡视组每天受理电话的时间为：8：00～20：00。根据巡视工作条例规定，中央巡视组主要受理反映中国科学技术大学党委领导班子及其成员、下一级党组织领导班子主要负责人和重要岗位领导干部问题的来信来电来访，重点是关于违反政治纪律、组织纪律、廉洁纪律、群众纪律、工作纪律和生活纪律等方面的举报和反映。其他不属于巡视受理范围的信访问题，将按规定由中国科学技术大学和有关部门认真处理。

（中央纪委监察部网站）

中央第四巡视组向中国科学技术大学党委反馈专项巡视情况

根据中央巡视工作领导小组的部署，2017 年 6 月 16 日，中央第四巡视组向中国科学技术大学党委反馈专项巡视情况。中央巡视工作领导小组成员、办公室主任黎晓宏主持召开向中国科学技术大学党委书记许武的反馈会议，出席向中国科学技术大学党委领导班子反馈专项巡视情况会议，对中国科学技术大学党委主要负责人和党委领导班子抓好巡视整改工作提出要求。中央巡视工作领导小组办公室负责同志向许武传达了习近平总书记关于巡视工作的重要讲话精神，中央第四巡视组组长马瑞民代表中央巡视组分别向许武和中国科学技术大学党委领导班子反馈了专项巡视情况，副组长赵树林、章轲、王利华参加反馈会议。许武主持向领导班子反馈会议并就做好巡视整改工作作表态讲话。

按照中央统一部署，2017 年 3 月 4 日至 4 月 30 日，中央第四巡视组对中国科学技术大学党委进行了专项巡视。巡视组认真贯彻中央巡视工作方针，坚定不移深化政治巡视，以“四个意识”为政治标杆，把坚决维护党中央集中统一领导作为根本政治任务，把贯彻“五位一体”总体布局和“四个全面”战略布局作为基本政治要求，突出问题导向，聚焦坚持党的领导、加强党的建设、全面从严治党，盯住党委，突出“关键少数”，查找政治偏差，从严从实开展巡视监督，发现问题、形成震慑，推动改革、促进发展，充分发挥政治“显微镜”、政治“探照灯”作用，发挥标本兼治战略作用。通过广泛开展个别谈话，认真受理群众来信来访，调阅有关文件资料，深入了解情况，顺利完成了巡视任务。中央巡视工作领导小组听取了巡视组的巡视情况汇报，并向中央政治局常委会报告了有关情况。

马瑞民指出，党的十八大以来，中国科学技术大学党委认真学习贯彻习近平总书记系列重要讲话精神，努力落实党的教育方针，推进思想、组织、作风、反腐倡廉和制度建设，巡视期间对存在的问题立行立改，取得了新成效。巡视中，巡视组发现和干部群众反映了一些问题，主要是：“四个意识”不够强，党委领导核心作用发挥不够充分，贯彻中央精神不够扎实，落实意识形态工作责任制存在薄弱环节；党建工作比较薄弱，部分院系党委发挥作用不足，党内政治生活不经常不严肃，有的党员领导干部的党员意识不强；选人用人不规范，执行干部选拔任用有关制度规定不够严格；全面从严治党不力，“两个责任”落实不到位，对一些违规违纪问题不敢举旗亮剑；落实中央八项规定精神不严格，违规滥发购物卡、劳务费、过节费等问题多有发生，基建、采购、科研经费等领域存在廉洁风险。同时，巡视组还收到一些涉及领导干部的问题反映，已按有关规定转中央纪委、中央组织部等有关方面处理。

马瑞民提出了三点意见建议。一是增强“四个意识”，切实发挥党委领导核心作用。全面贯彻党的十八大和十八届三中、四中、五中、六中全会精神，深入贯彻习近平总书记系列重要讲话精神和治国理政新理念新思想新战略，统筹推进“五位一体”总体布局和协调推进“四个全面”战略布局，牢固树立和贯彻落实新发展理念，坚定“四个自信”，坚决维护以习近平同志为核心的党中央权威和集中统一领导。认真落实党委领导下的校长负责制，履行好管党治党、办学治校主体责任，提高政治站位和政治觉悟，认真贯彻党的教育方针，结合实际全面贯彻高校思想政治工作会议精神，坚持正确办学方向，坚持立德树人根本任务，落实意识形态工作责任制，把培养“六有”大学生要求落到实处。二是抓实党建工作，严肃党内政治生活。严肃党的政治纪律和政治规矩，增强党内政治生活的政治性、原则性、时代性、战斗性。推进“两学一做”学习教育常态化制度化，把思想政治工作和党的建设工作结合起来，加强思想政治工作，增强党的观念和党员意识，切实发挥院系党委政治核心作用、党支部战斗堡垒作用和党员先锋模范作用。树立正确用人导向，严格执行干部选拔任用工作条例，坚决纠正选人用人中的突出问题。三是坚持全面从严治党，加强对重点领域廉洁风险防控。认真履行“两个责任”，以上率下，切实把全面从严治党各项要求落实到基层。纪委落实“三转”要求，运用好监督执纪“四种形态”。坚定不移落实中央八项规定精神，在坚持中深化，在深化中坚持。加强内部管理，强化纪律约束，扎牢制度笼子、严格制度执行，加强对重点领域的监督管理，防范廉洁风险。坚持以下看上，对照巡视发现的问题召开专题民主生活会，深刻剖析问题根源、举一反三，用好巡视成果，以巡视整改为契机，推动改革，促进发展，推动全面从严治党从宽松软走向严紧硬。

黎晓宏对巡视整改提出明确要求，强调巡视是发现问题，整改是解决问题。巡视是政治体检，整改是政治任务。中国科学技术大学党委要增强“四个意识”，强化政治责任，针对巡视发现的问题纠正、纠错、纠偏，一件一件抓，把“四个意识”体现在具体行动中。要高度重视中央巡视组反馈的意见，深入分析，深挖病根，精准发力，综合施策，既要有当下改的举措，也要有长久立的机制，集中整治，做到条条要整改、件件有着落。党委书记和班子成员要坚决把自己摆进去，自觉为党担责、为党尽责、为党负责，主动认领责任，带头落实整改，既督任务、督进度、督成效，又查认识、查责任、查作风，做到真认账、真反思、真整改、真负责，以巡视成果运用和整改实际成效迎接党的十九大胜利召开。对巡视整改情况，要以适当形式向社会公开，接受干部群众监督，中央巡视工作领导小组办公室将适时组织开展监督检查。

许武表示，此次专项巡视体现了中央对我校的高度重视和关心，是对我校工作的一次全面指导检查，也是对我校各级党组织和全体党员特别是党员领导干部的一次深刻党性洗礼和警示教育。巡视组反馈的问题实事求是、字字千钧，提出的整改要求中肯到位。校党委对巡视组的反馈意见和整改建议全部诚恳接受，一定按照要求保证落实到位。一是从政治高度认识巡视整改工作的重要意义，进一步提高政治站位，旗帜鲜明讲政治，牢固树立“四个意识”，切实把思想和行动统一到习近平总书记系列重要讲话精神上来，统一到中央的决策部署上来。二是强化责任意识，增强落实主体责任的使命感和紧迫感，敢于担当，敢于较真，在整改过程中层层传递压力、层层压实责任，以责任链条倒逼整改任务落实，加大督查力度、严肃追责问责，释放坚决整改的强烈信号。三是坚持问题导向，围绕反馈意见尽快研究制定整改落实方案，明确时间表和责任分工。任务与问题挂钩，责任与部门挂钩；时间具体到天，责任具体到部门、到个人。四是坚持标本兼治，坚持久久为功，不断深化巡视的治本作用，确保整改取得实效长效。五是以巡视整改为契机，大力推进学校的创新改革事业大发展，进一步统一思想，抢抓机遇，勇于迎接挑战，全身心投入到学校发展建设中来。许武强调，我们一定按时高质量完成巡视整改这一重大政治任务，按照要求，坚决把自己摆进去，自觉为党担责、为党尽责、为党负责，主动认领责任，带头落实整改，坚持整改过程中见人见事见思想，把落实整改与促进工作相结合，整改没到位绝不放松、绝不松懈，以巡视成果运用和整改实际成效迎接党的十九大胜利召开。

中央第四巡视组有关成员、中央巡视工作领导小组办公室负责同志、中央纪委驻中国科学院纪检组负责同志、安徽省委有关领导同志、中国科学技术大学党委领导班子成员出席会议，中国科学技术大学各部门和直属单位主要负责人，纪检、组织部门等有关人员列席会议。

（中央纪委监察部网站）

关于成立巡视整改领导小组、工作小组的通知

（党办字〔2017〕54 号）

各分党委、党总支、直属党支部，机关各部、处、室：

为切实做好巡视整改各项工作，经校党委常委会议研究，决定成立巡视整改领导小组、工作小组。巡视整改领导小组、工作小组人员组成如下：

一、领导小组

组　长：许　武

副组长：包信和

成　员：潘建伟　叶向东　陈初升　陈晓剑　周先意　朱长飞　蒋　一　王晓平　黄素芳　杨金龙

二、工作小组

组　长：叶向东

副组长：陈晓剑　蒋　一

成员单位：纪律检查委员会、党政办公室、党委组织部、党委宣传部、学生工作部（处）、监察审计处、研究生院、教务处、科研部、人力资源部、国际合作与交流部、离退休干部工作办公室、财务处、资产与后勤保障处、基本建设处、保卫与校园管理处、团委、资产经营有限责任公司

特此通知。

中共中国科学技术大学委员会

2017 年 6 月 19 日

关于成立巡视整改督导组的通知

（党办字〔2017〕64 号）

各分党委、党总支、直属党支部，机关各部、处、室：

根据《关于推进基层党组织巡视整改任务落实的通知》（党办字〔2017〕58 号）精神，为切实做好巡视整改各项工作，在整改过程中层层传递压力、层层压实责任，经巡视整改领导小组会议研究，决定成立巡视整改督导组，督导基层党组织巡视整改工作，对整改任务落实情况进行督查。巡视整改督导组具体任务分工如下：

督导组	组　长	联络员	督导单位
第一督导组	叶向东	何淳宽 朱云浩	化学与材料科学学院党委 机关党委
第二督导组	陈晓剑	郑红群 李　婧	信息科学技术学院党委 计算机科学与技术学院党委 工程科学学院党委
第三督导组	周先意	马　壮 蔡立英	管理学院党委 地球和空间科学学院党委
第四督导组	朱长飞	黄超群 瞿启发	核科学技术学院党委 国家同步辐射实验室党委 合肥微尺度物质科学国家实验室党委 火灾科学国家重点实验室党委 先进技术研究院党委
第五督导组	蒋　一	丁望斌 詹传妮	物理学院党委 少年班学院党总支 人文与社会科学学院党委 公共事务学院党委
第六督导组	王晓平	刘天卓 牟　玲	生命科学学院党委 苏州研究院党总支 软件学院党委
第七督导组	黄素芳	叶　征 姚丽丽	数学科学学院党委 上海研究院党总支

巡视整改督导组将于 7 月中旬和 7 月下旬各督查一次，根据工作需要，党政办公室、纪委、党委组织部、党委宣传部、学生工作部（处）等部门人员参加督导。

特此通知。

中共中国科学技术大学委员会

2017 年 7 月 3 日

学校召开巡视整改中期推进会

7月17日，学校召开巡视整改中期推进会，校党委书记、巡视整改领导小组组长许武在会议上传达学习中央有关会议精神，通报当前学校巡视整改工作进展情况，指出巡视整改过程中发现的问题，并对下一步巡视整改工作做出安排。在校校领导、"两院"院士，校党委委员、纪委委员，各学院、直属单位党政负责人，机关各部、处、室负责人，全校教工党支部书记参加了会议。会议由校长、巡视整改领导小组副组长包信和主持。

许武书记作了题为《增强四个意识，提高责任担当，进一步推进巡视整改工作落实》的报告，传达学习了习近平总书记6月1日主持召开中央政治局常委会议听取第十二轮巡视情况汇报，以及6月28日主持召开中央政治局会议审议《关于巡视31所中管高校党委情况的专题报告》时的重要讲话精神。深入学习了习近平总书记在讲话中要求巡视整改工作要进一步增强"四个意识"，要深入研究高校党建工作特点和规律，要以巡视整改为契机、严肃党内政治生活，要坚持问题导向、把深化高校改革和全面从严治党结合起来等重要内容。许武书记还传达学习了中国科学院院长、党组书记白春礼，党组副书记、副院长刘伟平关于我校巡视整改工作的指示。传达学习了7月6日教育部党组会议精神，以及7月13日教育部召开的中管高校巡视整改中期推进会上，教育部党组书记、部长陈宝生的讲话精神。

许武书记通报了当前学校巡视整改工作进展，指出学校党委高度重视巡视整改工作，于巡视反馈会议当天下午即迅速行动，召开党委常委会议，传达学习习近平总书记关于巡视工作的重要讲话精神，成立巡视整改领导小组和工作小组，部署巡视整改工作。根据梳理出的问题清单、任务清单和责任清单以及时间表，形成学校巡视整改方案。经过一个月的集中整改，各项工作正稳步推进，对照整改时限，没有出现延期现象。但是也还存在着整改中没能联系实际把自己摆进去、治标与治本兼顾不足、缺乏亮点、攻难关力度不够等共性问题，需要引起高度重视，并在下一步的工作中集中力量解决，确保整改取得实效。

许武书记对进一步推进巡视整改工作提出了四点要求：一是进一步深刻学习领会习近平总书记重要讲话精神，把总书记讲话的重大意义和精神实质作为抓好学校巡视整改工作的行动指南。二是以倒计时的紧迫感推动整改落实。巡视整改是硬任务，是政治要求，必须按照已制定的工作方案和任务清单，倒排时间，撸起袖子，铆足劲头干。三是开好民主生活会、组织生活会。进一步深刻认识新形势下加强全面从严治党、持续改进工作作风的重大意义。四是各部门和基层组织要认真梳理已完成的工作、正在进行的工作、下一步整改落实计划，形成中期进展报告，进行阶段性的回顾总结。在报告的最后，许武书记指出：做好巡视整改，责任重大，任务艰巨。我们一定要把巡视整改作为当前最严肃的政治任务来抓，坚决把自己摆进去，亲力亲为抓落实，要履职尽责，抓重点、打硬仗、攻难关，向中央交上合格答卷，让总书记放心，让学校师生满意，以实际行动和整改实效迎接党的十九大胜利召开！

包信和校长在主持会议时表示：作为学校巡视整改领导小组副组长，作为党的干部，对待巡视整改工作，责无旁贷，坚决服从党的管理，在政治站位上首先过关，从我做起，进一步增强“四个意识”，切实把自己摆进去。对于落到自己肩上的整改落实工作，一定做到不推、不拖、不虚、不怕，在学校党委的领导下，坚决推进巡视整改工作落实。巡视整改是学校当前最重要的政治任务，“行百里者半九十”，在这关键的中期阶段，我们一定不能松懈，一定不能停滞，不能放慢整改步伐。过去一个月全校上下投入巡视整改的情况总体是好的，我们一定要继续努力把向前推进的势头保持下去。希望大家都能切实按照校党委的工作部署和要求，扎扎实实守好自己的“责任田”，在一个月后向中央和全校师生交出满意的巡视整改答卷。

（中国科学技术大学新闻网）

关于召开中央巡视整改专题民主生活会、组织生活会的通知

（党组字〔2017〕79 号）

各分党委、党总支、直属党支部，机关各部、处、室：

根据中央对中管高校巡视整改部署要求和学校巡视整改工作安排，校党委经研究决定，在全校中层以上干部和全体教工党支部召开专题民主生活会和组织生活会。现就有关事项通知如下：

一、会议主题

深入学习领会习近平总书记关于中管高校巡视的重要讲话精神，以中央第四巡视组反馈的问题和意见为主题，围绕巡视整改工作，召开专题民主生活会和组织生活会，深入剖析问题，明确整改任务和目标要求，突出整改落实。领导干部和全体党员要认真进行党性分析，联系思想和工作实际开展批评和自我批评，做到两个“看一看”、三个“查一查”，政治站位要每人必谈、人人过关，不断增强领导班子和领导干部发现和解决自身问题的能力，切实把“四个意识”体现在具体行动中，确保巡视整改政治责任落实到位。

二、基本要求

领导干部和党员要聚焦以下三个方面的要求，开展党性分析，触动思想、触及灵魂，切实收到成效。

（一）在增强“四个意识”，切实发挥党组织核心作用方面：全面贯彻党的十八大和十八届三中、四中、五中、六中全会精神，深入贯彻习近平总书记系列重要讲话精神和治国理政新理念新思想新战略，统筹推进“五位一体”总体布局和协调推进“四个全面”战略布局，牢固树立和贯彻落实新发展理念，坚定“四个自信”，坚决维护以习近平同志为核心的党中央权威和集中统一领导。提高政治站位和政治觉悟，认真贯彻党的教育方针，结合实际全面贯彻高校思想政治工作会议精神，坚持正确办学方向，坚持立德树人根本任务，落实意识形态工作责任制，把培养“六有”大学生要求落到实处。

（二）在抓实党建工作，严肃党内政治生活方面：严肃党的政治纪律和政治规矩，增强党内政治生活的政治性、原则性、时代性、战斗性。推进“两学一做”学习教育常态化制度化，严格执行党内政治生活制度；把思想政治工作和党的建设工作结合起来，加强思想政治工作，增强党的观念和党员意识，切实发挥院系党组织政治核心作用、党支部战斗堡垒作用和党员先锋模范作用。

（三）在坚持全面从严治党，加强对重点领域廉洁风险防控方面：认真履行“两个责任”，以上率下，切实把全面从严治党各项要求落实到基层。坚定不移落实中央八项规定精神，在坚持中深化，在深化中坚持。加强内部管理，强化纪律约束，扎牢制度笼子，严格制度执行，加强对重点领域的监督管理，防范廉洁风险。坚持以下看上，深刻剖析问题根源、举一反三，用好巡视成果，以巡视整改为契机，推动改革，促进发展，推动全面从严治党从宽松软走向严紧硬。

会议要坚持严的标准、严的措施、严的纪律，坚持“团结—批评—团结”，深刻查找问题，深刻自我反省，严肃认真提意见，满腔热情帮同志，确保民主生活会和组织生活会开出高质量、好效果，切实促进巡视整改、促进改革发展。

三、从严从实开展批评与自我批评

（一）深化学习，提高认识。深入学习十八届六中全会精神和习近平总书记系列重要讲话精神，着重贯彻领会好习近平总书记关于中管高校巡视的重要讲话精神；学习中央第四巡视组组长马瑞民同志、中央巡视办公室黎晓宏同志在巡视反馈会议上的讲话精神以及7月6日教育部党组会议有关精神；学习《县以上党和国家机关党员领导干部民主生活会若干规定》等文件和全国高校思政工作会议精神，进一步提高思想认识，强化政治责任，切实增强从严从实开好民主生活会和组织生活会的思想自觉和行动自觉。

（二）围绕本单位巡视整改方案，认真准备个人发言提纲。领导干部和党员要对照本单位巡视整改的问题和措施，把自己摆进去，做到两个“看一看”：一是看一看所在单位党组织的工作经不经得起巡视、经不经得起回头看，领导班子成员要率先查找问题，改造学习和工作；二是看一看领导班子成员是不是亲力亲为，在推动单位改革发展过程中，有没有率先查找、着力解决工作一般化、大而化之的痼疾。

做到三个“查一查”：一是查一查有没有特殊意识，存不存在以专业身份凌驾于政治纪律约束的现象，要正确、科学、辩证地认识教育战线的特殊性和知识分子的特点；二是查一查在大是大非问题上有没有糊涂认识和似是而非的观念，坚定贯彻落实党的教育思想、教育方针、教育道路的政治意识必须敏锐；三是查一查敢不敢追究责任，要强化责任意识和阵地意识，守土有责，守土负责。

要深刻进行党性分析，检视党性修养的差距，认真反思存在的问题和不足，剖析问题存在的根源，明确落实整改方案的具体措施。中层及以上领导干部要撰写民主生活会书面发言提纲。

（三）严肃开展批评和自我批评。自我批评要切实围绕巡视反馈存在的问题，直陈不足，直挖根源，见人见事见思想。相互批评要坦诚相见、开门见山，不能以工作建议代替批评意见，不能搞“一团和气”、当老好人。主要负责同志要带头开展批评与自我批评，参加人员要围绕存在的问题和整改措施，把自己摆进去、把职责摆进去、把思想和工作摆进去查找不足，进行党性分析，明确整改方向。开展批评和自我批评，既要直面问题、坦诚相见，又要实事求是、出于公心，达到触动灵魂、提高认识、改进作风的效果。

四、切实加强组织领导和整改落实

各级党组织要落实管党治党的主体责任，切实加强对民主生活会和组织生活会的组织领导，于8月4日前完成并将材料报上级党组织。处级及以上党员领导干部要严格按照领导干部双重组织生活制度的要求，参加中层领导班子民主生活会和所在党支部的组织生活会。党政主要负责同志要切实履行第一责任人责任，带好头、把好关，以专题民主生活会和组织生活会促进巡视整改工作的推动落实，切实促进本单位改革发展。

特此通知。

中共中国科学技术大学委员会
2017年7月21日

学校召开校党委全委(扩大)会议

7月27日上午，学校在东活五楼报告厅召开校党委全委（扩大）会议，重温习近平总书记考察我校重要讲话精神，传达学习意识形态工作相关讲话精神，审议修订学校有关文件制度等。会议由校党委书记许武主持。校党委委员出席会议，纪委委员、非党委委员的校领导、机关部门主要负责人以及各分党委、党总支、直属党支部主要负责人列席会议。

会议首先播放了2016年4月26日习近平总书记考察我校的视频，重温习近平总书记考察我校并发表重要讲话的情景。许武书记表示，虽然距习近平总书记考察我校已经一年多了，但回想起来依然历历在目，总书记的鼓励和期许言犹在耳、令人振奋。

许武书记传达学习了意识形态工作相关讲话精神。7月3日，中央政治局委员、国务院副总理刘延东在贯彻落实中央关于巡视中管高校有关精神专题会议上的讲话中指出，高校是我们党意识形态工作的重要基础、前沿阵地、独特战线，是党执政的重要基础，要牢牢掌握党对意识形态工作的领导权主导权。7月25日，中宣部、教育部联合召开中央第十二轮巡视发现意识形态工作责任制存在问题整改督办会，教育部党组书记、部长陈宝生在讲话中对高校意识形态工作提出了全面从严、全程求实、全员碰硬、全方位融入、全战线稳中求进的要求，指出要以习近平总书记重要讲话为根本遵循指导巡视整改工作，以增强“四个意识”为核心提高政治站位，将意识形态工作责任制落实作为巡视整改任务落实的总牵引，引领各项整改任务落实，列出问题清单、任务清单、责任清单，用两个月时间完成集中整改，做到精准式整改、质量式整改、责任式整改，确保整改成效经得住历史检验、经得起“回头看”。整改过程中，要把责任和压力层层传导下去，发挥广大教职工特别是党员教师在维护主流意识形态中的先锋模范作用，将意识形态工作常态化、制度化，全方位融入学校工作，坚持稳中求进的工作总基调，“对标”十八大精神找差距，“对表”十九大精神定目标，“对照”

巡视反馈定措施。

许武书记代表学校党委布置了意识形态工作整改任务，要求各级党组织都要主动负起主体责任，党组织负责人要把自己摆进去，切实履行好“第一责任人”职责，抓细抓实，不能大而化之。要建立工作台账，实行盘点销号，责任具体到人，严抓督查落实，确保条条有整改、件件有着落。一定要按照要求，在一周之内形成学校意识形态工作专项整改方案，上报中宣部、教育部和中国科学院党组，并确保在两个月内拿出整改报告。

党委副书记、纪委书记叶向东通报了中央第四巡视组《关于在巡视中对中国科学技术大学党委意识形态工作责任制落实情况监督检查的报告》。

党委常委、副校长陈晓剑作了关于修订《中国科学技术大学党委全委会议议事规则》的说明，通报了校党委常委会议、校长工作会议议事规则修订工作。与会的校党委委员对修订后的《中国科学技术大学党委全委会议议事规则》进行了审议并表决通过。

最后，许武书记通报了《中国科学技术大学党政领导人员选拔任用工作办法》修订情况。根据中央和中科院有关文件精神，结合巡视反馈意见，学校对党政领导人员选拔任用工作办法进行了修订，修订后的办法加强了对领导人员的政治素质和管理能力的要求，提高了领导人员基本资格要求，规范了领导人员的破格提拔、组织提名，突出了精准科学选人用人、增强班子整体功能，强调加强后备干部队伍建设，重视发挥基层组织的政治把关作用，扩大了选人用人视野。

（中国科学技术大学新闻网）

关于成立中国科学技术大学党委落实意识形态工作责任制整改领导小组、工作小组的通知

（党宣字〔2017〕86 号）

各分党委、党总支、直属党支部，机关各部、处、室：

为切实做好意识形态巡视整改各项工作，经校党委常委会议研究，决定成立中国科学技术大学党委落实意识形态工作责任制整改领导小组、工作小组。领导小组、工作小组人员组成如下：

一、领导小组

组　长：许　武

副组长：包信和

成　员：潘建伟　叶向东　陈初升　陈晓剑　周先意　朱长飞　蒋　一　王晓平
黄素芳　杨金龙

二、工作小组

组　长：陈晓剑

副组长：蒋　一　王晓平

成员单位：党委宣传部、党政办公室、党委组织部、纪律检查委员会、学生工作部(处)、研

究生院、教务处、科研部、人力资源部、国际合作与交流部、离退休干部工作办公室、保卫与校园管理处、团委

特此通知。

中共中国科学技术大学委员会
2017 年 7 月 29 日

学校举办增强“四个意识”、学习“7 · 26”重要讲话精神专题研修班

8 月 14 日，学校在东区师生活动中心五楼报告厅举办校院领导增强“四个意识”、学习“7 · 26”重要讲话精神专题研修班，深入学习贯彻习近平总书记系列重要讲话精神和治国理政新理念新思想新战略，深入学习、研讨、交流习近平总书记在省部级主要领导干部专题研讨班开班式上的重要讲话精神，切实增强“四个意识”，牢牢扎根中国大地建设世界一流大学。校党委书记许武主持专题研修班并讲话。在校校级领导班子成员、全体中层干部和教工党支部书记参加了研修班学习。

许武在讲话中指出，习近平总书记的讲话，深刻阐述了党的十八大以来党和国家事业发生的历史性变革，深刻阐述了新的历史条件下坚持和发展中国特色社会主义的一系列重大理论和实践问题，深刻阐明了未来一个时期党和国家事业发展的大政方针和行动纲领，提出了一系列新的重要思想、重要观点、重大判断、重大举措，对于团结动员全党全国各族人民锐意进取、开拓创新，满怀信心为决胜全面建成小康社会、夺取中国特色社会主义伟大胜利而奋斗，具有十分重要的意义。

许武要求，全校各级党组织要认真组织学习“7 · 26”重要讲话精神，进一步增强“四个意识”，把坚决维护习近平总书记的核心地位作为第一位的政治要求，旗帜鲜明讲政治，站稳政治立场，把准政治方向，坚定理想信念，做政治上的明白人。全体党员特别是党员领导干部要以高度的政治责任感和历史使命感，不断深化对“7 · 26”讲话重大政治意义、理论意义、实践意义的理解，把思想认识行动高度统一到习近平总书记的重要讲话精神上来，高度统一到中央的决策部署上来。

许武强调，全校广大师生一定要牢记使命，不忘初心，以党的旗帜为旗帜，以党的意志为意志，以党的使命为使命，深入学习贯彻习近平总书记系列重要讲话精神和治国理政新理念新思想新战略，切实把思想和行动统一到习近平总书记“7 · 26”重要讲话精神上来，坚决维护以习近平同志为核心的党中央权威和集中统一领导，自觉在思想上政治上行动上同党中央保持高度一致，切实增强“四个意识”，坚定“四个自信”，协调推进“四个全面”战略布局，把“四个服务”贯彻教学科研全过程，充分运用好巡视整改工作成果，营造和保持风清气正的政治生态和上下一心的发展环境，把建立起来的新制度、新机制转化为加快建设具有中国特色的世界一流大学的强大动力，不断增强学校的凝聚力和向心力，不断增强工作的原则性、系

统性、预见性、创造性，把红色基因一代代传承下去，以扎扎实实的整改落实成效，以优异的成绩迎接党的十九大胜利召开！

专题研修班上，马克思主义学院陈小林老师作《全面增强“四个意识”坚决维护党中央权威——学习习近平总书记“7・26”重要讲话精神》专题辅导报告。他从“四个意识”的提出过程、现实依据和深刻思考、内涵和实质、切实把增强“四个意识”落到实处等几个方面诠释了新形势下深刻领会“四个意识”的重要意义、增强“四个意识”的必要性以及如何把增强“四个意识”落到实处。

研究生院副院长倪瑞，信息科学技术学院党委书记、副院长陈卫东先后发言，与大家分享了“7・26”重要讲话的学习体会。他们表示，通过深入学习总书记重要讲话精神，牢固树立“四个意识”，切实提高政治站位，自觉在思想上政治上行动上同以习近平同志为核心的党中央保持高度一致，用总书记重要讲话精神武装头脑、明确方向、推动工作，把总书记重要讲话精神转化为创建世界一流大学的强大动力。

专题研修班上，人力资源部部长褚家如还就教职工经商办企业整改工作做了说明。

（中国科学技术大学新闻网）

中共中国科学技术大学委员会关于巡视整改情况的通报

根据中央统一部署，2017 年 3 月 4 日至 4 月 30 日，中央第四巡视组对中国科学技术大学党委进行了巡视。2017 年 6 月 16 日，中央巡视组向中国科学技术大学党委反馈了巡视意见。根据《中国共产党巡视工作条例》和《中国共产党党内监督条例》有关规定，现将巡视整改情况予以公布。

一、坚决落实中央要求，把巡视整改作为最严肃的政治任务抓紧抓实抓好

校党委全面学习贯彻党的十八大和十八届三中、四中、五中、六中全会精神，深入学习贯彻习近平总书记系列重要讲话精神和治国理政新理念新思想新战略，贯彻落实“五位一体”总体布局和“四个全面”战略布局，践行新发展理念，增强“四个意识”，坚定“四个自信”，切实把习近平总书记关于中管高校巡视重要讲话精神作为巡视整改最重要的思想基础和最根本的行动指南，切实把思想和行动统一到习近平总书记对巡视整改的要求上来，统一到中央关于巡视工作的决策部署上来，全面从严，狠抓落实，以最坚决的态度、最果断的举措、最有效的办法，不折不扣抓好整改落实工作。

（一）把牢固树立“四个意识”、深入学习贯彻落实习近平总书记重要讲话精神作为巡视整改最根本的思想基础

党的十八大以来，中央高度重视巡视工作，习近平总书记围绕全面从严治党、发挥巡视利剑作用，发表了一系列重要讲话，为我们抓细抓实巡视整改工作提供了根本依据。

巡视整改期间，校党委书记许武多次主持召开党委常委会议、巡视整改领导小组会议、党委理论学习中心组学习会议传达学习习近平总书记系列重要讲话精神和治国理政新理念新思想新战略，尤其是习近平总书记在 6 月 1 日中央政治局常委会、6 月 28 日中央政治局会

议上关于中管高校巡视重要讲话精神，以及7月26日在省部级主要领导干部专题研讨班上的重要讲话精神。

校党委要求，校级领导班子成员带头，全校各级党组织、全体党员要进一步深入学习领会习近平总书记系列重要讲话精神和治国理政新理念新思想新战略，并将其作为学校巡视整改工作最根本的思想基础和最根本的行动指南。要切实学深悟透、学以致用、融会贯通，用其武装头脑、洗涤灵魂、指导实践，切实将讲话精神实质贯穿学校巡视整改落实全过程、全细节，以巡视整改作为维护核心的具体行动。

（二）履职尽责、勇于担当，坚决担负起巡视整改的政治责任

6月16日上午巡视反馈会上，校党委作出郑重表态，全部诚恳接受反馈意见和整改建议，一定严格按照中央要求“对标”“对表”，全面增强“四个意识”，强化政治责任，针对巡视发现的问题纠正、纠错、纠偏，一件一件抓，把“四个意识”体现在具体行动中，深挖病根、精准发力、综合施策，在整改期限内向中央和全校师生递交满意答卷。

当天下午，党委常委会议第一时间部署巡视整改工作。党委书记带头，校级领导班子成员坚决把自己摆进去，主动认领责任，带头落实整改，既督任务、督进度、督成效，又查认识、查责任、查作风，做到真认账、真反思、真整改和真负责，切实履职尽责，把巡视整改落实当作当前最重要的政治任务，坚决打赢这场攻坚战。

巡视整改期间，校党委带头深入学习领会新修改的《中国共产党巡视工作条例》和中央关于巡视整改的要求，为全面做好巡视整改工作打好扎实的思想理论基础，坚定扛起抓好巡视整改落实的政治责任。

（三）精准发力、层层压实，全力打好巡视整改攻坚战

坚持以上率下、示范引领。6月16日，校党委当即成立巡视整改领导小组，党委书记许武任组长，校长包信和任副组长，其他校级领导班子成员作为小组成员。同时，成立巡视整改工作小组，党委副书记、纪委书记叶向东任组长，党委常委、副校长陈晓剑和党委副书记蒋一任副组长，为巡视整改工作提供坚强的组织领导。

许武同志带领校级领导班子全力投入整改落实工作，建立了“例会调度”“整改督导”“简报交流”等工作机制，一周一调度、一事一汇总，各司其职、各负其责、整体联动、合力推进。

巡视整改以来，共召开8次领导小组会议和9次工作小组会议，印发8期《巡视整改简报》，及时掌握学校和各基层党组织的巡视整改情况，实时通报整改清单的落实情况，研究解决存在的问题，梳理制度建设进展及已落实任务、正推进任务等，确保按表推进、按期落实。

制定“三单一表”，逐项对账销账。校党委坚持问题导向，奔着问题去，瞄着问题查，追着问题改，逐一对照巡视组反馈意见，全面梳理，认真排查。对照巡视中发现的主要问题，进一步细化为9个方面56项具体问题、133项具体整改任务，形成“问题清单、任务清单、责任清单”和“路线图、时间表”，确保中央反馈意见全覆盖、无死角、零遗漏。

针对梳理出的133项具体整改任务，制定《中共中国科学技术大学委员会巡视整改方案》，建立工作台账，逐项明确责任校领导、责任单位、责任人、路线图、时间表，启动清单式整改。整改期间，倒排时间点，倒逼责任人，看图说话、对表作战，排查一项、整改一项、销号一项，确保巡视反馈意见条条有整改、件件有着落，确保每项整改任务都可检查、可验收、可评估。

截至目前，巡视整改清单133项具体任务在整改集中期均已完成，做到条条已整改、件件有着落；其中37条需“长期坚持”的任务今后将继续加强定期检查。

加强督促检查，层层压实责任。把问题导向、目标导向、实效导向贯穿整改工作的全过程，把求真务实的态度、从严从实的标准、做细做实的要求贯穿整改的各个环节，做到精准式整改、质量式整改、责任式整改，确保整改成效经得住历史检验，经得起“回头看”。

6月20日，校党委召开中层干部大会，通报中央巡视组关于我校选人用人工作专项检查反馈意见，布置巡视整改工作；6月30日，召开巡视整改动员大会，进行全员整改动员部署，突出强调实行整改问责制，全力增强抓好整改工作的思想自觉、政治自觉和行动自觉。

6月29日，校党委印发《关于推进基层党组织巡视整改任务落实的通知》，要求26个基层党组织制定各自整改清单，并每周上报整改情况。7月3日，校党委建立“整改督导机制”，成立7个巡视整改督导组，由党员校领导任督导组组长，整改期间对26个基层党组织进行两轮督导，实现督导全覆盖。督导组参加基层党组织的巡视整改专题民主生活会、组织生活会，督促其深挖思想根源，拿起批评与自我批评的武器，切实提高推动整改落实的自觉性、主动性。

及时总结回顾、坚持全程发力。在巡视整改中期阶段，校党委认真研究巡视整改工作过程中的共性问题。7月17日，在全校范围内召开了巡视整改中期推进会，及时传达学习中央关于巡视的重要精神，分析存在的共性问题并对下一步的工作提出了具体要求，进一步强调要把巡视整改工作作为当前最严肃的政治任务来抓，坚决打赢这场攻坚战。

7月31日，校党委召开学校领导班子巡视整改专题民主生活会，以中央第四巡视组反馈的问题和意见为主题，围绕巡视整改工作，深入剖析问题、进行党性分析，结合思想和工作实际开展批评与自我批评，不断增强“四个意识”，坚定“四个自信”。许武同志联系自身工作实际，坚持把自己摆进去，从政治站位、政治生态、政治担当等方面细查思想、深查原因，以刀刃向内的勇气，深刻剖析“表现在基层、根子在党委”，带头进行对照检查和自我批评。领导班子其他成员逐一发言，把自己摆进去，开展批评与自我批评，见人见事见思想，进一步分析巡视整改仍然存在的问题，提出下一步的整改方向和具体举措，进一步增强了班子的凝聚力、战斗力，推动形成巡视整改全过程持续发力的良好态势。

(四) 综合施策、实处着力，确保从紧从严抓好巡视整改

坚持立行立改、即知即改。对于缺少制度规范的问题，迅速调查研究，及时制定出台规章制度；对于缺人缺物缺资金的，迅速补齐，学校层面给予必要支持；对于已完成的，及时检查核查，防止问题反弹；对于长期坚持的，要求明确重要举措时间节点，再逐步落实。

坚持“治标”与“治本”相结合。抓长抓常，长期抓、抓常态，反复抓、抓反复，用足用好巡视整改的认识成果、实践成果、制度成果，建立健全长效制度，扎紧制度笼子，加强对全校党员教职工的党性教育，找差距、补短板，在坚持党的领导、加强党的建设、全面从严治党治校和立德树人上争做标杆。

坚持多部门联动，形成合力。涉及多个责任部门的整改任务，要综合会诊、对症下药、形成合力。着眼制度完善，明确牵头单位，加强分工合作，推动形成多部门参与、常态化覆盖的工作机制。牵头单位既要种好“自留地”，还要管好牵头的“责任田”，协同部门要积极参与、敢于担当，不讲条件、不推诿扯皮。

坚持推动整改向日常工作延伸。充分认识巡视整改不是过关，要坚持将巡视整改作为一项常抓常新、长管长治的重大政治任务持续推进、不断深入，既有当下改的举措，也有长久立的机制。坚持将巡视整改工作与“两学一做”学习教育常态化制度化相结合，与学校“双一流”建设相结合，与深入推动学校的综合改革相结合。

二、认真对照巡视反馈意见，逐项抓好整改落实

校党委深入学习贯彻习近平总书记关于巡视工作的重要论述和系列重要讲话精神，深刻领会中央巡视的政治“显微镜”、政治“探照灯”所蕴含的丰富内涵，站在巩固党的执政基础的政治高度，坚守政治信仰、站稳政治立场、把准政治方向，始终同党中央保持高度一致，做到旗帜鲜明讲政治，意志坚定讲忠诚，使命光荣讲担当，切实担负起全面从严治党的主体责任，切实把巡视整改作为铸魂工程、强身工程、清洁工程、筑基工程，取得实实在在的效果。

（一）增强“四个意识”，切实发挥党委领导核心作用

围绕中央巡视反馈的问题，校党委从政治站位、政治生态、政治担当等方面细查思想、深查原因，快速反应、精准发力，坚决把思想和行动统一到中央要求上来，统一到以习近平同志为核心的党中央权威和集中统一领导上来，从“四个意识”看忠诚，从“四个自信”看坚定，从“四个全面”看自觉，从“四个服务”看使命，集中破解难题、全员全力攻坚。

1. 针对“党委领导核心作用发挥不够充分”的问题

一是增强“四个意识”，坚定“四个自信”，在思想上政治上行动上同以习近平同志为核心的党中央保持高度一致。

党的十八大以来，以习近平同志为核心的党中央，紧紧围绕坚持和发展中国特色社会主义这个主题，带领全党全国各族人民励精图治、攻坚克难，把中国特色社会主义推进到新的发展阶段。

深刻学习领会、牢固树立“四个意识”。“四个意识”是以习近平同志为核心的党中央在党的十八大以来的治国理政实践中提出的重要思想，是加强党的建设，坚持以习近平同志为核心的党中央集中统一领导，增强党的团结统一，形成全党的向心力、凝聚力和战斗力的重大举措，既有深刻内涵，更有现实指导意义。

巡视整改工作中，校党委自觉而坚定地增强“四个意识”，内化于心、外化于行，根植在理想信念中，体现在具体行动上。认真落实党委领导下的校长负责制，切实履行好管党治党、办学治校主体责任，议大事、谋全局、把方向，坚持社会主义办学方向，坚持立德树人，不折不扣地把贯彻党中央精神落到实处。

围绕深入学习贯彻习近平总书记系列重要讲话精神和治国理政新理念新思想新战略、党的十八届六中全会精神、全国高校思想政治工作会议精神，全面增强“四个意识”，校党委开展了党委常委会议学习、党委理论学习中心组学习，举办了专题培训班、研讨班、专题讨论会等系列学习。特别是举行了“校院领导增强‘四个意识’、学习‘7·26’重要讲话精神”专题研修班，全面覆盖全校中层以上干部和各级党组织负责人，认真学习、深刻领会习近平总书记“7·26”重要讲话所蕴含的重大政治意义、理论意义、实践意义，要求全校各级党组织和党员干部要牢固树立“四个意识”，把学习贯彻“7·26”重要讲话精神作为当前重大政治任务，纳入“两学一做”学习教育常态化制度化的重要内容，进一步坚定信仰定力、政治定力、战略定力，切实把思想和行动统一到讲话精神上来，坚决维护以习近平同志为核心的党中央权威

和集中统一领导。

通过集中学习、反复研讨、深刻领会，校党委带领全体党员进一步增强了“四个意识”，坚决做到政治方向不偏、政治信仰不变、政治立场不移，自觉站在党和国家大局上想问题、看问题，坚定维护以习近平同志为核心的党中央权威，始终向党中央看齐，向党的理论和路线方针政策看齐，向党的决策部署看齐，不折不扣贯彻落实好党中央的决策部署。

进一步完善党委常委会议学习制度。坚持把政治理论学习摆在首位，坚持读原著、学原文、悟原理，提高政治素养，筑牢信念之基，补足精神之钙，把稳思想之舵，以理论上的清醒不断促进政治上的坚定。

巡视整改期间，校党委召开 9 次党委常委会议，第一时间学习传达贯彻中央关于中管高校巡视整改、习近平总书记“7・26”重要讲话精神、加强新形势下党的督促检查工作、学习廖俊波和黄大年同志先进事迹等决策部署和要求，并印发相关学习通知，研究制定有关制度、方案和文件。通过不断深入学习贯彻，自觉在思想上政治上行动上同以习近平同志为核心的党中央保持高度一致，不断增强“四个意识”，坚定“四个自信”，知行合一、学思践悟，为切实按照中央要求做好巡视整改工作坚定了信心、鼓舞了士气、明确了方向。

加强党委理论学习中心组学习规范化制度化建设。根据中央新的要求，制定《中国科学技术大学党委理论学习中心组学习实施细则》《关于进一步加强党委理论学习中心组外请报告工作管理的通知》等文件，明确要求学校各级党组织把理论学习中心组学习列入重要议事日程，纳入党建工作责任制，纳入意识形态工作责任制。校党委制定了理论学习中心组年度学习计划，明确每年至少集中学习 4 次，每个季度至少 1 次，辅以个人自学和专题调研若干次。今年以来，按照计划集中学习了 3 次。每次学习均严格按照《实施细则》要求，会前制订详细的学习计划、确定学习主题，会中做好学习安排、记录，中心组成员结合实际工作交流发言，会后做好学习总结，实现了中心组学习有计划、有内容，有记录、有存档，可检查、可追溯。

针对二级党组织党委理论学习中心组学习存在的不规范问题，校党委印发了《关于及时报送党委理论学习中心组学习计划等事项的通知》，要求二级党组织结合自身实际，成立理论学习中心组，制订年度学习计划，撰写年度学习总结，校党委定期督查和考核。根据通知要求，26 个二级党组织全部制订了理论学习中心组年度学习计划，并报送党委宣传部备案。巡视整改期间，学校巡视整改督导组对二级党组织理论学习中心组学习计划落实情况进行督促检查，各二级党组织全部按照学习计划规范有序地进行了专题学习。

进一步提高学习贯彻中央精神的深度、力度、广度。巡视整改期间，校党委举办了两期学习贯彻党的十八届六中全会、全国高校思想政治工作会议精神专题培训班，切实把全校党员的思想和行动统一到全会精神上来。

6 月 26 日举行的校党委理论学习中心组学习会强调必须把牢固树立“四个意识”放在首位，严格遵守政治纪律和政治规矩，坚决维护以习近平同志为核心的党中央权威和集中统一领导。

7 月 6 日，校党委举行党的十八届六中全会精神辅导报告会，邀请中共安徽省委党校教授作专题辅导报告，校领导，各学院、机关部门、重点科研机构、直属单位的中层以上领导干部和教工支部书记参加了报告会。

牢记习近平总书记嘱托，坚定“四个自信”，加快建设具有中国特色的世界一流大学。习近平总书记在 2016 年 4 月 26 日视察中国科大时指出:“中国科技大学要勇于创新、敢于超越、力争一流,在人才培养和创新领域取得更加骄人的成绩,为国家现代化建设作出更大的贡献。”习近平总书记还提出要增强文化自信:“中国现在的大学,要培养出什么样的学生,我们要有自信。要道路自信、理论自信、制度自信,还有一个根本的自信,就是文化自信。”

校党委深刻认识到习近平总书记视察中国科大并发表重要讲话,是中国科大发展史上的一个里程碑,饱含着习近平总书记对科大建设一流大学的期许,同时也是一份沉甸甸的责任。校党委带着深厚感情持续深入学习习近平总书记视察中国科大重要讲话精神,带领全校师生领会思想精髓,把习近平总书记的重要指示精神和要求转化为实际行动,坚定“四个自信”,尤其在科技创新和人才培养上增强“文化自信”。

按照党和国家统筹推进世界一流大学和一流学科建设的总体部署,加快建设具有中国特色的世界一流大学。成立统筹推进世界一流大学与一流学科建设领导小组与工作小组,由校党委书记、校长担任领导小组双组长,全面领导学校“双一流”建设。7 月 2 日,召开“双一流”建设方案论证会,《中国科学技术大学一流大学建设方案》和拟建一流学科建设方案通过专家组论证。发挥学校在合肥综合性国家科学中心建设中的引领示范作用,加快推进量子科学研究基地建设。7 月 11 日,中国科学院量子信息与量子科技创新研究院揭牌,将联合多方创新力量,形成大协作、开放式的网络化协同创新和集成创新格局。

二是加强学习领会全国高校思想政治工作会议精神,制定《实施意见》和分工方案,强化督查落实。

习近平总书记在全国高校思想政治工作会议上的重要讲话,是指导我们做好新形势下高校思想政治工作,牢牢把握社会主义办学方向,培养社会主义合格建设者和可靠接班人的根本遵循。

及时部署传达、深入学习领会会议精神。校党委在第一时间召开党委常委会议,学习传达全国高校思想政治工作会议精神,要求全校各级党组织、各部门将认真学习全国高校思想政治工作会议精神作为当前和今后一段时期的重点学习内容。举办两期全国高校思想政治工作会议精神专题培训班,学校党政主要负责人分别作专题报告。通过党委全委(扩大)会议、党委理论学习中心组学习会、全校干部大会、意识形态工作领导小组工作会议、宣传思想工作座谈会、贯彻全国高校思想政治工作会议精神工作研讨会、思想政治理论课专题研讨会等多种形式,认真学习贯彻落实习近平总书记重要讲话精神。

制定《实施意见》,强化督查落实。经过学习研讨,在广泛征求意见的基础上,3 月 23 日,校党委召开党委常委会议、党委全委(扩大)会议,审议通过了学校《关于加强和改进新形势下思想政治工作的实施意见》。制定了《贯彻落实〈关于加强和改进新形势下高校思想政治工作的意见〉重点任务分工方案》,明确了任务清单和责任清单、2017 年重点工作和长期工作,做到层层明晰责任、条条督办落实,做到可检查、可考核。截至目前,方案中的 42 条 2017 年重点任务正在按计划稳步推进。

校党委充分发挥好各级党组织在贯彻落实《实施意见》中的关键作用,建立思政工作的会商机制、联动机制,在校院两级形成既齐抓共管、上下联动,又责任到人、任务到岗的工作格局,构建了具体明确、环环相扣的“责任链”。同时,把学院落实重点任务分工方案情况作为今年督查工作重点和重要考核指标,在院级统筹增量经费(绩效预算)分配方案中设置了考核激励机制。

加强队伍建设，配备专职思想政治工作人员。校党委针对“专职思政队伍建设存在薄弱环节”的问题，从选拔、考核、培养多个环节全面强化专职思政队伍的建设，努力打造过硬的思想政治工作队伍。

制定《专职辅导员队伍（含团干）选聘计划》，规划思政工作队伍长效建设方案。7月底，采取“选留、转岗和外聘”的选拔方式，已按要求配齐了本科生专职辅导员队伍，并逐步加强研究生专职辅导员队伍的选拔和建设。

完善思政工作队伍的考核激励办法，修订《班主任考核试行办法》《团干部工作考核办法》，明确思政工作队伍的工作内容，考核内容、方式和程序，并督促各学院依据学校规定及时制定本单位思政工作队伍的考核和激励方案。

制定《辅导员班主任年度培训方案》《辅导员班主任研讨课实施办法》《心理咨询教师培养计划》《青年马克思主义者培养工程共青团干部培养方案》，确定思政工作队伍培训的原则、内容、方式，从思想引导、工作事务、心理指导等方面有效提升思政工作队伍的职业素养和专业技能，推进思政工作队伍的职业化专业化培养。

三是坚持以立德树人为根本，以培养“六有”大学生为抓手，全员全过程全方位育人。

2016年4月26日，习近平总书记视察中国科大时，勉励同学们“做有理想、有追求的大学生，做有担当、有作为的大学生，做有品质、有修养的大学生”，这一讲话揭示了大学生成长发展的规律，充分体现了党中央从战略高度对青年学生的关怀和一贯要求，为学校引领和培养大学生指明了前进方向。校党委牢记习近平总书记的要求，坚定履行对大学生进行思想政治引领和价值引领的职责，加强全局规划，保障实施条件，把培养“六有”大学生落到实处。

全员全过程全方位培养“六有”大学生。校党委全局规划、统筹部署，多个部门充分联动、层层落实，制定了《“六有”大学生培养方案》，将理想信念教育放在首位，形成长效培养机制，强化监督和问责，保证培养方案的逐级落实。加强思政工作队伍的选拔、培训和考核，为“六有”大学生培养奠定稳定可靠的人员基础。制定课程教育方案，集中开展“六有”大学生课堂教学和实践教学，夯实学生培养过程中的思想政治教育基础。根据学生成长的特点，针对入学、培养、毕业这三个阶段，结合思想政治理论课的“第一课堂”和文化育人的“第二课堂”，分别制定了培养“六有”大学生、“六有”大学生骨干和“六有”大学生班集体、团支部的多个方案，制定“六有”专题的教育、创建、评比、表彰和宣传等落实措施。保证对学生从入学到毕业的各环节，从课堂到实践的各场景都贯穿“六有”大学生培养的工作。

加强师生理想信念教育，强化科教报国传统和“红专并进、理实交融”校训精神传承。完善教育培训，把科教报国传统和校训传承内化于心。改进新晋教师岗前培训和研究生导师上岗培训，强化红专并进、科教报国等方面的教育。建设团校、学生骨干培训班、青年马克思主义者培训班三层体系，明确理论与实践课的学时数，培养一批用马克思主义中国化最新成果武装头脑的学生骨干。在入学教育和毕业教育中推进文化传承，将向2017级所有新生发放《校训读本》，把开学典礼、毕业典礼上的“出校旗”、奏唱国歌与校歌、毕业宣誓等环节固化为仪式制度。将继续面向师生演出原创多媒体音乐剧《爱在天际》，弘扬科大化学物理系首任系主任、“两弹一星”元勋中获得“烈士”称号的科学家郭永怀对祖国、对党的忠贞不渝精神，传承他艰苦奋斗、科教报国的伟大精神，把科教报国传统和校训传承外化于行。制定新工科发展规划，进行科学、人文、工程的交叉融合，培养理实交融的复合型人才。制定《推荐优秀团员作入党积极分子和党的发展对象工作实施细则》，建设“本科生推优入党网络信息系统”，推进学生推优入党的管理和实施。制定班级和团支部的主题活动申报管理办法，在基层学生团体中广泛开展弘扬科教报国传统和校训传承的活动。持续推动实践育人，总结和传承科大支教精神，举办了“不忘初心，砥砺奋进”中国科大研究生支教团座谈会暨第十九届研究生支教队出征仪式，7 月 1 日起开展了主题为“喜迎十九大 · 青春建新功”的学生志愿者文化科技卫生“三下乡”活动。

围绕“四个统一”加强师德师风建设，引导教师更多投入课堂教学。制定《关于进一步加强和改进师德师风建设的指导意见》，明确师德师风标准是教师任职的首要条件，建立健全长效机制，将传承校训和把最新科研成果带入课堂作为新时期改进师德师风建设的主要内容。在校党委部署下各学院开展了相关工作，例如：数学科学学院、工程科学学院等单位举办“华龙班”视频研讨会、缅怀科学大师钱学森等活动，引导广大教师弘扬华罗庚、钱学森等老一辈科学家的科教报国精神，潜心教书育人。制定本科教学评价指标，涵盖了上课情况、教学评价、学生培养评价及教学成果奖、专业建设、教学团队、课程建设和教学研究。制定了关于教学工作量考核的奖惩办法，明确要求各学院的教授授课率达 90%，其中给本科生授课率达 80%。提升教学工作在教师薪酬体系的比重，教学效果优秀和教学工作量饱满的教师在职称晋升和评奖评优中给予适当倾斜，实施“名师名课工程”，鼓励教师投身课堂教学，进一步提升教授为本科生授课的比例。

四是坚持和完善党委领导下的校长负责制，充分发挥党委的领导核心作用。

校党委深刻认识到，办好具有中国特色的世界一流大学，必须进一步增强责任意识和担当意识，切实履行“管党治党、办学治校”主体责任，坚持和完善党委领导下的校长负责制，充分发挥校党委的领导核心作用。对于长远性、全局性的重大问题，领导班子成员要身体力行抓落实、管具体、干到位，确保中央的决策部署在学校得到不折不扣的贯彻落实。

修订党委全委会议、党委常委会议、校长工作会议议事规则。健全党委统一领导、党政分工合作、协调运行的工作机制。进一步明确事关学校改革发展稳定和师生员工切身利益及党的建设等全局性重大问题由党委全委会议作出决策，建立定期听取和审议常委会工作报告、纪委工作报告等制度。加强党委常委会议和校长工作会议上会议题的事先审核机制，重大议题决策前，党委书记和校长以及班子成员要事先充分沟通、个别酝酿，提高会议效率。修订《学院工作条例》，进一步明确学院党政联席会议议事程序和范围，补充完善学院党委会议议事程序和内容，充分发挥院级党组织的政治核心作用，确保上级和学校决策部署得到有效贯彻落实。

制定《贯彻落实“三重一大”决策制度实施办法》，确保党委集中精力议大事、谋全局、把方向。强调“三重一大”事项必须提交党委常委会议讨论决定，完善群众参与、专家咨询和集体决策相结合的决策机制。明确“重大决策、重要人事任免、重大项目安排和大额度资金使用”事项的内容范围和决策程序。梳理学校“三重一大”事项，形成《“三重一大”事项目录清单》，明确 69 条“三重一大”事项，建立“三重一大”事项的清单管理并动态调整机制。对学院“三重一大”事项决策做出要求，明确需经学院党政联席会议讨论决定。在此基础上，将贯彻落实“三重一大”决策制度的执行情况作为学校各级领导班子民主生活会和述职述廉的重要内容，按年度向上一级党组织报告，并接受群众的监督。

加强督促检查和校务公开，以抓铁有痕、踏石有印的劲头抓执行、保落实。根据《关于加强新形势下党的督促检查工作的意见》和《关于进一步加强政府督促检查工作的意见》精神，制定《中国科学技术大学督促检查工作办法（试行）》。将学校在巡视整改中的“督导机制”固化，对上级的决策部署以及校党委全委会议、党委常委会议和校长工作会议议定的重要事项，每两个月开展一次督促检查工作。进一步加强校务公开，坚持校情通报制度，接受师生和社会的监督。进一步完善冬季、夏季校务工作会议和向教代会、专门委员会进行校情通报的制度，将学校重要情况和重大事项向下一级党组织通报。修订完善《校领导接待日管理办法（试行）》，自今年恢复实行校领导接待日制度以来，共安排13次校领导接待日。

把制度建设作为“管党治党、办学治校”的重要保障，建立健全长效机制。结合《中国科学技术大学章程》和相关法律法规，对党的十八大以来学校正在运行的规章制度进行了全面梳理。对学校各类领导小组、工作小组及时进行人员调整，进一步加强党的领导，强化各级领导人员的责任意识和岗位责任。巡视整改期间，校党委修订、制定了72项制度；对各类文件进行逐件逐条梳理，做好现行制度的“废改立”工作，编制《中国科学技术大学规章制度汇编》，进一步规范工作制度和流程。

2. 针对“落实意识形态工作责任制存在薄弱环节”的问题

校党委进一步加强学习，提高思想认识，增强政治警觉性和政治鉴别力，通过着力加强制度建设、构建长效机制，加强阵地和队伍建设与管理，切实落实党委意识形态工作责任制。

巡视和整改期间，校党委通过党委常委会议、党委全委（扩大）会议、党委理论学习中心组学习会、领导班子民主生活会等多种形式，深入学习领会习近平总书记系列重要讲话精神尤其是关于意识形态和巡视工作的重要讲话精神，认真学习贯彻中央关于意识形态工作的决策部署和指示精神，加强对学校意识形态工作的分析研判和重要问题研究处理。针对巡视发现的问题，党委领导班子成员带头联系自己的思想和工作实际，把自己摆进去检查、摆进去反思、摆进去整改，极大提高了对意识形态工作极端重要性的认识，牢固树立了“四个意识”，更加坚定了“四个自信”。

围绕立德树人根本任务，校党委充分发挥与安徽省委党校共建马克思主义学院的合作优势，并通过设立“马克思主义理论研究”专项经费，加强马克思主义文献资料建设等，切实加强马克思主义教学和研究，推进马克思主义中国化最新成果进高校、进课堂、进头脑。通过制定实施一系列管理制度和措施，加强各类课程教学的育人功能，并将思想教育和价值引领有机融入丰富多彩的校园文化活动，大力弘扬中华传统文化和革命文化、社会主义先进文化，教育引导广大同学成长为“六有”大学生。

（二）抓细抓实党建工作，严肃党内政治生活

校党委认真贯彻落实全面从严治党要求，以推进“两学一做”学习教育常态化制度化为抓手，从校党委、院级党组织、党支部三个层面，积极构建学习教育长效机制，加强工作规范和工作督查，层层传导压力，层层压实责任；从党务队伍和领导干部两类重点入手，加强党务培训，严肃党内政治生活，落实支部主体责任，强化党员意识，充分发挥党组织的战斗堡垒作用和党员的先锋模范作用。

1. 针对“党建工作比较薄弱，部分院系党委发挥作用不足”的问题

校党委从议事机制、考核机制、经费保障、督促检查、问责机制等方面入手，全面完善院

系基层党组织党建工作机制,强化院级党组织政治核心作用,传导全面从严治党压力,不断提高基层党建工作水平。

一是健全基层党组织党建工作机制,提升党建工作水平。

强化院级党组织的政治核心作用。修订《学院工作条例》,完善学院党政联席会议制度,建立院级党委(党总支)决策议事机制;印发《关于进一步加强基层党组织建设的通知》,明确院级党委(党总支)会议议事范围,强化院级党组织的政治核心作用。

落实党建工作责任制。制定《院系级党组织书记抓基层党建述职评议考核工作实施办法》,严格执行基层党组织书记抓党建述职考核制度。考核对院系、实验室、直属单位党组织进行全覆盖,强化考核结果运用,与单位年度绩效挂钩。每年年底召开基层党组织负责人党建述职评议考核会议,要求基层党组织从工作清单、任务清单、问题清单、档案清单等方面就一年来开展的党建工作进行述职。

设立党建专项经费。支持各院级党组织积极推进党建工作、抓实党务培训、加强党员学习教育、开展主题党日活动等,加大对院级党组织开展工作的保障支持力度。要求各院级党组织在每年年底的党建述职评议中对党建经费使用情况进行报告,对全体党员公开,确保各项经费用在实处,取得实效。

强化督查落实。认真贯彻落实中央《关于加强新形势下党的督促检查工作的意见》精神,联合中科院督查组、通过学校巡视整改督导组以召开座谈会、查阅材料、个别访谈等方式对院级党组织推进"两学一做"学习教育常态化制度化、基层党组织标准化建设、巡视整改落实情况等开展督查,形成工作闭环。建立校党委对院级党组织的党建工作定期督查机制和院级党组织对党支部工作的考核检查机制。重点抓少数党建工作不力的院级党组织整改,加大整顿软弱涣散党组织的力度。

二是推进"两学一做"学习教育常态化制度化,建立常态化的政治理论学习制度,发挥领导干部示范带头作用,增强党员意识,提升党性修养。

校党委制定《关于推进"两学一做"学习教育常态化制度化实施方案》,召开全校部署动员大会。校党委将安徽省高校基层党组织建设标准化、教育部对学生党支部建设标准化的要求融入实施方案,把规范执行"三会一课"制度作为"两学一做"学习教育的重要内容,通过"两学一做"学习教育常态化制度化实现党支部组织生活标准化,增强党员意识。

明确党员政治理论学习时间;要求教工党支部每月必须组织一次政治理论学习,进一步坚定理想信念,提高党性修养,保持党员先进性,增强党员为学校、为国家发展作贡献的能力和责任。要求院级党组织每年定期开展党员培训教育,对党员加强理想信念教育,不断提高党员的党性修养。

校党委在巡视整改中,着重强化中层及以上领导班子、领导干部的"四个意识"和政治站位。抓好深化学习,举办中层干部学习贯彻党的十八届六中全会、全国高校思想政治工作会议精神专题培训班,通过多种途径加强中层干部政治学习和培训,同时将二级班子理论学习中心组制度建立和落实情况作为班子重要考核内容;抓好领导带头,要求各级党员领导干部认真执行党内政治生活各项制度,带头参加理论学习,带头参加组织生活,带头开展批评与自我批评,带头为党员上党课,带头接受群众监督,切实增强自律意识、标杆意识、表率意识。

三是强化各级党组织党务队伍建设，抓好党务培训，选优配强党务队伍，完善激励考核机制。

校党委制定《2017～2019 年党务工作培训规划》，从校、院两个层面对党务工作培训提出明确要求。校党委每年举办 1 次全校支部书记培训和 1 次党务工作者培训，推动党务工作队伍专业化职业化建设，切实提高基层党务工作者的业务能力与理论素养。7 月，校党委举办为期两天的 2017 年全校党支部书记培训班，从支部标准化建设、发展党员、“三会一课”制度、党费收缴管理使用、党员教育等方面对全校各级党组织负责人、党务秘书，教工和学生党支部书记（支部委员）等 300 多人进行全方位培训。8 月 3 日，校党委举办机关部门主要负责人研讨班，围绕加强机关党建、机关部门协作交流进行培训研讨。8 月，校党委启动举办了全校专职党务工作者培训班。院级党组织每年开展 1 次新党员培训，对新党员加强理想信念教育；每年对新任党支部书记、党支部委员进行任职培训，不断提升党支部书记、党支部委员的党性修养、履职能力和工作水平。

校党委要求承担教学科研任务的院级党组织根据党员人数配备 1～2 名专职党务秘书（组织员），其他院级党组织应配备相对固定的党务秘书（组织员）。工作表现优秀的党务思政工作者，可选拔为副处级组织员。副处级组织员由校党委在全校基层党组织根据工作需要统筹调配。选优配强党支部书记，将党支部书记作为管理干部的重要来源。加强对教工党支部的考核激励，将教工党支部工作纳入学校绩效考核。

四是规范发展党员程序，加大在优秀教职工和学生中发展党员力度。

6 月 29 日至 7 月 15 日，校党委开展发展党员工作专项整改，要求各院级党组织全面系统梳理 2014 至 2016 年发展党员情况，对发展党员程序、入党志愿书填写、会议记录、党员材料归档等工作进行自查。校党委加大了发展党员工作程序培训力度，给各党支部发放了《中国共产党发展党员工作流程图》。校党委对发展党员不规范的典型案例，在全校党支部书记培训大会上进行了通报；对基层党组织发展党员不规范的相关责任人进行了批评教育。校党委制定《2017～2019 年发展党员工作规划》，加大在优秀教职工和学生中发展党员力度，确保层层压实责任。

2. 针对“党内政治生活不经常不严肃”的问题

校党委对照基层党组织标准化建设要求，进一步规范党支部工作，严肃党员组织生活制度，严格整顿软弱涣散党组织，规范党内政治生活，强化支部主体责任，规范基层党组织换届选举工作。

一是开展规范党支部工作专项整改，确保支部建设标准化。

校党委印发《关于进一步规范党支部工作的通知》，于 6 月 29 日至 7 月 15 日开展规范党支部工作专项整改，要求各级党组织对照《安徽省普通高等学校基层党支部建设标准（试行）》，规范设置党支部，配齐配强党支部班子，规范“三会一课”等基本组织生活制度，严格整顿软弱涣散党支部，加强党员教育管理，规范党内政治生活，促进党支部建设标准化、规范化。重新设置了 44 个教工党小组，170 个学生党小组；对所属党支部执行“三会一课”情况进行了督查，对软弱涣散的党支部进行了整顿。

校党委印发《关于严格落实基层党组织党内政治生活制度的通知》，要求各级党组织把严格党内政治生活制度作为落实管党治党责任的重要任务和基础性工作，纳入党建工作责任制；选优配强基层党组织书记，确保党的组织生活抓得实、管得好。

校党委给各院级党组织发放《中国共产党基层组织选举工作暂行条例》指导用书，进一步加强选举工作学习培训，严格基层换届选举程序，要求党委组织部、院级党组织必须严格按照换届选举工作程序审核、指导下级党组织的选举工作。健全基层党组织按期换届提醒督促机制，为严格执行党的组织生活制度提供组织保障，确保党的组织生活全覆盖、起作用、有实效。校党委对相关工作不规范的责任人进行了批评教育，在全校党支部书记培训大会上，对基层党组织换届工作不规范的典型案例进行了通报。

二是加强党员规范管理。

规范党员组织关系转接。印发《关于做好毕业生党员组织关系转移工作的通知》，进一步规范党员组织关系转接程序，完善迁入、迁出、出国等不同情况的相关台账和工作记录。校院两级每年定期进行党务对账，全面梳理师生的党员组织关系转接工作，做到台账、凭证相符。印发《关于开展党组织和党员基本信息采集工作的通知》，加强组织领导，全面动员部署，召开2次党组织和党员信息采集工作培训会，明确信息采集步骤、信息填写规范、信息校核等要求，认真做好党组织和党员信息采集工作，促进党员信息管理规范化、标准化。7月初全部完成党组织和党员的信息采集工作，目前已完成全校所有党组织和党员的信息校核、录入工作。

三是严格执行领导班子民主生活会制度，召开巡视整改专题民主生活会、组织生活会。

转发《县以上党和国家机关党员领导干部民主生活会若干规定》，组织中层领导班子加强对规定的学习贯彻，每年定期召开中层领导班子民主生活会，发挥党员领导干部的示范带头作用。

坚持问题导向，立行立改，印发《关于召开中央巡视整改专题民主生活会、组织生活会的通知》，要求领导干部和全体党员结合中央巡视反馈意见，认真进行党性分析，联系思想和工作实际开展批评和自我批评，提高政治站位，不断增强领导班子和领导干部发现和解决自身问题的能力，切实把“四个意识”体现在具体行动中，确保巡视整改政治责任落实到位。各级党组织8月4日前已全部召开中层领导班子专题民主生活会和支部专题组织生活会。

3. 针对“选人用人不规范”的问题

校党委以修订《中国科学技术大学党政领导人员选拔任用工作办法》(以下简称《工作办法》)为抓手，着力推进干部选拔任用工作规范化建设，重点开展了强化干部政治意识、精准科学选人用人、规范选拔任用程序、从严监督管理干部等四方面整改。

一是在选人用人中突出强化干部政治素质要求。新修订的《工作办法》强化了对领导人员政治素质和管理能力的要求。突出旗帜鲜明讲政治，明确要求牢固树立“四个意识”，坚定“四个自信”，严守政治纪律和政治规矩，在思想上、政治上、行动上同以习近平同志为核心的党中央保持高度一致；强调要自觉坚持党委领导下的校长负责制；强调围绕立德树人核心任务，加强师德与职业素养；坚持德才兼备、以德为先，强化政治素质、管理能力和工作实绩要求。

二是强化精准科学选人用人理念，整顿工作不力的中层班子。对班子不团结、矛盾较大、工作没有起色的个别中层班子进行了集体诫勉谈话，对工作不理想的少数中层干部进行了诫勉谈话或职务调整，对个别单位进行了整顿和定位调整。对后续考核中发现的工作不理想班子和干部,校党委将及时进行调整。

针对部分中层班子现存的党派、学科、年龄等结构性问题,校党委研究了初步增补人选的工作方案,正在结合工作实际逐步组织实施。目前,已对2个二级单位班子进行了补充调整。校党委进一步明确了选拔领导人员在职称职级与年限、学历学位方面的任职基本资格,要求专职管理岗位副职选拔应进一步扩大选人用人视野。加强后备干部队伍建设,明确了下一级重要岗位的设置和审批程序,从严管理。

三是规范选拔任用程序,促进各项工作规范化建设。修改、完善了"领导人员选拔任用工作纪实表""干部选拔考察情况记录表""干部考察谈话专用记录纸",规范了干部选任的内容和程序。确保严格执行民主推荐的会议推荐、谈话推荐和考察环节的民主测评,规范选人用人流程,如实具体记载干部动议、民主推荐、考察、讨论决定、任职等选拔任用各个环节的主要工作和重要情况,客观反映选人用人全过程和相关责任主体履职情况。近期任用的2名干部过程纪实材料,都已经按照新的规范要求逐项审定后归档。规范相关会议记录和行文,改进党委常委会议的会议记录,指定专人进行会议记录,规范整理、印发会议纪要。已经进行了会议记录工作专项培训,规范了干部任职的公示和行文格式。

四是严格执行干部监督管理各项措施。启动专项清理,加强对领导人员兼职的规范管理。按照中央有关文件精神和校党委制定的《中国科学技术大学中层干部兼职管理办法》,校党委常委会议对已经登记审批在册的中层干部兼职情况进行了集中审议。校党委印发《关于开展中层干部兼职专项清理工作的通知》,6月30日至7月20日对全体中层干部兼职情况进行全面细致的摸底排查。校党委常委会议先后两次分两批对39名中层干部在企业、社会团体、学术组织兼职情况统一进行了严格审批。重新严格认定干部人事档案专项审核中的"三龄两历一身份"。校党委常委会议听取了工作小组关于干部人事档案审核的全面情况汇报,对所有干部档案中的"三龄两历一身份"全部重新进行了认定。对检查组指出的少数中层干部年龄认定依据不足、程序不规范问题,校党委成立专门的调查小组,进一步外调完善了相关户籍、人口普查、直系亲属档案等材料。校党委常委会议对存疑的中层干部年龄进行了专题讨论认定,纠正了存在的个别问题。严格执行个人有关事项报告制度。确保每名中层干部学习政策到位,所有领导人员按时填报了2017年《个人有关事项报告表》。

(三)坚持全面从严治党,加强对重点领域廉洁风险防控

认真履行全面从严治党的党委主体责任和纪委监督责任,层层传达压力,把全面从严治党责任落实到位。严格落实中央八项规定精神,坚决防止不正之风反弹回潮。认真查找和杜绝廉洁风险,强化对领导干部的监督制约,营造风清气正的良好氛围,构建立德树人的良好政治生态。

1. 针对"'两个责任'落实不到位"的问题

切实履行全面从严治党的党委主体责任和纪委监督责任,强化政治担当,抓好"关键少数",真正把管党治党各项要求落到实处。

一是校党委认真履行全面从严治党主体责任,抓在日常、严在经常。

进一步提高政治觉悟,深刻领会主体责任内涵,增强落实主体责任的使命感和紧迫感。校党委认真学习习近平总书记关于全面从严治党方面的重要讲话精神,研读《关于新形势下党内政治生活的若干准则》《中国共产党党内监督条例》,以严的态度、严的标准把加强和规

范党内政治生活、净化党内政治生态摆在更加突出的位置。校党委将主体责任分解，落实到班子每位成员的工作职责中，切实落实党风廉政建设责任制、意识形态工作责任制、党建工作责任制等，明确学校领导班子负全面领导责任，党委书记负第一责任人责任，领导班子其他成员对分管领域负主要领导责任。校党委还对二级单位和机关部门落实主体责任作出统一要求，明确各单位要将责任分解和落实到班子每一位成员身上。

抓好领导干部这个"关键少数"，强化担当，把全面从严治党推向纵深。校党委深刻认识到，巡视反馈的问题反映在基层，根子出在党委，要求学校领导班子成员切实履行"一岗双责"职责，要求各级领导干部切实承担本职岗位所赋予的应尽职责。要求基层党组织书记真正担负起管党治党第一责任人的政治责任，对党负责，对本单位的政治生态负责，对干部职工的健康成长负责，坚决杜绝"层层落实责任"变成"层层推卸责任"。

校党委从严肃党内政治生活做起，从学校领导班子成员做起，切实解决不敢担当、不愿担当等问题。4 月 11 日、7 月 31 日，学校领导班子先后召开 2 次专题民主生活会，许武同志带头进行个人对照检查，党委常委对自己分管领域存在的问题，开展严肃的批评和自我批评，主动仔细"对账"、认真"领账"，从工作中找差距，从党性上挖根源，深入剖析问题产生的原因，找准解决问题的思路和办法，真正压实整改责任。

强化党内监督，严守"六项纪律"，把政治纪律和政治规矩摆在首位，支持纪委履行好党内监督专责机关职责。校党委及时调整学校党风廉政建设领导小组、廉洁从业风险防控工作领导小组人员，加强对党风廉政建设和反腐败工作的领导。印发《关于进一步完善我校纪律检查工作体制的通知》，明确要求学校各分党委、党总支、直属党支部和教工党支部设立分管纪检工作的纪检委员，校纪委设立纪委办公室，下设党风廉政室、纪律审查室和信访处置室，增加了 1 名工作人员编制，进一步规范和完善我校纪律检查工作。

二是强化纪委监督责任的落实，认真落实"三转"要求。

通过中央巡视和整改，纪委认真落实转职能、转方式、转作风的"三转"要求，加强监督、严格执纪、敢于问责。

明确监督执纪问责主业，切实转变工作职能。根据中央巡视整改工作总体要求，按照学校巡视整改工作的整体部署，纪委细化整改任务清单，明确责任人和整改时限，构建"校纪委协同校党委、纪委办协同党政办、纪检委员协同各级党组织负责人"的分级协同工作体制和"岗位明确、职责清晰、制度完善、奖惩并举"的工作机制。重申并进一步强调各级党组织和党员领导干部的岗位职责和监督职责，强化"一岗双责"。常态化坚持党风廉政建设责任书、反腐倡廉责任书的签订，坚持参与规范监督干部选拔任免和各级党组织管党治党主体责任的年度考核等工作。

为进一步落实"三转"工作要求，强化监督责任落实，制定《纪委全体会议议事规则》；制定《纪委办公室工作职责》，修订《监察审计处工作职责》；督促校内各单位认真查找风险防控关键节点，梳理、修订和完善相关规章制度和工作流程。进一步加强对重点领域、重要岗位、重大事项的监督检查和风险防控，加大对意识形态、基建项目、科研经费、招生考试、物资采购、校办产业等工作的监督力度。

强化监督执纪宣教工作，努力转变工作方式。明确要求各级党员领导干部，特别是纪检委员，要结合"两学一做"学习教育常态化制度化，组织专题学习《中国共产党章程》和主要党纪党规。中央巡视及整改期间，发现并立案查处一批违规违纪案件，并以此为案例，通过学校党风廉政建设警示教育大会、纪检委员与纪检监察干部培训班、专题民主生活会和组织生活会等形式，开展警示教育，增强党员领导干部的“红线”“底线”意识，引导广大党员干部筑牢思想道德防线。

不断创新形式，加强党风党纪和廉洁从业宣传教育工作。纪检监察部门全程参与学校7个督导组对26个基层党组织的巡视整改督导工作，层层传导压力，逐级压实责任，做到警示为主，源头防治，警钟长鸣。制定并实施本科生廉洁教育教学方案，举办“不忘初心”廉政教育黄梅戏专场演出。

加强纪检监察队伍建设，持续转变工作作风。选优配强纪检监察干部队伍，不断优化纪检监察干部队伍结构。纪委举办2017年纪检委员和纪检监察干部培训班，对全校纪委委员、党风监督员、特邀监察员、各级党组织纪检委员和纪检监察干部130多人进行培训。选派纪检监察干部参加2017年中国科学院纪检干部业务能力培训班。

纪检监察部门主动加强与各级党组织联系沟通，要求并通过纪检委员开展日常提醒监督等落实“一岗双责”制度，适时通报监督执纪问责情况。充分发挥党风监督员、特邀监察员、各级党组织纪检委员作用，加强党内监督，拓宽民主监督，畅通舆论监督。

严厉查处违规违纪行为，严肃监督执纪问责。在中央第四巡视组巡视及整改期间，通过对贯彻落实中央八项规定精神进行自查自纠、立行立改和落实整改等工作，纪委认真践行监督执纪问责“四种形态”，严厉查处一批违规违纪行为，严肃处理问责一批党员、干部，其中给予9人党纪政纪处分，以案示警，以案明纪，突出震慑警醒作用，希望通过“处理一个、警醒一片、教育一方”，进一步严明纪律观念，真正让广大教职员工全面提高纪律意识。

2. 针对“落实中央八项规定精神不严格”的问题

校党委密切关注“四风”新动向，严肃处理顶风违纪行为，发现一起查处一起，绝不手软，坚决防止不正之风反弹回潮，切实让中央八项规定精神落地生根。

一是立行立改，全面开展自查自纠工作，严肃查处违反中央八项规定精神问题。

校党委对巡视中指出的落实中央八项规定精神不严格问题，扭住不放、立行立改。在中央第四巡视组的监督和指导下，2017年3月31日，校党委印发《关于进一步贯彻落实中央八项规定精神开展自查自纠工作的通知》，重点对2016年1月至2017年3月以来的国内公务接待、工作餐和物品采购等费用支出，不分经费性质和来源，继续开展全面深入的自查自纠工作。

召开专题民主生活会、组织生活会，进一步严明政治纪律。对照学校国内公务接待、工作餐及商场购物等费用自查自纠出现的问题，4月校党委召开贯彻中央八项规定精神专题民主生活会和组织生活会。校级领导班子和全校中层领导班子召开专题民主生活会，在全校教工党支部召开了专题组织生活会，全校领导干部和在自查自纠中发现问题的党员进行深刻的批评和自我批评，汲取教训，引以为戒。

7月，校党委在全校中层以上干部和全体教工党支部召开巡视整改专题民主生活会和组织生活会，再次深刻反思贯彻落实中央八项规定精神不严格问题。在学校领导班子巡视整改专题民主生活上，学校领导班子成员结合自己的分管领域和联系单位，就存在的具体问题进行深刻的自我剖析，见人见事见思想。通过民主生活会、组织生活会的召开，全校党员对照“四个合格”要求，进一步提高了思想认识，让中央八项规定精神真正入心入脑。

遵规守矩全覆盖，正风肃纪无死角。为进一步加强震慑警醒作用，校党委严肃查处、问责一批党员干部。4月27日，校党委召开全校党风廉政建设警示教育大会，通报学校对违反中央八项规定精神和督促查处“四风”问题立行立改进行处理的情况，全校1900多名党员领导干部和教职员工参加了大会，进一步严明了纪律观念。

二是抓常抓细抓实，持之以恒纠正“四风”。

校党委重新梳理贯彻落实中央八项规定精神的意见，从制度着手，加强内部管理，强化纪律约束，绷紧带电的“高压线”。

加强经费收支管理。制定《收入管理办法》，进一步完善了学校各项收费项目的申报、审批、监管机制，保障了学校收入应收尽收、收之有据，杜绝了任何单位截留、挪用或设立“小金库”，避免了“乱收费”的行为。制定《本科学生学费减免与退费管理办法》《研究生学费管理办法》，规范了本科生、研究生学费减免行为，做到了有章可循、有据可依。

针对公务卡结算执行不到位问题，校党委根据巡视组要求立行立改，4月21日印发《关于进一步重申严格执行公务卡结算管理制度的通知》，明确规定从2017年6月1日起，全面实行公务卡结算管理，并以邮件形式告知每一位教职工。公务卡办理的数量从最初的180张迅速增加到2880张，按规定必须使用公务卡结算的业务已实现全覆盖。

针对违规发放购物卡、劳务费、过节费等问题，制定《采购物资验收管理办法》《材料出入库管理办法》，进一步强化商场超市购物的真实性审查验收程序，严禁虚列支出项目购买购物卡，发现一起、查处一起。自2015年12月起，全部停止了在职人员劳务费、过节费、加班费、服装费的发放。

印发《关于进一步明确和规范财务报销有关事项的通知》，严禁在公务接待、国内差旅费、会议费等经费报销中出现超标准、超范围开支情况。

加强公务接待、会议费、国内差旅费的管理。修订《国内公务接待管理规定》，规范公务接待的接待范围、接待标准，明确了公务接待不论经费来源一律严格执行管理规定。制定《国际会议经费管理暂行办法》《国内学术会议管理暂行办法》，加强对举办国际、国内学术会议的管理，从严从紧控制会议经费支出。制定《野外特殊环境下开展教学科研活动经费管理暂行办法》，规范野外特殊环境下开展科学考察、实验测试、样本采集、考古挖掘和基本原材料采购等特殊教学科研活动费用报销经济行为，保障教学科研工作的顺利开展和教学科研经费的规范合理使用。在严格执行机关领导干部和工作人员外出报备与请销假的基础上，进一步规范国内公务出差审批管理工作，严禁不经审批擅自出差，严禁无实质内容、无明确公务目的的差旅活动。

加强因公出国(境)管理。制定《因公临时出国(境)管理实施细则》《公派长期出国(境)管理办法》，严格规范审批制度，一经发现未经审批擅自出国(境)或者逾期未归者，将按照有关规定给予当事人严肃处理。制定《学生出国(境)管理实施细则》，对学生出国(境)的分类遴选与审批、学生管理、经费管理等事项做出明确规定。

加强内部控制，强化纪律约束。制定《内部控制体系建设方案》，规范内部经济和业务活动，强化对内部权力运行的制约，防止内部权力滥用，建立健全科学高效的制约和监督体系，保证经济活动合法合规、资产安全和使用有效、财务信息真实完整。修订《教职工处分暂行规定》,进一步明确了违反中央八项规定精神等违纪、违规行为的处罚规定,给制度执行通上“高压线”。

3. 针对“基建、采购、科研经费等领域存在廉洁风险”的问题

一是加强对基建项目的廉洁从业风险防控,高举戒尺、严惩腐败,杜绝权力寻租。

校党委加强对建设项目各个环节的监督管理,把廉政建设责任落实到人,把廉政风险防范工作融入建设项目的日常管理工作。

开展警示教育,强化廉洁自律意识。学校召开基建干部职工廉洁自律和警示教育会议,以身边人、身边事对全体人员进行警示教育,“莫伸手、伸手必被捉”,深刻反思基建领域出现的腐败问题,深挖病根,从自身查摆问题,开展批评与自我批评,切实把纪律和规矩挺在前面。分管校领导与基本建设处所有项目管理人员签订《项目工程建设反腐倡廉建设责任书》,将责任落实到岗、任务分解到人。强化制度的刚性执行,不打折扣,做到有规必依;对于违反制度的人和事,强化考核惩处,做到违规必究。

强化重点环节风险防控,杜绝权力寻租。结合中科院基本建设项目督导组对学校基建工作督导的意见,校党委查找在健全基建管理制度和代建模式、修缮项目管理、合同签订和档案管理的规范化、风险防控、基建管理队伍建设、工程管理规范化等方面存在的问题和不足。重新梳理基建领域的风险点,细化廉洁从业风险防控措施,明确了 12 个风险防范工作环节、35 个廉政风险防控点和防控措施,修订《维修改造项目管理办法(试行)》,严禁各级领导插手干预基本建设工程项目。

严格落实基本建设工作程序,加强项目建设管理。完善项目前期工作中相关的报批手续和相关程序,着重从项目的规划、论证、设计、施工阶段抓起,严格项目立项审批、规划许可、施工许可和竣工验收的建设程序,规范项目招投标、主材和设备品牌专家评审程序,严格合同管理、工程变更管理、档案管理、工程款支付、安全文明措施、签订合同前对中标单位进行风险约谈等关键环节和工序。坚持从严要求,对不符合规定要求的工程建设项目绝不允许开工。

严格落实基本建设项目责任制,强化项目实施全过程的质量监督和控制。每一个项目从立项到规划、设计、施工、过程控制、预算、决算等各环节,明确责任主体,谁签字谁负责。

项目建设全程主动接受监督。加强学校工程项目管理小组对基建项目的监管,监察审计处、工程项目监督小组对基建项目的监督。强化项目建设全过程的跟踪审计,确保工程建设投资合理、合规、合法。

从严加强各参建主体单位责任、约束项目管理人员行为。作为项目合同内容重要组成部分,在工程项目建设中全面施行和签订《项目工程建设廉政公约》。要求所有项目承建单位全面开展项目自查自纠,加强监管措施,覆盖 2 家代建单位、5 家设计单位、4 家监理单位、3 家跟踪审计单位、48 家基建和维修改造项目总承包和专业承包单位。针对管理机构缺位、责任心不强、管理执行力较差的问题,加强对设计、监理、施工、代建等单位项目管理机构和管理人员的监管和排查,约谈了 5 家项目单位,要求立即整改,整改不到位的将更换管理机构和管理人员,并追究相应责任。

二是完善采购制度,加强全过程、全方位防控,杜绝廉洁风险。

校党委全面梳理政府采购流程,将内部控制管理覆盖全流程、各环节,杜绝廉洁风险。

加强宣贯力度，确保制度执行无死角。召开全校物资采购与资产管理专题工作会议进行政策宣贯，编印《政府采购规章制度选编》，做到全校各单位负责人、兼职资产管理员人手一本，扫除制度执行盲区。

完善采购管理制度，加强事前、事中、事后的监管。修订《采购管理办法》及其实施细则，明确各部门在政府采购中的职责与分工，建立有效协调与制衡工作机制；强化政府采购预算编制，实施有计划的采购，防止随意实施政府采购的行为发生；完善采购项目可行性论证和分级审批机制，严肃政府采购方式变更的纪律；加强合同管理，规定凡 2 万元以上的采购项目必须签订采购合同。制定《采购物资验收管理办法》，加强采购合同履约验收管理，明确验收内容、方式、程序、责任，保障采购物资的真实和质优。制定《材料出入库管理办法》，完善材料购买、出入库和领用登记程序，确保材料采购与领用的真实性。制定《仪器设备损失赔偿暂行办法》，建立仪器设备损坏或丢失责任认定、经济赔偿和责任追究制度，确保学校资产的安全完整。

对采购关键环节和重大风险事项进行有效管控。优化采购流程，完善“采购管理系统”，通过采购审批电子化，保障采购工作的公开透明、可追溯。强化零星采购管理，引进 2 家电商平台提供办公用品、生化试剂等零星采购服务，实现零星采购公开透明、真实可溯，严防虚开发票、规避采购管理等行为的发生。加强采购公示，建立 50 万～100 万元单一来源采购仪器设备公示制度，接受全方位监督；实施 100 万元及以上的单一来源采购项目的事前公示，主动公开采购项目、预算金额、可行性论证专家及意见、供货商等内容，无异议的按程序审批实施采购。

坚决制止经济责任审计提出的采购与管理不规范现象。印发《关于进一步加强物资采购、资产管理有关事项的通知》，进一步强调各单位负责人的资产管理职责，强调不得拆分采购、不得规避采购合同签订等，明确要求完善资产标签张贴和及时规范报废废旧物资。

三是进一步加强科研经费管理，坚决杜绝套取科研经费等违规行为，还学术以纯洁，守护师生潜心科研的净土。

校党委将科研经费监管作为重中之重，加大违规违纪行为的查处力度，健全完善制度、强化监督管理，切实管好用好科研经费。

健全完善科研项目管理制度。修订《科研经费管理办法》《科研项目经费外拨管理办法》等制度，规范科研项目经费管理与监督流程，有效加强科研项目经费报销、外拨、外协等经费业务活动的风险防控。明确项目负责人的责任，对经济业务活动涉及的经办人、验收人、审批人等相关责任人员作出明确责任要求；规定在外协活动中必须对合作单位进行能力和资质审查，项目负责人必须明确承诺与协作单位不得有任何违法违规的利益关联；规定外协经费外拨时必须按照任务节点进行，对于向非合作单位的外拨，项目负责人须提供被委托方计划进度、任务完成等情况符合技术合同约定的证明材料。制定《科研财务助理岗位管理暂行办法》，通过设立科研财务助理岗位，为科研人员在项目预算编制和调剂、经费支出、财务决算和验收、项目管理等方面提供全过程专业化服务，提高资金使用效率，规范资金使用和资产管理。

加大宣贯力度，确保科研人员及时掌握科研经费管理制度和政策。召开贯彻落实中央财政科研项目资金管理政策集中宣讲会，学校各单位负责人、科研项目负责人、科研秘书及科研财务助理等近千人参加了会议。承办中国科学院院属事业单位科研财务助理业务研讨会，提升科研财务助理基本业务素质，及时掌握科研财务政策。

加强对科研经济业务全过程的监管与检查。制定《内部审计工作规定》，将科研经济业务真实性合法性审计纳入内部审计范畴，全面覆盖科研活动涉及的所有经济业务领域，基本覆盖主要科研团队。

四是加强校办企业管理，坚决做好对校企的清理整顿。

校党委深刻反思高校校办企业存在的问题，坚决防范国有资产流失风险，坚决按照中央和上级有关部门的部署，积极稳妥推进校企的清理整顿工作。

全面梳理校办企业，制定不良企业清理计划并启动清理工作。为促进科技成果转化，具有独立法人资格的学校全资企业中科大资产经营有限责任公司，负责学校科技成果转化获得的国有股权经营与管理，原则上不投现金、不控股，在绝大部分参股企业中持股比例不超过35％，参股企业在人员、资产、业务等方面与学校严格独立。巡视整改期间，资产经营有限责任公司对所有参股企业从经营、资产财务、法人治理、团队、行业成长性等多个维度进行全面梳理，制定股权分类管理方案。针对巡视反馈意见中指出的7家亏损企业的亏损原因进行了认真分析，其中4家系因初创期暂时亏损需进一步加强经营管理，其他3家确系经营不善长期亏损。在梳理过程中发现，另外还有3家持股比例偏高、存在经营风险，因此对上述6家企业制订了整改清理计划，启动了清理程序。今后，根据国家的统一部署，积极稳妥推进校企剥离工作，坚决做好对校企的整顿、清理和瘦身，做到在所有参股企业持股比例均不超过35％。

完善相关制度，初步建立投资退出机制。制定《中国科学技术大学国有股权管理办法（试行）》，对学校科技成果作价入股所形成股权的管理和处置进行规范，明确科技成果作价入股的主要目的是促进科技成果的转化和实施应用，强调应及时从转化已完成或经营状况不良的参股企业退出。加强经营管理，资产经营有限责任公司修订《对外投资管理办法》《派出董事管理办法》《派出监事管理办法》，制定《派出股东代表管理办法》，进一步明确规范派出代表履职行为和投资退出等方面的要求。

规范教职工经商办企业行为。针对部分教职工利用学校资源经商办企业存在廉洁风险的问题，制定《教职工经商办企业管理办法（试行）》，保障学校合法权益，对经商办企业人员范围、审批程序、收入分配、知识产权、违规处理等作出严格规定。下发《关于开展教职工经商办企业检查整改工作的通知》，要求全校教职工根据《教职工经商办企业管理办法（试行）》，深入开展经商办企业限期整改工作，教职工有经商办企业行为但未经审批或不符合有关规定的，必须办理审批手续或退出经商办企业活动。

（四）认真办理中央巡视移交的问题线索

及时认真办理中央巡视移交的问题线索，对以往信访举报件的核查处置工作进行梳理、复核，认真分析问题成因，仔细查找和堵塞体制机制上的漏洞，稳步推进以查促改。

三、巩固和深化巡视整改成果，推进学校改革创新发展

巡视是政治体检，整改是政治任务。巡视整改期间，校党委针对巡视整改提出的问题，对照习近平总书记系列重要讲话精神和治国理政新理念新思想新战略、增强“四个意识”、坚定“四个自信”的要求，审视政治生活是否严格、政治生态是否良好、党内监督是否严格。工

作推进中，抓住领导干部这个“关键少数”，坚持以上率下、抓细抓实、举一反三，从思想深处找根源、从体制机制查原因、从具体行动看担当、从整改成效看落实。

经过2个月的认真整改，校党委聚焦巡视中发现的突出问题，坚持解决具体问题与推进制度建设相结合、当下整改与长期整改相结合，巡视整改工作取得了实实在在的成效，全校党员干部“四个意识”明显增强。但我们也清醒地认识到，当前的工作只是阶段性的集中整改，离中央的要求、师生的期望还有一定差距。校党委将严格对照巡视反馈意见要求，继续坚持不懈抓好后续的整改落实工作，举一反三、标本兼治，不断巩固深化、用足用好巡视整改成果，以整改促改革，以改革促发展，真正把党中央重大决策部署和全面从严治党要求落细落实。

（一）以习近平总书记系列重要讲话精神和治国理政新理念新思想新战略为指引，增强“四个意识”，坚定“四个自信”，进一步提高政治站位和政治觉悟

习近平总书记指出，办好我国高等教育，必须全面加强党对高校的领导，牢牢把握党对高校的领导权，这是中国特色社会主义教育的本质特征，不能含糊，要旗帜鲜明。

作为我党亲手创办的红色大学，校党委带领全校各级党组织、全体党员、全体师生员工全面贯彻党的十八大和十八届三中、四中、五中、六中全会精神，深入学习贯彻习近平总书记系列重要讲话精神和治国理政新理念新思想新战略，尤其是习近平总书记“7·26”重要讲话精神，增强“四个意识”，贯彻落实“五位一体”总体布局和“四个全面”战略布局，牢固树立和贯彻落实新发展理念，坚定“四个自信”，不断提高政治站位和政治觉悟，紧密团结在以习近平同志为核心的党中央周围，自觉在思想上政治上行动上同党中央保持高度一致，坚决维护党中央权威和集中统一领导。

校党委严格按照“坚持党的领导上做标杆，加强党的建设上做标杆，全面从严治党治校上做标杆，在立德树人上做标杆，推动改革发展上做标杆”要求，坚决履行好管党治党、办学治校的主体责任，落实好党委领导下的校长负责制，全面贯彻落实党的教育方针，牢牢把握社会主义办学方向，以立德树人为根本，把“四个服务”贯穿于办学治校的全过程，努力培养“有理想、有追求，有担当、有作为，有品质、有修养”的社会主义合格建设者和可靠接班人，成为坚持党的领导的坚强阵地，不折不扣将党的路线方针政策和中央重大决策部署落实到位。

（二）以立德树人为根本，把培养社会主义合格建设者和可靠接班人摆在办学治校的首位

全面贯彻党的教育方针，坚持社会主义办学方向，为社会主义事业培养合格建设者和可靠接班人，是中国科大一以贯之的办学理念。校党委坚决贯彻落实全国高校思想政治工作会议精神，把立德树人摆在办学治校首位，把习近平总书记视察学校时提出的培养“六有”大学生要求落到实处。

按照《中国科学技术大学关于加强和改进新形势下思想政治工作的实施意见》精神，扎实推进《贯彻落实〈关于加强和改进新形势下高校思想政治工作的意见〉重点任务分工方案》，深入实施《“六有”大学生培养方案》及其配套措施，彻底改变“重教书轻育人、重智育轻德育、重科研轻教学”现象。高度重视专职思想政治教育工作队伍建设，端正师德师风和学风，充分发挥各类课程教学的育人功能。传承和弘扬科教报国传统和红专并进校训精神，大力推进马克思主义中国化最新成果进高校、进课堂、进头脑，弘扬中华传统文化和社会主义先进文化，进一步提高思想课程教学效果，把习近平总书记关于“六有”大学生的培养要求落到实处，致力于培养国家和社会未来所需的科学研究、工程技术和其他领域杰出人才。

（三）加强党的建设，为学校各项事业健康发展提供坚强政治保证

校党委牢固树立“抓好党建是最大政绩”的意识，树立党的一切工作到支部的鲜明导向，深入推进“两学一做”学习教育常态化制度化，坚持不懈加强基层党组织建设，充分发挥院级党组织政治核心作用、党支部战斗堡垒作用和党员先锋模范作用，不断提高党建工作水平。

一是推进“两学一做”学习教育常态化制度化。认真贯彻落实《关于推进“两学一做”学习教育常态化制度化实施方案》，积极推进基层党组织标准化建设，规范执行“三会一课”等基本组织生活制度，强化支部主体责任，发挥支部的战斗堡垒作用，把思想政治工作落到支部，把从严教育管理党员落到支部，把群众工作落到支部，锻造“四讲四有”合格党员。

二是落实基层党建工作责任制。贯彻全面从严治党要求，严格执行《院系级党组织书记抓基层党建述职评议考核工作实施办法》，层层传导压力，层层压实责任。加强统筹指导，强化督查落实，建立上级党组织定期对下级党组织党建工作督导检查机制。对党建问题突出、整改落实不到位的部门和单位严肃问责，切实把党建工作责任落实到位。

三是提高基层党建工作水平。以常态化、全覆盖的党务培训为抓手，全面提高基层党务工作者整体素质和业务水平；选优配强党支部班子，强化责任意识，抓好各级党组织党务队伍建设，切实增强基层党组织创造力凝聚力战斗力。坚持政治标准，严格审批程序，加强思想引导，加大在优秀教职工和学生中发展党员力度，优化党员结构，提高党员质量，切实发挥党员的先锋模范作用。

四是规范选人用人工作。始终坚持党管干部原则，牢固树立正确选人用人导向，严格执行《中国科学技术大学党政领导人员选拔任用工作办法》，加强干部队伍建设整体规划，进一步开阔选人用人视野，严格干部考察考核，加强干部监督管理，完善干部教育培训体制机制，激发广大干部拼搏进取、干事创业的精气神，把精准科学选人用人落到实处。

（四）切实落实“两个责任”，深入推进全面从严治党

校党委坚决承担好全面从严治党的主体责任，着力推动管党治党从宽松软加快走向严紧硬。一是以上率下，推动全面从严治党向基层延伸。学校领导班子成员主动把自己摆进去，聚焦“政治合格、执行纪律合格、品德合格、发挥作用合格”要求，切实履行好党委书记第一责任人、班子成员“一岗双责”的责任。不折不扣执行《关于新形势下党内政治生活的若干准则》，严肃党内政治生活。贯彻落实党风廉政建设责任制，强化压力传导、督促落实、教育警示、约谈提醒、问责追责等工作，把主体责任向基层延伸、向部门延伸、向薄弱领域延伸，以务实有效的举措确保制度不空悬、责任不空转。二是强化党内监督。严格执行《中国共产党党内监督条例》，严守“六项纪律”，把政治纪律和政治规矩摆在首位，旗帜鲜明地支持纪检部门履行好党内监督专责机关职责，对踩“红线”、越“底线”、闯“雷区”的，坚决“零容忍”。

校纪委认真履行全面从严治党的监督责任，落实“三转”要求，准确运用好“四种形态”，坚持把纪律和规矩挺在前面，强化监督执纪问责，加大执纪审查力度。一是加强监督，依据《党风廉政建设责任书》，加强和改进党风廉政建设责任制落实监督检查，确保职责落实到位。二是强化执纪问责，严格落实中央八项规定精神，坚决杜绝“四风”问题，驰而不息正风肃纪。对于顶风违规违纪问题“零容忍”，绝不允许反弹，绝不允许变异，绝不允许走样，有一件查一件，严查快办，集中通报。三是扎紧制度笼子，强化权力运行制约和监督。建立惩治

和预防腐败体系、廉洁从业风险防控体系、经济活动内部控制体系，加强对基建项目、科研经费、物资采购、校办企业等重点领域的制度建设和监督检查，努力营造风清气正的良好氛围。

（五）充分运用巡视整改成果，持续推动学校创建具有中国特色的世界一流大学

校党委将习近平总书记视察学校重要讲话精神作为抓创新发展的最强劲的原动力，把增强"四个意识"、坚定"四个自信"，加快"双一流"建设作为学校巡视整改的亮点，以扎扎实实的整改成效，推动学校各项事业发展。

校党委始终牢记习近平总书记的嘱托："中国科技大学要勇于创新、敢于超越、力争一流，在人才培养和创新领域取得更加骄人的成绩，为国家现代化建设作出更大的贡献"，并以此作为引领前行的方向。紧紧围绕国家战略需求和经济社会发展，积极参与国家"双一流"建设、中科院"率先行动"计划和安徽省全面创新改革试验，大力推进合肥综合性国家科学中心建设，深入推进学校综合改革，加快实施学校"十三五"发展规划，率先在中部地区建成具有中国特色的世界一流大学，育一流人才、创一流成果、作一流贡献。

（六）坚持抓常抓长，不断深化巩固巡视整改成果

专项巡视是一次高标准、严要求的政治体检，巡视整改是一次推动学校事业发展的重要契机，对学校的长远发展具有重大意义。校党委深刻认识到巡视整改不是过关，集中巡视整改的结束并不意味着"刀枪入库，马放南山"，更要坚持不懈抓好有关后续整改工作。

继续按照整改方案，对已完成的整改任务，要加强检查核查，巩固深化巡视整改成果；重点抓好长期坚持任务的落实，积极跟进、紧盯不放，确保落实到位、取得实效。下一步，还将继续制定和完善系列规章制度，把行之有效的整改措施和工作机制固化成制度，从源头上封堵漏洞、杜绝风险；同时，抓好制度执行，坚决防止已解决的问题矛盾反弹复发。

校党委以党的旗帜为旗帜、以党的意志为意志、以党的使命为使命，切实把全校师生员工思想和行动统一到习近平总书记系列重要讲话精神和治国理政新理念新思想新战略上来，尤其是习近平总书记"7·26"重要讲话精神上来，增强政治意识、大局意识、核心意识、看齐意识，坚决维护以习近平同志为核心的党中央权威和集中统一领导，自觉在思想上政治上行动上同党中央保持高度一致，充分运用好巡视整改工作成果，营造和保持风清气正的政治生态和上下一心的发展环境，把建立起来的新制度、新机制转化为加快建设具有中国特色的世界一流大学的强大动力，"勇于创新、敢于超越、力争一流"，以优异的成绩迎接党的十九大胜利召开！

欢迎广大干部群众对巡视整改落实情况进行监督。如有意见建议，请及时向我们反映。联系方式：0551-63602184；邮政信箱：安徽省合肥市金寨路 96 号中国科学技术大学党政办公室，邮编：230026；电子邮箱：xszg@ustc.edu.cn。

中共中国科学技术大学委员会
2017 年 8 月 30 日
（中央纪委监察部网站）

五、中国科学技术大学生命科学与医学部成立大会专题文献

在中国科学技术大学生命科学与医学部成立大会上的讲话

全国政协副主席、中国科大生命科学与医学部顾问委员会主任　韩启德

（2017 年 12 月 23 日）

尊敬的许书记、包校长、各位来宾，老师们、同志们：

今天参加中国科学技术大学生命科学与医学部成立大会，我感到很兴奋，同时也感到一份沉甸甸的责任。

随着经济社会的发展，医学越来越受到重视，健康成为大家共同关心的一个话题。在我们国家，改革开放四十年，人们的生活条件日益改善，人们越来越关心自己的健康。如果把视野放得再宽一点，其实人类一直面临着异常严峻的挑战。比如，人类在遗传适应上，需要 20 年才能换一代，所以适应外部环境变化很慢。而细菌最快的几分钟换一代，所以有再好的抗生素，它很快就适应了。我们人类站立起来已经 200 多万年了，但是直到今天我们的脊柱还没有进化好。50 岁以上的人没有不腰酸背痛的，因为我们脊柱的弯曲还是适合于爬行的，不适合站立，200 多万年都没进化好。7 万年前，智人有一场认知革命，直到今天，我们脑容量跟那个时候的智人基本没有差别。所以，人的进化是非常慢的。经过一万年的农耕文明变化，才有了几百年工业文明，特别是 20 世纪民族解放运动以后，除了个别地方，人类已经不再受到饥饿的威胁。但是，人类过去几百万年来都受到饥饿的威胁，因此我们身体里面已经形成了节俭基因。人本来平均寿命只有三四十岁，如今我们都能活七八十岁了，因此大家都害怕癌症。癌症的病因是什么呢？就是寿命变长了，原来的人体不能够适应整个世界的变化。人类现在的健康发生问题、面临困惑，所以医学越来越受到重视。然而我认为医学解决不了这些问题，解决不了人的进化问题。与此同时，理工、人文、社会科学等学科的发展又对整个医学产生了非常大的影响。

发展医学当然要人才，所以要建设医学院，要培养合适的人才。这个人才是不是传统的医学能够培养的呢？现在看来也不见得了。那么，医学院的模式要改变了，根据不同的阶段来培养复合型人才，需要不同学科的人在一起工作。

现在世界各国都要把医学院办好，要改变医学教育，这是一个共同的现象。在我们国家，大家的积极性都特别高。很多原来没有医学院的大学都要建医学院，没有好的医学院的地区要建好的医学院。这种心情我是理解的，也是需要的。我本人从医学院毕业，又到北医工作了 35 年，对办医学院，我真的是战战兢兢，我是保守派。当年，一些高校就办医学院来征求我的意见时，我统统反对。中国科大包校长来找我，一开始我也是反对的，后来我被他说服了。我认为中国科大可以办。为什么可以办呢？

第一，中国科大是一所特别好的大学。这个特别好有两层意思，一是非常好，比别人都好，还有就是好得特别。她好在什么特别呢？一所大学在几十年不到百年能够办成这个样子，她是特别好。她是在中国科学院的“全院办校、所系结合”基础上，在办一所非常精的大学，非常有特色。要么不办，办就办得最好，因此她成为一所今天的科技大学。这样打下了

良好基础,因此她是不一样的,我认为她是一所特别好的大学。

第二,我觉得从学科上来讲,中国科大有非常好的生命科学。中国科大生命科学学科发展到今天,不仅有生命科学,这些年在生物医学上已经有了长足的进步,有相当多的科研人才已经在搞医学研究了。所以,我觉得学科也是有基础的。

第三,我非常看重的是能把人工智能和大数据应用到“科大新医学”上。现代医学面临的很大问题,就是在还原论基础上做的。它跟传统医学的差别,优点在这里,缺点也在这里。我们今天要解决精准医学问题的时候,如果有基于大数据的人工智能辅助,我认为可以走出一条将整体论的传统医学和还原论的现代医学相结合的路子,就有希望创造特别的成绩,在医学上起到带动作用。

综合来看,我认为中国科大生命科学与医学部是可以办的,而且我们如果努力的话,是可以办好的。今天,应该说是一个起点,但我还是确实有如履薄冰的感觉。好在我这个人的优点就是认真,既然我愿意当这个顾问,我一定顾好、问好。

我们培养的医学生,既要看病看得好,但也不只是传统意义上的好医生,还必须掌握最新的前沿科技知识,比如遗传学、分子遗传学必须懂,否则没办法搞精准医学。我们培养的医学生要有非常好的生物医学基础,还要有人文精神,这也是我认可科大的一点原因。我们科大有好的科技史系,这也是我们的特别之处,我们的人文、文化也是特别好的。我们的学生一定要有这样的素质。到底要培养什么样的学生,我们要通过什么样的学制?我们现在的学位制度能不能适应?我们应该多少年能培养出来?重点是首先要培养学生的生物医学知识,还是首先要培养成一个好医生?这些都是要在实践中摸索的问题,都是我们要顾要问的事情。

从包校长提出想法到今天挂牌,只有几个月的时间。没有国家卫生计生委、中国科学院、安徽省的鼎力支持是不可能办到的,没有我们学校领导强大的推动力,也是办不了的。今天是一个值得纪念的日子,从历史来看是不是一个值得纪念的日子呢?就要看我们今后办得好不好。如果今后办了一个非常先进的生命科学与医学部,那么今天就是一个具有历史意义的日子;如果失败了,那么今天什么都不是。

谢谢大家!

(根据讲话录音整理,未经本人审阅)

在中国科学技术大学生命科学与医学部成立大会上的致辞

安徽省副省长 谢广祥

(2017 年 12 月 23 日)

尊敬的韩启德副主席,尊敬的曾益新副主任、张亚平副院长,尊敬的各位领导、各位专家、各位来宾、同志们:

在全省上下深入贯彻党的十九大精神、中央经济工作会议精神的重要时刻,由安徽省人民政府、国家卫生计生委、中国科学院三方合力共建的中国科学技术大学生命科学与医学部正式成立了。这是中国科学技术大学发展史上的一件大事，也是安徽省人民的一件喜事。在此，我受李锦斌书记和李国英省长的委托，与信长星副书记代表省委省政府，向中国科大生命科学与医学部的成立表示热烈的祝贺！向长期以来一直关心、支持安徽建设和发展的各位领导和专家表示衷心的感谢！

党的十九大报告明确提出实施“健康中国”战略，要为人民群众提供全方位、全周期健康服务。中国科大生命科学与医学部的成立是我们贯彻落实党的十九大精神、实施“健康中国”战略的重要举措，是加快一流大学和一流学科建设、实现高等教育内涵式发展的具体行动，对于推动健康安徽战略的实施，提升安徽医学教育、科研和医疗卫生服务水平，促进安徽健康产业发展都具有极大的意义。

提供优质的医疗服务，保障人民群众的健康是我省一直为之努力的方向。作为首批综合医改试点省，我们牢牢把握“保基本、强基层、建机制”的基本原则，统筹推进医保、医药、医疗的联动改革，最大限度地释放改革红利，群众获得感不断提升，主要健康指标高于全国平均水平，改革成效明显。但作为人口大省，优质医疗资源缺乏、医学教育和医学高端人才培养不足等发展不平衡不充分问题，已经成为制约安徽卫生与健康事业发展的瓶颈，培育一流医学学科、建设一流医院势在必行。中国科大作为“双一流”建设高校，在生命科学与医学研究方面有良好的基础，安徽省立医院作为省级大型三级甲等综合性医院，在心脑血管、老年病、传染病、妇幼等重点疾病治疗方面特色明显。成立中国科大生命科学与医学部，并将安徽省立医院作为中国科大附属第一医院是整合中国科大和安徽省立医院双方优势，实现强强联合的必然选择，必然加快推进中国科大世界一流大学、一流学科和一流医院的建设，必将扩大安徽优质医疗资源的供给，不断满足人民日益增长的美好生活需求。

国家卫生计生委、中国科学院对合作共建中国科大生命科学与医学部高度重视，国家卫生计生委主要负责同志和分管负责同志专门听取共建中国科大生命科学与医学部的情况汇报，并给予了充分的肯定和有力的指导。中国科学院明确表示大力支持中国科学技术大学发展“科大新医学”，并在与我省签署的全面创新合作协议中，明确重点支持合肥综合性国家科学中心建设生命科学和健康等项目。今天，韩启德副主席、曾益新副主任、张亚平副院长又亲临中国科学技术大学生命科学与医学部成立大会，充分体现了全国政协对安徽卫生与健康事业的关心重视，充分反映了安徽省与国家卫生计生委、中国科学院的良好合作。今后，我们将认真落实共建明确的各项任务，定期与国家卫生计生委、中国科学院沟通协商，同心协力共同支持中国科学技术大学建好生命科学与医学部，办好“理工医交叉融合、医教研协同创新、生命科学与医学一体化发展”的“科大新医学”，为培养医学高端人才、提高科学研究水平和社会服务能力创造条件，为加快建设现代化五大发展美好安徽，打造中国乃至世界医学研究和成果转化的创新高地作出积极的贡献。我们坚信，在习近平新时代中国特色社会主义思想的指导下，通过大家的不懈努力，中国科大生命科学与医学部必将创造辉煌的未来！

谢谢大家！

（根据讲话录音整理，未经本人审阅）

在中国科学技术大学生命科学与医学部成立大会上的致辞

国家卫生和计划生育委员会副主任　曾益新

（2017 年 12 月 23 日）

尊敬的韩启德副主席、信长星副书记、谢广祥副省长、张亚平副院长，尊敬的许书记、包校长，各位领导、各位院士、专家，同志们、老师们：

大家上午好！

非常高兴来参加今天举行的中国科学技术大学生命科学与医学部成立暨揭牌仪式。在此，我代表国家卫生计生委对中国科学技术大学生命科学与医学部的成立表示热烈的祝贺！安徽省一直高度重视卫生计生事业，在很多方面都走在全国的前列，所以借此机会我也对长期以来关心、参与和支持卫生计生事业改革发展的各位领导、各位专家表示衷心的感谢！

习近平总书记在十九大报告中指出“人民健康是民族昌盛和国家富强的重要标志。要完善国民健康政策，为人民群众提供全方位全周期健康服务”，并明确提出了建设“健康中国”。要建设“健康中国”，培养医学人才是第一位重要的任务。不光是医学，任何一个行业的发展首先都要做好人才的培养和教育，所以，医学人才的培养和教育是整个行业也是建设“健康中国”的基础。党中央、国务院高度重视医学教育和人才培养，今年 7 月，国家卫生计生委、教育部、国家中医药管理局联合召开了全国医学教育改革发展工作会议，李克强总理作出了重要批示，刘延东副总理亲自出席并讲话，对全面深化医教协同、推进医学教育改革发展作了全面部署。同期，国务院办公厅印发了《关于深化医教协同进一步推进医学教育改革与发展的意见》，对于今后一个时期的医学教育工作提出了明确的制度性要求。为了更好地推动医学人才的培养，近年来国家卫生计生委、教育部和有关省级人民政府启动了省部高校医学院校的共建工作，对实现各方优势互补、共同研究和解决医学教育改革发展中的问题、培养更多合格的临床医生，具有重要的推动作用。

本次安徽省人民政府、国家卫生计生委、中国科学院共建中国科学技术大学生命科学与医学部，是开展共建医学院校工作的一个重要举措，也是我们落实十九大精神关于改变医学人才队伍建设发展不平衡不充分现象的一个重要举措。在这里，我结合我在协和医学院担任五年校领导的工作经验，对医学部的建设和发展提出几点希望，供大家参考：

第一，希望做好管理上的顶层设计。现在中国医科院校管理博士多种多样，哪一种形式最适合中国医学教育值得探索。在医教协同的文件中明确提出，要关注综合性大学里面医学教育发展的特殊性，要尊重医学教育的特殊规律，保持医学教育相对的学科完整性，我们提出了建设“大医学”的概念。中国科大明确把生命科学与医学作为一个独立的学部，是体现这个精神的很好实践，希望在管理体制上面，能够在“大医学”的框架下面，把生命科学、临床医学、基础医学，包括将来的护理学、药学、公共卫生学，能够在统一的管理框架体系里面形成一个相对独立的结构，充分尊重医学教育的特殊规律，更好地培养医学人才。

第二，希望能够充分发挥中国科大在生命科学和理工科方面长期积累所形成的优势，把医学与这些学科有机融合到一起，共同推进医学的发展。刚才包校长提出了非常好的理念，我都非常同意，这是中国科大的优势，在这些优势的基础上面，把医学整合进去，充分发挥好多学科融合的优势，来促进现代科学技术在医学中的应用，推动生命科学和医学前沿技术的创新和转化研究，包括高端医疗设备、人工智能和精准医学等大的方向，促进安徽乃至全国健康产业的发展，打造成为我国乃至世界医学研究和成果转化的创新高地。

第三，希望新成立的生命科学与医学部勇于创新医学教育模式和方式。大力开展整合式教学，多开设 MOOC 课程、小组讨论课、实验课和实践课，特别是要充分保证学生临床动手的机会。要特别注重专业教育与人文教育的有机融合，我们培养的目标一定是“德、技、艺”三个方面都能够很好发展的医学人才。“德”简单来讲就是高尚的医德，有一颗人文心；“技”就是有精湛的技艺，有科学脑；“艺”通俗地讲就是有艺术嘴，就是能够非常好地和别人和同事进行沟通的意识。培养“德、技、艺”全面发展的医学人才，为新时代医学教育探索新的路径、新的模式，我想这是中国科大这样一所高水平大学建立医学院应该承担起来的任务。

同志们，卫生计生事业是造福人类的事业，关系到广大人民群众的切身利益，希望我们共同努力，不断培养一批又一批德才兼备的医学工作者，为推进“健康中国”建设、提高人民健康水平贡献我们的力量。预祝中国科学技术大学生命科学与医学部茁壮成长！

谢谢大家！

（根据讲话录音整理，未经本人审阅）

在中国科学技术大学生命科学与医学部成立大会上的致辞

中国科学院副院长　张亚平

（2017 年 12 月 23 日）

尊敬的韩启德副主席、曾益新副主任、信长星副书记、谢广祥副省长、许书记、包校长，各位院士、各位领导、各位专家，同志们：

大家上午好！

今天，群贤毕至、高朋满座，大家齐聚科大，共同见证中国科学技术大学生命科学与医学部的成立。我谨代表中国科学院，对生命科学与医学部的成立表示热烈祝贺！向关心与支持中国科大发展的安徽省、国家卫生计生委的领导和各位专家表示衷心感谢！

近年来，作为国家战略科技力量，中科院始终牢记习近平总书记提出的“三个面向”“四个率先”要求，围绕深入学习贯彻习近平新时代中国特色社会主义思想和党的十九大精神，深入实施“率先行动”计划，全面推进改革创新发展，呈现出创新人才辈出、创新成果涌现、创新亮点纷呈的生动局面。在十九大报告中提到的六项重大科技成果中都有中科院人的身影，其中，“天眼”“悟空”“墨子”三项成果全部由中科院完成。值得一提的是，中国科大主导和参与研制了“墨子”“悟空”两项成果，为创新型国家和科技强国建设作出了重要贡献。

百尺竿头，更进一步。中科院连续多年位列“自然指数”全球榜首，在纳入统计的四个学科领域中，2017 年在化学、地球与环境科学、物理科学领域均为世界第一，而生命科学位居第六。因此，生命科学与医学是中科院当前亟须大力提升、正在积极布局的一个重点领域。近年来，我们在生命科学与医学领域持续发力，通过组织实施干细胞与再生医学、脑科学等一系列先导专项，取得了生物学、基础医学与临床医学紧密结合的重大进展，中科院的生命科学与医学正处在一个大发展的关键时期。

加快生命科学与医学的交叉融合与提升，是中国科大多年来的愿望，此次成立中国科大生命科学与医学部，无论是对学校还是对中科院，都是一件具有重要意义的大事。在生命科学与医学部筹建期间，中科院多次听取中国科大的专题报告，并将中国科大生命科学与医学部建设作为深化省院全面创新合作的重要内容，支持中国科大积极探索“理工医交叉融合、医教研协同创新、生命科学与医学一体化发展”的“科大新医学”：

一是将中国科大生命科学与医学部建设纳入中国科学院“率先行动”计划升级版，支持其积极参与卓越创新中心和创新研究院等建设，大力发展生命科学与医学研究。

二是支持中国科大按照直属附属医院性质，将安徽省立医院作为中国科大附属第一医院，作为生命科学与医学部的重要组成部分重点发展。

三是支持中国科大依托中科院生命科学、生物医学工程、大科学工程、高技术相关领域科研院所，通过科教融合整合工程学科相关研究力量，建设生物医学工程学院，加大技术创新和协同攻关，加强高端医疗设备研发，争取成为中国科学院和国家医疗器械临床研究中心。

四是在重大科技任务部署、科研平台建设和高水平人才队伍建设等方面，对生命科学与医学部建设给予重点支持。

安徽省人民政府、国家卫生计生委和中国科学院三方共建中国科大生命科学与医学部，体现了三方对中国科大的高度重视，对科大发展“新医学”的殷切期望和大力支持。希望科大积极响应和贯彻十九大精神，以习近平新时代中国特色社会主义思想为指引，不忘初心、牢记使命，加强医教协同和科教融合，遵循医学教育规律，努力培养高层次的科技创新和临床医学人才，大力提升生命科学与医学领域的科技创新能力，引领生命科学与医学前沿技术创新与临床转化，加快重大新药、高端医疗设备研发和临床诊疗实践，打造我国乃至世界医学研究和科技成果转化的创新高地，早日建设成世界一流大学、一流学科和一流医院，为“健康中国”战略和建设世界科技强国，为 7000 万江淮人民的医疗健康事业作出新贡献。

谢谢大家！

（根据讲话录音整理，未经本人审阅）

在中国科学技术大学生命科学与医学部成立大会上的致辞

校长　包信和

（2017 年 12 月 23 日）

尊敬的韩启德副主席、曾益新副主任、张亚平副院长，尊敬的信长星副书记、谢广祥副省长，尊敬的各位专家、各位领导，来宾们、同志们：

大家上午好！

今天，是一个激动人心的日子，在国家卫生计生委、中国科学院、安徽省的大力关心和支持下，建立生命科学与医学部这个几代科大人的夙愿终于成为现实。今天，也是一个喜庆的日子，“中国科学技术大学附属第一医院”即将揭牌，标志着中国科大朝着建设一流大学、一流学科和一流医院的目标迈出了坚实的步伐。在此，我谨代表中国科大，衷心感谢国家卫生计生委、中国科学院、安徽省三方共建生命科学与医学部，衷心感谢安徽省卫生计生委共建中国科大附属第一医院，衷心感谢顾问委员会各位专家的光临和悉心指导，衷心感谢生命科学与医学部筹建工作组全体成员的辛勤付出，特别要感谢饶子和院士带着团队这段时间以来非常努力的工作和辛勤的付出。

习近平总书记在党的十九大报告中，向全党、全国人民发出了“实施健康中国战略”的动员令，将人民健康提升到“民族昌盛和国家富强的重要标志”的新高度。近年来，随着科学技术的飞跃发展，医疗卫生领域的新概念、新理论层出不穷，医疗技术和方法日新月异。科技的发展、国家的需求和人民的企盼，呼唤着医疗卫生人才培养模式的改革和创新，呼唤着医疗科学研究的创新和成果的加速转化，也呼唤着医疗卫生体制机制的变革和创新。这是新时代赋予我们这一代人的机遇和挑战。

中国科大自 1958 年创校以来，一直秉承“红专并进、理实交融”的校训，勇于创新、敢于超越、力争一流，以“英才之摇篮、创新之重镇”享誉海内外。著名生物学家贝时璋先生亲手创办了科大的生物和生命学科，近 60 年来，经过一代代科大人的不懈努力，取得了长足的进步，已经发展成为集细胞和分子生物学、结构生物学、生物医学和生物工程为一体的综合性学科。近年来，在以免疫、神经退化性疾病、生殖、肿瘤为代表的临床医学研究中取得一系列重大进展和突破，临床医学进入全球 ESI 前 1%学科领域，呈现出喜人的发展态势。

始建于 1898 年的安徽省立医院是江淮大地最优质的医疗资源之一，经过近 120 年的发展，已经成为门类齐全、特色鲜明的三级甲等综合性医院，医院规模位居全国前十。在刚刚公布的“中国医院科技影响力排行榜”上，省立医院血液病学、神经外科、胸外科等 5 个学科位列前 50，具有较强的科研能力和发展潜力。

长期以来，中国科大与安徽省立医院建立了良好的合作关系，2012 年 3 月签署了全面战略合作框架协议，之后，在共建肿瘤免疫治疗研究中心、安徽省立智慧医院等方面开展了深入的合作。进一步整合力量、发挥优势，与优质临床医疗资源相结合，实质性进入医学研究领域，是中国科大未来发展新的增长极。

新时代要有新作为。中国科大响应“健康中国”战略，在国家卫生计生委、中国科学院、安徽省的关心指导下，在安徽省卫生计生委的大力支持下，与安徽省立医院朝着共同目标，强强联合，深化医教研协同创新、优化医学人才培养模式。此次合作必将推动学校“双一流”建设，对于中国科学院打造“率先行动”计划升级版，促进安徽省乃至全国医疗卫生事业创新发展，都具有非常重大的意义。

科大要办什么样的医科？今年10月31日，在谢广祥副省长的带领下，我们向国家卫生计生委领导作汇报时，李斌主任就明确地指示：科大要办新医学。要聚焦医疗卫生供给侧结构性改革，面向医疗高端复合人才的需求，不求大、不求全、补短板，勇于创新、勇于探索、精益求精，要有走到世界前列的雄心壮志，做成我们一直想做却没有做成的事。科大要创办新医学，这是领导和人民对我们的期望，也为我们医学的建设指明了方向和奋斗目标。

“科大新医学”的内涵和使命是什么？经过大家的共同讨论，我们认为这样一句话代表了“科大新医学”的内涵和使命，就是：“理工医交叉融合，医教研协同创新，生命科学与医学一体化发展”。我们的努力方向有下面几个方面：

一是理工医交叉融合，探索医学人才培养的新模式、新机制。大家知道，医学是人类历史上最古老的学问。伴随着科学从经验到实验、再到现代科学的发展历程，医学也从望闻问切到循证医学，进而走向精准医学。新的医学模式对人才培养也提出了新的要求。“科大新医学”将在我国的医学人才培养“5＋3”和“3＋2”传统模式的基础上，认真总结国内外的成功经验，认真总结中国科大与北京协和医科大学医学博士联合培养的经验，充分发挥中国科大在理工科以及“新工科”等领域人才培养的基础和优势，积极探索“理工医”交叉融合新模式，面向未来发展的需求，培养出掌握现代科学技术、精通医学基础和熟悉临床技术的一流的复合型高端医疗人才。

二是医教研协同，创新医学科学的基础研究。实现“健康2030”的目标，不能离开医学科学的基础创新。当前，我国正在实施“精准医学”计划，这是一种通过整合“病人的分子研究和临床数据发展一种更加精确的分子疾病分类的知识网络”。中国科大在基因研究、单细胞及单分子科学、脑科学，以及精准核医疗等基础研究领域具有显著的学科优势，未来我们将秉承“生命科学与医学一体化发展”的理念，以促进精准医学发展为目标，进一步推动人工智能、大数据、生物信息学，以及网络技术在医教研领域的交叉融合，在以“分子分型”为代表的精准诊断和“靶向给药”为目标的精准治疗等方面获得实质性的创新突破。

三是科学与人文并进，创建研究型、智慧型、人文型医院。医学是科学，也是人学。无论是在古希腊还是在中国古代，对医生的要求都不仅有精湛的技艺，而且要有优秀的品质。作为中国科大附属医院，我们不仅要积极引导医护人员崇尚科学研究、加强科学思维，鼓励医生积极吸纳校内外、中科院内外和国内外的创新成果，积极参与成果转化，着力提升我国医疗科技在世界的地位，而且要加强医学人文精神和医学伦理意识的培养，在创建高水平的区域临床中心和转化医学中心的过程中，始终坚守以人为本、以病人为中心的价值和理念。同时，作为安徽省的重要医学医疗研究基地，中国科大附属医院要努力将服务地方、推动健康中国在安徽的实施作为自己的使命，让创新的科研成果早日惠及广大人民。

各位领导、各位专家，中国科大医科的发展和“科大新医学”的实践才刚刚起步，在未来发展道路上一定会遇到各种困难和挑战。我们真诚希望与大家通力合作，持续得到大家的支持和帮助。让我们携起手来,共同努力,共创我国医学人才培养、医学科技和医疗卫生发展的新局面,为实现“决胜全面建成小康社会,全面建设社会主义现代化强国,实现中华民族伟大复兴中国梦”的宏伟目标而努力奋斗!

谢谢大家!

安徽省人民政府　国家卫生健康委员会　中国科学院
关于共建中国科学技术大学生命科学与医学部的意见

（皖政秘〔2018〕126 号）

安徽省各市人民政府、省政府有关部门,国家卫生健康委员会、中国科学院有关司局,中国科学技术大学:

为深入贯彻落实党的十九大精神,实施健康中国战略,推动中国科学院“率先行动”计划实施,提高中国科学院科技创新能力,助力安徽创新型省份建设,全面提升安徽省医学教育科研和医疗卫生服务水平,经安徽省人民政府、国家卫生健康委员会、中国科学院三方协商,决定共同建设中国科学技术大学生命科学与医学部,并达成如下意见:

一、共建目的

践行以人民为中心的发展思想,满足人民对健康生活的需求,通过共建中国科学技术大学生命科学与医学部,实现中国科学技术大学与安徽省立医院强强联合,提升安徽医疗卫生人才培养与服务水平,促进现代科学技术在医学中的应用,探索“理工医交叉融合、医教研协同创新、生命科学与医学一体化发展”的“科大新医学”模式,加快推进中国科学技术大学世界一流大学、一流学科和一流医院建设,引领生命科学与医学前沿技术创新与临床转化,加快药物、高端医疗设备研发和国产化进程,促进安徽省健康产业发展,打造中国乃至世界医学研究和成果转化的创新高地,为建设健康中国、满足人民日益增长的美好生活需要作出积极贡献。

二、主要任务

(一)安徽省人民政府继续加强医教协同,健全省级医学教育管理协调机制,大力支持中国科学技术大学生命科学与医学部建设,为学校培养医学高端人才、提高科学研究水平和社会服务能力创造条件。具体任务如下:

1. 将中国科学技术大学生命科学与医学部纳入合肥综合性国家科学中心的重点建设内容,享受《关于合肥综合性国家科学中心建设人才工作的意见(试行)》等系列政策。

2. 同意中国科学技术大学按照直属附属医院性质,将安徽省立医院作为中国科学技术大学附属第一医院(保留“安徽省立医院”的名称),为生命科学与医学部的重要组成部分,由中国科学技术大学、安徽省卫生计生委共同管理,以中国科学技术大学为主。中国科学技术大学附属第一医院(安徽省立医院)日常科研教学、学科发展以及专业人才队伍建设、高层次人才培养引进以中国科学技术大学管理为主。医疗业务、现代医院管理制度建设等行业管理归口安徽省卫生计生委。安徽省立医院原承担的功能、任务、职责不变，其独立法人单位性质不变，机构编制管理和财政供给渠道暂不变，安徽省卫生计生委对医院国有资产依法依规进行管理。在干部管理体制方面，中国科学技术大学附属第一医院（安徽省立医院）的主要负责人（党委书记、院长）由安徽省委管理和任免，具体操作时，可由中国科学技术大学党委商安徽省卫生计生委党组共同向安徽省委提出建议，然后由省委及省委组织部按省管干部任免程序办理；其他领导班子成员的管理和任命以中国科学技术大学党委为主，由中国科学技术大学党委商安徽省卫生计生委党组，比照双重管理干部有关规定办理；其他处级领导干部按照中国科学技术大学现有处级领导干部管理程序办理；科级干部保持现有管理权限不变。

3. 支持中国科学技术大学依托附属医院加强临床试验机构建设，鼓励其开展创新药物、医疗器械和诊疗技术的临床试验，推动国家创新器械研发和临床诊疗实践，促进重大新药、医疗器械等医药产业快速发展。

4. 在项目立项、资金投入、土地供应、人才引进、床位人员编制、科研平台建设等方面，对生命科学与医学部建设和附属医院建设给予重点支持。

（二）国家卫生健康委员会大力支持中国科学技术大学生命科学与医学部建设，深化医教研协同创新，优化医学人才培养结构，培养高新尖人才，促进健康中国战略深入实施，提高安徽省医疗卫生教育和服务水平。具体任务如下：

1. 支持中国科学技术大学申请临床医学办学资质、设置临床医学专业，将中国科学技术大学纳入综合性大学医学教育管理体制改革试点，积极探索复合型高层次医学人才培养模式，支持中国科学技术大学实施国家“卓越医生教育培养计划”、拔尖创新医学人才培养试点项目。

2. 支持中国科学技术大学生命科学与医学部加强临床教学基地标准化规范化建设，在住院医师规范化培训、专科医师规范化培训、医教研协同创新等方面给予附属医院重点支持；依托中国科学技术大学附属第一医院（安徽省立医院）建设国家临床教学示范中心、国家区域医疗中心、国家临床医学研究中心、国家临床重点专科等，并在重大专项上给予倾斜和支持。

3. 为中国科学技术大学生命科学与医学部设立药物和医疗器械临床试验机构备案提供指导，支持建立研发机构和科技成果转移转化中心、卫生与健康科技成果转移转化示范基地，在申报国家卫生健康委员会重点科研基地、国家相关科技计划项目、技术评估与推广项目上给予支持。

4. 支持中国科学技术大学附属第一医院（安徽省立医院）加强与国家卫生健康委员会委属（管）医院在学科建设、人才培养等方面的交流，并在医教研协同创新和医院管理方面加强指导。

（三）中国科学院大力支持中国科学技术大学发展“科大新医学”，提升科技创新水平与成果转移转化能力。具体任务如下：

1. 将中国科学技术大学生命科学与医学部建设纳入中国科学院“率先行动”计划研究所分类改革，支持学校参与卓越创新中心和创新研究院等建设，大力发展生命科学与医学研究。

2. 支持中国科学技术大学按照直属附属医院性质，将安徽省立医院作为中国科学技术大学附属第一医院，为生命科学与医学部的重要组成部分重点发展。

3. 支持中国科学技术大学依托中国科学院生命科学、生物医学工程、大科学工程等相关领域研究院所，通过科教融合整合工程学科相关研究力量，建设生物医学工程学院，加大技术创新和协同攻关，加强高端医疗设备研发，争取成为中国科学院和国家医疗器械临床研究中心。

4. 在战略性先导科技专项部署、科研平台建设和高水平人才队伍建设等方面，对生命科学与医学部建设给予重点支持。

（四）安徽省人民政府、国家卫生健康委员会、中国科学院共同争取国家相关部委对中国科学技术大学生命科学与医学部的支持。具体任务如下：

1. 积极争取教育部在临床医学本科专业、硕士博士学位授权点设置和博士生招生计划等方面予以支持。

2. 积极争取国家市场监督管理总局在临床试验机构建设、药品上市许可持有人试点等方面给予重点支持。

三、中国科学技术大学和安徽省卫生计生委的责任和义务

（一）中国科学技术大学按照中国科学院、国家卫生健康委员会和安徽省人民政府的要求和指导，坚持精品办学、内涵发展，深化医学教育综合改革，实现“理工医交叉融合、医教研协同创新、生命科学与医学一体化发展”，建设世界一流大学、一流学科和一流医院。具体包括：

1. 加强专业队伍建设，围绕学科发展目标，通过大力引进高层次人才，建设一支规模适度、结构合理、创新能力强的高水平师资队伍和临床医疗专业团队。

2. 在中国科学技术大学“2＋X”人才培养模式的基础上，完善教学平台和课程体系建设，依托教育部“基础学科拔尖学生培养试验计划”、国家卫生健康委员会“卓越医生培养计划”，整合优质教育资源，按照“高端化、精英化、国际化”的要求，构建有国际竞争力的卓越医生、医生科学家和生物医学科学家三大医学人才培养体系，培养高素质临床医学和医疗设备、诊疗技术研发等高端人才。

3. 打通生物学、基础医学、临床试验、临床医学的转化通道，践行“科大新医学”发展思路，加快建设一批生命科学与医学世界一流学科，开拓和引领未来医学发展方向。

4. 瞄准重点疾病和患病人群的重大需求，积极推进国家区域医疗中心及国家临床医学研究中心安徽分中心建设，积极承担国家重大科研任务，建设若干一流科研平台，取得一批重大原创科研成果，形成一批国际领先的临床诊疗新技术，产出一批具有自主知识产权、可供产业化发展的创新成果，加快提升科技创新核心竞争力。

5. 紧紧围绕提升社会服务水平，积极参与深化医药卫生体制改革，重点提升重大疾病救治能力，在附属医院打造一批高水平的特色专科和优势专科，组建若干安徽省区域特色专科联盟和跨区域医联体，增强优质医疗资源的服务辐射能力。

6. 以医学为纽带，加强国际合作与交流。充分利用医学科技公益性特点，针对重大疾病、公共卫生、人口发展等全球性重大科技问题，以开放共享的理念，结合我国科技发展的特点和优势，以联合研发、技术推广、人才培养等方式开展双边和多边科技合作。落实国家“一带一路”战略，以临床医学科技合作为切入点，开展技术共享和共同创新，推动“一带一路”地区临床医学研究的共同发展。

（二）安徽省卫生计生委按照安徽省委、安徽省人民政府和国家卫生健康委员会的部署要求，积极履行职责，落实各项任务，推进医学教育改革与发展，积极支持中国科学技术大学附属第一医院（安徽省立医院）建设，继续将安徽省立医院纳入全省卫生事业发展整体规划，保留医院原承担的功能、任务、职责，加强对医院医疗业务的管理、监督与指导，继续深化公立医院综合改革，支持中国科学技术大学依法依规行使对直属附属医院的主管权。

四、组织与实施

（一）安徽省人民政府、国家卫生健康委员会、中国科学院成立共建中国科学技术大学生命科学与医学部领导小组及工作小组，建立定期协商机制，具体负责推进中国科学技术大学生命科学与医学部建设工作。共建工作实行动态管理，中国科学技术大学加强组织领导，明确年度任务，严格目标考核。

（二）共建过程中未尽事宜，由安徽省人民政府、国家卫生健康委员会、中国科学院协商解决。

安徽省人民政府　国家卫生健康委员会　中国科学院
2018 年 7 月 5 日

安徽省卫生计生委　中国科学技术大学
关于共建中国科学技术大学附属第一医院的合作协议

甲方：安徽省卫生计生委

乙方：中国科学技术大学

根据《安徽省人民政府　国家卫生计生委　中国科学院关于共建中国科学技术大学生命科学与医学部的意见》，甲乙双方经充分协商，就共建中国科学技术大学附属第一医院达成如下合作协议：

一、甲方职责

（一）甲方同意将安徽省立医院（含院本部、南区、西区、滨湖院区、北城院区，下同）作为乙方的直属附属医院，命名为“中国科学技术大学附属第一医院”，保留“安徽省立医院”的名称，由甲乙双方共同管理，以乙方管理为主。安徽省立医院原承担的功能、任务、职责不变，独立法人单位性质不变，机构编制管理和财政供给渠道暂不变，甲方对医院国有资产依法依规进行管理。

（二）甲方继续将中国科学技术大学附属第一医院纳入全省卫生事业发展整体规划，在政策、资金、项目、人才和创建国家区域医疗中心等方面给予大力支持。

（三）甲方继续加强业务指导和行业监管，支持中国科学技术大学附属第一医院建立健全现代医院管理制度，深化医教研协同创新，不断提升医疗服务水平。

二、乙方职责

（一）乙方将安徽省立医院作为直属附属医院，命名为“中国科学技术大学附属第一医院”，保留“安徽省立医院”的名称；把中国科学技术大学附属第一医院作为生命科学与医学部的重要组成部分，纳入学校发展整体规划，承担临床教学和科研任务。

（二）乙方按照建设世界一流医院的目标，通过加强理工医交叉融合、医教研协同创新、生命科学与医学一体化发展，大力提升中国科学技术大学附属第一医院的医疗、教学和科研水平。

（三）乙方在学科建设、人才引进培育、科研项目部署和平台建设等方面给予中国科学技术大学附属第一医院重点支持，全面提升医院的综合实力，培养和输送更多高素质的临床医学和科技创新人才。

三、双方商定事项

（一）中国科学技术大学附属第一医院的干部任免，由中国科学技术大学、安徽省卫生计生委商请安徽省有关部门，按批准意见执行。

（二）中国科学技术大学附属第一医院保持专业技术职称现有晋升渠道；教学、科研人员可根据医教研工作需求，按照乙方人才聘用标准进行评聘，按照乙方相关规定履行职责、享受权利。

（三）中国科学技术大学附属第一医院继续履行原承担的教学科研任务和保健任务。

（四）本协议未尽事宜，由甲乙双方协商解决。

（五）本协议一式七份，双方各执两份，报安徽省人民政府、国家卫生计生委和中国科学院备案各一份，具有同等法律效力。

安徽省卫生和计划生育委员会　中国科学技术大学

2017 年 12 月 23 日

六、重要文献

中国科学院院长、党组书记白春礼在全校教授干部大会上的讲话

（2017 年 6 月 8 日）

赵凡局长、信长星副书记、邓向阳常务副省长、各位老师、同志们：

刚才，中组部赵凡局长宣布了中央和国务院的决定，介绍了包信和同志的情况，并对学校班子的建设和相关工作提出了要求，一会儿长星副书记也将代表安徽省委提出要求。这次学校行政班子主要领导的调整，是中央根据工作需要和中国科大班子的建设实际，经过慎重研究决定作出的，充分体现了党中央、国务院对学校领导班子建设及事业发展的亲切关怀和高度重视，中科院党组坚决拥护中央的决定。

大家知道，根据中央的决定，万立骏同志已经调任中国侨联工作，他在担任中国科大校长期间，恪尽职守、开拓创新，与许武同志一起带领全校师生，制定实施中国科大“十三五”总体发展规划，瞄准建设世界一流大学的目标，学校步入快速发展的节奏。几年来，中国科大积极参与国家“双一流”建设、中国科学院“率先行动”计划、安徽省系统推进全面创新改革试验，通过全面深化综合改革，在强化党的领导核心作用、坚持科教结合的办学模式、深化人才强校主战略、完善创新人才培养体系、优化一流学科结构布局、健全卓越科技创新体系、提升国际化办学水平、建设现代大学校园、增强社会服务效益、塑造活力校园文化等方面做了大量的工作，取得了显著的成绩。我也想借此机会，代表党组，对万立骏同志为中国科大创新发展所作的贡献表示感谢！

包信和同志是我国化学领域的优秀科学家，具有较高的学术造诣，刚才赵凡局长已经介绍了他的简历，他担任过中国科学院大连化学物理研究所所长、沈阳分院院长、复旦大学常务副校长等职务，还长期兼任中国科大化学物理系的主任。应该说，他与我们中国科大结缘已久。他政治立场坚定、有战略眼光、思想敏锐、敢于担当，组织管理和驾驭全局的能力强，熟悉科技管理和高等教育规律，拥有丰富的科研、教学和管理经验。希望包信和同志履新以后，尽快熟悉中国科大全局工作，适应新的岗位要求，注重党政密切配合，与学校领导班子一起，紧紧依靠广大的教职工，继往开来、再接再厉，积极推进学校的改革、创新和发展。院党组希望我们全校的教职工自觉地把思想、行动统一到中央的决定和要求上来，全力支持学校党政领导班子工作。

下面，我代表院党组，对中国科大的党政领导班子和全体教职工，再提四点希望：

一、结合“两学一做”学习教育常态化、制度化，贯彻落实好习近平总书记考察中国科大时的重要讲话精神

去年 4 月 26 日，习近平总书记到中国科大考察，并发表了重要讲话，这充分体现了习总书记对中国科大人才培养和科技创新工作的高度重视，更体现了以习近平为核心的党中央对中国科学院的亲切关怀。当前，全党正在深入推进“两学一做”学习教育常态化、制度化，希望中国科大领导班子和全体教职工紧密结合“两学一做”学习教育，认真学习、深刻领会习近平总书记考察科大重要讲话精神，进一步贯彻落实好总书记提出的“在开放中推进自主创

新，培养优秀创新人才，树立文化自信，踏踏实实做事做人”等方面的新要求，引导全体党员进一步增强政治意识、大局意识、核心意识、看齐意识，进一步增强贯彻落实习近平总书记对我院提出的“三个面向”“四个率先”要求的思想自觉和行动自觉，把总书记重要讲话精神学深悟透、做到实处，积极推动中国科大各项事业不断迈向新的台阶。

二、加强党的领导，坚持正确的政治方向，切实落实全国高校思想政治工作会议精神

去年年底，中央召开了全国高校思想政治工作会议，习近平总书记在会议上指出，高校思想政治工作关系高校培养什么样的人、如何培养人，以及为谁培养人这个根本问题，要坚持把立德树人作为中心环节，把思想政治工作贯穿教育教学全过程，实现全程育人、全方位育人，努力开创我国高等教育事业发展的新局面，希望中国科大深刻认识抓好思想政治工作对于建设世界一流大学的重要意义，自觉地用总书记重要讲话和全国高校思想政治工作会议精神统一全校师生的思想认识，进一步增强做好思想政治工作的紧迫感和使命感。校党委要结合学校实际做好思想政治工作的顶层设计，创新思想政治工作的方式方法，确保各项任务落到实处，不断提高学生的思想水平、政治觉悟、道德品质、文化素养，让学生成为德才兼备、全面发展的人才。中国科大要继续坚持和完善党委领导下的校长负责制，使学校成为坚持党的领导的坚强阵地。这就要求党委必须承担起管党治党、办学治校的主体责任，把方向、管大局、做决策、保落实。加强党的领导，党政领导班子的相互支持和团结协作是基础，要保持并发扬优良传统和作风，坚持民主集中制，不断优化党委统一领导、党政分工合作、协调运行的工作机制。

三、抢抓机遇、深化改革，积极推进合肥综合性国家科学中心和量子信息国家实验室建设

今年4月24日，我院召开了“抢抓机遇、深化改革，加快实施‘率先行动计划’动员视频会”，就我院参与建设科技创新中心和共建综合性国家科学中心、谋划推动国家实验室筹建等工作进行了动员和部署。作为重要参与单位，希望中国科大进一步增强政治责任感和历史使命感，统一思想、提高认识、勇于担当、主动作为，把贯彻落实党中央、国务院的新部署新要求与深入实施“率先行动”计划紧密结合起来，抢抓新机遇、下好先手棋、推进新改革、开拓新局面。中国科大要认真落实好我院与安徽省全面创新合作协议，与合肥物质科学研究院携手共同推进合肥综合性国家科学中心建设，按照高起点、大格局、全链条、新机制的思路，积极组织开展共建工作，对接全球创新资源，集聚全球创新人才，服务国家和区域创新体系建设。量子信息国家实验室建设作为合肥综合性国家科学中心的基石和安徽省科技创新的“一号工程”，得到了国家有关部门和安徽省、合肥市的高度重视、大力支持。中国科大作为牵头单位，要整合院内外创新单元的科研力量，发挥好我院创新能力和建制化优势，率先把旗子举起来、把架子搭起来、把队伍建起来。此外，在区域创新高地建设方面，中国科大要在安徽省全面创新改革试验中积极发挥示范作用，安徽的科技发展是我们的共同事业，中国科大作为我院在皖的院属单位，重任在肩、责无旁贷，要在支撑区域科技发展、服务地方经济建设等方面积极做好谋划和布局，更好地体现出国家战略力量的不可替代性。

四、深入实施科教融合发展，努力创建具有中国特色的世界一流大学

世界一流大学是基础科学研究和工程技术创新的重要源头，是科学理论探索和文化传承创新的主要力量，是优秀师资汇聚和高端人才培养的示范基地，是大学体制改革和教育制度创新的领军方阵。作为国家重点建设的研究型大学，中国科大应当在国家推进“双一流”建设战略部署中成为先锋高校。长期以来，中国科大始终坚持“全院办校、所系结合”的办学方针，弘扬“红专并进、理实交融”的校风，形成了不断开拓创新的优良传统，以及教学与科研相结合、理论与实践相结合的鲜明特色。希望中国科大继续保持和发扬优良传统，根据新的发展形势和要求，在统筹推进两个“一流”中突出“学科建设”“制度构建”“协同育人”三大主题，开展综合改革，实施立体创新，推进多元协同，积极探索中国特色的世界一流大学和一流学科建设之路，努力实现学科体系一流、体制机制一流和科教水平一流。

最后，借此机会，我代表科学院党组向中组部、安徽省、合肥市，以及有关领导长期以来对中国科大的关心与厚爱、对我院科技事业发展的大力支持和帮助表示衷心的感谢！相信在大家的共同努力下，一定能够早日把中国科大建设成为与科研机构深度融合且具有世界水平、中国特色、科大风格的世界一流大学，为国家战略、区域发展和高端人才培养事业作出新的、更大的贡献！

谢谢大家。

包信和校长在全校教授干部大会上的讲话

（2017 年 6 月 8 日）

尊敬的白春礼院长、赵凡局长、信长星副书记、邓向阳常务副省长、许武书记，老师们、同学们：

刚才，中央组织部赵凡局长宣布了党中央、国务院的任职决定，对做好中国科大的工作提出了殷切的希望和明确的要求，白春礼院长、信长星副书记代表中科院党组和安徽省委分别作了重要讲话。中央决定我到中国科大工作，我坚决拥护和服从中央的决定，衷心感谢中央对我的信任和重托，衷心感谢全体师生员工、海内外校友以及所有关注科大事业发展的社会各界人士对我的信任和支持。

科大是新中国成立以后创办的一所新型的理工大学，是国内外享有盛誉的知名学府。在近 60 年的办学实践中，学校始终坚持“全院办校、所系结合”的办学方针，弘扬“红专并进、理实交融”的校风，形成了不断开拓创新的优良传统，培养了一大批德才兼备的高素质人才，正在朝着中国特色世界一流大学的宏伟目标不断奋进。近年来，在许武书记、侯建国校长和万立骏校长的领导下，学校各项事业蓬勃发展，为建设中国特色世界一流大学奠定了坚实的基础。万立骏校长任职期间，正逢科大全面深化改革、加快推进“双一流”建设的关键时期。万校长勤奋工作，一心为公，为人谦和，风格儒雅，作风民主，团结同志，为科大的发展贡献了自己的智慧和精力。借此机会，我要向万立骏同志表示崇高的敬意和衷心的感谢！热切期盼万立骏同志在新的工作岗位上继续关心支持学校的事业发展和我本人的工作。

我和科大有着不解之缘。1995 年我在德国工作六年以后回到祖国，在中国科学院大连化物所工作，大概将近 20 年。大化所与科大同为科学院系统，双方的交流合作持续深入。2003 年，在“全院办校、所系结合”的战略方针指导下，我受聘兼任科大化学物理系主任。十多年来，我和科大的多位领导、老师都有很好的交流，对科大这所学校的认识和了解也不断地深入，对科大一直心怀敬重之情。在今天这个重要的历史时刻，我正式接过万立骏校长的接力棒，得以有幸成为科大的一员，能与学校领导班子、全体员工一起，共同参与创建世界一流大学这一伟大事业，为科大的建设和发展出一份力，既感到使命光荣，更感到责任重大。我一定按照党中央的要求，在中科院党组的坚强领导下，努力学习、勤奋工作，认真履行好科大校长的职责：

一是要增强"四个意识"，自觉与以习近平同志为核心的党中央保持一致。要坚决贯彻落实党的教育方针，保持政治定力，按照社会主义政治家、教育家的要求，把讲政治放在首要位置，把立德树人作为根本任务，坚定不移地坚持社会主义办学方向。要深入贯彻落实全国科技创新大会、全国高校思想政治工作会议和习近平总书记考察中国科大时的重要讲话精神，用习近平总书记系列重要讲话精神和治国理政新理念新思想新战略武装头脑，指导工作，推动学校的发展。

二是要维护班子团结，坚持党委领导下的校长负责制。党委领导下的校长负责制是具有鲜明的中国特色、适合中国国情的高校领导体系，我将在学校党委的领导下，认真组织实施学校党委的决议，努力做好教学、科研等各方面的行政管理工作，不断完善议事规则和决策程序，建立健全党委统一领导、党政分工合作、协调运行的工作机制，与学校领导班子全体成员紧密配合，形成推动学校事业发展的强大合力，营造心齐气顺的发展气氛。

三是要认真履职尽责，努力建设中国特色、世界一流大学。党和国家作出建设世界一流大学和一流学科的战略部署，科大作为一所国家重点建设的高水平的研究型大学，理应成为"双一流"建设的排头兵和先行者。我将集中精力，努力积极投入学校的管理工作，尽快熟悉情况，完成角色转变，深入调查研究，关注热点难点，回应师生关切，要问政于师生，问计于师生，问需于师生，与全体师生员工一起，努力在人才培养、科学研究、社会服务、文化传承创新和国际交流合作等方面取得突破，为建设世界一流大学而奋力拼搏，为科大 60 年的校庆献上厚礼。我将深入调研国家和区域发展的重大需求，使学校的各项工作更好地适应和服务国家和区域的经济社会发展大局。

四是要常怀敬畏之心，自觉接受广大师生员工的监督。大学校长是一个非常神圣的岗位，担任科大校长让我时刻充满着敬畏感和使命感。面对学校"十三五"发展和"双一流"建设的新要求和艰巨繁重的改革任务，我一刻也不敢放松，一刻也不敢懈怠。我将严格遵守廉洁从政各项规定，对党忠诚，做人干净，勇于担当，坚持秉公办事，以身作则，随时欢迎并虚心听取学校各方面的意见和建议，真诚对待和自觉接受全校广大师生的监督。

担任科大校长的任务来得非常突然，我这几天心情也很不平静，脑海中常常回响起科大校歌的旋律："迎接着永恒的东风，把红旗高举起来，插上科学的高峰。"我相信，只要我们同心同德，奋力奋进，一步一个脚印地走下去，我们科大的这面红旗就一定能够早日插上中国特色、世界一流大学的高峰！

谢谢大家！

许武书记在全校教授干部大会上的讲话

（2017 年 6 月 8 日）

尊敬的白春礼院长、赵凡局长、信长星副书记、邓向阳常务副省长，同志们、老师们：

刚才，赵凡局长宣布了中央关于包信和院士担任校长的决定，并作了重要讲话，白春礼院长和信长星副书记分别代表中科院党组和安徽省委作了重要讲话，包信和校长作了充满感情的讲话。在此，我谨代表中国科大党政领导班子和全体师生员工，对中央的决定表示坚决拥护！同时，我也代表全校师生，热烈欢迎第十任校长包信和院士来校工作！

党的十八大以来，以习近平同志为核心的党中央高度重视和关心中国科大的发展。去年 4 月 26 日，习近平总书记到我校考察并发表重要讲话。这是我校发展史上的一个里程碑，是对我校全体师生最大的鼓舞，饱含着总书记对我校建设一流大学的期许，同时也是一份沉甸甸的责任。在这里，让我们再一次以热烈的掌声，向党中央对中国科大的亲切关怀和厚爱，致以最崇高的敬意和最衷心的感谢！

一年来，我们深入学习贯彻习近平总书记考察我校期间发表的重要讲话精神，勇于创新、敢于超越、力争一流，不断在人才培养和创新领域取得骄人成绩。就在近期，我校的前两任校长侯建国同志、万立骏同志分别履新，提拔到更重要的工作岗位，这也充分地体现了党中央对中国科大的认可和高度信任。借此机会，我谨代表全校师生员工，向侯建国同志、万立骏同志表示诚挚的谢意！衷心祝愿他们在新的岗位上创造更新更好的业绩和成就！

近年来，中国科学院党组统筹推进“率先行动”计划，在量子信息与量子科技创新研究院建设、量子信息国家实验室申报、加快中国科大世界一流大学建设等多各方面对学校的发展给予了充分的指导和大力支持。特别是，白春礼院长在百忙之中，多次亲临学校指导工作，实地考察实验室发展建设，亲自与师生召开座谈会。在这里，也让我们以热烈的掌声，对白春礼院长和科学院党组对中国科大的关心和厚爱，表示衷心的感谢！

学校的发展同样也离不开安徽省委省政府的大力支持。近年来，安徽省加快全面创新改革试验区建设，全面实施高等教育振兴计划，大力推进合肥综合性国家科学中心建设，在国家发展战略中承担了多项重大任务，为学校的发展提供了新的机遇，也在政策、资源、土地、人才等多个方面，为学校的进一步发展提供源源不断的支撑。在这里，我们以热烈的掌声，对安徽省委省政府对中国科大的大力支持和无私帮助，表示衷心的感谢！

各位老师、同志们！

当前，全校上下正在深入学习贯彻党的十八大，十八届三中、四中、五中、六中全会精神和习近平总书记系列重要讲话精神尤其是考察中国科大，以及在全国高校思想政治工作会议上的重要讲话精神，全面提升“四个意识”，牢牢把握社会主义办学方向，坚持立德树人，扎实推动“两学一做”学习教育常态化制度化，认真抓好中央巡视整改落实，全面深化综合改革，深入实施“十三五”规划，全面加快世界一流大学建设。

我们正站在学校发展的关键历史节点上。明年恰逢中国科大六十年校庆。六十年一个甲子，过去的六十年，是中国科大红专并进的六十年；下一个六十年，我们提出要把学校建设成为具有世界水平、中国特色和科教优势的世界一流大学。教育、科研事业的改革和发展，任务艰巨，但意义重大，影响深远。

包信和校长是中国科学院院士，长期从事科研和大型研究所以及高等院校的管理工作，具有深厚的学术造诣、广阔的国际视野和丰富的科教管理工作经验。包校长和中国科大有着非常深厚的渊源，正如他所介绍的，自2003年起兼任我校化学物理系主任。在过去十多年中，他本人经常来校讲学，开展学术交流。他领导下的大连化学物理研究所，在我校设立奖学金，建立联合实验室、院士工作室，开展了全方位的“所系结合”的办学合作。

校党委将全力支持包信和校长依法独立负责地履行校长职责。学校党政领导班子将进一步继承和发扬紧密团结的优良传统，相互支持，埋头苦干，勇于担当，全力抓好学校改革发展的各项工作，不辜负上级组织的重托和广大师生、校友的殷切期望。

各位老师、同志们！

当前，全国各族人民万众一心，在以习近平同志为核心的党中央坚强领导下，不断践行新发展理念，深入贯彻“五位一体”总体布局和“四个全面”战略布局，科教领域综合改革也正在逐步深入推进。我们要在中央和中组部、中科院、安徽省委省政府的正确领导下，贯彻落实刚才各位领导的重要讲话精神，进一步旗帜鲜明讲政治，全面提高“四个意识”，以中央巡视整改落实为抓手，大力推动现代大学制度建设；进一步锐意改革创新，勇于攻坚克难，全面深化综合改革，稳步推进量子信息国家实验室筹建和高新园区建设等核心工作。让我们一起携手，齐心协力，不忘初心，扎实工作，为早日建成世界一流大学而努力奋斗，以优异的成绩迎接党的十九大胜利召开！

聚焦“六有”要求 坚持红专并进努力培养中国特色社会主义建设者和接班人

——许武书记在加强和改进高校思想政治工作座谈会的发言材料

中共中国科学技术大学委员会

为谁培养人、培养什么人、如何培养人，是办好中国特色社会主义大学的根本问题。习近平总书记在考察中国科大时强调“做有理想、有追求的大学生，做有担当、有作为的大学生，做有品质、有修养的大学生”，为我们培养中国特色社会主义合格建设者和可靠接班人提供根本遵循。校党委以不断推进大学生思想政治工作质量提升为目标，坚持“六有”要求，坚持红专并进，取得积极成效。

一、推动“六有”要求在大学生理想信念教育中立起来、化为实践

将“六有”要求作为学校推进习近平新时代中国特色社会主义思想和党的十九大精神进教材、进课堂、进头脑的重要内容，坚持不懈融入学生理想信念教育。

一是系统安排落实。研究制定《“六有”大学生培养方案》，形成长效培养机制。制定培养“六有”大学生、班集体、团支部等多个方案，夯实学生培养过程中的思想政治教育基础，将

“六有”要求贯穿于入学到毕业各个环节、课堂到实践各个场景。

二是突出价值引领。充分发挥校训、校歌、校史的育人作用,把奏唱国歌校歌、出校旗、毕业宣誓等固化为学校的仪式制度。深入挖掘老一辈科学家和新时期一线科研工作者在校工作的先进事迹,将“科教报国”的科大精神写进校史、代代传承。总结传承研究生支教团18年扎根西海固接力支教的志愿精神,广泛开展“志愿服务达人”“最美团支书”“三下乡”优秀团队评选活动,发挥朋辈榜样的引领示范作用,激励广大学生投身社会实践、报效伟大祖国。

三是狠抓道德养成。创作“青春与信仰”“学习在路上”等多种形式的网络文化产品,开展“感恩教育年”主题活动和“社团传统文化月”活动,引导学生树立正确的世界观、人生观、价值观,自觉践行社会主义核心价值观。开展“读书、评书、荐书”活动,举办“高雅艺术进校园”、高水平人文讲座,推进体育俱乐部建设等各种举措,引导学生始终保持积极的人生态度、良好的道德品质、健康的生活情趣。

二、推动“六有”要求在高素质科技创新人才培养中强起来、落到实处

将“六有”要求和“红专并进”的校训精神融入人才培养的全过程。

一是融入教书育人。围绕“四个统一”加强师德师风建设,制定《关于进一步加强和改进师德师风建设的指导意见》,明确师德师风标准是教师任职的首要条件,在教师专业技术职务评审环节实行“一票否决”。实施“名师名课工程”,发挥国家级教学名师史济怀、程福臻等名师的榜样力量,引导教师更多投入课堂教学,进一步提升教授为本科生授课的比例。与安徽省委党校共建马克思主义学院,组织学校教师与省委党校教师同上一门课,共同探索思政课教学形式创新,增强授课效果。省、校领导给学生讲党课已成为惯例,前不久,省委书记李锦斌同志为全校师生宣讲十九大精神。

二是融入科研育人。每年组织全校学生开展“诚信”教育和“荣誉”教育,弘扬优良校风和学风,遵守学术诚信和学术道德,珍视个人荣誉和集体荣誉,使诚信和荣誉理念成为学生成长成才的重要指南。深入实施拔尖创新人才培养计划和大学生研究计划,提升创新能力,锻造求真务实、踏实做人做事的精神品格,鼓励学生努力练好人生和事业的基本功,增强科教报国的本领。

三是融入管理育人。从选拔、考核、培养多个环节全面强化思政队伍建设,打造政治和业务过硬的思政工作队伍。加强心理咨询队伍建设,目前学校已有69位学工干部获得国家三级心理咨询师资格。践行“管理即服务”理念,实现“教、学、管”联动育人,完善“学业追踪”和“困难资助追踪”网络平台建设,建立“隐形资助”等充满人性关怀的学生资助体系,强化对学生的学业、心理和经济困难的及时精准帮扶。

三、推动“六有”要求在科教报国中做起来、见到实效

积极引导学生将个人的青春梦与中国梦、科大梦有机结合,鼓励学生在实现中国梦的生动实践中放飞青春梦想。

一是强化使命意识。每年组织新生观看讲述“两弹一星”元勋、我校创校先贤郭永怀先生感人事迹的音乐剧《爱在天际》,举办思政与国防教育专题报告会,鼓励学生不忘初心,牢记使命,沿着前辈的足迹继续前行,把青春梦融入中国梦,尽一生所学报效祖国和人民。

二是强化创新意识。以大学生研究计划、科技文化节、机器人大赛等品牌活动带动校园科技创新氛围营造,设立“青年创新创业中心”“学生创新创业苗圃”“极客中心”,培养学生的创新能力和实践精神。鼓励和支持学生参加"挑战杯""互联网＋"、机器人世界杯、国际遗传工程机器大赛、国际大学生程序设计竞赛等国际国内重大竞赛，并多次摘取大赛金牌。

三是强化担当意识。将学生科技创新、服务社会取得的实绩纳入学分制管理。举办校领导为南极科考队员壮行、研究生支教队出征仪式等活动，勉励同学们勇挑重担、勇攀高峰，增强学生报效祖国、为国争光的担当意识。学校培养的青年人才源源不断涌现，成为国家科技创新的生力军。潘建伟院士领衔的量子创新团队成员多为"80后""90后"，这群年轻的科大人构成了中国量子"梦之队"的中流砥柱，续写了科大故事的精彩篇章。

温暖做人，光照四方

——在2017届本科生毕业典礼暨学位着装授予仪式上的讲话

校长　包信和

（6月20日，东区大礼堂）

亲爱的各位同学，老师们、家长们、朋友们：

大家上午好！

今天我们在此欢聚一堂，隆重举行2017届本科生毕业典礼暨学位着装授予仪式。首先，我代表学校全体教职员工衷心祝贺同学们顺利完成学业，成功获得学位。同时我提议，同学们用热烈的掌声感谢为你们付出辛勤劳动的老师们，感谢一直陪伴和支持你们的父母亲友们！

刚才，我们一起见证了蔚蓝的校旗从你们的双手和身体上传递过的这一激动人心的时刻。就像四年前，蔚蓝的校旗开启了你们人生中最美好的大学时光一样。今天，当校旗再次掠过你们的头顶，你们将放飞梦想，奔赴世界各地，踏上人生的新征程。著名数学家、复旦大学老校长苏步青先生曾经盛赞科大的学子，他那"当好第一流大学的学生"的赠言题词至今仍然悬挂在科大校史馆里，这是苏老对科大学子的殷切期望。今天，同学们即将走出校门，你们中的大多数将从"第一流大学的学生"成为"第一流大学的校友"。什么是"第一流大学的校友"？我们又将如何无愧于"第一流大学的校友"这样的称号呢？

说到校友，大家也知道，两周前我刚刚接任中国科学技术大学校长。我履新以来，收到了许多来自世界各地科大校友的祝福和寄语。从这些寄语中，我深切地体会到，与其说是对新校长的期待，毋宁说更多的是对母校的关切和热爱。正是这份爱，让我深深地感受到来自"第一流大学的校友"的温暖：这里有中国科大历届校友们阳光向上、追求卓越的热情；有心系母校、心系创新、心系天下的家国情怀和社会责任。

亲爱的同学们，你们即将走出校门，作为临别赠言，我希望大家"当好第一流大学的校友"，永远做一个温暖的人，一个心有大爱、光照四方，温暖自己与他人，温暖国家和社会的人。

温暖做人，就是做阳光向上的平和者。四年求学时光，学富五车的老师、志同道合的伙伴、精彩纷呈的社团都是美好校园记忆的组成部分，也塑造了同学们理性独立、敏学好思的性情品格。你们对于未来充满了期许和憧憬，但今后的人生道路难免会起起伏伏，希望大家在追逐理想的过程中，学会善待自己，保持乐观从容的心态，按照习近平总书记嘱咐的“要正确对待一时的成败得失，处优而不养尊，受挫而不短志，使顺境逆境都成为人生的财富而不是人生的包袱”。不论面对怎样的人生境遇，希望你们能得之坦然、失之淡然，保持心境平和，朝着梦想稳步前行。

温暖做人，就是做心怀感恩的正能量传递者。感恩是温暖做人的基础，有空多回家看看父母，珍惜和家人相伴的时间，用亲情温暖时光。今后，你们还将不断地结识新的同学、朋友和同事，大家既要学会与志趣相投的人合作，更要学会与意见相左的人共事。在坚守原则的前提下，多一些宽容，推己及人，用友情温暖人生。科大人除了潜心读书科研，一直热心社会公益，用自己的爱传递着温暖。科大研究生支教团自1999年成立以来，至今已派出了18批支教队，共119人，赴宁夏、甘肃等西部地区支教。在艰苦的条件下，他们不仅传授知识，更是为那里的孩子们开启了一扇了解世界的窗口，照亮了孩子们的希望和梦想。“爱心接力、薪火相传”，今天你们当中又有8名同学作为第19批支教队队员前往宁夏海原，赴这场千里师生之约，传递你们的正能量，你们是好样的，我要为你们点赞。

温暖做人，就是做兼济天下的光照四方者。古人云：“受光于庭户见一堂，受光于天下照四方。”大学不是培养精致的利己主义者，而是要培养拥有家国情怀和强烈社会责任感的知识分子。温暖不仅是一种性情和为人处世之道，更是一种人生格局和理想选择。在我们科大的历史上，曾经有许多心有大爱、至诚报国的杰出校友。“两弹一星”元勋中唯一获得“烈士”称号的科学家、我校化学物理系的首任系主任郭永怀先生，以及他的夫人、著名语言学家李佩先生就是他们中的杰出代表。20世纪50年代，为了发展我国自己的核技术，郭永怀先生应中国科大另一位杰出校友钱学森先生的邀请，历尽艰难回到祖国。当时，为了避免美国政府阻挠其归国，他毅然将自己没有公开发表过的所有书稿付之一炬。1958年4月，面对中国科技发展滞后、人才储备严重缺乏的情况，郭永怀先生与钱学森先生等老一辈科学家共同倡议创办中国科学技术大学，并成为化学物理系首任系主任。1968年10月，郭永怀先生从试验场地返回北京，在飞机不幸失事坠落的那一刻用生命保护了装有绝密核试验数据的公文包，壮烈牺牲，谱写了“爱在天际”的悲歌！李佩先生从悲痛中走出，坚持毕生教书育人，和李政道先生一起帮助中国第一批自费留学生走出国门，为我国培养了一大批优秀人才，被称作“中科院最美的玫瑰”。他们的行为诠释了在一个新时代中个人应该有怎样的责任与担当，应该有怎样的忠孝大义。今年4月5日，两位先生的合葬仪式在中科院力学研究所举行，“一对伉俪，两种传奇；怀瑾佩瑜，师表后继”，我们将永远铭记他们的大爱、大德。今天以后，你们中的大部分人将前往海外名校或国内的科研单位继续深造，待学成之日，希望你们承继郭永怀、李佩等科大先辈的爱国强国报国之志，将个人的事业发展和国家民族的前途命运相连，用自己的力量温暖我们的国家和社会。

亲爱的同学们，习近平总书记在考察中国科大时指出：“中国科技大学要勇于创新、敢于超越、力争一流，在人才培养和创新领域取得更加骄人的成绩，为国家现代化建设作出更大的贡献。”这是总书记对科大人的期待，也是对科大人的鞭策。目前，中国正在朝着“两个一百年”的目标奋进，从实现中华民族伟大复兴的“中国梦”到构建人类命运共同体的中国愿景，中国科大承担着前所未有的历史使命。创建世界一流大学和一流学科，需要校内外、海内外所有科大人的共同努力,需要更多有知识、有能力、有信仰的青年人加入改革创新发展大业。不久前,我在就职典礼上曾经说过,要把中国科技大学这面鲜艳的红旗插上中国特色、世界一流大学的高峰。这面旗帜需要我们校内外、海内外所有的科大人共同托起。

同学们,校友是学校的品牌,你们代表着学校的前途和未来。希望你们牢牢把握时代机遇,秉承“红专并进、理实交融”的校训精神,温暖做人,光照四方,让蓬勃青春与家国情怀同频共振,让人生更加绚烂多彩。

祝愿同学们前程锦绣、一生幸福!未来,无论你们面临的是顺境还是逆境,无论是成为叱咤风云的大师、名家,还是坚守平凡、默默耕耘,请记住,中国科大永远是你们可以依靠、可以信赖的温暖之家。

谢谢大家!

牢记使命　创新报国

——在2017届研究生毕业典礼暨学位着装授予仪式上的讲话

校长　包信和

(6月21日,东区大礼堂)

亲爱的各位同学,老师们、家长们、朋友们:

大家好!

今天,我们在这里隆重举行中国科学技术大学2017届研究生毕业典礼暨学位着装授予仪式,我谨代表学校全体教职员工向刻苦学习、潜心科研,获得学位的768名博士和1801名硕士毕业生致以最热烈的祝贺!同时,我提议,同学们以热烈的掌声感谢辛勤培育你们的导师,以及陪伴支持你们的家人!

你们很快就要离开母校,谱写新的人生篇章。而我刚刚来到科大履新才两周,正逢学校的毕业季,所以这几天我一直在思考,在你们即将告别母校、成为科大校友、开启新的人生旅途之际,我应该跟大家讲些什么。昨天在本科生毕业典礼上,我以“温暖做人,光照四方”为题,希望同学们“当好第一流大学的校友”,永远做一个温暖的人,一个心有大爱、光照四方、温暖自己与他人、温暖国家和社会的人。在这里,我也希望以此与大家共勉。

过去的几年,你们作为科大的研究生,在这里接受了严格的学术训练,如今已成为具备优良科学素质的杰出青年。在今后的学习、工作和生活中,希望你们能够秉承科大精神,继承母校的创新“基因”,牢记使命、创新报国,成为国家创新发展的主力军。对于创新的认识,今天我想以一个科大人和一个科大企业的故事,来与大家做一个分享。

今年5月27日,在庆祝全国科技工作者日暨创新争先奖励大会上,我校多位科学家荣获首届全国创新争先奖。尤其让我们感到非常自豪的是,我校谢毅院士作为获奖代表之一在大会上作了发言。谢毅院士主要从事无机固体化学研究,近年来,她的团队在低维固体中的电声调制及其在能量转化中的应用领域做出了一系列非常有意义、非常突出、非常有影响的工作。其中,研制出将“二氧化碳高效清洁转化为液体燃料的新型钴基电催化剂”的成果,发表在《Nature》杂志上，被国际同行评价为“基础研究的重大突破”，并入选“2016 中国科学十大进展”。6 月 9 日，是科大讯飞公司成立 18 周年的日子。1999 年，在导师的支持下，刘庆峰等一群年轻的科大人从“人机语音通信实验室”的试验成果起步，开启了智能语音产业的创业征程。经过 18 年的努力，科大讯飞已成为我国智能语音与人工智能产业的引领者，在语音合成、语音识别、口语评测、自然语言处理等多项技术上国际领先。从被外界戏称为“草台班子”，到亚太地区最大的语音上市公司，从中国语音产业的拓荒者到世界语音产业的领军者，科大讯飞成功地做到了“让世界聆听我们的声音”，成为我国自主创新的一面旗帜。

同学们，谢毅院士和刘庆峰团队都是我们科大人“勇于创新，敢于超越，力争一流”的优秀代表。从他们身上，我们可以得到一些关于“创新”的启示。

一是要树立立足国家、胸怀世界的崇高目标。天下为公、担当道义，是科大人应该有的情怀。“红专并进、理实交融”的校训准确地概括了科大的人才培养目标，就是要培养有温度的知识分子、有爱国情怀和高尚情操的创新人才。清洁能源是中国和世界共同关注的大事，谢毅院士的研究将有助于提高人类对太阳能的有效使用，推动清洁能源的高效发展。她在大会的发言中讲到“我会继续前行、不断努力、一直创新，希望能够找到更有效的能源转换材料，为国家发展助力，给人类一个更好的未来”。刘庆峰校友则希望用科技建设一个更美好的世界，他对科大校训有着自己的理解，“红”就是“对社会有用，创造阳光健康的价值”，“专”就是“专业定力，持续坚守”，“理”就是“源头创新”，“实”就是“技术应用”。两位校友不畏困难，开拓进取，致力于推进社会和世界的进步，正是新时代有温度的知识分子的典型代表。

二是不能亦步亦趋，要敢于向未知领域和国际前沿发起挑战。勇立潮头、引领创新，是科大人应有的品格。宋代政治家、思想家王安石在游览褒禅山后，写下了“世之奇伟，瑰怪，非常之观，常在于险远，而人之所罕至焉，故非有志者不能至也”的名句。游山观景亦已如此，更何况我们要攀登科学的高峰。2008 年下半年，谢毅院士转到了固体化学中难度较大的电、声调控方面的研究，经过 9 年的努力，她的团队成为了目前国际上在该领域持续活跃的几个主要研究小组之一。科大讯飞则是在成立之初就提出了“中文语音技术由中国人做到全球最好”的口号。经过 18 年的努力，科大讯飞在国际语音合成大赛中取得了 11 连冠的成绩，成为公认的中文语音产业盟主，成功实现了语音强国的梦想。他们对科学理想的执着，对未知领域的探索，书写了科大人要把红旗插上科学高峰的坚强信念。

三是在认准方向后要持续坚守、无怨无悔。“板凳要坐十年冷，文章不写一句空”，是科大人应有的风范。创新从来就不是一蹴而就的，需要的是持续坚守的毅力。谢毅院士曾提到，2007～2008 年她的团队没有发表一篇有分量的论文。学生们都有些泄气，而她自己却没有自乱阵脚，一方面分析原因，另一方面幽默地给自己和学生减压“别人运气好吃肉，咱们就啃骨头”，鼓励研究生耐住寂寞，啃最难啃的“骨头”。科研创新需要坚守，企业创新也是如此。刘庆峰在总结科大讯飞 18 周年的发展历程时，认为最重要的就是“初心不改”，始终坚守了顶天立地的创新道路。不惧艰苦、潜心治学、坚守信念、砥砺前行，科大人用自己不懈的努力，终将量变转化为质变。

同学们，你们的选择是多元的，每个人都将会有属于自己的精彩，但无论你选择什么，“创新”都应成为最基本的精神品格。你们正成长在一个国运蓬勃向上、科学昌明发达的伟大时代，愿你们在未来的道路上秉承“红专并进、理实交融”的校训精神，唯实求真、勇于创新、科教报国、争创一流，在实现个人理想的同时，为我们的国家和民族贡献智慧和力量！在此，我借用习近平总书记考察学校时讲过的一句话送给大家——祝大家创新愉快！

谢谢大家！

以梦为马　不负韶华

——在2017级本科新生开学典礼上的讲话

校长　包信和

（9月1日，东区大礼堂）

亲爱的同学们，老师们、朋友们：

大家上午好！

今天，我们在这里齐聚一堂，隆重举行中国科学技术大学2017级本科新生开学典礼，热烈欢迎1800多名新同学正式加入中国科学技术大学这个大家庭。首先，我谨代表全校师生员工，衷心祝贺同学们从同龄人中脱颖而出、选择科大，成为一名光荣的中国科大人！同时，我也向辛勤培育你们的父母和老师表示衷心的感谢！

刚刚，当巨幅的校旗掠过同学们的头顶时，我看到了你们兴奋的笑脸，体会到了你们内心的激动和渴望。从这一刻起，你们即将开始崭新的旅程——从中学时的做题、考试到大学时的创新、创造，从依赖父母到独立生活，从稚嫩懵懂到逐渐成熟——学习、生活和思维方式都将发生很大的变化。接下来的四年大学生活将会成为你们这一生中非常珍贵的记忆，在最好的年龄去求知、去探索、去尝试、去挑战、去爱、去成长，还有什么比这更美好的时光呢？在正式开始这段美妙的旅程之前，作为校长，同时也作为你们的师长，我想跟你们聊聊关于梦想这件事。

同学们，你们来到了中国科大，一定都有与“科学”相关的梦想。或许某些同学从小就梦想当科学家，或许某些同学一直渴望做一个酷酷的极客，或许某些同学对深邃的夜空充满着好奇，或许某些同学想通过科学技术改变世界。梦想、兴趣与好奇是推进人类发展的动力，也是个人追求进步的内在驱动力。当你们的知识范畴扩大，视野更加开阔以后，或许你们会有新的想法和更实际的目标，但是任何时候都不要丢掉你们纯真的梦想、内心的志趣和纯粹的好奇心，这是你们发展的驱动力。学校也会为你们提供个性化的培养条件，国际化的学术视野、科教结合的实践机会、丰富多彩的社团活动，尽最大努力，保障你们心无旁骛、潜心读书，鼓励你们勇于创新、敢于探索。希望你们利用好学校的资源和平台，为实现个人的梦想，夯实基础、做好准备。

同学们，你们来到了中国科大，从此就拥有了一个共同的名字——“中国科大人”。古人云“有名有实，是物之居”，大家成为了科大人，就要清楚“中国科大”承载的光荣与梦想。我们学校由老一辈革命家和科学家共同缔造，聂荣臻元帅在1958年的开学典礼上明确指出，科大创办的目标非常明确而实际，就是为研制“两弹一星”培养尖端科技人才。大家知道，“实现中华民族伟大复兴的中国梦”是习近平总书记在2012年11月观看“复兴之路”展览时提出的。大家可能不太了解,在“复兴之路”展览中,就有一张“1963 年,中国科技大学举行首届毕业生典礼”的展板,这既是国家对科大人在“两弹一星”工程中所作贡献的认可,也是希望科大为实现中华民族伟大复兴的中国梦作出更大的贡献。我们的校歌《永恒的东风》中有一句歌词“把红旗插上科学的高峰”,我想这就是中国科大的梦,也是科大人的梦。近年来,学校在量子信息、高温超导、纳米科学、智能科学与技术、地球环境、生命健康等前沿交叉领域取得了一批具有世界领先水平的科研成果。这些成绩都是我们科大人登顶追梦的证明。去年 4 月 26 日,习近平总书记来校考察时指出“中国科技大学作为以前沿科学和高新技术为主的大学,这些年抓科技创新动作快、力度大、成效明显,值得肯定”,这是总书记对中国科大的赞扬和褒奖。希望同学们能够传承科教报国的传统,弘扬“红专并进”的校训精神,为努力实现“把红旗插上科学的高峰”的科大梦作出自己的贡献。

同学们,梦想的实现,既要靠个人奋斗,也要与祖国和时代同行。与祖国和时代同行,这是中国科大的光荣传统。新中国成立后,钱学森、郭永怀、华罗庚、赵忠尧等一批创校先贤毅然回国,投身国家建设,用实际行动践行了爱国之情、报国之志,实现了自身追求与科教报国的完美统一。在这个创新驱动发展的时代,一大批科大人用自己的行动践行着“科教报国”的光荣传统。比如,投身西北、在光学工程与空间技术领域屡获创新成果的国家科技进步特等奖获得者相里斌校友;立志“在中国建一个世界一流的量子物理实验室”,完成量子通信从跟跑到领跑世界前沿的国家自然科学一等奖得主潘建伟院士;致力于寻找更有效的能源转换材料,推动清洁能源发展的首届“全国创新争先奖”获得者谢毅院士;追寻“中文语音技术由中国人做到全球最好”梦想,打造公认的中文语音产业盟主的科大讯飞董事长刘庆峰校友,这些科大人都是我们的榜样,都是把个人的梦想与中国梦高度融合的典范。同学们,你们是有理想、有追求、有担当的一代,实现中华民族伟大复兴需要你们提供源源不断的青春力量。希望同学们扎根中国大地,了解世情国情民情,将个人梦想与中华民族伟大复兴的中国梦结合起来,用青春书写无愧于时代、无愧于历史的美好人生。

“少年心事当拏云”,精彩的大学生活已经向你们敞开胸怀,愿同学们以梦为马,不负韶华,度过充实而愉快的四年大学时光。加油吧,同学们!

谢谢大家!

提升格局　放飞梦想

——在 2017 级研究生新生开学典礼上的讲话

校长　包信和

(9 月 7 日,东区大礼堂)

亲爱的同学们、老师们、朋友们:

大家上午好!

今天,我们齐聚一堂,隆重举行 2017 级研究生新生开学典礼。首先,我代表全校师生员工向新同学表示热烈的欢迎,也向你们的父母和亲友表示诚挚的问候!再过两天就是我们传统的教师节，借此机会，我向全校教职员工致以节日的问候，对你们为学校发展作出的贡献表示衷心的感谢。

同学们，你们即将在科大开启自己的科研征程，放飞自己的梦想。在未来的日子里，优秀的导师将为你们创新探索指引方向，优秀的管理团队将为你们梦想放飞保驾护航。科大是你们迈向更高学术生涯的开始，也是你们开创未来事业的开端，在科大的学习与生活将注定会成为你们华彩人生中最为难忘的篇章。此时此刻，作为校长和你们的师长，我想和同学们谈谈关于格局的问题。

古人云："谋大事者，首重格局。"那么什么是格局？我的体会是，格局是一种对己对人、对世界的认知与态度。最近，人们在热议纪录片《大国外交》和金砖国家领导人厦门会晤，盛赞以习近平总书记为核心的党中央以中国梦联通世界梦，以中国智慧解决世界问题，为人类命运共同体开创了更加光明的未来。这些活动在世界上赢得了广泛的尊重和认同。我认为这就是格局，是一个大国的格局，它展现了中国"美美与共，天下大同"的大格局。一个有大格局的国家，才能真正成为一个屹立于世界的大国。

格局是使命、责任与担当。一个有大格局的大学，才能担当重任，成为国家和民族的精神高地。中国科大自建校之日起，就树立起为国立学的远大志向，把扎根祖国大地、服务国家发展作为自己的职责和使命。从攻克"两弹一星"、筹建同步辐射加速器，到研究铁基超导，发射暗物质卫星、量子科学实验卫星，一代代科大人将科技创新和突破与国家发展进程紧密相连，向科技前沿进军，为国家培养尖端人才，践行了科教报国的铿锵誓言。去年 4 月 26 日，习近平总书记考察中国科大，充分肯定了学校的发展成绩，并提出殷切期望，勉励我们要"勇于创新、敢于超越、力争一流，在人才培养和创新领域取得更加骄人的成绩，为国家现代化建设作出更大的贡献"。

人们常说，有多大的大格局，成就多大的事业。一个有大格局的人，也是一个有梦想和有逐梦的勇气的人。大家都听说过"量子 GDP"吧，说的正是我校的三位量子科技领军人物——郭光灿、杜江峰和潘建伟院士。用三位"大牛"姓氏拼音首字母组成的"GDP"，成为国际学界赫赫有名的中国量子科研"超豪华"团队。他们初心不忘，勇攀世界科学高峰，敢当世界科技"弄潮儿"，心怀报国之情，笃行报国之志，他们的事业连着国家大业，他们的创新就有了无比深厚的根基，他们就是真正有大格局的人。

同学们，随着我国综合国力的增强和国际地位的提升，科技政策、科研条件得到极大改善，这给科研工作者和青年学子追求梦想提供了广阔的舞台，为你们放大人生的格局创造了前所未有的好条件。目前，学校依托已有的两个国家实验室和合肥地区密集的大科学装置集群，全面推动合肥综合性国家科学中心建设，并有望在量子信息科学领域创建第一个真正意义上的国家实验室。我们在提升理科发展优势的同时，得到了鄂维南、杨培东、庄小威等海内外杰出校友的大力支持，在推进新工科和新兴交叉学科的发展，谋划能源、大数据、人工智能、生命科学与医学等新的学科发展有了新进展。这些将为你们今后的科研工作提供得天独厚的条件。

同学们，当今中国最鲜明的时代主题，就是实现"两个一百年"奋斗目标、实现中华民族伟大复兴的中国梦。希望大家树立起与这个时代主题同心同向的理想信念，勇于担当这个时代赋予的历史责任，提升自己人生的格局，把握新机遇，认真思考自己未来几年努力的方向和今后要走的路，不负国家、社会、学校、家人对你们的期望。

面对国家发展的历史新机遇，希望同学们自觉将自己摆进时代的大格局中去，向创建我们科技大学的老一辈科学家钱学森、华罗庚、赵忠尧、郭永怀、赵九章、贝时璋等学习，科教报国，追求卓越，勇攀高峰，坚定地将自己今后的科研理想和事业追求与国家的发展需求紧密结合，充满自信地在崭新的历史起点上，为祖国和人民的事业贡献智慧和力量。

面对学校跨越式发展的战略新机遇，希望同学们将自己摆进创新的新格局中去，尽快熟悉科研环境，准确选好研究方向，善于站在前人的肩膀上，探索新知，畅想未来，在鼓励学术质疑中启发新思想，在尝试学科交叉中解决新问题，做顶天立地的科研，求止于至善的真知，成为国家需要、社会渴求的创新人才。

“为天地立心、为生民立命、为往圣继绝学、为万世开太平。”这是北宋哲学家张载对格局最好的诠释。同学们，今天你们将在这里起航，去探索科学的奥秘。希望你们放飞科研的梦想，放开人生的格局，承瀚海之辽阔，比星云之光华，练好文功武艺，报效祖国和人民，不辜负我们这个伟大时代！

谢谢大家！

做新时代的有为青年

——在 2017 年冬季学位着装授予仪式上的讲话

校长　包信和

（12 月 9 日，东区大礼堂）

亲爱的同学们，老师们、家长们、朋友们：

大家上午好！

今天，我们隆重举行中国科学技术大学 2017 年冬季学位着装授予仪式，我谨代表全校师生员工向完成学业、获得学位的各位同学表示热烈的祝贺！同时，让我们用热烈的掌声，向辛勤抚育你们的父母、悉心指导你们的老师以及所有关心你们成长成才的亲友们，表达诚挚的敬意和衷心的感谢！

同学们，你们很快就要离开母校，踏上新的人生征程。我衷心祝愿大家拥有远大的前程，因为你们身处一个伟大的时代！前不久，党的十九大在北京胜利召开，习近平总书记根据国际环境和我国经济社会发展的大势，在十九大报告中做出了“经过长期努力，中国特色社会主义进入新时代，这是我国发展新的历史方位”这样一个重要的论断。总书记作为新时代的领路人，将引领中国实现从富起来到强起来的伟大飞跃，开启“全面建设社会主义现代化强国”的新征程。这个新时代既是国运蓬勃向上的时代，也是科学昌明发达的时代。近年来，“创新发展成为中国发展主旋律”，国家深入实施创新驱动发展战略，创新型国家建设成果丰硕。十九大报告提到的 6 项重大科技成果中，有两项成果，大家都知道“墨子”号和“悟空”号是由我们中国科技大学主导或参与研制的，学校的创新发展离不开同学们的努力与贡献，在此，我代表学校向在座的同学，向参加研制的同学和老师们表示衷心的祝贺和感谢！

同学们，你们将要踏入社会后的这些年，每一年都是非常激动人心的。明年是改革开放40周年、也是我们中国科技大学60周年校庆，2019年是新中国成立70周年，2020年是全面建成小康社会之年，2021年是中国共产党成立100周年、第一个百年目标实现之年；到2035年基本实现社会主义现代化的时候，你们恰逢壮年；到本世纪中叶、第二个百年目标实现的时候，几代人接续奋斗的中国梦即将在你们手中成为现实。当青春遇到新时代，你们是如此的幸运，恰逢建功立业的大好年华，可以用自己的奋斗见证这个伟大的新时代。在你们打点行装准备启程之际，作为校长，我想再嘱咐你们几句，以此为大家壮行。

希望大家挑起知识分子的担当。大家都知道宋代大儒张载最著名的“横渠四句”是：“为天地立心，为生民立命，为往圣继绝学，为万世开太平。”它精辟地表述了我国知识分子崇高的理想和使命，为一代又一代知识分子所尊崇。我们身边就有一位知识分子的榜样和代表，前不久因车祸不幸逝世的我们科技大学79级少年班校友、著名植物学家、复旦大学的钟扬教授。他从教30余年，把毕生心血献给了教书育人和科学研究。他主动请缨，成为援藏干部，把西藏作为研究的沃土和服务奉献的家园。从藏北高原到藏南谷地，从阿里无人区到雅鲁藏布江边，他跋山涉水、不惧艰险，盘点世界屋脊的生物家底，寻找生物进化的轨迹。援藏16年间，为西藏大学申请到第一个国家自然科学基金项目和第一个生态学博士点，培养出第一位藏族植物学博士，带出了西藏第一个生物学教育部创新团队，为西藏打造出一支科研“地方队”。他情系自然生态，热心科普教育，坚持生物多样性的保护和利用，把科学研究的种子播撒在雪域高原和上海海滨。正如他生前所言：“任何生命都有其结束的一天，但我毫不畏惧，因为我的学生会将科学探索之路延续，而我们采集的种子，也许会在几百年后的某一天生根发芽，到那时，不知会完成多少人的梦想。”他用自己的行动践行着知识分子的理想和使命，把生命最宝贵的时光，献给了祖国最需要的地方。作为新时代的知识分子，同学们要秉持“天下为公、担当道义”的知识分子情怀，发扬“勇立潮头、引领创新”的知识分子品格，传承“科教报国、追求卓越”的科大精神，为民族谋福祉，为人类增知识，为世界创未来。

希望你们始终与祖国同心、与时代同行。“红专并进一甲子，科教报国六十年”，明年学校将迎来六十年华诞，中国科大的六十年就是与祖国同心、与时代同行的六十年。大家都知道，中国科大是为研制“两弹一星”而创建的，当年创校先贤们怀着“科学报国”的梦想远渡重洋、负笈求学，学成后毅然回国效力，为我国的国防科技事业付出了心血乃至宝贵的生命，他们是让我们国家真正实现“站起来”的民族脊梁。我国原子能事业的开拓者、我校近代物理系首任系主任赵忠尧先生，曾在《我的回忆》一文中写道：“回想自己的一生，经历过许多坎坷，唯一希望的就是祖国繁荣昌盛，科学发达。我们已经尽了自己的力量，但国家尚未摆脱贫穷与落后，尚需当今与后世无私的有为青年再接再厉，继续努力。”新时代需要更多“无私有为”的青年。同学们，今天恰逢“一二·九”这个伟大的学生运动的纪念日，大家知道，“一二·九”的精神就是正义、热爱祖国、热爱人民的伟大精神，希望同学们继承先贤爱国强国报国的精神，树立与新时代同心同向的理想信念，在实现中华民族伟大复兴大业中找到自己的发展道路，尽一生所学报效祖国和人民，让我们国家真正实现“强起来”。

希望你们把满足人民的美好生活需求作为创新创业的出发点。党的十九大报告指出，我国社会主要矛盾已经转化为人民日益增长的美好生活需要和不平衡不充分的发展之间的矛盾。进入新时代，人民的需求已从单纯的物质需求转向了多元化的需求，人们期盼有更好的教育、更稳定的工作、更满意的收入、更可靠的社会保障、更高水平的医疗卫生服务、更舒适的居住条件、更优美的环境、更丰富的精神文化生活。面对人民群众对美好生活的期望，我们还存在经济发展领域不平衡、城乡区域不平衡、群体收入不平衡以及发展还不充分等问题。这些新需求和发展不平衡不充分的矛盾，就构成了当前我国社会发展的"痛点"问题。解决"痛点"问题最终还要靠发展、靠创新，也正是同学们创新创业、建功立业的机会。希望同学们要发扬科大人"敢为天下先"的精神，把解决国家和人民的"痛点"问题作为你们的努力方向，把论文写在祖国的大地上，把创新成果应用在实现现代化的伟大事业中。

同学们，让我们为新时代点赞，也给自己加油。你们即将离开母校，从学生变为校友，但母校永远是你们坚强的后盾和精神的港湾。衷心祝愿大家秉承"红专并进，理实交融"的校训精神，努力做新时代的有为青年，在实现中国梦的生动实践中放飞青春梦想，在满足人民美好生活需要的不懈努力中书写人生的新篇章。

谢谢大家！

高举习近平新时代中国特色社会主义思想伟大旗帜
全面推进党的建设新的伟大工程

——在九届四次教代会上的讲话

党委书记　许武

（2018 年 1 月 12 日）

各位代表，老师们、同志们：

今天，我们迎来了九届四次教代会的隆重召开。在此，我代表校党委向大会的召开表示最热烈的祝贺！

刚才，包信和校长全面总结了过去一年学校的建设进展，分析了我们面临的形势和存在的问题，提出了 2018 年工作的基本思路和要求，我都非常赞同。根据会议安排，我重点就一年来校党委的工作，作一个简要回顾，并就学校今后的建设与发展谈几点意见。

一、一年来党委主要工作回顾

在刚刚过去的一年中，校党委带领全校师生员工认真学习贯彻党的十八大和十八届三中、四中、五中、六中全会精神，学习贯彻党的十九大精神和习近平新时代中国特色社会主义思想，深入推动"两学一做"学习教育常态化制度化，全面提升"四个意识"，增强"四个自信"，以接受中央政治巡视和巡视整改为契机，增强校党委的领导核心作用，进一步加强全面从严治党，为世界一流大学建设提供坚强政治保障。

（一）高举习近平新时代中国特色社会主义思想伟大旗帜，全面宣传学习贯彻落实党的十九大精神

党的十九大，是在全面建成小康社会决胜阶段、中国特色社会主义发展关键时期召开的

一次十分重要的大会。承担着谋划决胜全面建成小康社会、深入推进社会主义现代化建设的重大任务，事关党和国家事业继往开来，事关中国特色社会主义前途命运，事关最广大人民根本利益。

十九大召开前夕，校党委积极部署，营造良好氛围。十九大召开后，校党委第一时间召开党委常委会议、党委理论学习中心组学习会等学习贯彻十九大精神，专门印发学习宣传贯彻十九大精神方案，成立中国科学技术大学十九大精神宣讲团，宣讲团成员积极分赴学院、机关部门、实验室等基层单位多层度、多维度集中宣讲党的十九大精神。截至目前，学校共进行十九大精神集中宣讲报告会 19 场，共计约 3000 人参加。同时校党委对基层党组织学习宣传贯彻十九大精神情况进行督查指导，做到宣讲工作的全覆盖。

学校师生代表积极参加 2017 年 11 月 10 日中央宣讲团在安徽宣讲党的十九大精神报告会。11 月 28 日，安徽省委书记李锦斌为学校近 700 名师生宣讲党的十九大精神。十九大代表、教育部"百人宣讲团"成员、校党委书记许武于 12 月 19 日也为安徽高校师生代表宣讲十九大精神，近 700 人参加了报告会。全校迅速掀起了深入学习宣传贯彻十九大精神的热潮。

经过各种形式的学习宣传，全校师生党员进一步高举习近平新时代中国特色社会主义思想伟大旗帜，认真贯彻落实党的十九大精神，进一步提高政治站位和政治觉悟，更加紧密团结在以习近平同志为核心的党中央周围，自觉在思想上政治上行动上同党中央保持高度一致。把习近平新时代中国特色社会主义思想作为学习宣传贯彻的根本核心，自觉用三个"一以贯之"武装头脑、指导实践、推动工作，将推进"两学一做"学习教育常态化制度化和贯彻落实十九大精神相结合，进一步全面增强"四个意识"，提升"四个自信"，使十九大精神真正入脑入心入言入行。

（二）接受中央政治巡视，全力做好巡视整改工作

1. 全力配合中央巡视组开展工作

2017 年 3 月 4 日至 4 月 30 日，中央第四巡视组对校党委进行专项巡视，是对学校工作的一次全面指导检查。两个月期间，校党委认真学习习近平总书记关于巡视工作的重要讲话精神，专门成立联络组，认真准备各类材料、精心安排个别谈话、积极筹划调研事项，建立信访机制等，切实保障巡视工作顺利开展。巡视结束后，校党委收到中央巡视组的书面感谢。

2. 精准发力、层层压实，全力打好巡视整改攻坚战

2017 年 6 月 16 日，中央第四巡视组向校党委反馈巡视意见。校党委高度重视，在巡视反馈会当天立即成立巡视整改领导小组和工作小组，建立"例会调度""简报交流""整改督导"等工作机制。巡视整改过程中，共召开 8 次领导小组会议和 9 次工作小组会议，印发 8 期《巡视整改简报》，成立 7 个巡视整改督导组，由党员校领导任督导组组长，对 26 个基层党组织进行两轮督导，实现督导全覆盖，确保精准发力，层层压实责任。

3. 认真对照巡视反馈意见，逐项抓好整改落实

校党委严格按照中央要求"对标""对表"，针对巡视发现的问题纠正、纠错、纠偏，把"四个意识"体现在具体行动中，逐项抓好整改落实。坚持问题导向，对巡视中发现的问题，细化为 9 个方面 56 项具体问题、133 项具体整改任务，形成"问题清单、任务清单、责任清单"和"路线图、时间表"，启动清单式整改，确保巡视反馈意见条条有整改、件件有着落。

在巡视整改过程中，校党委始终坚持立行立改、即知即改；坚持“治标”与“治本”相结合；坚持做到两个“看一看”、三个“查一查”；坚持多部门联动形成合力；坚持推动整改向日常工作延伸，既开展当下改的举措，也建立长久立的机制；把巡视整改工作与“两学一做”学习教育常态化制度化相结合。

4. 巩固和深化巡视整改成果，推进学校改革创新发展

校党委按时向中央巡视办呈交了巡视整改报告，巡视整改清单 133 项具体任务在整改集中期均已完成，其中 37 条需“长期坚持”的任务坚持加强定期检查。同时，校党委修订、制定了 72 项制度，对各类文件进行逐件逐条梳理，做好现行制度的“废改立”工作。

校党委坚持把巡视整改作为推动学校发展的重要契机，以整改促改革，以改革促发展。坚持抓细抓长，充分运用巡视整改工作成果，营造和保持风清气正的政治生态和上下一心的发展环境，把建立起来的新制度、新机制转化为加快建设具有中国特色的世界一流大学的强大动力，推动学校改革创新发展。

(三) 进一步增强全面从严治党，严肃党内政治生活，认真落实党风廉政责任制，保持风清气正的办学环境

1. 落实全面从严治党的“两个责任”

校党委及时调整党风廉政建设领导小组、廉洁从业风险防控工作领导小组等机构，制定并实施《中共中国科学技术大学纪律检查委员会全体会议议事规则》，进一步加强对党风廉政建设和反腐败工作的领导。充分发挥党风监督员、特邀监察员、各级党组织纪检委员作用。进一步加强对重点领域、重要岗位、重大事项的监督检查和风险防控，加大对意识形态、基建项目、科研经费、招生考试、物资采购、校办产业等工作的监督力度。

2017 年 4 月 27 日在巡视期间召开 1900 多人参加的全校党风廉政建设警示教育大会，增强党员干部“红线”“底线”意识，引导其筑牢思想道德防线。巡视期间召开了两次专题民主生活会。运用监督执纪“四种形态”，对中央巡视移交全部问题线索和信访件进行规范处置，对贯彻落实中央八项规定精神进行自查自纠和落实整改。

2. 强化院系党组织政治核心作用，完善基层党建工作机制

校党委修订《学院工作条例》，完善学院党政联席会议制度，建立院系党委(党总支)决策议事机制。严格执行基层党组织书记抓党建述职考核制度，落实好党建工作责任制。设立党建专项经费，加大对院级党组织开展工作的保障支持力度。对院级党组织推进“两学一做”学习教育常态化制度化、基层党组织标准化建设等开展督查。

3. 规范党支部工作和党员教育管理

开展规范党支部工作专项整改，配齐配强党支部班子，加强党员教育管理，规范党内政治生活，促进党支部建设标准化、规范化。要求各级党组织把严格党内政治生活制度作为落实管党治党责任的重要任务和基础性工作，纳入党建工作责任制；加强对教工党支部的考核激励，将教工党支部工作纳入学校绩效考核。把规范执行“三会一课”制度作为“两学一做”学习教育的重要内容，明确每周三下午 4 点后可以作为党员政治理论学习时间。开展发展党员工作专项整改，要求各院级党组织全面系统梳理 2014～2016 年发展党员情况，对相关工作进行自查。制定《2017～2019 年发展党员工作规划》，确保发展党员工作有计划、有程序。

(四) 进一步增强党员干部队伍建设,为创建世界一流大学夯实组织保障

1. 改进干部选拔任用方式,推进干部交流和挂职锻炼

修订学校党政领导人员选拔任用工作办法,加强干部选拔任用工作规范化建设。在干部选拔任用中实行竞争上岗、民主推荐、社会招聘等多种方式相结合,改善中层班子的学科结构、党派结构、年龄结构。坚决落实中央对领导干部旗帜鲜明讲政治的要求和好干部标准,加强对中层干部“德”的考核和要求。2017 年,机关部门与学院基层双向交流任职 13 人,共任免干部 59 人次,其中新提拔任用干部 13 人。

推进干部交流和挂职锻炼。2017 年共向校外选派挂职锻炼干部 21 人次,推荐 1 名中层正职提拔到省属高校任职,1 名中层正职交流到四川省任职,2 名中层副职交流到合肥市任职。按照“三省一市”高校合作协议,兄弟高校 1 位同志在我校相关部处交流锻炼。顺利完成安徽省 2017 年选调生选拔工作,选拔选调生 55 人。

2. 贯彻落实“三严三实”要求,从严管理领导干部

严格执行领导干部报告个人有关事项制度。做到报告对象不漏人,报告内容不漏项。对拟提拔为副处级及以上干部严格按照上级要求对个人有关事项进行重点抽查核实。2017 年随机查核 8 人,重点查核 12 人。加强干部兼职管理。对全体中层干部兼职情况进行摸底排查,共新汇总 39 名中层干部在社会团体、学术组织兼职情况。严格认定干部人事档案专项审核中的“三龄两历一身份”。严格执行讨论干部事前征求纪委意见、任前公示、任前谈话等制度,加强干部廉政教育。

3. 落实干部培训规划,加强干部教育培训

做好组织调学工作,建立干部教育培训登记管理制度。2017 年共选派 10 人次参加各类高层次培训班。完善干部学习培训激励约束机制,将干部教育培训情况作为干部考核的重要内容和任职、晋升的重要依据之一。开展多形式校内教育培训活动,认真抓好党员干部深化对十九大精神的理解和把握。进一步完善网络培训制度,继续加强学校“干部在线学习中心”建设,累计为 232 名中层干部配发网络学习账号。

(五) 坚持立德树人,深入贯彻落实全国高校思想政治工作会议精神

1. 坚持“六有”要求,继续深入贯彻落实全国高校思想政治工作会议精神

校党委研究制定学校关于加强和改进新形势下思想政治工作的实施意见,开通“学习贯彻高校思政工作会议精神”专题网。将“六有”要求作为推进习近平新时代中国特色社会主义思想和党的十九大精神进教材、进课堂、进头脑的重要内容,研究制定《“六有”大学生培养方案》,形成长效培养机制,将“六有”要求贯穿学生培养全过程。2017 年 12 月 14 日,校党委书记许武在中宣部、中组部、教育部党组召开的加强和改进高校思想政治工作座谈会上作题为《聚焦“六有”要求,坚持红专并进,努力培养中国特色社会主义建设者和接班人》的报告。

2. 注重思想引领,提升思政教育水平

组织开展“诚信”“荣誉”“科大精神”和爱国主义教育,弘扬优良校风和学风,遵守学术诚信和学术道德,珍视个人荣誉和集体荣誉,使诚信和荣誉理念成为学生成长成才的重要指南,进一步传承勇肩社会责任的思想意识。

3. 注重助学体系建设,突出安全教育工作

关注学生特殊群体,进一步完善“六个预警与援助体系”,做好资助育人和综合咨询服务

工作。进一步规范勤工助学管理，建立“隐形资助”等充满人性关怀的学生资助体系，强化对学生学业和经济困难的精准帮扶。树立学生安全第一意识，突出安全教育工作，创新安全教育形式。

4. 成立党委教师工作部，加强思政队伍建设

成立党委教师工作部，按照中央要求配齐思政工作队伍，系统谋划加强师德师风建设的有效举措，坚持“红专并进”，切实加强“大思政”工作队伍建设。加强心理咨询队伍建设，目前已有69位学工干部获国家三级心理咨询师资格，构建校院系班四级网络体系助力心理健康教育工作，加强“微笑在线”心理教育专业网站功能。实现“教、学、管”联动育人，完善“学业追踪”和“困难资助追踪”网络平台建设，关注新媒体，推进信息化平台建设。

（六）做好意识形态专项整改工作，进一步贯彻意识形态工作责任制，加强新闻宣传

2017年7月25日，中宣部和教育部联合召开中央第十二轮巡视发现落实意识形态工作责任制存在问题整改督办会议，要求中管高校要认真完成好意识形态专项整改。

1. 根据中央要求，全力抓好意识形态专项整改工作

2017年7月29日启动意识形态专项整改工作，制定《落实意识形态工作责任制整改方案》。召开10次党委常委会议，专题研究部署意识形态工作。9月18日，召开意识形态警示教育大会；9月25日，向教育部党组提交专项整改报告。

2. 进一步加强意识形态管理、规范宣传思想工作，进一步举旗亮剑

严格执行学校关于举办形势报告会和哲学社会科学报告会、研讨会、讲座等管理办法，牢牢掌握意识形态工作主动权。2017年共审批备案哲学社会科学报告会66场。进一步加强校党委常委联系学院、国家（重点）实验室、研究院意识形态工作，加强新媒体备案管理。召开多次意识形态领导小组会议，建立意识形态会商联动机制，加强舆情监测。

3. 创新选题策划执行，加大对外宣传力度

2017年国内外媒体专题报道中国科大新闻1000多篇/条，在C9高校中名列前茅。围绕“中国科大师生学习贯彻党的十九大精神”“习近平总书记考察中国科大一周年”“解码中国科大”“‘墨子号’量子实验卫星取得阶段性成果”“隐形资助”等重大选题，加强组织策划，开展集中宣传报道，取得良好社会反响。

中国科大新闻网全年更新约3000条信息，其中校内新闻约1000条。2017年校英文网主页年度访问量40.85万次，其中超过60%的访问来自国外。《中国科大报》2017年共出报28期，每期发行1万份。中国科大官方微信、新浪官方微博进一步提升影响力。编辑出版2期《孺子牛特刊》，创作“夜晚十点的中国科大”等一批优秀原创作品。

（七）做好统战和离退休干部工作，加强对工会、共青团的指导，促进党群共建和民主办学

积极开拓统战新局面。组织学校党外代表人士学习党的十九大精神；协助省级民主党派顺利完成换届工作。党外代表人士的政治安排在层次和数量上均有所提升，我校有5名教授在民主党派中央任职，13位党外代表人士当选各民主党派新一届省委会成员；完成各级人大、政协换届推荐工作；积极协助民主党派加强领导班子建设，民革、民进科大支部换届工作圆满完成；协助民主党派做好组织发展工作，2017年8人正式加入民主党派；认真做好归侨侨眷工作。

切实做好离退休干部工作。以“支部与管理片”为抓手，强化政治引导，加强离退休党支

部建设。充分发挥党支部和老年活动中心的两大“阵地”作用，积极组织金秋艺术团、老年体协、老年大学等创新活动。

努力探索工会工作新思路。召开校九届四次教代会。认真做好教职工日常福利、维护教职工合法权益、推先评优、选树先进典型等工作。结合重大节日开展教职工教育活动，完善青年教师教学竞赛，促进青年教师教学水平提升。加强体育骨干队伍建设，贯彻落实全民健身国家战略。做好慰问帮扶送温暖工作，促进和谐校园建设。

大力支持共青团建设。从严加强团干部队伍建设。以培育“六有”大学生为目标加强思想政治引领，深化理想信念教育。切实维护学生合法权益，完善学生维权组织渠道，增强共青团的吸引力和凝聚力。

一年来，全校各级党组织、广大党员深入学习贯彻党的十八大和十八届三中、四中、五中、六中全会，党的十九大精神和习近平新时代中国特色社会主义思想，以巩固和强化巡视整改成果为契机，紧紧围绕创建世界一流大学的中心任务，立足岗位、争创一流，党的建设呈现出蓬勃生机和活力。这些成绩的取得，得益于广大党员和师生员工的信任与支持，是我们共同努力的结果。借此机会，我代表学校党政领导班子，向全体代表，并通过你们向全校师生员工致以崇高的敬意和衷心的感谢！

二、关于下一步工作的思考

刚刚过去的2017年，我校高新园区启动建设，新医学、新工科等前沿布局雏形初现，学校未来发展的宏伟蓝图已经清晰擘画。把好事做成实事，把梦想变成现实，是学校2018年的重大工作，更是当下我们作为“科大人”身上所肩负的历史使命。在新的一年里，校党委将始终保持坚定的信心、持久的恒心、开拓进取的雄心，持续引领学校各项事业的改革创新发展，为加快建成具有中国特色的世界一流大学不懈奋斗。

下面，我就今后进一步加强和改进学校的各项工作谈一些思考。

(一) 进一步深入学习领会贯彻党的十九大精神和习近平新时代中国特色社会主义思想，坚定“四个自信”，增强“四个意识”

2017年10月18日至24日，党的十九大在京开幕。这是一次具有划时代意义的大会，在以习近平同志为核心的党中央坚强领导下，我们豪迈地跨进了中国特色社会主义新时代，中华民族前所未有地接近伟大复兴的梦想，逐步建成富强民主文明和谐美丽的社会主义现代化强国。

习近平总书记所作的党的十九大报告把十八大以来党的理论创新成果概括为新时代中国特色社会主义思想，党的十九大通过的党章修正案把习近平新时代中国特色社会主义思想确立为我们党的行动指南，实现了党的指导思想的又一次与时俱进。这是党的十九大的一个重大历史贡献。

学习领会习近平新时代中国特色社会主义思想，要深刻把握产生的时代背景，深刻把握这一重要思想为发展马克思主义作出了重大原创性贡献，深刻把握这一重要思想为实现中华民族伟大复兴提供了行动指南，深刻把握这一重要思想为推动构建人类命运共同体、开辟人类更加美好的发展前景指明了前进方向。要以高度的使命感责任感，坚持理论联系实际的马克思主义学风，坚持学习宣传贯彻相结合，将学习成果转化为进一步坚定“四个自信”、增强“四个意识”。

党的十八大以来的五年，在以习近平同志为核心的党中央的坚强领导下，我们党和国家事业发生了历史性变革。“放眼当代世界，风景中国这边独好。”这些历史性成就的取得正是源于我们始终坚持道路自信、理论自信、制度自信、文化自信。我们对中国特色社会主义的自信，有着无比充分的理由、无比充足的底气。走好新时代的长征路，需要我们不断从“四个自信”中汲取前进的力量、鼓起奋发的勇气、焕发创造的活力。

增强“四个意识”是在新的历史起点上坚持和发展中国特色社会主义的必然要求，是解决突出问题、确保党的先进性纯洁性的必然选择，是全面从严治党、严肃党内政治生活的重大举措。党的十九大为实现社会主义现代化开启了新征程，作出了一系列重大部署，要继续增强“四个意识”，自觉在思想上政治上行动上与党中央保持高度一致，使我们党更加团结统一、坚强有力，始终成为中国特色社会主义事业的坚强领导核心。

学习宣传贯彻党的十九大精神是当前和今后一个时期的头等大事和首要政治任务。校党委将坚决落实习近平总书记关于在学懂弄通做实上下功夫的重要要求，稳步推进党的十九大精神宣传贯彻，切实把全校广大党员师生的思想和行动统一到党的十九大精神上来，以习近平新时代中国特色社会主义思想为指导，加快推进教育现代化，扎扎实实办好师生满意的高等教育。

（二）长效运用巡视整改成果，抓全面从严治党、从严治校永不懈怠

2017 年的中央专项巡视是一次高标准、严要求的政治体检，巡视整改是推动学校事业发展的重要契机，对学校的长远发展具有重大意义。校党委深刻认识到巡视整改不是过关，集中巡视整改的结束并不意味着“刀枪入库，马放南山”，更要坚持不懈抓好巡视整改成果的长效运用。

继续按照整改方案，对已完成的整改任务，要加强检查核查，巩固深化巡视整改成果；重点抓好长期坚持任务的落实，积极跟进、紧盯不放，确保落实到位、取得实效。下一步，还将继续制定和完善系列规章制度，把行之有效的整改措施和工作机制固化成制度，从源头上封堵漏洞、杜绝风险；同时，严把制度执行关，坚决防止已解决的问题矛盾反弹复发。要建立起体系化的运行体制机制，整合相关力量确保院校两级制度执行的连贯性、及时性和准确性，推进依法治校不断向纵深发展。

在新时代，党要团结带领人民进行伟大斗争、推进伟大事业、实现伟大梦想，必须毫不动摇坚持和完善党的领导，毫不动摇推进党的建设新的伟大工程，把党建设得更加坚强有力。坚持和加强党的全面领导，坚持党要管党、全面从严治党——这是新时代党的建设总要求。其中把党的政治建设摆在首位。

对于高校来说，从严治党、从严治校永远在路上。校党委将坚决把维护党中央权威和党的集中统一领导作为政治建设的首要任务。进一步推进党风廉政建设，筑牢组织队伍的政治堤坝，将推进党的政治建设和“不忘初心 牢记使命”主题教育相结合，继续严格执行中央八项规定精神，坚决反对“四风”，从严把好干部入口关和培养关，保持风清气正的良好政治生态环境，持之以恒推进全面从严治党、从严治校向基层延伸。

（三）坚持红专并进，传承科大精神，大力推动六十周年校庆工作

2018 年是我校六十周年校庆年。自 1958 年创建以来，中国科大坚持“勇于创新、敢于超

越、争创一流”，为我国科教事业发展培养了一批国家栋梁，取得了一批世界领先成果，获得了“英才之摇篮、创新之重镇”的美誉。红专并进一甲子，科教报国六十年。在办好六十周年校庆工作中，要坚持红专并进，传承科大精神。在这里，我想用“报国”“奋斗”“改革”“坚守”四个关键词来谈谈我对科大精神的一些理解。

一是“报国”。1958年，中国科大秉承“两弹一星”的使命在北京建校。六十年来，科教报国、红专并进是流淌在中国科大血液中的精神。一代一代的科大人始终秉承这一优良传统，把科大梦和中国梦紧密结合在一起，围绕国家急需的新兴科技领域和重大战略需求不懈努力，燃烧青春、贡献力量。习近平总书记在考察中国科大时强调“做有理想、有追求的大学生，做有担当、有作为的大学生，做有品质、有修养的大学生”，为我们培养中国特色社会主义合格建设者和可靠接班人提供了根本遵循。我们欣喜地看到，截至目前，我校毕业生共有357位入选“青年千人计划”，占总人数的10.01%。这说明有越来越多的科大人从世界各地，回到祖国，投身于党为我们指引的新的伟大征程中来，为中华民族的伟大复兴贡献力量。

二是“奋斗”。习近平总书记在2018新年贺词中指出“天道酬勤，日新月异……幸福都是奋斗出来的，必须不驰于空想、不骛于虚声，一步一个脚印，踏踏实实干好工作”。1月5日省部级主要领导干部学习贯彻党的十九大精神研讨班开班式上，习近平总书记明确要求党员领导干部要以时不我待、只争朝夕的精神投入工作。我们同样记得，2016年4月26日，习近平总书记考察我校时勉励青年学子“踏踏实实做人做事，学成文武艺、报效祖国和人民”。六十年来，学校的哪一个成果、哪一项突破，不是凝结着千千万万科大人奋斗的汗水？我们必须要始终牢记习近平总书记的嘱托，继续传承科大人不懈奋斗的决心和意志，永远保持拼搏奋斗之心，永远保持一往无前的奋斗姿态。

三是“改革”。今年正值中国改革开放40年，四十年翻天覆地的变化见证了改革促发展的巨大动力。前进路上，改革的步伐不会也决不能停止。回顾我们发展的历史，创办少年班、首建研究生院、建设国家大科学工程、面向世界开放办学等创新举措，无一不体现着“敢为天下先”的科大精神。我们要以六十周年校庆为契机，汇聚全球科大人和社会各界的力量，居安思危，直面挑战，加快“双一流”建设步伐，坚持立德树人、深化人才培养体系，进一步优化学科布局、推动“新工科”和“科大新医学”发展，将学校综合改革进行到底，以改革促发展，以改革解难题，全面释放改革红利，为世界一流大学建设提供科大经验。

四是“坚守”。1月5日，习近平总书记在讲话中指出，坚持和发展中国特色社会主义要一以贯之，推进党的建设新的伟大工程要一以贯之，增强忧患意识、防范风险挑战要一以贯之。这三个“一以贯之”强调的正是做事要坚守。六十年来，科大一直在坚守，坚守科教报国的志向，坚守精品办学的理念，坚守“红专并进、理实交融”的校训。我们说，坚守的背后正是“自信”，只有拥有“自信”，才能真正守得住，守得正。习近平总书记在科大特别强调了“文化自信”，也是对科大长期坚守的一种褒扬。在六十周年之际，我们一定要继续坚守，坚守我们的理念和精神，朝着世界一流大学的既定目标，以水滴石穿的恒心和毅力坚持不懈地奋斗下去。

各位代表，老师们、同志们，让我们高举习近平新时代中国特色社会主义思想伟大旗帜，深入学习贯彻党的十九大精神，进一步提升“四个意识”，坚持“四个自信”，立足中国大地培养担当民族复兴大任的时代新人，以奋力推进世界一流大学建设的实际成效向六十年校庆献礼，为决胜全面建成小康社会、夺取新时代中国特色社会主义伟大胜利作出新的更大贡献！

最后，在狗年新春佳节即将来临之际，向各位代表，并通过你们向全校师生员工及家属致以节日的祝福，祝愿各位身体健康、工作顺利、阖家幸福！

谢谢大家！

新时代　新征程　新作为
加快推进世界一流大学建设
——在九届四次教代会上的报告

校长　包信和

（2018 年 1 月 12 日）

各位代表、老师们、同志们：

今天，我们隆重举行中国科学技术大学九届四次教代会第一次会议。首先，请允许我代表学校全体师生员工对大会的召开表示热烈的祝贺！

下面，我代表学校行政领导班子，就学校一年来的主要工作和下一步的工作思考向大会作报告，请各位代表审议。

第一部分　学校建设发展面临的形势

2017 年 10 月，党的十九大胜利召开，确立了习近平新时代中国特色社会主义思想为我们党必须长期坚持的指导思想，提出了新时代坚持和发展中国特色社会主义的基本方略，确定了决胜全面建成小康社会、开启全面建设社会主义现代化国家新征程的目标，对新时代推进中国特色社会主义伟大事业和党的建设新的伟大工程作出了全面部署，为实现中华民族伟大复兴的中国梦吹响了新的集结号。

对于高等教育而言，党的十九大提出了“建设教育强国是中华民族伟大复兴的基础工程，必须把教育事业放在优先位置，深化教育改革，加快教育现代化，办好人民满意的教育”，开启了加快教育现代化、建设教育强国的新征程。2017 年 12 月 22 日，刘延东副总理在教育部直属高校工作咨询委员会第 27 次会议上，就“全面开启建设高等教育强国新征程”作出重要部署，要求高校深入学习贯彻习近平新时代中国特色社会主义思想和党的十九大精神，扎根中国大地办大学，培养担当民族复兴大任的时代新人，为全面建成社会主义现代化强国作出新贡献。

作为我国高等教育的排头兵，我们要以习近平新时代中国特色社会主义思想和党的十九大精神为指引，贯彻党的教育方针，牢牢把握社会主义办学方向，牢固树立“四个意识”，坚定“四个自信”，着眼“四个服务”，深刻把握新时代高等教育的战略定位和历史使命，使学校发展同我国发展现实目标和未来方向紧密相连。以全面提高人才培养能力为核心点，坚持立德树人，完善创新人才培养模式，实现全员全过程全方位育人。聚焦国家战略需求和区域经济社会发展，优化学科结构，强化科技攻关，加快一流大学和一流学科建设，推进以质量为重点的内涵式发展。立足时代、面向未来，弘扬社会主义核心价值观，建设师德高尚、业务精湛的教师队伍，培育优良校风学风。加强党的领导，落实党委领导下的校长负责制，巩固和深化巡视整改成果，保证学校始终成为培养中国特色社会主义合格建设者和可靠接班人的坚强阵地。

第二部分　抢抓机遇，做好未来发展的谋篇布局

一年来，学校以习近平新时代中国特色社会主义思想和党的十九大精神为指引，积极参与国家“双一流”建设、中国科学院“率先行动”计划升级版、安徽省系统推进全面创新改革试验，充分运用巡视整改成果，全面深化综合改革，深入实施“十三五”规划，加快建设具有中国特色的世界一流大学。

一、入选“双一流”建设高校

2017 年 9 月，教育部、财政部、国家发展改革委印发《关于公布世界一流大学和一流学科建设高校及建设学科名单的通知》，我校入选 A 类世界一流大学建设高校，共有 11 个学科入选世界一流学科建设名单，成为唯一一所“数理化天地生”学科均入选的高校。

为加快“双一流”建设，学校成立了“双一流”建设领导小组、监理组，制定了《中国科学技术大学一流大学建设方案》，明确世界一流大学建设的“三步走”总体目标，提出了五大建设任务、五大改革任务。通过持续重点建设，到 2020 年，学校综合办学实力显著提升，跻身世界一流大学行列。优势学科进入世界前列，成为与科研机构深度融合、创新人才和创新成果不断涌现、具有中国特色的世界一流大学。到 2030 年，学校整体办学水平实现跨越式发展，进入世界一流大学前列。主要学科达到世界前列水平，若干重点建设学科引领国际前沿，声誉斐然、人才辈出、成果丰硕、贡献卓著。到本世纪中叶，学校综合办学实力进一步提高，建成质量优异、特色鲜明的世界一流大学，整体水平稳居世界一流大学前列，成为我国基础研究和原始创新的重要承载者和策源地，以及人才培养高地、国家科教中心、创新文化殿堂和学术交流圣地。

学校将按照“11＋6＋1”的学科布局，重点建设 18 个学科，包括：11 个学科（数学、物理学、化学、天文学、地球物理学、生物医学科学、科学技术史、材料科学与工程、计算机科学与技术、核科学与技术、安全科学与工程），6 个交叉学科（量子信息与网络安全、医学物理与生物医学工程、脑科学与类脑智能技术、力学与材料设计、信息计算与通信工程、管理科学与大数据），以及 1 个学科群（环境与生态学科群）。瞄准新兴领域和交叉学科领域，建设科大新医学（生命科学与医学部），发展科大新工科（量子信息科学、人工智能与大数据、工程科学等），培育新的学科增长点。最终，推动 6～8 个学科成为世界前列、8～10 个学科进入世界一流行列。

近期，学校启动“双一流”学科专用平台项目建设，按照校级公共平台、学科专用平台和人才团队平台三类进行建设。学校积极与国家发展改革委对接，做好“双一流”建设项目储

备申报。同时,积极与中国科学院前沿科学与教育局联系,做好中国科学院“率先建成世界一流大学”行动计划申报。

二、稳步推进一流学科建设

学校按照“扶优扶需扶特扶新”的发展理念,在传统优势学科的基础上,加强建设关系国家安全和重大利益的学科,鼓励新兴学科、交叉学科,布局一批国家急需、支撑产业转型升级和区域发展的学科,学校正在推进生命科学与医学、人工智能、大数据、能源等新的学科建设。

安徽省人民政府、国家卫生计生委、中国科学院通过《关于共建中国科学技术大学生命科学与医学部的意见》,支持学校探索“理工医交叉融合、医教研协同创新、生命科学与医学一体化发展”的“科大新医学”模式。2017 年 12 月 23 日,三方共建的中国科大生命科学与医学部揭牌成立,安徽省立医院顺利加盟,成为中国科学技术大学附属第一医院。为加快生命科学与医学部的建设,安徽省将其纳入合肥综合性国家科学中心的重点建设内容;国家卫生计生委大力支持其深化医教研协同创新,优化医学人才培养结构,培养高新尖人才;中国科学院将其纳入“率先行动”计划研究所分类改革,支持学校参与卓越创新中心和创新研究院等建设,大力发展“科大新医学”。

学校积极推动人工智能与大数据研究和规划,以“虚实结合”方式建设大数据学院和大数据研究院,成立网络空间安全学院,成为国家首批 7 所“一流网络安全学院建设示范项目高校”之一。学校推进能源学科的建设,与陕西延长石油(集团)有限责任公司签署战略合作框架协议,共建“中国科大-延长石油能源化工联合实验室”,设立战略合作技术和管理委员会,强化在基础研究与应用研究方面的合作,共同推进技术创新和成果转化。围绕新能源汽车产业实际需求,学校与安徽江淮汽车集团股份有限公司开展科技创新合作。

学科建设成效明显。在第四轮学科评估中,学校 28 个学科参评,有 7 个学科入选 A+学科、15 个学科入选 A 类学科,理学基础学科全部入选 A 类学科。“社会科学总论”首次进入 ESI 全球前 1%学科领域,目前我校共有 11 个学科进入 ESI 全球前 1‰学科领域,其中化学、物理学、材料科学、工程学进入 ESI 全球前 1‰学科领域。

三、推进科教结合,积极落实省院全面创新合作协议

学校坚持“全院办校、所系结合”的办学方针,积极参与中国科学院“率先行动”计划升级版、安徽省系统推进全面创新改革试验,以落实省院全面创新合作协议为契合点,深入推进办学体制机制改革,创新人才培养模式,在现有基础上努力实现合作机制、培养模式和发展布局等方面的突破。

1. 加快合肥综合性国家科学中心建设

2017 年 1 月 10 日,《合肥综合性国家科学中心建设方案》获国家发展改革委、科技部正式批准,合肥成为与上海、北京并列的三大综合性国家科学中心之一。2 月 27 日,合肥综合性国家科学中心暨量子信息与量子科技创新研究院建设动员大会举行,刘延东副总理作出批示,希望“以合肥综合性国家科学中心暨量子信息与量子科技创新研究院建设为契机,加大投入、深化改革、完善机制、强化保障,依托先进的重大科技基础设施集群,集聚高端创新人才和科研团队,打造跨学科、综合性、多功能的国家科学中心,努力将合肥打造成为我国基础研究和原始创新的重要承载者和策源地,为建设创新型国家和世界科技强国作出更大贡献”。

为进一步加快合肥综合性国家科学中心建设，安徽省、中国科学院印发《合肥综合性国家科学中心实施方案(2017～2020年)》，明确了合肥综合性国家科学中心建设的时间表、路线图，对各项建设任务做了具体化安排，明确了国家实验室、重大科技基础设施集群、交叉前沿研究平台和产业创新转化平台、建设“双一流”大学和学科四大方面的重点建设内容。安徽省出台《关于合肥综合性国家科学中心建设人才工作的意见(试行)》，制定“科学中心人才10条”创新政策举措，努力实现高层次人才“来得了”“待得住”和“用得好”。

学校全面参与合肥综合性国家科学中心建设，积极推进量子信息与量子科技创新研究院、类脑智能技术及应用国家工程实验室、生命科学与医学部、合肥先进光源(HALS)预研工程、未来网络实验设施(合肥分中心)、高精度地基授时系统(合肥一级核心站)等建设，对接全球创新资源、集聚全球创新人才，进一步提升我国在交叉前沿领域的源头创新能力和科技综合实力，代表国家在更高层次上参与全球科技竞争与合作。

2. 加快中国科学院量子信息与量子科技创新研究院建设

作为合肥综合性国家科学中心的重要基石，在中国科学院、科技部和安徽省的组织和领导下，中国科学院量子信息与量子科技创新研究院按照“高起点、大格局、全链条、新机制”的要求，整合院内研究所、高校和企业的优势力量，按照国家实验室的体制机制和运行模式进行建设，发挥好主谋、主建、主导的作用，加快把架子搭起来、把机制建立起来、把队伍组织起来，力争进入国家首批布局的国家实验室试点。

安徽省出台《关于支持创建量子信息科学国家实验室的意见》，明确把创建量子信息科学国家实验室作为安徽省科技创新的“一号工程”，给予全力支持。省市共同承担量子信息与量子科技创新研究院基础设施建设，首期27万平方米建筑共投入24亿元，作为交钥匙工程，已于2017年9月开工建设，预计2019年底前交付使用。省市为“量子通信与量子计算机”重大项目引导性专项资金配套10亿元，已拨付学校账户。2017年12月12日，安徽省决定专设100亿元的量子科学产业发展基金，其中，2017年一期到位20亿元，已注册为量子科学产业发展基金有限公司。

3. 加快中国科大先进技术研究院建设

先进技术研究院充分发挥政产学研用相结合的优势，积极谋划自主创新举措，致力于基础研究成果向先进技术和现实生产力的转化，成为省市探索科技体制机制改革的重大实践基地。截至目前，共引进各类创新创业人才552人，其中，高端人才37人，组建创新团队43个。与企业、高校、研究院所建设联合实验室49家、工程应用中心10家，签订各类技术合同331项，合同金额达1.44亿元。累计授权专利52项，软件著作权11项；孵化创新型企业206家，注册资本金11.21亿元；与59家孵化企业签订投资持股协议，本金达4111.6万元；启动3项知识产权作价入股工作，本金达3000万元。

4. 以建设“科教融合共建学院”为突破口，加强所系结合

学校积极参与中国科学院“率先建成世界一流大学”行动计划，以建设“科教融合共建学院”为突破口，拓展科教融合模式的学科校外发展空间，形成一批“特色鲜明、优势互补”的科教融合一流学科，为新时期“全院办学、所系结合”探索新途径、创造新经验。学校与长春应用化学研究所共建应用化学与工程学院，目前已与相关研究院所共建5个“科教融合共建学院”，稳步推进与苏州生物医学工程技术研究所共建生物医学工程学院。

四、加强校地合作，积极拓展办学空间，对接创新资源

在安徽省、合肥市的大力支持下，已经完成量子信息与量子科技创新研究院暨中国科大高新园区选址及建设规划，建成后将与先进技术研究院共同构成原始创新、人才培养和成果转移转化的创新闭环，与政府、企业、科研院所、高校等实现多元互动、开放创新。高新园区项目于2017年9月底通过消防和规划部门审批，目前已取得环评批复，土地使用指标已经落实，附属幼儿园、中小学项目纳入2018年合肥公益性项目。

实现东、中、西校区全线连通，是全校师生的共同愿望。安徽省召开专题会议，决定启动肥西路下穿改造工程设计和建设，于60周年校庆前满足中西校区直接连通功能需求，实现中西校区封闭管理。

学校积极参与北京、上海科技创新中心建设，对接全球科技创新资源，在北京中关村设立北京研究院，作为学校科研成果展示、对外交流的窗口和人才培养基地。北京研究院已在北京市编办完成注册登记，各项工作稳步推进。加强上海研究院的建设，积极争取上海市的支持，推进量子信息科学国家实验室上海分部建设；向上海市争取突破性人才支持举措，上海研究院成为17家首批入选上海市人才高峰计划单位之一。

第三部分　注重内涵式发展，不断提升核心竞争力

一、坚持立德树人，不断提高人才培养质量

学校坚持以立德树人为根本任务，以学生发展为中心，推动大类教育、专业培养的“2＋X”模式，真正实现学生个性化发展。

坚持“基础宽厚实、专业精新活”的培养特色，不断探索新型交叉学科的拔尖人才培养，启动文理复合英才班培养计划、生物医学工程方向和新工科建设项目。经过多年探索和实践，学校在拔尖人才的培养理念、选拔机制、课程体系、创新能力培养和管理机制等方面取得显著进展，人才培养成果初显。截至2017年10月，全校“拔尖计划”共培养学生1408人，其中在读588人，毕业820人，毕业生中继续深造人数达到787人（其中出国深造人数484人），深造率达到96.0％（其中出国深造率59.0％），远高于全校本科生的平均深造率。加强对拔尖人才培养模式的教学研究和成果总结，获中国科学院教育教学成果奖一等奖2项、二等奖1项，多项安徽省教学成果奖正在申报中。

大力培养学生创新实践能力，提升实验实践教学水平。启动实验教学中心三期建设，着重推进实验教学课程体系的完善和信息化建设，促进实验教学中心内涵式发展。继续开展大学生研究计划、国家级大学生创新创业训练计划、国内实践游学、全国大学生创业家成长计划夏令营等实践活动，培养学生动手实践能力和创新精神。积极拓展本科生海外交流项目，通过海外暑期研究实习计划、世界名校暑期学校计划、“未来科学家夏令营”等活动，本科生交流规模持续增加，达到600多人次。

坚持教授为本科生授课的优良传统，引导教师把主要精力用于教书育人。充分发挥各级教学委员会和教师教学发展中心的作用，通过举办教师教学发展论坛、教学沙龙、新进教师研习营、助教培训、安徽省高校教师教学发展联盟、国内外教育教学研讨会、申报教学研究项目等形式，不断提升教师教学能力。加强教学质量保障体系的建设，进一步强化期中教学

检查的闭环管理，采取专题督导和自由听课相结合的方式做好教学督导，初步完成督导管理系统的建设。

加强教学管理，服务教育教学。强化课程管理，推进课程体系的信息化建设。加强对本科生毕业设计的管理，启动本科生毕业论文全面检测工作。完善助教管理系统，实现助教岗位申请、岗前培训和考核评价的全方位管理。教务部门与学工部门协同，完善学业指导中心的管理机制，建设学业指导的"闭环式"管理体系，深化"教、学、管"联动机制。

优质的本科生源是人才培养质量的重要保证。积极优化招生工作思路，稳定自主测试类招生比例，创新自主测试考务工作及招生宣传工作，继续保持我校总体生源质量位于全国高校前列。以"招收适合到中国科大学习的学生"为指导思想，着重考察学生的数理基础，通过少年班、创新试点班、自主招生、自强计划、综合评价、提前批等自主测试类招生，招收学科特长鲜明、创新潜质突出的优秀学生，自主测试类招生人数达到录取人数的 37.1%。继续实施招生院长例会制度，强调学院负责制，打造招生老师、志愿者、教授三位一体的招生工作队伍，进一步提高高层次人才在招生队伍中的比例。通过在全国各地重点中学组织科普报告、建设优质生源基地、举办中学论坛、中学校长交流会、编制发放各类招生宣传材料、利用新媒体等方式，增强受众面和宣传效果。进一步加强与重点中学的深度合作，在全国各地建立优质生源基地达 133 所，邀请校内院士专家赴中学开展科普报告 120 余场。

研究生教育质量是学校人才培养质量的重要体现。学校以入选教育部博士研究生教育综合改革试点为契机，以博士生培养机制改革为牵引，深化研究生教育全过程综合改革。

着力打造研招学生志愿者系统、新媒体网络系统，推进研招精准宣传，依托线下线上研招宣讲面试系列活动，强化研招宣传效果，吸引优质生源。通过创新宣传及招生方式，实现推免生数量和质量同步提升。2017 年，我校共接收推免生 1937 人，其中"985""211"高校生源比例达到 88.3%。持续推进博士研究生招生制度改革，继续取消博士研究生统一入学考试，全面实行申请-考核制，校本部及合作单位分类实施不同形式的招生举措。

进一步深化研究生课程体系改革，充分发挥研究生课程学习在创新人才培养中的基础作用，不断健全研究生培养体系及机制。加强研究生创新意识与创新能力的培养，加大研究生教育创新计划项目的实施力度，继续巩固研究生高水平学术讲座、研究生暑期学校、研究生学术论坛等三大品牌项目，继续实施博士论文创优支持计划。深入推进研究生教育科教融合工作，加强科教融合共建学院研究生教育管理服务，做好科教融合博士、硕士研究生指导教师管理。持续推进研究生国际学术交流，拓展研究生联合培养项目。不断完善研究生资助体系，逐步提高研究生待遇，让研究生潜心学习。

进一步规范研究生学籍管理，制定研究生学籍管理实施细则，细化和完善研究生学习年限、注册、休学、学籍清理等方面的规定，于 2017 年秋季学期推行全校性研究生学期电子注册，启动对已超最长学习年限研究生的学籍清理。

根据我校学科发展战略规划和学科布局实际需要，认真做好博士硕士学位授权自主审核单位申报工作，有望获批学位点自主审核单位，争取更多办学自主权；组织完成新增学位授权点申报工作，实施学位授权点动态调整，优化学科布局；有序推进开展学位授权点自我评估工作，在 2018 年底前完成自评工作。进一步完善学位授予制度，明确了硕士、博士学位授予，来华留学生学位授予，优秀研究生提前答辩申请学位等要求，建立以出口为基础的学位标准体系。从 2018 年 6 月 1 日起，各学位分委会在审核学位时，均只执行最新学位标准，不再考虑学生入学时间，即同一时间毕业，执行的学位标准一致。

博士研究生发表学术论文质量和数量均稳中有升，发表 SCI 学术论文 2198 篇，其中在《Science》上发表 2 篇，在《Nature》及其子刊上发表 30 篇；人均发表 SCI 论文 2.08 篇，人均发表 SCI Ⅰ/C 区论文 1.27 篇。14 篇博士论文获得 2017 年度“中国科学院优秀博士学位论文”，目前我校共有 173 篇论文获“中国科学院优秀博士学位论文”，入选数量高居院属各培养单位之首。开展首届中国科学技术大学优秀博士学位论文评选工作，共评选出 28 篇校级“优博”论文，17 篇校级“优博”论文提名。

坚持立德树人、育人为本，不断推进学生工作，致力于培养“六有”大学生。开展“教学管”联动工作研究与实践，进一步建设“六个预警与援助体系”。持续加强心理健康教育与咨询中心规范化建设，整合全校资源，构建校院系班四级心理健康教育网络体系。完善“奖、助、贷、减、补、援、勤”并举的学生资助体系，我校的精准资助工作受到了社会的广泛关注，得到了教育部的充分肯定和大力推广。

2017 年累计授予博士学位 1119 人、科学硕士学位 1059 人、专业硕士学位 1881 人、学士学位 1803 人。积极与国家重点单位、重要领域、重点区域开展全方位合作，通过精细化就业服务，加强精准化就业帮扶，提高毕业生就职竞争力，拓宽毕业生就业渠道。实现博士生初次就业率为 96.5%，硕士生初次就业率为 97.6%，本科生初次就业率为 92.4%(国内外深造率为 73.5%)。加强与国内外校友的联系，通过建设校友信息平台、校内校友服务平台、校外校友合作平台，做好校友服务工作，凝聚校友力量，助力学校发展。广大校友在各自领域表现优异，人才培养质量得到国内外广泛认可。

二、深入实施人才强校战略，全面提升人才队伍的核心竞争力

学校注重师德引领，坚持“尊崇学术、以人为本”，坚持“引进、培养、稳定并重”，努力建设一支富有自主创新能力和国际竞争力的一流教师队伍。

2017 年，学校充分利用国家、中国科学院和有关部委的高层次人才项目和政策，队伍建设成效显著。新增“两院”院士 2 人、国家杰出青年科学基金获得者 8 人、长江学者(含青年)4 人(公示中)、创新人才推进计划 9 人、“万人计划”领军人才 14 人(公示中)、青年千人计划 23 人(公示中)、国家优秀青年科学基金获得者 20 人。截至目前，我校共有“两院”院士(含双聘)49 人、长江学者(含青年)52 人、国家杰出青年科学基金获得者 110 人、千人计划(长期和短期项目)46 人、“万人计划”领军人才 30 人、创新人才推进计划 30 人、国家优秀青年科学基金获得者 91 人、青年千人计划 124 人、青年拔尖人才 13 人、中国科学院“百人计划”122 人，各类高层次人才不重复统计总数达到 390 人，约占固定教职员工总数的 31.5%。

青年教师是学校未来发展的希望，学校采取各种措施为青年教师创造成长机会。“四青人才”(“青年千人”“国家优青”“青年拔尖”“青年长江”)不重复统计总数达到 193 人，占全校高层次人才的 50%。前八批引进的 108 位“青年千人”快速成长为一支重要的学术骨干力量，其中已有 10 人入选“国家杰青”，占全国入选总数的 17%；26 人入选“国家优青”。学校通过国家公派、中国科学院公派留学项目、青年骨干教师出国研修计划等，2017 年共资助 27 名青年教师，赴世界一流大学或著名科研机构深造。为提升人才队伍整体水平，尤其是促进青年人才成长，学校启动学术领军人才培养计划，对有发展潜力的青年人才给予重点支持，资助其加强实验室建设。学校还为亟须开展科研工作又有经费缺口的国家优青、选聘副高提供必要的科研经费。同时，着力推进聘期制科研队伍建设，有效发挥激励导向作用，激发聘期制人员创新活力。聘期制科研人员规模达到813人，已成为学校科研产出的生力军和后备人才的资源库。

学校不断推进人事管理的制度化、规范化。稳步推进教师、支撑岗位专业技术等级聘用和职员岗位聘用工作；充分发挥学校管理和支撑岗位设置与聘用委员会作用，强化公开招聘的制度化、规范化，坚持公开公正、客观透明，严把岗位设置和人员进口关。根据国家和安徽省有关政策，稳步推进事业单位养老保险制度改革。

三、建立健全卓越科技创新体系，不断提升原始创新能力

学校坚持"科教结合、协同创新，产生原始创新成果，催生变革性技术，培育战略性新兴产业"的指导思想，抢抓创新发展机遇，加快卓越科技创新体系建设，积极服务国家战略和区域经济社会发展。

重大平台设施建设成效卓著。学校全面参与合肥综合性国家科学中心建设，中国科学院量子信息与量子科技创新研究院揭牌成立，合肥微尺度物质科学国家研究中心、类脑智能技术及应用国家工程实验室正式获批组建，合肥先进光源预研工程正式启动，与中国科学院合肥物质科学研究院共建的稳态强磁场实验装置通过国家验收，"中国聚变工程实验堆集成工程设计研究"项目顺利启动，参与的未来网络试验设施获批立项。此外，极地环境与全球变化安徽省重点实验室、大数据分析与应用安徽省重点实验室、安徽省机器人标准基地、安徽省先进功能高分子薄膜工程实验室、安徽省废水资源化利用工程实验室获批成立；中国科学院能量转换材料重点实验室通过中国科学院前沿科学与教育局组织的评估，获评良好。目前，我校共有11个国家级科研机构、18个中国科学院重点科研机构、31个其他省部级科研平台和22个所系联合实验室，主持或参与3个国家重大科技基础设施建设。科研组织体系建设已初见成效，在学校主要学科领域均有省部级及以上重点科研机构支撑。

承担国家重大任务的能力进一步提升。在国家重点研发计划项目方面，牵头承担量子调控与量子信息、大科学装置前沿、蛋白质机器与生命过程调控、纳米科技、公共安全、云计算和大数据、磁约束核聚变能发展研究等重点领域项目14项，获批经费5.92亿元，位居全国高校第二；特别是在量子调控与量子信息、大科学装置前沿研究、磁约束核聚变能发展研究专项中，学校牵头承担的项目数量和经费均位居全国高校首位。在"科技创新2030—重大项目"方面，牵头完成"量子通信与量子计算机"实施方案的组织编制，负责"深空探测及空间飞行器在轨服务与维护系统"实施方案中基础技术科学组科学实验系统部分的组织编制，组织研究力量参与"脑科学与类脑研究""人工智能2.0"等实施方案的编制。此外，获批基金委重大项目2项、重大仪器研制项目（部委推荐）1项，全校目前已获批重大仪器研制项目（部委推荐）4项，居全国高校之首；获批中国科学院前沿交叉重点研究项目5项；"室温大气纳米磁成像关键技术研发团队"获得中国科学院2017年关键技术研发团队计划支持，全院仅获批6项。一年来，我校科研人员申报各类纵向科研项目1587项，其中获批634项，获批经费达14.9亿元；签订横向合同143项，总经费1.279亿元，截至2017年11月30日，到款科研经费16.5亿元。面上项目和青年科学基金项目资助率分别为50%和55.3%，均居全国主要高校之首，特别是青年科学基金项目数首次进入前十五位。

重大原创性科技成果不断涌现。“墨子号”圆满完成全部三大既定科学目标、在国际上首次成功实现千公里级星地量子通信，正式开通国际上首条千公里级量子保密通信骨干网“京沪干线”，研制出世界首台超越早期经典计算机的光量子计算原型机；学校参与研制的我国首颗暗物质粒子探测卫星“悟空”取得重大发现，获取了目前国际上精度最高的电子宇宙射线探测能谱；多项成果发表在《自然》《科学》等顶级国际学术期刊上。

重大原创成果得到了党和国家的高度认可，获得了社会的充分肯定。我校主导或参与研制的“墨子”“悟空”两项成果写入党的十九大报告；我校主导研制的光量子计算机入选习近平总书记发表的 2018 年新年贺词；“世界首台超越早期经典计算机的光量子计算机诞生”“量子通信‘从理想王国走到现实王国’”以及我校参与的“‘悟空’发现疑似暗物质踪迹”等成果入选由“两院”院士评选的 2017 年度中国十大科技进展新闻；“墨子号”量子卫星的研究成果同时入选《科技日报》评选的 2017 年国际、国内十大科技新闻以及《自然》2017 年度重大科学事件等榜单。

科技创新能力和学术影响力持续提升。据 Web of Science 统计，2017 年我校发表 SCI 论文 5829 篇，以第一署名单位发表 2644 篇。在论文数量持续增长的同时，论文质量继续保持优异，位居国内高校前列。据中国科学技术信息研究所发布的数据，近十年间（2007～2016 年）我校作为第一署名单位累计发表 SCI 论文 19766 篇，篇均被引次数 15.08 次，继续保持在全国主要高校中排名第一。据汤森路透公布的数据显示，我校 2007 年 1 月 1 日至 2017 年 8 月 31 日期间共发表 SCI/SSCI 论文 36418 篇，篇均被引 14.02 次，超过世界平均值（12.00 次），在全国主要高校中排名第一。2017 年，学校获得国家自然科学奖二等奖 3 项（其中第一完成单位 2 项）；安徽省重大科技成就奖 1 项，自然科学奖一等奖 2 项、二等奖 4 项，科技进步奖一等奖 1 项；教育部高等学校科研优秀成果奖 4 项，其中自然科学奖一等奖 1 项，自然科学奖二等奖 2 项，技术发明一等奖 1 项。截至 2017 年 12 月 14 日，我校申请各类专利 625 件，获得授权专利 330 件，获得计算机软件著作权颁证 22 件。在日内瓦国家发明展第 45 届展会上，获得 2 项特别金奖、1 项金奖和 2 项银奖。

积极推进科技成果转化工作和校企、校地合作。推动科技成果转化工作，2017 年已完成 3 个学校科技成果产业化项目，成果作价金额合计 7154.13 万元。进一步加强与企业的交流合作，与江淮汽车、陕西延长石油（集团）、安徽瑞达投资集团、光载无限（北京）科技公司等开展深入合作。不断提升服务国民经济主战场的能力，针对不同区域的发展需求，积极推进中国科大技术转移甘肃中心和金华中心的工作，依托中国科大上海研究院，与上海市经信委联合举办技术推荐活动。通过技术转移中心将区域经济发展与我校的科研服务能力紧密联系，实现互惠互补。

健全完善科研领域准入资质，为承担科研任务提供资质支撑和管理服务保障。在保密管理体系方面，通过了安徽省军工保密资格认定委对我校保密资格的中期复查，保证了保密资质的有效性。在质量管理体系方面，顺利通过第一次监督审核和扩大范围审核，保证了质量资质的有效性，并扩大了认证范围。在保密和质量管理体系的基础上，逐步建设完善学校科研领域准入资质，积极筹备装备承制审查准备工作。

四、推进国际化战略，不断提升国际化水平

学校坚持“科研国际化带动人才培养国际化”的战略，将国际合作交流与人才培养、科学研究、队伍建设等紧密结合，努力完善“大外事”工作格局。加强制度建设，制定了因公临时出（国）境、学生出国（境）、境外专家来访、外籍语言教师聘用等管理办法，规范了管理流程，提升服务效率。

学校成立国际学院，统筹推进国际师资队伍建设、英语课程体系建设、海外合作交流、国际学生培养等工作。建立多层级、广覆盖的国际师资引进机制，充分利用各类引智和国际合作项目，推进国际化师资队伍建设。国际师资人数达到 283 人，其中国际访问教授人数达到 129 人，较以往有大幅提高。加强全英语授课课程体系建设，深入实施“英语授课推进计划”，已经开设 140 余门英语授课课程，在 11 个一级学科 35 个专业方向开设全英语授课的研究生项目，博士生项目基本实现全英文覆盖。

积极拓展师生海外交流渠道，推动与美国哥伦比亚大学、日本理化研究所、以色列希伯来大学等国外高校和科研机构开展实质性合作，签署合作协议或合作备忘录 30 余项，2017 年境外专家来访 1409 人次，我校教师因公出访 1702 人次；国际学生来访交流 302 人次，本科生出访交流 607 人次，研究生出访交流 1057 人次，师生境外交流人数均有明显增长。继续做好“大师论坛”，邀请包括多名诺贝尔奖得主在内的 17 名科学大师来校开展学术研讨、文化交流等活动，让师生有更多机会了解国际前沿科学知识，进一步提升学校国际影响力。

加强留学生招生宣传，制定本科外国留学生招生简章，有序开展本科留学生的招生工作。在校留学生已达 657 人，其中，博士研究生 476 人、硕士研究生 177 人、本科生 4 人。加强留学生精细化管理，制定外国留学生安全管理、课外活动管理等办法，搭建留学生在校生活全过程管理与服务平台。积极进行教学改革，加强汉语言及中国文化课程建设，组织开展校内文化活动，帮助留学生了解中国、热爱中国。

学校积极参与国家“一带一路”倡议，充分发挥办学优势和国际影响力，加强与“一带一路”沿线国家高水平大学的合作，为沿线国家学生来校攻读学位提供奖学金资助。“一带一路”国家留学生达 488 人，占留学生总数 73.4%。学校加入中俄“两河流域”高校联盟，举办第四届中俄“长江-伏尔加河”青年论坛，推动两国青年的交流。

五、加快校园基础设施规划和建设，持续改善办学条件

学校加快推进园区规划与建设，完善已有园区的科教基础设施，积极谋划未来园区布局，着力建设与世界一流大学相匹配的“园区精致、功能完善、设施先进、交流便利”的现代大学校园。2017 年，共实施新建及维修改造项目 176 项，涉及建筑面积约 47 万平方米，其中新建项目约 35 万平方米，维修改造项目约 12 万平方米；完成项目总投资约 3.5 亿元，其中新建项目约 2.5 亿元，维修改造项目约 1 亿元。

根据学校“十三五”总体规划和“双一流”建设需要，学校“十三五”科教基础设施规划拟申报国家投资 4 个项目，建设规模约 15 万平方米，总投资约 8 亿元，目前该规划已通过中国科学院上报国家发展改革委。积极争取省市支持，推进中校区发展规划和中西校区连通工程。

“十二五”建设项目全面实施。科大花园二期、新建附属学校、西区特种实验楼临时实验用房、中校区林荫大道、动力保障站房等 7 个项目已完工投入使用；中校区学生宿舍楼、学生生活服务中心、东区物质科学教研楼、西区生命科学楼扩建 4 个项目将于 2018 年陆续交付使用；综合体育中心和西区特种实验楼新建 2 个项目已开工建设。其中，物质科学教研楼、综合体育中心争创“鲁班奖”；物质科学教研楼获得“全国建筑业绿色建造暨绿色施工示范工地”“安徽省安全文明示范工地”等7个奖项，并通过“鲁班奖”基础和主体结构工程验收；中校区学生宿舍楼、西区特种实验楼新建项目争创“黄山杯”；学生生活服务中心、动力保障站房、西区生命科学楼扩建项目被评为“合肥市安全文明示范工地”“合肥市优质结构”。完成东区教二楼、西区教三楼、量子芯片实验室、东区志学路和东升路、老化学楼停车场、西区田径场等基础设施改造项目。

六、坚持尊崇学术、以人为本，不断提高办学治校能力

把制度建设作为办学治校的重要保障，建立健全长效机制。坚持和完善党委领导下的校长负责制，修订党委全委会议、党委常委会议、校长工作会议议事规则和学院工作条例，制定《关于贯彻落实“三重一大”决策制度的暂行办法》《督促检查工作办法（试行）》，抓执行、保落实。充分发挥学术委员会、学位评定委员会、教学委员会等各类专门委员会在学校学术事务中的决策咨询作用。进一步健全师生员工参与民主管理和监督的工作机制，发挥教职工代表大会、工会代表大会以及群众组织作用。进一步完善信息公开平台，推进校务公开的常态化、系统化和规范化。

落实教育部等五部委《关于深化高等教育领域简政放权放管结合优化服务改革的若干意见》精神，制定学校《关于深化高等教育领域简政放权放管结合优化服务改革的实施细则》，落实办学自主权，完善中国特色现代大学制度，破除束缚学校改革发展的体制机制障碍，向院系放权，向研发团队和领军人物放权，激发广大教职员工教书育人、干事创业的积极性和主动性。

落实中央八项规定精神，进一步加强公务接待、会议费、国内差旅费、因公出国（境）等管理。落实中央巡视整改要求，全面实行公务卡结算管理，加强经费收支管理，明确和规范相关财务报销事项。贯彻落实中央“放、管、服”精神，推进科研财务助理岗位落地见效，开展差旅费包干试点。为优化学校资源配置，提高资金使用效益，以绩效管理为目标，突出学院（实验室）在学校综合改革和推进“双一流”建设中的主导作用，进一步加大院级单位经费的统筹调控能力，按照规模和综合绩效评价指标分配院级统筹增量经费；加强财务预决算管理，强化“花钱问效”责任意识，开展校内预算项目绩效管理，提升预算资金使用效益。

加强物资采购政策宣贯和制度建设，修订采购管理办法及其实施细则，完善采购项目可行性论证和分级审批机制，加强采购物资验收管理和材料出入库管理。加大单一来源采购公示力度，增加采购透明度。加强采购信息化建设，完善采购管理信息系统，不断优化采购流程，努力提高采购效率。加强零星材料采购管理，引进2家零星采购网上商城，建立了办公物资采购平台和生化试剂采购平台，为师生提供便捷的零星采购服务。

完善内部控制制度体系，制定学校内控建设实施方案、内部审计工作规定、工程造价咨询与审核管理办法等，加强内部控制管理，健全自我约束机制。推进经济活动合同管理一体化平台建设，提高学校风险防控能力。强化内部审计监督职能，认真开展财务收支审计、科研经济业务真实性合法性审计，注重审计结果的应用；加强对零星工程造价审核工作的管理，对基建项目全面实施全过程造价控制，力保工程建设的顺利实施和建设资金的合理使用。

公共支撑体系建设稳步发展，充分发挥支撑创新的“水龙头”作用，为学校的人才培养和科研创新提供有力保障。稳步推进公共实验中心仪器设备开放共享工作。优化网络基础设施，实现多业务支撑及服务拓展，不断加强网络信息安全。组建马克思主义理论图书阅览室，不断完善图书馆文献资源，打造区域及全国文献信息服务中心。

坚持以人为本，不断改善师生员工的工作生活条件。科大花园一期个人产权证办理工作取得较大进展，启动科大花园二期人才楼的选房工作。改善学生住宿条件，完成西区研究生宿舍7号楼整体改造、毕业腾空房800余间及学生公寓公共部位维修改造任务。加强学生宿舍的文化建设，增加更多贴心服务，让宿舍更加温馨。启动既有住宅建筑加装电梯工作，推进东区危旧房屋置换安置工作。大力开展节约型校园建设，学校入选合肥市“节水型单位”。加强校园环境综合治理，创建平安活力校园。做好离退休老同志的服务工作，提高离休老同志的保健费和疗养费，加强对重病和生活困难老同志的福利慰问帮扶工作，改善老同志生活待遇和活动条件，让老同志们共享学校改革创新发展成果。

各位代表、老师们、同志们，学校过去一年来取得的成绩来之不易，凝聚了全校师生员工的劳动和汗水，也饱含了上级领导、海内外广大校友和社会各界的关心与支持。在此，我谨代表学校，向所有在平凡工作岗位上默默奉献的广大教职工、医务人员，向所有关心和支持学校发展的各级领导和各界朋友，致以崇高的敬意和诚挚的感谢！

第四部分　下一步工作思路、任务与要求

2018年是全面贯彻党的十九大精神、加快“双一流”建设的开局之年，是改革开放40周年，也是中国科大建校60周年。作为我党亲手创办的新型理工科大学，中国科大走过了风雨兼程的一个甲子。回望过去，我们始终与国家和民族的命运紧密相连，与中华民族伟大复兴的历史进程同向同行。站在新的历史节点上，我们将以庆祝建校60周年为契机，回顾走过的路，对办学的理念、模式进行深刻总结与思考，更要登高望远，团结一致向前看。奋进新时代，需要新气象，更需要新作为。在这里，我以三句话和大家共勉，同时谈谈下一步工作思路、任务与要求。

一是不忘初心，牢记使命。红专并进一甲子，科教报国六十年，中国科大的一甲子是与祖国同行的六十年。根据中央的部署安排，今年要大力开展“不忘初心、牢记使命”主题教育。我们要以筹备60周年校庆为契机，不忘红专并进的初心，牢记科教报国的使命，弘扬科大精神，通过开展丰富多彩的学术活动、校友活动和文化活动，扩大影响力、增强凝聚力、提高硬实力，汇聚全球科大人和社会各界的力量，加快建设具有中国特色、科大风格的世界一流大学。

2017年9月20日校庆日，学校对外发布了校庆一号公告，正式启动校庆筹备工作。在校庆筹备工作领导小组的指导下，在机关和院系的配合下，校庆办公室完成了从校庆标识设计、校庆网站开通到校庆筹备工作方案制定等一系列前期筹备工作，并深入相关学院、国家(重点)实验室进行调研，听取各单位关于校庆活动的工作计划和建议需求，举办了60周年校庆动员大会、60周年校庆校友组织代表大会、中国科大百人会战略合作框架协议签约暨捐赠仪式等活动，推进校庆筹备工作有序开展。

校庆工作是一项庞大的系统工程，需要全校上下共同努力，希望各单位积极行动，确保

责任到人、举措到位，广大师生员工积极参与，当好宣传员和志愿者，使校庆筹备工作真正做到人人参与、深入人心。刚刚加盟、成为中国科大附属第一医院的安徽省立医院，今年也将迎来120周年院庆，希望附属医院以筹备120周年院庆和参与60周年校庆为契机，积极融入中国科大大家庭，加速校院融合发展。

二是居安思危，直面挑战。在过去的一年里，学校各项工作取得了突出进展，保持了良好发展势头，为学校世界一流大学建设打下了坚实的基础。在《中国科学技术大学一流大学建设方案》中，我们提出了“2020年进入世界一流大学行列、2030年进入世界一流大学前列、本世纪中叶整体建成质量优异、特色鲜明的世界一流大学”的奋斗目标，这是一项艰巨的任务，不仅需要资源的持续投入，更需要思想观念的转变、体制机制的变革和发展模式的创新。

我们清醒地认识到，与新时代的高等教育要求相比、与“双一流”建设目标相比、与国内外高校竞争的新形势相比、与师生员工的新期盼相比，学校的发展还存在不足，面临诸多挑战。比如：人才培养模式存在一定缺陷，人文、社会和创新创业教育没有形成体系；学科设置存在明显短板，学科发展不平衡不充分的问题依然比较突出；兄弟高校为推动“双一流”建设，对人才这一战略资源的争夺日趋激烈，学校高层次人才队伍的稳定、引进和培养面临更加严峻的挑战；科研成果形式比较单一，成果转移转化的力度还需加强；“后国家实验室”时代，学校如何继续保持自身优势；学校的管理比较粗放，教学、科研缺乏分类管理，等等。

我们不仅要居安思危，更要知危图安，紧扣学校发展的瓶颈问题和深层次矛盾，通过加强和改进党的领导、人才培养体系改革、人事人才制度体系改革、学术体系改革、治理机制改革、资源配置体系改革等举措，完善现代大学治理体系，充分激发师生员工创造潜力，调动社会各方积极性，以改革创新发展来解决前进中的问题，“做好新时代的答卷人”。

三是勇挑重担，砥砺前行。2018年是学校全面深化综合改革、深入实施“十三五”规划、加快推进“双一流”建设的关键之年。今年，我们着重推动以下几个方面工作：

我们要坚持立德树人，深化人才培养体系改革。以学生发展为中心，推行大类教育、专业培养的“2＋X”模式，在保持学校人才培养特色和优势的基础上，适当加强通识教育，通过合作和MOOC等形式提供学生更多接触人文、哲学和社会科学的机会。同时，逐步建立创新创业教学和实践体系，建立荣誉学位体系，打通本-硕-博贯通环节，探索成立本科生院，试行本科生书院。

我们要进一步优化学科布局，推动“科大新工科”和“科大新医学”发展。在保持优势学科发展势头的同时，我们要主动对接国家战略需求和区域经济社会发展，推动人工智能、大数据、能源等新兴交叉学科发展，培育新的学科增长极。生命科学与医学部的揭牌成立只是第一步，还有很多后续工作需要跟进。相关部门和单位要在顾问委员会、筹建工作组的指导下，密切配合，整合校内外各方资源，完善三方共建体制机制，推动校院融合发展，大力探索“理工医交叉融合、医教研协同创新、生命科学与医学一体化发展”的“科大新医学”模式。

我们要加快校本部三校区贯通和高新园区建设，完善和优化校区功能。东中西区连通是几代科大人的梦想，我们要打好校庆牌，积极争取省市、海内外校友和社会各界的支持，完成中西校区连通最关键50米冲刺，争取在建校60周年之际完成肥西路贯通工程，实现东、中、西三个校区实体连接。加快推进高新园区建设，为争创量子信息科学国家实验室、发展“新工科”、推动成果转化打好扎实的园区基础设施条件。在此基础上，推动校本部三校区联动、校本部和高新园区协调发展，逐步完善人才培养、科学研究和成果转化功能区划。

学校的发展蓝图已经绘就，我们必须不驰于空想、不骛于虚声，一步一个脚印，把蓝图变为现实。各级领导干部要增强使命感、责任感和紧迫感，以时不我待、只争朝夕的精神投入工作，勇挑重担，迎难而上，狠抓落实，既要各司其职、各负其责、各展其才，也要注重团结协作，形成工作合力，在全校范围内形成“想干事、干实事、能成事”的工作氛围。

各位代表、老师们、同志们，风劲帆满图新志，砥砺奋进正当时。站在继往开来的崭新起点上，希望全体干部、师生员工和医务人员，深入学习贯彻落实党的十九大精神，以习近平新时代中国特色社会主义思想为指引，牢固树立“四个意识”，坚定“四个自信”，牢记习近平总书记考察学校时的嘱托，勇于创新、敢于超越、力争一流。我们要以筹备 60 周年校庆为契机，弘扬科教报国的优良传统，传承“红专并进、理实交融”的校训精神，汇聚全球科大人和社会各界的力量，加快“双一流”建设步伐，早日建成具有中国特色、科大风格的世界一流大学，为决胜全面建成小康社会、夺取新时代中国特色社会主义伟大胜利、实现中华民族伟大复兴的中国梦不懈奋斗！

最后，向各位代表，并通过各位代表向全校教职工及家属致以新春的祝福和美好的祝愿！

谢谢大家！

七、文件选辑

中国科学技术大学2017年党委工作要点

（党字〔2017〕12号）

经过学校九届三次教代会和校务工作会议的集思广益、深入研讨，学校对当前面临的形势进行了认真分析，着重研究了2017年学校党政主要工作，明确了基本思路和工作重点。2017年校党委工作的指导思想是：深入学习贯彻党的十八届六中全会和十九大精神、习近平总书记系列重要讲话精神，全面提升"四个意识"，积极配合做好中央巡视工作，做好巡视结果整改落实；贯彻落实《准则》和《条例》，全面从严治党，推动"两学一做"学习教育常态化、制度化；贯彻落实全国高校思想政治工作会议精神，全面加强和改进思想政治工作，牢牢把握意识形态工作的领导权。围绕这一指导思想，2017年校党委将切实抓好以下十个方面重点工作。

一、根据中央统一部署，积极配合中央巡视，抓好整改落实

中央巡视是对全校党组织和党员干部的全面体检，是我们加强改进学校党的建设的根本指南。校级领导班子和全校党员师生要认真学习习近平总书记关于巡视工作的重要讲话精神，坚决拥护党中央决定，并按照中央巡视工作领导小组和中央巡视组的要求，全力配合，把各项工作抓实、做细，确保巡视的顺利开展。

迎接中央巡视并做好整改落实工作，是2017年全校各级党组织和全体党员的首要任务。我们要以本次中央巡视为重要契机，切实提高全校党员干部的"政治意识、大局意识、核心意识、看齐意识"，自觉向以习近平同志为核心的党中央看齐，向党的理论和路线方针政策看齐，向党中央决策部署看齐，在思想上政治上行动上同以习近平同志为核心的党中央保持高度一致，乘巡视工作东风推动学校各项事业迈上新台阶，向党的十九大，向中央巡视交上一份合格的答卷。

主要责任单位：党政办公室、党委组织部、党委宣传部、纪律检查委员会、监察审计处、各基层党组织。

二、做好十九大精神的学习宣传贯彻工作

党的十八届六中全会决定，党的十九大于2017年下半年在北京召开。党的十九大是在我国全面建成小康社会决胜阶段召开的一次十分重要的会议，是党和国家政治生活中的一件大事。

党的十九大召开后，根据中央的统一部署，迅速组织党员、干部认真学习，深入学习领会党的十九大精神，大力加强理论武装。采取多种形式组织学习研讨，加强舆论宣传，在全校营造良好的学习氛围，兴起学习宣传贯彻党的十九大精神热潮。

主要责任单位：党委组织部、党委宣传部、新闻中心。

三、进一步深入学习贯彻落实党的十八届六中全会精神和习近平总书记系列重要讲话精神，推进"两学一做"学习教育常态化、制度化

建立学习教育长效机制，做到全覆盖、常态化、重创新、求实效。深入学习党章党规，深入学习习近平总书记系列重要讲话精神和治国理政新理念新思想新战略，把党员日常教育管理的基础性工作抓紧抓好，不断提高党员的党性修养。6 月左右，根据中央安排对“两学一做”学习教育进行阶段性总结。慎重稳妥做好失联党员规范管理和组织处置工作。

多渠道加强党员学习教育，明确每周三下午 4 点之后为党员学习时间，强化学习意识，提升理论水平。继续办好网上党校、面授党校和党员培训班，争取年培训人数超过 1500 人，积极组织党员和支部书记参加教育部网络示范培训班。贯彻落实中央关于党内政治生活的规定，健全和规范“三会一课”等制度，严格党内政治生活，确保取得实效。加强党内政治文化建设，把从严管理监督干部与加强正向激励相结合，形成风清气正的政治生态。

主要责任单位：党委组织部、党政办公室、党委宣传部、各基层党组织。

四、推动基层党组织强起来，夯实基层党建基础，不断提高党建工作水平

围绕中央巡视整改落实，明确问题清单和责任清单，加大对突出问题和群众身边不正之风整治力度，推动基层党组织强起来。加强支部建设，发挥支部主体作用，进一步规范“三会一课”等党的组织生活会和党员教育管理各项制度，把党支部和党员能否发挥作用作为检验学习效果的重要标尺，推动党支部成为教育党员的学校、团结群众的核心、攻坚克难的堡垒。

加强党务工作队伍建设，提高基层党建工作水平。贯彻全面从严治党要求，落实全国高校思想政治工作会议精神，配备一定数量的专职党务人员；结合巡视整改工作，进一步举办为期 2～3 天的全校党务工作者培训班。以“迎接十九大，做合格党员”为主题开展“七一”系列活动；继续组织主题党日活动，增强基层党组织的凝聚力和战斗力。

主要责任单位：党委组织部、学生工作部(处)、各基层党组织。

五、加强中层领导班子建设，继续完善干部选拔、培养、考核和监督机制，提高干部工作科学化水平

根据中央巡视要求和中组部、教育部关于高校领导人员的相关管理规定，修订学校干部工作办法，探索科学有效的选人用人机制。继续落实干部培训五年规划，举办中层干部学习党的十八届六中全会精神培训班、机关部门负责人研讨班，选送优秀中青年干部参加上级各类调训，完善网络培训制度，继续加强“干部在线学习中心”建设，继续实施管理骨干海外进修交流计划，全面提高干部的政治素质、创新意识、业务能力和职业精神。

按照“三严三实”要求，抓好干部监督管理工作，严格执行中央新发布的领导干部个人有关事项报告制度，对拟提拔的干部坚持“凡提必查”；坚持因私护照集中管理，认真做好 2017 年度选人用人“一报告两评议”工作。做好安徽省 2017 年选调生选拔、走访工作和对口扶贫干部联系管理工作。

主要责任单位：党委组织部、党委统战部。

六、坚持立德树人，强化思想引领，全面加强和改进思想政治工作

贯彻落实全国高校思想政治工作会议精神，坚持立德树人。在“大思政”“大学工”理念下，逐步完善多部门联动的高校思政工作教育体系。充分发挥学生工作指导委员会作用，强化各部门配合，充分发挥各学院“学工委”与“学工办”职能，加强制度建设。进一步推进队伍建设，完善“双肩挑”加“专业化”的队伍模式，探索“学业班主任”加“事务班主任”联合管理模式，对班主任强化工作考核。深化“资助育人”理念，增设家庭经济困难学生“预警库”和助学项目“缓冲池”，柔性调度助学资金，在关心帮助学生过程中潜移默化做好思政工作。以国家示范中心为目标推动我校心理健康教育标准化建设,力推学院二级心理健康教育辅导站建设。继续推进和中共安徽省委党校共建马克思主义学院,将思政课堂教育与团学活动相结合。

支持共青团围绕"凝聚青年、服务大局、当好桥梁、从严治团"四维工作格局,实施"思想引领、素质拓展、权益服务、组织提升"四大行动。从严治团,继续试点并逐步推广"纵向党建团建"工作,推动学生党建、思政文化活动定期化、常态化,试行共青团第二成绩单系统。深化实施"青年马克思主义者培养工程",以迎接建校60周年的校史教育为切入点,重点开展"与信仰对话"主题教育活动。

主要责任单位:学生工作部(处)、团委、教务处、研究生院、马克思主义学院。

七、做好宣传思想工作,加强网络与新媒体宣传,贯彻落实意识形态工作责任制

贯彻落实党委理论学习中心组学习规则,制订党委中心组年度学习计划和全校理论与时政学习计划,做好学习活动的组织安排和学习的检查监督工作。着力抓好党委理论学习中心组学习,安排5个左右专题,开展不少于5次专题学习。进一步落实《中国科学技术大学党委意识形态责任制实施细则》,加强形势报告会与哲学社会科学报告会、论坛和校园网站、新媒体等宣传思想阵地管理,形成"内容有监管、过程有审核、发布有渠道、责任有落实"的管理闭环。建立完善定期会商、紧急会商和分级响应等制度,及时掌握倾向性苗头性问题,精准做好综合分析、研判和处置。

不断提高舆论引导能力、文化创新能力、对外传播能力。组织好"总书记考察科大一周年特别报道""迎接十九大　科教新风采"等主题宣传活动。针对六十周年校庆,启动相关长周期宣传工作,开展好科大优良校风教育活动,讲好科大故事。召开年度宣传思想工作会议和新媒体建设与管理工作年度座谈会。创建新媒体联盟,加强网络和新媒体等阵地建设与管理。

主要责任单位:党委宣传部、新闻中心。

八、加强惩防体系建设,继续推进廉洁从业风险防控工作,维护风清气正的良好环境

进一步完善落实党风廉政建设责任制,明确责任主体,细化履责措施,严格责任追究,坚持谁主管、谁负责,一级抓一级、层层抓落实,切实推动党委主体责任、纪委监督责任落实到位。坚决贯彻落实中央"八项规定"精神,驰而不息推进作风建设。进一步规范完善纪检工作体制机制,加强纪检监察队伍建设。

把纪律和规矩讲在前面,加强形势宣传、政策解读、舆论引导。在全校广泛开展学习宣传《中国共产党问责条例》《关于新形势下党内政治生活的若干准则》《中国共产党党内监督条例》等活动,创新宣传教育方式,加大宣传教育力度,使廉政教育外化于行、内化于心。

继续推行党风廉政建设和惩防体系建设联系人制度,推进廉洁从业风险防控工作,坚持防治结合、预防为主,细化、实化、强化工作举措,盯紧重点领域、关键环节、突出问题,构建完善的惩防体系建设。

抓好内部审计工作,充分发挥"免疫系统"作用。科研经济业务真实性合法性审计在2017年全面做到"双覆盖"。进一步加强基层单位财务收支审计和工程造价审计,针对审计中发现的问题,责令被审计单位认真组织整改,力求通过以审促改,提高审计结果的应用。

做好信访处理工作,认真践行"四种形态"。以准确把握和实践运用监督执纪"四种形态”为引领，把纪律审查放在重要位置，强化执纪问责力度，坚持有案必查、有腐必惩；及时调整信访举报工作重心，立足于教育，着眼于防范，及时提醒、及时纠正。

主要责任单位：纪律检查委员会、监察审计处。

九、不断弘扬民主办学的优良传统，充分调动广大师生员工的积极性和创造性

全面加强工会自身建设，完善教代会制度。围绕学校中心任务，确保工会服务学校大局，服务教职工，促进教职工整体素质提高与和谐校园建设，推进学校民主政治建设。开展多样化岗位技能培训和丰富的文体活动，组织开展“中科院全民健身日、月”系列活动。

认真贯彻落实中央统战工作会议和《中国共产党统一战线工作条例（试行）》精神，充分发挥校统一战线工作领导小组、统战委员作用，坚持和完善大统战工作格局；全面梳理我校统战工作，找出薄弱环节，建立和完善统战工作长效机制；深入推进联谊交友制度，做实基层书记兼统战委员制度。注重政治引领，加强党外干部教育培训，进一步提升党外干部综合素质。积极举荐人才，加强党外代表人士的队伍建设和作用发挥。支持校侨联工作，做好归侨侨眷服务工作。

做好离退休干部服务管理工作，构建离退休干部管理信息系统，积极为老同志开展的各项活动搭建平台、给予支持、加强关怀。

主要责任单位：工会、党委统战部、离退休干部工作办公室。

十、完善校园突发事件应对机制，积极做好校园安全稳定工作，继续做好保密工作

完善校园突发事件应对机制，加强协同响应，保障快速反应，积极做好校园安全稳定工作。落实保密工作责任制，抓好人员管理和监督检查两大重点任务，加强保密教育，启动武器装备科研生产单位保密资格审查认证工作。

主要责任单位：突发公共事件应急处置领导小组、校保密委员会、保卫与校园管理处。

中国科学技术大学2017年行政工作要点

（校字〔2017〕20号）

2017年是学校加快实施“十三五”规划、全面深化综合改革的关键之年。经过学校九届三次教代会和校务工作会议的集思广益、深入研讨，明确了2017年学校行政工作的指导思想：全面贯彻落实党的十八大和十八届三中、四中、五中、六中全会精神，深入学习贯彻习近平总书记系列重要讲话精神尤其是考察中国科大、在全国高校思想政治工作会议上的重要讲话精神，牢牢把握社会主义办学方向，坚持立德树人，抓住参与国家统筹推进世界一流大学和一流学科建设、中国科学院深入实施“率先行动”计划、安徽省系统推进全面创新改革试验等机遇，全面深化综合改革，深入实施“十三五”规划，加快建设世界一流大学。为此，确定以下工作要点：

一

(一) 发挥科教结合优势，加强校地合作联系，全面深化综合改革，深入实施“十三五”规划，推动学校改革创新发展

坚持“全院办校、所系结合”办学方针，积极落实省院全面创新合作协议，加快合肥综合性国家科学中心建设，谋划建设量子信息国家实验室，统筹推进量子信息国家实验室(筹)核心区暨中国科大高新园区建设。以建设“科教融合共建学院”、共建科研平台为突破口，加强所系结合。启动60周年校庆筹备工作，总结办学经验，推动学校改革创新发展。

全面深化综合改革，统筹协调、整体推进“十三五”规划任务，完成学院级规划预审及审定工作。建立上下对应、分工负责的责任制度，构建科学有效的监评、验收机制，加强规划执行的过程管理和目标管理。

(二) 按照国家统筹推进世界一流大学和一流学科建设的部署，扎实推进学校“双一流”建设

按照国家统筹推进世界一流大学和一流学科建设的统一部署和遴选程序，研究制定学校“双一流”建设总体方案及相关细则，扎实推进“双一流”建设，力争顺利通过中期考核，为2020年的整体评价和获得常态支持奠定坚实基础。

结合教育部第四轮学科评估情况、学院和重点科研单位“十三五”规划，以及“科教融合共建学院”建设，整合学科资源，优化学科布局和结构，研究制订学科建设质量提升计划，出台配套措施，实现“优势学科高峰化、传统学科创新化、特色学科交叉化、交叉学科集约化”。完成大部分学术学位和专业学位在评范围内学位授权点的合格评估自评工作，部署启动学校相关领域学科专业认证及评估工作。

(三) 完善创新人才培养体系，不断推进教学内容与教学方法改革，促进学生全面发展

结合教育部本科教学工作审核评估的反馈意见，查找不足，完善本科教学工作。进一步优化和完善基础课程的分层设计和模块化整合，实现一年级基础课程的全面贯通；利用MOOC等校内外优质教学资源，丰富和优化综合素质课程体系。

完善英才班选拔和滚动机制，继续探索和完善“学科交叉、本研贯通、中外联合”的创新培养模式，不断研讨、总结和推广英才班成功经验。推进以能力培养为导向的英才班教学模式改革，加大推行启发式教学和探究式教学，深入推进创新科研实践，开展跨学科学术研讨，促进不同学科英才班的相互交流。

打破学院和专业壁垒，提高实验教学中心的使用效率和共享程度，实现工作人员、物理空间、仪器设备、课程体系的整合。全面整合信息科学、工程科学、地球和空间科学实验教学中心，升级物理实验教学中心，实施实验课二级排课制度。进一步加强实践和创新创业教学建设，加大对国内游学和国际交流的支持力度。

强化教师教学意识，提升教授为本科生授课比例，完善职称、薪酬、荣誉等多方位教学激励机制，将青年教师培训制度化。构建院校两级教师教学能力培养体系，建立课程主讲教师资格制度，发挥课程组作用，建设教学骨干团队，形成教学能力培养常态化的管理机制。建立教学研究和教学成果激励机制，加大教学研究和教学成果在教师晋升和评奖中的比重，鼓

励教师深入开展教学创新和教学研究，推动学院层面的专题教学研究和教学创新。以中科院教育教学成果奖为引领，建立院、校、省、部层级式教学成果培育机制。加强与出版社合作，重点开发精品教材。

探索学分、学制和学籍管理制度改革，完善课程认定、学分积累和转换机制、转专业机制和弹性学制。创新教学质量管理，改革创新学生评教体系，建立并实现本科生毕业论文全面查重机制。开展学业指导预约平台及网站智能化建设，优化学业指导中心运行机制。完善学业导师制度，实现学业导师的全覆盖，指导本科生的学业规划和未来发展。

完善招生队伍的建设与管理，建立绩效考核与评估制度；以高考改革试点省份为突破点，增加“三位一体”综合评价录取力度，提高自主测试类招生比例；提高自主测试的命题质量；配合浙江、上海两地高考改革政策落地，探索人才选拔新模式。

不断拓宽国家重点单位、重点地区、重点领域的就业市场，建立就业指导服务平台。打造专兼职就业指导队伍，加强学生实习实践活动；构建功能完善的就业信息平台，加强就业分析研究与反馈；开展就业指导服务月活动；继续推行院系联系人、招聘会值班等制度。

(四) 深入推进研究生教育综合改革，全面提升研究生教育质量

深入实施生源质量提升工程，加大研招宣传工作力度，面向国内外目标生源精准宣传，精准招生，提升研究生生源质量。制定招生计划科学分配方案，探索实施招生计划绩效导向与动态调整机制，根据校内学院及科教融合院所的研究生教育质量动态调整配置招生计划。

加快推进研究生院与教务处教学系统的融合，实现本科生与研究生教学信息系统无缝衔接。分类开展学籍梳理，修改与完善学籍注册、冻结、清理等管理方案与实施细则。继续深入实施各类研究生创新计划，支持研究生创新创业。制订并实施研究生核心课程遴选办法。继续支持研究生国际学术交流，提升研究生国际化能力。

逐步提高学位标准，完善学位标准体系，优化校学位委员会的学位质量审核机制，强化分学位委员会与校学位办的审核把关职能。完善研究生教育质量监督保障体系，做好博士、硕士学位论文抽查工作。启动“中国科学技术大学优秀学位论文”评选工作。

针对归口科研院所招录的研究生，梳理招生、培养、学位授予等各环节问题，建章立制，促进“科教融合共建学院”管理的制度化、科学化、规范化。全面提升科教融合院所人才培养质量与学位授予标准，逐步实现学位授予标准的统一。

(五) 坚持人才强校主战略，深化人事人才制度改革

坚持培养和引进并重，加强高层次人才队伍建设。充分宣传学校的人才政策，发挥学院、学术带头人和校友的作用，举办青年学者论坛，吸引优秀人才来访；采取激励措施，加强各单位人才办公室建设，精准高效引才。实施优秀人才推进支持计划，加强中科院青年创新促进会平台建设，鼓励青年教师出国研修，促进年轻人才成长。改善聘期制科研人员工作和生活条件，增强聘期制岗位的吸引力。规范人才管理，做好人才服务，加强各类引进人才和聘期制人员的考核，优化学术评价机制，探索人才的激励和退出机制。

改革和完善人事管理制度，创新与学校发展相适应的体制机制。依法依规贯彻实施人员聘用制度，制定与实施事业编制人员聘用合同管理办法，加大全面推行聘用制力度，强化各类人员的聘用合同管理。推进研究人员聘用制度改革，制定与实施科技岗设置与管理办法，在国家级科研机构、中科院重点科研机构中建立专职科研队伍。

推进岗位分类管理和分类评价，建立健全科学、有效的岗位分类管理办法。做好教师、支撑岗位专业技术等级、管理岗位职员聘用工作。研究制定符合学校实际的绩效工资实施方案，扎实推进三元结构薪酬制度向岗位绩效工资制度平稳过渡和有机衔接，做好过渡期内绩效奖励办法的调整与实施工作。稳步推进学校事业单位工作人员参加养老保险工作，建立健全养老保险管理和服务工作体系。关心离退休同志的生活，继续做好各项服务工作。

（六）深化科技体制机制改革，完善卓越科技创新体系

积极参与安徽省系统推进全面创新改革试验，以量子信息国家实验室和合肥综合性国家科学中心建设为抓手，深化学校科技体制机制改革，完善科技创新体系。大力推动量子信息与量子科技创新研究院建设，探索建立国家实验室体制机制和运行模式，为组建国家实验室奠定基础；全面参与合肥综合性国家科学中心建设，完成量子保密通信"京沪干线"建设验收并实现天地一体化量子通信，启动类脑智能国家工程实验室和未来网络试验设施（合肥中心）建设，积极争取合肥先进光源技术验证及预研；在计算机、工程、人文管理和生物医药等领域组织建设一批重点科研机构和科研创新团队，进一步健全工程资质（保密、质量、许可）保障体系，推动学科合理发展。

进一步完善科技成果转移转化体制机制，探索科技产业发展新途径，提高成果转移转化效率，提升科技服务能力。推进先进技术研究院的新型研发机构试点工作，增强承担国家和地方技术创新任务的能力；以产业需求为导向创新体制机制，组织学校相关优势力量，提升服务社会的能力；探索建立知识产权运营平台，逐步实现科技成果"保护-转化-运营"一体化功能，提高学校科技成果转移转化效率；加大学校科技成果宣传力度，以 60 周年校庆为契机，组织出版学校优势学科的系列科普读物。

完善科研评价激励机制，探索建立以重大科技产出为导向的评价体系，形成分类分层次考核评价与激励办法。建立以科技创新力、科技竞争力和科技影响力为主要指标的科研活力指数评价指标体系，形成学校对重点科研机构、重点科研机构对团队、团队对科研人员的分层次考核机制，并以科研评价结果为依据，探索科研绩效改革。

（七）完善大外事的工作格局，以科研国际化带动人才培养国际化

全面整合全校国际合作资源，打造通畅的工作渠道，完善多部门联动的"大外事"工作格局，正式成立国际学院。服务国家战略，拓展与"一带一路"国家的合作交流。推动院系积极参与，加强留学生招生与管理，在保证数量基础上优化结构和质量，拓展中等发达国家生源。依托国际学院，建设若干全英文授课（研究生）专业，梳理英文课程体系，建立健全留学生培养方案和学位标准，组织召开留学生招生与培养工作会议。推出杰出后备人才支持计划，拓展学生出国交流计划，建立更多学生出国交流的渠道和品牌项目。依托合肥综合性国家科学中心平台，借助量子通信、托卡马克、加速器等特色名片，组织科技创新夏令营，吸引更多国际学生来校交流。加强对各类国际师资项目的统一规范管理和薪酬发放；完善青年科研骨干出境科研交流管理办法，鼓励青年教师出国交流。

（八）加快园区基础设施建设，深化后勤综合改革，做好校园综合安全管理

努力打造"园区精致、功能完善、生态优良"的美丽校园。与上级有关部门做好沟通协调，推进"十三五"科教基础设施规划项目立项等前期工作。全力推进"十二五"规划项目建设，确保中校区学生宿舍楼、学生生活服务中心、动力保障站房年底竣工验收，物质科学教研

楼年底基本完成内外装饰及安装，综合体育中心、人才周转公寓上半年开工，西区特种实验楼下半年开工，生命科学楼扩建年底完成主体结构及部分装饰安装。加快园区基础设施维修改造，改善教学科研、学生和教工宿舍、学生社团活动场地、餐饮及体育设施的基础条件。

深化后勤综合改革，持续提升后勤保障服务水平。优化物资采购审批流程，完善采购管理信息系统，加大政策宣贯力度，进一步提高采购效率。推进公用房管理改革，完善公用房成本核算机制，保障人才引进和教学科研需求。落实公务用车制度改革，确保公务交通安全运行。推进供电增容工作，保障安全运行，建设绿色节能校园。以后勤管理、技术队伍建设为突破口，推进后勤服务社会化改革。

创新安全教育模式，建立符合我校实际的综合安全管理体系。完善安全管理机制，逐级落实责任，加强科研安全生产管理；加强校园交通智能化管理，推进校园监控全覆盖建设，打造校园安全“三道防线”；加强道路照明、停车场、水体、环卫绿化等校园环境综合整治，提升园区整体环境质量；建立信息化管理综合平台，提升管理水平；稳步推进物业社会化改革，探索适合我校特色的物业化服务方式和管理方法；改善学生社区管理与条件，打造特色社区文化，提高学生社区的服务质量。

（九）推进现代大学制度建设，提升办学治校水平

以大学章程的贯彻落实为抓手，进一步完善“党委领导、校长负责、教授治学、民主管理”的内部治理结构，完善校院两级管理体系。坚持依法治校，完善内部控制体系，规范工作流程。

继续坚持民主办学，做好校务公开工作。坚持教代会、工代会、学代会等制度，保障各位代表的提案质询权；健全校学术委员会、学位委员会、教学委员会等运行机制，坚持和完善校领导接待日、征求意见和情况通报制度，拓展师生员工参与学校民主管理和监督的渠道，推进校务公开的常态化、系统化、规范化。推动服务型机关建设，进一步改进工作作风，提高管理效能，更好地服务广大师生。

（十）合理配置资源，加强财务管理和内部审计，推进智慧校园建设，为学校发展提供保障

继续拓宽筹资渠道，推进教育基金会发展，汇聚校友等社会力量，服务学校发展。科学合理配置财力，提升经费使用效益，推进预算绩效评价。转变理念，加强财务与业务的融合，建设经济合同管理和服务一体化平台，推动经济活动内控体系的建设与完善。完善财务相关制度建设，抓好审计及巡视问题的整改落实。加大政策宣贯力度，严格执行财经纪律，规范各项经费的使用和管理。推进“十三五”财务信息化建设，整体提升财务服务手段。

加强基础网络系统建设及安全管理，提升和优化用户的网络体验。整合信息服务门户和技术，完成校内主要应用系统的统一身份认证接入。加强“共享数据中心”建设，拓展数据分析应用领域。优化和完善一卡通系统及应用，推行一卡通身份认证服务。做好公共平台建设和开放运行工作，推进大型科研设施与仪器开放共享在线服务平台建设。

继续推进廉洁从业风险防控工作，完善防控措施，提高防控实效。做好内部审计工作，实现科研经济业务真实性合法性审计“双覆盖”；加强内审问题整改，建设长效监督机制。

二

在全面落实上述工作任务的同时，学校 2017 年将推进落实以下重点工作，由分管校领导分别组织实施。

1. 加快合肥综合性国家科学中心建设，谋划建设量子信息国家实验室，统筹推进量子信息国家实验室（筹）核心区暨中国科大高新园区建设。启动 60 周年校庆筹备工作。

此项工作由潘建伟同志牵头负责。

2. 统筹协调、整体推进“十三五”规划任务，完成学院级规划预审及审定工作。

此项工作由陈晓剑同志负责。

3. 研究制定学校“双一流”建设总体方案及相关细则，扎实推进“双一流”建设。研究制订学科建设质量提升计划，出台配套措施。

此项工作由杨金龙同志负责。

4. 结合教育部本科教学工作审核评估的反馈意见，查找不足，完善本科教学工作。优化和完善基础课程的分层设计和模块化整合，实现一年级基础课程的全面贯通；丰富和优化综合素质课程体系。推进以能力培养为导向的英才班教学模式改革。推动实验教学中心“四个整合”，加强实践、创新创业教学建设。强化教师教学意识，构建院校两级教师教学能力培养体系。

此项工作由陈初升同志负责。

5. 完善招生队伍的建设与管理，建立绩效考核与评估制度；以高考改革试点省份为突破点，增加“三位一体”综合评价录取力度，提高自主测试类招生比例。不断拓宽就业市场，建立就业指导服务平台。

此项工作由陈初升同志负责。

6. 深入实施研究生生源质量提升工程，构建招生计划动态调整机制。推进校内教学培养信息系统融合衔接，分类开展学籍梳理并制定配套管理细则，深入实施各类研究生创新计划。完善学位标准体系和研究生教育质量监督保障体系，启动“中国科学技术大学优秀学位论文”评选工作。全面提升科教融合院所人才培养质量与学位授予标准，逐步实现学位授予标准的统一。

此项工作由杨金龙同志负责。

7. 坚持培养和引进并重，加强高层次人才队伍建设。制定与实施事业编制人员聘用合同管理办法，强化各类人员的聘用合同管理。做好教师、支撑岗位专业技术等级，管理岗位职员聘用工作。研究制定符合学校实际的绩效工资实施方案。稳步推进学校事业单位工作人员参加养老保险工作。

此项工作由潘建伟同志负责。

8. 积极参与安徽省系统推进全面创新改革试验，以量子信息国家实验室和合肥综合性国家科学中心建设为抓手，深化学校科技体制机制改革，完善科技创新体系。推进先进技术研究院的新型研发机构试点工作，探索建立知识产权运营平台，提高成果转移转化效率，提升科技服务能力。建立以科技创新力、科技竞争力和科技影响力为主要指标的科研活力指数评价指标体系，形成分类分层次考核评价与激励办法。

此项工作由朱长飞同志负责。

9. 成立国际学院，建设若干全英文授课（研究生）专业，梳理英文课程体系，建立健全留学生培养方案和学位标准。推动院系积极参与，加强留学生招生与管理，组织召开留学生招生与培养工作会议。推出杰出后备人才支持计划，拓展学生出国交流计划，建立更多学生出国交流的渠道和品牌项目。加强对各类国际师资项目的统一规范管理和薪酬发放；完善青年科研骨干出境科研交流管理办法，鼓励青年教师出国交流。

此项工作由潘建伟同志负责。

10. 推进“十三五”科教基础设施规划项目立项等前期工作；加快“十二五”规划项目建设，中校区学生宿舍楼、学生生活服务中心、动力保障站房年底竣工验收，物质科学教研楼年底基本完成内外装饰及安装，综合体育中心年内完成基础及地下室施工，生命科学楼扩建年底完成主体结构及部分装饰安装，西区特种实验楼临时改造用房暑期完工、新楼 9 月开工建设，人才周转公寓争取年底完成基础及地下室施工。深化后勤综合改革，持续提升后勤保障服务水平。

此项工作由周先意同志负责。

11. 建立符合我校实际的综合安全管理体系，加强科研安全生产管理、校园交通智能化管理，推进校园监控全覆盖建设，做好校园环境综合整治，提升园区整体环境质量。完成校内主要应用系统的统一身份认证接入，加强“共享数据中心”建设，优化和完善一卡通系统及应用。做好公共平台建设和开放运行工作，推进大型科研设施与仪器开放共享在线服务平台建设。

此项工作由王晓平同志负责。

12. 推进预算绩效评价，建设经济合同管理和服务一体化平台，推动经济活动内控体系的建设与完善。完善各项财务制度，抓好审计及巡视结果的整改，规范各项经费的使用和管理，全力推进“十三五”财务信息化建设工作。

此项工作由黄素芳同志负责。

13. 继续推进廉洁从业风险防控工作，完善防控措施，提高防控实效。加强内部审计工作，实现科研经济业务真实性合法性审计“双覆盖”。

此项工作由叶向东同志负责。

中国科学院关于包信和、万立骏职务任免的通知

（科发人任字〔2017〕48 号）

中国科学技术大学：

根据国务院《关于包信和、万立骏职务任免的通知》（国人字〔2017〕93 号），包信和任中国科学技术大学校长（副部长级）；免去万立骏的中国科学技术大学校长职务。

中国科学院

2017 年 6 月 26 日

关于学校领导班子成员工作分工的通知

（党字〔2017〕110号）

各分党委、党总支、直属党支部，各院、系、重点科研机构、直属单位，机关各部、处、室：

经校党委常委会议研究决定，对学校领导班子成员工作分工如下：

党委书记许武：主持并全面领导学校党委工作，负责党的建设、干部工作。分管党委组织部。

校长包信和：主持并全面领导学校行政工作，履行学校法定代表人的职责。负责发展与规划、外事工作，兼任校友总会会长。分管发展和改革办公室、发展规划处、国际合作与交流部（含港澳台办公室）。

常务副校长潘建伟：负责师资队伍建设、量子信息与量子科技创新研究院暨中国科大高新园区总体工作，兼任研究生院院长。分管上海研究院。

党委副书记、纪委书记叶向东：负责纪律检查、统战、监察审计工作，协管党建工作，兼任机关党委书记。主持纪委工作；分管党委统战部、纪委办公室、监察审计处。

副校长陈初升：负责教学、招生就业工作。分管教务处、招生就业处、北京教学与管理部、附属中学。

党委常委、副校长陈晓剑：负责新闻宣传、校地合作工作，兼任党委宣传部部长。分管党政办公室、党委宣传部（新闻中心）、档案馆、博物馆、校史馆。

党委常委、副校长周先意：负责资产、后勤保障与服务、基本建设工作。分管资产与后勤保障处、基本建设处、饮食服务集团、校医院以及后勤保障与服务相关单位。

党委常委、副校长朱长飞：负责科学研究、实验室建设、科技成果转移转化工作，兼任先进技术研究院法人代表。分管科研部、中科大资产经营有限责任公司、出版社。

党委副书记蒋一：负责人事、学生管理、校园文化、团学、工会工作。分管党委教师工作部、人力资源部、学生工作部（处）、团委，协管校友总会；联系工会、教代会、学生会和研究生会。

党委常委、副校长王晓平：负责安全保卫、校园综合治理、物业管理、离退休干部、公共服务体系工作。分管离退休干部工作办公室、保卫与校园管理处、图书馆、网络信息中心、公共实验中心。

总会计师黄素芳：负责财务管理和会计核算、资产登记管理工作。分管财务处。

校长助理杨金龙：协助分管学位与研究生教育工作，主持研究生院、校学位办、科教融合学院日常工作。

特此通知。

中共中国科学技术大学委员会

2017年10月14日

关于校领导联系指导基层单位工作分工的通知

（校办字〔2017〕3 号）

各院、系、重点科研机构、直属单位，机关各部、处、室：

为加强对各基层单位建设的联系与指导，经学校党政联席会议研究决定，深入实施校领导联系指导基层单位工作制度。具体分工如下：

潘建伟：计算机科学与技术学院、上海研究院

叶向东：化学与材料科学学院、环境科学与光电技术学院

陈初升：少年班学院、物理学院

陈晓剑：信息科学技术学院

周先意：管理学院、地球和空间科学学院

朱长飞：核科学技术学院、国家级科研平台、先进技术研究院

蒋　一：人文与社会科学学院、公共事务学院

王晓平：生命科学学院、苏州研究院、软件学院

杨金龙：数学科学学院、工程科学学院

特此通知。

中国科学技术大学

2017 年 1 月 11 日

关于进一步完善我校纪律检查工作体制的通知

（党字〔2017〕1 号）

各分党委、党总支、直属党支部，机关各部、处、室：

党的十八大以来，党中央大力加强全面从严治党，把管党治党提到前所未有的新高度，对各级各类机关的党风廉政建设和反腐败工作提出了新的更高的要求。全国各高等学校均在各级党委的领导下，进一步加强了党风廉政建设和反腐败工作，不断完善纪律检查工作体制机制，大力加强纪律检查工作队伍建设。

为进一步推进我校党的建设，加强学校党风廉政建设和反腐败工作，规范和完善我校纪律检查工作，根据《中国共产党章程》《中国共产党普通高等学校基层组织工作条例》和《教育部直属高等学校党的纪律检查工作暂行规定》等有关法规，进一步理顺和完善我校纪律检查工作体制，结合我校工作实际，现就有关工作通知如下：

一、各分党委、党总支、直属党支部和教工党支部设立分管纪检工作的纪检委员。

二、校纪委设立纪委办公室，与监察审计处合署办公。

三、根据有关要求和工作需要，校纪委办公室下设：党风廉政室、纪律审查室、信访处置室。

特此通知。

中共中国科学技术大学委员会
2017年1月12日

关于进一步规范党费工作的通知

（党组字〔2017〕50号）

各分党委、党总支、直属党支部：

交纳党费是党员应尽的义务，也是党员增强党性观念的基本体现。做好党费工作，是党组织的一项重要内容。根据《中共中央组织部办公厅关于进一步规范党费工作的通知》（组电明字〔2017〕5号）精神，经校党委研究，决定进一步规范党费工作。

一、规范党费收缴工作

1. 基层党组织年初核定党员月交纳党费数额，年内一般不变动。每名党员月交纳党费数额一般不超过1000元，根据自愿可以多交，自愿一次多交1000元以上的，比照交纳大额党费有关规定办理。

2. 自2017年4月起，工资补贴、个人缴纳的住房公积金将不再纳入党费计算基数。

3. 在职教工党员交纳党费标准：计算基数＝岗位工资＋薪级工资＋职务补贴＋税后岗位津贴的50％－调标扣减－预扣养老－医疗保险等险种－工资扣税－个人缴纳的住房公积金。

4. 科研人员党员在促进科技成果转移转化中取得的奖励和报酬，不列入党费计算基数。

5. 硕士研究生、博士研究生党员按学生党员标准交纳党费，每月交纳0.2元。

6. 离退休干部、职工党员交纳党费以基本离退休费或基本养老金为计算基数，不包括津补贴，生活确有困难的，经党支部研究同意，可以少交和免交。

7. 基层党组织可根据流动党员等群体实际情况，探索网上交纳党费的具体办法。各基层组织应结合组织生活会、“主题党日”活动等，由党员自觉、主动、亲自交纳党费，增强交纳党费的仪式感。已经采取网上支付方式交纳党费的，可继续沿用这种网上支付方式。

各支部自2017年4月起参照新标准收取党费。已经多交纳的党费，可计入到下半年交纳的党费中。

二、细化党费使用项目

在遵循党费使用五项基本用途的前提下，以下具体使用项目可以从党费中列支：

1. 教育培训党员和入党积极分子、基层党务工作者所产生的住宿费、伙食费、交通费、师资费、场地费、资料费、门票费、讲解费等。

2. 开展“三会一课”、创先争优，党组织换届以及党内集中学习教育所产生的会议费等。

3. 党内表彰所需费用。

4. 修缮、新建基层党组织活动场所、为活动场所配置必要设施等所产生的相关费用。

5. 编印党员教育培训教材和印制入党志愿书、党员组织关系介绍信、党员证明信、流动党员活动证、党费证、党员档案等所产生的工本费，以及购买党徽党旗等费用。

6. 党费财务管理中发生的购买支票、转账手续费等相关费用。

细化党费使用项目，主要贯彻 3 个原则，一是党费必须用于党的活动，主要作为党员教育经费补充的原则。上述 6 个方面、18 种费用，全部是开展党的活动的相关费用，且主要集中于党员教育培训。二是党费使用向基层倾斜的原则。各基层党组织要在校党委的指导下从留存党费中向党支部划拨一定额度，主要用于订阅党报党刊、开展支部活动等，帮助支部解决开展活动、临时性对党员进行救助没有经费的问题。三是党费使用要精细精准、规范有效的原则。要确保党费用得其所、用出效益，充分发挥党费的政治功能和教育功能。

党费使用具体工作中，主要把握以下 3 个方面：

1. 使用党费要严格履行审批手续，每一笔党费开支必须经过集体讨论决定，不得个人或者少数人说了算。

2. 党费使用项目的开支标准，本着勤俭节约的原则，参照财政部有关规定执行。交通费、住宿费原则上按照一般工作人员标准执行，就低不就高。

3. 上述党费使用项目之外的其他项目以及由此产生的直接、合理的相关费用，可否从党费中列支，由基层党组织根据实际情况集体讨论决定。

特此通知。

中共中国科学技术大学委员会
2017 年 6 月 16 日

关于进一步规范党支部工作的通知

（党组字〔2017〕59 号）

各分党委、党总支、直属党支部，机关各部、处、室：

党支部是党最基本的组织，是教育管理党员的基本单位。推进“两学一做”学习教育常态化制度化，必须把党支部建设作为最重要的基本建设，牢固树立党的一切工作到支部的鲜明导向，充分发挥党支部的凝聚力战斗力创造力。现就进一步规范党支部工作通知如下：

一、规范党支部设置

党支部标准化建设要求，在职教职工党支部一般按院（系）、专业、教研室、部门等教学科研管理实体设置。学生党支部一般按学科专业设置或按年级、班级设置，党员人数规模一般在30人以内。各级党组织要根据要求对所属党支部情况进行梳理，对设置不合理的党支部进行调整，对党员人数少的党支部要进行合并，根据本单位工作实际和工作需要，进一步规范党支部设置。

二、规范党小组设置

党小组是党支部的组成部分，做好党小组工作是做好支部工作的基础。党支部要经常注意加强党小组的工作，切实发挥党小组的作用。各级党组织要对本单位的党小组情况进行梳理，根据党员数量、工作需要和党员分布情况规范设置党小组，便于党员积极有效开展支部组织生活。

三、规范“三会一课”等基本组织生活制度

党支部标准化建设要求，党支部要组织党员按期参加党员大会、党小组会和上党课，定期召开支部委员会会议。支部党员大会一般每季度召开1次，支部委员会一般每月召开1次，党小组会一般每月召开1至2次，每季度上1次党课。各党支部要对2016年以来本支部开展“三会一课”情况进行自查，坚持问题导向，立行立改；各级党组织要加强对所属党支部工作的督促指导，对各支部执行“三会一课”基本组织生活制度情况进行检查，对没有按照标准化要求开展的党支部进行通报，对软弱涣散党支部进行整顿。

各级党组织要高度重视党支部工作，对照《安徽省普通高等学校基层党支部建设标准（试行）》，规范设置党支部，配齐配强党支部班子，严格整顿软弱涣散党支部，加强党员教育管理，规范党内政治生活，规范使用党支部工作手册，做好工作记录，促进党支部建设标准化、规范化。请各级党组织于7月15日前，将调整后的党支部设置情况、党小组设置情况、督促检查党支部执行“三会一课”情况报送党委组织部。

特此通知。

中共中国科学技术大学委员会
2017年7月3日

关于开展中层干部兼职专项清理工作的通知

（党组字〔2017〕62号）

各有关单位：

为进一步贯彻落实《中国科学技术大学中层干部兼职管理办法》（党组字〔2016〕69号）精神，做好巡视整改工作，校党委决定开展中层干部兼职专项清理工作，现就相关事宜通知如下：

一、做好中层干部现有兼职的规范和清理工作

中层干部经批准可兼任与本单位或本人科研教学领域相关的社会团体、基金会等职务，兼职数量一般不超过3个；在高水平学术期刊(影响因子位于本领域期刊的前列，下同)担任编委或在国际学术组织兼职的，兼职数量可根据实际情况适当放宽。

中层干部经批准可在主营业务涉及国家安全、国防军工的学校或本单位出资企业兼职；经批准也可在学校或本单位出资的其他企业或参与合作举办的民办非企业单位兼职，兼职数量一般不超过3个。

中层干部应对本人目前所有的兼职情况进行梳理，对照《中国科学技术大学中层干部兼职管理办法》相关要求明确继续保留的兼职或拟清退的兼职。尚未报备的应尽快填写《中层干部兼职审批表》(见附件)，于7月20日前报校党委组织部登记备案。

二、规范中层干部科技成果转化激励管理

中层干部兼职及因科技成果转化获取奖励、股权激励等情况，应公开透明并以适当方式进行公示，并在个人有关事项报告和年度述职报告中予以说明。获得股权激励的领导人员不得利用职权为所持股权的企业谋取利益。

根据干部管理规定，中层干部不得现金投资经商办企业，如有此类情况，应立即予以清退。

三、相关要求

中层干部应认真学习领会中央有关政策及《中国科学技术大学中层干部兼职管理办法》的相关要求，并严格按照规定执行，如实报告兼职、经商办企业等情况，按照本通知要求做好清退和规范工作。对于瞒报、漏报等情况视同违规处理。

联系人：党委组织部　李　婧

E-mail：zzb@ustc.edu.cn

联系电话：63602232

特此通知。

附件：中层干部兼职审批表

中共中国科学技术大学委员会

2017年7月3日

附件

中层干部兼职审批表

<table>
<tr><td>姓名</td><td></td><td>出生年月</td><td></td><td>政治面貌</td><td></td></tr>
<tr><td>所在单位</td><td colspan="5"></td></tr>
<tr><td>现任职务</td><td colspan="2"></td><td>任现职务
起始时间</td><td colspan="2"></td></tr>
<tr><td>分管工作</td><td colspan="5"></td></tr>
<tr><td colspan="6">目前兼职情况</td></tr>
<tr><td>机构名称</td><td>兼任职务</td><td colspan="2">兼职起止时间</td><td colspan="2">备注</td></tr>
<tr><td></td><td></td><td colspan="2"></td><td colspan="2"></td></tr>
<tr><td></td><td></td><td colspan="2"></td><td colspan="2"></td></tr>
<tr><td></td><td></td><td colspan="2"></td><td colspan="2"></td></tr>
<tr><td></td><td></td><td colspan="2"></td><td colspan="2"></td></tr>
<tr><td></td><td></td><td colspan="2"></td><td colspan="2"></td></tr>
<tr><td></td><td></td><td colspan="2"></td><td colspan="2"></td></tr>
<tr><td></td><td></td><td colspan="2"></td><td colspan="2"></td></tr>
<tr><td></td><td></td><td colspan="2"></td><td colspan="2"></td></tr>
<tr><td></td><td></td><td colspan="2"></td><td colspan="2"></td></tr>
<tr><td>拟兼职机构名称</td><td colspan="5"></td></tr>
<tr><td>兼职机构性质</td><td colspan="5">社会团体[ ]　基金会[ ]　企业[ ]　民办非企业单位[ ]
学术期刊[ ]　国际组织[ ]</td></tr>
<tr><td>申报兼任职务</td><td colspan="5"></td></tr>
<tr><td>该人员是否兼任
机构法定代表人</td><td colspan="5">是[ ]　否[ ]</td></tr>
<tr><td>兼职任期情况</td><td colspan="5">首次兼任[ ]　换届连任[ ]</td></tr>
</table>

续表

兼任职务主要职责	
本人意见	本人承诺:以上信息真实有效,兼职期间,不在兼职单位领取任何薪酬。 本人签字: 年 月 日
兼职机构意见	负责人签字: 年 月 日 单位盖章 年 月 日
所在单位意见	负责人签字: 年 月 日 单位盖章 年 月 日
审批部门意见	单位盖章 年 月 日
说明	本表一式三份:领导人员、领导人员所在单位、党委组织部各一份。 “兼职机构意见”栏也可不填写,由兼职机构出具的相关意见代替。

关于进一步加强基层党组织建设的通知

（党组字〔2017〕104 号）

各分党委、党总支、直属党支部，机关各部、处、室：

党的基层组织是党全部工作和战斗力的基础，是团结带领群众贯彻党的理论和路线方针政策、落实党的任务的战斗堡垒。为进一步提高新形势下基层党建工作科学化水平，充分发挥基层党组织的战斗堡垒作用，根据中央巡视反馈意见，现就进一步加强基层党组织建设有关工作通知如下：

一、 加强院级党组织建设

（一）强化院级党组织的政治核心作用

院级党组织要把学习贯彻好习近平总书记系列重要讲话精神和治国理政新理念新思想新战略作为首要任务，不断增强“四个意识”，坚决维护以习近平同志为核心的党中央权威和集中统一领导；建立党政联席会议制度，完善理论中心组学习制度，建立决策议事机制，定期对学院党建工作进行研究部署，主要议事范围包括：

1. 保证监督党和国家的方针政策及学校各项决定在本单位贯彻执行的具体措施；

2. 党建工作的总体规划、实施方案，年度、学期工作计划和总结；

3. 党组织设置与党组织的思想建设、组织建设、作风建设和制度建设的规划与举措；

4. 意识形态领域重要问题和工作举措；

5. 发展党员计划、入党积极分子培训，党员教育、管理、监督、服务以及党员奖惩等方面的重要事项；

6. 教职工思想政治教育、党风廉政建设；

7. 本单位学生教育和管理工作中的重要问题；

8. 本单位工会、教代会、共青团、学生会等工作中的重要事项；

9. 本单位改革、发展中的重大问题，涉及国家安全、保密、稳定等工作的重要事项以及重大突发性事件的处理；

10. 本单位党组织职责范围内的其他重要事项。

（二）配强专职党务队伍

1. 选优配强院级党组织书记。院级党组织书记、副书记应选拔最优秀的同志担任，双肩挑干部与专职管理型干部保持合理结构。

2. 配备专职党务秘书（组织员）。承担教学科研任务的院级党组织应根据党员人数配备 1～2 名专职党务秘书（组织员）；其他院级党组织应配备相对固定的党务秘书（组织员）。工作表现优秀的党务思政工作者，可选拔为副处级组织员。副处级组织员由校党委在全校基层党组织根据工作需要统筹调配。

3. 院级党组织专职副书记、副处级组织员配置，由校党委根据班子结构、教职工和全日制学生数量、专职党务思政队伍人数统筹确定。

二、加强党支部建设

(一) 加强党支部班子建设

选优配强党支部书记，将党支部书记作为管理干部的重要来源。党支部班子要定期研究党支部工作，院级党组织要加强对党支部工作的检查和考核。

(二) 规范党支部设置

按照有利于党员参加活动、有利于组织发挥作用的原则合理设置党支部，根据工作需要，对党员人数较多的党支部设置党小组。每个学生党支部必须指定 1 名教师党员为联系人，加强对学生党支部工作的指导检查。

三、条件保障

(一) 设立党建专项经费

加大对院级党组织党建经费的支持力度，支持各院级党组织积极推进党建工作、抓实党务培训、加强党员学习教育、开展主题党日活动等。校党委根据各院级党组织党员人数，按照教工党员 600 元/(人·年)，学生党员 300 元/(人·年)的标准设立党建专项经费，由各院级党组织自主统筹规范使用。

(二) 加强对教工党支部的考核激励

为促进党支部建设，抓实党支部各项工作，校党委将教工党支部工作纳入学校绩效考核。每年年底，根据院级党组织党建考核情况，校党委核定各院级党组织党建绩效考核总量，由院级党组织根据教工党支部考核情况具体实施。

各级党组织要在每年年底的党建述职评议中对党建经费使用情况进行报告，对全体党员公开，确保党建经费用在实处，取得实效。

特此通知。

中共中国科学技术大学委员会
2017 年 7 月 27 日

关于严格落实基层党组织党内政治生活制度的通知

(党组字〔2017〕85 号)

各分党委、党总支、直属党支部，机关各部、处、室：

党内政治生活是党组织教育管理党员和党员进行党性锻炼的主要平台。党要管党、从严治党必须从党内政治生活管起、严起。为深入贯彻落实党的十八届六中全会精神，推动全面从严治党延伸到基层，落实到每个支部和每位党员，根据《中国共产党党章》《关于新形势下党内政治生活的若干准则》《中国共产党党内监督条例》等有关规定，现就进一步严格落实基层党组织党内政治生活制度通知如下：

一、加强组织领导，突出政治性。各级党组织要旗帜鲜明地讲政治，牢固树立政治意识、大局意识、核心意识、看齐意识，自觉在思想上政治上行动上同以习近平同志为核心的党中央保持高度一致;以《中国共产党章程》和《关于新形势下党内政治生活的若干准则》为基本遵循,严格执行党内政治生活制度,促进党内政治生活全面加强和规范,增强党的先进性和纯洁性,营造风清气正的政治生态,打造良好的育人环境,为创建世界一流大学提供坚强的组织保证。各级党组织要把严格基层党内政治生活制度作为落实管党治党责任的重要任务和基础性工作,纳入党建工作责任制,明确分工,落实责任,抓紧抓好。

二、坚持以上率下,突出示范性。严格落实党内政治生活制度,要从党员领导干部严起,充分发挥党员领导干部示范带头作用。各级党员领导干部要认真执行党内政治生活各项制度,带头参加理论学习,带头参加组织生活,带头开展批评与自我批评,带头为党员上党课,带头接受群众监督,带头谈心谈话,切实增强自律意识、标杆意识、表率意识。

三、严格日常管理,突出规范性。每周三 16:00 后不排课,可用于安排党员集中政治理论学习或师生组织其他集体活动。各级党组织要认真贯彻落实《中共中国科学技术大学委员会关于推进"两学一做"学习教育常态化制度化实施方案》,对照基层党组织标准化建设要求,认真执行党内政治理论学习、"三会一课"、民主生活会和组织生活会、民主评议党员、主题党日、领导干部双重组织生活等组织生活制度,着力解决党的组织生活不经常、不规范、不严肃、随意化、庸俗化、平淡化等问题,把每个党支部、每名党员管起来,使党的组织生活真正严起来、实起来、规范起来,增强党自我净化、自我完善、自我革新、自我提高能力。

四、强化指导督查,突出实效性。各级党组织要选优配强基层党组织书记,确保党的组织生活有人抓、有人管;健全基层党组织按期换届提醒督促机制,指导基层党组织按期换届,建设具有活力、凝聚力的党组织,为严格执行党的组织生活制度提供组织保障;加强对所属基层党组织执行党内政治生活制度的检查指导,坚持问题导向,解决实际问题,层层落实责任,强化督查问责,保证党的组织生活正常开展,确保党的组织生活全覆盖、起作用、有实效。

特此通知。

中共中国科学技术大学委员会
2017 年 7 月 25 日

关于进一步加强党委理论学习中心组外请报告工作管理的通知

(党宣字〔2017〕17 号)

各分党委、党总支、直属党支部:

党委理论学习中心组是加强领导干部思想政治建设的重要平台,是意识形态建设的重要阵地,全校各级党委要把讲政治、顾大局、守纪律作为党委理论学习中心组学习的第一位要求,严格管理,从严治学,防止出现错误倾向和错误言论,确保正确政治方向。为认真落实党委意识形态工作责任制，切实加强党委理论学习中心组外请报告工作管理，根据上级有关规定，现就有关事项通知如下：

一、明确责任。各级党委对本单位理论学习中心组学习负主体责任，党委书记是第一责任人，党委书记要亲自审定学习主题和内容，亲自把关外请报告有关安排，亲自处置出现的有关问题。党委分管宣传思想工作的负责人是直接责任人，要协助做好组织协调工作。有关部门要按照各自职责，相互配合，做好学习服务工作。

二、认真核查。举办报告会前，党委理论学习中心组承办部门要对拟邀请报告人的思想理论水平和政治倾向进行认真核查，明确告知政治纪律和政治规矩，并就报告主题、内容、方式等进行充分沟通，达成一致。沟通达不成一致的，不得邀请；对报告人思想政治状况不清楚或者有疑虑的，不得邀请。

三、报批程序。核查结束后，党委理论学习中心组承办部门将拟邀请报告人情况、报告主要内容等书面向党委报告，经党委书记审签后，方可邀请。

四、报备制度。确定邀请后，党委理论学习中心组要按照有关规定，提前3个工作日将报告会有关情况报上级党委宣传部门备案。党委宣传部门在备案审查过程中发现问题的，要第一时间通知调整或取消报告会。

五、现场把关。报告过程中，报告人一旦出现违反政治纪律和政治规矩的错误观点、错误倾向，党委书记或主持人应旗帜鲜明表明态度，立即予以制止，对错误观点和错误倾向进行批驳，以肃清不良影响，并第一时间将有关情况报告上级党委宣传部门。

六、规范宣传。党委宣传部门及有关党组织要对宣传内容进行认真审查，确保舆论导向正确。未经批准擅自举办或报告内容违反党的理论、路线和方针政策的，一律不得报道。

七、责任追究。对党委理论学习中心组外请报告工作管理不力、出现错误观点和错误倾向、造成不良影响的，按照有关党纪党规，严肃追责问责。

八、严格考核。全校各级党委要把理论学习中心组学习纳入意识形态工作责任制，纳入党建工作责任制，加强对理论学习中心组集体学习和中心组成员个人自学的考核。校党委宣传部会同党委组织部，加强对分党委、党总支、直属党支部中心组学习的督查和指导，每年通报一次学习情况。

特此通知。

中共中国科学技术大学委员会
2017年3月3日

关于及时报送党委理论学习中心组学习计划等事项的通知

（党字〔2017〕16号）

各分党委、党总支、直属党支部：

党委理论学习中心组是加强领导干部思想政治建设的重要平台，是意识形态建设的重要阵地。为进一步推进我校党委理论学习中心组学习制度化、规范化，切实提高领导干部理论水平与工作能力，加强领导班子思想政治建设，根据《中共中国科学技术大学委员会关于进一步加强和改进党委中心组学习的意见》（党字〔2016〕19 号）和《中国科学技术大学党委理论学习中心组学习实施细则》（党字〔2017〕11 号）等精神，现将有关事项通知如下：

1. 各分党委、党总支、直属党支部要把理论学习中心组学习列入重要议事日程，纳入党建工作责任制，纳入意识形态工作责任制，理论学习中心组学习要把讲政治、顾大局、守纪律作为第一位要求，严格管理，从严治学。

2. 各分党委、党总支、直属党支部对本级理论学习中心组学习负主体责任，要结合自身实际，成立理论学习中心组，制订年度理论学习中心组学习计划，撰写年度理论学习中心组学习情况总结。学习计划、学校情况总结经分党委（总支、直属支部）书记审定后，报校党委宣传部备案（联系人：汪银生，电话：0551-63602240，E-mail：wys@ustc.edu.cn）。年度学习计划应在每年第一季度内报送，年度学习情况总结应在寒假前报送。

3. 按照中央和学校有关文件精神，分党委、党总支、直属党支部理论学习中心组集体学习研讨每季度至少一次，全年至少四次。尚未按要求开展集体学习研讨的党委理论学习中心组，应尽快组织学习。学习结束后，应及时将学习情况报校党委宣传部备案。

4. 理论学习中心组学习邀请校外专家讲课、作辅导报告等，须严格遵守学校关于外请专家审批管理办法的有关规定。

5. 按照党委理论学习中心组学习管理有关规定，理论学习中心组成员在学习过程中应做好学习笔记。理论学习中心组集中学习实行考勤制度。理论学习中心组成员必须按时参加学习，原则上不准请假，确有原因不能参加集中学习的，应当向组长请假，事后自学补课。

6. 党委理论学习中心组秘书应当做好各项会议记录，认真做好理论学习中心组学习资料（包括议程、签到表、会议记录等）的收集、整理和归档工作。

特此通知。

中共中国科学技术大学委员会
2017 年 3 月 3 日

关于进一步加强校园微博微信备案工作的通知

（党宣字〔2017〕68 号）

各分党委、党总支、直属党支部，机关各部、处、室：

为规范和加强我校各级官方微博、微信平台的建设与管理，根据中央有关文件和《中国科学技术大学党委意识形态工作责任制实施细则》《中国科学技术大学党委网络意识形态工作责任制实施办法》《中国科学技术大学加强微博微信管理工作实施办法（试行）》等精神，学校经研究，决定进一步加强我校各级官方微博、微信公众号的备案工作。现将有关事项通知如下：

一、各院（系）、科研机构、机关部处室、直属单位，学校各级党（团）组织、学生会、研究生会、学生社团、教师社团等组织所属的校园微博、微信平台，均需填写《中国科学技术大学新媒体备案申请表》，并交党委宣传部、党政办公室备案。本通知发布时，尚未在党委宣传部、党政办公室备案的校园微博微信平台，需补充填报备案表，并于 2017 年 7 月 15 日前交至党委宣传部、党政办公室。

二、根据“谁主办、谁负责”和分级管理原则，各级微博、微信《备案申请表》须由主办单位党政主要负责人审批并签字同意。各级微博、微信平台主办单位分类如下：中国科学技术大学官方微博、微信为一级平台，由校党委宣传部负责运营管理；各学院、科研机构、机关部处室和直属单位建立运营的微博、微信为二级平台，由各主办单位负责办理备案手续及管理；各级团学组织、学生会、研究生会、学生社团、教师社团建立运营的微博、微信为三级平台，其中校级团学组织、学生会、研究生会、校级学生社团的微博、微信由校团委负责办理备案手续及管理，院级团学组织、学生会、研究生会的微博、微信由所在学院负责办理备案手续及管理，教师社团的微博、微信由校工会负责办理备案手续及管理。

三、截至 2017 年 7 月 15 日，未完成在党委宣传部、党政办公室备案，名称中使用中国科学技术大学注册商标的校园微博、微信，均无权继续使用中国科学技术大学注册商标，应予以关闭或更名。

四、学校师生员工以个人名义建立、未经过学校审批，名称中使用学校注册商标名称的微博、微信平台，纳入创建人所在单位管理，所在单位对此类个人平台负有监督责任，且创建者和运营者本人对所发信息负全部责任。

特此通知。

附件：中国科学技术大学新媒体备案申请表

中共中国科学技术大学委员会
2017 年 7 月 6 日

附件

中国科学技术大学新媒体备案申请表

<table>
<tr><td>新媒体中文名称</td><td colspan="3"></td></tr>
<tr><td rowspan="3">新媒体
运营平台</td><td>□新浪微博</td><td>□腾讯微博</td><td>□QQ 公共平台</td></tr>
<tr><td>□微信订阅号</td><td>□微信服务号</td><td>□微信企业号</td></tr>
<tr><td colspan="3">其他：</td></tr>
<tr><td>账号 ID
(微信需填写 CorpID)</td><td colspan="3"></td></tr>
<tr><td>申请单位</td><td colspan="3"></td></tr>
<tr><td>具体管理人</td><td></td><td>工资号</td><td></td></tr>
<tr><td>手　　机</td><td></td><td>校内邮箱</td><td></td></tr>
<tr><td>单位负责人
意见</td><td colspan="3">签字：
年　　月　　日</td></tr>
<tr><td>党委宣传部
意见</td><td colspan="3">签字：
年　　月　　日</td></tr>
</table>

注：1. 申请单位具体管理人和负责人必须均为本校在职教工；
2. 此表一式三份，申请单位、党委宣传部、党政办公室各存一份。

关于建立健全意识形态工作部门会商应急联动机制的通知

（党宣字〔2017〕70 号）

各分党委、党总支、直属党支部，机关各部、处、室：

为进一步加强和改进意识形态工作，牢牢掌握意识形态工作的领导权和主动权，巩固我校意识形态领域平稳有序的工作态势，营造广大师生员工齐心协力创建世界一流大学的良好氛围，根据中央巡视整改要求和《中国科学技术大学党委意识形态工作责任制实施细则》《中国科学技术大学党委网络意识形态工作责任制实施办法》等精神，学校经研究，决定建立健全我校意识形态工作部门会商应急联动机制。

一、各级党组织领导班子对本单位意识形态工作负主体责任。党委书记（党总支书记、直属党支部书记，下同）是第一责任人，党委分管领导是直接责任人，党委其他成员按照“一岗双责”要求对职责范围内的意识形态工作负领导责任。

各级党组织要把意识形态工作作为党的建设的重要内容，纳入重要议事日程，纳入党建工作责任制，纳入领导班子、领导干部目标管理，与教学、科研、管理等各项工作紧密结合，共同部署、共同落实、共同检查、共同考核。

二、各级党组织每半年向上级党委专题汇报一次意识形态工作。本单位如发生意识形态方面的问题，要敢抓敢管、敢于亮剑，及时有效应对，并立即向校党委宣传部报告。

三、校党委宣传部作为学校主管意识形态工作的综合职能部门，在校党委统一领导下，履行指导、组织、协调、督查和抓好落实的职责。校纪委要把落实中央、安徽省委、中国科学院党组和校党委关于意识形态工作决策部署的情况，纳入执行党的纪律尤其是政治纪律和政治规矩的监督检查范围。校党委组织部要把意识形态工作纳入干部考核，作为评价使用和奖惩的重要依据。党政办公室、学生工作部、人力资源部、保卫与校园管理处、团委等有关单位和部门，要认真做好职责范围内的意识形态工作。

四、校党委宣传部、纪委、组织部、党政办、学工部、人力资源部、保卫与校园管理处、团委等部门，要及时学习贯彻中央和上级关于意识形态工作的决策部署及指示精神，加强工作交流沟通，分析研判意识形态领域的情况，对重要事件、重要情况中的倾向性、苗头性问题，及时提出工作建议和措施。上述部门每年至少会商联动四次（每学期开始和结束各一次）；如有紧急情况，随时会商应对，并立即向校意识形态工作领导小组报告。

五、学校教职工发生意识形态方面问题需要给予党纪或行政处分的，党纪处分由校纪委牵头处理，行政处分由人力资源部牵头处理，党委宣传部、组织部、保卫与校园管理处等有关部门配合。学生发生意识形态方面问题需要给予处分的，由学生工作部牵头处理，党委宣传部、组织部、保卫与校园管理处等有关部门配合。

特此通知。

中共中国科学技术大学委员会

2017 年 7 月 14 日

关于进一步加强校党委常委联系学院、国家(重点)实验室、研究院意识形态工作的通知

(党宣字〔2017〕100 号)

各分党委、党总支、直属党支部：

为进一步加强和改进意识形态工作，落实党管意识形态原则，牢牢掌握意识形态工作的领导权和主动权，巩固马克思主义在意识形态领域的指导地位，进一步明确党委领导班子意识形态工作责任，充分发挥党委的领导核心作用，转变作风、加强同基层和广大师生的联系，现将校党委常委联系学院、国家(重点)实验室、研究院意识形态工作有关安排和要求通知如下：

一、党委常委联系工作内容

(一) 指导学习。指导学院、国家(重点)实验室、研究院及时学习传达习近平总书记重要讲话精神和治国理政新理念新思想新战略，传达中央和上级有关意识形态工作的指示精神，传达学校意识形态工作要求与安排，指导二级党组织理论学习中心组开展有关意识形态工作责任制文件精神、新动态新成果的学习。

(二) 调查研究。深入学院、国家(重点)实验室、研究院开展调查研究，了解师生员工的思想动态，听取广大师生对学校意识形态工作的意见和建议。

(三) 指导工作。督促和指导学院、国家(重点)实验室、研究院党委严格落实意识形态主体责任，督促分党委书记(党总支书记、直属党支部书记，下同)履行好第一责任人的职责，分党委分管领导是直接责任人，分党委其他成员根据工作分工，按照“一岗双责”要求，抓好分管部门意识形态工作。

(四) 解决问题。协调各有关职能部门解决学院、国家(重点)实验室、研究院意识形态工作中存在的困难和问题，为学院、国家(重点)实验室、研究院的创新发展营造风清气正的良好氛围。

二、联系分工安排

校党委书记许武：联系物理学院；

校党委副书记、纪委书记叶向东：联系化学与材料科学学院、工程科学学院；

党委常委、副校长陈晓剑：联系数学科学学院、信息科学技术学院、计算机科学与技术学院；

党委常委、副校长周先意：联系管理学院、地球和空间科学学院；

党委常委、副校长朱长飞：联系国家同步辐射实验室、合肥微尺度物质科学国家实验室、火灾科学国家重点实验室、先进技术研究院；

党委副书记蒋一：联系少年班学院、人文与社会科学学院(马克思主义学院)、公共事务学院；

党委常委、副校长王晓平：联系生命科学学院、苏州研究院、软件学院、上海研究院。

三、联系工作方式

（一）每学期到所联系的学院、国家（重点）实验室、研究院开展意识形态工作调研指导不少于1次；每学期到课堂听课不少于2个学时，进学生公寓不少于2次。

（二）每次到学院、国家（重点）实验室、研究院尽可能到一线教师中间，召开座谈会或个别交流，与广大师生交朋友，及时掌握思想动态，听取师生的意见和建议。

（三）校党委常委的联系工作不代替学院、国家（重点）实验室、研究院班子决策和处理意识形态工作具体事务，不干预学院、国家（重点）实验室、研究院意识形态日常工作安排。

（四）学院、国家（重点）实验室、研究院要在每次校党委常委调研指导后1周内，将有关情况向党委宣传部报告，党委宣传部适时反馈给校领导，便于及时提醒和督促。

特此通知。

中共中国科学技术大学委员会
2017年8月16日

中国科学技术大学关于进一步加强人才引进中政审工作的意见

（校人字〔2017〕172号）

各有关单位：

为加强人才引进中的政审工作，切实提高人才队伍思想政治素质，根据教育部《关于进一步加强和规范高校人才引进工作的若干意见》（教人厅〔2013〕7号）和中共中央、国务院《关于加强和改进新形势下高校思想政治工作的意见》（中发〔2016〕31号）精神，现就进一步加强我校人才引进中的政审工作提出如下意见：

一、提高思想认识，高度重视人才引进政审工作

引进人才的政治立场、政治方向、师德师风、学术道德等关系到立德树人的成效，对学生的世界观、人生观、价值观有着直接的影响。各单位要充分认识引进人才思想政治工作的重要性，加强引进人才的政审工作，提高引进人才的思想政治素质，保障世界一流大学建设顺利进行。要采取有力措施，建立完善工作机制，实行责任追究制，严格把好人才引进政审关。

二、明确工作职责，建立工作协调联动机制

坚持“党管人才”的原则，建立以用人单位党委书记为第一责任人的人才引进政审工作机制。规范引才审核工作，明确责任主体、工作规则和审核程序，认真做好政审工作。

用人单位负责对拟引进人才进行初步审查、考察、评价等工作，利用多种渠道了解、掌握被引进人才的思想政治表现，提出政审意见，把好引进人才政审工作的第一关；学校人力资源部负责对用人单位提交的拟引进人才政审意见进行复核；学校相关部门要按照各自的工作职责，做好政审的配合与协调工作。

三、规范内容，切实做好人才引进政审工作

用人单位要通过外调、函调、阅档、面谈、函电等方式全方位核准核实拟引进人才的教育背景、工作经历、任职资格、师德师风、学术业绩、学术道德、政治方向、政治立场和遵纪守法等方面信息，确保信息真实性，防止弄虚作假。

要重点了解拟引进人才对党的路线、方针、政策的认识，主要考察其是否拥护和认真贯彻党的路线、方针、政策；了解政治历史情况和在重大政治事件中的表现；了解入职前无犯罪记录和无不良诚信记录情况；了解直系亲属和与本人关系密切的主要社会关系的政治情况及其对本人的影响；是否曾散布带有政治性错误的言论；是否撰写、编著、发表、出版带有政治性错误的文章、著作；是否参与过邪教组织或者进行过活动；是否参加过有害功法组织或者进行过活动；是否参与过黄赌毒、封建迷信等一些不道德及违法违纪行为。

用人单位根据核实情况，提出政审意见。政审意见作为是否引进的重要依据。对政审中存在的问题实行一票否决制。

四、建立责任追究制，确保引进人才素质过硬

用人单位要严格按规定程序和要求，认真做好人才引进政审工作，因政审工作把关不严，导致有问题的人才被引进并造成不良后果的，将追究用人单位的责任，并由用人单位负责做好教育转化和防范控制等后续工作。

中国科学技术大学
2017 年 9 月 17 日

中国科学技术大学关于进一步提高博士研究生国家助学金资助标准的通知

（校研字〔2017〕44 号）

各院、系、重点科研机构、直属单位，机关各部、处、室：

为进一步支持博士生培养工作，调动青年高端人才积极性，根据《财政部　教育部关于进一步提高博士研究生国家助学金资助标准的通知》（财科教〔2017〕5 号）精神，学校经研究，决定提高我校全国研究生招生计划内的全日制博士生（有固定工资收入的除外）国家助学金资助标准：从每生每年 12000 元提高到 15000 元，该标准从 2017 年 3 月起执行。

特此通知。

中国科学技术大学
2017 年 3 月 28 日

关于进一步重申严格执行公务卡结算管理制度的通知

（校财字〔2017〕67 号）

各院、系、重点科研机构、直属单位，机关各部、处、室：

根据《党政机关厉行节约反对浪费条例》（中发〔2013〕13 号），财政部、中国人民银行《关于加快推进公务卡制度改革的通知》（财库〔2012〕132 号），财政部、科技部《关于中央财政科研项目使用公务卡结算有关事项的通知》（财库〔2015〕245 号）以及《中国科学技术大学公务卡结算管理暂行办法》（校财字〔2016〕58 号）等相关制度要求，学校于 2016 年 6 月已全面实施公务卡结算管理，截至目前，我校公务卡使用工作推进缓慢，应使用而未使用公务卡结算的情况仍然存在。为切实将公务卡结算管理制度落到实处，根据中央第四巡视组的要求，学校将对公务卡结算管理工作不到位的情况进行整改，进一步重申必须严格执行公务卡结算管理制度，现将有关事项通知如下：

一、充分认识公务卡结算管理的重要意义

推行公务卡结算，是深化完善国库集中支付、健全现代财政国库制度的重要举措，对于提高资金使用的透明度、规范管理和加强监督等具有重要意义。推行科研项目经费使用公务卡结算，不仅可以有效提高科研支出的透明度，加强科研项目经费管理，提高资金使用效益，而且可以方便项目承担单位用款，减少现金提取和使用，进一步提高财务管理水平。

二、符合办卡条件的人员应尽快办理公务卡

凡是我校在职在编人员和参与科研项目 1 年以上并负责科研经费支出报销业务的项目聘用人员，都可以申请办理公务卡。需要了解或咨询公务卡办理流程和手续的，请与财务处信息办公室联系（联系电话：63602359，联系人：徐颖、刘军）。

三、严格执行公务卡的结算范围和要求

1. 公务卡结算范围严格按照财政部《关于实施中央预算单位公务卡强制结算目录的通知》（财库〔2011〕160 号）以及财政部、科技部《关于中央财政科研项目使用公务卡结算有关事项的通知》（财库〔2015〕245 号）规定执行。具体包括：办公费、印刷费、咨询费、手续费、水电费、邮电费、物业管理费、差旅费、维修（护）费、租赁费、会议费、培训费、公务接待费、专用材料费、公务用车运行维护费、其他交通费用等 16 类。

2. 凡目录中规定的公务支出项目，应按规定使用公务卡结算，不得使用现金结算。符合银行转账方式结算的，可使用银行转账方式结算。

3. 下列情况可暂不使用公务卡结算：

（1）在县级以下（不包括县级）地区发生的公务支出；

（2）在县级及县级以上地区不具备刷卡条件的场所发生的单笔消费在 200 元以下的公务支出；

（3）按规定支付给个人的支出；

（4）签证费、快递费、过桥过路费、出租车费用等目前只能使用现金结算的支出。

四、加强公务卡管理有效防范风险

公务卡持卡人应按照财政部《中央预算单位公务卡管理暂行办法》(财库〔2007〕63号)有关规定使用和管理所持有的公务卡。使用公务卡所发生的各项公务性支出,经办人必须在发生消费次日至透支免息期到期日7个工作日前将报销凭据提交财务部门办理报账手续。若不能及时报销还款的,持卡人须自行主动还款。因报销不及时,影响还款所形成的利息、罚息、滞纳金以及对个人资信造成的不良影响,由持卡人个人承担。

五、切实将公务卡结算管理制度落到实处

1. 凡工作中涉及公务卡结算业务,且目前尚未办理公务卡的人员,应于2017年5月31日前办好公务卡。需要办理公务卡的人员,请于5月5日前将办卡申请材料通过本单位负责此项工作的专职人员集中提交财务处,由财务处集中报送办卡银行审核办理。

2. 学校从2017年6月1日起,对于属于公务卡强制结算目录范围内的业务支出,应使用而未使用公务卡结算的,财务处将一律不予报销。

3. 各单位主要负责人是推进公务卡使用的责任人。对本单位不按规定使用公务卡结算的业务负有监督管理责任。对于应使用而未使用公务卡结算的业务,如有特殊情况,必须提交书面情况说明,经单位主要负责人签批同意后,方可报销。业务经办人和审批人应承担未执行公务卡结算管理制度的相关责任。

特此通知。

中国科学技术大学
2017年4月24日

关于进一步明确和规范财务报销有关事项的通知

(校财字〔2017〕171号)

各院、系、重点科研机构、直属单位,机关各部、处、室:

为进一步规范财务报销业务,完善财务报销手续,加强内部控制管理,提高办事效率,现将财务报销业务处理的有关事项进一步明确如下:

一、国内公务出差超标准乘坐交通工具和住宿的报销处理

出差人员应当按规定等级乘坐交通工具。到出差目的地有多种交通工具可选择时,出差人员在不影响公务、确保安全的前提下,应当选乘经济便捷的交通工具。未按规定等级乘坐交通工具的,出差人员需提供官网相应等级标准的价格截图,财务按相应等级价格标准报销,超出部分直接扣减。

出差人员应当按规定等级标准住宿,未按规定等级标准住宿的,财务按相应等级的住宿定额标准报销,超出部分直接扣减。

对于参加其他单位举办的会议和培训发生的差旅费,举办方统一安排住宿且费用自理的,凭举办方出具的有效证明,据实报销住宿费。

二、公务接待超标准、超范围费用的报销处理

学校严格执行中央八项规定，严格控制公务接待费支出。接待单位应严格控制接待范围和接待规模，不得报销或支付应由个人负担的费用，对于发生的超标准接待支出，财务按规定的标准报销，超出部分直接扣减。对于按规定不得在公务接待中列支的费用，财务审核时直接剔除，不予报销。

三、礼品、校园文化纪念品的报销处理

各单位不得用公款购买礼品，包括校园文化纪念品。凡礼品、纪念品等支出，财务一律不予报销。国家有规定的从其规定。

学校举办科普活动、招生宣传、大学生夏令营等相关活动需要购置宣传服装及用品，按照经济适用的原则购置。

四、市内交通费报销业务的处理

因办理公务发生的市内交通费，应真实有效且具备业务相关性。报销时每张票据均应注明乘车人、起止地点、具体事由；网约车车费报销需提供发票、用车清单、支付记录，并逐一说明具体事由；租赁车费用报销需提供发票、用车明细单（注明用车时间、车型、里程、收费标准、车牌号等信息，并加盖租赁公司公章），并说明具体公务事由。符合签订合同的，应提供用车租赁合同。

五、购置单位价值较大的科研器材不入固定资产的处理

对于购置单位价值较大的科研器材，单位价值和使用年限虽然达到了固定资产的确认标准，但鉴于科研的特殊功能，不能作为固定资产管理，需要作为材料费列支的，报销时项目组需提供情况说明，经项目负责人签字确认后，按材料费予以报销。

六、物资采购业务报销的相关手续

所有设备、材料、办公用品等物资采购业务费用的报销，应按相关制度规定办理物资验收或出入库手续。业务经办人、验收人、审批人必须互不相同，且验收人应为正式在职人员、科研财务助理或长期聘用人员。

七、学生使用公务卡报销的业务处理

学校按照国家有关规定，全面推行公务卡结算制度。对于学生出差以及学生办理的业务报销做如下处理：

1. 学生作为业务经办人，办理单笔金额在 1000 元（含）以下的采购等业务原则上不强制使用公务卡结算。办理 1000 元以上的业务，必须使用公务卡或银行转账方式结算。

2. 允许科研项目（课题）负责人为 1 位参与课题研究 1 年以上的学生（一般为研究生）办理公务卡，承诺该学生持卡期间发生的与公务卡相关的任何问题，由科研项目（课题）负责人承担。学生毕业时必须办理公务卡注销手续后方可离校。

八、办理借款业务的相关规定和要求

因公办理业务借款，借款人必须是我校在职人员，校外人员、学生、临时聘用人员、退休人员等非在职人员不允许办理借款业务。学生本人因公出差、出国确实需要预借款的可以办理。对于超过规定期限未办理借款核销手续的，学校将从借款人工资中一次或分次扣回。（各类暂付款核销期限参见《中国科学技术大学暂付款管理办法》（校财字〔2015〕105 号）。）

九、会议费报销有关定额标准的处理

对于不安排住宿的会议，综合定额按照扣除会议住宿费后的定额标准执行，住宿费不能调剂使用；不安排就餐的会议，综合定额按照扣除伙食费的定额标准执行，伙食费不能调剂使用。

十、财务报销票据的规范和要求

1. 财务报销票据必须合法、合规，内容真实、有效。不合规的票据，不得作为报销凭证，财务人员有权拒绝受理。

2. 严禁虚构经济业务、虚列支出、使用虚假票据套取资金。对同一笔经济业务，严禁蓄意拆分开具票据。

3. 原始票据基本内容应填写规范，内容完整（包括填制日期、经济业务内容、计量单位、数量、单价、金额和填制人），并加盖单位章（财务专用章或发票专用章）。除车票、机票等特殊原始凭证外，付款单位或客户名称应为“中国科学技术大学”。

4. 购置办公用品、低值易耗品、材料、电子配件、图书等，购物发票上应注明商品名称、数量、单价，如票面上未列明细，报销时须提供加盖销货单位章（财务专用章或发票专用章）的货物清单；网上购买物品的，报销时须提供正式发票、付款凭据、网上交易明细清单。测试费发票报销时需同时提供测试清单或测试报告以及委托测试合同。

5. 电子发票经办人在票面签字确认不重复报销后予以报销。

6. 境外外文票据，需用中文注明支出内容、金额等，财务处将根据报销人员提供的发票取得时的汇率换算成人民币后予以报销，如未提供当时汇率，按报销时汇率折算。

境外发票因故不能取得原件时，需提供复印件、打印件及支付记录，并书面承诺不重复报销，经项目（部门）负责人审批后予以报销。

7. 遗失因各类经济往来业务从外单位取得的票据，须提供对方单位出具的票据存根复印件并加盖出票单位章（公章、财务专用章或发票专用章），同时附上登报的遗失声明、遗失情况说明并承诺不重复报销，由项目（部门）负责人审批后方可作为报销的原始凭证。遗失因公出差的交通费票据，由出差人本人书面说明遗失原因，承诺不重复报销，并提供订票记录和支付记录，由项目（单位）负责人审批后，方可报销。

8. 各类票据应在开具之日起一年内报销。超过规定报销期限的原则上不予报销，因特殊原因，经办人需提供书面情况说明，经项目（单位）负责人审批后方可报销。

特此通知。

中国科学技术大学

2017 年 8 月 16 日

关于成立国际学院的通知

（校办字〔2017〕62 号）

各院、系、重点科研机构、直属单位，机关各部、处、室：

为了更好地服务国家对外战略需求，对接国内外优质科教资源，建立对外合作与交流的重要平台和窗口，提升我校师资队伍、人才培养国际化水平，加快推进学校国际化进程，经校长工作会议研究，学校决定成立国际学院，由潘建伟兼任国际学院院长。

特此通知。

中国科学技术大学

2017 年 4 月 19 日

关于成立中国科学技术大学国际金融研究院的通知

（校办字〔2017〕94 号）

各院、系、重点科研机构、直属单位，机关各部、处、室：

根据《合肥市人民政府与中国科学技术大学共建“中国科学技术大学国际金融研究院”协议书》精神，学校经研究，决定成立中国科学技术大学国际金融研究院，由余玉刚兼任国际金融研究院院长、法定代表人。

特此通知。

中国科学技术大学

2017 年 6 月 2 日

关于与中国科学院长春应用化学研究所联合成立应用化学与工程学院的通知

（校办字〔2017〕189 号）

各院、系、重点科研机构、直属单位，机关各部、处、室：

为深化科教融合、协同创新，丰富“全院办校、所系结合”的新形式和新内涵，促进学校相关学科发展和人才培养等工作，经与中国科学院长春应用化学研究所商定，双方联合成立应用化学与工程学院（简称“应化学院”）。

该学院纳入中国科大“科教融合共建学院”进行规划建设，依托化学与材料科学学院管理运行。

特此通知。

中国科学技术大学
2017年8月26日

关于成立中国科学技术大学网络空间安全学院的通知

（校办字〔2017〕191号）

各院、系、重点科研机构、直属单位，机关各部、处、室：

经校党委常委会议研究，决定成立中国科学技术大学网络空间安全学院。该学院纳入中国科大“科教融合共建学院”进行规划建设。

特此通知。

中国科学技术大学
2017年8月29日

关于成立发展和改革办公室的通知

（校人字〔2017〕204号）

各院、系、重点科研机构、直属单位，机关各部、处、室：

为加强对全校发展和改革工作的规划设计、统筹协调、整体推进和督促落实，加快世界一流大学建设，学校经研究，决定成立发展和改革办公室，与发展规划处合署办公。

特此通知。

中国科学技术大学
2017年9月29日

关于调整核科学技术学院管理模式的通知

（校办字〔2017〕340号）

各院、系、重点科研机构、直属单位，机关各部、处、室：

为促进科教融合、相关学科发展和人才培养工作，经校党委常委会议研究，决定对核科学技术学院管理模式进行调整。

核科学技术学院整体纳入“科教融合共建学院”进行规划建设，依托物理学院管理运行。

核科学技术学院教职工、学生纳入物理学院，在此基础上成立工程与应用物理系。

特此通知。

中国科学技术大学
2017年11月16日

关于成立工程与应用物理系党总支的通知

（党组字〔2017〕130号）

各分党委、党总支、直属党支部，机关各部、处、室：

经校党委常委会议研究决定：

撤销核科学技术学院党委，成立工程与应用物理系党总支，隶属于物理学院党委。

特此通知。

中共中国科学技术大学委员会
2017年11月16日

关于成立党委教师工作部的通知

（党办字〔2017〕95号）

各分党委、党总支、直属党支部，机关各部、处、室：

经校党委常委会议研究，决定成立党委教师工作部，与人力资源部合署办公。

党委教师工作部负责教师思想政治工作，负责师德师风建设和考评，负责组织或协同开展教师教育培训等相关工作。

特此通知。

中共中国科学技术大学委员会
2017 年 8 月 11 日

关于成立中国科学技术大学生命科学与医学部的通知

（校人字〔2017〕283 号）

各院、系、重点科研机构、直属单位，机关各部、处、室：

为贯彻落实党的十九大提出的“健康中国战略”，促进现代科学技术在医学中的应用，探索“理工医交叉融合、医教研协同创新、生命科学与医学一体化发展”的“科大新医学”模式，加快推进我校世界一流大学、一流学科和一流医院建设，学校经研究，决定成立中国科学技术大学生命科学与医学部。

特此通知。

中国科学技术大学
2017 年 12 月 19 日

八、规章制度

中国科学技术大学党委常委会议议事规则

（党字〔2017〕74号，2017年7月18日）

一、总　　则

第一条　根据《中国共产党章程》《中华人民共和国高等教育法》《中国共产党普通高等学校基层组织工作条例》《关于坚持和完善普通高等学校党委领导下的校长负责制的实施意见》《关于加强和改进新形势下高校思想政治工作的意见》和《中国科学技术大学章程》，为全面贯彻党的教育方针，牢牢把握社会主义办学方向，充分发挥党委的领导核心作用，促进学校党委常务委员会工作的科学化、民主化、规范化，结合学校实际，制定本规则。

第二条　党委常委会议是学校党委常务委员会对学校重大事项进行集体研究和决策的会议，坚持"集体领导、民主集中、个别酝酿、会议决定"的原则。

第三条　党委常委会议参会人员为党委常委，党委常委具有表决权，非党委常委的校领导列席会议。根据工作需要，可安排有关人员列席会议。党政办公室主任、党委常委会议秘书作为工作人员参加会议。

第四条　党委常委会议由党委书记召集并主持。书记不能参加会议的，可以委托在校的党委副书记召集并主持。

二、议事范围

第五条　党委常委会议的主要议事范围：

（一）学习贯彻执行党的路线方针政策、党的教育方针以及上级的重要指示和决定等。

（二）讨论决定事关学校改革发展稳定及教学、科研、行政管理中的重大事项和基本管理制度；讨论决定学校重大问题决策、重要干部任免、重大项目投资决策、大额资金使用。

（三）按照"全面从严治党"的要求，落实"全面从严治党"的主体责任，研究决定学校党的思想建设、组织建设、作风建设、制度建设、反腐倡廉建设；做好党委自身建设，加强对基层党组织的领导，做好发展党员和党员教育、管理、服务工作，发展党内基层民主，充分发挥基层党组织的战斗堡垒和党员的先锋模范作用；加强对学校党的纪律检查工作的领导，推进惩治和预防腐败体系建设。

（四）坚持党管干部原则，按照干部管理权限负责干部的选拔、教育、培养、考核和监督，讨论决定学校内部组织机构的设置及其负责人的人选，依照有关程序推荐校级领导干部和后备干部人选；讨论决定离退休干部工作。

（五）坚持党管人才原则，讨论决定学校人才工作规划和重大人才政策，创新人才工作体制机制，优化人才成长环境，统筹推进学校各类人才队伍建设。

（六）按照“立德树人”的要求，加强对学校思想政治工作和德育工作的领导，坚持用中国特色社会主义理论体系武装师生员工头脑，培育和践行社会主义核心价值观，牢牢把握学校意识形态的领导权、管理权、话语权。维护学校安全稳定，促进和谐校园建设。加强校园文化建设，发挥育人作用，培育良好校风学风教风。

（七）加强对工会、共青团、学生会等群众组织和教职工代表大会的领导。讨论决定统一战线工作。

（八）研究决定校长工作会议提交党委常委会议讨论的事项。

（九）审定校党委的工作计划和工作报告，讨论决定召开党委全委会、学校党员代表大会等重要事项；审定以党委名义报送的重要请示、报告和作出的重要决定等。

（十）讨论决定其他事关师生员工切身利益的重要事项。

三、议题的提出与确定

第六条 关于提交议题的程序和原则：

（一）党委常委会议的议题由校长工作会议或党委常委提出，根据工作需要，也可由非党委常委的校领导提出，经党委书记同意后，列入会议议题。

（二）凡提交党委常委会议讨论的议题，相关部门负责人应做好充分的调查研究。对干部任免建议方案，应事先在干部工作小组范围内进行充分酝酿。对专业性、技术性较强的重要事项，应经过专家评估及技术、政策、法律咨询。对事关师生员工切身利益的重要事项，应通过教职工代表大会或其他方式，广泛听取师生员工的意见和建议。

（三）涉及两个以上部门的事项，须由主办部门牵头，有关部门共同研究，形成一致意见并会签后，方可列为党委常委会议讨论的议题。

（四）对提交党委常委会议讨论的议题，须由相关部门准备汇报材料。议题汇报材料应简明扼要、突出重点，内容包括：议题背景情况、需讨论决定的事项、建议方案等。

（五）需要提出议题的部门将相关材料报分管校领导，由分管校领导审核后，在《中国科学技术大学党委常委会议议题表》上签署意见。

（六）会议的议题材料和议题表应提前送至党政办公室，由党政办公室负责汇总议题，报党委书记确定是否上会讨论。

党委常委会议有关教学、科研、行政管理工作等议题，应在会前听取校长意见。意见不一致的议题暂缓上会，待进一步交换意见、取得共识后再提交会议讨论。集体决定重大事项前，党委书记、校长和有关领导班子成员要个别酝酿、充分沟通。

（七）党委常委会议秘书负责对议题进行排序，制定会议议程，由党委书记审核确定。

四、议事程序与要求

第七条 关于会议讨论和决策的原则：

（一）党委常委会议必须有半数以上常委到会方能召开；讨论决定干部任免等重要事项时，应有三分之二以上党委常委到会方能召开。党委常委会议成员不能出席会议，须事先向主持人请假。

（二）议题的汇报人员应是提出该议题的相关校领导，根据工作需要，相关部门负责同志可参加该议题的汇报。其他需列席会议的人员由党政办公室通知，原则上一个部门只列席一人。

（三）党委常委会议应按事先拟定的议题议事，除紧急、特殊情况外，一般不讨论临时动议的议题。

（四）党委常委会议实行一题一议，其程序为：一般由议题的主要提出人作简要汇报；与会人员充分讨论，依次发表意见，对建议方案表示同意、不同意或缓议的意见，应说明理由；会议主持人最后发表结论性意见。

（五）党委常委会议对于重要事项采取表决制，列席人员没有表决权。会议表决可根据讨论和决定事项的不同内容，采取口头、举手、无记名投票、记名投票等方式进行，赞成票超过应到会党委常委人数半数为通过。未到会党委常委的意见不得计入票数。会议讨论和决定多个事项，应当逐项表决。

（六）对于有重大意见分歧暂不能作出决定的议题，应暂缓作出决定。

（七）党委常委会议按规定实行回避制度。在提交会议的议题中，如有涉及出席、列席成员个人或其家庭成员、直系亲属切身利益的情况，有关人员必须回避。

（八）严守会议纪律，不得发表与党委常委会议决议不一致的意见，不得向无关人员外传会议讨论内容及决议情况。

（九）个人对集体决议如有不同意见，可以保留或向上级反映，但无权修改或否决会议决议。

五、决议的传达、督办与执行

第八条 党委常委会议通过的决议，由会议主持人授权以文件、会议纪要等形式传达，学校各单位和个人必须执行和服从。党政办公室根据授权及时将会议内容向会议缺席人员通报，确定专人负责会议决定事项的跟踪和督办。

第九条 党委常委会议决定的事项，按照集体领导、分工负责的原则，由校领导负责组织落实。决定事项的同时，应明确承办人或牵头人（牵头单位），明确办理期限。

第十条 党政办公室要协助校领导做好跟踪、督促和落实情况的反馈。

第十一条 在执行过程中，对会议决定的事项如需变更、调整，应根据决策程序进行复议。

六、附　　则

第十二条 党政办公室负责党委常委会议的会务工作，主要包括：收集和汇总议题，报会议主持人审定；发出会议通知，准备会议有关材料；做好会议记录；编发会议纪要，会议材料归档等。具体工作由党委常委会议秘书负责。

第十三条 本规则由党委常委会议负责解释，自印发之日起施行。原《中国科学技术大学党委常委会议议事规则》(党字〔2009〕14号)同时废止。

中国科学技术大学校长工作会议议事规则

(党字〔2017〕74号,2017年7月18日)

一、总　　则

第一条　根据《中华人民共和国高等教育法》《关于坚持和完善普通高等学校党委领导下的校长负责制的实施意见》和《中国科学技术大学章程》,为全面贯彻党的教育方针,牢牢把握社会主义办学方向,进一步坚持和完善党委领导下的校长负责制,促进我校行政决策的科学化、民主化、规范化,结合学校实际,制定本规则。

第二条　校长工作会议是学校行政议事决策机构。

第三条　校长工作会议参会人员为校长、副校长、校长助理、总会计师,党委书记、党委副书记、纪委书记、党委常委。根据工作需要,可安排有关人员列席会议。党政办公室主任、校长工作会议秘书作为工作人员参加会议。

第四条　校长工作会议由校长召集并主持。校长不能参加会议的,可以委托在校的其他校领导召集并主持。

二、议事范围

第五条　校长工作会议的议事范围:

(一)贯彻执行党的路线方针政策、法律法规,上级重要指示和决定,学校党委常委会议决议。

(二)组织拟订和实施学校发展规划、基本管理制度、重要行政规章制度、重大教学科研改革措施、重要办学资源配置方案。制定具体规章制度、工作计划。

(三)组织拟订和实施学校内部组织机构的设置方案。根据党委常委会议的讨论决定,任免内部组织机构的负责人。

(四)组织拟订和实施学校人才发展规划、重要人才政策和重大人才工程计划。研究决定人才队伍建设事项,依据有关规定聘任与解聘学校工作人员。

(五)组织拟订和实施学校重大基本建设、年度经费预算等方案。加强财务管理和审计监督,管理和保护学校资产。

(六)组织开展教学活动和科学研究,创新人才培养机制,提高人才培养质量,推进文化传承创新,服务国家和地方经济社会发展。

(七)组织开展思想品德教育,负责学生学籍管理并实施奖励或处分,开展招生和就业工作。

(八) 做好学校安全稳定和后勤保障工作。

(九) 组织开展学校对外交流与合作工作。

(十) 研究向党委报告重大决议执行情况,向教职工代表大会报告学校工作情况;组织处理教代会、学代会、工代会和团代会有关行政工作的提案。支持学校各级党组织、民主党派基层组织、群众组织和学术组织开展工作。

(十一) 其他需要由校长工作会议研究决定的重要事项。

(十二) "三重一大"事项需提交党委常委会议讨论决定。

三、议题的提出与确定

第六条 关于提交议题的程序和原则:

(一) 凡提交校长工作会议讨论的议题,相关部门负责人应做好充分的调查研究。对专业性、技术性较强的重要事项,应经过专家评估及技术、政策、法律咨询。对事关师生员工切身利益的重要事项,应通过教职工代表大会或其他方式,广泛听取师生员工的意见和建议。

(二) 涉及两个以上部门的事项,须由主办部门牵头,有关部门共同研究,形成一致意见并会签后,方可列为校长工作会议讨论的议题。

(三) 对提交校长工作会议讨论的议题,须由相关部门准备汇报材料。议题汇报材料应简明扼要、突出重点,内容包括:议题背景情况、需讨论决定的事项、建议方案等。

(四) 需要提出议题的部门将相关材料报分管校领导,由分管校领导审核后,在《中国科学技术大学校长工作会议议题表》上签署意见。

(五) 会议的议题材料和议题表应提前送至党政办公室,由党政办公室负责汇总议题,报校长确定是否上会讨论。校长工作会议的重要议题,应在会前听取党委书记意见。意见不一致的议题暂缓上会,待进一步交换意见、取得共识后再提交会议讨论。集体决定重大事项前,党委书记、校长和有关领导班子成员要个别酝酿、充分沟通。

(六) 校长工作会议秘书负责对议题进行排序,制定会议议程,由校长审核确定。

四、议事程序与要求

第七条 关于会议讨论和决策的原则:

(一) 校长工作会议必须有校长工作会议成员半数以上到会方能举行。校长工作会议成员不能出席会议,须事先向主持人请假。

(二) 议题的汇报人员应是提出该议题的相关校领导,根据工作需要,相关部门负责同志可参加该议题的汇报。其他需列席会议的人员由党政办公室通知,原则上一个部门只列席一人。相关议题请法律事务部门派人列席会议。

(三) 校长工作会议应按事先拟定的议题议事,除紧急、特殊情况外,一般不讨论临时动议的议题。

(四) 校长工作会议采用议决制,实行一题一议,其程序为:一般由议题的主要提出人作简要汇报；与会人员充分讨论，依次发表意见，对建议方案应表示同意、不同意或缓议的意见，并说明理由；会议主持人最后发表结论性意见。

（五）对于有重大意见分歧暂不能作出决定的议题，应暂缓作出决定。

（六）校长工作会议按规定实行回避制度。在提交会议的议题中，如有涉及出席、列席成员个人或其家庭成员、直系亲属切身利益的情况，有关人员必须回避。

（七）严守会议纪律，不得发表与校长工作会议决议不一致的意见，不得向无关人员外传会议讨论内容及决议情况。

（八）个人对集体决议如有不同意见，可以保留或向上级反映，但无权修改或否决会议决议。

五、决议的传达、督办与执行

第八条 校长工作会议通过的决议，由会议主持人授权以文件、会议纪要等形式传达，学校各单位和个人必须执行和服从。党政办公室根据授权及时将会议内容向会议缺席人员通报，确定专人负责会议决定事项的跟踪和督办。

第九条 校长工作会议决定事项，按照集体领导、分工负责的原则，由校领导根据工作分工负责组织落实。决定事项的同时，应明确承办人或牵头人（牵头单位），明确办理期限。

第十条 党政办公室协助校领导做好跟踪、督促和落实情况的反馈。

第十一条 在执行过程中，对会议决定的事项如需变更、调整，应根据决策程序进行复议。

六、附　　则

第十二条 党政办公室负责校长工作会议的会务工作，主要包括：收集和汇总议题，报会议主持人审定；发出会议通知，准备会议有关材料；做好会议记录；编发会议纪要，会议材料归档等。具体工作由校长工作会议秘书负责。

第十三条 本规则由校长工作会议负责解释，自印发之日起施行。原《中国科学技术大学校长工作会议议事规则》（党字〔2009〕14 号）同时废止。

中国科学技术大学党委全委会议议事规则

（党字〔2017〕94 号，2017 年 8 月 1 日）

一、总　　则

第一条 根据《中国共产党章程》《中华人民共和国高等教育法》《中国共产党普通高等

学校基层组织工作条例》《关于坚持和完善普通高等学校党委领导下的校长负责制的实施意见》《关于加强和改进新形势下高校思想政治工作的意见》和《中国科学技术大学章程》，为全面贯彻党的教育方针，牢牢把握社会主义办学方向，充分发挥党委的领导核心作用，切实履行“管党治党，办学治校”主体责任，促进学校党的委员会全体会议（以下简称“党委全委会议”）工作的科学化、民主化、规范化，结合我校实际，制定本规则。

第二条 党委全委会议参加人员为全体党委委员，党委委员具有表决权，非党委委员的校领导列席会议。

第三条 党委全委会议由党委常委会召集、党委书记主持。党委书记不能参加会议时，可以委托在校的党委副书记或其他党委常委主持。根据工作需要，可召开党委全委（扩大）会议，扩大范围由党委常委会决定。

二、议 事 范 围

第四条 党委全委会议的主要议事范围：

（一）学习贯彻执行党的路线方针政策、党的教育方针、上级党组织决策部署以及党代会决定。

（二）讨论决定事关学校改革发展稳定和师生员工切身利益的重大问题。

（三）讨论决定党的建设方面的重大问题，审议通过学校党委重要文件。

（四）讨论决定召开党代会，并对提议事项先行审议、提出意见。

（五）听取和审议党委常委会工作报告、纪委工作报告及学校有关工作报告。

（六）选举书记、副书记和常委会其他委员；通过纪律检查委员会全体会议选举产生的书记、副书记。

（七）对上级党组织和常委会提请决定的事项或者应当由全委会决定的其他重要事项作出决策。

三、议题的提出与确定

第五条 党委全委会议议题由主持人提出、党委常委会确定。提交党委全委会议讨论决定的重要事项，会前应做好充分准备。根据会议需要，有关部门应提供相关材料，由党政办公室汇总审核。

四、议事程序与要求

第六条 党委全委会议须有三分之二以上的党委委员到会方能召开。根据工作需要，可以安排有关人员列席会议。因故不能出席的，会前需向主持人请假。党委全委会议每学期至少召开1次，如遇重大问题可以随时召开。

第七条 党委全委会议应按事先拟定的议题议事，除紧急、特殊情况外，一般不讨论临时动议的议题。

第八条 党委全委会议实行一题一议，其程序为：一是主持人或由主持人指定的党委委员就议题作简要汇报，列席会议人员可作必要的说明；二是与会人员充分讨论，依次发表意见，对建议方案应表示同意、不同意或缓议，并说明理由；三是主持人归纳讨论情况，提出综合性意见。

第九条 党委全委会议对于重要事项采取表决制，列席人员没有表决权。会议表决可根据讨论和决定事项的不同内容，采取口头、举手、无记名投票、记名投票等方式进行，赞成票超过应到会党委委员人数半数为通过。未到会党委委员的意见不得计入票数。会议讨论和决定多个事项，应当逐项表决。

第十条 对于有重大意见分歧暂不能作出决定的议题，应暂缓作出决定。

第十一条 党委全委会议按规定实行回避制度。在提交会议的议题中，如有涉及出席、列席成员个人或其家庭成员、直系亲属切身利益的情况，有关人员必须回避。

第十二条 严守会议纪律，不得发表与党委全委会议决议不一致的意见，不得向无关人员外传会议讨论内容及决议情况。

第十三条 个人对集体决议如有不同意见，可以保留或向上级反映，但无权修改或否决会议决议，也不得向外扩散。

五、决议的传达、督办与执行

第十四条 党委全委会议通过的决议，由会议主持人授权以文件、会议纪要等形式传达，学校各单位和个人必须执行和服从。党政办公室根据授权及时将会议内容向会议缺席人员通报，确定专人负责跟踪、督促。

第十五条 党委全委会议决定的事项，按照集体领导、分工负责的原则，由校领导负责组织落实。决定事项的同时，应明确承办人或牵头人（牵头单位），明确办理期限。

第十六条 党政办公室要协助校领导做好跟踪、督促和落实情况的反馈。

第十七条 在执行过程中，对会议决定的事项如需变更、调整，经校党委常委提出动议、校党委常委会议研究同意，可以提交校党委全委会议复议一次。

六、附　　则

第十八条 党政办公室负责党委全委会议的会务工作。

第十九条 本规则由党委常务委员会负责解释，自印发之日起施行。原《中国科学技术大学党委全委会议议事规则》（党字〔2009〕14 号）同时废止。

中共中国科学技术大学纪律检查委员会全体会议议事规则

（党字〔2017〕67号，2017年7月6日）

第一章 总 则

第一条 为充分发挥学校纪律检查委员会（以下简称“纪委”）集体领导的作用，进一步完善学校纪律检查委员会全体会议（以下简称“纪委全委会”）议事制度，提高民主决策和科学决策水平，实现重大问题决策的民主化、规范化和科学化，根据《中国共产党章程》《中国共产党党内监督条例》《中国共产党普通高等学校基层组织工作条例》等党内法规及相关规定，结合学校工作实际，制定本议事规则。

第二条 纪委全委会由全体纪委委员参加，是纪委的议事决策机构。纪委全委会实行民主集中制原则，按照“集体领导、民主集中、个别酝酿、会议决定”的原则讨论决定重要事项。

第二章 议事范围

第三条 学习传达党的路线、方针、政策以及上级纪委、学校党委有关会议和文件精神，研究制订贯彻实施意见和办法。

第四条 选举纪委书记、副书记，报学校党委批准。

第五条 研究讨论学校纪委向上级纪委、学校党委和其他领导机关、部门的重要请示和报告，研究讨论学校党委要求纪委全委会提出意见的有关事项。

第六条 研究讨论有关重要信访举报、纪律审查及党员申诉情况的处理意见，以及对有关党组织和党员处理、处分的意见。

第七条 研究讨论学校纪检监察工作报告、工作计划、工作总结，以及专项工作部署等。

第八条 研究讨论纪委自身建设中的重要问题。

第九条 其他需由纪委全委会研究讨论的有关事项。

第三章 会议召开

第十条 纪委全委会原则上每学期召开1～2次，如遇重要问题或工作需要可随时召开。

第十一条 纪委全委会议题经纪委办公室征求纪委委员意见后提出，由纪委书记确定。纪委办公室应提前将会议时间、地点、内容通知应出席会议的人员，并负责做好会议签到、会议记录工作，形成会议纪要。

第十二条 纪委全委会由纪委书记召集并主持，纪委书记因故缺席可委托副书记召集并主持。纪委全委会须有半数以上委员出席方能召开。涉及表决事项时，须三分之二以上委员出席才能召开。委员因故缺席，须于会前向会议召集人请假。根据会议议题需要，相关人员可列席会议，列席人员由会议召集人确定。

第十三条 纪委全委会议题一事一议，由相关人员作出说明并提出具体意见和建议，与会人员应充分发表意见。会议形成的决定或决议，须经应到会半数以上委员同意，方能通过。意见分歧较大时，应暂缓表决。表决根据讨论的具体事项，可采取口头、举手、无记名投票等方式。

第十四条 纪委全委会与会人员应严格遵守保密纪律，对会议决定和讨论情况不得擅自发布和扩散。如有违反保密规定的，按照相关规定追究责任。纪委全委会实行回避制度，纪委全委会如有议题涉及纪委委员本人或其直系亲属的，该委员应当回避。

第四章 决议执行

第十五条 纪委委员须坚决执行纪委全委会作出的决定、决议。如遇新情况、新问题需调整原决定或决议的，在坚决执行的前提下，经纪委书记同意后可列入下次纪委全委会复议。

第十六条 对突发事件和紧急情况需纪委全委会决策又无法立即召开纪委全委会讨论研究的，可由纪委书记授权纪委办公室处置，事后应及时向纪委全委会报告。

第十七条 纪委全委会决定事项由纪委办公室负责组织实施和督办，办理情况应及时向纪委书记报告。

第十八条 纪委全委会决定的事项，需报请学校党委批准办理的，必须报学校党委批准后再行办理。

第五章 附则

第十九条 纪委全委会的会务工作由纪委办公室负责。

第二十条 本议事规则由学校纪委负责解释，经学校党委批准后发布，自印发之日起施行。

中国科学技术大学学院工作条例

（党办字〔2017〕99号，2017年9月3日）

第一章 总则

第一条 为创建中国特色、世界一流大学，充分调动学院参与学校综合改革、建设与发展的积极性和主动性，进一步完善学校内部治理体系、构建现代大学制度，根据《中华人民共和国教育法》《中华人民共和国高等教育法》《中国共产党普通高等学校基层组织工作条例》以及《中国科学技术大学章程》，结合学校实际，制定本条例。

第二条 学校实行校、院、系三级机构设置，实施校、院两级管理体制。学院是学校的二级管理实体，在学校规定的职责和权限范围内开展工作，对学校负责。

第三条 学院党组织（中国共产党的基层组织，下同）是本单位的政治核心，在校党委和上级党组织的领导下，履行管党治党的主体责任，保证监督党的路线方针政策和学校各项决定在本单位的贯彻执行，领导本单位的工会、共青团等群众组织。

第二章 机构设置

第四条 学校根据总体发展规划、人才培养与学科建设的需要，按照有利于拔尖创新人才培养、有利于学科交叉和发展、有利于加强管理和合理配置资源等原则，设置若干学院。

学院的设立、调整与撤销，由相关单位提交学院设置、调整或撤销申请报告，明确学院设置、调整或撤销的目的、意义、必要性、已有基础和所需支持等关键内容。发展规划处会同教学、科研、人事和相关部门组织论证申请报告，提出具体意见和建议，提交校学术委员会讨论，报校长工作会议研究、党委常委会决定。

学院根据教学、科研工作的实际需要，可设置若干系、教学部。系、教学部的设立、调整与撤销，由学院提出意见和具体方案，经校学术委员会讨论后，报校长工作会议研究、党委常委会决定。

第五条 学院党组织的设置。

学院可成立党的委员会（以下简称“分党委”）或总支部委员会（以下简称“党总支”）。

分党委、党总支的设立或撤并，由党委组织部提出意见，党委常委会议研究决定。

第六条 学院根据工作需要设立学院办公室和服务机构，负责日常管理与服务工作。机构设置和人员编制由人力资源部核定。

第三章 领导人员管理

第七条 院级党政领导班子设置。

学院设院长1人，执行院长1人，副院长2～3人。学院分党委（党总支）设书记1人，委员5～7人。根据工作需要，有关分党委（党总支）可设副书记1人。

院级党政领导班子选拔任用，由党委组织部按照《中国科学技术大学党政领导人员选拔任用工作办法》执行。

第八条 系级领导人员任免程序。

院长助理从严设置，确因工作需要设置的，经所在学院党政联席会议讨论通过提名，报党委组织部审批。

系主任、执行主任人选（不含外聘系主任）由本系全体教授酝酿推荐，经所在学院党政联席会议讨论通过提名，报党委组织部审核，提交校长工作会议审议，校办字行文任命。

非基层党组织换届期间，系级党总支书记人选由党总支全体党员酝酿推荐，经所在学院党委会讨论通过提名，报党委组织部审核，提交党委常委会审议，党办字行文任命。

第九条 分党委、党总支、直属党支部按照《中国共产党普通高等学校基层组织工作条例》规定，任期届满应按时进行换届。书记、副书记和委员会人选，按照《中国共产党基层组织选举工作暂行条例》规定选举产生，报校党委批准。

第十条 学校对学院党政领导班子进行年度、届中和届满考核；考核结果与领导人员的使用、奖惩等挂钩。学院应对所属系级机构、党组织进行考核，加强对考核结果的运用。

第四章 综合管理和运行机制

第十一条 根据“全院办校、所系结合”的办学方针，学院院长和系主任一般由外聘专家担任，执行院长为学院的行政负责人，全面负责学院的教学、科学研究、师资队伍建设和行政管理等工作。

第十二条 学院党政联席会议是学院议事决策的基本制度和主要形式。党政联席会议参会人员由正副院长、分党委(党总支)正副书记组成，一般由院长、执行院长或书记主持，根据工作需要，可安排有关人员参加会议。党政联席会议实行民主集中制，按照“集体领导、民主集中、个别酝酿、会议决定”的原则研究决定有关事项。学院党政联席会议原则上每个月召开一次，也可根据工作实际需要随时召开。

学院党政联席会议的主要议事范围：

1. 传达上级有关会议精神、文件、政策，结合本单位实际情况研究贯彻落实的措施和办法；

2. 讨论决定学院重要规划及内部治理方案，包括中长期改革发展规划、学科建设规划、人力资源规划，人才培养方案、内部组织机构的设置与调整方案、上报学校的学科专业设置与调整方案，基本规章制度，年度或学期工作计划等；

3. 讨论决定学院学科建设、人才培养、科学研究、社会服务、对外交流与合作、保密、行政管理与后勤等工作中的重要事项；

4. 讨论决定学院师资队伍建设的重要事项；

5. 讨论决定院系财务工作的重要事项；

6. 讨论决定院系资产工作的重要事项；

7. 讨论决定院系干部队伍建设的重要事项；

8. 讨论决定关系到师生员工切身利益的重要事项；

9. 讨论决定职责范围内的思想政治和意识形态、精神文明建设、安全稳定、群团工作的重要事项；

10. 其他需要党政联席会议讨论决定的重要事项。

凡事关本单位改革发展的重大问题，事关本单位师生职工切身利益的重要事项，尤其是重大决策、重要干部任免、重要项目安排和大额度资金的使用，都必须经过党政联席会议，按照民主集中制的原则集体研究决定。

第十三条 学院党委会议是学院党委议事、决策、管理和执行机构。学院党委会议参会人员为学院党委委员，一般由书记召集并主持，根据工作需要，可安排有关人员列席会议。学院党委会议实行民主集中制，按照“集体领导、民主集中、个别酝酿、会议决定”的原则研究决定有关事项。学院党委会议原则上每个月召开一次，也可根据工作实际需要随时召开。

学院党委会议的主要议事范围：

1. 学习传达党的路线方针政策、上级党组织及校党委的重要指示和决定，研究提出贯彻落实的办法和措施；

2. 讨论学院党委年度、学期工作计划和总结，安排阶段性工作；

3. 讨论决定学院党建工作的总体规划、实施方案和重要规章制度；

4. 讨论决定学院党委基层党组织设置，并按有关程序进行审批或备案，以及加强基层党组织建设的重要举措；

5. 讨论学院发展党员计划、入党积极分子培训，党员教育、管理、监督和服务，党员奖惩等方面的重要事项；

6. 讨论学院意识形态领域重要问题和工作举措；

7. 讨论学院贯彻落实全国高校思想政治工作会议精神、加强思想政治教育的重要事项；

8. 落实“全面从严治党”的主体责任，讨论决定学院党风廉政建设的重要事项；

9. 讨论学院工会、共青团、学生会、统一战线等工作中的重要事项；

10. 讨论学院改革、发展中的重大问题，涉及国家安全、保密、稳定等工作的重要事项以及重大突发性事件的处理；

11. 讨论决定学院党委职责范围内的其他重要事项。

第十四条 学院设学术委员会、学位评定分委员会、教学委员会、学生工作委员会、专业技术职务聘用推荐工作小组、安全工作小组等，其组成人员由学院提出建议名单，分别经科研部、校学位委员会办公室、教务处、研究生院和学生工作部(处)、人力资源部、保卫与校园管理处等部门审核，报学校批准。

若干学院联合组建的学位评定分委员会、专业技术职务聘用推荐工作小组，由相关学院联合提出组成人员建议名单，审批程序同前。

第十五条 学院可根据工作需要设立教授委员会等决策咨询机构，负责讨论和审议学院教学、科研、学科和队伍建设、学生管理等方面的重要问题。

第十六条 学院应根据学校的总体发展规划，在人才培养、科学研究、学科和队伍建设等方面制订学院发展规划，报经学校批准后，负责组织实施。

第十七条 学院实行院务公开制度。重要事项和决定，应以适当形式事前公示或事后及时通报，接受监督。

第五章 教 学 管 理

第十八条 学院应坚持以立德树人为根本，负责本科生和研究生教学的日常管理和组织实施工作，负责专业建设、课程建设、教学计划、实验教学中心建设、教学实习、毕业论文或毕业设计、教学研究、教材建设等工作，负责研究生经费管理、助教与助研岗位的设立和考核等工作。

第十九条 学院开办新的专业方向(本科),培养方案和毕业标准由所在学院的教学院长提出,在教学院长办公会上讨论后决定。条件成熟后,可以申请设立新的专业,依次由教学院长办公会、校教学委员会讨论后,由校长签署申请书、提交教育部审核批准。

第二十条 学院应根据学校对教师师德师风、教学质量与数量的要求,组织安排本单位教师的教学工作;科研机构的研究人员,应根据学校对教师教学工作的各项要求,服从所在学院的教学工作安排。

第六章 科 研 管 理

第二十一条 学院(国家重点科研机构)负责组织申报各级各类科研项目,协助学校跨学院组织重点、重大项目,并参与各类科研项目的过程管理、保密管理、质量管理等。

第二十二条 学院负责省部级和校级重点科研基地的组织申报、建设与日常管理,协助学校组织国家级科研基地的申报,支持国家级科研基地的建设与发展。

第二十三条 学院(国家重点科研机构)对外签订科研合作协议或承接科研项目,须由学院(国家重点科研机构)签署意见、报科研部审核,统一以学校名义进行。学院(国家重点科研机构)对科研合作协议和项目及其执行情况负有审核和监督责任。知识产权管理由科研部统一负责。

第七章 学 生 管 理

第二十四条 学校实行学生工作负责人例会制度。学生管理工作由学校统一部署,学院组织安排。

第二十五条 学院成立学生工作委员会,负责本单位学生工作的协调、咨询和审议,负责本学院所属系学生工作负责人、院系团组织负责人、教学秘书、专兼职辅导员、班主任的工作考核。学院学生工作委员会下设学生工作办公室,负责本单位学生工作的统筹、协调和执行,落实校学生工作指导委员会办公室有关工作安排。

第八章 师资队伍建设与人事管理

第二十六条 学院根据教学、科研、学科建设的需要和学校有关规定,制定和实施本学院的师资队伍建设计划,负责本学院的优秀人才培养、引进和学术梯队建设工作。

第二十七条 学院根据学校的工作安排和有关规定,负责组织实施教职工的岗位聘任、考核、调配、评优报奖等各项日常人事管理工作。

第九章 财务与固定资产管理

第二十八条 按照《高等学校财务制度》和建立经济责任制的管理要求,学校实行“统一领导、集中核算、分级管理”的财务管理体制。

第二十九条 学校资源分配实行预算专家委员会论证、预算工作小组审核、校长工作会议审议、党委常委会批准的预算保障机制。预算执行督导检查工作小组负责预算执行过程的分析和督促。

学校教学部门的预算原则上以学院为单位编制和执行。学院根据国家财经法规和学校财务制度，负责本单位的经费预算编制和使用管理，并接受财务监督。

第三十条 学校资金管理坚持“收支两条线”的原则，所有收入全部纳入学校统一管理，全部支出由学校统一安排使用。

第三十一条 按照《中央级事业单位国有资产管理暂行办法》《中央级事业单位国有资产处置管理暂行办法》和学校相关规定，国有固定资产在学校统一领导下实行分级管理，学院承担所辖固定资产管理责任，包括有效使用和日常维护管理等。可以共用共享的仪器设备，要面向全校教学科研工作开放使用。

第三十二条 房地产由学校统一管理，学校对各学院工作用房有调配权，实行工作用房有偿使用制度。学院有责任明确和调配院内工作用房主体，并负责日常使用和管理；对院内工作用房的改建、维修方案参与决策。

第十章 附　　则

第三十三条 学院党组织工作根据《中国共产党普通高等学校基层组织工作条例》有关规定执行。

第三十四条 学位工作根据《中国科学技术大学学位评定委员会章程》及有关制度执行。

第三十五条 本条例由党委常委会负责解释。

第三十六条 本条例经校长工作会议审议、党委常委会议讨论通过后，自印发之日起施行。原《中国科学技术大学学院工作条例》（党办字〔2009〕43 号）同时废止。

中国科学技术大学关于贯彻落实“三重一大”决策制度的暂行办法

（校办字〔2017〕156 号，2017 年 8 月 9 日）

第一章 总　　则

第一条 根据《教育部关于进一步推进直属高校贯彻落实“三重一大”决策制度的意见》（教监〔2011〕7 号）和《中国科学技术大学章程》，为贯彻落实中共中央关于重大决策、重要干部任免、重要项目安排和大额度资金使用（以下简称“三重一大”）事项必须由领导班子集体研究做出决定的制度，促进领导班子决策的科学化、民主化和规范化，结合学校实际，制定本实施办法。

第二条 “三重一大”事项决策必须坚持“集体领导、民主集中、个别酝酿、会议决定”的原则。凡属“三重一大”事项必须由学校党委常委会议集体研究决定。

第三条 “三重一大”事项决策必须遵守党规党纪、国家法律法规和有关政策，充分发扬民主，广泛听取意见，坚持师生参与、专家论证、风险评估和集体讨论决定相结合。

第四条 “三重一大”事项实行清单管理，学校确定“三重一大”事项主要内容并动态调整。

第二章 “三重一大”事项主要内容

第五条 重大决策事项。

重大决策事项是指事关学校改革发展稳定全局和广大师生员工切身利益，依据有关规定应当由领导班子集体研究决定的重要事项。主要包括：

（一）学校贯彻执行党和国家的路线方针政策、法律法规和上级重要决定的重大措施；

（二）党的建设、校园文化建设和思想政治等重要工作；

（三）落实全面从严治党的主体责任，加强党风廉政建设和反腐败工作方面的重要事项；

（四）学校领导班子的自身建设，干部队伍建设等；

（五）学校发展战略及规划的制定、调整，包括学科建设、校园建设、人才队伍建设、人才培养、招生等规划以及年度工作计划、总结及相关政策的审定等；

（六）学校重要规章制度制定、修订和废止；

（七）学校内部组织机构的设置和重要调整；

（八）教职工收入分配及福利待遇、奖励以及关系师生权益的重要事项；

（九）校级荣誉称号的授予，校级以上荣誉称号的推荐；

（十）学校年度财务预算方案、决算情况的审定和预算执行与决算审计；

（十一）学校重要资产处置、重要办学资源配置；

（十二）校园安全稳定和重大突发事件的处理；

（十三）其他重大决策事项。

第六条 重要人事任免事项

重要人事任免事项是指学校中层及以上干部的任免和需要报送上级机关审批的重要人事事项。主要包括：

（一）校级后备干部的推荐、选拔；

（二）学校党政机关、学院（系）、重点科研机构、直属单位等内部组织机构领导班子成员以及享受相应待遇的非领导职务人员的任免、党纪处分；

（三）校外重要机构任职人选的推荐；

（四）各级党代会代表、人大代表、政协委员等人选的推荐；

（五）学校全资、控股企业校方董事、监事及经理人选的确定；

（六）学校学术委员会、学位委员会、教学委员会等各类委员会换届和组成人员调整；

（七）其他重要干部人事任免事项。

第七条 重大项目安排事项

重大项目安排事项，是指对学校规模条件、办学质量等产生重要影响的项目设立和安排。主要包括：

（一）重大专项资金建设项目，如上级资金安排的专项以及学校自筹资金安排的项目；

（二）以学校名义的对外合作与交流重要项目；

（三）不动产购置、重要设备和大宗物资采购、购买服务；

（四）重大基本建设和大额度基建修缮项目的立项、变更；

（五）学校重大无形资产转让和授权使用，以及学校以现金和资产进行的对外投资项目；

（六）其他重大项目安排事项。

第八条 大额度资金使用事项

大额度资金使用事项，是指超过学校所规定的党政领导人员有权调动、使用的资金限额的资金调动和使用。

（一）学校年度预算内大额度资金调动和使用；

（二）未列入学校年度预算的追加预算和大额度支出；

（三）重大捐赠的获取与使用；

（四）其他大额度资金运作事项。

第三章 “三重一大”事项决策程序

第九条 调查研究与征求意见

“三重一大”事项提交集体决策前，应进行深入细致的研究论证，广泛听取并充分吸收各方面的意见。

（一）选拔任免中层副职及以上干部，应按照《中国科学技术大学党政领导人员选拔任用工作办法》中确定的程序执行。

（二）与师生员工利益密切相关的事项，要通过教职工代表大会或其他形式听取广大师生员工意见和建议，在会议决策之前要提交教代会审议。

（三）与学术、学位、教学等相关的重大事项，在会议决策之前要提交相应委员会咨询、审议。

（四）对专业性、技术性较强的重要事项，应事先进行专家评估论证，技术、政策法律咨询，提交论证报告或立项报告。

（五）对大额度资金使用，应建立绩效分析制度，在决策前对必要性、预期效益、风险规避等进行分析，提交分析报告。

第十条 “三重一大”事项应以会议的形式集体研究决策，不得以传阅会签或个别征求意见等方式代替会议决定。“三重一大”事项提交党委常委会议审议前，应当事先做好充分准备，可以根据内容在校长工作会议上进行讨论，形成比较成熟的意见。

第十一条 “三重一大”事项决策程序应按照《中国科学技术大学党委常委会议议事规则》有关规定执行。

第四章 “三重一大”决策保障机制

第十二条 建立“三重一大”决策回避制度。如有涉及本人或亲属利害关系，或其他可能影响公正决策的情形，参与决策或列席人员应当回避。

第十三条 建立“三重一大”决策公开与查询制度。除涉密事项外，“三重一大”决策事项根据工作需要，按照《高等学校信息公开办法》(教育部令第29号)、《中国科学技术大学信息公开实施细则》在一定范围内予以公开。

第十四条 建立“三重一大”决策报告制度和执行决策的督查制度。学校领导班子成员把贯彻落实“三重一大”决策制度的执行情况作为领导班子民主生活会和述职述廉的重要内容，按年度向一级上级党组织报告，并接受群众的监督。

党政办公室负责跟踪、督查“三重一大”决策事项执行情况，及时向校领导反馈。

第十五条 建立“三重一大”决策考核评估制度。贯彻执行“三重一大”决策制度的情况，将作为党风廉政建设责任制考核以及领导干部经济责任审计的重要内容，作为考察、考核和任免干部的重要依据。

第十六条 建立“三重一大”决策责任追究制度。违反本办法，不履行或不正确履行“三重一大”决策制度；不执行或擅自改变集体决定；未经集体讨论而个人决策；未提供全面真实情况而直接造成决策失误；执行决策后发现可能造成失误或损失而不及时采取措施纠正，造成重大经济损失和严重后果的，要依纪依法分别追究相关责任人的责任。

第五章 附 则

第十七条 各学院应参照本办法制定本学院党政领导班子落实“三重一大”决策制度的实施细则，并报党政办公室备案。

第十八条 本办法由学校党委常委会负责解释。

第十九条 本办法自印发之日起施行。

中国科学技术大学校领导接待日管理办法(试行)

(校办字〔2017〕18号，2017年2月27日)

为进一步拓展校领导与广大师生员工的沟通渠道，广泛听取师生员工对学校工作的意见和建议，切实解决师生员工在工作、学习和生活中的实际问题，提升学校管理水平，结合我校实际，特制订校领导接待日管理办法。

一、校领导以轮值方式开展接待工作，由党政办公室负责协调，落实每周值班校领导、接待时间及地点,并将信息在学校主页发布,做好相关准备工作。

二、校领导接待日面向全体师生员工,内容包括对学校各项工作的意见和建议,以及对学校建设发展提出合理化意见和建议等,还可以反映教学、生活中的实际困难及诉求。

三、校领导接待日原则上每两周安排一次(寒假和暑期除外)。如遇特殊情况需临时调整,将另行通知。

四、校领导值班接待时,由党政办公室负责安排陪同人员和现场记录人员。为提高办事效率,党政办公室可协调安排有关部门负责人参与接待。

五、校内各单位应积极配合校领导接待日工作,认真落实校领导的批示。党政办公室应严格遵守信访工作纪律,将落实情况及时反馈给来访人员,并定期向校领导汇报。

六、来访人员应自觉遵守有关法律法规和学校的规章制度,维护正常办学秩序。

七、本制度自印发之日施行,由党政办公室负责解释。

中国科学技术大学一流学科建设专项实施方案

(校研字〔2017〕79 号,2017 年 5 月 12 日)

第一章 总 则

第一条 为推进科教兴国、人才强国和创新驱动发展战略,贯彻落实党中央、国务院关于建设世界一流大学和一流学科的重大战略决策部署,根据《国务院关于印发统筹推进世界一流大学和一流学科建设总体方案的通知》(国发〔2015〕64 号)、《教育部、财政部、国家发展改革委关于印发〈统筹推进世界一流大学和一流学科建设实施办法(暂行)的通知〉》(教研〔2017〕2 号)和学校“十三五”改革发展规划,实现中国科学技术大学(以下简称“中国科大”)建设世界一流大学和一流学科的目标,制定本方案。

第二条 一流学科建设指导思想:全面贯彻党的十八大和十八届三中、四中、五中、六中全会精神和习近平总书记系列重要讲话精神,特别是习近平总书记 2016 年 4 月 26 日考察中国科大的重要讲话精神,牢固树立“四个意识”,认真落实党中央“四个全面”战略布局和“五大发展理念”;以“培养中国特色社会主义事业建设者和接班人”为核心,全面贯彻党的教育方针,坚持社会主义办学方向,加强党的领导,以立德树人为根本,做好“四个服务”;在中国科学院“三个面向”“四个率先”的新时期办院方针指导下,秉承“红专并进、理实交融”的校训,坚持“全院办校、所系结合”的办学方针,勇于创新、敢于超越、力争一流,力争在“十三五”期间将中国科大建设成为世界一流大学,在若干领域建设一批世界一流学科。

第三条 一流学科建设基本原则。

——坚持以一流为目标。引导学科找准定位,瞄准中国特色、世界一流,形成一流学科梯队结构,培养一流高端人才、产出一流学术成果,推进世界一流大学、一流学科建设。

——坚持以需求为导向。瞄准科学前沿与国家重大需求,找准学科持续发展的路径,凝练发展方向,汇聚学科团队,打造学科高峰,服务我校建设世界一流大学。

——坚持以特色为引领。坚持中国科大长期葆有的办学特色，强化基础学科创新传统和集群优势，发展高水平的工程与高技术学科和新兴交叉学科，建设具有中国科大风格与特色的世界一流学科。

——坚持以绩效为杠杆。建立激励约束机制，强化目标导向、过程管理、绩效考核和动态调整，充分激发学科内生动力和发展活力，引导学科不断提升育人水平和科研质量。

第四条 一流学科建设目标：以建设世界一流学科为目标，以基础前沿学科为抓手，发挥其先锋引领作用，率先进入国际一流行列，以此带动学校整体学科水平的提升。到2020年，力争更多学科领域进入ESI全球学科排名、QS世界大学学科排名、泰晤士高等教育世界大学学科排名(THE)、上海交大软科世界一流学科排名(ARWU-FIELD)及教育部学位与研究生教育发展中心学科评估结果等第三方评价学科排名，并在排名中有更好的表现；理学学科群保持国内领先地位，形成一批具有重要国际竞争力的基础学科群；工学学科群跻身国内一流行列，产生一批具有重大应用前景和学术价值的高技术成果；新兴交叉学科发挥重要的先锋引导作用，产出一流的学科成果。

第五条 一流学科建设设置“一流学科建设项目”与“学科平台建设项目”。一流学科建设项目用于支持学校建设世界一流学科、国内一流学科和新兴交叉学科，一流学科建设项目经费占总经费70%。学科平台建设项目用于支持学校推动一流学科建设中的公共性、平台性及专项性建设任务，学科平台建设项目经费占总经费30%。

第二章 一流学科建设项目

第六条 学校根据总体建设目标以及校内学科建设现状，设定四类一流学科建设项目及建设目标。

(一) 世界一流学科建设项目：目标是建成国际公认的一流学科，在ESI全球学科排名、QS世界大学学科排名、泰晤士高等教育世界大学学科排名、上海交大软科世界一流学科排名等第三方评价学科排名中位于前列，计划建设6个学科。

(二) 世界一流学科培育项目：目标是建成国际上有重要影响的学科，在ESI全球学科排名、QS世界大学学科排名、泰晤士高等教育世界大学学科排名、上海交大软科世界一流学科排名等第三方评价学科排名中表现良好，计划建设8个学科。

(三) 国内一流学科建设项目：目标是建成国内公认的一流学科，在教育部学位与研究生教育发展中心学科评估结果中位于前列，计划建设8个学科。

(四) 新兴交叉学科建设项目：目标是建成国内公认的有影响、有特色的新兴交叉学科，根据申报情况确定建设项目数量。

第七条 一流学科建设项目经费。

(一) 学校对四类一流学科建设项目的资助强度采用分级分块设计。

(二) 每个学科建设项目的建设经费，根据每一类别学科建设的总体额度、学科数量、学科发展需求等综合确定。

(三) 一流学科建设项目的建设周期为2016～2020年。

(四) 一流学科建设项目经费计划额度的70%按年度直接划拨，30%将与学科建设绩效挂钩。学科建设责任单位须按时提交项目建设的年度进展报告、中期检查与终期考核材料。学校根据年度进展、中期检查与终期考核情况，对 30％的经费进行动态调整。

第三章 一流学科建设项目申报与评审

第八条 一流学科建设项目采取申报制。

（一）凡是有意进入建设项目的学科，必须提交一流学科建设项目申报书。

（二）一流学科建设项目申报书内容包括：建设目标、建设方案、可行性分析、项目实施条件、项目进度及计划安排、项目支出预算情况等。

（三）理工类学科的项目支出预算原则上须安排不少于 30％的经费购买实验仪器设备。一流学科建设项目经费购买的仪器设备旨在为一流学科建设服务，应具备公共性、通用性与共享性。一流学科建设项目负责人提出仪器设备购买建议，经相关专家组论证后购买。学校公共实验中心主体涵盖的学科方向，其仪器设备购置后原则上交由校公共实验中心管理。

第九条 一流学科建设项目目标设定。

（一）一流学科建设项目目标设定要明确、可量化，且在保证可行性的基础上，具有挑战性。

（二）一流学科建设项目目标设定可选取第三方评价学科排名指标，包括 ESI 全球学科排名、QS 世界大学学科排名、泰晤士高等教育世界大学学科排名、上海交大软科世界一流学科排名以及教育部学位与研究生教育发展中心学科评估结果等；此外，学科可以增加设定本学科特色指标。

第十条 一流学科建设项目申报的责任主体。

（一）学院（含国家实验室、国家重点实验室，下同）是一流学科建设项目的申报单位，也是学科建设项目的管理单位。学院对学科建设项目目标的实现与阶段性考核负主体责任。

（二）一级学科是具体建设单元（除新兴交叉学科），新兴交叉学科以新兴学科、交叉学科为建设单元，学院以一级学科或是新兴交叉学科为单元进行申报。

（三）学院可根据学院“十三五”规划以及学院整体发展需要，协调配置学院内学科建设资源。

第十一条 一流学科建设项目联合申报。

（一）同一学科在不同学院，或者是几个学科共建的新兴交叉学科，可以采取几个学院联合申报。

（二）明确联合申报学院名单及各学院内该学科的负责人。

（三）明确第一责任学院，作为该学科在学校的承建学院代表。

（四）明确学科建设过程中各学院的职责、任务划分以及经费分配与使用规则，并签订学院联合协议，作为申报材料附件。

第十二条 一流学科建设项目评审与答辩。

（一）在一流学科建设领导小组的指导下，一流学科建设工作小组负责组织一流学科建设项目的评审与答辩工作。具体评审流程如下：

——学校相关职能部门对学院提交的一流学科建设项目申报书进行审核。

——一流学科建设领导小组或领导小组委托的专家委员会，根据现场答辩情况、申报书、职能部门的审核情况等对申报学科进行评审，评出各类入选学科。

（二）项目答辩流程：项目答辩分批进行，第一批进行世界一流学科建设项目答辩，第二批至第四批分别进行世界一流学科培育项目答辩、国内一流学科建设项目答辩、新兴交叉学科建设项目答辩。参评世界一流学科建设项目落选的学科可参加世界一流学科培育项目答辩，须根据学科建设目标要求对申报书做相应的调整，同理于其他三类学科。

第四章　学科平台建设项目

第十三条　学科平台建设项目具有专项性、全校性和公共服务性的特点，涵盖人才培养、科学研究、国际合作、公共服务等方面。项目建设中需要突出课程建设、实验设备更新等建设任务。

第十四条　学科平台建设项目申报。

（一）学科平台建设项目实行申报制，凡是有意进入建设项目的部门，必须提交学科平台建设项目申报书。

（二）学校职能部门、服务部门或其他相关部门是学科平台建设项目申报主体。学校相关部门既可以是项目建设单位，直接开展项目建设工作；也可以是项目管理单位，向全校发布项目指南，由学院组织申报。学校相关部门对学科平台建设目标的实现与阶段性考核负主体责任。

（三）学科平台建设申报书内容包括：建设目标、建设方案、项目进度及计划安排、项目支出预算等。

第十五条　学科平台建设项目评审。

（一）在一流学科建设领导小组的指导下，一流学科建设工作小组负责组织学科平台建设项目的评审工作。

（二）项目评审依据：建设目标价值、项目公共性、建设可行性、经费合理性、管理有效性等。

第十六条　学科平台建设项目经费管理。

（一）学校在统筹全校学科平台建设项目基础上，依据项目建设规模、目标挑战性、建设任务量确定各个项目的资助强度。

（二）学科平台建设项目的建设周期为2016～2020年。

（三）学科平台建设项目责任单位须提交年度进展报告，参与项目中期检查与终期考核，学校将根据检查和考核结果对所建项目的经费进行动态调整。

第五章　一流学科建设的领导与管理

第十七条　一流学科建设领导小组。

（一）成立由党委书记、校长担任双组长的一流学科建设领导小组。

（二）全面领导中国科大一流学科建设工作，负责宏观布局、统筹协调、经费配置等重要事项决策。

第十八条 一流学科建设工作小组。

在一流学科建设领导小组的领导与宏观决策下，负责组织一流学科建设项目与学科平台建设项目的申报、评审及过程管理，与上级部门及校内相关职能部门进行工作对接，同时完成领导小组交办的其他工作。

第十九条 经费使用与财务管理。

（一）一流学科建设经费，包括一流学科建设项目经费与学科平台建设项目经费，由学校财务处统一管理。

（二）经费使用必须按照学科建设申报立项的计划使用，必须符合国家财务管理制度与学校财务管理规定。

第六章 附 则

第二十条 本方案由中国科大一流学科建设领导小组负责解释。

第二十一条 本方案经学校党委常委会通过，自印发之日起施行。

中国科学技术大学督促检查工作办法（试行）

（校办字〔2017〕148号，2017年7月26日）

第一条 为进一步改进工作作风，提高工作效率，保证学校重大决策、重要工作部署及时、准确、全面地贯彻落实，有效推进世界一流大学建设，根据中共中央《关于加强新形势下党的督促检查工作的意见》和国务院办公厅《关于进一步加强政府督促检查工作的意见》等精神，结合学校工作实际，制定本办法。

第二条 督促检查工作原则。

（一）紧扣中心，突出重点。紧扣学校党的建设、教学科研中心任务和重点工作，集中力量抓好事关全局的重大决策、重要部署和重要事项的督查落实。

（二）归口管理，分工承办。督促检查工作实行归口管理，承办单位负责被检查事项的落实。

（三）明确时限，注重实效。对确定的督促检查事项提出明确的时限要求，督促相关单位及时办理，按时反馈结果，确保督查落在实处，取得实效。

（四）加强协调，保证质量。整合力量，及时协调处理好督促检查工作中出现的矛盾和问题，高质量地完成督促检查任务。

第三条 督促检查工作责任主体。

校领导对学校督促检查工作负领导责任，并根据分工，负责职责范围内事项的督促检查；党政办公室协助校领导做好学校重大决策、重要工作的督促检查；责任单位主要负责人为被检查事项的第一责任人，安排专人负责承办事项落实工作；纪委、监察审计处根据职责权限对承办单位执行情况进行监督监察。

第四条 督促检查工作内容。

（一）上级部门工作部署的贯彻落实情况。

（二）学校党政工作要点、事业发展规划确定的主要目标任务的落实情况。

（三）学校党委常委会议、校长工作会议等重要会议议定事项的落实情况。

（四）上级部门和校领导重要批示、交办事项的落实情况。

（五）群众来信来访及师生员工反映强烈的热点、难点问题的办理情况。

（六）其他需要督促检查的事项。

第五条 督促检查工作程序。

（一）建立清单，明确事项。根据有关会议决定和学校领导要求，由党政办公室形成“中国科学技术大学督促检查事项落实情况清单”（以下简称“清单”），明确责任事项、责任单位、完成时限等，报相关校领导审定后，印发督促检查通知。

（二）督查催办。责任单位收到通知后，应按照对应的事项要求认真办理，并在三个工作日之内将落实情况反馈给党政办公室。党政办公室对清单事项信息进行维护，督办通知发出后，一周内整理督办结果报送校领导。遇特殊情况需要延长办理时间的，责任单位要及时向分管校领导汇报原因并将办理进展情况及延时原因以书面形式报党政办公室，并在清单的落实情况中标明。

（三）检查归档。党政办公室按照清单上明确的事项对各单位反馈情况进行检查。对不符合交办要求的，退回承办单位补办或重办；对符合交办要求的，及时向有关校领导或会议报告结果，经审核通过，将事项从清单中移除。督促检查事项办结后，党政办公室对相关材料进行整理归档。

第六条 督促检查工作要求。

（一）督促检查工作应坚持实事求是精神，深入调查研究，及时、全面、准确地了解和反馈有关情况。

（二）督促检查过程中，党政办公室要加强与承办单位之间的沟通、联系与协调。

（三）承办事项若涉及多单位协同完成，牵头承办单位应主动协调其他相关单位，确保工作有效落实。

（四）各单位负责人是本单位被检查工作的责任人，对职责范围内的各项工作要经常进行督促检查。督促检查结果要作为对各单位年度工作考核的依据。

第七条 督促检查结果运用。

党政办公室对督促检查事项的办理落实情况进行汇总，并适时在一定范围内进行通报。督促检查结果作为干部任免、民主评议、年度考核、评优评先的重要依据之一。

第八条 本办法由党政办公室负责解释。

第九条 本办法自印发之日起施行。

中共中国科学技术大学委员会关于推进“两学一做”学习教育常态化制度化实施方案

（党组字〔2017〕47号，2017年6月9日）

为贯彻落实中共中央办公厅《关于推进“两学一做”学习教育常态化制度化的意见》要求，推进我校“两学一做”学习教育常态化制度化，根据《中共中国科学院党组关于推进“两学一做”学习教育常态化制度化实施方案》《中共教育部党组关于推进高等学校“两学一做”学习教育常态化制度化的实施意见》《安徽省学校系统基层党组织建设标准（试行）》，结合我校工作实际，特制定本实施方案。

一、充分认识推进“两学一做”学习教育常态化制度化的重大意义

开展“两学一做”学习教育，是坚持思想建党、组织建党、制度治党紧密结合的有力抓手，是不断加强党的思想政治建设的有效途径，为新形势下落实全面从严治党要求积累了成功经验。推进“两学一做”学习教育常态化制度化，对于进一步用习近平总书记系列重要讲话精神武装全党，加强和规范党内政治生活，保持党的先进性和纯洁性，增强党的生机活力，确保全党更加紧密地团结在以习近平同志为核心的党中央周围，激励全校党员师生为实现崇高理想和宏伟目标而不懈奋斗，努力创建世界一流大学，具有重大而深远的意义。

二、明确推进“两学一做”学习教育常态化制度化的基本目标要求

推进“两学一做”学习教育常态化制度化，必须紧密联系本部门本单位实际，把思想教育作为首要任务，坚持用党章党规规范党组织和党员行为，用习近平总书记系列重要讲话精神武装头脑、指导实践、推动工作，坚持学思践悟、知行合一，坚持全覆盖、常态化、重创新、求实效，不断增强党组织和党员的政治意识、大局意识、核心意识、看齐意识，不断增强党内政治生活的政治性、时代性、原则性、战斗性，不断增强党自我净化、自我完善、自我革新、自我提高能力，确保党的组织充分履行职能、发挥核心作用，确保党员领导干部忠诚干净担当、发挥表率作用，确保广大党员党性坚强、发挥先锋模范作用，为统筹推进世界一流大学建设提供坚强组织保证。

坚持融入日常、抓在经常。校党委、各院级党组织要以党委中心组学习、民主生活会等制度为主要抓手，组织党员领导干部定期开展集体学习；各基层党组织以“三会一课”为基本制度，以党支部为基本单位，把“两学一做”作为党员教育的基本内容，长期坚持、形成常态。突出问题导向，建立完善及时发现和解决问题的有效机制，推动各级党组织和党员依靠自身力量修正错误、改进提高；注重以上率下，严格和规范双重组织生活制度，充分发挥领导干部带头示范作用，防止“灯下黑”；激发基层活力，充分调动党支部积极性主动性创造性，探索创新党内教育和组织生活的有效方法；选树先进典型，宣传践行“两学一做”优秀党员先进事迹，树立时代楷模，引导党员、干部见贤思齐；坚持常抓不懈，防止和克服紧一阵松一阵、表面化形式化、学习教育与思想工作实际“两张皮”等不良倾向。

三、精心安排学习内容

各级党组织要按年度作出学习安排，党员领导干部要根据自身实际制订个人自学计划，每年完成规定的学习任务。坚持读原著、学原文、悟原理，联系实际学、带着问题学、不断跟进学，领会掌握基本精神、基本内容、基本要求，做到学而信、学而思、学而行。

（一）深入学习党章党规。学习党章党规要深刻认识党章党规是管党治党的总规矩总遵循，引导党员尊崇党章、遵守党章、维护党章，坚定理想信念，对党绝对忠诚。践行党内政治生活准则、党内监督条例和廉洁自律准则等党内法规要求，做到严明政治纪律、严肃党内政治生活、坚决维护党中央权威。

（二）深入学习习近平总书记系列重要讲话。学习习近平总书记系列重要讲话要深刻认识讲话的重大理论意义和实践意义，深刻理解讲话的时代背景、鲜明主题、科学体系，准确把握蕴含其中的治国理政新理念新思想新战略，领会掌握贯穿其中的马克思主义立场观点方法。要把学习习近平总书记系列重要讲话同学习马克思列宁主义、毛泽东思想、邓小平理论、“三个代表”重要思想、科学发展观紧密结合起来。党员领导干部在学习上要有更高标准、更高要求。继续学深学透习近平总书记考察我校重要讲话精神，强化理论武装，指导办学实践，坚持文化自信，办好中国特色世界一流大学。

（三）做“四个合格”党员。各级党组织要教育引导广大党员按照“四讲四有”标准，做到政治合格、执行纪律合格、品德合格、发挥作用合格。党员领导干部要按照政治家、教育家的要求，做到“四个表率”，即政治坚定、把握方向的表率，解放思想、改革创新的表率，清正廉洁、勤政为民的表率，民主团结、求真务实的表率。党员教师要坚持教书和育人相统一、言传和身教相统一、潜心问道和关注社会相统一、学术自由和学术规范相统一，做有理想信念、有道德情操、有扎实学识、有仁爱之心的好老师，做学生锤炼品格、学习知识、创新思维、奉献祖国的引路人。党员学生要自觉践行正确认识世界和中国发展大势、正确认识中国特色和国际比较、正确认识时代责任和历史使命、正确认识远大抱负和脚踏实地的要求，努力做“勤学、修德、明辨、笃实”的表率，坚定理想信念，练就过硬本领，勇于创新创造，矢志艰苦奋斗，锤炼高尚品格，不断增强社会责任感、创新精神和实践能力。

（四）联系思想工作实际经常查找解决问题。各级党组织和广大党员要坚持学做结合，突出针对性，敢于直面问题，勇于自我革命，把查找解决问题作为“两学一做”学习教育的规定要求。党员要对照党章党规，对照系列讲话，对照先进典型，把自己摆进去，经常自省修身，打扫思想灰尘、进行“党性体检”，有什么问题解决什么问题，什么问题突出重点解决什么问题；要查找分析理想信念是否坚定、对党是否忠诚老实、大是大非面前是否旗帜鲜明、是否做到在思想上政治上行动上同以习近平同志为核心的党中央保持高度一致，着力解决党的意识不强、组织观念不强、发挥作用不够等问题。各级党组织要查找分析是否落实全面从严治党主体责任，是否坚决执行党的理论和路线方针政策，是否认真坚持民主集中制，着力解决党的领导弱化、党的建设缺失、管党治党宽松软等问题。党支部要查找分析组织生活是否经常、认真、严肃，党员教育管理监督是否严格、规范，团结教育服务群众是否有力、到位，着力解决政治功能不强、组织软弱涣散、从严治党缺位等问题。

要把党的组织生活作为查找和解决问题的重要途径，注意听取群众的意见和反映，抓早抓小、防微杜渐。民主生活会和组织生活会要严肃认真开展批评和自我批评，坚持“团结—

批评—团结”，严于自我解剖，热忱帮助同志。谈心谈话要经常，坦诚相见、交流思想，发现问题及时提醒。各级党组织要把本单位严重违纪违法干部忏悔录作为反面教材，认真开展警示教育。主要负责同志要在民主生活会上通报班子成员受到谈话函询情况；被谈话函询的党员领导干部，存在错误的应当作出深刻检查，受到提醒的应当作出整改表态，没有问题的说明谈话函询情况即可。

（五）党员领导干部要率先垂范。党员领导干部特别是校级领导干部要把“两学一做”作为锤炼党性的基本功、必修课，加强政治能力训练，加强政治历练，自觉把讲政治贯穿于日常工作生活全过程、贯穿于党性锻炼全过程，时刻牢记自己第一身份是党员，无论职务高低，都要以普通党员身份参加党的组织生活。要带头学习，认真学习党章党规，知敬畏、存戒惧、守底线；学深悟透习近平总书记系列重要讲话精神，不断增强“四个意识”。要带头做合格党员、合格领导干部，时刻检视存在的差距和不足，自觉同特权思想和特权现象作斗争，不断改造自己，提高思想政治觉悟。要践行“三严三实”要求，履职尽责、奋发有为，敢于担当、建功立业，重实干、务实功、办实事、求实效，努力创造经得起实践、人民、历史检验的实绩。要严格执行中央八项规定精神，密切联系群众，切实改进作风，严格要求自己和身边工作人员，注重家庭、家教、家风，保持清正廉洁的政治本色。

四、把“两学一做”学习教育纳入党支部“三会一课”等基本制度，促进党支部建设标准化

党支部是党最基本的组织，是党全部工作和战斗力的基础。要树立党的一切工作到支部的鲜明导向，注重把思想政治工作落到支部，把从严教育管理党员落到支部，把群众工作落到支部。党支部要充分发挥教育管理党员的主体作用，运用“三会一课”等制度抓好“两学一做”学习教育，真正成为教育党员的学校、团结群众的核心、攻坚克难的堡垒。

党支部要组织党员按期参加党员大会、党小组会和上党课，定期召开支部委员会会议。支部党员大会一般每季度召开1次，支部委员会一般每月召开1次，党小组会一般每月召开1～2次，每季度上1次党课。

坚持党员领导干部讲党课制度，各级党组织书记每年至少为基层党员讲一次党课，党课内容要贴近党员、贴近实际，不搞照本宣科。“三会一课”要突出政治学习和教育，突出党性锻炼，坚决防止表面化、形式化、娱乐化、庸俗化。要以学习党章党规、学习习近平总书记系列重要讲话为主要内容，针对党员思想工作实际，确定“三会一课”的主题和具体方式，做到形式多样、氛围庄重。

推广党支部主题党日，组织党员在主题党日开展“三会一课”、交纳党费、参加服务群众等活动。利用红色教育基地等开展开放式组织生活。

党支部要制订年度“三会一课”计划并报上级党组织备案，如实记录“三会一课”开展情况，对没有正当理由长期不参加“三会一课”的党员，要进行批评教育，促其改正。上级党组织要对党支部执行“三会一课”情况进行指导检查，对不经常、不认真、不严肃的，要批评指正；情况严重的，要采取整顿等措施，进行组织处理。

合理设置党支部，不断扩大党的组织和工作覆盖面。在职教职工党支部一般按院（系）、专业、教研室、部门等教学科研管理实体设置。学生党支部一般按学科专业设置或按年级、班级设置，党员人数规模一般在30人以内。

党的支部委员会一般设委员3～5人、设书记1人，党员数不足7人的，可只设书记1人；设委员会的党支部设纪律检查委员；不设委员会的支部，应指定专人负责纪检工作。党的支部委员会和不设支部委员会的支部书记、副书记每届任期3年；期满按时换届，严格执行基层党组织换届情况定期报告制度。

党支部每年开展1次民主评议党员工作，开展党性分析，对党员进行评议，确定评议等次，稳妥慎重处置不合格党员。每半年召开1次党员组织生活会。遇有重要情况，及时召开。建立"党员活动日"制度，每月固定1天，组织党员开展活动，活动记录规范。紧密结合学校实际和党员群体特点，注重运用"两微一端"等信息化手段，采取"微党课"、网上组织生活等形式，不断提高组织生活的吸引力和实效性。

选好配强党支部班子，把优秀党员选拔到支部书记岗位。加强对党支部书记的培训，帮助其提高党务工作能力。建立党支部工作经常性督查指导机制，持续整顿软弱涣散党支部，为党支部开展工作和活动提供必要保障。

精准推进党支部标准化建设，真正把每个党支部都建得符合标准。党支部要自主抓学习、自身严管理、自我强功能，特别是支委要带头学、亲自抓、领着做，以自身过硬带动支部过硬。

五、 层层推动工作落实

各院级党组织要把推进"两学一做"学习教育常态化制度化作为全面从严治党的战略性、基础性工程，高度重视，精心组织，抓常抓细抓长。要切实履行主体责任，每年要专门研究部署，一级抓一级，层层抓落实。及时总结交流新鲜经验，发现和解决存在问题。

校党委将把组织开展"两学一做"学习教育情况纳入各级党组织党建工作考核的重要内容，每年结合总结、述职进行检查和评估，作为评判党组织和党组织书记履行管党治党责任情况的重要依据；把党支部工作情况纳入各级党组织和学校绩效考核范围，注重从党支部工作成效和党员作用发挥看效果、让党员群众作评价。加强督促指导，发挥"两学一做"学习教育常态化制度化的带动效应，加强基层党建工作薄弱环节，梳理分析工作短板，研究确定若干重点任务，集中力量攻坚克难。对工作落实不力、搞形式走过场的，将严肃批评、追责问责。

中共中国科学技术大学委员会2017～2019年发展党员工作规划

（党组字〔2017〕60号，2017年7月3日）

发展党员工作，是党的建设一项基础性、经常性的重要任务，是党的组织建设的重要内容。党的十八大对如何做好新形势下发展党员工作提出了新的更高的要求。为进一步加强发展党员工作，根据《党章》《中国共产党发展党员工作细则》《安徽省发展党员工作规划》等精神和要求，特制订本计划。

一、指导思想

坚持以党的十八大和十八届二中、三中、四中、五中、六中全会精神为指导，牢牢把握加强党的执政能力建设、先进性和纯洁性建设这条主线，按照“控制总量、优化结构、提高质量、发挥作用”的总要求，明确目标、突出重点，健全机制、务求实效，不断提高发展党员工作制度化、规范化、科学化水平，努力建设一支信念坚定、素质优良、结构合理、纪律严明、作用突出的党员队伍，为巩固党的执政基础、提高党的执政能力提供组织保证。

二、工作目标

加大在优秀教职工和本科生中发展党员的力度，教工党员累计 36 人，高级专业技术职务及以上人员不少于 18 人；每年发展本科生党员数不少于学生党员发展计划数 650 人的三分之一。

三、主要措施

1. 务实工作基础，强化培训教育。培养一支数量足、素质高的入党积极分子队伍是做好发展党员的前提和保证。加强网上党校平台建设，充分利用网上党校、上级党组织专题网络培训班，加强对入党积极分子的培训教育；每年举办两期实体党校，发挥面授党校的作用，通过网上网下相结合的方式，确保入党积极分子培训教育全覆盖、常态化。

2. 规范发展党员程序，确保新党员质量。每年举办党支部书记培训班、党务工作者培训班，对《中国共产党发展党员工作细则》进行解读，针对发展党员过程中出现的问题进行交流培训。给各支部发放中国共产党发展党员工作流程图，强化工作流程和工作指导。

3. 坚持把政治标准放在首位，严把“入口关”。坚持政治标准，既要突出政治上的先进性、素质上的全面性，更要突出标准上的严肃性，坚持成熟一个发展一个，防止把不具备党员条件的人吸收入党。加强政治审查，凡是未经政治审查或政治审查不合格的，不能发展入党。

4. 明确各院级党组织党员发展计划，加强督促检查。建立教工党员重点发展对象跟踪落实制度，各院级党组织党员班子成员每人必须联系 1～2 位发展对象，加强思想引导，从工作、生活思想等各方面给予关心、互动交流；给本科生人数多的院级党组织下拨一定比例的党员发展指标，要求院级党组织采取积极措施加大本科生党员发展力度。

四、组织领导

各院级党组织要把发展党员工作列入重要议事日程，定期研究发展党员工作。校党委把各院级党组织发展党员情况纳入基层党建述职评议考核重要内容，建立党员发展工作责任制；对各院级党组织发展党员工作加强调查研究和具体指导，发现问题及时解决，提高执行发展党员工作计划的精细化水平。

中共中国科学技术大学委员会
2017～2019年党务工作培训规划

（党组字〔2017〕75号，2017年7月17日）

为深入贯彻落实党的十八届六中全会精神，扎实推进“两学一做”学习教育常态化制度化，进一步提高基层党务工作者的党性修养和业务能力，努力培养造就一批高素质的党务工作队伍，不断提高基层党建工作水平，结合学校工作实际，特制订本规划。

一、指导思想

认真贯彻落实中央《关于加强和改进新形势下高校思想政治工作的意见》精神，深入学习习近平总书记系列重要讲话精神和治国理政新理念新思想新战略，特别是视察我校的重要讲话精神，坚持社会主义办学方向，全面提高党务工作者的素质和能力，推动党务工作队伍专业化职业化建设，充分发挥基层党组织的战斗堡垒作用和党员的先锋模范作用，为推进世界一流大学建设提供坚强组织保证。

二、工作目标

在扎实推进“两学一做”学习教育常态化制度化基础上，实现党务培训全覆盖、常态化，努力培养和造就一支政治可靠、作风过硬、群众信任、团结协调的基层党务工作队伍，进一步增强基层党组织的创造力、凝聚力和战斗力。

三、主要措施

（一）学校党委层面

1. 入党积极分子培训。充分发挥党校的阵地和熔炉作用，加强网上党校建设，丰富学习内容，规范管理制度；每年举办2次面授党校。通过网上网下相结合的方式，加强对入党积极分子的培养教育。每年计划网上党校培训500人，面授党校培训350人。

2. 党务工作者培训。每年举办1次全校党支部书记培训、1次全校党务工作者培训，就支部工作开展、规范党员组织生活、规范党员发展程序、优秀人才中发展党员、党员教育管理等方面进行有针对性的培训，就具体开展党务工作进行交流讨论。

3. 党务干部培训。积极选派党务干部参加中央党校、中组部、中科院、安徽省等上级党组织举办的各类高层次培训班，加强理想信念教育，提高党性修养。组织党务干部参加新提任中层干部培训班，帮助新提任中层干部尽快完成角色转换，提高政治素养、管理技能和业务水平。

（二）院级党组织层面

1. 新党员培训。每年开展1次新党员培训，对新党员加强理想信念教育，不断提高党员的党性修养。院级党组织要对党员每一次培训做好考勤和学习纪录，确保党员培训达到规定学时。党委组织部在培训方案上给予工作指导（详见附件1）。

2. 新任党支部书记培训。党组织换届后，对新任党支部书记、党支部委员进行任职培训，重点围绕党支部的性质、党支部书记的职责、党的组织生活、“两学一做”学习教育常态化制度化工作等内容进行培训，不断提升党支部书记、党支部委员的党性修养、履职能力和工作水平。

四、组织领导

党委组织部负责党务培训工作的安排部署、指导协调、督促检查。各院级党组织要把党务工作培训作为一项基础性工作列入议事日程，纳入党建工作责任制，作为党建工作述职评议考核的重要内容，一级抓一级、层层抓落实，确保培训工作有组织、有计划进行。

附件

新党员教育培训工作方案

为深入贯彻落实党的十八大和十八届三中、四中、五中、六中全会精神，提高我校新党员的思想政治理论水平，增强党性修养，强化党员意识，充分发挥共产党员在学校各项工作中的先锋模范作用，根据《中国共产党章程》和党内有关文件规定，结合学校工作实际，特制定本工作方案。

一、指导思想

深入学习贯彻十八届六中全会精神、习近平总书记系列重要讲话精神和治国理政新理念新思想新战略，坚持社会主义办学方向，以全面提高党员的素质和能力为目标，深入开展党员教育培训，创新培训形式，加强培训管理，提高培训质量，推动广大党员发挥先锋模范作用，为推进世界一流大学建设提供坚强保证。

二、总体目标

通过教育培训，进一步深化新党员对党的基本知识和理论的理性认识，强化党员意识，增强党的观念，提高党性修养，在学习、生活和工作中充分发挥共产党员的先锋模范作用，真正解决从思想上入党。

三、培训内容

培训内容主要包括习近平总书记系列重要讲话精神和治国理政新理念新思想新战略，党的十八大以来党和国家重大方针政策；党章和党内有关纪律规定；如何以实际行动做一名合格共产党员等。

四、培训形式

培训采取视频教学、专题讲座、课后自学和撰写学习体会相结合等形式进行，党员每年集中学习培训时间不少于32学时。

五、培训要求

1. 参加培训的学员要妥善安排好学习工作，保证全程参加学习。学习期间，严格遵守纪律，不得旷课、迟到、早退，因故不能参加者，必须履行请假手续。

2. 培训结束后，每位学员要撰写学习体会交院级党组织。学习体会要求观点鲜明、论述清晰，紧密结合学习工作实际，字数不少于1000字。

中国科学技术大学院系级党组织书记抓基层党建述职评议考核工作实施办法

（党组字〔2017〕77号，2017年7月17日）

为推动全面从严治党向基层延伸，进一步严密组织体系、严肃党内组织生活、严格党员教育管理、严明党建工作责任制，扎实推进"两学一做"学习教育常态化制度化，不断改进和提高基层党建工作水平，为世界一流大学建设提供坚实的组织保障，特制定本实施办法。

一、述职评议考核的时间、范围和方式

1. 考核时间：每年开展一次，一般在年底进行。

2. 考核范围：各分党委、党总支、直属党支部负责人。其他系级党组织书记考核由学院组织实施，并将考核结果报校党委备案。

3. 考核方式：学校成立专门考核组，考核组成员由全体党员校领导、有关职能部门负责人、各单位党政正职等组成；召开述职评议考核会议，党组织书记进行述职，时间为10分钟；考核组成员点评10分钟。

二、述职评议考核的内容

述职评议考核工作重点围绕贯彻中央关于加强高校党建工作部署要求，全面提升高校基层党组织建设水平进行，突出解决基层党建和思想政治工作弱化、淡化、虚化、边缘化等问题。内容主要包括：

（一）工作清单

1. 履行党建责任情况：院系级党组织履行抓党建主体责任，贯彻上级党组织决定，落实党政联席会议制度、党委理论学习中心组学习制度，参与讨论决定重大事项，具体指导党支部工作，在党员干部队伍和教师队伍建设中发挥主导作用、严把政治关等情况；党组织书记履行抓党建第一责任人职责，主持党组织会议、研究党建工作等事项、加强调研指导、解决重点问题和为师生讲党课、上思想政治理论课等情况；班子其他成员履行"一岗双责"、抓好分管领域基层党建情况。

2. 严格规范组织生活情况：推进"两学一做"学习教育常态化制度化情况；督促考核党支部，强化支部主体责任，优化支部设置，配齐配强党支部书记情况；落实"三会一课"、支部组织生活会、民主评议党员、领导干部双重组织生活、主题党日开展等情况。

3. 基础性党务工作情况：做好在优秀大学生和青年教师中发展党员工作，加强党员教育管理和党务工作者培训情况，党员组织关系转接、党费收缴管理使用、党组织按期换届等情况。

4. 党建推动单位发展情况：在参与学校综合改革、推动教学科研管理、维护校园安全稳定等中心任务和各项工作中，发挥基层党组织战斗堡垒作用和党员先锋模范作用等情况；整顿软弱涣散基层党组织，强化基层基础保障等情况。

5. 思想政治与群团、统战工作情况：加强党务思政队伍建设情况；定期联系走访师生、了解掌握思想动态，有针对性地开展思想政治教育等情况；强化师德师风和教风学风建设情

况;实施党建带团建、做好群团组织和教代会、学代会工作,开展统一战线工作等情况。

6. 落实全面从严治党主体责任和意识形态工作责任制情况:加强党风党纪教育,强化思想理论武装,落实从严治党主体责任情况;强化党风廉政建设,落实"一岗双责"、廉洁从业风险防控工作情况;落实意识形态工作责任制,加强课堂和各类宣传思想文化阵地管理以及师生的教育管理,切实履行意识形态工作主体责任情况。

(二) 问题清单

本单位党建工作存在的突出问题。

(三) 任务清单

加强和改进本单位党建工作的主要思路和整改措施。

(四) 档案清单

抓好基础性工作,做好档案材料的收集整理,做到"五个可查阅":管理制度可查阅,工作开展可查阅,党员信息可查阅,会议记录可查阅,活动开展可查阅。

各分党委、党总支、直属党支部负责人要紧扣内容,真正把自己摆进去,讲清履职尽责抓基层党建工作情况,实事求是地总结成绩和经验,分析存在的突出问题,提出加强和改进工作的思路措施,注重用数据、事例说话,防止虚、空、飘。述职报告的"工作清单""问题清单""任务清单"以 PPT 形式展现,"档案清单"不列入 PPT,只需提供书面文档材料复印件分类整理成档案盒备查。

三、述职评议考核的方法步骤

1. 认真撰写述职报告。各分党委、党总支、直属党支部负责人按照内容要求提前准备述职报告 PPT 和档案清单材料。

2. 召开述职评议考核会。考核会上,校领导根据平时调研和会上了解的情况,进行点评;考核组成员进行现场民主测评(述职报告 PPT 内容占 60%,档案材料占 40%),分为好、较好、一般、差四个等次做出总体评价。

3. 确定考核结果。测评结果向校党委汇报,由校党委常委会议研究确定考核等次,与相关年度绩效挂钩。

4. 抓好整改落实。各分党委、党总支、直属党支部负责人要认真梳理分析自己查摆、考核组点评中指出的问题,逐项抓好整改落实,明确努力方向,确保整改事项落到实处。

中国科学技术大学党政领导人员选拔任用工作办法

(党组字〔2017〕78 号,2017 年 7 月 21 日)

第一章 总 则

第一条 为认真贯彻执行党的干部路线、方针、政策,落实从严治党、从严管理干部的要求,建立科学规范的党政领导人员选拔任用制度,形成富有生机与活力、有利于优秀人才脱颖而出的选人用人机制,推进干部队伍的革命化、年轻化、知识化、专业化,建设一支高素质的党政领导人员队伍，保证党的基本路线和教育方针在学校创建世界一流大学进程中得以全面贯彻实施，根据中央《党政领导干部选拔任用工作条例》《事业单位领导人员管理暂行规定》和中科院有关规定，结合我校实际，制定本办法。

第二条 选拔任用党政领导人员，必须坚持下列原则：

（一）党管干部原则；

（二）五湖四海、任人唯贤原则；

（三）德才兼备、以德为先原则；

（四）注重实绩、群众公认原则；

（五）民主、公开、竞争、择优原则；

（六）民主集中制原则；

（七）依法办事原则。

第三条 选拔任用党政领导人员，必须符合把领导班子建设成为坚决贯彻党的基本路线和教育方针，全心全意为师生员工服务，具有合理的知识结构、能力结构和年龄结构的团结坚强的领导集体的要求。全校中层党政领导人员职数与全校在编教职工总量比例不超过1∶15配备。

第四条 本办法适用于选拔任用学校直接管理的正副处级党政领导人员。

第五条 校党委及党委组织部按照干部管理权限履行选拔任用党政领导人员的职责，负责本办法的组织实施。

第二章 选拔任用条件

第六条 党政领导人员应当具备下列基本条件：

（一）自觉坚持以马克思列宁主义、毛泽东思想、邓小平理论、“三个代表”重要思想和科学发展观为指导，深入学习贯彻习近平总书记系列重要讲话精神和治国理政新理念新思想新战略，努力用马克思主义立场、观点、方法分析和解决实际问题。旗帜鲜明讲政治，牢固树立政治意识、大局意识、核心意识、看齐意识，严守政治纪律和政治规矩，在思想上、政治上、行动上同以习近平同志为核心的党中央保持高度一致，经得起各种风浪考验。

（二）坚持党的领导，坚定中国特色社会主义道路自信、理论自信、制度自信、文化自信，坚决执行党的基本路线和各项方针政策。全面贯彻党的教育方针，坚持社会主义办学方向，忠于党的教育事业，围绕立德树人核心任务，在教学、科研和管理等各项工作中艰苦创业，实绩突出。

（三）具有胜任岗位职责所必需的文化水平、专业知识和职业素养，熟悉高等教育工作和相关政策法规，具有较好的实践经验。

（四）具有较强的组织领导和管理能力，自觉坚持党委领导下的校长负责制，坚持和维护党的民主集中制，有全局观念和改革创新精神，能够科学谋划，依法依规办事，团结合作，善于集中正确意见。

（五）有强烈的事业心和责任感，热爱教育事业，坚持原则，敢于担当，勤勉尽责，愿意承担拟任岗位职责并全身心投入到工作中。

(六) 认真履职尽责,正确行使权力,自觉维护人民根本利益,严于律己,依法办事,清正廉洁。带头践行社会主义核心价值观,加强道德修养,恪守职业道德,为人师表。

第七条 提拔担任党政领导职务的,应当具备下列资格:

(一) 提任正处级领导职务的,一般应当在副处级岗位工作两年以上。因工作需要,由教师担任正处级领导职务的,可不受在副处级岗位工作年限限制,但应当具有正高级专业技术职务。

(二) 提任副处级领导职务的,应当具有五年以上工龄和两个以上岗位的工作经历,任七级职员满三年或中级专业技术职务满四年,具有高级专业技术职务或博士学位者,可适当放宽。

(三) 提任处级领导职务,一般应当具有研究生学历或硕士及以上学位,并应当经过党校、行政学院或者党委组织部认可的其他培训机构的培训,确因特殊情况在提任前未达到培训要求的,应当在提任后一年内完成培训。

(四) 身体健康。

(五) 提任党的领导职务的,一般应有三年以上党龄。

第八条 党政领导人员应当逐级提拔,特别优秀的年轻干部或者工作特殊需要的,可以破格或越级提拔。破格或越级提拔的,应当品行端正、业绩突出、群众公认,并按照有关规定报上级部门审批。

第九条 领导班子或领导人员个别调整,应当充分发挥学校党委的领导和把关作用,坚持正确选人用人导向,严格标准条件和程序。应立足长远,充分研判班子建设需要,精准科学选人用人,注重优化领导班子结构,形成性别、年龄、经历、专长、党派、学科等方面的合理配备,增强班子整体功能。

第十条 学校加强后备干部队伍建设,选拔任用领导人员优先从后备干部中产生。各单位从严设置助理等职务,确因工作需要设置的,应报党委组织部审批。系主任、重点实验室主任等其他由学校任免的领导人员,应参照本办法执行。

第三章 动 议

第十一条 校党委或者党委组织部根据工作需要和领导班子建设实际,提出启动干部选拔任用工作意见。

第十二条 党委组织部综合有关方面建议和平时了解掌握的情况,对领导班子进行分析研判,就选拔任用的职位、条件、范围、方式、程序等提出初步建议。

第十三条 初步建议向校党委报告后,在一定范围内进行酝酿,形成工作方案。

第四章 民主推荐

第十四条 选拔任用党政领导人员,必须经过民主推荐提出考察对象。民主推荐包括会议投票推荐和个别谈话推荐,推荐结果作为选拔任用的重要参考,民主推荐的结果在一年内有效。

第十五条 领导班子换届,民主推荐按照领导班子职位的设置全额定向推荐;个别提拔任职,按照拟任职位推荐。

第十六条 领导班子换届,必须经过广泛的个别谈话,听取意见,推荐人选。参加民主推荐的范围一般包括:

(一) 选拔学院领导人员,由所在单位全体教职工或骨干教师投票进行民主推荐。

(二) 选拔机关部处室、工会、共青团、直属单位领导人员,在分管校领导、工作联系较多的单位和主要服务对象、单位全体员工等范围内进行民主推荐。

(三) 各分党委、党总支、直属党支部换届按照《中国共产党章程》《中国共产党普通高等学校基层组织工作条例》和《中国共产党基层组织选举工作暂行条例》规定的程序进行选举工作。

个别提拔任职的民主推荐范围,参照上述范围确定,可适当调整。

第十七条 领导班子换届,民主推荐由党委组织部主持,应当经过下列程序:

(一) 召开推荐会,公布推荐职务、任职条件、推荐范围,提出有关要求,填写推荐票;

(二) 进行个别谈话推荐;

(三) 对会议推荐和谈话推荐情况进行综合分析;

(四) 由党委组织部汇总推荐情况,向校党委汇报。

个别提拔任职的民主推荐程序,参照上述程序进行。也可以先进行个别谈话推荐,根据谈话情况,经校党委或者党委组织部研究,提出初步名单,再进行会议推荐。

第十八条 个人向党组织推荐领导人员人选,必须负责地写出推荐材料并署名。经党委组织部审核后,按照规定程序进行民主推荐。所推荐人选缺乏民意基础的,不得列为考察对象。

第十九条 个别特殊需要的党政领导人员人选,可以由校党委或党委组织部推荐提名,报上级组织人事部门同意后作为考察对象。

第五章 考 察

第二十条 确定考察对象,应当根据工作需要和干部德才条件,将民主推荐与平时考核、年度考核、一贯表现和人岗相适等情况综合考虑,充分酝酿,防止把推荐票等同于选举票、简单以推荐票取人。

第二十一条 有下列情形之一的,不得列为考察对象:

(一) 群众公认度不高的。

(二) 近三年年度考核结果中有被确定为基本称职以下等次的。

(三) 有跑官、拉票行为的。

(四) 配偶已移居国(境)外;或者没有配偶,子女均已移居国(境)外的。

(五) 受到组织处理或者党纪政纪处分影响使用的。

(六) 其他原因不宜提拔的。

第二十二条 校党委在民主推荐的基础上确定考察对象。考察对象人数一般应当多于拟任职务人数。

第二十三条 对确定的考察对象，由党委组织部按照干部管理权限，依据干部选拔任用条件和不同领导职务的职责要求，全面考察其德、能、勤、绩、廉。

突出考察政治品质和道德品行，深入了解理想信念、政治纪律、坚持原则、敢于担当、开展批评和自我批评、行为操守等方面的情况。

注重考察工作实绩，深入了解履行岗位职责、推动和服务本单位科学发展的实际成效。考察学院党政领导人员，应当把学科建设、人才队伍建设、教育教学工作、科研工作、党的建设等作为考核评价的重要内容。考察机关部门领导人员，应当把贯彻执行学校政策、完成学校重点工作和专项工作情况、全心全意服务师生、协作配合、工作质量与效率、外部资源争取等作为评价的重要内容。

加强作风考察，深入了解为师生服务、求真务实、勤勉敬业、奋发有为，反对形式主义、官僚主义、享乐主义和奢靡之风等情况。

强化廉政情况考察，深入了解遵守廉洁自律有关规定，保持高尚情操和健康情趣，慎独慎微，秉公用权，清正廉洁，不谋私利等情况。

第二十四条 考察党政领导职务拟任人选，应当保证充足的考察时间，经过下列程序：

（一）组织考察组，制定考察工作方案；

（二）同考察对象所在单位分管校领导（考察对象为正职）或所在单位党政主要领导（考察对象为副职）就考察工作方案沟通情况，征求意见；

（三）根据考察对象的不同情况，通过适当方式在一定范围内发布干部考察预告；

（四）采取个别谈话、实地考察、查阅资料、同考察对象面谈等方法，广泛深入地了解情况；

（五）综合分析考察情况，与考察对象的一贯表现进行比较、相互印证，全面准确地对考察对象作出评价；

（六）党委组织部综合分析考察情况，同考察对象所在单位分管校领导或所在单位党政主要领导交换意见；

（七）党委组织部集体研究提出任用建议方案，向校党委报告。

第二十五条 考察党政领导职务拟任人选，应当听取纪委、监察审计处和所在基层党组织的意见。对需要进行经济责任审计的考察对象，由党委组织部提出，监察审计处按照有关规定进行审计。

第二十六条 考察党政领导职务拟任人选，必须形成书面考察材料，建立考察文书档案。已经提拔任职的，考察材料归入本人档案。考察材料必须写实，全面、准确、清楚地反映考察对象的情况，包括下列内容：

（一）德、能、勤、绩、廉方面的主要表现和主要特长。

（二）主要缺点和不足。

（三）民主推荐、民主测评情况。

第二十七条 党委组织部派出的考察组应由两名或两名以上成员组成。考察人员应当具有较高素质和相应资格。考察组负责人应当由思想政治素质好、有较丰富工作经验并熟悉干部工作的人员担任。

实行干部考察工作责任制。考察组必须坚持原则，公道正派，深入细致，如实反映考察情况和意见，并对考察材料负责，履行干部选拔任用风气监督职责。

第六章　讨 论 决 定

第二十八条　党政领导职务拟任人选，在考察前，讨论决定或者决定呈报前，应当充分酝酿，并征求分管校领导的意见。非中共党员拟任人选，应当征求党委统战部和民主党派主要领导成员或无党派人士中代表人士的意见。

第二十九条　选拔任用党政领导人员，应当按照干部管理权限由党委常委会集体讨论作出任免决定。对拟破格提拔的人选在讨论决定前，必须报经上级组织（人事）部门同意。越级提拔或者不经过民主推荐列为破格提拔人选的，应当在考察前报告，经批复同意后方可进行。

第三十条　党委常委会讨论决定干部任免事项，必须有三分之二以上的成员到会，并保证与会成员有足够的时间听取情况介绍、充分发表意见。与会成员对任免事项应当发表同意、不同意或者缓议等明确意见。在充分讨论的基础上，采取无记名投票方式进行表决。

党委常委会有关干部任免的决定，需要复议的，应当经党委常委超过半数成员同意后方可进行。

第三十一条　党委常委会讨论决定干部任免事项，应当按照下列程序进行：

（一）党委分管干部工作的领导成员或者党委组织部负责人，逐个介绍领导职务拟任人选的提名、推荐、考察和任免理由等情况，其中涉及破格提拔的人选，应当说明破格的具体情形和理由；

（二）参加会议人员进行充分讨论；

（三）进行表决，以党委常委会应到会成员超过半数同意形成决定。

第三十二条　需要报上级备案的干部，应当按照规定及时向上级组织（人事）部门备案。

第七章　任　　职

第三十三条　实行党政领导人员任职前公示制度。

对拟提拔任职的党政领导人员，在党委常委会讨论决定后、下发任职通知前，应当在一定范围内进行公示。公示内容应当真实准确，便于监督，涉及破格提拔的，还应当说明破格的具体情形和理由。公示期不少于五个工作日（从公示的第二天开始计算）。公示结果不影响任职的，办理任职手续。

各基层党组织、工会、共青团经过正常换届选举产生的领导人员可不经公示直接任命。

第三十四条　实行党政领导人员任职试用期制度。

提拔担任非选举产生的领导职务的，实行任职试用期制度，试用期为一年。任职试用期内，领导人员履行所任职务的职责，享受相应职务的待遇。试用期满后，由学校考核组对其进行考核。

第三十五条 实行党政领导人员职务任期制。每届任期五年。任期届满经考核胜任的干部，且因工作需要，可以连任，同一职位连续任职一般不超过十年。

第三十六条 对决定任用的干部，由党委指定专人同本人谈话，肯定成绩，指出不足，提出要求和需要注意的问题。

第三十七条 党政领导职务的任职时间，自党委常委会决定之日起计算；经换届选举产生的领导人员，任职时间自当选之日起计算。

第八章　考　　核

第三十八条 对党政领导人员的考核，包括任职试用期满考核、定期考核。考核结果将作为干部选拔任用、职务晋升、奖惩和岗位调整的重要依据。

第三十九条 任职试用期满考核是对党政领导人员在试用期间的思想政治表现、组织领导能力、工作作风、工作实绩和廉洁自律等情况进行考核，重点考核对所任职务的适应能力和履行职责的情况。包括以下内容：

（一）考核通知。党委组织部提前将考核内容及要求通知考核对象所在单位，并通知考核对象做好述职准备。

（二）个人述职。任职试用期满党政领导人员述职报告的内容包括履行职责和完成工作的情况、存在的不足，以及今后的工作思路和改进措施。正职领导人员的述职，由学校考核组主持；副职领导人员的述职，由所在单位党政主要负责人或学校考核组主持。参加述职会议的人员一般包括考核对象所在单位领导班子成员、副高级专业技术职务以上人员及教职工代表。人数较少的，可由全体人员参加。

（三）民主测评。参加述职会议的全体人员采取无记名投票方式，按照优秀、合格、不合格3个等次，填写《党政领导人员任职试用期满考核测评表》。

（四）组织考察。学校考核组将采取个别谈话或召开座谈会等方式，听取考核对象分管校领导、所在单位领导班子成员、相关业务部门负责人、所在单位教职工对考核对象的评价意见。考核意见报党委常委会审定。

（五）结果运用。党政领导人员任职试用期满经考核合格的，由党委组织部发文，办理正式任职手续。正式任职的，试用期计入任职时间；经考核不合格的，免去试任职务，一般按试用前原职级安排适当工作。

第四十条 定期考核采取年度、届中、届末考核等形式进行。

校党委成立考核工作领导小组全面负责年度、届中、届末考核工作。党委组织部负责考核工作的具体事务及协调工作。考核工作采用领导评定和群众测评相结合的方式，依据干部任期目标和岗位职责，对党政领导人员的德、能、勤、绩、廉进行综合考核。

强化考核结果运用。把考核结果作为干部选拔任用的重要依据，并与干部培养教育、管理监督、激励约束、收入分配等结合起来。客观分析考核情况，正确运用考核结果，对优秀得票率较高、表现突出的领导人员注重培养使用。对考核总体评价为最低等次的领导班子和领导人员，根据考核规定进行诫勉谈话；连续考核总体评价为最低等次的，调整岗位。

第九章 公开选拔和竞争上岗

第四十一条 公开选拔、竞争上岗是党政领导人员选拔任用的方式之一。公开选拔面向社会进行，竞争上岗在全校范围内进行。集中换届和个别提拔时，专职管理岗位副职一般综合采用竞争上岗与组织考察的方式开展。

第四十二条 公开选拔、竞争上岗方案设置的条件和资格，应当符合本办法第六条和第七条的规定。

第四十三条 公开选拔、竞争上岗工作在校党委领导下进行，由党委组织部组织实施，应当经过下列程序：

（一）公布职位、资格条件、基本程序和方法等；

（二）报名与资格审查；

（三）统一考试或面试答辩（竞争上岗也可以先进行民主推荐）；

（四）确定考察对象与组织考察；

（五）汇总考试或面试和考察情况，研究提出人选方案，报党委常委会讨论决定；

（六）履行任职手续。

第十章 交流、回避

第四十四条 实行党政领导人员交流制度。

干部交流包括多岗位锻炼干部的培养性交流、任职期满的常规性交流、优化领导班子结构的调整性交流，以及加强领导班子廉政建设的必要交流等。干部交流轮岗主要在校内各单位进行，同时应积极推进校内干部参加校外交流和挂职锻炼。

在同一岗位任满十年的中层干部一般应进行轮岗或交流，在组织、人事、财务、纪监审、招生、招标采购、基建等部门任职的中层干部，任满十年必须进行轮岗或交流。

党委组织部根据全校干部队伍情况制订干部交流计划，拟定干部交流方案，经党委常委会集体讨论决定。对校党委经过充分酝酿、郑重作出的关于干部交流的决定，单位和部门须坚决执行，干部本人须服从组织作出的交流安排。对无正当理由拒不服从组织交流决定的干部，视情节轻重就地免职或者降职使用。

第四十五条 实行党政领导人员任职回避制度。

党政领导人员任职回避的亲属关系为：夫妻关系、直系血亲关系、三代以内旁系血亲以及近姻亲关系。有上列亲属关系的，不得在同一机关担任双方直接隶属于同一领导人员的职务或者有直接上下级领导关系的职务，也不得在其中一方担任领导职务的机关从事组织、人事、纪检、监察、审计、财务工作。

第四十六条 实行党政领导人员选拔任用工作回避制度。

党委常委会、党委组织部讨论干部任免，涉及与会人员本人及其亲属的，本人必须回避。干部考察组成员在干部考察工作中涉及其亲属的，本人必须回避。

第十一章　免职、辞职、降职

第四十七条　党政领导人员有下列情形之一的,一般应当免去现职:

(一)达到任职年龄界限或者退休年龄界限的。

(二)受到责任追究应当免职的。

(三)辞职或者调出的。

(四)非组织选派,离职学习期限超过一年的。

(五)因工作需要或者其他原因,应当免去现职的。

第四十八条　实行党政领导人员辞职制度。辞职包括因公辞职、自愿辞职、引咎辞职和责令辞职。辞职手续依照有关规定程序办理。

第四十九条　引咎辞职、责令辞职和因问责被免职的党政领导人员,一年内不安排职务,两年内不得担任高于原任职务层次的职务。同时受到党纪政纪处分的,按照影响期长的规定执行。

第五十条　实行党政领导人员降职制度。党政领导人员在年度考核中被确定为不称职的,因工作能力较弱、受到组织处理或者其他原因不适宜担任现职务层次的,应当降职使用。降职使用的干部,其待遇按照新任职务的标准执行。降职使用的干部重新提拔,按照有关规定执行。

第十二章　纪律和监督

第五十一条　选拔任用党政领导人员,必须严格执行本办法的各项规定,并遵守下列纪律:

(一)不准超职数配备、超机构规格提拔领导人员,或者违反规定擅自设置职务名称、提高干部职级待遇。

(二)不准采取不正当手段为本人或者他人谋取职位。

(三)不准违反规定程序推荐、考察、酝酿、讨论决定任免干部。

(四)不准私自泄露动议、民主推荐、民主测评、考察、酝酿、讨论决定干部等有关情况。

(五)不准在干部考察工作中隐瞒或者歪曲事实真相。

(六)不准在民主推荐、民主测评、组织考察和选举中搞拉票等非组织活动。

(七)不准利用职务便利私自干预下级或者原任职单位干部选拔任用工作。

(八)不准在工作调动、机构变动时,突击提拔、调整干部。

(九)不准在干部选拔任用工作中封官许愿,任人唯亲,营私舞弊。

(十)不准涂改干部档案,或者在干部身份、年龄、工龄、党龄、学历、经历等方面弄虚作假。

第五十二条　对违反本办法的干部任免事项,校党委常委会不予批准。对无正当理由拒不服从组织调动或者交流决定的,就地免职或者降职使用。

第五十三条 实行党政领导人员选拔任用工作责任追究制度。凡用人失察失误造成严重后果的，用人上的不正之风严重、干部群众反映强烈以及对违反组织人事纪律的行为查处不力的，应当根据具体情况，追究主要责任人以及其他直接责任人的责任。

第五十四条 校党委、党委组织部对干部选拔任用工作和贯彻执行本办法的情况进行监督检查，受理有关干部选拔任用工作的举报、申诉，制止、纠正违反本办法的行为，并对有关责任人提出处理意见或者处理建议。纪委、监察审计处按照有关规定，对干部选拔任用工作进行监督检查。

第五十五条 实行党委组织部与纪委、监察审计处等有关单位联席会议制度，加强对干部选拔任用工作的监督，沟通信息，交流情况，提出意见和建议。联席会议由党委组织部召集。

第五十六条 校党委、党委组织部在干部选拔任用工作中，必须严格执行本办法，自觉接受组织监督和群众监督。党员、干部、群众对干部选拔任用工作中的违纪违规行为，有权向校党委、纪委、党委组织部、监察审计处举报、申诉，受理部门和机关应当按照有关规定核实处理。

第十三章 附　　则

第五十七条 本办法由党委组织部负责解释。

第五十八条 本办法自印发之日起施行。

中国科学技术大学党委理论学习中心组学习实施细则

（党字〔2017〕11号，2017年3月1日）

第一章 总　　则

第一条 为进一步推进我校党委理论学习中心组学习制度化、规范化，推动理论武装工作深入开展，切实提高领导干部理论水平与工作能力，加强领导班子思想政治建设，根据《中国共产党章程》《中国共产党党委（党组）理论学习中心组学习规则》（中办发〔2017〕9号）等党内法规，制定本实施细则。

第二条 党委理论学习中心组学习，是我校各级领导班子和领导干部理论学习的重要组织形式，是严肃党内政治生活、加强党性修养的重要内容。我校各级党组织应当把理论学习中心组学习列入重要议事日程，纳入党建工作责任制，纳入意识形态工作责任制。

第三条 党委理论学习中心组学习以政治学习为根本，以深入学习中国特色社会主义理论体系为首要任务，以深入学习习近平总书记系列重要讲话为重点，以掌握马克思主义立场、观点与方法为目的，围绕中心，服务大局，做到知行合一、学以致用，坚持问题导向、注重实效。

第二章　组织与职责

第四条　校党委理论学习中心组由全体校领导、党委委员、校长助理、总会计师以及党政办公室、校纪委、党委组织部、党委宣传部、党委统战部、党委学生工作部等有关部门主要负责人组成。根据学习内容和工作需要，可召开党委中心组学习扩大会议，吸收有关干部教师参加学习讨论。

第五条　各级党委及未隶属分党委的党总支、直属党支部对本级理论学习中心组学习负主体责任，对本单位、本部门理论学习中心组学习负领导责任。

党委书记是理论学习中心组学习第一责任人，党委书记因特殊情况不能参加学习时，可指定副书记或常委主持。

党委分管宣传思想工作的领导是理论学习中心组学习直接责任人，主要职责是配合党委书记做好学习的组织工作。

党委其他成员应当积极参加学习，自觉遵守理论学习中心组学习制度。

第六条　党委理论学习中心组学习秘书由党委宣传部、党政办公室、党委组织部主要负责人担任，党委宣传部负责人牵头。党委宣传部负责起草校党委理论学习中心组学习计划，邀请有关专家，做好学习材料的编印、发放工作。党政办公室负责协调安排校党委理论学习中心组的考勤、记录等工作。

第三章　学习内容、形式及要求

第七条　党委理论学习中心组学习内容包括：

（一）马列主义、毛泽东思想、邓小平理论、“三个代表”重要思想、科学发展观、习近平总书记系列重要讲话和治国理政新理念新思想新战略。

（二）党章党规党纪和党的基本知识。

（三）党的路线方针政策和决议。

（四）国家法律法规。

（五）社会主义核心价值观。

（六）中共党史、中国历史、世界历史和科学社会主义发展史。

（七）推进中国特色社会主义事业和创建世界一流大学所需要的经济、政治、教育、文化、社会、生态、科技等方面知识。

（八）改革发展实践中重点、难点问题。

（九）党中央和上级党组织要求学习的其他重要内容。

第八条　党委理论学习中心组可采用多种多样的学习形式，切实提高学习效果。

（一）集体学习研讨。集体学习研讨是我校各级党委理论学习中心组学习的主要形式。学习时将重点发言与集体研讨、专题学习与系统学习结合起来，深入开展学习讨论和互动交流。理论学习中心组学习以中心组成员自己学、自己讲为主，适当开展专题讲座与辅导报告。

（二）个人自学。理论学习中心组成员应根据新形势和新任务，结合本人实际工作，明确学习重点，研读必要书目，下功夫刻苦学习。

（三）专题调研。理论学习中心组成员应当将学习与专题调研结合起来，深入院系、深入实验室、深入师生，认真调研，深化理论学习。

理论学习中心组成员积极参加论坛、报告会等学习活动，充分利用网络平台开展学习，提高学习效果。

党委理论学习中心组要结合本单位实际，创新学习方式，改进学习方法，增强理论学习的吸引力和感染力。

第九条 党委理论学习中心组要坚持把学习马克思主义理论作为做好一切工作的看家本领，把学习党的基本理论与学习党的创新理论成果结合起来，把握精神实质，努力做到真学真懂真信真用。坚持学以立德、学以修身、学以益智、学以增才，把提高理论素养与增强党性锻炼、提高工作本领结合起来，坚定理想信念，加强党性锻炼，提高精神境界。

坚持理论联系实际的马克思主义学风，紧密结合我校教育教学改革创新和创建世界一流大学的生动实践，紧密结合思想和工作实际，努力掌握运用马克思主义的立场、观点、方法分析问题和解决问题，将学习成果转化为加快科教结合和综合改革的步伐，不断凝聚高校内涵发展的强大动力，促进学校治理体系的科学化与现代化，努力办好人民满意的大学。坚持问题导向，坚持学用结合、以学促用，提高利用党的基本理论解决实际问题的能力。

党委理论学习中心组应发挥“关键少数”的示范和表率作用，自觉学习、带头学习，把理论学习作为推进学习型党组织、学习型领导班子建设的首要任务，坚持学在前面、用在前面，为广大党员和师生加强政治理论学习带好头做好示范。

集体学习研讨应当保证学习时间和质量，每季度不少于1次。倡导理论学习中心组成员结合工作实际撰写学习心得、调研报告或理论文章。

第四章　学习管理与考核

第十条 校党委理论学习中心组每年年初按照中央和安徽省委、中科院党组的部署，结合工作实际，制订年度学习计划。年度学习计划由党委审定后施行，并报送中科院党组、安徽省委宣传部、安徽省委教育工委。

第十一条 校党委宣传部配合组织部等有关部门，负责学校分党委（二级）理论学习中心组学习情况的督查考核。督查可采取自查、抽查、普查等形式。考核可以结合领导班子和领导干部年度考核进行。

第十二条 党委理论学习中心组每年向上级党委宣传部、组织部报送中心组学习情况。校党委宣传部、组织部每年通报分党委（二级）理论学习中心组学习情况。

第十三条 对党委理论学习中心组学习开展不力、出现错误倾向产生恶劣影响的，按照有关规定问责。

第五章　附　　则

第十四条 各分党委及未隶属分党委的党总支、直属党支部，可以根据本实施细则，结合实际制定分党委(二级)理论学习中心组学习实施细则。

第十五条 本实施细则由校党委宣传部负责解释。

第十六条 本实施细则自印发之日起施行。此前有关规定与本细则不一致的,以本细则为准。

中国科学技术大学关于加强和改进新形势下思想政治工作的实施意见

(党字〔2017〕21号,2017年3月24日)

为深入学习贯彻落实全国高校思想政治工作会议精神,认真贯彻中共中央、国务院《关于加强和改进新形势下高校思想政治工作的意见》精神,切实解决好培养什么样的人、如何培养人以及为谁培养人这个根本问题,遵循思想政治工作规律、遵循教书育人规律、遵循学生成长规律,把思想价值引领贯穿教育教学全过程和各环节,切实履行好管党治党、办学治校主体责任,更好地为人民服务,为中国共产党治国理政服务,为巩固和发展中国特色社会主义制度服务,为改革开放和社会主义现代化建设服务,形成教书育人、科研育人、实践育人、管理育人、服务育人、文化育人、组织育人的长效机制,特制定如下实施意见。

一、 指导思想和基本原则

1. 充分认识加强和改进我校思想政治工作的特殊重要意义。我们党历来高度重视高校思想政治工作,探索形成了一系列基本方针原则和工作遵循。党的十八大以来,以习近平同志为核心的党中央把高校思想政治工作摆在突出位置,作出一系列重大决策部署。在总结历史经验的基础上,我校采取有力有效措施,积极主动开展工作,大学生思想政治教育成效显著,教师思想政治素质明显提高,各类思想文化阵地建设和管理不断加强,中国特色社会主义理论体系进教材、进课堂、进头脑工作扎实有效,社会主义核心价值观建设持续推进,意识形态领域主流健康向上平稳有序。全体科大师生对以习近平同志为核心的党中央拥护信任,对治国理政新理念新思想新战略高度认同,对中国特色社会主义和中华民族伟大复兴中国梦、对创建世界一流大学充满信心。中国科学技术大学是一所服务国家战略需求、以前沿科学和高新技术为主的理工科大学,进一步加强和改进我校思想政治工作,对于牢记“科教报国、服务社会”的历史使命,秉承“红专并进、理实交融”的校训,坚持“学术优先、以人为本”的办学理念,弘扬“崇尚科学、追求卓越”的创新精神,建设质量优异、特色鲜明的世界一流大学具有重要意义。

2. 深刻领会加强和改进我校思想政治工作的现实紧迫性。当前,国际国内形势深刻变化,不同思想文化交流交融交锋,社会思潮多元多样多变。改革开放和社会主义市场经济的深入推进,互联网等新的传播渠道的迅速发展,在有力促进社会发展和经济繁荣的同时,也给社会思想文化领域带来复杂影响。境内外敌对势力加大对高校意识形态渗透力度,同我们争夺阵地、争夺青年学生、争夺人心的斗争日趋激烈。面对新形势新任务新挑战,加强和改进我校思想政治工作任务十分紧迫,要从更好进行具有许多新的历史特点的伟大斗争、推进党的建设新的伟大工程、推进中国特色社会主义伟大事业、推进世界一流大学建设的战略高度，进一步增强做好思想政治工作的责任感和使命感。

3. 加强和改进我校思想政治工作的指导思想。高举中国特色社会主义伟大旗帜，全面贯彻党的十八大和十八届三中、四中、五中、六中全会精神，以马克思列宁主义、毛泽东思想、邓小平理论、“三个代表”重要思想、科学发展观为指导，深入学习贯彻习近平总书记系列重要讲话精神和治国理政新理念新思想新战略，全面贯彻党的教育方针，坚持社会主义办学方向，扎根中国大地办大学，以立德树人为根本，以理想信念教育为核心，以社会主义核心价值观为引领，切实抓好各方面基础性建设和基础性工作，切实加强和改善党的领导，全面提升思想政治工作水平，紧密团结在以习近平同志为核心的党中央周围，牢固树立政治意识、大局意识、核心意识、看齐意识，坚定不移维护党中央权威和党中央集中统一领导，为实现“两个一百年”奋斗目标、实现中华民族伟大复兴的中国梦，为早日建成世界一流大学，培养又红又专、德才兼备、全面发展的中国特色社会主义合格建设者和可靠接班人。

4. 加强和改进我校思想政治工作的基本原则。第一，坚持党的领导。坚持党的政治路线、思想路线、组织路线、群众路线，落实全面从严治党要求，着力解决突出问题，把加强和规范党内政治生活、加强党内监督各项任务落到实处，维护党中央权威、保证党的团结统一，牢牢掌握党对学校的领导权。第二，坚持社会主义办学方向。坚持马克思主义指导地位，坚持以人民为中心的发展思想，更好地为改革开放和社会主义现代化建设服务，为人民服务，为创建具有中国特色的世界一流大学服务。第三，坚持全员全过程全方位育人。把思想价值引领贯穿教育教学全过程和各环节，形成教书育人、科研育人、实践育人、管理育人、服务育人、文化育人、组织育人长效机制。第四，坚持遵循教育规律、思想政治工作规律、学生成长规律。把握我校师生思想特点和发展需求，理论联系实际，不断提高思想政治工作的科学化精细化水平。第五，坚持改革创新。继承和发扬我校思想政治工作的优良传统，适应时代和实践发展新变化，不断创新思想政治工作，努力增强思想政治工作的实效性。

二、理论教育与价值引领

5. 提升广大师生思想政治素质。把理想信念教育放在首位，切实抓好马克思列宁主义、毛泽东思想和中国特色社会主义理论体系的学习教育，深入学习习近平总书记系列重要讲话特别是考察中国科大重要讲话精神，引导师生深刻领会治国理政新理念新思想新战略，坚定中国特色社会主义道路自信、理论自信、制度自信、文化自信，坚定共产主义远大理想和中国特色社会主义共同理想。

6. 加强青年马克思主义者培养。实施青年马克思主义培养工程，更好发挥理论学习骨干的引领作用和学生理论社团的带动作用。深入开展“我的中国梦”等主题教育，引导大学生以实际行动实现人生理想。

7. 培育和践行社会主义核心价值观。大学作为培养社会主义事业建设者和接班人的重要阵地，应把培育和践行社会主义核心价值观作为中国特色社会主义大学的重要使命。要把社会主义核心价值观体现到教书育人全过程，引导师生准确理解和把握社会主义核心价值观的深刻内涵和实践要求，树立正确的世界观、人生观、价值观。

8. 加强现代公民意识教育。加强国家意识、法治意识、社会责任意识等公民意识教育，加强科学精神教育、国家安全教育、民族团结进步教育。以诚信建设为重点，加强社会公德、职业道德、家庭美德、个人品德教育，提升师生道德素养。

9. 组织开展丰富多彩、积极向上的校园文化活动。开展教书育人楷模、教师和大学生年度人物等评选表彰，发挥榜样群体的示范引领作用。强化我校“红专并进、理实交融”校训、“永恒的东风”校歌及校史育人功能，充分利用学校的校史馆、博物馆等文化阵地及孺子牛雕塑、郭沫若和老一辈科学家塑像等文化景观，提升校园文明程度。

10. 弘扬中华优秀传统文化。推动中华优秀传统文化融入教育教学和课外活动，组织大学生学习中华文化重要典籍，开设中华优秀传统文化公共选修课。在人文与社会科学等专业和课程中，增加中华优秀传统文化内容。开展廉政文化进课堂活动。邀请传统文化名家、非物质文化遗产传承人等进校园进课堂。

11. 加强革命文化和社会主义先进文化教育。深化中国共产党史、国史、改革开放史和社会主义发展史学习教育，继承革命传统，大力弘扬中国科大的优良传统和红色基因。充分利用我国改革发展的伟大成就、重大历史事件纪念活动、爱国主义教育基地、国家公祭仪式、校庆纪念日等组织开展主题教育，开展“爱国荣校”教育，引导广大师生深刻认识到，爱国主义是具体的、现实的，中国共产党领导和中国社会主义制度必须长期坚持，不可动摇；中国共产党领导中国人民开辟的中国特色社会主义必须长期坚持，不可动摇；中国共产党和中国人民扎根中国大地、借鉴人类文明优秀成果、独立自主实现国家发展的大政方针必须长期坚持，不可动摇。

12. 办好思想政治理论课。充分发挥思想政治理论课的主渠道作用，将习近平总书记系列重要讲话精神及时融入思想政治理论课教学。深入实施高校思想政治理论课建设体系创新计划，提高教师素质，创新教学方法，创新实践教学，增强思政课教学的吸引力、说服力、感染力。严格落实课时规定，建立思想政治理论课特聘教授制度。鼓励有较高理论素养和丰富实践经验的党政干部、理论专家等参与思想政治理论课教学。校领导和学院分党委书记、院长(执行)每学期至少为学生讲一次思想政治理论课。制定思想政治理论课教师培养培训规划，定期培训骨干教师。

13. 办好马克思主义学院。以思想政治理论课教学研究机构为基础，以深化马克思主义特别是当代中国马克思主义教育教学和研究宣传为根本任务，继续深化与安徽省委党校的交流合作，创新办学思路，实现合作共赢。以共建课程教学为抓手，整合校内外教学团队资源，形成优势互补的叠加效应，建设富有科大特色的一流马克思主义学院，共同培养“红专并进”的科技领军人才。

14. 充分发挥哲学社会科学育人功能。校党委对哲学社会科学教材进行导向和质量把关，规范教材选用。制定引进教材选用管理办法，健全选用标准和选用程序。加强教材进口管理，严格规范中国科大出版社与境外出版机构的教材出版合作。完善学术评价体系和评价标准，建立科学权威、公开透明的哲学社会科学成果评价体系，确保正确的政治方向、价值取向、学术导向。

三、课堂教学与阵地管理

15. 健全课堂教学管理办法，强化教学纪律约束机制。切实加强对课堂教学的建设管理，教师必须严守课堂纪律，必须坚持马克思主义的世界观和方法论，在事关政治原则、政治立场和政治方向的问题上与党中央保持一致，帮助学生观察社会、明辨是非、把握方向，实现正能量的传播和引导。坚持课堂讲授守纪律、公开言论守规矩，所有教育教学活动都不得出现违背党和国家大政方针、违背法律法规、危害国家安全、破坏民族团结等言行。外籍教师和外聘教师授课，采用与我校老师一起备课的方式，课前明确告知教学中的政治底线和风俗习惯。

16. 建立课程标准审核和教案评价制度。教材选用必须思想观点正确，无政治性和政策性错误，优先选用国家重点规划教材、教学指导委员会推荐的教材以及获奖教材。对自编教材或者国外原版教材的选用，必须由课程负责人填写教材选用审报表，经院校两级审定。任课教师必须认真备课，认真撰写教案。按教学大纲要求，努力钻研教材，抓住基本概念、基本理论、基本方法和每个章节的基本要求，写出详细备课笔记。通过教学检查、同行评议、学生反馈等多种形式，认真落实教案评价制度。

17. 落实校领导和教学督导听课制度。学校领导深入教学第一线听课，是转变作风、直接了解教学、熟悉师生、多渠道收集教学质量信息的重要环节和措施。校级领导干部原则上每学期听课不得少于 2 次。教学督导听课是教学质量监控的重要环节。校督导组成员每人每学期听课原则上不少于 16 次。校领导和教学督导应在听课之际，与师生广泛开展谈心活动，加强人文关怀和心理疏导，在听课过程中发现问题要及时处理。

18. 严格落实哲学社会科学报告会、研讨会等审批备案制度。按照谁主管谁负责和谁审批谁监督的原则，继续加强对哲学社会科学报告会、研讨会、讲座、论坛和读书会、学术沙龙等的引导和管理，严格执行审批备案制度，严格落实"一会一报""一事一报"制度。

19. 依法管理境外非政府组织在我校的活动。改革开放以来，境外非政府组织在经济、教育、科技、卫生、文化、慈善等领域开展了许多有利于中国公益事业发展的积极活动，为中国的社会建设和发展提供了有益的补充。但也应看到，随着中国与世界合作和交流的日益扩大，一些境外非政府组织以教育、科技、文化合作的名义，在华非法从事或者资助营利性活动、政治活动、宗教活动，从事有损中国的国家利益和社会公共利益的活动，甚至危害中国的国家统一、安全和民族团结，必须依法管理境外非政府组织在我校的活动，防范和抵御意识形态渗透。

20. 坚持教育与宗教相分离原则。国家实行教育与宗教相分离，任何组织或者个人不得利用宗教进行妨碍国家教育制度的非法活动，不得干预学校进行自然科学知识教育和政治思想教育。严禁在我校对在校学生灌输宗教思想、传播宗教、发展宗教教徒和组织宗教仪式，进行破坏民族团结和祖国统一的活动。

21. 加强对校报、校刊和学校出版社的规范管理。校报、校刊和出版社是我校思想政治工作的重要阵地，担负着对广大师生进行理论武装和校园文化建设的重要责任和使命。要大力加强校报、校刊和出版社的建设与管理，绝不给错误观点和言论提供传播渠道。

22. 加强校园网络安全管理。认真落实党委网络意识形态责任制，成立网络安全与信息化领导小组，下设办公室。校网络安全和信息化领导小组办公室作为网络意识形态工作管理部门，在党委统一领导、党委宣传部综合指导下，具体统筹协调组织网络宣传管理和舆论引导工作，维护网络意识形态安全。落实校园网络使用实名登记制度和用网责任制度。加强网络舆情搜集研判，规范师生自媒体管理，做好重大活动和热点问题、突发事件的网上舆论引导，营造风清气正的网络环境。

四、师资力量和思政队伍

23. 健全教师政治理论学习制度。教师政治理论学习，必须紧密结合我校改革创新的生动实践，不能流于形式，要端正学风，勤于学习、善于学习，在学以致用、用有所成上下功夫，在与时俱进、创新思维上下功夫。努力培养造就有理想信念、有道德情操、有扎实学识、有仁爱之心的好老师。

24. 加强师德师风建设。加强对教师的思想政治引领，深入推进我校师德师风建设，坚持教书和育人相统一、坚持言传和身教相统一、坚持潜心问道和关注社会相统一、坚持学术自由和学术规范相统一。完善师德师风建设长效机制，主动适应全面推进素质教育和不断提升教育现代化水平的需要，通过思想教育、制度规范、政策激励、典型带动等多种方式，引导广大教师立德树人，为人师表，做学生锤炼品格的引路人，做学生学习知识的引路人，做学生创新思维的引路人，做学生奉献祖国的引路人。不断巩固追求卓越、严谨治学、注重诚信、讲求责任的学术品格和优良学风。

25. 强化青年教师理想信念教育。青年教师是我校师资队伍中的重要群体。加强我校青年教师理想信念教育，为青年教师常补精神之“钙”。将青年教师思想政治教育工作作为党建工作的重中之重抓实抓好，列入重要议事日程，定期研究青年教师思想的新动向、新问题。积极帮助青年教师解决在工作和生活中遇到的困难和问题，提高党组织对他们的吸引力和凝聚力，使他们找到发展方向，获得事业尊严，感受自身价值，在对职业的高度认同和深厚情感中，实现对中国特色社会主义共同理想的自觉追求。加强岗前培训和在职培训，注重优秀老教师的传帮带，增强青年教师教书育人的责任担当。

26. 严把教师入口关。严格教师资格和准入制度，严把教师入口关、畅通出口关，把政治标准放在首位。严格教师开课资格认定，确保教师政治合格，忠诚党的教育事业，遵守国家法律和校规校纪，坚持社会主义办学方向。规范教学能力认定，对于新进的青年教师均须经过对拟开课程各个环节的严格训练（辅导、答疑、习题课、讨论课和指导学生实验、实习等），经过课程组考核、学院教学委员会审议，方能取得开课资格。对新进拟任课教师在教学规范、教学技能、学生心理状态等方面进行全面的培训。完善外籍教师和海外人才引进使用管理办法。

27. 完善教师评聘考核体系。健全教师管理机制，加强教师考核管理，提高教师队伍质量。在教师年度考核、职务（职称）评聘、评优奖励中，把思想政治表现和课堂教学质量作为首要标准。增加课堂教学权重，引导教师将更多精力投入到课堂教学上。把师德规范要求融入人才引进、课题申报、职称评审、导师遴选等评聘和考核各环节，加强自身修养，弘扬高尚师德。实施师德“一票否决”。对违反法律法规、校规校纪的，考核不合格的，要依法依规及时处理。

28. 配齐建强思想政治工作队伍。高校思想政治工作队伍和党务工作队伍具有教师和管理人员双重身份，要纳入学校人才队伍建设总体规划，完善选拔、培养、激励机制，形成一支专职为主、专兼结合、数量充足、素质优良的工作力量。专职思想政治工作人员、党务工作人员及专职辅导员、专职思想政治理论课教师配备严格按照中央要求执行，另行制定实施办法。青年教师晋升高一级专业技术职务（职称），须有至少一年担任辅导员或班主任工作经历并考核合格。选聘校内名师兼职担任辅导员或班主任。

29. 推动我校思政队伍专业化职业化建设。探索思想政治工作队伍和党务工作队伍专业化职业化建设、职务职级“双线”晋升办法和保障激励机制,实行职务(职称)评审单列计划、单设标准、单独评审。制订并落实思政队伍和党务工作队伍培训计划。选聘党政机关和企事业单位党员领导干部、专家学者以及老干部、老战士、老专家、老教师、老模范,从事我校思想政治工作或党务工作。

五、 工作创新与实践育人

30. 贴近师生思想实际。围绕师生、关心师生,紧紧依靠广大师生,以改革创新精神做好思想政治工作。建立健全校领导、院(系)领导联系师生、谈心谈话制度,及时了解师生思想状况和具体诉求,使思想政治工作接地气、入人心。发挥学生的主体作用,在平等沟通、民主讨论、互动交流中进行思想引导。根据学生的不同特点,有的放矢、生动活泼地开展工作。

31. 发挥师德楷模、名师大家、学术带头人等的示范引领作用。用他们的人格修为、学养学识影响带动青年学生。切实尊重知识、尊重人才,加强知识分子特别是青年教师工作,注重以理服人、以情动人,多做沟通、协商、谈心的工作,多同各类代表性人物交朋友,充分信任知识分子,放手让他们把才华和能量充分释放出来。

32. 做好高校党外人士工作。加强思想引导和团结教育,促进他们对党的理论和路线方针政策的内心认同。重视做好在我校工作学习的港澳台侨教师和学生工作,引导他们增进国家认同和中华民族意识。

33. 加强网络思想政治工作载体建设。树立互联网思维,将思想政治工作传统优势与信息技术有机融合,使互联网成为开展思想政治教育的新平台。及时总结我校网络思想政治工作经验。整合我校网上教育教学资源,加强学生互动社区、主题教育网站、专业学术网站、“瀚海星云”BBS和中国科大官方微博微信建设,创建网上党建园地、网上党校、网上论坛等思想政治工作平台,制作传播贴近大学生特点的新媒体内容产品,运用大学生喜欢的表达方式开展思想政治教育。以青年教师和学生骨干为主体,壮大网络舆论引导力量,唱响网上主旋律。

34. 加强实践教学基地建设,强化社会实践育人。巩固、加强我校各类实践教学基地建设,促进教学和科研紧密结合,进一步推进科教融合。科学设计实践育人教育教学体系,提高实践教学比重,组织师生积极参加社会实践活动,了解体验国情民情。组织学生开展创新创业实践活动,开设创新创业教育相关课程。推进实践育人创新创业基地、实习实践基地建设,努力办好中国科大创客中心。建立健全学雷锋志愿服务制度,完善志愿者服务队组织的建设,规范志愿者活动,推动学雷锋志愿服务活动常态化、机制化。

35. 强化学生国防意识。充分利用学校新生入学军训环节,提升学生体质、健康水平和强化爱军尚武精神,增强学生的国防意识、忧患意识,激发学生爱国参军的热情,增强军事训练实效,真正推动形成全校师生关心国防、建设国防的思想共识和自觉行动。

36. 加强学业就业指导。帮助大学生顺利完成学业,引导他们自觉把国家的前途命运同解决学习成长中的困惑和问题结合起来,到国家最需要的地方建功立业。

37. 加强人文关怀和心理疏导。进一步完善“奖、贷、助、补、减免、生活援助”体系,促进大学生身心和人格健康发展。继续做好“隐形资助”,决不让一名学生因贫困而辍学。继续完善学生预警系统。积极帮助解决教师在户籍、住房、社会保障、子女教育等方面的合理诉求,让他们共享改革发展成果,使他们有更多获得感。

38. 积极发挥共青团、学生会、学生社团作用。建立健全校党委领导下的“一心双环”团学组织格局,在校党委的领导下,以校团委为核心和枢纽,以学生会组织为学生自我服务、自我管理、自我教育、自我监督的主体组织,以学生社团及相关学生组织为外围延伸手臂。落实和完善团学代表大会制度,巩固和创新基层团学组织建设。切实加强共青团建设,加强学生会、研究生会自身建设,加强对学生社团的管理、引导、服务和联系,将思想政治引领贯穿于各项工作和活动当中,增强工作活力、促进工作创新,积极开展主题鲜明、健康有益、丰富多彩的课外活动。

39. 健全思想政治工作评价体系。研究制定内容全面、指标合理、方法科学的评价体系,坚持定性分析和定量分析相结合、工作评价和效果评估相结合,推动思想政治工作制度化。

40. 加强基层党组织的建设。认真贯彻《党委(党组)意识形态工作责任制实施办法》,建立问题清单、任务清单、责任清单,推动各项工作落实。加强对各级党组织和领导干部贯彻执行党的路线方针政策、遵守党章党规党纪情况的监督检查。实施学院党委(党总支)书记抓思想政治工作和党的建设述职评议考核制度,考核结果和有关情况作为领导班子、领导干部目标管理和实绩考核的重要内容。对履行责任不力、思想政治工作和党的建设长期薄弱的,追究党组织和党员领导干部的主体责任和领导责任。

六、党的领导和保障机制

41. 完善党的领导体制。坚持和完善党委领导下的校长负责制,校党委全面领导学校工作,对党的建设全面负责,履行管党治党、办学治校的主体责任,严格执行和维护政治纪律和政治规矩,落实党建工作责任制,切实发挥领导核心作用。党委书记是思想政治工作和党的建设第一责任人。其他党委班子成员履行“一岗双责”,结合业务分工抓好思想政治工作和党的建设工作。

42. 强化院(系)党的领导。进一步发挥院(系)分党委(党总支)的政治核心作用,履行政治责任,保证监督党的路线方针政策及上级党组织决定的贯彻执行,把握好教学科研管理等重大事项中的政治原则、政治立场、政治方向,在干部队伍、教师队伍建设中发挥主导作用,把好政治关。认真执行民主集中制原则,健全院(系)集体领导、党政分工合作、协调运行的工作机制。

43. 加强学校基层党建工作。建立健全基层党组织,做到哪里有党员哪里就有党组织,哪里有党组织哪里就有健全的组织生活和党组织作用的充分发挥。充分发挥基层组织战斗堡垒作用。加强教师党支部、学生党支部特别是研究生党支部建设,选优配强教师、学生党支部书记。科学、优化党支部设置,定期开展党支部书记培训。坚持党的组织生活各项制度,创新方式方法,增强党的组织生活活力。严格“三会一课”、民主生活会和组织生活会、谈心谈话、民主评议党员等制度。健全主题党日活动制度,增强党内政治生活的政治性、时代性、原则性、战斗性。

44. 坚持不懈抓好理论武装。高度重视思想政治建设,把坚定理想信念作为开展党内政治生活的首要任务。以党委(包括各分党委、党总支、直属党支部)理论学习中心组学习等制度为抓手,定期开展集体学习,每个季度至少一次,全年不少于四次。党员、干部每年要完成规定的学习任务。组织党员深入开展“两学一做”常态化学习教育,增强党的意识,自觉爱党护党为党,敬业修德,奉献社会。

45. 严把党员入口关。重视在优秀青年教师、海外留学归国教师中发展党员。认真做好在优秀学生中发展党员工作,将"推荐优秀团员作为入党积极分子人选"作为重要渠道,重视发展少数民族学生入党。

46. 加强党员日常管理。定期开展党员党性分析,教育党员按时足额交纳党费,及时排查党员组织关系,做好毕业生党员组织关系管理,及时稳妥处置不合格党员。每年进行摸底排查,对班子不强、长期不过组织生活、不发挥作用的,要限期整顿转化。

加强和改进新形势下我校思想政治工作,是一项重大的政治任务和战略工程。全校各级党组织和广大师生员工要把深入学习贯彻落实全国高校思想政治工作会议精神、学习贯彻习近平总书记系列重要讲话精神和治国理政新理念新思想新战略,作为当前和今后一个时期的首要政治任务,全面贯彻党的教育方针,坚持社会主义办学方向,以完善体制机制为保障,全面加强党的建设,切实加强和改进思想政治工作,不断提升全校师生员工思想政治素质,不断增强学校的凝聚力和向心力,为加快推进学校改革和发展提供坚强有力的思想政治保障,为培养又红又专、德才兼备、全面发展的中国特色社会主义合格建设者和可靠接班人,为建设世界一流大学不懈奋斗。

中国科学技术大学党委网络意识形态工作责任制实施办法

(党字〔2017〕22号,2017年3月24日)

第一条 为了进一步加强和改进我校网络意识形态工作,明确各级党委(包括分党委、党总支、直属党支部,下同)领导班子、领导干部网络意识形态工作责任,根据《中国共产党问责条例》、《党委(党组)意识形态工作责任制实施办法》(中办发〔2015〕52号)、《党委(党组)网络意识形态工作责任制实施细则》(中办发〔2016〕44号)和《中国科学技术大学党委意识形态工作责任制实施细则》等有关规定,制定本实施办法。

第二条 互联网已经成为意识形态斗争的主战场、主阵地、最前沿,网络意识形态工作是意识形态工作的重中之重。加强和改进我校网络意识形态工作,必须坚持正能量是总要求、管得住是硬道理,充分发挥我校网络思想政治工作优势,统筹网上网下两条战线,把握舆论宣传引导时度效,坚持管用防并举,牢牢掌握网络意识形态工作领导权、管理权、话语权,确保网络空间更加清朗,让党的声音成为网络空间最强音。

第三条 按照分级负责和谁主管谁负责的原则,我校各级党委领导班子对本部门本单位网络意识形态工作负主体责任。领导班子主要负责人为第一责任人,分管的班子成员承担直接领导责任。领导班子主要负责人应当带头抓网络意识形态工作,带头管阵地、把导向、强队伍,重要工作亲自部署、重要问题亲自过问、重大事件亲自处置;分管的班子成员应当协助主要负责人抓好统筹协调指导工作;参与决策和工作的班子其他成员承担重要领导责任,根据分工,按照"一岗双责"要求,抓好分管部门、单位的网络意识形态工作。

第四条 全校各级党组织承担的网络意识形态工作责任主要是:

(一) 认真贯彻落实党中央和安徽省委、中国科学院党组关于网络意识形态工作的决策部署及指示精神，牢牢把握正确政治方向，严守政治纪律和政治规矩，严守组织纪律和宣传纪律，坚决维护党中央权威，在思想上政治上行动上同党中央保持高度一致。

（二）把网络意识形态工作列为党委会每年专题研究意识形态工作的重要内容。定期分析研判网络意识形态领域情况，研究加强和改进网络意识形态工作的方式方法。分清网上主流支流，辨析网上突出问题，及时向上级党组织报告网络意识形态领域的重大情况并提出建设性意见，定期在党内通报网络意识形态领域情况，统一认识，明确方向。

（三）统筹协调本部门本单位网络意识形态工作，在教学管理、科研管理、行政管理中体现网络意识形态工作要求、维护网络意识形态安全，形成党委统一领导、党政工团分工负责、广大师生积极参与的网络意识形态工作格局。指导、督促和检查下级党组织网络意识形态工作，建立健全网络意识形态工作问责机制。

（四）切实维护网络意识形态安全，牢牢掌控网络意识形态主导权。增强网络风险防范防控意识和能力，加强对各类网络意识形态阵地的管理，重点管好具有新闻舆论和社会动员功能的新媒体。加强网上内容发布管理，做到正能量充沛、主旋律高昂。明确网络行为底线、网络违法违规高压线。切实加强网络信息管控，严密防范网上意识形态渗透。及时搜集、研判、处置可能引发群体性事件的舆情，做好舆论引导管控工作。领导、组织对网络意识形态领域重大问题的处置，严肃查处网上错误思潮和负面言论。

（五）凝聚共识，争取人心。善于与网络知名人士交朋友，加强联系，耐心细致做好思想政治工作，最大限度把他们团结凝聚在党的周围。加强同民主党派成员、无党派人士、党外知识分子、少数民族人士、出国和归国留学人员等的团结联谊，妥善处理网络涉及的民族问题和宗教问题。加强学生网络文明和网络安全教育，把社会主义核心价值观融入大学生网络生活，引导他们成为网络文明的实践者、参与者和建设者。

第五条 学校成立网络安全和信息化领导小组，下设办公室，各学院、国家（重点）实验室等二级单位要设置相应机构或岗位。校网络安全和信息化领导小组办公室作为网络意识形态工作管理部门，在党委统一领导、党委宣传部综合指导下，具体统筹协调组织网络宣传管理和舆论引导工作，推进网上正能量传播，提升传播力和引导力，维护网络意识形态安全。

健全网络意识形态工作机制，建立网上重要情况通报制度、重大事项报告制度。校网络安全和信息化领导小组办公室每季度向校党委和党委宣传部报告网络意识形态领域重要情况，提出建议，并报送安徽省网络安全和信息化领导小组办公室；每年对网络意识形态工作进行一次专项督查，督查结果向校党委和党委宣传部报告，并报安徽省网络安全和信息化领导小组办公室。

第六条 校网络安全和信息化领导小组办公室承担的网络意识形态工作责任主要是：

（一）组织开展马克思主义中国化最新成果、社会主义核心价值观网络传播，加强网上宣传思想文化阵地建设，唱响主旋律，提振精气神。

（二）组织落实中央和上级组织重要决策部署、重大主题、重大活动、重大任务的网络宣传和舆论引导工作。

（三）加强网络内容建设，积极开展重要成就网络宣传，讲好科大故事，传播好科大声音。

（四）加强网络评论工作和机制建设，指导推动网络评论队伍建设。协调开展网上舆论斗争，对重大事件、重要情况以及重要网络舆情中的倾向性苗头性问题，及时、有针对性地开展网上评论引导。

（五）协调有关部门建立健全互联网信息内容管理技术体系、网络应急指挥体系，制定综合、专项应急预案，提升应对处置能力。协调处理网络安全和信息化重大事件及有关应急工作。

（六）完善网络舆情工作机制，加强网络舆情信息搜集、分析、研判、报送工作，及时全面准确掌握网络舆情动态，做好重大专项、重大突发事件舆情监测、预警、报告和处置，做好应急响应的组织实施。

（七）开展网络文化、网络文明、网络诚信建设，加强青年大学生遵纪守法、网络安全等方面教育。

（八）组织开展校内重点新闻网站、理论网站规划建设。指导学校各类网站和新媒体建设。

第七条 全校各级党组织和党的领导干部有下列情形之一的，应当依据《中国共产党问责条例》和《党委（党组）意识形态工作责任制实施办法》《中国科学技术大学党委意识形态工作责任制实施细则》等有关规定予以问责。

（一）中央和上级党组织安排部署的网上重大宣传、重大思想舆论斗争、重要舆论引导工作、重大专项行动等组织开展不力，造成严重后果的。

（二）处置应对本单位本部门网络意识形态领域的重大问题，不带头、不站前，未与错误观点、错误倾向开展有力斗争的，或者领导不力，出现重大失误、产生恶劣影响的。

（三）未按照规定及时采取防范和处置措施，导致管辖范围内发生由网络意识形态领域问题引发的群体性事件的。

（四）维护党的政治纪律和政治规矩失职，对所管理的党员、干部在网上公开发表违背宪法、党章、党的决定决议和政策的言论放任不管、处置不力，产生恶劣影响的。

（五）管辖范围内网络平台出现严重错误导向，不履行工作职责，造成严重后果的。

（六）对管辖范围内网络平台等网络意识形态阵地领导不力，或者对从事网络新闻信息服务、具有网络传播和社会动员功能的网络平台监管不力，产生恶劣影响的。

（七）管辖范围内网络平台组织的网上报告会、研讨会、讲座、论坛、直播等，发表否定党的领导和党的基本路线、攻击中国特色社会主义制度等言论，造成严重影响的。

（八）对管辖范围内重大网络安全和信息化问题领导和处置不力，造成严重后果的。

（九）其他应当问责的失职失责情形。

第八条 实施责任追究，应当实事求是。校网络安全和信息化领导小组办公室可以提出问责建议。

第九条 全校各级党组织应当结合本单位本部门实际情况，将网络意识形态工作检查考核纳入年度目标责任考核，明确检查考核的内容、方法、程序。

第十条 本办法由党委宣传部负责解释。

第十一条 本办法自印发之日起施行。

中国科学技术大学意识形态舆情监测暂行办法

（党宣字〔2017〕101号，2017年8月16日）

为进一步加强我校意识形态舆情监测预警，有效防范意识形态舆情事件发生，掌握网络舆论主动权，营造良好的舆论环境，保障和促进学校健康、平稳、有序发展，结合学校实际，特制定本办法。

一、工作目标

为加强意识形态舆情监测，及时掌握舆情动态，坚决封堵、清除各种有害信息，及时掌握互联网、新媒体对学校的工作动态、领导干部、师资队伍、招生就业、发展规划、校史校情等方面的报道及评论，加强正面引导，释疑解惑，化解矛盾，消除不良社会影响，提升学校良好的信誉度和美誉度。

二、工作原则

1. 提高认识。充分认识实施意识形态舆情监测的重要性。对意识形态舆情进行跟踪了解、分析汇总、回复反馈，及时了解舆情动态，主动接受社会监督，进一步化解矛盾，促进学校和谐稳定发展。

2. 坚持原则。实施意识形态舆情监测必须坚持遵纪守法、实事求是、正面回应、激浊扬清的原则，坚持“正面信息全面鼓动，负面信息坚决控制，不良信息彻底删除”的原则，坚持“谁主管、谁负责”“快速反应、确认事实、妥善处理”的原则，准确把握意识形态工作的“时、度、效”。

3. 反应迅速。实施意识形态舆情监测工作要着眼于“快”字，既要及早发现苗头问题，又要找准问题的根源，迅速制定应对措施，做到早发现、早报告、早处置，防止造成负面影响。

三、监测程序

搜集信息
（有关部门工作人员）
↓
核实信息
（部门负责人）
↓
上报信息
（校分管领导）
↓
舆情处置
（意识形态工作领导小组办公室、网络安全与信息化领导小组办公室）

四、工作要求

1. 监测对象。监测经常出现涉及中国科大相关意识形态舆情信息的境内外网站、网络论坛、社区和微博、微信等新媒体,对涉及学校形象的网络信息进行查询、搜集、分析,对新出现的网络信息及时下载或保留截图,做好记录和梳理。

2. 监测方法。党委宣传部、学生工作部、团委、保卫与校园管理处等部门利用蚁坊软件"鹰击微博舆情"系统和"鹰眼全网监测"系统进行监测;或者借助关键词,利用百度、Google、360、搜狗、站内搜索等搜索引擎进行搜索浏览,搜集相关舆情信息。保卫与校园管理处安排专人对瀚海星云 BBS 进行全天候监测。

3. 信息报送。党委宣传部、学生工作部、团委、保卫与校园管理处等有关部门将搜集到的网络信息材料在向分管领导报告的同时,第一时间报送学校意识形态领导小组办公室(挂靠在党委宣传部)。上报内容包括网络实名、网络地址、监测舆情内容梗概和截图、照片等。

4. 舆情研判。学校意识形态领导小组办公室将掌握的舆情信息,会同有关部门及时会商、分析研判,准确查找舆情信息产生的原因,认真核实舆情反映的问题,对舆情走向作出正确的判断,对舆情可能产生的影响进行客观评估,及时向校领导报告。

5. 舆情处置。一般舆情,协调涉及部门作出情况说明或正面回复。回复重在摆事实、讲道理,以理服人,同时要注意用语,做到态度诚恳,讲理不失礼。重大舆情,第一时间向学校分管领导或主要领导报告,立即组织有关部门进行会商研究和处置。重大舆情处置后,要密切关注事件进展情况,防范负面舆情出现反复。

中国科学技术大学意识形态工作专项检查实施细则

(党宣字〔2017〕107 号,2017 年 9 月 26 日)

第一条 为进一步落实党委意识形态工作责任制,切实加强和改进我校意识形态工作,牢牢掌握意识形态工作的领导权和主动权,巩固我校意识形态领域平稳有序的工作态势,根据中共中央和安徽省委关于党委(党组)意识形态工作责任制文件精神和《中国科学技术大学党委意识形态工作责任制实施细则》,特制定本实施细则。

第二条 本实施细则的检查对象包括各分党委、未隶属分党委的党总支和直属党支部(以下简称"学院级党组织")。

第三条 意识形态工作专项检查内容主要包括:

1. 贯彻落实中央、上级和校党委关于意识形态工作的决策部署及指示精神,把握正确的政治方向,严守政治纪律和政治规矩,严守组织纪律和宣传纪律,坚决维护党中央权威等情况。

2. 定期研究意识形态工作,对重要事件、重要情况及时作出工作部署,定期向上级党委报告意识形态领域的重要情况,在党内通报意识形态工作,把意识形态工作作为民主生活会和述职报告的重要内容、接受监督和评议等情况。

3. 把意识形态工作与教学、科研、管理等各项工作紧密结合,共同部署、共同落实、共同检查、共同考核,形成党委统一领导、党政齐抓共管的意识形态工作格局等情况。

4. 本单位各类意识形态阵地管理,宗教及宗教思想传播管理,以及对外学术交流合作、对外文化交流活动管理等情况。

学校意识形态阵地包括:各类报刊、出版物、电视台、广播等新闻媒体,各类网站、主页及微博、微信等新媒体,各类社科研究机构和思想文化类学会协会等社团,报告会、研讨会、讲座论坛,各类课堂,大型会议场所、博物馆、校史馆等场所,以及宣传栏、宣传横幅、桁架、电子显示屏等。

5. 配合上级党委和有关部门对意识形态领域重要问题的处理,对否定中国共产党的领导、攻击中国特色社会主义制度等错误思想言论敢抓敢管、及时有效发声并及时报告,做好师生教育转化工作等情况。

6. 党委理论学习中心组学习情况,以及加强本单位党员干部和师生员工理论与时政学习和思想政治教育,提升师生思想政治素质等情况。

7. 加强对党外知识分子的政治引领和政治吸纳,做好耐心细致的思想政治工作,最大限度地把他们凝聚在党的周围等情况。

第四条 意识形态工作专项检查在校党委领导下,由校党委宣传部会同党政办公室、党委组织部、纪委、学生工作部等部门负责组织实施,一年至少一次。

第五条 检查方式方法。召开座谈会,听取学院级党组织对第三条所述内容的介绍;与师生座谈交流,了解师生思想动态,听取师生对学校意识形态工作的意见和建议;查阅有关会议记录、制定的贯彻落实文件、开展的有关活动印证材料等。

意识形态专项检查可以与校党委常委联系学院、国家(重点)实验室、研究院意识形态工作一同进行。

第六条 检查结束后,党委宣传部牵头起草检查情况报告,检查组和分管校领导审定后,向校党委报告,经校党委常委会审议通过后,向被检查单位党组织反馈意见。

第七条 本细则由党委宣传部负责解释,自印发之日起施行。

中国科学技术大学网络信息安全事件处置办法

(校办字〔2017〕93 号,2017 年 6 月 12 日)

为深入贯彻落实《中华人民共和国网络安全法》,根据《教育部关于加强教育行业网络与信息安全工作的指导意见》(教技〔2014〕4 号)和中国科学院关于网络安全管理专项检查的精神,依照《中国科学技术大学网站与信息系统安全管理办法》,学校进一步规范网络与信息安全事件的应急处理流程,建立内部应急处置机制,特制定本办法。

第一章 总　　则

第一条 学校网络与信息安全事件的处置依据《中国科学技术大学网站与信息系统安

全管理办法》执行。

第二条 根据网络与信息安全事件的破坏程度和影响范围，网络信息中心将采取必要的技术手段紧急限制其网络访问、限制校外访问或暂时关停。

第三条 对于网站或信息系统的安全隐患，网络信息中心将向其所属单位发送信息安全隐患告知书，责令整改。

第四条 校内各网站或信息系统所属单位或个人，都须接受校内安全监管，在接到信息安全隐患告知书后积极进行整改并反馈。

第五条 根据网络和信息安全事件的重要程度、泄漏的数据量大小、受篡改页面的内容和是否涉及犯罪行为等因素，网络信息中心应及时向校领导汇报。

第二章 网络与信息安全事件

第六条 由于计算机入侵的隐蔽性和取证难度，在进行安全监管时不定性区分信息安全事件和信息安全隐患，依照其危险程度进行处理。

第七条 我校网络和信息安全事件的信息来源主要包括中国科学院安全工作委员会、公安机关、中国教育和科研计算机网、公共漏洞报告平台和校内自主监测等。

第八条 我校的网络与信息安全事件的影响范围区分为使用部门、全校范围和校外社会公众。

第九条 校内网络和信息安全事件类型原则上包括所有已知的和新发现的各种安全问题，例如入侵控制、窃取篡改数据、篡改页面、传播病毒木马、DDOS 攻击、系统安全漏洞、SQL 注入漏洞、主机漏洞、勒索邮件等。

第三章 安全事件通知和整改

第十条 网络信息中心向问题网站的管理员发送信息安全隐患告知书和已进行的紧急安全处理措施，并发出整改要求。

第十一条 问题网站或信息系统的管理员在完成整改后应撰写信息安全事件处置报告，反馈网络信息中心后，方可申请恢复正常访问。

第十二条 对于无法联系到管理员的问题网站或信息系统，将视为无人维护，做关停处理。

第十三条 中国科学技术大学信息安全隐患告知书内容包括：信息安全隐患编号、接收单位、事件描述、整改要求和处理时间限定、反馈要求、附监管单位的通知和落款时间签章及漏洞情况截图。

第十四条 相关单位的信息安全事件整改报告内容应包含：事件名称、发现时间和过程、事件描述、处理措施、单位签章和时间。

第十五条 网络与信息安全事件处理见《中国科学技术大学网络与信息安全事件处理流程》。

第四章　附　　则

第十六条　本办法自印发之日施行，由网络信息中心负责解释。

中国科学技术大学网络与信息安全事件处理流程

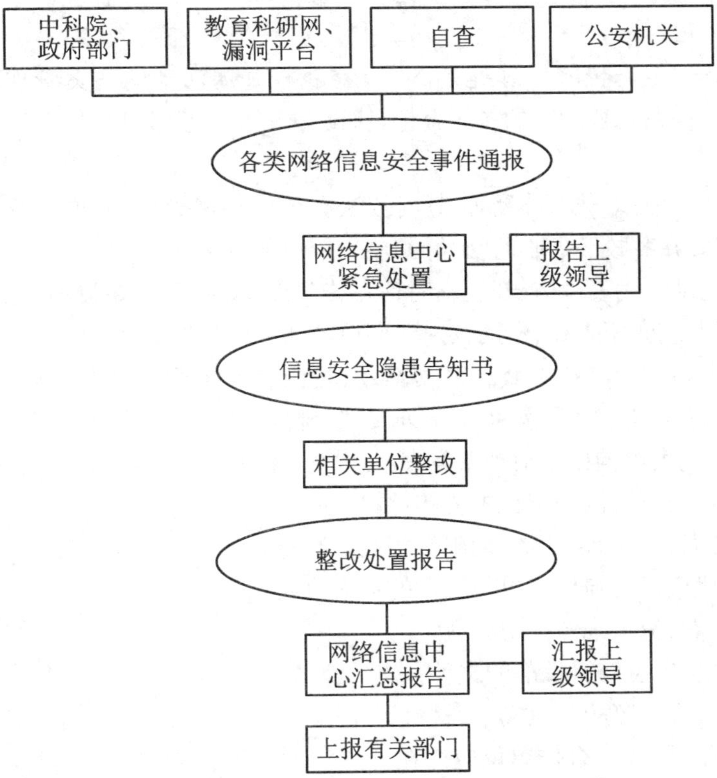

中国科学技术大学境外非政府组织校内活动管理办法

（校保字〔2017〕181 号，2017 年 9 月 5 日）

第一条　为了规范管理境外非政府组织在我校的活动，促进我校各项事业的交流与合作，保障双方的合法权益，根据《中华人民共和国境外非政府组织境内活动管理法》，结合我校实际，制定本管理办法。

第二条　本管理办法适用于境外非政府组织在我校开展的各项活动。

本办法所称境外非政府组织（以下简称"NGO"），是指在境外合法成立的基金会、社会团体、智库机构等非营利、非政府的社会组织。

第三条　NGO 在我校开展活动应当遵守我国的法律法规和学校的管理规定，不得危害我国的国家统一、安全和民族团结，不得损害国家利益、社会公共利益和我校的合法权益，不得从事或者资助营利性活动、政治活动，不得从事或者资助宗教活动。

第四条 我校对NGO及其代表机构在校内开展活动按照“谁合作，谁负责，谁审核，谁监督”的原则，实行业务管理和备案管理相分离的双重管理模式。

校内合作单位所在的学院、重点科研机构、直属单位或机关部、处为业务主管部门，负责核实NGO及其代表机构合法成立的证明文件、材料，审核、指导、监督NGO及其代表机构依法开展活动。

党政办公室、保卫与校园管理处是NGO在我校开展活动的备案管理部门，负责受理NGO及其代表机构在我校活动的备案登记，协助公安机关等部门查处NGO及其代表机构的违法行为。

第五条 NGO在我校开展活动，应当依法登记设立代表机构，取得登记证书；未登记设立代表机构需要在我校开展临时活动的，应当依法备案。

NGO未登记设立代表机构、开展临时活动未经备案的，不得在校内开展或变相开展活动，不得委托、资助或变相委托、资助校内任何单位和个人开展活动。

第六条 NGO代表机构在我校开展活动，校内合作单位应当在开展活动十五日前向业务主管部门申请办理审批手续，提交下列文件、材料：

（一）《NGO代表机构校内活动备案表》；

（二）NGO代表机构的登记证书复印件；

（三）活动的名称、宗旨、地域、期限等相关材料；

（四）NGO代表机构与校内单位合作的书面协议；

（五）项目经费、资金来源证明材料；

（六）校内合作单位获得批准的文件；

（七）法律、法规规定的其他文件、材料。

完成上述审批后，校内合作单位应当在开展活动十五日前携带上述材料分别向党政办公室、保卫与校园管理处备案。

第七条 NGO在校内开展临时活动，校内合作单位应当在开展临时活动十五日前分别向业务主管部门、安徽省公安厅境外非政府组织管理办公室申请办理审批手续，提交下列文件、材料：

（一）《境外非政府组织临时活动备案表》；

（二）NGO合法成立的证明文件、材料；

（三）NGO与校内单位合作的书面协议；

（四）临时活动的名称、宗旨、地域、期限等相关材料；

（五）项目经费、资金来源证明材料；

（六）校内合作单位获得批准的文件；

（七）法律、法规规定的其他文件、材料。

完成上述审批后，校内合作单位应当在开展临时活动十五日前携带上述材料分别向党政办公室、保卫与校园管理处备案。

临时活动期限不超过一年，确实需要延长期限的，应当重新审批、备案。

第八条 NGO代表机构应当以登记的名称，在登记的业务范围和活动地域内开展活动。开展临时活动的NGO，应当以经备案的名称，在备案的业务范围和活动地域内开展活动。

NGO不得在校内设立分支机构、发展会员，国务院另有规定的除外。

第九条 NGO在校内开展活动不得对校内合作单位、受益人附加违反中国法律法规和校内管理制度的条件。

第十条 NGO在我校活动的资金包括：

（一）境外合法来源的资金；

（二）中国境内的银行存款利息；

（三）中国境内合法取得的其他资金。

NGO在校内活动不得取得或者使用前款规定以外的资金。

境外非政府组织及其代表机构不得在中国境内进行募捐。

第十一条 设立代表机构的NGO应当通过代表机构在登记管理机关备案的银行账户管理用于校内的资金。

开展临时活动的NGO应当通过我校的银行账户管理用于校内的资金，实行单独记账，专款专用。

未经前两款规定的银行账户，NGO、校内合作单位和个人不得以其他任何形式在我校进行项目活动资金的收付。

第十二条 NGO应当按照代表机构登记证书的业务范围、活动地域或者与校内合作单位协议的约定使用资金，执行国家统一的会计制度，聘请具有中国会计从业资格的会计人员依法进行会计核算。

NGO代表机构应当依法办理税务登记、纳税申报和税款缴纳等事项，并按照我国有关外汇管理的规定办理外汇收支。

第十三条 NGO代表机构在我校聘用工作人员应当遵守我国的法律法规，并将聘用的工作人员信息报业务主管部门和保卫与校园管理处备案。

第十四条 校内任何单位和个人不得接受未登记代表机构、开展临时活动未经备案的NGO的委托、资助，代理或者变相代理NGO在我校开展活动。

第十五条 NGO代表机构在我校活动，校内合作单位应当于每年12月31日前将本年度包含项目实施、资金使用等内容书面报送业务主管部门、党政办公室及保卫与校园管理处。

NGO在我校开展临时活动，校内合作单位应当于临时活动结束后三十日内将活动情况、资金使用情况等书面报送业务主管部门、党政办公室和保卫与校园管理处。

第十六条 NGO及其代表机构、开展临时活动的校内合作单位存在违反本管理办法的，由学校给予警告或者责令限期停止活动。存在违反法律的，依法承担法律责任。

第十七条 境外学校、医院、自然科学和工程技术的研究机构或者学术组织与校内合作单位开展交流合作，按照国家有关规定办理。

前款规定的境外学校、医院、机构和组织在校内的活动违反本管理办法第三条规定的，依法追究法律责任。

第十八条 本办法由党政办公室、保卫与校园管理处负责解释，自印发之日起施行。

中国科学技术大学宣广信息发布管理办法

（校保字〔2017〕182 号，2017 年 9 月 5 日）

第一条 为了加强我校各类传播媒介的管理，促进学校精神文明建设，营造有利于世界一流大学建设的良好校园环境，根据《广告管理条例》《中国科学技术大学党委意识形态工作责任制实施细则》等要求，结合我校实际，制定本办法。

第二条 凡在我校校园范围内利用横幅、桁架、宣传栏、电子显示屏等媒介发布各类宣传信息和宣传品的，均适用本办法。

第三条 因重要会议、重要活动、重要节庆日等宣传或营造气氛的需要，可以在校园内适当场所悬挂横幅、设置宣传桁架、张贴宣传海报，或在宣传栏和电子显示屏宣传展示。

禁止在校园内发布纯商业性的产品宣传和促销活动的宣传信息。

第四条 在校园内通过上述媒介发布宣传信息，根据不同内容、性质，实行分级分类审批：

在校园各路段、公共场所、宣传栏、电子显示屏发布宣传信息，主办单位经办人需填写《宣广信息备案登记表》，由主办单位（各院系、重点科研机构、直属单位、机关各部处室，下同）党政负责人审查同意后，报党委宣传部、保卫与校园管理处等部门审批备案；属于学生活动的，主办单位党政负责人审查同意后，报校团委、保卫与校园管理处审批备案。在校园各路段、公共场所发布自然科学类学术交流研讨活动的宣传信息，主办单位党政负责人审核同意后，报保卫与校园管理处审批备案；在电子显示屏播放自然科学类学术交流研讨活动或服务师生教学科研等宣传信息，由显示屏管理单位负责人审批。

第五条 按照“谁主办、谁负责，谁审批、谁监督”的原则，发布宣传信息的校内各单位对其发布的各类宣传信息负直接责任；党委宣传部、校团委负责宣传信息的内容审查、指导和监督；保卫与校园管理处负责对各类宣传媒介的设置场所进行指导和管理。

第六条 校外单位与校内单位联合举办活动需要发布宣传信息的，由与其合作的校内单位办理报批手续；校内单位或学生组织接受工商企业赞助开展的相关活动需要发布赞助单位宣传信息的，由与其合作的校内单位办理报批手续，且此类宣传信息原则上只允许悬挂、设置于保卫与校园管理处指定的场所。

第七条 有下列情形之一的，不得发布：

（一）违背党和国家方针政策、法律法规和学校规定，有悖于精神文明建设、妨碍校园和谐稳定的；

（二）利用公共设施、交通安全设施、消防设施，或妨碍其使用的；

（三）有安全隐患的；

（四）影响教学科研秩序的；

（五）损害校容校貌的；

（六）与学校重大活动相冲突的；

（七）属于个人事务的；

（八）其他法律法规禁止的情形。

第八条 校内宣传媒介的设置有效期原则上不超过一周。发布宣传信息的校内各单位必须在宣传期限结束后一天内主动移除所设置的横幅、桁架等宣传媒介。

第九条 发布宣传信息的校内各单位如违反本管理办法，将给予警告、责令限期整改或通报；若存在违反政治纪律或法律法规的，将依纪依法追究责任。

第十条 本办法由党委宣传部、保卫与校园管理处负责解释，自印发之日起施行。

附件 1

宣广信息发布流程

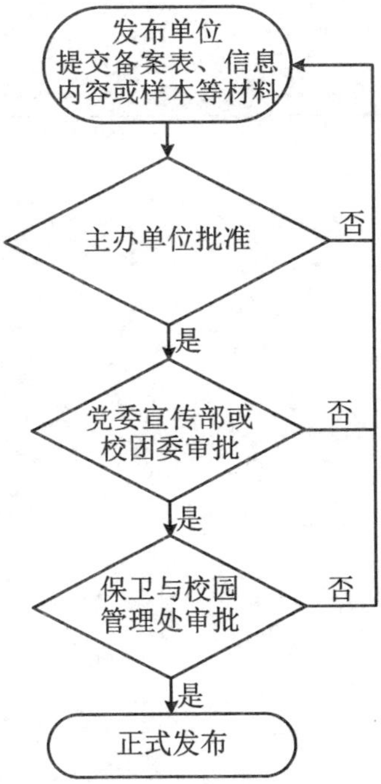

附件 2

宣广信息备案登记表

编号：

传播媒介 （打√）	□横幅　□桁架　□宣传栏 □电子显示屏　□其他________		
经办人姓名		联系电话	
媒介制作单位		联系电话	
宣传期限	年　月　日至　年　月　日		
设置地点			
宣传信息内容或样本（可附页）			
主办单位意见	负责人签字（盖章） 年　月　日		
党委宣传部/校团委意见	负责人签字（盖章） 年　月　日		
保卫与校园管理处意见	负责人签字（盖章） 年　月　日		

中国科学技术大学反邪教工作及禁止在校园从事宗教活动管理办法

（校保字〔2017〕184 号，2017 年 9 月 5 日）

第一条 为了进一步规范校园管理，营造良好的教学科研环境，根据《中华人民共和国国家安全法》《中华人民共和国教育法》《中华人民共和国治安管理处罚法》《宗教事务条例》，结合我校实际，制定本办法。

第二条 根据教育与宗教相分离的原则，任何组织和个人不得在我校校园内从事任何宗教活动。

严禁在我校校园内从事任何邪教等违法犯罪活动。

第三条 我校宗教及反邪教工作管理遵循“防治结合、综合管理”的方针。

第四条 我校维持安全稳定工作小组全面负责管理校园宗教及反邪教工作，贯彻落实与宗教及反邪教工作有关的法律法规和主管部门的工作部署及要求，做好工作人员业务培训，定期梳理了解情况，加强工作协调，依法管理、及时处置相关宗教活动及反邪教问题。

各学院、重点科研机构、直属单位对本单位的宗教及反邪教工作负主体责任，机关各部处室在职责范围内履行管理、报备、协调的职责，共同做好校园宗教及反邪教工作。

第五条 各单位应建立信息收集和上报制度。

各单位应建立健全信息员网络，扩大信息来源，及时掌握校内宗教、邪教活动信息，严格按照规定的排查方法和手段定期落实排查。一旦发现校内宗教、邪教活动线索，应立即上报工作小组，并落实责任人进行有效处置。

在重大节假日、敏感日，各单位应落实人员值班制度，对任何邪教活动做到及时发现、及时报告、及时处置。

第六条 各单位应建立本单位信教人员、邪教人员台账，与信教人员多接触、多谈心，相互尊重，做好政策宣传和引导。

对参加邪教人员应做好帮教工作，掌握目前表现及存在的问题，及时上报，必要时协同执法机关对相关人员采取强制措施，及时消除对校园秩序的负面影响，确保校园稳定。

第七条 各单位应每月底向工作小组汇报本单位的宗教及反邪教工作，每年 12 月 31 日前向工作小组提交年度报告，对本单位在宗教及反邪教工作中取得的经验教训进行总结。

第八条 学校对宗教及反邪教工作给予经费支持，并纳入各单位和领导干部年度工作考核内容。

第九条 本办法由保卫与校园管理处负责解释，自印发之日起施行。

中国科学技术大学出国(境)参加学术(学业)交流防范境外渗透管理办法

(校办字〔2017〕207号,2017年10月10日)

第一章 总 则

第一条 随着我国改革开放的推进和国际环境的变化,人员出国(境)参加学术交流日益频繁,在国(境)外受到反华势力渗透的风险日趋增大。为了加强我校人员出国(境)参加学术交流防范境外渗透意识,确保我校对外交流工作健康有序开展,根据国家相关法规、政策和文件精神,结合我校实际,制定本办法。

第二条 本办法所称的我校人员,包括我校教职工、本科生与研究生。

第三条 本办法所称的出国(境)参加学术(学业)交流活动,包括我校教职工出国(境)考察访问、科研合作、学术会议、进修培训等长短期交流活动,以及学生出国(境)学术会议、研究实习、学期交流、联合培养等长短期交流活动。

第二章 细 则

第四条 我校教职工及学生出国(境)需接受行前提醒与培训。派出单位需重点提醒出国(境)人员增强反渗透意识,严防反华势力的干扰和破坏,警惕境外非政府组织等利用各种名义进行的宣传、欺骗与拉拢,特别要警惕反动邪教组织的煽动、欺骗和造谣活动。不与可疑人员接触,不接受可疑信函和物品,不携带或托人携带反动宣传资料及物品入境。

我校教职工及学生在出访前,须向国际合作与交流部(学生及出访六个月以内教职工)或人力资源部(出访六个月以上教职工)提交经本人认真阅读并签名确认后的《中国科学技术大学出国(境)参加学术(学业)交流承诺书》(以下简称《承诺书》)。

第五条 出访人员在国(境)外期间,须严格遵守《承诺书》的相关要求,如与可疑人员或组织、敌对势力接触,或遇到重大意外事项,应及时联系我国驻当地使领馆或其他相关驻外机构,并及时告知国际合作与交流部或人力资源部。

第六条 出访人员返校后,国际合作与交流部或人力资源部将酌情对与可疑人员或组织、敌对势力接触,或遇到重大意外事项的人员进行回访。

第三章 附 则

第七条 本办法自印发之日起施行,由国际合作与交流部、人力资源部负责解释。

中国科学技术大学网络与信息安全管理规定

（校办字〔2017〕219号，2017年10月9日）

第一条 为贯彻执行《中华人民共和国网络安全法》，加强我校网络与信息安全管理工作，依照《中华人民共和国计算机信息系统安全保护条例》《互联网信息服务管理办法》《信息安全等级保护管理办法》等法律法规，根据《中国科学技术大学党委意识形态工作责任制实施细则》（党宣字〔2016〕5号）、《关于进一步加强各类网站内容发布及管理的通知》（党宣字〔2016〕6号），以及《中国科学技术大学党委网络意识形态工作责任制实施办法》（党字〔2017〕22号）等文件精神，制定本规定。

第二条 学校网络与信息安全管理依照国家法律法规和国家信息安全等级保护制度执行，对于涉密信息按照国家保密工作管理规定执行。

第三条 学校网络与信息安全工作包括（但不限于）学校网络基础设施安全，信息系统的审批备案、建设运行、系统安全、内容安全、数据安全和隐私保护等。

第四条 学校网络与信息安全工作由学校网络安全与信息化领导小组领导，学校网络安全与信息化领导小组办公室统筹协调。党政办公室、党委宣传部、保卫与校园管理处、网络信息中心及相关部门具体落实执行。

第五条 学校网络安全与信息化领导小组办公室对网络与信息安全工作履行以下职责：

（一）制定和发布学校网络与信息安全的相关规定和制度；

（二）制订学校网络与信息安全应急预案；

（三）检查督促学校网络与信息安全管理的落实情况；

（四）履行法律、法规、规章制度规定的其他职责。

第六条 党政办公室、保卫与校园管理处分别对接上级监管单位有关网络与信息安全方面的工作。

第七条 党委宣传部负责学校网站与信息内容监督工作。网络信息中心负责组织网络与信息安全监测、技术保障和人员培训。

第八条 学校网络安全与信息化领导小组办公室会同党政办公室、党委宣传部、保卫与校园管理处、网络信息中心等部门，每年至少会商联动两次（每学期一次）；如有紧急情况，随时会商应对，并立即向校网络安全与信息化领导小组报告。

第九条 学校突发公共事件应急处置领导小组是学校突发公共事件应急管理工作的最高领导机构。凡涉及网络、信息安全突发事件的，应立即向突发公共事件应急处置领导小组报告，并依据有关预案进行处置。

第十条 网络与信息安全责任严格按照“谁主管，谁负责”“谁使用，谁负责”“谁运维，谁负责”的原则逐级落实。各单位由党政主要负责人作为网络信息安全工作责任人，并明确一名负责人作为网络信息安全工作负责人。

第十一条 各单位在各类信息系统内容发布工作中，要切实维护网络意识形态安全，规范信息的审核发布，严密防范网上意识形态渗透。

第十二条 学校各类信息系统采取等级保护和备案制度。信息系统的建设、使用中要确保数据安全，保护个人隐私。上线运行的信息系统必须明确责任主体，责任主体信息变更时应及时上报网络信息中心备案。

第十三条 网络与信息系统委托外包服务时，应考察外包服务商的信息安全管理体系认证情况，签订网络信息安全保密协议。

第十四条 严禁任何单位和个人破坏网络服务和设施。

第十五条 各单位应加强对工作人员和学生的网络与信息安全意识教育，严格遵守国家有关网络与信息安全管理的法律法规。

第十六条 本规定自印发之日起施行，原《中国科学技术大学计算机网络与信息安全管理规定》(校办字〔2015〕94 号)同时废止。

第十七条 本规定由学校网络安全与信息化领导小组办公室负责解释。

中国科学技术大学中央财政科研项目信息公开暂行办法

(校财字〔2017〕40 号，2017 年 3 月 31 日)

第一条 为贯彻落实《关于进一步完善中央财政科研项目资金管理等政策的若干意见》(中办发〔2016〕50 号)精神，切实履行法人责任，强化自我约束和自我规范，进一步推动科研项目资金的公开化、透明化，依据《中国科学院关于加强科研项目资金管理实行内部公示的指导意见》(科发条财字〔2016〕171 号)、《教育部关于进一步做好高等学校财务信息公开工作的通知》(教财函〔2013〕96 号)规定，结合学校实际，制定本办法。

第二条 我校坚持“以公开为常态、不公开为例外”的原则，按照中办发〔2016〕50 号文的规定，对中央财政科研项目中非涉密且委托方允许内部公开的项目信息实行主动公开制度。

第三条 公开内容包括项目预算、预算调剂、资金使用(重点是间接费用、外拨资金、结余资金信息)、研究成果、50 万元以上的科研仪器设备购置、项目实施过程中科研人员因公出国(境)情况等。

第四条 信息公开要求。

(一) 项目预算、预算调剂、间接费用、外拨资金情况按年度公示。

(二) 结余资金信息在结题结账后 3 个月以内公示。

(三) 研究成果在项目结题后 6 个月内公示

(四) 项目实施过程中科研人员因公出国(境)情况按照学校出国(境)管理办法进行事前和事后公示。

(五) 50 万元以上仪器设备购置按月进行公示。

第五条 部门职责。

（一）科研部负责对拟公开的项目和信息进行保密审查，并按立项批复情况公开项目预算、间接费用、外拨资金、研究成果等信息。

（二）财务处负责预算调剂、结余资金等信息的公开。

（三）院、系、重点科研机构负责本单位的项目科研人员因公出国（境）信息的公开。

（四）国际合作与交流部负责项目科研人员因公出国（境）信息公开内容的审核。

（五）资产与后勤保障处负责 50 万元以上仪器设备购置信息的公开。

（六）监察审计处负责对科研项目信息公示工作进行监督。

第六条 公开方式采取按部门分散公开的方式。

（一）项目预算、间接费用、外拨资金、研究成果、预算调剂、结余资金等信息以电子文档形式在学校科研项目信息管理系统内公开。

（二）科研人员因公出国（境）信息在其所在院、系重点科研机构信息栏公开。

行政管理人员因公出国（境）信息在国际合作与交流部公告栏公开。

（三）50 万元以上仪器设备购置信息通过资产与后勤保障处网站公开。

第七条 按照谁公开、谁负责信息审查，谁公开、谁负责解疑释惑的原则，相关部门要密切关注项目信息公开后的舆情，做好信息查询人员的回应工作，对确有涉及公示内容信息有误的情况应及时进行修正调整。

第八条 公示期一般不少于五个工作日（另有明确规定的从其规定）。

第九条 涉及其他信息公开的事项执行学校其他相关规定。

第十条 本办法自印发之日起施行，由财务处、科研部、国际合作与交流部、资产与后勤保障处、监察审计处负责解释。

中国科学技术大学科研项目间接经费管理细则（试行）

（校科字〔2017〕42 号，2017 年 3 月 29 日）

第一条 为加强我校科研项目间接费用的管理，合理补偿学校科研间接成本，调动科研人员积极性，依据中共中央办公厅、国务院办公厅《关于进一步完善中央财政科研项目资金管理等政策的若干意见》（中办发〔2016〕50 号），国务院《关于改进加强中央财政科研项目和资金管理的若干意见》（国发〔2014〕11 号），国务院《关于深化中央财政科技计划（专项、基金等）管理改革方案的通知》（国发〔2014〕64 号）以及财政部、中国科学院、教育部、科学技术部、国家自然科学基金委员会等部门和地方政府的有关文件和政策，结合学校实际，特制定本细则。

第二条 本细则所指间接费用是学校在组织实施科研项目过程中发生的无法在直接费用中列支的相关费用。本细则适用于学校所有纵向和横向科研项目间接费用的管理。

第三条 学校建立健全科研经费管理责任制，实行“统一领导，分级管理，集中核算，项目（课题）控制”科研经费管理体制，明确学校相关部门及项目（课题）负责人在科研项目间接经费管理、使用中的职责和权限。

（一）科研部是学校主管科研工作的职能部门，负责科研项目和科研合同管理，并协助财务处做好科研项目间接经费管理的有关工作，承担相应的科研管理责任。

（二）财务处负责科研项目间接经费的财务管理和会计核算，协助科研部做好科研项目的跟踪管理工作，承担相应的财务管理责任。

（三）资产与后勤保障处负责学院（实验室）的水、电、气、暖等消耗性支出及公用房使用费的核算、通知、催缴工作。

（四）人力资源部负责科研绩效的管理与发放。

（五）监察审计处负责组织科研项目经费的审计工作，按科研项目管理要求对科研项目经费使用和管理进行监督。

（六）学院/重点科研机构对本单位科研项目的实施负有管理和监督责任。合理计算和分配各科研项目的公共资源使用费，负责本单位公共资源使用费的分解核算和上缴工作。按照学校要求，负责科研人员绩效的评定与分配方案的制定。

（七）科研项目负责人负责编制科研项目间接经费预算，负责按时填报项目成员的科研成果，接受学校财务处、科研部、资产与后勤保障处、监察审计处以及国家有关部门和资助单位的检查与监督。

（八）科研部、财务处、资产与后勤保障处、人力资源部、监察审计处、学院/重点科研机构及科研项目负责人应各尽其责，协调配合，积极做好科研项目间接经费的管理工作。

第四条 间接费用核定。

（一）间接费用以科研项目直接费用扣除设备购置费为计提基数，按照分段超额累退比例法核定并实行总额控制。科研项目（计划、基金）管理办法中对间接费用核定有明确规定或主管部门正式批复预算或合同明确约定预算的，按规定或预算执行。核定比例如下：

1. 500万元及以下部分为20%；

2. 超过500万元至1000万元的部分为15%；

3. 超过1000万元的部分为13%。

（二）批复的科研项目任务书（合同）中明确规定应转拨给外单位的经费不核定间接费用。

（三）学校基本科研业务费和其他预算经费安排的校级科研项目不核定间接费用。

（四）各类科研机构和重大科技基础设施运行经费、各类科技成果的奖励或配套经费等从其专项经费管理办法规定，一般不核定间接费用。

项目负责人在预算编制时，应按政策允许的上限足额编制项目间接费用预算，经财务处审定后方可上报。

第五条 间接费用预算一般不得调整。由于科研项目总经费预算调整、课题承担单位变更，以及增减课题合作单位等原因确需调整间接经费预算的，应履行学校申报程序，并上报经费主管部门批准。

第六条 间接费用的使用按照“成本补偿、保障优先、分级管理、激励导向”的原则，主要用于管理成本补偿、资源成本补偿和科研绩效基金。

（一）管理成本补偿：纵向科研经费收取间接经费的15%，横向科研经费收取间接经费的25%，用于学校有关科研管理费用的补助支出等。需保密、质量等管理的科研项目另收取间接经费的5%用于相关资质建设、维护和管理。

（二）资源成本补偿和科研绩效：扣除管理成本补偿的间接经费由学院或重点科研机构统筹，用于科研用房、水、电、气、暖以及网络、图书等综合资源成本补偿和科研人员的科研绩效基金。

第七条 学院或重点科研机构对其统筹的间接经费制定使用原则，并在本单位公示。

第八条 本细则自印发之日起施行。本细则如有与国家规定相抵触的，按国家规定执行。

第九条 本细则由学校授权科研部、财务处、人力资源部、资产与后勤保障处负责解释。

中国科学技术大学科研项目劳务费管理暂行办法

（校人字〔2017〕58号，2017年4月13日）

第一条 为进一步规范学校科研项目劳务费管理，根据《关于进一步完善中央财政科研项目资金管理等政策的若干意见》（中办发〔2016〕50号）和《关于进一步做好中央财政科研项目资金管理等政策贯彻落实工作的通知》（财科教〔2017〕6号），特制定本办法。

第二条 科研项目劳务费用于参与项目研究的人员，主要包括以下几类：

1. 在籍的本校博士、硕士研究生以及参与项目研究的高年级本科学生；
2. 短期或长期来校参与项目研究的国内外访问学者；
3. 项目聘用的校外兼职研究人员、已退休人员，或相关科研辅助人员；
4. 聘期制科研人员中的助理研究员、博士后研究员、特任副研究员。

除上述人员以外，学校各类在职在岗人员均不得以任何方式直接或变相领取科研项目劳务费。

第三条 科研项目劳务费实行分类管理：

1. 研究生及参与项目研究的高年级本科学生，由项目负责人提交学生参与项目研究的工作任务书，明确工作内容和时间以及助研费等劳务费的发放标准，由项目负责人所在学院或实验室审核并备案。

2. 参与项目研究的国内外访问学者、校外兼职研究人员和已退休人员等，项目负责人须明确其工作内容和时间以及劳务费发放标准，并公示（不少于5天）。项目负责人所在学院或实验室与其签订工作协议并报学校人力资源部备案。其中，校外兼职人员的工作协议，须按兼职有关规定，经双方单位审核同意。

3. 聘期制科研人员科研项目劳务费的使用，仅作为其协议薪酬的经费来源，具体管理按照《中国科学技术大学聘期制科研人员聘用与管理暂行办法》（校人字〔2012〕15号）和《关于进一步规范聘期制科研人员薪酬管理的通知》（校人字〔2013〕32号）的有关规定执行，且不能直接或另外领取劳务费。

第四条 科研项目聘用人员的劳务费发放标准，参照合肥市科学研究和技术服务业从业人员平均工资水平，根据其在项目研究中承担的工作任务确定。

第五条 科研项目劳务费由项目负责人签字，报学院或实验室审核汇总后，交由财务处集中按月发放(暂定每月 25 日前，遇节假日顺延)。

第六条 科研项目劳务费预算不设比例限制，由项目负责人据实编制，报学校审核。劳务费使用应严格按预算执行；确因需要，劳务费预算可向学校申请调整，但在项目总预算不变的前提下，只允许调减，不予调增。

第七条 项目负责人应加强对参与项目研究人员的日常考勤考核管理、完善工作记录，健全工作合同(协议)书建档备案制度，确保劳务费规范发放，做到有据可查。

第八条 严禁通过虚假合同(协议)书、虚构人员名单等方式虚报冒领劳务费。

第九条 项目负责人对劳务费使用的合理性和有效性负责，学院或实验室负监督责任。学校不定期对劳务费支出使用情况进行检查，对违反有关科研管理规定、财经纪律和本办法具体规定的，将追究相关人员的责任。

第十条 本办法经校长工作会议批准，自印发之日起施行。

第十一条 本办法由人力资源部、科研部、财务处、监察审计处负责解释。

中国科学技术大学野外特殊环境下开展教学科研活动经费管理暂行办法

(校财字〔2017〕134 号，2017 年 7 月 17 日)

第一条 为了进一步规范我校野外特殊环境下开展科学考察、实验测试、样本采集、考古挖掘和基本原材料采购等特殊教学科研活动费用报销经济行为，保障教学科研工作的顺利开展和教学科研经费的规范合理使用，根据《中国科学院野外科学考察等特殊科研活动经费支出管理办法(试行)》(条财字〔2014〕33 号)以及《中国科学技术大学差旅费管理办法(试行)》(校财字〔2016〕162 号)相关规定，制定本暂行办法。

第二条 坚持保障野外教学和科学研究工作需求，保护野外工作人员的身体健康，规范经费报销管理，保证科研费用合理使用的管理原则。

第三条 本办法适用于我校教学科研人员离开单位驻地(前往食宿条件比较艰苦、流动性大的各类现场)进行考察、观测、采集、发掘、测量、试验等野外教学科研工作，基本原材料、动植物和矿产标本，以及水、土、气等环境标准样品的采购等业务范围。

第四条 赴野外工作人员应事前填写《中国科学技术大学野外教学科研出差计划审批表》，经项目负责人审核同意，报单位负责人审批后，作为报销依据。

第五条 野外教学科研工作期间的差旅费包括交通费、住宿费、伙食补助费、零星公杂费和保险费等。

第六条 野外开展教学科研活动，应尽量乘坐公共交通工具，野外教学科研期间的城市间交通费，根据差旅费规定的标准据实报销。

第七条 其他交通费凭票据实报销。在公共交通不发达的地区开展野外教学科研活动的，科研人员可自带单位车辆或租用车辆进行考察，租用车辆应优先选择正规租赁公司车辆,并在计划审批表中注明。计划审批通过后,野外教学科研工作过程中发生的燃油费、过路费、租车费等,可据实凭据报销(报销时提供行程及里程明细清单,据此核实燃油费及过路费)。野外教学科研出差期间全程使用车辆的,将不再发放市内交通补助;出差期间未全程使用车辆的,扣除使用车辆的天数外可发放交通补助。车辆、船只的租赁原则上应按照学校合同管理规定签订合同,并附有机动车行驶证和驾驶证的复印件及联系方式。

第八条 住宿费是指野外教学科研人员因公出差期间入住宾馆(包括饭店、招待所,下同)发生的房租费用。能取得住宿发票的,根据《中国科学技术大学差旅费管理办法(试行)》中规定的限额标准据实报销。

因工作需要只能在帐篷、汽车等处过夜或临时租住房屋,无法取得住宿发票的,可提供相应的证明,由项目(课题)负责人和单位负责人签字后实行定额包干,补助标准为200 元/(人·天)。

第九条 伙食补助费标准:每人每天 130 元,伙食补助费实行总额包干,调剂使用,超支不补。到高原(高于 3000 米)、沙漠(深入 50 千米)、冰川、海洋等特殊地域,包干标准可提高至 200 元/天。

第十条 考虑到野外教学科研工作需要,对使用外单位车辆、牲畜等运送科考仪器、装备以及使用本地民工搬运、充当向导等工作发生的支出能取得正式发票的,据实报销;不能取得正式发票的,应填报《中国科学技术大学野外教学科研报销原始凭证》,由项目(课题)负责人签字证明,经严格审核后作为特殊情况报销处理。

第十一条 直接从个人手中购买的用于教学科学研究的初级动植物、矿产标本及农业材料等,无法取得正式发票的,应填报《中国科学技术大学原材料采购原始凭证》(见附件 3),经单位严格审核、验收并在单位内部公示后,由单位负责人签字报销。原材料直接使用的应提供照片、实验记录等相关佐证资料,并由项目(课题)负责人签字证明,作为报销附件。

第十二条 零星公杂费是指野外教学科研期间因特殊原因发生的无法取得发票的零星支出,包括办公用品、印刷费和邮寄费及其他小额支出等,凭相关收据等证明材料,由项目(课题)负责人和单位负责人签字后予以报销。

第十三条 常驻台站人员伙食补助标准为每人每天 120 元。补助计算天数为工作人员住野外台站自然天数,由野外台站出具工作时间证明。野外台站和常驻台站的认定工作由科研部负责。

第十四条 野外教学科研人员在条件恶劣地区进行野外考察,如所处环境可能会对人身及健康造成损害及伤害的,可为野外教学科研人员购买野外工作期间的人身意外伤害保险或商业医疗保险。

第十五条 科研人员前往疫区、灾区等进行科学考察的,应严格遵守地区规定,补助标准可以参考当地有关规定执行。

第十六条 因采样、测试以及标本采购等需要到国外的,差旅费用报销标准参考《因公临时出国境经费管理办法》(财行〔2013〕516 号)中规定的相关国家报销标准,发生的原材料购买费用报销参照本办法第十一条规定。

第十七条 因野外教学科研工作需要购置相关装备及劳保防护用品的,按照中国科学院和学校相关规定执行。

第十八条 本办法自印发之日起施行。如与国家相关政策不符的，以国家相关政策为准。

第十九条 本办法由财务处负责解释。

中国科学技术大学教职工经商办企业管理办法(试行)

(校人字〔2017〕164号，2017年8月11日)

第一章 总 则

第一条 为贯彻落实习近平总书记在全国高校思想政治工作会议上的重要讲话精神，营造立德树人、风清气正的育人生态，秉持和传承专心教学、潜心科研、用心履职的优良校风和学风，保障学校合法权益，规范教职工经商办企业行为，根据《中华人民共和国促进科技成果转化法》(2015年修订)、《中国科学院关于新时期加快促进科技成果转移转化指导意见》(科发促字〔2016〕97号)、《中国科学院岗位管理实施办法》(科发人字〔2017〕8号)、《中国科学院科技人员离岗创业管理暂行办法》(科发人字〔2016〕111号)等相关法律法规和政策规定，结合学校实际，制定本办法。

第二条 本办法的经商办企业是指教职工利用学校人力、物力和有形、无形资产自主创办企业、参股企业或在相关企业从事科研成果转化、技术转移及商业活动等。

第三条 教职工经商办企业必须遵守国家法律法规、政策和中国科学院、学校的有关规定，不得侵害国家、学校和他人的合法权益。

第四条 教职工经商办企业可采取兼职和离岗的方式，到与学校业务领域相近、本人专业相关的企业从事成果转化和技术转移活动。注重以科技创新推动和服务经济社会发展。

第二章 兼职经商办企业

第五条 学校在职在岗的教职工，在全面履行岗位职责、完成本职工作的前提下，可书面提出申请，经学校审批同意后，到与学校业务领域相近、本职岗位工作相关的企业等兼职经商办企业。

第六条 审批程序。

(一) 本人提出书面申请，填报《中国科学技术大学教职工兼职经商办企业审批表》，并提供相关材料(单位法人证明、经济实体经营执照、经商办企业计划等)；

(二) 所在单位领导集体研究并签署意见；

(三) 相关职能部门审核，并对材料进行公示；

(四) 校长工作会议研究决定；

(五) 学校、所在经济实体与经商办企业人员签订三方协议，对经商办企业的内容、时间安排、绩效考核、收入分配、福利保险、保密义务以及科技成果、知识产权归属等事项进行约定。

第七条 禁止兼职经商办企业的情形。

（一）不认真履行岗位职责，近3年年度考核有基本合格或不合格等次，或上轮岗位聘期考核为基本合格或者不合格；

（二）岗位涉及国家和学校秘密，因兼职经商办企业可能导致泄密；

（三）其他规定不宜兼职经商办企业的情形。

第八条 有关规定。

（一）禁止利用学校的人力（含本科生、研究生），或未经批准使用学校的研究和生产设备、资金、教室、场地等资源兼职经商办企业，杜绝“一手办学、一手经商”现象。

（二）兼职经商办企业，未经学校同意，不得有下列行为：

1. 在单位名称、项目名称、产品品牌和商标中使用“中国科学技术大学”“中国科大”“中科大”或英文及英文缩写等字样，或者在企业标识、注册商标、广告宣传材料中使用学校的校标和标志性建筑物、纪念物等图案；

2. 在产品包装、广告宣传材料上加入“中国科学技术大学监制”“依托中国科学技术大学”“与中国科学技术大学合作”“与中国科学技术大学或中国科学技术大学所属单位联合生产”“中国科学技术大学产学研项目”等内容；

3. 在任何文字材料、广告和语言表述中加入“依托中国科学技术大学”“与中国科学技术大学联合办学”等内容，或以中国科学技术大学冠名等；

4. 将学校拥有自主知识产权的技术等授权商业或企业单位使用；

5. 其他损害学校利益的行为。

（三）兼职经商办企业人员取得的合法报酬，须如实报学校备案，并按国家有关规定申报和缴纳个人所得税。

（四）兼职经商办企业人员在年度考核和岗位聘期考核时，须提交经商办企业情况的报告，以便学校对其岗位工作进行全面评估、考核。

（五）兼职经商办企业所发生的法律、经济、安全和劳动保护等纠纷或争议，一律由本人和商业或企业负责处理，学校不承担任何责任。

（六）因兼职经商办企业触犯法律、法规，由本人承担法律规定的全部责任。

第九条 违规处理。

（一）未经学校批准，擅自兼职经商办企业的，学校将给予通报批评并责令停止。拒不改正的，学校将视情况调整岗位和工资，直至解除人事或劳动关系。

（二）各单位要将兼职经商办企业人员纳入正常管理范围，加强日常考勤、年度考核管理。因对教职工兼职经商办企业情况管理不力，出现瞒报或弄虚作假现象的，一经查实，将按有关规定对当事人及其单位进行相应处理。

第三章　离岗经商办企业

第十条 人员范围。

（一）申请离岗经商办企业的教职工应同时具备以下条件：

1. 教师岗位或支撑岗位中具有实验、工程技术系列专业技术职务的人员；

2. 在校连续工作满 3 年的事业编制人员；

3. 离岗经商办企业期间从事的工作与学校科技成果转化相关。

（二）现主持国家或中国科学院重大科技项目的人员，原则上不得离岗经商办企业。正在接受审查、调查，尚未作出结论的人员，不得离岗经商办企业。

现从事军工项目或涉及国家秘密的人员（含在脱密期的人员），按照《中华人民共和国保密法》等有关规定执行。

第十一条 审批程序。

（一）专业技术人员提出书面申请，填报《中国科学技术大学专业技术人员离岗经商办企业审批表》，并提交离岗经商办企业计划（附经济实体经营执照、法定代表人证明等）；

（二）所在单位领导集体研究并签署意见；

（三）相关职能部门审核；

（四）校长工作会议研究决定；

（五）学校、专业技术人员和所在经济实体签订三方协议，明确各方权利、责任和义务，约定离岗经商办企业时限、工资待遇、社会保险、知识产权、技术秘密保护、研究生培养、返回学校工作相关事宜、违约责任处理、发生争议处理等事项；

（六）专业技术人员将人事关系转移到学校人才交流中心，办理相关手续；

（七）签订或变更聘用合同、岗位聘任协议，办理相关手续。

第十二条 人事管理。

（一）专业技术人员离岗经商办企业，学校原则上在不超过 3 年时间内保留其人事关系。离岗经商办企业期满确需延期的，经学校同意可适当延长，延长期最多不超过 2 年。

（二）专业技术人员离岗经商办企业期间，与学校其他在岗人员同等享有参加岗位等级晋升的权利，但应符合学校岗位管理有关规定，岗位等级晋升结果计入个人人事档案。

（三）专业技术人员离岗经商办企业期间，由所在经济实体负责对其进行年度考核，学校对其年度考核结果进行认定，并计入个人人事档案。

（四）专业技术人员离岗经商办企业期满，申请返回学校工作的，应当在离岗经商办企业期满前 30 日向学校提出书面申请，并提供离岗期间经商办企业情况报告，经学校批准同意，在离岗经商办企业期满 15 个工作日内返回。返回学校后，需参加公开招聘，竞聘上岗。

对自离岗期满之日起 15 个工作日内未返回学校的，学校按旷工处理，依据有关规定与其解除聘用合同，终止人事关系。

（五）专业技术人员离岗经商办企业期间，申请提前返回学校工作的，应向学校提出书面申请，并提供离岗期间经商办企业情况报告，经学校批准同意，办理返回学校手续。返回学校后，需参加公开招聘，竞聘上岗。

（六）专业技术人员离岗经商办企业期间或期满，可与学校协商一致，解除聘用合同，终止人事关系。

（七）专业技术人员离岗经商办企业期间，达到国家法定退休年龄的，应当及时办理退休手续。

（八）专业技术人员离岗经商办企业期间，有违法违纪行为，学校将按有关规定进行处理。

第十三条 工资福利和社会保障。

（一）专业技术人员离岗经商办企业期间，学校停发工资，其工资由所在经济实体支付，学校按国家有关规定做好其档案工资的管理。

（二）专业技术人员离岗经商办企业期间，住房、医疗等待遇，学校予以保留，并享受同学校在岗事业编制人员同等福利待遇。

（三）专业技术人员离岗经商办企业期间，社会保险和住房公积金由学校缴纳，缴费基数参照学校同类人员缴费工资基数确定，缴费所需经费由本人和所在经济实体承担。离岗经商办企业的专业技术人员和所在经济实体应一次性预交离岗经商办企业期间单位及个人应缴费的合计额至学校。

（四）专业技术人员离岗经商办企期间，所在经济实体应依法为其缴纳工伤保险费用，发生工伤的，由所在经济实体承担相应的工伤保险责任。

第十四条 有关规定。

专业技术人员离岗经商办企业期间，所承担的国家科技计划和基金项目原则上不得中止，确需中止的应按有关管理办法办理手续；所承担的其他科技项目，由学校与离岗经商办企业的专业技术人员按照有关规定协商处理。

第四章 附 则

第十五条 教职工如有投资行为，且出资方式涉及学校的知识产权，须由科研部门进行审查，并按《中国科学技术大学促进科技成果转化管理办法（试行）》（校科字〔2016〕248号）等有关规定执行。

第十六条 学校中层及以上领导人员经商办企业管理，按照中央组织部《关于进一步规范党政领导干部在企业兼职（任职）问题的意见》（中组发〔2013〕18号）、教育部党组《高等学校深化落实中央八项规定精神的若干规定》（教党〔2016〕39号）、《中国科学院领导人员兼职和科技成果转化激励管理办法》（科发党字〔2016〕61号）、《中国科学技术大学中层干部兼职管理办法》（党组字〔2016〕69号）等有关规定执行。

第十七条 本办法在执行过程中如有与国家法律法规、政策相抵触的，以国家法律法规、政策为准。

第十八条 本办法自印发之日起施行。

第十九条 本办法由人力资源部、科研部负责解释。

中国科学技术大学学术领军人才培养计划管理暂行办法

（校人字〔2017〕173号，2017年9月17日）

一、总 则

第一条 建设世界一流大学和一流学科，需要一支具有国际竞争力的高水平师资队伍。

青年人才是学校师资队伍的中坚力量，为加强对校内优秀青年人才的培养和支持，造就新一代学术领军人才，特制定本办法。

第二条 学校将筹措专项经费，对有发展潜力的优秀青年人才给予重点支持，资助其加强实验室和团队建设。

二、支持对象

第三条 支持对象需满足以下基本条件：

1. 年龄一般不超过40周岁，具有良好的师德学风；
2. 具有博士学位，已聘为副高级及以上专业技术职务；
3. 在本研究领域已崭露头角，学术思想活跃，取得国内外同行认可的突出学术成果；
4. 未来5年内有较大希望成长为国家杰出青年科学基金获得者、“长江学者奖励计划”特聘教授入选者或相应水平的优秀学术带头人。

第四条 支持对象主要从如下人选中产生：国家优秀青年科学基金获得者、“万人计划”青年拔尖人才、“长江学者奖励计划”青年项目获得者、中组部“青年千人计划”入选者、中国科学院率先行动“百人计划”青年俊才入选者、中国科学院青年创新促进会优秀会员，以及校内其他优秀的年轻教师。已经获得国家杰出青年科学基金支持或入选“长江学者奖励计划”特聘教授者不在本计划支持范围内。

三、组织与管理

第五条 遴选时间：一般每年受理申请一次，由人力资源部负责组织和管理。

第六条 遴选方式：个人申请、单位推荐、专家评审、精准支持。

第七条 遴选程序：

1. 符合条件的优秀青年人才向学院、国家（重点）实验室提出申请；
2. 学院、国家（重点）实验室组织专家进行评审，择优推荐候选人；
3. 学校组织专家委员会进行评审，确定拟支持人选；
4. 报校长工作会议研究批准。

四、经费支持与管理

第八条 学校根据学科建设和科研需求提供实验室和团队建设专项经费，一般为每人50万～200万元。

第九条 经费仅用于实验室和团队建设，包括购置实验室亟须的科研仪器设备和团队成员的人员费用等。学校根据预算拨付经费，按照学校人才经费的相关规定统一管理。

第十条 经费执行期不超过3年。执行期结束后，学校将对经费使用和实验室/团队建设情况进行验收。入选者获得资助期间，若出现学术不端或违反有关管理规定的行为，一经查实，学校将取消其入选资格，并视情况收回相应支持经费。

第十一条 经费的使用和管理严格执行国家及学校有关财务规章制度，并接受有关主管部门的监督和指导。

五、附　　则

第十二条 本办法由人力资源部负责解释。

第十三条 本办法自印发之日起施行。2004 年印发的《中国科学技术大学国家杰出青年科学基金后备人选培养计划实施细则(试行)》(校人字〔2004〕7 号)同时废止。

中国科学技术大学教职工处分暂行规定

(校人字〔2017〕174 号，2017 年 8 月 15 日)

第一章　总　　则

第一条 为严肃学校纪律，规范教职工行为，保证学校及教职工依法履行职责，根据《中华人民共和国高等教育法》《中华人民共和国教师法》《事业单位工作人员处分暂行规定》(2012 年 8 月 22 日人力资源和社会保障部、监察部令第 18 号)及国家相关法律法规和政策，结合我校实际情况，制定本规定。

第二条 教职工违法违纪，应当承担纪律责任的，依照本规定给予处分。

第三条 给予教职工处分，应当坚持公正、公平和教育与惩处相结合的原则。

给予教职工处分，应当与其违法违纪行为的性质、情节、危害程度相适应。

给予教职工处分，应当事实清楚、证据确凿、定性准确、处理恰当、程序合法、手续完备。

第四条 教职工涉嫌犯罪的，应当移送司法机关依法追究刑事责任。

第二章　处分的种类和适用

第五条 处分的种类为：

(一) 警告；

(二) 记过；

(三) 降低岗位等级或者撤职；

(四) 开除。

其中，撤职处分适用于行政机关任命的教职工。

第六条 受处分的期间为：

(一) 警告，6 个月；

(二) 记过，12 个月；

(三) 降低岗位等级或者撤职，24 个月。

第七条 教职工受到警告处分的，在受处分期间，不得聘用到高于现聘岗位等级的岗位；在作出处分决定的当年，年度考核不能确定为优秀等次。

教职工受到记过处分的，在受处分期间，不得聘用到高于现聘岗位等级的岗位，年度考核不得确定为合格及以上等次。

教职工受到降低岗位等级处分的，自处分决定生效之日起降低一个以上岗位等级聘用；在受处分期间，不得聘用到高于受处分后所聘岗位等级的岗位，年度考核不得确定为基本合格及以上等次。

行政机关任命的教职工在受处分期间的任命、考核、工资待遇按照干部人事管理权限，参照本条第一款、第二款、第三款规定执行。

教职工受到开除处分的，自处分决定生效之日起，终止其与学校的人事关系。

第八条 教职工在受处分期间，不得聘用到其他类别岗位，根据相关规定不得在现类别岗位工作的除外。

第九条 教职工受到记过以上处分的，在受处分期间不得参加本专业(技术、技能)领域专业技术职务任职资格或者工勤技能人员技术等级考试(评审)。应当取消专业技术职务任职资格或者职业资格的，按照有关规定办理。

第十条 对同时在管理和专业技术两类岗位任职的教职工发生违纪违法行为，给予降低岗位等级或者撤职处分时，应当同时降低两类岗位的等级，并根据违纪违法的情形与岗位性质的关联度确定降低岗位类别的主次。

第十一条 教职工同时有两种以上需要给予处分的行为的，应当分别确定其处分。应当给予的处分种类不同的，执行其中最重的处分；应当给予开除以外多个相同种类处分的，执行该处分，但处分期应当按照一个处分期以上、两个处分期之和以下确定。

教职工在受处分期间受到新的处分的，其处分期为原处分期尚未执行的期限与新处分期限之和，但是最长不得超过48个月。

第十二条 教职工两人以上共同违法违纪，需要给予处分的，按照各自应当承担的责任，分别给予相应的处分。

第十三条 有下列情形之一的，应当从重处分：

(一) 在两人以上的共同违法违纪行为中起主要作用的；

(二) 隐匿、伪造、销毁证据的；

(三) 串供或者阻止他人揭发检举、提供证据材料的；

(四) 包庇同案人员的；

(五) 不思悔改，屡次违法违纪的；

(六) 法律、法规、规章规定的其他从重情节。

第十四条 有下列情形之一的，应当从轻处分：

(一) 主动交代违法违纪行为的；

(二) 主动采取措施，有效避免或者挽回损失的；

(三) 检举他人重大违法违纪行为，情况属实的。

第十五条 教职工主动交代违法违纪行为，并主动采取措施有效避免或者挽回损失的，应当减轻处分或者免予处分。

教职工违法违纪行为情节轻微，经过批评教育后改正的，可以免予处分。

第十六条 教职工有本规定第十三条、第十四条规定情形之一的，应当在本规定第三章规定的处分幅度以内从重或者从轻给予处分。

教职工有本规定第十五条第一款规定情形的，应当在本规定第三章规定的处分幅度以外，减轻一个处分的档次给予处分。应当给予警告处分，又有减轻处分的情形的，免予处分。

第十七条 校内各单位有违法违纪行为，应当追究纪律责任的，依法对负有责任的领导人员和直接责任人员给予处分。

第三章 违法违纪行为及其适用的处分

第十八条 有下列行为之一的，给予记过处分；情节较重的，给予降低岗位等级或者撤职处分；情节严重的，给予开除处分：

（一）散布损害国家声誉的言论，组织或者参加旨在损害国家利益的集会、游行、示威等活动的；

（二）组织或者参加非法组织的；

（三）接受境外资助从事损害国家利益或者危害国家安全活动的；

（四）接受损害国家荣誉和利益的境外邀请、奖励，经批评教育拒不改正的；

（五）违反国家民族宗教法规和政策，造成不良后果的；

（六）非法出境、未经批准获取境外永久居留资格或者取得外国国籍的；

（七）携带含有依法禁止内容的书刊、音像制品、电子读物进入国（境）内的；

（八）其他违反政治纪律的行为。

有前款第（一）项至第（三）项规定的行为，但属于不明真相被裹挟参加、经批评教育后确有悔改表现的，可以减轻或者免予处分。

第十九条 有下列行为之一的，给予警告或者记过处分；情节较重的，给予降低岗位等级或者撤职处分；情节严重的，给予开除处分：

（一）在执行国家重要任务、应对公共突发事件中，不服从指挥、调遣或者消极对抗的；

（二）破坏正常工作秩序，给国家、学校或者公共利益造成损失的；

（三）违章指挥、违规操作，致使人民生命财产遭受损失的；

（四）发生重大事故、灾害、事件，擅离职守或者不按规定报告、不采取措施处置或者处置不力的；

（五）在项目评估评审、产品认证、设备检测检验等工作中徇私舞弊，或者违反规定造成不良影响的；

（六）泄露国家秘密的；

（七）泄露因工作掌握的内幕信息，造成不良后果的；

（八）采取不正当手段为本人或者他人谋取岗位，或者在公开招聘等人事管理工作中有其他违反组织人事纪律行为的；

（九）违反规定，造成重大教学责任事故的；

（十）在招生、考试、社会兼职等工作中违反有关规定，给学校造成损失或不良影响的；

（十一）未经批准，擅自以学校或校内单位名义发布公告、新闻、举办活动等，或者擅自以上述名义签订合同、协议等，造成不良影响或后果的；

（十二）违反规定，擅自使用、保存或携带易燃、易爆、有毒、有放射性或传染性物品的；

（十三）未经批准擅自出国（境）的，或虽经批准出国（境）但逾期不归的；

（十四）旷工或者因公外出、请假期满无正当理由逾期不归，造成不良影响的；

（十五）离任、调动、辞职、合同终止或者被辞退、解聘时，拒不办理交接手续或者拒不接受审计的；

（十六）其他违反工作纪律失职渎职的行为。

有前款第（六）项规定行为的，给予记过以上处分。

第二十条 有下列行为之一的，给予警告或者记过处分；情节较重的，给予降低岗位等级或者撤职处分；情节严重的，给予开除处分：

（一）贪污、索贿、受贿、行贿、介绍贿赂、挪用公款的；

（二）利用工作之便为本人或者他人谋取不正当利益的；

（三）在公务活动或者工作中接受礼金、各种有价证券、支付凭证的；

（四）利用知悉或者掌握的内幕信息谋取利益的；

（五）用公款旅游或者变相用公款旅游的；

（六）违反国家规定，从事、参与营利性活动或者兼任职务领取报酬的；

（七）其他违反廉洁从业纪律的行为。

有前款第（一）项规定行为的，给予记过以上处分。

第二十一条 有下列行为之一的，给予警告或者记过处分；情节较重的，给予降低岗位等级或者撤职处分；情节严重的，给予开除处分：

（一）违反国家和学校财政收入上缴有关规定的；

（二）违反规定使用、骗取财政资金或者社会保险基金的；

（三）擅自设定收费项目或者擅自改变收费项目的范围、标准和对象的；

（四）挥霍、浪费国家资财或者造成国有资产流失的；

（五）违反国有资产管理规定，擅自占有、使用、处置国有资产的；

（六）在招标投标和物资采购工作中违反有关规定，造成不良影响或者损失的；

（七）违反科研经费管理规定和财务制度，滥用、挪用、侵吞科研经费的；

（八）将职务发明专利、科研成果、专有技术据为己有或擅自转让、提供给他人的；

（九）偷盗、冒领学校公有财产或故意损毁、破坏校园公共建筑、设施的；

（十）其他违反财经纪律和侵犯财产权利的行为。

第二十二条 有下列行为之一的，给予警告或者记过处分；情节较重的，给予降低岗位等级或者撤职处分；情节严重的，给予开除处分：

（一）利用专业技术或者技能实施违法违纪行为的；

（二）有抄袭、剽窃、侵吞他人学术成果，伪造、篡改数据文献，或者捏造事实等学术不端行为的；

（三）利用职业身份进行利诱、威胁或者误导，损害他人合法权益的；

（四）利用权威、地位或者掌控的资源，压制不同观点，限制学术自由，造成重大损失或者不良影响的；

（五）在申报岗位、职务、项目、成果、荣誉等过程中弄虚作假、徇私舞弊的；

（六）在教学过程中传播不正当言论，造成不良影响的；

（七）私自向学生推销教材、资料及其他商品，索要或接受学生、家长财物的；

（八）工作态度恶劣，造成不良社会影响的；

（九）其他严重违反职业道德的行为。

有前款第（一）项规定行为的，给予记过以上处分。

第二十三条 有下列行为之一的，给予警告或者记过处分；情节较重的，给予降低岗位等级或者撤职处分；情节严重的，给予开除处分：

（一）制造、传播违法违禁物品及信息的；

（二）组织、参与卖淫、嫖娼等色情活动的；

（三）吸食毒品或者组织、参与赌博活动的；

（四）违反规定超计划生育的；

（五）包养情人的；

（六）有虐待、遗弃家庭成员，或者拒不承担赡养、抚养、扶养义务等的；

（七）在微博、论坛、BBS等网络空间上编造、散布、传播虚假信息，造成不良影响的；

（八）制造、故意传播和应用计算机病毒，或者非法侵入他人或组织的计算机等设备系统中造成不良影响或损失的；

（九）煽动、组织聚众闹事，破坏学校管理秩序的；

（十）寻衅滋事、打架斗殴的；

（十一）谩骂、侮辱、诽谤、骚扰、体罚、殴打学生或他人，造成不良影响或后果的；

（十二）通过语言、文字等方式恐吓、威胁他人安全，干扰他人正常生活的；

（十三）未经允许，擅自窃取、修改、破坏、复制、公开他人或组织的信息，造成不良影响或后果的；

（十四）其他严重违反公共秩序、社会公德或者侵犯他人人身权利的行为。

有前款第（二）项、第（三）项、第（四）项、第（五）项规定行为的，给予降低岗位等级或者撤职以上处分。

第二十四条 教职工被依法判处刑罚的，给予降低岗位等级或者撤职以上处分。其中，被依法判处有期徒刑以上刑罚的，给予开除处分。

行政机关任命的教职工，被依法判处刑罚的，给予开除处分。

第四章　处分的权限和程序

第二十五条 教职工有涉嫌违法违纪行为的，由学校监察部门和人事部门负责调查和处理。

第二十六条 对教职工的处分，按照以下程序办理：

（一）对教职工违法违纪行为初步调查后，需要进一步查证的，经学校批准后立案；

（二）立案后，学校成立由相关校领导任组长的调查组，对被调查的教职工的违法违纪

行为作进一步调查,收集、查证有关证据材料,并形成书面调查报告;

（三）将调查认定的事实及拟给予处分的依据告知被调查的教职工,听取其陈述和申辩,并对其所提出的事实、理由和证据进行复核,记录在案;被调查的教职工提出的事实、理由和证据成立的,应予采信;

（四）调查组将调查报告等书面材料及拟给予处分提交学校讨论;经学校批准后,作出对该教职工给予处分、免予处分或者撤销案件的决定;

（五）学校印发处分决定;

（六）将处分决定以书面形式通知受处分教职工本人和有关单位,并在一定范围内宣布;

（七）将处分决定存入受处分教职工的档案。

处分决定自作出之日起生效。

监察部门对案件的查处另有特别规定的,从其特别规定。

第二十七条 教职工涉嫌违法违纪,已经被立案调查,不宜继续履行职责的,学校可以暂停其职责。

被调查的教职工在违法违纪案件立案调查期间,不得解除聘用合同、出国(境)或者办理退休手续。

第二十八条 对教职工违法违纪案件进行调查,应当由两名以上办案人员进行;接受调查的单位和个人应当如实提供情况。

以暴力、威胁、引诱、欺骗等非法方式收集的证据不得作为定案的根据。

第二十九条 参与教职工违法违纪案件调查、处理的人员有下列情形之一的,应当提出回避申请;被调查的教职工以及与案件有利害关系的公民、法人或者其他组织有权要求其回避:

（一）与被调查的教职工有夫妻关系、直系血亲、三代以内旁系血亲关系或者近姻亲关系的;

（二）与被调查的案件有利害关系的;

（三）与被调查的教职工有其他关系,可能影响案件公正处理的。

第三十条 学校发现参与违法违纪案件调查、处理的人员有应当回避情形的,可以直接决定该人员回避。

第三十一条 给予教职工处分,应当自批准立案之日起 6 个月内作出决定;案情复杂或者遇有其他特殊情形的可以延长,但是办案期限最长不得超过 12 个月。

第三十二条 处分决定应当包括下列内容:

（一）受处分教职工的姓名、工作单位、原所聘岗位(所任职务)名称及等级等基本情况;

（二）经查证的违法违纪事实;

（三）处分的种类、受处分的期间和依据;

（四）不服处分决定的申诉途径和期限;

（五）处分决定单位的名称、印章和作出决定的日期。

第三十三条 教职工受到开除处分后,应当及时办理档案和社会保险关系转移手续,具体办法按照有关规定执行。

第五章　处分的解除

第三十四条　教职工受开除以外的处分，在受处分期间有悔改表现，并且没有再出现违法违纪情形的，处分期满，经学校批准后解除处分。

教职工在受处分期间终止或解除聘用合同的，处分期满后，自然解除处分。受处分教职工要求学校提供解除处分相关证明的，学校应当予以提供。

第三十五条　教职工在受处分期间有重大立功表现，按照有关规定给予个人记功以上奖励的，经学校批准后可以提前解除处分。

第三十六条　教职工处分的解除或者提前解除，按照以下程序办理：

（一）监察部门或人事部门对受处分教职工在受处分期间的表现情况，进行全面了解，并形成书面报告；

（二）监察部门或人事部门作出解除或者提前解除处分的建议，并报学校批准；

（三）学校印发解除或者提前解除处分的决定；

（四）将解除或者提前解除处分的决定以书面形式通知本人，并在原宣布处分的范围内宣布；

（五）将解除或者提前解除处分的决定存入该教职工的档案。

解除处分决定自作出之日起生效。

第三十七条　教职工处分的解除或者提前解除按照本规定第二十九条、第三十条的规定执行回避。

第三十八条　解除或者提前解除处分的决定应当包括原处分的种类和解除或者提前解除处分的依据，以及该教职工在受处分期间的表现情况等内容。

第三十九条　处分解除后，考核、竞聘上岗和晋升工资按照国家有关规定执行，不再受原处分的影响。但是，受到降低岗位等级或者撤职处分的，不视为恢复受处分前的岗位等级和工资待遇。

第四十条　解除处分的决定应当在处分期满后一个月内作出。

第六章　复核和申诉

第四十一条　受到处分的教职工对处分决定不服的，可以自知道或者应当知道该处分决定之日起三十日内向学校申请复核。对复核结果不服的，可以自接到复核决定之日起三十日内，按照规定向中国科学院提出申诉。

第四十二条　学校应当自接到复核申请后的三十日内作出复核决定。

复核、申诉期间不停止处分的执行。

教职工不因提出复核、申诉而被加重处分。

第四十三条　有下列情形之一的，应当撤销处分决定，重新作出决定：

（一）处分所依据的事实不清、证据不足的；

（二）违反规定程序，影响案件公正处理的；

（三）超越职权或者滥用职权作出处分决定的。

第四十四条 有下列情形之一的，应当变更处分决定：

（一）适用法律、法规、规章错误的；

（二）对违法违纪行为的情节认定有误的；

（三）处分不当的。

第四十五条 教职工的处分决定被变更，需要调整该教职工的岗位等级或者工资待遇的，应当按照规定予以调整；教职工的处分决定被撤销的，应当恢复该教职工的岗位等级、工资待遇，按照原岗位等级安排相应的岗位，并在适当范围内为其恢复名誉。

被撤销处分或者被减轻处分的教职工工资待遇受到损失的，应当予以补偿。

第七章 附 则

第四十六条 已经退休的教职工有违法违纪行为应当受到处分的，不再作出处分决定，但应当立案调查并按程序作出调查结论，明确其应受处分的种类。应当给予降低岗位等级或者撤职以上处分的，相应降低或者取消其享受的待遇。

第四十七条 对教职工处分工作中有滥用职权、玩忽职守、徇私舞弊、收受贿赂等违法违纪行为的工作人员，按照有关规定给予处分；涉嫌犯罪的，移送司法机关依法追究刑事责任。

第四十八条 教职工受处分的工资待遇，按如下办法处理：

（一）教职工受到处分的，岗位工资和薪级工资按照国家有关规定执行；

（二）教职工受到警告处分的，在受处分期间，不得提高岗位津贴和绩效奖励额度。

教职工受到记过处分的，在受处分期间，岗位津贴按原额度的50％发放，不得提高绩效奖励额度。

教职工受到降低岗位等级或撤职处分的，在受处分期间，岗位津贴按原额度的50％发放，取消各类绩效奖励；处分解除后，岗位津贴和绩效奖励按新聘岗位确定。

年薪制教职工受到警告处分的，在受处分期间，不得调高年薪额度；受到记过处分的，在受处分期间，年薪按原额度的80％发放；受到降低岗位等级或撤职处分的，在受处分期间，年薪按原额度的60％发放，处分解除后，年薪额度按新聘岗位确定。

教职工受到开除处分的，从作出处分决定的次月起，取消所有工资待遇。

第四十九条 本规定所述教职工指学校事业编制职工。

对于与学校建立劳动关系的其他各类人员，如有违法违纪行为，参照本规定处理。

对于由社会人才服务机构派遣至学校工作的人才派遣人员，如有违法违纪行为，参照本规定立案调查并作出调查结论，通报人才服务机构。根据调查结论，应当给予记过及以上处分的，将派遣人员退回人才服务机构。

第五十条 本规定未尽事项，按国家有关法律、法规执行；如有与国家法律、法规相抵触的，按国家的法律、法规执行。

第五十一条 本规定由人力资源部、监察审计处负责解释。

第五十二条 本规定自印发之日起施行，《中国科学技术大学工作人员行政处分办法（试行）》（校人字〔2006〕53号）同时废止。

中国科学技术大学教师、支撑岗位专业技术等级聘用实施办法(试行)

(校人字〔2017〕258 号,2017 年 11 月 21 日)

根据《中国科学院岗位管理实施办法》(科发人字〔2017〕8 号)和《〈中国科学院岗位管理实施办法〉文件说明》(人字〔2017〕10 号)有关精神,结合我校实际,为做好教师、支撑岗位专业技术等级聘用工作,特制定本实施办法。

一、岗位等级

教师岗位高校教师、科学技术研究系列设 12 个等级。其中,教授(研究员)岗位设 4 个等级,副教授(副研究员)岗位设 3 个等级,讲师(助理研究员)岗位设 3 个等级,助教(研究实习员)岗位设 2 个等级。

支撑岗位工程技术系列设 12 个等级。其中,高级工程师(教授级)岗位设 4 个等级,高级工程师岗位设 3 个等级,工程师岗位设 3 个等级,助理工程师岗位设 2 个等级。

支撑岗位实验技术系列设 9 个等级。其中,正高级实验师岗位设 1 个等级,高级实验师岗位设 3 个等级,实验师岗位设 3 个等级,助理实验师岗位设 2 个等级。

支撑岗位其他专业技术系列设 9 个等级。其中,正高级岗位设 1 个等级,副高级岗位设 3 个等级,中级岗位设 3 个等级,初级岗位设 2 个等级。

本办法是进行正高、副高、中级、初级各岗位内的国家通用专业技术等级聘用,不含正高四级、副高七级、中级十级以及初级十二级。

二、聘用范围

在学校教师、支撑岗位工作已聘相应专业技术职务,且符合相应国家通用专业技术岗位等级聘用条件人员。

三、聘用条件

根据中国科学院有关文件精神和学校有关规定,申报者须符合下列条件:

(一) 基本条件:热爱祖国,热爱人民,拥护中国共产党领导,拥护中国特色社会主义制度;遵守中华人民共和国宪法和法律;遵守中国科学院章程;遵守中国科学技术大学章程;具有良好的公民意识和职业道德;学风端正,科学态度严谨,爱岗敬业;具备岗位所需的专业或技能条件;适应岗位要求的身体条件。

(二) 各等级"基本聘用条件"详见附件。

在"基本聘用条件"的基础上,各聘用组结合岗位性质和工作职责,进一步细化等级聘用要求,研究制定不同岗位或系列的等级聘用条件。

四、聘用组织机构及职责

(一) 学校成立专业技术岗位等级聘用工作委员会(以下简称"校聘委会"),负责二、三级专业技术岗位等级的聘用工作,以及五级及以下岗位等级拟聘人选的审定工作。

(二) 各有关单位成立岗位等级聘用工作小组(以下简称"聘用组"),负责制定所属单位聘用实施细则，开展五级及以下专业技术岗位等级的聘用工作，并负责二、三级专业技术岗位等级聘用的推荐工作。

聘用组原则上由9名及以上成员组成。各学院、国家（重点）实验室聘用组成员由执行院长（或主任）和正高级专家组成；其他聘用组成员由单位负责人和本系列具有五级及以上专业技术等级的人员组成（单位也可视情况外请专家参加本单位聘用组的聘用工作）。聘用组按以下单位划分：

1. 各学院、国家（重点）实验室各自成立聘用组（计算机科学与技术学院与软件学院合并成立聘用组）；

2. 其他有关单位（机构）划分如下：

网络信息中心、现代教育技术中心共同成立一个聘用组；

图书馆、档案馆和博物馆共同成立一个聘用组；

附中、幼儿园共同成立一个聘用组；

医院成立一个聘用组；

出版社成立一个聘用组（校报、学报出版系列人员划归本聘用组）。

在具体实施过程中，如遇特殊情况由学校人事部门协调处理。

（三）各单位成立资格审查小组，负责本单位申报人员材料真实性及其申报资格有效性的审查。

（四）学校成立资格复核小组，对申报人员材料真实性及其申报资格有效性进行复核，并统一有关聘用条件的认定标准。

五、岗位设置

按中国科学院核定批准的岗位设置方案执行。专业技术二、三级岗位职数，由校聘委会统一控制使用（支撑岗位中图书、档案、文博、出版、卫生等系列不新设三级及以上专业技术岗位）。五级及以下专业技术岗位职数，由学校下达到各聘用组。

六、工作程序

（一）传达聘用工作有关文件，布置聘用工作。建立健全各级聘用组织；各聘用组制订聘用实施细则。聘用组织成员名单、实施细则报人力资源部备案。

（二）二、三级专业技术岗位等级聘用工作程序：

1. 应聘人员按岗位类别进行网上申报，并提交申报材料；

2. 单位资格审查小组审查申报材料及其申报资格；

3. 学校资格复核小组复核申报材料及其申报资格，并将复核结果反馈给各单位；

4. 各聘用组进行初评、投票表决，得同意票达到与会人数2/3（含）以上者为通过、排序，产生推荐人选；

5. 学校召开校聘委会会议，对各聘用组报送的二、三级专业技术岗位推荐人选进行评议、投票表决，得同意票达到与会人数2/3（含）以上者为通过，确定报送学校批准的拟聘人选；

6. 对拟聘人选进行公示，公示时间为7天；

7. 提交校长工作会议研究批准，校长聘用。

（三）五级及以下专业技术岗位等级聘用，由各聘用组根据各自的聘用实施细则进行。

主要工作程序：

1. 应聘人员按岗位类别进行网上申报，并提交申报材料；

2. 单位资格审查小组审查申报材料及其申报资格；

3. 学校资格复核小组复核申报材料及其申报资格，并将复核结果反馈给各单位；

4. 各聘用组召开聘用工作会议，按学校下达的岗位职数，依据聘用实施细则，评议产生拟聘人选；

5. 学校召开校聘委会会议，对各聘用组报送的五级及以下专业技术岗位等级拟聘人选进行审定；

6. 对拟聘人选进行公示，公示时间为 7 天；

7. 提交校长工作会议研究批准，校长聘用。

七、其他规定

1. 原从事教学、科研工作，现调任管理岗位领导职务，且所属专业技术职务系列未发生改变，目前仍承担教学、科研工作的人员，报请学校同意，可在本人教学、科研工作所在单位申报等级聘用。

2. 为贯彻落实全国高校思想政治工作会议精神，加强思政、党务工作队伍建设，学校将对从事思政、党务工作的人员实行“单列计划、单设标准、单独评审”。

学校依据思政、党务工作队伍建设规划，统筹确定岗位聘用职数；各聘用组结合岗位性质和工作职责，制定聘用实施细则；相关聘用组织机构依据聘用工作程序和聘用实施细则，开展聘用工作。

各聘用组在制定实施细则时，应将优秀网络文化成果纳入聘用条件中。

3. 岗位等级须逐级聘用，原则上不受理越级申请。

4. 等级聘用工作开始之日，已达到规定的退休年龄、应办理退休手续的人员，不得参加应聘。符合条件且申请已被受理，但在评议过程中达到规定退休年龄者不受此限制，若应聘得以通过，聘期至学校规定其退休之日止。

5. 申请调出或已调出的人员，学校不再接受其应聘申请或进行评议。

6. 应聘者须严格遵守保密制度，如申报信息含有涉密内容，务必进行脱密处理；各学院、国家(重点)实验室应做好申报信息的审查工作，确保涉密信息的安全保密，并报送涉密审查报告。

7. 应聘者应如实提交申报材料，如发现有弄虚作假行为，取消本次和下一次申报资格；情节严重者，将按有关法规给予处分。

8. 评议与聘用过程中，各级聘用工作人员应严格遵守聘用纪律、保密制度和亲属回避制度，如有徇私舞弊行为，一经查实，当严肃处理。学校纪委和人力资源部具体受理申诉、投诉与举报事宜。

9. 此前有关规定与本实施办法不一致的，以本实施办法为准。

10. 本实施办法由人力资源部负责解释。

11. 本实施办法自印发之日起施行。

附件

教师、支撑岗位专业技术等级基本聘用条件

(一) 教师岗位高校教师、科学技术研究系列

专业技术职务	国家通用专业技术岗位等级	基本聘用条件
教授(研究员)	一级	中国科学院院士、中国工程院院士。
	二级	本专业领域的领军人才,对本学科领域的学术进步或高技术创新与集成产生了重大影响,并被国内外同行认可;主持并完成过国家、中国科学院重要科技项目或等效项目;任教授(研究员)三级岗位满5年或任教授(研究员)岗位满10年,年度考核合格及以上。
		对引进的特别优秀的人才或作出重大创新贡献的专业技术人员,可适当放宽任职年限要求,具体为:国务院学位委员会学科评议组成员,国内一级学会或国际重要学术组织的主要负责人,国家重大专项专家组成员,国家科技重大专项、国家重点研发计划重点项目、国家基金委重大研究计划、国家基金委重大项目、国家重大科研仪器研制项目(部门推荐类)、中科院战略性先导科技专项等项目负责人或首席科学家,“国家杰出青年科学基金”获得者,“长江学者奖励计划”特聘教授,“万人计划”领军人才(不含科技创业领军人才),武器装备及航天型号重点任务正副总指挥、总设计师和主任设计师,总装备部科技委兼职委员、总装备部专业组成员,少数为科技事业发展作出突出贡献的关键人才等,被聘为教授(研究员)岗位满6年。
	三级	本学科领域的学术带头人,具有本学科系统的研究积累;取得具有一定影响的原创性科技成果或关键技术成果,或在解决国民经济、国家安全和社会发展的问题上,提出了有价值的新思路或新方法;作为主要负责人之一承担过国家、中国科学院重要科技项目或等效项目;任教授(研究员)四级岗位或任教授(研究员)岗位满5年,年度考核合格及以上。
		对引进的特别优秀的人才或作出重大创新贡献的专业技术人员,可适当放宽任职年限要求,具体为:“国家杰出青年科学基金”获得者、“长江学者奖励计划”特聘教授,“万人计划”领军人才(不含科技创业领军人才),“百人计划”终期考核优秀者,被聘为教授(研究员)岗位满3年。
副教授(副研究员)	五级	主持2项及以上国家自然科学基金面上项目或等效项目;任副教授(副研究员)岗位满4年,年度考核合格及以上。
	六级	任副教授(副研究员)岗位满2年,年度考核合格及以上。

续表

专业技术职务	国家通用专业技术岗位等级	基本聘用条件
讲师（助理研究员）	八级	任讲师（助理研究员）岗位满 3 年，或博士研究生毕业任讲师（助理研究员）岗位满 1 年；年度考核合格及以上。博士后出站人员。
	九级	任讲师（助理研究员）岗位满 2 年，年度考核合格及以上。博士研究生毕业，年度考核合格及以上。
助教（研究实习员）	十一级	任助教（研究实习员）岗位满 2 年，年度考核合格及以上。硕士研究生毕业，年度考核合格及以上。

（二）支撑岗位工程技术系列

专业技术职务	国家通用专业技术岗位等级	基本聘用条件
高级工程师（教授级）	一级	中国科学院院士、中国工程院院士。
	二级	本专业领域的领军人才，对本学科领域的学术进步或高技术创新与集成产生了重大影响，并被国内外同行认可；主持并完成过国家、中国科学院重要科技项目或等效项目；任专业技术三级岗位满 5 年或任正高级专业技术岗位满 10 年，年度考核合格及以上。
		对引进的特别优秀的人才或作出重大创新贡献的专业技术人员，可适当放宽任职年限要求，具体为：国务院学位委员会学科评议组成员，国内一级学会或国际重要学术组织的主要负责人，国家重大专项专家组成员，国家科技重大专项、国家重点研发计划重点项目、国家基金委重大研究计划、国家基金委重大项目、国家重大科研仪器研制项目（部门推荐类）、中科院战略性先导科技专项等项目负责人或首席科学家，“国家杰出青年科学基金”获得者，“长江学者奖励计划”特聘教授，“万人计划”领军人才（不含科技创业领军人才），武器装备及航天型号重点任务正副总指挥、总设计师和主任设计师，总装备部科技委兼职委员、总装备部专业组成员，少数为科技事业发展作出突出贡献的关键人才等，被聘为正高级专业技术岗位满 6 年。
	三级	本专业领域的带头人，取得了具有一定影响的原创性科技成果或关键技术成果，或在解决国民经济和社会发展的问题上，提出了有价值的新思路或新方法；作为主要负责人之一承担过国家、中国科学院重要科技项目或等效项目；任专业技术四级岗位或任正高级专业技术岗位满 5 年，年度考核合格及以上。
		对引进的特别优秀的人才或作出重大创新贡献的专业技术人员，可适当放宽任职年限要求，具体为：“国家杰出青年科学基金”获得者，“长江学者奖励计划”特聘教授，“万人计划”领军人才（不含科技创业领军人才），“百人计划”终期考核优秀者，被聘为正高级专业技术岗位满 3 年。

续表

专业技术职务	国家通用专业技术岗位等级	基本聘用条件
高级工程师	五级	作为主要负责人之一承担过国家、中国科学院科技项目或等效项目;任高级工程师岗位满4年,年度考核合格及以上。
	六级	任高级工程师岗位满2年,年度考核合格及以上。
工程师	八级	任工程师岗位满3年,或博士研究生毕业任工程师岗位满1年,年度考核合格及以上。博士后出站人员。
	九级	任工程师岗位满2年,年度考核合格及以上。博士研究生毕业,年度考核合格及以上。
助理工程师	十一级	任助理工程师岗位满2年,年度考核合格及以上。硕士研究生毕业,年度考核合格及以上。

(三)支撑岗位实验技术系列

专业技术职务	国家通用专业技术岗位等级	基本聘用条件
高级实验师	五级	能够根据本学科国内外实验技术发展趋势,提出有实际应用价值的实验方案,在国家、中国科学院科技项目或等效项目中发挥了重要作用;任高级实验师岗位满4年,年度考核合格及以上。
	六级	组织过本学科的大型实验,或对实验技术和仪器设备进行过重要的改进或开发利用工作;任高级实验师岗位满2年,年度考核合格及以上。
实验师	八级	任实验师岗位满3年,或博士研究生毕业任实验师岗位满1年;年度考核合格及以上。博士后出站人员。
	九级	任实验师岗位满2年,年度考核合格及以上。博士研究生毕业,年度考核合格及以上。
助理实验师	十一级	任助理实验师岗位满2年,年度考核合格及以上。硕士研究生毕业,年度考核合格及以上。

(四)支撑岗位其他专业技术系列

专业技术职务	国家通用专业技术岗位等级	基本聘用条件
副高级	五级	本专业的业务带头人,工作中作出重要成绩和贡献;任副高级岗位满4年,年度考核合格及以上。
	六级	任副高级岗位满2年,年度考核合格及以上。

续表

专业技术职务	国家通用专业技术岗位等级	基本聘用条件
中级	八级	任中级岗位满3年,或博士研究生毕业任中级岗位满1年;年度考核合格及以上。博士后出站人员。
	九级	任中级岗位满2年,年度考核合格及以上。博士研究生毕业,年度考核合格及以上。
初级	十一级	任初级岗位满2年,年度考核合格及以上。硕士研究生毕业,年度考核合格及以上。

中国科学技术大学职员岗位聘用管理办法(试行)

(校人字〔2017〕259号,2017年11月21日)

第一章 总 则

第一条 根据《中国科学院岗位管理实施办法》(科发人字〔2017〕8号)、《中国科学院关于加强新时期管理队伍建设的指导意见》(科发人字〔2017〕96号)和《中国科学技术大学关于管理岗位全面实行职员制度的意见》(校人字〔2014〕164号)的有关规定,为进一步推进、完善职员制度,建设优化、精干、高效的职员队伍,大力提升学校的管理水平和服务质量,特制定本办法。

第二条 学校管理岗位全面实行职员制度,在学校管理岗位从事管理和服务工作的人员执行职员系列。鼓励管理岗位现有专业技术职务人员转聘(指转系列竞聘,下文同)职员系列岗位。

第三条 职员岗位的聘用遵循科学设岗、公开公正、平等竞争、择优聘用的原则。

第二章 岗位设置

第四条 我校职员系列岗位设置六个职级,其中四、五级为高级职员,六、七、八为中级职员,九级为初级职员。

领导岗位根据领导干部职务级别,对应相应的职员职级,按照干部人事管理权限的有关规定执行。

第五条 在中国科学院核定的编制、岗位职数和结构比例控制下,依据学校管理队伍建设的总体规划,在综合分析工作目标、任务和队伍结构等情况的基础上,有计划地确定职员岗位聘用职数,经学校研究批准执行。

四级职员岗位(综合管理岗位)职数由中国科学院单独核定。

第三章 岗位职责

第六条 高级职员职责:分管校级或主持院、处(部门)级单位管理工作,或者专职从事高层次的专门性管理工作;负责拟定本职管理工作中的重要公文或者文稿;指导中、初级职员工作。

第七条 中级职员职责:分管院、处(部门)级及其以下基层单位的管理工作,或者独立承担某一方面的专门性管理工作;独立起草本职管理工作中重要的公文或者文稿;指导初级职员工作。

第八条 初级职员职责:承办具体的行政事务工作,起草本职管理工作中的一般性公文或者文稿。

各职员职级的具体岗位职责由各单位负责拟定。

第四章 聘用条件

第九条 应聘者必须具备的基本条件:热爱祖国,热爱人民,拥护中国共产党领导,拥护中国特色社会主义制度;遵守中华人民共和国宪法和法律;遵守中国科学院章程;遵守中国科学技术大学章程;具有良好的公民意识和职业道德;学风端正,科学态度严谨,爱岗敬业;具备岗位所需的专业或技能条件;适应岗位要求的身体条件。

各职员职级的基本聘用条件,遵照附件 1 执行。

第十条 管理岗位中的专业技术职务人员,在具备附件 1 基本能力要求的前提下,按附件 2 的基本聘用条件要求,进行相应职员职级的聘用。

第五章 组织机构及职责

第十一条 学校成立职员岗位聘用工作委员会(以下简称"校聘委会"),负责五级及以上职员岗位的聘用工作和六级及以下职员岗位的审定工作。

第十二条 校聘委会下设两个聘用工作小组(以下简称"聘用组"),学院和国家(重点)实验室为一个聘用组,机关和其他单位为一个聘用组,其成员由校聘委会确定。聘用组负责进行本聘用组所属单位六级及以下职员岗位的聘用工作,并负责五级及以上职员岗位聘用的推荐工作。

第十三条 单位成立资格审查和推荐工作小组,组长由单位党政领导担任。负责进行本单位应聘人员申报资格审查、推荐工作。

第十四条 学校成立资格复核小组,成员由相关部门负责人或工作人员组成。负责对应聘人员申报资格作进一步复核,汇总有关信息和问题,提请校聘委会研究。

第六章 工 作 程 序

第十五条 聘用工作程序：

1. 传达布置聘用工作，建立健全聘用组织，相关组织机构研究制定聘用推荐工作细则（组织成员名单及工作细则报人力资源部备案）。

2. 应聘人员向单位提交申报材料。

3. 单位资格审查和推荐工作小组对应聘人员申报材料的真实性和申报资格的有效性进行审查。采取适当形式在单位范围内公开应聘人员材料，接受广大教职工监督。

4. 校资格复核小组对应聘人员申报资格进行复核，并反馈复核结果。

5. 单位资格审查和推荐工作小组在上述工作的基础上，研究确定本单位报送聘用组人选。

6. 各聘用组召开聘用工作会议。(1) 对单位报送的申报五级及以上职员岗位人选进行评议、表决、排序，产生报送校聘委会的推荐人选。(2) 按学校下达的岗位职数，对单位报送的申报六级及以下职员岗位人选进行评议、无记名投票表决，得同意票达到与会人数 2/3（含）以上者为通过，产生拟聘人选。

7. 学校召开校聘委会会议。(1) 对各聘用组报送的五级及以上职员岗位推荐人选进行评议、无记名投票表决，得同意票达到与会人数 2/3（含）以上者为通过，确定报送校长工作会议的拟聘人选。(2) 对各聘用组报送的六级及以下职员岗位拟聘人选进行审定。

8. 对拟聘人选进行公示，公示期不少于 7 天。

9. 提交校长工作会议研究批准，校长聘用。

第十六条 四级职员岗位（综合管理岗位）按中国科学院规定的聘用工作程序，完成学校评议、推荐，产生拟聘人选。学校将有关材料报送中国科学院备案后，正式发文聘用。

第七章 其 他 规 定

第十七条 为进一步推进、完善职员制度，鼓励管理岗位中现聘专业技术职务人员转聘职员职级，对有关问题作以下规定：

1. 应聘人员转聘相应职员职级未获通过，或自愿不参加转聘职员者，原聘专业技术职务保持不变。

2. 应聘人员转聘相应职员职级获得通过，若职员岗位职级工资标准低于原聘专业技术职务工资标准，可保留原聘专业技术职务工资待遇。其退休前若仍未获得高一级职员的聘用，可按原聘专业技术职务退休，并执行待遇。

第十八条 为贯彻落实全国高校思想政治工作会议精神，加强思政、党务工作队伍建设，学校将对从事思政、党务工作的人员实行“单列计划、单设标准、单独评审”。

学校依据思政、党务工作队伍建设规划，统筹确定职员岗位聘用职数；各聘用组结合岗位性质和工作职责，制定聘用实施细则；相关聘用组织机构依据聘用工作程序和聘用实施细则，开展聘用工作。

各聘用组在制定实施细则时，应将优秀网络文化成果纳入聘用条件中。

第十九条 聘用工作开始之日，已达到规定的退休年龄、应办理退休手续的人员，不得参加应聘。符合条件且申请已被受理，但在评议过程中达到规定退休年龄者不受此限制，若应聘得以通过，聘期至学校规定其退休之日止。

第二十条 申请调出或已调出的人员，学校不再接受其应聘申请或进行评议。

第二十一条 应聘者应如实提交申报材料，如发现有弄虚作假行为，取消本次和下一次申报资格，情节严重者，将按有关法规给予处分。

第二十二条 评议与聘用过程中，各级聘用工作人员应严格遵守聘用纪律、保密制度和亲属回避制度，如有徇私舞弊行为，一经查实，当严肃处理。学校纪委和人力资源部具体受理申诉、投诉与举报事宜。

第八章 附 则

第二十三条 此前有关岗位聘用规定与本实施办法不一致的，以本实施办法为准。

第二十四条 本实施办法由人力资源部负责解释。

第二十五条 本实施办法自印发之日起施行。

附件 1

职员系列岗位基本聘用条件

<table>
<tr><th>职员职级</th><th colspan="2">基本聘用条件</th></tr>
<tr><td>四级职员
(综合管理岗位)</td><td>任五级职员岗位累计满 10 年且任处长岗位累计满 5 年，或具有副校级领导岗位任职经历。年度考核合格及以上。在计算五级职员任职年限时，对于在管理岗位上执行专业技术系列的人员，其副高级任职时间可视同五级职员任职年限。
近 3 年来年度考核获 2 次“优秀”的，可减少 1 年五级职员任职年限要求。对任五级职员以来年度考核累计获 5 次“优秀”的，可减少 2 年五级职员任职年限要求。</td><td rowspan="2">系统掌握岗位所需业务知识和方法，具有较高的政策理论水平，较强的分析能力、组织管理及协调能力；能够负责单位某一部门或单位某一方面工作，能为改进管理工作、提高管理水平提出合理化建议和设想，并能组织实施；近 5 年，作为主要作者公开发表过一定数量的管理类文章，或起草过被学校采纳的重要报告或重要文件；1981 年及以后参加工作的应具有大学本科及以上学历。</td></tr>
<tr><td>五级职员</td><td>任六级职员满 3 年，年度考核合格及以上。</td></tr>
</table>

续表

<table>
<tr><th>职员职级</th><th colspan="2">基本聘用条件</th></tr>
<tr><td>六级职员</td><td>任七级职员满 3 年且具有大专及以上学历,年度考核合格及以上。</td><td rowspan="3">掌握岗位所需专业知识和方法;有一定的政策理论水平、业务能力、系统分析能力及解决实际问题的能力;独立承担某一方面的管理工作;独立起草公文或者文稿(包括规章制度、工作计划、报告等),并能组织实施。</td></tr>
<tr><td>七级职员</td><td>任八级职员满 3 年,年度考核合格及以上;或博士研究生毕业。</td></tr>
<tr><td>八级职员</td><td>任九级职员满 3 年,年度考核合格及以上;或硕士研究生毕业任九级职员满 1 年,年度考核合格及以上。</td></tr>
<tr><td>九级职员</td><td>硕士研究生毕业;或大学本科毕业并获得学士学位,试用期满且考核合格及以上。</td><td>基本掌握本职管理工作的理论知识和技能方法,胜任某项具体的管理工作。</td></tr>
</table>

附件 2

管理岗位现聘专业技术职务人员转聘职员岗位基本条件

<table>
<tr><th>专业技术职务</th><th colspan="2">基本聘用条件</th><th>备注</th></tr>
<tr><td rowspan="2">副高专业技术职务</td><td colspan="2">任五级职员岗位累计满 10 年且任处长岗位累计满 5 年,或具有副校级领导岗位任职经历,可应聘四级职员。在计算五级职员任职年限时,对于在管理岗位上执行专业技术系列的人员,其副高级任职时间可视同五级职员任职年限;对于从教师、支撑岗位转聘到管理岗位的人员,转聘前的副高级任职时间可视同五级职员任职年限。
近 3 年来年度考核获 2 次“优秀”的,可减少 1 年五级职员任职年限要求。对任副高级以来年度考核累计获 5 次“优秀”的,可减少 2 年五级职员任职年限要求。</td><td rowspan="2">1981 年及以后参加工作的应具有大学本科及以上学历。</td></tr>
<tr><td colspan="2">任职满 3 年,可应聘五级职员</td></tr>
<tr><td>中级专业技术职务</td><td>博士</td><td>工作满 3 年,可应聘六级职员</td><td></td></tr>
</table>

续表

专业技术职务	基本聘用条件		备注
中级专业技术职务	博士	工作3年以下,可应聘七级职员	聘为七级职员后,在下次晋升六级职员计算任职年限时,在满足六级职员工作年限的前提下,其中级专业技术职务任职时间可与七级职员任职时间连续计算(以下类似情况,按此原则处理)。
	硕士	工作满7年,可应聘六级职员	
		工作满4年,可应聘七级职员	
		工作4年以下,可应聘八级职员	
	学士	工作满10年,可应聘六级职员	
		工作满7年,可应聘七级职员	
		工作7年以下,可应聘八级职员	
	本科	工作满11年,可应聘六级职员	
		工作满8年,可应聘七级职员	
		工作8年以下,可应聘八级职员	
	大专	工作满12年,可应聘六级职员	
		工作满9年,可应聘七级职员	
		工作9年以下,可应聘八级职员	
	中专及以下	工作满12年,可应聘七级职员	
		工作12年以下,可应聘八级职员	
初级专业技术职务	硕士	任职满1年,可应聘八级职员	
	学士	任职满3年,可应聘八级职员	
		任职3年以下,可应聘九级职员	

中国科学技术大学学生社团管理条例

（党学字〔2017〕9号，2017年2月23日）

第一章 总　　则

第一条 为规范校内学生社团管理，深化学生社团的育人功能，积极促进学生社团的健康发展，依照国家有关规定，特制定本条例。

第二条 本条例所指的学生社团是由我校学生依据兴趣爱好自愿组成，为实现成员共同意愿，按照其章程自主开展活动的群众性学生组织。

第三条 学生社团须遵守宪法、法律、法规和党的路线方针政策，以及各级教育部门、共青团组织、学联组织和我校的有关规定，积极践行和弘扬社会主义核心价值观。

第四条 学生社团的基本任务是：遵循和贯彻党的教育方针，坚持立德树人的基本导向，团结和凝聚广大同学，按照自愿、自主、自发原则，善用网络技术和新媒体，开展主题鲜明、健康有益、丰富多彩的线上和线下课外活动，繁荣校园文化，培养同学的社会责任感、创新精神和实践能力，提升同学综合素质，促进同学成长成才。

第二章 管 理 机 构

第五条 校党委统一领导我校学生社团工作，校党委支持和帮助校团委和学生会组织负责我校学生社团的统筹、协调、考核和服务工作。构建校党委领导下的“一心双环”团学组织格局，以校团委为核心和枢纽，以学生会组织为学生自我服务、自我管理、自我教育、自我监督的主体组织，以学生社团及相关学生组织为外围延伸手臂。把加强和改进学生社团工作，作为贯彻党的教育方针、推进素质教育的重要组成部分，纳入学校整体工作。

第六条 校团委履行学生社团工作的主要管理职能，下设学生社团管理指导委员会，配备工作人员，切实承担学生社团的成立、年审、注销、组织建设、活动管理、经费管理和工作保障等工作。可根据实际工作需要，设立学生社团团工委，建立健全团组织。

第七条 学生会组织要在校内学生组织中发挥枢纽型作用，配合校团委加强对学生社团的引导、服务和联系。校级学生会组织须明确一名主席团成员负责本校学生社团工作。

第三章 成立、年审和注销

第八条 学生社团可参照其兴趣爱好分类管理。除校党委特别批准的外，所有学生群众性组织（含团队运营的网络新媒体社团）均须按学生社团登记注册。校团委要便捷学生社团注册登记服务，开辟网络注册登记窗口。学生社团登记成立时，须按照一定类别向校团委进行申请登记，且具备以下条件：

1. 有5名及以上的学生联合发起，发起人须是具有正式学籍的学生，未受过校纪校规处分，具有开展该社团活动所必备的基本素质；

2. 有规范的名称和相应的组织机构，名称应体现学生社团的宗旨，并须冠以“中国科学技术大学学生(研究生)”字样，校级学生社团根据组织方式不同可采用“社(团)”“协会”“俱乐部”三种名称后缀；

3. 有业务指导单位，业务指导单位必须是校内各院系、机关部门、直属单位、群团组织；

4. 有至少一名社团指导教师，指导教师必须是本校在职教职工；

5. 有规范的社团章程，包括：社团名称、类别、宗旨、成员资格、权利和义务、组织管理制度、财务制度、负责人产生程序，章程修改程序，社团终止程序及其他应当由章程规定的相关事项。

第九条 筹备申请成立学生社团，发起人应当向校团委递交下列材料：

1. 筹备申请书；

2. 章程草案；

3. 发起人和拟任责任人的基本情况；

4. 指导教师基本情况；

5. 业务指导单位的确认书。

校团委在收到社团成立申请和全部有效文件之日15个工作日内，做出批准或不批准筹备的决定；批准筹备成立的学生社团，应当自校团委批准筹备之日起30个工作日内召开社团会员大会，会员人数不得少于30人，通过章程，产生执行机构、负责人，筹备期间不得开展筹备以外的活动；从召开社团大会之日起15个工作日内，校团委做出批准或不批准成立的决定，批准成立的学生社团应尽快以公告或其他方式宣布成立。

第十条 校团委以集中检查和不定期抽查相结合的方式对学生社团实行年审制度，并公示公告社团年审情况：

1. 年审内容应包括社团章程及执行情况、社团负责人情况、社团规模及成员构成、年度活动清单、指导教师和社团顾问情况、业务指导单位意见、网络宣传平台情况、活动场地或办公场所情况、财务状况和其他校团委认为有必要了解的情况等内容，年审材料必须真实有效。

2. 年审过程要公开、公平、公正。出现包括但不限于下列违规情况的社团视为年审不合格，应予整改：章程缺失或执行不力、社团负责人未经培训上岗或违反任职责任书、社团成员连续半年不足30人、连续半年未正常开展活动、指导教师意见缺失或不合格、社团顾问未经审核报备、业务指导单位意见缺失或不合格、网络宣传平台未经报备或发布未经校团委审核的通知公告、活动场地或办公场所管理混乱、财务管理混乱或违规、弄虚作假或其他校团委认为影响社团正常运行的违规情况。整改期间，社团不得开展除整改以外的其他活动。

3. 对运行良好的社团，可给予适当的表彰和鼓励。

第十一条 学生社团的登记、备案、章程等事项需要变更或修改的，应向校团委申请，校团委应在15个工作日内完成核准。

第十二条 学生社团有下列情形之一的，校团委应当对其进行注销：

1. 违背宪法、法律、法规和党的路线方针政策的，违反各级教育部门、共青团组织、学联组织和我校相关规定的；

2. 已完成学生社团章程规定的使命宗旨的；

3. 会员大会决议解散的；

4. 分立、合并的；

5. 社团活动范围、内容与社团宗旨、章程不符的；

6. 年审不合格且整改无效的；

7. 拒不接受校团委管理与指导的；

8. 其他原因终止的。

注销过程中出现的人员奖惩和财产清算问题，另行处理。

第四章 组织建设

第十三条 学生社团的成员应当是我校具有正式学籍的学生。社团成员有权了解所在社团的章程、组织机构和财务制度，有权对社团的管理和活动提出建议和质询，有权按照章程自由加入或退出社团。社团成员应当定期注册，按章程缴纳会费，积极参加社团各项活动。

第十四条 学生社团会员大会或会员代表大会是学生社团的最高权力机构，依照本社团的章程行使职权，包括：选举和更换社团负责人，审议批准负责人的工作报告，对社团变更、解散等事项做出决定，修改社团章程，监督社团财务活动。会员代表大会代表名额不少于 30 人。

第十五条 学生社团负责人候选人应经校团委考察培训合格后确定。社团负责人应通过会员大会或会员代表大会民主选举，经校团委批准后产生。社团主要负责人原则上任期一年，不得连任，在会员大会或会员代表大会闭会期间，校团委认为有必要时，经过共同研究，取得一致意见，可以调动或指派社团负责人。社团负责人应具有较高的思想政治素质和较强的组织管理能力，在校期间曾受到校纪校规处分的学生不得担任或继续担任学生社团负责人。因违反相关管理规定或其他不宜担任社团负责人事项的，校团委应对相关负责人予以免职。

第十六条 社团指导教师必须是本校在职教职工，应具备较强的思想政治素质、组织管理能力和与社团发展相关的专业知识，对学生社团进行具体的业务指导和培训，对学生社团主要活动进行可行性、安全性的论证。学生指导教师须报校团委统一备案、定期审核。

第十七条 学生社团经校团委审核备案后可在校内外聘请关心学生健康成长、热心指导学生活动、有较强专业能力的人士担任学生社团顾问，在学生社团的登记宗旨范围内对学生社团的活动进行帮助。学生社团聘请顾问须报校团委审核后备案。

第十八条 原则上经校党委批准同意的以外，学生社团不得以企业及任何特定校外机构或个人冠名，不能成为校外社会机构的会员单位或分支机构。

第十九条 学生社团中应普遍建立团支部，在上级团组织的管理指导下开展活动，积极发挥好政治核心作用。

第五章 活 动 管 理

第二十条 学生社团举办活动须遵守我校相关规章制度,并按照相应的审批程序进行,不得在学生中散布违背宪法、法律、法规和党的路线方针政策的错误观点和言论,不得开展与其宗旨不符的活动,不得开展纯商业活动。

第二十一条 学生社团举办活动,要提前向指导教师、业务指导单位和校团委或学生会组织递交申请报告,经同意后方可开展。对参与人数较多或在校外举办的活动,校团委应重点指导,对活动的流程方案、经费管理、安全预案等要严格把关,必要时会同保卫与校园管理处一同对安全预案进行审核,确保活动安全、有序地进行。

第二十二条 学生社团邀请校外人士或机构参与校内活动,与校外人士或机构合作开展活动或接受校外人士或机构赞助,有留学生或外籍人士参加或共同开展的活动,均须经校团委同意,必要时会同校内相关部门一同对活动进行审核批准后方可开展。

第二十三条 学生社团以社团名义到校外参加活动时,应提前向校团委申请,并报告活动相关情况,原则上应由社团指导教师或校团委教师带队。

第二十四条 校团委要加强对来自校外机构或个人支持学生社团开展调研、交流、访问、培训等活动的审批和管理。经审批同意冠名的学生社团,校团委要加大管理力度。

第二十五条 学生社团的宣传应以面向校内同学为主,校团委要加强对学生社团海报传单、横幅展架、刊物手册等宣传内容的管理和指导,对外交流发放材料须报校团委审批同意。

第二十六条 校团委要加强学生社团网络化建设管理工作。要加强对社团运营网站、新媒体平台的管理和指导,注重培养社团成员的网络文明意识,践行社会主义核心价值观,传播向上向善正能量。要注重网络新媒体社团的管理和引导。

第六章 经 费 管 理

第二十七条 学生社团主要活动经费应来自于学校拨款、社会赞助和会员会费等合法渠道,社团经费必须用于社团集体活动,任何单位和个人严禁侵占、私分或挪用。

第二十八条 学生社团如收取会费,须根据实际情况明确收费标准,经社团内部民主决策,报校团委审核后进行公示,并应写入社团章程。

第二十九条 学生社团应制定严格的经费管理制度,每学期向全体成员公布经费使用情况。校团委应做好社团经费来源、经费使用情况的监督指导工作,加强对学生社团接受校外资金的合法合规性审查和管理。

第七章 工 作 保 障

第三十条 学校根据实际情况向校团委划拨社团工作专项经费,支持学生社团网络化管理和信息化平台建设,为学生社团提供师资、活动场地、器材、设备等方面的支持,为学生社团对外交流搭建平台，提升社团活力和工作水平。

第三十一条 校团委通过工作交流、专门培训、评比表彰等方式，指导、支持和鼓励学生社团工作发展。

第三十二条 学校对学生社团指导教师进行工作量认定或给予适当的工作补贴。学生参与社团活动、担任社团负责人等情况，应纳入学生综合素质评价，使学生社团成为学生成长成才的重要平台。

第八章 附 则

第三十三条 学院(部门)团组织可在上级党组织的领导下，参照本条例制定院级学生社团管理办法。院级学生社团名称中需明确所属单位，并统一采用“兴趣小组”后缀，院级学生社团应向校团委报备登记，以学院(部门)管理为主。院级学生社团应成为校级学生社团的必要补充。

第三十四条 对违反此条例的社团和个人，由校团委会同相关学院或部门进行处理。对未经申请登记、审批报备而以学生社团名义开展活动的主要责任人，由责任人所在单位参照相关规定进行处理。

第三十五条 本条例由校团委负责解释。

第三十六条 本条例自印发之日起施行。原有关社团管理条例与本条例不符的，以本条例为准。

中国科学技术大学学生会组织改革实施方案

(党学字〔2017〕88 号，2017 年 7 月 29 日)

为深入贯彻落实习近平总书记系列重要讲话精神特别是考察中国科大重要讲话精神，《中共中央关于加强和改进党的群团工作的意见》《关于加强和改进新形势下高校思想政治工作的意见》《中长期青年发展规划(2016～2025 年)》，中央党的群团工作会议和全国高校思想政治工作会议重要精神，贯彻落实《共青团中央改革方案》《全国青联改革方案》《学联学生会组织改革方案》及有关政策文件要求，切实加强和改进我校学生会、研究生会组织(以下简称“学生会组织”)各项工作和建设，推进我校学生会组织改革创新，特制定本方案。

一、总体要求

(一) 指导思想

全面贯彻党的十八大和十八届三中、四中、五中、六中全会精神，认真贯彻习近平总书记系列重要讲话精神特别是对青年学生工作的重要指示精神，在全国高校思想政治工作会议上的重要讲话精神，以保持和增强政治性、先进性、群众性为目标，在党的领导和团的指导下，坚持立德树人，紧扣时代主题，突出问题导向，创新体制机制，强化学生会组织自我教育、自我管理、自我服务、自我监督的职能，激发动力、提升活力、增强吸引力和凝聚力，使学生会组织更好地代表和服务广大同学，更好地团结和凝聚广大同学听党话、跟党走，成长为有理想、有追求的大学生，有担当、有作为的大学生，有品质、有修养的大学生，为统筹推进“五位一体”总体布局和协调推进“四个全面”战略布局、实现中华民族伟大复兴的中国梦贡献青春力量。

（二）基本原则

坚持正确政治方向。坚持党的领导，贯彻党的教育方针，牢固树立政治意识、大局意识、核心意识、看齐意识，紧紧围绕为实现中华民族伟大复兴中国梦而奋斗的当代中国青年运动时代主题，深入贯彻中国特色社会主义群团发展道路“六个坚持”和“三统一”的基本要求，坚持全心全意为同学服务，将广大同学最广泛最紧密地团结在党的周围。

坚持学生主体地位。始终坚持以学生为本，坚持为了同学、代表同学、服务同学、依靠同学；坚持从同学中来、到同学中去，着力扩大广大同学对学生会组织工作的参与、监督和评议；坚持立德树人，引领服务广大同学努力成长为德才兼备、全面发展的中国特色社会主义合格建设者和可靠接班人。

坚持依法依章程开展工作。在党的领导和团的指导下，进一步明晰学生会组织的基本定位和职能，加强章程和制度建设，理顺团学组织关系，充分发挥各级学生会组织开展工作的积极性、创造性。

坚持问题导向深化改革。对照党的期望、团的要求和学生需求，针对学生会组织“行政化”、脱离学生等突出现象，着力解决目前存在的工作机制规范性不够、工作内容服务同学成长需求不够、工作方式方法照顾同学特点不够、学生干部产生机制不规范和作风建设亟待加强等突出问题，大胆探索，勇于革新，积极稳妥推进改革。

（三）主要目标

通过体制机制改革和工作创新，使得学生会组织存在的突出问题在2～3年内有明显改进，努力在2020年前，使各级学生会组织的政治性、先进性和群众性得到显著增强。

职能作用更加明确。通过改革，积极争取党组织和团组织的支持，使各级学生会组织地位得到加强，工作自主性、规范性增强，联系、代表、服务同学和维护同学权益的职能作用发挥更加充分，在参与学校治理中的作用显著提升。

代表性更加广泛。通过改革，进一步扩大学生会组织的代表性，规范代表大会代表名额分配比例和产生方式，重点扩大普通学生代表的比例，真正选出品学兼优的学生代表、学生干部；建立学生代表、学生干部直接联系同学、听取意见的制度。

队伍作风更加严实。通过改革，进一步规范学生会组织领导机构的产生方式；规范学生会干部选拔标准、评价机制，建立健全学生干部退出机制；不断强化学生干部的群众意识、责任意识、奉献意识，更好推进学生干部转变作风，坚决抵制和克服脱离广大同学的倾向，以实际行动做好广大同学的表率，赢得广大同学的信赖。

工作效能更加彰显。通过改革，进一步明确学校团学工作的组织格局，理顺学校学生会与其他学生组织的关系；规范健全各级学生会组织的机构设置，减少层次、提升效能，充分发挥互联网作用，构建扁平高效的组织体系，避免“行政化”倾向；推动各级学生会组织进一步加强工作联动，完善广大同学参与、监督和评议的体制机制，努力建设服务型、学习型、创新型学生会组织，使引领和服务广大同学的水平和能力得到显著提升。

二、改革措施

（一）明晰学生会组织基本定位和职能

一是巩固和完善党领导下的“一心双环”团学组织格局，学生会组织是党领导下、团指导下的广大同学自我教育、自我管理、自我服务、自我监督的主要学生组织，各级学生会组织要配合团组织加强对学生社团的引导、管理和服务，校级学生会组织须明确 1 名主席团成员负责学校学生社团工作，同时兼任校学生社团管理指导委员会学生副主任。二是推动学校将学生会组织的定位职能和学生代表大会的功能作用写入学校章程，在学校章程与全国学联工作指导规范下，不断完善自身工作章程，按照章程开展活动和参与学校民主管理和监督。三是强化学生会组织职责，聚焦广大同学精神成长、学习生活、成才发展、权益维护等需求，充分发挥引领同学坚定理想信念、帮助同学全面成长进步、促进同学养成优良学风、服务同学创新创业创优、代表和维护同学正当权益等方面的作用。

（二）加强和改进思想政治引领

深入学习习近平总书记系列重要讲话精神和治国理政新理念新思想新战略，持续推进爱国主义、集体主义、社会主义和共产主义理想教育，深化“四进四信”等主题教育活动，引导广大同学深刻领会党中央治国理政的新理念新思想新战略，正确认识世界和中国发展大势、正确认识中国特色和国际比较、正确认识时代责任和历史使命、正确认识远大抱负和脚踏实地，坚定中国特色社会主义道路自信、理论自信、制度自信、文化自信，树立中国特色社会主义共同理想和共产主义远大理想。开展“我的中国梦”等主题教育活动，引导广大同学自觉把个人的理想追求融入到国家和民族的事业中，以实际行动为实现中华民族伟大复兴的“中国梦”努力奋斗。实施“青年马克思主义者培养工程”，以理想信念教育为核心，培养更多忠诚担当的优秀学生骨干，在广大同学当中更好地发挥引领和带动作用。开展培育和践行社会主义核心价值观活动，引导广大同学勤学、修德、明辨、笃实，旗帜鲜明地弘扬主旋律、传递正能量，争做“有理想、有追求，有担当、有作为，有品质、有修养”的大学生。开展中国共产党史、中华人民共和国史、中国人民解放军史、改革开放史和社会主义发展史学习教育活动，引导广大同学自觉弘扬中华优秀传统文化和革命文化、社会主义先进文化。强化社会实践育人，组织广大同学深入基层一线，在实践中了解体验国情民情，坚定理想信念。各级学生会组织要加强对广大同学思想动态的关注，及时分析研判，切实提高思想政治引领工作的针对性实效性。

（三）引导服务广大同学成才报国

深化联系服务的内涵，把着力点放在促进同学成长成才、全面发展上。密切关注同学的思想、学习和生活的现实需要，主动为他们的知识教育、素质养成、心理健康、就业创业等提供帮助，特别要紧密结合党和国家的中心任务推动广大同学参与社会实践、志愿服务、科技创新，激发自信自强、创新创造精神，造就未来能担重任的栋梁之才。创新服务的方式和载体，密切结合同学们的思想观念、行为特点和接受习惯，广泛开展主题鲜明、健康有益、丰富多彩的课外活动。注重联系服务和教育引导的有机结合，关注同学的需求，回应同学的关切，做好思想沟通、情感交流等工作，引导同学树立正确的世界观、人生观、价值观，把个人理想追求融入党和国家事业发展之中。要注重发挥榜样群体的示范引领作用，开展寻访选树身边的榜样等活动，营造向上向善的校园文化氛围。紧密围绕“两个一百年”奋斗目标、全面建成小康社会决胜阶段的任务，围绕打赢扶贫攻坚战和建设创新型国家等战略，动员广大同学积极投身大众创业、万众创新的伟大实践，引导广大同学勇于到条件艰苦的基层、国家建设的一线、项目攻关的前沿建功立业，积极为国家和地区经济社会发展作贡献。

（四）优化学生会组织体系

深化实施《关于加强和改进高校学生会研究生会建设的指导意见》，切实建立“学校、学院、班级”三级联动的工作格局。明确校级组织对院级组织、院级组织对班委会的指导职责，重点从制度设计、资源整合、活动开展等方面，加强校级学生会组织对院级学生会组织的指导、联系和帮助；建立健全校级学生会组织每年至少 1 次通过集中会议或书面形式听取全部院级学生会组织工作报告及意见建议的制度；建立完善校级学生会组织对院级学生会组织工作的考核机制，考核结果进行公开。

（五）改革完善学生代表大会制度

各级学生会组织须定期、规范召开代表大会。其主要任务是：审议学生会组织工作报告；选举产生新一届领导机构；制定及修订组织章程；开展提案工作，征求广大同学对学校工作的意见和建议，发挥好桥梁纽带作用。

校、院、班三级学生代表大会每年联动召开一次。一是扩大代表的广泛性。代表名额一般不低于学生会组织所联系学生人数的 1%，名额分配要覆盖各个院系、年级及主要社团，其中非校、院级学生会骨干的学生代表一般不低于 60%。大会代表经班级、院学生会组织层层选举产生。二是探索实行常任代表会议制度（简称“常代会”），常代会作为学生代表大会闭会期间的常设机构，负责监督评议学生会组织工作、监察组织章程和工作条例等实施情况、听取审议学生会组织工作报告、选举决定领导机构组成人员调整等重大事项。常代会不得代替学生会组织行使权益维护等日常执行功能。常任代表由各学院从学生代表大会代表中推荐产生，一般每学院一人，每年至少召集 1 次会议。三是选举产生校级学生会组织领导机构。校级学生会组织委员会、主席团成员须由学生代表大会在当届学生代表中选举产生，主席团成员必须同时为学生会组织委员会委员。校级学生会组织主席由学生代表大会或常任代表会议选举产生。主席团成员和主席候选人的资格条件应在学校团委的指导下予以确定并报学校党委批准，面向全校公开选拔推荐。

院级学生会组织领导机构可只设主席团，主席团成员、主席人选由院级学生代表大会选举产生，学院主席团成员和主席候选人的资格条件应在学院团委的指导下予以确定并报学院党委批准。其他学生会干部的选拔产生也须面向广大同学，保证广大同学的参与机会。学生人数低于 400 人的院（系）可召开全体学生大会并选举学生干部。班级原则上全部实行全体学生大会选举班委及出席学院学生代表大会代表。

（六）精简优化学生会组织机构

各级学生会组织遵循按需设置、合理优化、精简高效的原则，符合学生组织特点，按照扁平化方式改革职能部门设置，减少管理层次，提升管理效能，减少发文、会议等推动工作的形式，杜绝“行政化”倾向。在职能部门分工的基础上实施项目化工作模式。校级学生会组织须设立主席团，由主席 1 名、副主席 4 至 6 名组成；聘任秘书长 1 名，由团委专职干部兼任；学生会组织一般包含宣传设计与新媒体运营、学术与科技创新、校园文化建设、体育与文艺、社会实践与志愿服务、创业就业促进、学生社团组织、合作交流、权益维护与自律等各工作部门与工作机制，可视需要设置负责港澳台学生、留学生工作的部门或机构，加强对港澳台学生、来华留学生的联系与服务。各职能部门副职原则上不超过 2 名。不得设置主席助理、部长助理等岗位。校级学生会组织的骨干成员原则上不得超过联系服务学生总人数的 1%。

（七）健全学生权益代表和维护机制

校级学生会组织成立权益工作机构或部门，负责开展代表和维护广大同学的合法权益的日常工作。在校团委指导下，与相关公益律师机构、法律援助机构建立经常性联系，为权益受到侵害的同学提供法律咨询、法律援助等服务。建立日常调研机制，搭建网络新媒体平台，及时收集、听取涉及广大同学切身利益和普遍诉求的问题，形成报告提交学校党政部门，并进行跟进，切实推动问题的解决。通过“青年之声”畅谈会等机制，搭建学生与学校党政领导、职能部门面对面沟通的常态化机制。继续推动校级学生会组织负责人成为学校咨询议事监督成员，参加学校相关会议，代表和合理有序表达同学利益诉求。校级学生会组织应合理参与学校在涉及教育教学、后勤管理、学生奖惩等同学关切事务的决策、管理和评价工作。

（八）创新工作机制

广泛吸纳同学共同参与工作，充分发挥基层学生会组织作用，加强和广大同学的直接联系，拓展网上工作阵地。注重“网上学生会”建设，充分运用网络技术和新媒体平台，增强时代感和吸引力，实现信息扁平化传递，促进学生会工作和互联网深度融合，加强学生会组织与青年学生的联系与互动，加强工作经验交流，制作传播贴近大学生特点的新媒体内容产品，主动引领思想和风尚，弘扬正能量，宣传推广先进典型，同时防止网上负面影响，加强网络舆情搜集研判，规范自媒体管理，做好重大活动和关键节点的网上舆论引导，营造风清气正的网络环境。校级学生会组织要建立各项规章制度、工作事务的公开制度，每年应至少 1 次通过集中会议或书面形式，向学生代表大会或其常设机构报告工作开展情况。建立广大同学对学生会组织工作的评价机制，从学生知晓度、参与度、满意度等维度评价学生会组织工作，评价结果面向全体同学公开，促进线上线下工作联动，提升工作的针对性实效性。学生会组织应按照学校相关规定维护好微博、微信账号等互联网平台，加强直接联系服务同学的力度，问需问计于广大同学，及时收集、回应广大同学的意见和建议，增强工作互动性，接受广大同学监督和评议。

（九）规范学生干部的选拔、考核和培养

一是建立健全学生干部选拔制度，规范学生干部选拔标准和程序。主要学生干部候选人必须符合政治合格、学习优秀、品德良好、作风过硬、群众基础好等标准，面向广大同学进行选拔，选拔过程公开透明、公平竞争，确保广大同学的知情权、参与权，选拔结果进行公示，接受广大同学监督。二是建立健全评价考核制度。主要学生干部名单及联系方式应予以公布；针对学生会组织骨干特别是主要干部，从政治素质、道德品质、知识学习、履职能力、纪律作风等维度设置评价考核指标，广泛吸纳广大同学参与，评价考核意见作为学生干部任免的重要依据；校级学生会组织主席团成员每学期要向学生代表和一定比例非校级学生会干部的学生代表述职，接受学生代表和广大同学的评价，考核结果进行公示。三是建立学生干部退出机制。建立健全相应规定和程序，对于无法正常完成学业的、考核不合格的、违法违纪的以及其他无法正常履行职责的学生干部，应按照规定和程序予以劝退、免职或罢免。四是优化学生骨干培养机制。注重加大对各类优秀学生的吸引和凝聚；健全校、院两级学生干部培训体系，结合团校、学生骨干培训班、“六有”大学生“青马计划”班建设完善培训课程，不断提升学生骨干的领导力和履职能力；关心支持学生干部的成长发展，对于同学满意、业绩突出的学生干部，其开展学生工作的表现可作为推荐实习、就业和评优推优的重要参考。

（十）加强学生干部作风建设

深化学生干部健康成长教育，围绕思想作风、学习作风、工作作风等方面开展专题培训，不断强化学生干部的宗旨意识、表率作用和严实作风，打造信念坚定、品学兼优、朝气蓬勃、心系同学的学生干部队伍；建立健全学生干部监督约束机制，促进学生干部严格自律，接受广大同学监督，坚决抵制和克服脱离广大同学的倾向；将作风建设列入学生干部选拔、考核、使用等相关工作的评价体系，作为学生干部任免的重要依据。

（十一）加强党的领导和团的指导

各级党组织要高度重视学生会组织的工作，在工作场地、经费、机制等方面给予支持和保障。要把学生会组织工作纳入党建工作整体格局中进行谋划，重视关心对学生骨干的培养和管理，定期听取相关汇报，提出指导要求。各级团组织要加强对学生会组织工作的科学指导，充分尊重和支持学生会组织依法依章程开展工作，重点从政治方向、组织机制、骨干培养等方面给予指导和监督，在具体业务工作和活动开展中，充分尊重学生会组织的积极性、创造性和自主性。学生会组织应在团组织的指导下，协助团组织加强对学生社团的管理，把好学生社团活动的政治关，支持学生社团开展主题鲜明、健康有益、丰富多彩的课外活动，规范日常活动，促进有序发展。各级团组织要指导学生会组织进一步规范财务制度，健全经费执行的公开和监督机制，增强财务工作的透明度。

三、组织实施

本方案经校党委制定下发，方案落实执行情况将纳入各级党组织、团组织的考核内容。各级党组织要做好对学生会组织改革的支持和保障。各级团组织要指导学生会组织制定具体措施，协调政策资源，确保各项措施落实到位。各级学生会组织要在党组织的领导下、团组织的指导下，做好宣传工作，按照统一部署，把握改革重点，抓住关键节点，积极主动推进改革。

中国科学技术大学推荐优秀团员作入党积极分子和党的发展对象工作实施细则

（党学字〔2017〕89 号，2017 年 7 月 29 日）

一、总　　则

第一条　推荐优秀共青团员作入党积极分子和党的发展对象（以下简称“推优”），是基层团组织工作中的一项重要的日常性工作。切实做好“推优”工作，是党组织赋予共青团的光荣职责，是共青团组织充分发挥党的助手和后备军作用的重要体现，是广大团员青年健康成长的迫切需要。通过“推优”工作，使优秀共青团员加入党组织，对于加强和改进党团建设具有十分重要的意义。

第二条　为使我校的“推优”工作进一步规范化、制度化，依据《中国共产党章程》《中国共产主义青年团章程》《中国共产党发展党员工作细则》《普通高等学校学生党建工作标准》和我校发展青年学生党员的具体要求，结合我校工作实际，特制定本细则。

第三条　开展“推优”入党工作要以马克思列宁主义、毛泽东思想、邓小平理论、“三个代表”重要思想和科学发展观为指导，深入贯彻落实习近平总书记系列重要讲话精神和治国理政新理念新思想新战略，立足培养教育，坚持标准，保证质量。

第四条　28 周岁以下青年入党，应从团员中发展；发展团员入党，必须经过团组织推荐。“推优”入党工作应当贯彻党的基本理论、基本路线、基本纲领、基本经验、基本要求，按照控制总量、优化结构、提高质量、发挥作用的总要求，坚持党章规定的党员标准，始终把政治标准放在首位；坚持慎重推荐、均衡推荐，有领导、有计划地进行；坚持入党自愿原则和个别推荐原则，成熟一个，推荐一个。

二、“推优”对象和推荐条件

第五条　团的基层组织应当推荐具有马克思主义信仰、共产主义觉悟和中国特色社会主义信念，自觉践行社会主义核心价值观的优秀团员入党。

第六条　凡年龄在 18 周岁以上、自愿申请加入中国共产党，递交了入党申请书的团员，经团校结业，支部评议报上级团组织通过，均可推荐作为入党积极分子。

第七条　对经过一年以上培养教育和考察、基本具备党员条件的入党积极分子，经“六有”大学生“青马计划”班结业、支部团员教育评议等次为“优秀”的团员，报上级团组织通过，均可推荐作为党的发展对象，推荐对象应具有 1 年以上的团龄，推优的比例一般不超过团支部人数的 20%，每次推荐有效期为 2 年。

第八条　凡属下列情况之一者，不予“推优”：有违反校规校纪或国家法律法规行为；在大是大非问题上不能坚定立场鲜明亮剑；不能起到带头引领作用，同学意见较大的团员尤其是团学干部;不积极参加“三会两制一课”、不按时缴纳团费、不接受团组织安排的工作任务。

第九条 凡属下列情况之一者,优先推荐:在德、智、体、美等方面成绩突出,得到广大师生认可;获得校优秀团员、团干等荣誉称号;个人或所在团队代表学校获得各类奖励荣誉;在弘扬社会主义核心价值观方面表现优异,能够树立榜样。

三、推优入党工作程序

第十条 申请入党的团员向党组织递交入党申请书,同时在团支部登记备案,接受党支部、团支部教育培养考察,团组织应组织申请人参加团校学习。

第十一条 对递交了入党申请书并在团校结业的团员,团支部召开团员大会,到会团员人数应超过支部团员总数的三分之二,团支部委员会介绍申请入党的团员情况,申请人宣读入党申请书,团员进行民主评议,以无记名投票方式提出推荐入党积极分子对象,民主评议的赞同票超过到会团员总数的二分之一,经团支部委员会在对推荐对象进行认真考察的基础上,讨论确定推荐入党积极分子名单,填写推荐入党积极分子审核表,报上级团组织审核并签署意见,上级团组织同意后由团支部向同级党组织推荐入党积极分子。

第十二条 党组织确定推荐团员为入党积极分子后,入党积极分子应同时在团支部登记备案,进一步接受党支部、团支部教育培养考察,团组织协助党组织做好对入党积极分子的培养教育工作,应组织入党积极分子参加“六有”大学生“青马计划”班学习。

第十三条 团支部应加强与入党积极分子培养联系人的沟通,每半年至少召开一次团员大会听取入党积极分子的个人汇报及培养联系人对入党积极分子表现的介绍,采取查阅学习成绩、获奖荣誉、志愿服务时间等多种方式,对入党积极分子形成阶段性考察材料。

第十四条 对经过一年以上培养教育和考察,并在“六有”大学生“青马计划”班结业的入党积极分子,团支部召开团员大会,到会团员人数应超过支部团员总数的三分之二,团支部委员会介绍入党积极分子一年来的表现,团员教育评议等次为“优秀”的入党积极分子,经团支部委员会结合个别谈话推荐,综合评定,讨论确定推荐党的发展对象名单,填写推荐党的发展对象审核表,报上级团组织审核并签署意见,上级团组织同意后由团支部向同级党组织推荐党的发展对象。需要进一步培养、教育的仍列为入党积极分子,对不符合推荐要求的,取消“推优”资格。

四、推优入党工作的组织领导

第十五条 推优入党工作要在各级党组织的统一领导下进行。党支部要充分重视团组织的推荐意见,及时讨论研究推优入党的团员;“推优”名单应当经公示,未经过推优入党程序的团员不能确定为入党积极分子和发展对象;推优入党材料归入党员发展材料。

第十六条 各级党组织要注重培养选拔党员担任团干部,不断提高团干部的政治素质;要支持和帮助各级团组织开展推优入党工作,对团组织推荐的优秀团员要重点培养、教育;制订年度发展党员工作计划时,要听取同级团组织的报告意见。

第十七条 各级团组织要加强对团员的培养教育,提高团员的思想政治素质,引导团员青年积极申请加入党组织；要根据实际情况制定推优入党工作规划，严格按照本实施细则规定的条件、程序做好推优入党工作。推优入党作为团组织的重要工作职责纳入团组织年度考核指标。

五、附　　则

第十八条　本细则自印发之日起施行。

第十九条　本细则由校团委负责解释与修订。

中国科学技术大学共青团改革实施方案

（党学字〔2017〕90号，2017年7月29日）

为深入贯彻落实习近平总书记系列重要讲话精神特别是考察中国科大重要讲话精神，贯彻落实《中共中央关于加强和改进党的群团工作的意见》《关于加强和改进新形势下高校思想政治工作的意见》《中长期青年发展规划（2016～2025年）》，中央党的群团工作会议精神和全国高校思想政治工作会议精神，贯彻落实《共青团中央改革方案》《高校共青团改革实施方案》要求，切实加强和改进我校共青团各项工作和建设，在共青团改革大局中推进我校共青团改革创新，特制定本方案。

一、总体要求

（一）指导思想

深入贯彻党的十八大和十八届三中、四中、五中、六中全会精神，深入学习贯彻习近平总书记系列重要讲话特别是关于青少年和共青团工作的重要指示精神、在全国高校思想政治工作会议上的讲话精神，立足保持和增强政治性、先进性、群众性，着力提升我校共青团吸引力和凝聚力，扩大我校共青团工作有效覆盖面，依照全团“凝聚青年、服务大局、当好桥梁、从严治团”的工作格局，积极适应共青团深化改革新形势、高等教育综合改革新发展和青年师生新特点，始终把握思想政治引领这一核心任务，坚持立德树人，坚持服务学生成长成才，坚持以体制机制改革激发活力，着力推进组织创新和工作创新，团结带领广大青年学生肩负时代责任，高扬理想风帆，为建设世界一流大学，按照党的要求努力成长为“红专并进、理实交融”的中国特色社会主义事业的合格建设者和可靠接班人，为统筹推进“五位一体”总体布局和协调推进“四个全面”战略布局、实现“两个一百年”奋斗目标作贡献。

（二）基本原则

牢牢把准政治方向。紧紧依靠党的领导，自觉将党的理论和路线方针政策贯彻落实到我校共青团改革各方面、全过程，坚定不移走中国特色社会主义群团发展道路，坚持中国特色社会主义青年运动方向，引领广大青年学生坚定听党话，跟党走。

尊重学生主体地位。深化以青年学生为中心的改革，把准青年学生脉搏，了解青年学生心声，坚持服务青年学生的工作生命线，让青年学生当团学工作和活动的主角，问需问策问效于青年学生,使我校共青团深深植根于青年学生。

突出重点聚焦问题。紧紧围绕提升我校共青团的吸引力凝聚力和扩大工作有效覆盖面,深刻认识高校培养什么样的人、如何培养人以及为谁培养人这个根本问题,着眼根本,立足长远,着力破解制约我校共青团发展的思维定势、重点难点和体制机制问题。

统筹推进上下联动。着眼于"自上而下"与"自下而上"相结合,既坚持全面统筹,做好顶层设计和推动,又发挥基层团组织首创精神,鼓励基层团组织先行先试、大胆探索,形成上下联动、合力推进改革的生动局面。

(三)主要目标

紧紧围绕保持和增强政治性、先进性、群众性这一基本要求,突出基础制度创新和组织活力提升,建设更加充满活力、更加坚强有力的我校共青团,大力推进从严治团,做到正本清源、名副其实,使团干部更像团干部,团员更像团员,团的组织更加充满活力,直接联系服务引领青年学生取得重要成效,工作有效覆盖面不断扩大,组织吸引力凝聚力不断增强,服务世界一流大学建设和学生成长成才的能力水平不断提高,广大青年学生听党话、跟党走的信念更加坚定。

二、改革措施

(一)改革优化领导体制和运行机制

1. 改革完善机构设置

加强部门联动,成立共青团工作指导委员会,建立健全联席会议制度,加强工作统筹指导和督导。校团委实行"全委会+专项工作委员会+青年中心"的工作机构设置模式:校团委全委会决定我校共青团发展方向和重大决策,根据工作实际需要,完善或组建"学生社团管理指导委员会""青年创新创业委员会"等专项工作委员会对具体工作进行研究部署,实现各项工作项目化、专业化、科学化,以"青年干部发展中心""青年创新创业中心"等团学组织执行落实各专项工作委员会决议。建立健全分类型、分区域的共青团工作交流组织机制。支持和鼓励各级团组织按照思想引领、素质拓展、权益服务、组织提升等主要任务,根据工作实际合理设置和调整工作机构。

2. 推行直接联系服务引领青年师生制度

落实全团"团干部直接联系青年""团干部直接联大宣传大调研""常态化下沉基层""向基层服务对象报到"等制度安排。实行团干直接联系基层团支部制度,校院两级团干每学期至少参加一次学生支部主题团日活动,校团委每年至少听取一次学院团委工作汇报,与学院党委共同讨论学院团委工作发展。建立健全共青团工作活动,开展"众创众筹众评"制度,通过项目化的征集招标、申办领办等方式,通过实行青年师生评议工作制度,使青年师生更多地参与到共青团工作的设计、决策、实施、评议全过程。定期以多种形式召开面向高校青年师生的恳谈会、通报会等,坚持"青年之声畅谈会",搭建团干与普通青年学生交流平台。

3. 构建项目化、扁平化、制度化的工作机制

对重点工作实施项目化管理,促进"挑战杯""创青春""三下乡""三走""四进四信"等项目的运行规范和内涵提升,着力打造"一二·九校园马拉松""五月风科技文化节"等若干面向青年学生的向上向善团学工作品牌。努力实现各级团组织间工作审批、指令发布、信息交流的科学层级化和有效扁平化,大幅精简会议、文件、简报,注重运用新媒体手段指导和推动

工作。加强各级团组织的制度和规范建设,促进工作有制可循、有序开展。明确校、院、支部不同层级组织的核心任务,注重工作部署的统筹安排。综合运用党政评价、师生评议、互学互评等方式,建立健全各级团组织的评价考核制度。注重对基层团组织的直接支持指导,努力为基层团组织配置和争取资源,加强工作标准化和知识化管理,建立团学工作资料库和培训教材资源库。

(二) 改革健全基层组织制度

4. 构建党领导下的"一心双环"团学组织格局

在校党委领导下,构建完善"一心双环"组织格局,以团委为核心和枢纽,以学生会组织为学生自我服务、自我管理、自我教育、自我监督的主体组织,以学生社团及相关学生组织为外围延伸手臂。改进团组织对学生会组织的指导,推动学生会组织深化改革,依法依章程独立自主开展工作。校团委履行对学生社团的主要管理职能,依照《中国科学技术大学学生社团管理条例》,支持引导学生社团规范发展;学生会组织配合团组织加强对学生社团的引导、服务和联系,校级学生会组织明确1名主席团成员负责学生社团工作;学院学生会组织参照校级学生会组织配合学院团组织做好院级学生社团的引导、服务和联系。

5. 落实和完善团的代表大会制度

严格执行校级和院系团的代表大会定期召开制度,坚决杜绝不按时召开的现象;增强代表性,提高基层团支部、非团学干部的团员学生和青年教职工的代表比例,实现比例不低于70%的目标;畅通代表参与渠道,推行代表常任制、提案制和大会发言制度,建立校级和院系团组织定期向团的常任代表报告工作和听取意见、建议的制度。坚持团内民主,推行和落实基层团支部直接选举,鼓励有条件的团组织在经党组织同意的提名人选中差额选举产生委员会成员和书记、副书记。

6. 巩固和创新基层团组织建设

制定实施基层团组织工作制度文件,深入实施基层团支部"活力提升"工程。发挥校团委主体作用;强化院级团组织建设,推动院级团组织书记专设,健全院级团组织班子及内设机构;强化研究生团组织建设,加强组织覆盖和工作覆盖,全面推进以实验室、课题组为主体的纵向研究生团支部建设;巩固班级团支部建设,全面推进社团建团,构建"多种模式、多重覆盖"的团建创新机制;推行班级团支部与班委会一体化运行机制,全面实行班长兼任团支部副书记或团支部书记兼任班长的制度;严肃团的组织生活,规范支部换届,夯实基础团务,落实"三会两制一课"基本制度,与团员团干评奖评优、推优入党等工作紧密结合;做好机关分团委等教工团组织建设,积极建立交流沟通平台和机制,加强联系服务引导,探索成立中国科学技术大学青年联合会,注重促进青年教师密切联系学生,教学相长、共同提高。

(三) 改革创新工作方式方法

7. 构建分层分类一体化思想引领工作体系

着眼思想政治引领和价值引领,以学习宣传贯彻习近平总书记系列重要讲话精神、中国特色社会主义和中国梦宣传教育、培育和践行社会主义核心价值观为主要内容,遵循青年学生成长和思想教育引导的客观规律,改革创新思想引领工作面向不同类型专业、不同阶段学生、不同精神需求的目标、内容和方法,构建分层分类一体化工作体系。广泛开展"四进四信"活动,深化实施"青年马克思主义者培养工程",改进创新面向广大青年学生的思想引领工作方式，注重将主题团日作为开展思想政治工作的基本载体。

8. 实施共青团“第二课堂成绩单”制度

围绕学校育人的中心任务，在引导青年学生坚持学业为主的同时，针对学习就业创业、创新创造实践、身体心理情感、志愿公益和社会参与等普遍需求，借鉴“第一课堂”的做法，加强与学校相关部门合作，实施共青团“第二课堂成绩单”制度，推动工作的规范化、课程化、制度化。从工作内容、项目供给、评价机制等方面进行系统设计和整合拓展，客观记录、认证学生参与“第二课堂”活动的经历和成果，促进共青团“第二课堂成绩单”发挥对于思想政治理论课第一课堂的重要补充和支撑作用，成为学校人才培养评估、学生综合素质评价、社会单位选人用人的重要依据。

9. 健全针对困难学生的多样化、常态化帮扶机制

与校内相关部门配合，发挥团组织的特长与优势，通过支部关怀、朋辈教育、志愿服务等方式，加大对经济困难、学业困难、有心理问题、人际沟通困难、上进心不足及毕业未就业等学生群体的帮扶力度，体现集体关怀，引导学生自强自立，内生与外引相结合，积极动员和整合校内、社会等方面资源，推进实施“一帮一”精准帮扶行动、节假日送温暖等工作，将解决思想问题与解决实际困难结合起来，帮助他们适应大学生活，顺利完成学业，积极融入社会。

10. 完善学生权益维护工作机制

以促进教育公平和维护学生合法权益为出发点，关注校园弱势群体，关注普遍性利益诉求，通过“青年之声”线上线下平台收集同学意见，发挥学生代表大会、研究生代表大会制度优势，完善维护学生权益的组织化渠道和机制。加强学生提案制度及部门沟通机制，推动学生有序参与校园建设，维护校园安全稳定。

11. 推进“网上共青团”建设

加快共青团互联网战略转型，形成线上线下深度融合的工作战略理念和整体格局。结合全团“智慧团建”系统实施，实现基础团务、团员管理和团的信息统计网络化。提升新媒体运用能力和水平，打造微信、微博、QQ、贴吧、网站等新媒体阵地集群；打造一支政治过硬、业务熟练的网络新媒体工作队伍，建立健全管理、培训和激励机制，整合各方资源，加强工作联动，加强网络文化内容供给，研发和推广优秀内容产品，持续发挥网络新媒体阵地作用，坚持不懈宣传社会主义核心价值观。

(四) 改革完善团干部选用培养制度

12. 改革团干部配备考核管理制度

打造专职、挂职、兼职相结合的共青团干部队伍。在校院两级团组织普遍建立从校内外青年教师中选任至少 1 名兼职或挂职副书记、从学生中选任至少 2 名兼职副书记的制度；在校级、院级团委班子成员中，挂职和兼职副书记的比例不低于 50％；深化选聘优秀毕业生补充校院共青团干部队伍。挂职、兼职干部不占编制，不完全对应行政级别；挂职干部只转组织关系、不转行政关系，兼职干部根据工作需要予以灵活掌握。从严选拔、从严管理共青团干部，根据专职、挂职、兼职干部承担的不同工作任务采取有针对性的考核办法，加强对考评结果的运用。

13. 完善团干部培养培训使用制度

加强作风建设，持续深入开展团干部健康成长教育，按照“三严三实”的要求，教育引导

共青团干部筑牢理想根基、强化宗旨意识、践行群众路线、勇于开拓创新。建立完善团干培训研修体系，建设以理想信念、党性作风、团的业务能力、新知识新观点新技能等为重点的核心课程培养方案；原则上新任团干部到岗前或到岗一年内必须接受任职培训，团干部定期集中学习团的理论和业务制度，每学年参加政治理论学习培训时间不少于 8 学时。健全共青团工作研究基金项目的立项、评审、验收与应用制度，为团干部职称晋升、职业发展、教学科研成果评定等搭建平台、提供支撑。坚持严格要求和关心培养相结合，在校党委的领导下，结合团干部绩效评价、能力特长等，完善团干部校内转岗和校外流动的制度安排。建立健全对学生骨干的选拔考核、培养使用、淘汰退出等机制，努力打造信念坚定、品学兼优、朝气蓬勃、心系同学的学生骨干队伍。

（五）改革强化保障支持

14. 优化加强党建带团建机制

在各级党政召开的教育工作、党建等会议中明确列入共青团工作的专题内容。将团的建设纳入党的建设总体格局，推行团建与党建同规划、同部署，将共青团工作作为检查考核学院党建工作的重要内容，占比不低于 10%。校党委明确由一名副书记分管共青团工作，一名副校长联系共青团工作。各级党委每年至少召开 1 次专题会议研究团的工作。各级团委书记作为同级党委委员候选人提名人选，可列席同级党委委员会议。完善各级团组织“受同级党组织领导、同时受团的上级组织领导”的双重领导体制，院级党组织确定院级团组织主要负责人任免等事项，应事先向校团委征求意见。将“推荐优秀团员作入党积极分子人选”作为基层团组织的重要工作职责，将推优纳入学校党员发展工作规划。

15. 优化资源条件保障机制

支持各级团组织按照团章独立自主地开展工作，校团委的领导职数、专职干部编制数，根据学校规模和工作需求确定，按照加强基层工作力量的精神，参照共青团中央、教育部《关于进一步加强和改进高等学校共青团建设的意见》（中青联发〔2005〕15 号）执行，学生数 10000 人至 25000 人，校团委专职团干部编制数不少于 9 人，学生数多于 25000 人，校团委专职团干部编制数不少于 12 人，根据分校区数目酌情增加。校级团委书记按学校处级正职干部配备和管理，院级团委书记在津贴补贴、保障激励、职级职称晋升等方面与辅导员队伍实行同等待遇。推动青年教师发挥专业特长，参与支持共青团面向学生开展的思想引领、实践实习、创新创业、校园文化和社团指导等工作，青年教师指导学生的工作情况、获奖情况应计入教学工作量。在现有共青团活动经费保障基础上，由教务处和研究生院分别按本科生和研究生团员（青年）人均每年不低于 100 元的标准向学院划拨院级团组织共青团思想政治工作专项经费，参照共青团中央、教育部《关于加强和改进新形势下高校共青团思想政治工作的意见》（中青联发〔2017〕10 号）工作要求，突出核心任务，加强思想政治引领和价值引领，强化组织育人、实践育人、文化育人、网络育人、服务育人，统筹用于各团支部、学生会组织、学生社团相关活动。各级党委要在活动场所、设备、时间等方面对团的工作予以保障。

三、组织实施

本方案由校党委下发实施，方案落实执行情况将纳入各级党组织和团组织考核内容。校团委加强宣传引导，及时总结、推广具有普遍性和借鉴意义的经验做法，指导督促各基层团组织结合实际制定细化措施，稳妥有序推进改革。

中国科学技术大学青年马克思主义者培养工程“六有”大学生培养方案

（党学字〔2017〕91 号，2017 年 7 月 29 日）

第一章 指导思想

第一条 把立德树人、培养社会主义合格建设者和可靠接班人摆在办学治校首位，进一步深入贯彻中共中央国务院《关于加强和改进新形势下高校思想政治工作的意见》精神，贯彻落实习近平总书记考察中国科大重要讲话精神，全面培育“六有”大学生，在广大青年中着力培养造就一大批用马克思主义中国化的最新成果武装的马克思主义者，使他们坚定跟党走中国特色社会主义道路的理想信念，事关党的事业后继有人，事关国家的兴旺发达，事关青年的健康成长，是首要政治任务，具有重大而深远的意义。

第二章 培养目标

第二条 针对大学生的成长规律和实际需求，从增强政治素质、提升思想境界、优化能力结构、锤炼作风品格等方面着手，开设党性教育、理论学习、实践锻炼、工作锤炼、对外交流等方面的课程，将理想信念教育放在首位，培养一批能够运用马克思主义的立场观点方法分析问题、解决问题，牢固树立政治意识、大局意识、核心意识、看齐意识，对党忠诚、信仰坚定、素质优良、作风过硬的用马克思主义中国化最新成果武装的、坚定跟党走中国特色社会主义道路理想信念的“六有”大学生，为他们逐步成长为坚定的马克思主义者、中国特色社会主义事业合格建设者和可靠接班人奠定基础。

第三条 注重后续跟踪培养，动态调整培养方式，把握大学生骨干培养的选拔、纪律管理、考核评价、过程跟踪和发展使用等关键环节，充分发挥大学生骨干对全体学生的示范带动作用，影响带动广大学生团结凝聚在党的周围，成长为“六有”大学生。

第四条 分团校、学生骨干培训班、“六有”大学生“青马计划”班三级实施，健全三级一体化分层培养格局。团校每学年 8～10 月份开展，覆盖团员不少于 2000 人次，理论与实践课程各不少于 4 学时；学生骨干培训班每学年 10～12 月份开展，覆盖学生骨干不少于 800 人次，理论与实践课程各不少于 8 学时；“六有”大学生“青马计划”班每学年 1～5 月份开展，覆盖党员及入党积极分子不少于 200 人次，理论与实践课程各不少于 16 学时。

第三章 培养对象

第五条 团校培养对象为全体团员、入团积极分子，所有 28 周岁以下非团员的本科生、研究生，重点为本科生、研究生一年级新生和未参加过团校培训的各类学生。

第六条 学生骨干培训班培养对象为全体本科及研究生班级团支部书记、团支部委员，本科及研究生班级班长、班级委员，各实验室团支部书记、团支部委员，各学生社团团支部书记、社团团长，各校、院学生会研究生会部长、副部长及学生骨干，重点是本科生、研究生一年级团学骨干和新任未参加过学生骨干培训班的团学骨干。

第七条 “六有”大学生“青马计划”班培养对象为各学生党支部书记、党支部委员，入党积极分子，优秀团员，优秀团干，团校、学生骨干培训班结业优秀学员，各级学生会、研究生会主席团，校团委各青年中心全体成员，重点是经考察选拔，德才兼备、以德为先的“六有”大学生。

第四章 培养原则

第八条 坚持把人才成长的一般规律与青年马克思主义者的特殊要求相结合。既要尊重人才成长需要历经长期过程的一般规律，科学设计培养内容和方式，系统规划和推进各项工作；又要格外注重青年马克思主义者需要具备较高的政治素质这一特殊要求，着重加强理想信念、信仰立场、理论素养等方面的培养。

第九条 坚持组织培养与自我教育相结合。既要充分发挥学校党政各部门及各级共青团、学生会组织的作用，根据培养目标和课程体系要求以及培养对象的实际需求，有计划、系统地开展培养工作；又要充分调动培养对象的内在积极性和主动性，引导他们开展日常学习，加强自我教育。

第十条 坚持理论框架训练与能力结构训练相结合。既要通过开展理论学习等有效方式，对培养对象进行中国特色社会主义理论体系训练，传授观察、思考、分析问题的理论框架和基本方法；又要采取专业化的培养方式提高培养对象的学习研究、组织协调等社会化能力。

第十一条 坚持把组织社会实践与进行正确的社会观察引导相结合。既要把组织培养对象参加社会实践作为引导他们了解社会、全面提高综合素质、坚定理想信念的重要途径；又要找准他们普遍关心的理论和现实问题，对他们的思想困惑进行有针对性、有说服力的分析和解答，帮助他们廓清思想迷雾、形成正确的社会观察结论。

第十二条 坚持把培养选拔与日后的观察、举荐、使用相结合。既要在培养期内有计划、分阶段地引导和帮助培养对象逐步提高各方面素质；又要在培养期结束后实行跟踪培养制度，通过推荐理论学习文章、定期分区域开展沟通交流活动、组织在网上研讨重大问题、向有关方面举荐等方式保持与他们的联系和交流，为培养对象成长发展提供支持和帮助。

第五章 培养内容

第十三条 紧密围绕培养“六有”大学生设计课程。加强马克思主义科学理论学习和理想信念教育，注重“有理想，有追求”层面的培养；加强网络意识形态工作和社会实践志愿服务，注重“有担当，有作为”层面的培养；加强社会主义核心价值观和文化自信，注重“有品质，有修养”层面的培养。

第十四条 马克思主义科学理论。学习马克思列宁主义、毛泽东思想、邓小平理论、“三个代表”重要思想和科学发展观，学习习近平总书记系列重要讲话精神和治国理政新理念新思想新战略，学习全国高校思想政治工作会议精神、习近平总书记考察中国科大重要讲话精神。学习党章党规，党中央、团中央、全国学联、学校各类规章制度、最新文件及会议精神。邀请专家学者、党政官员等为学生讲授马克思主义中国化的最新成果，举办形势政策报告会，分析社会热点问题，提高培养对象的理论素养和辨析能力。

第十五条 理想信念教育。持续深入开展学习宣传贯彻习近平总书记系列重要讲话精神尤其是考察中国科大重要讲话精神“四进四信”活动，以“四进”为手段，以“四信”为目标，通过讲话精神和治国理政新理念新思想新战略“进支部、进社团、进网络、进团课”，引导帮助大学生坚定中国特色社会主义道路自信、理论自信、制度自信、文化自信，牢固树立对党的科学理论的信仰、坚定走中国特色社会主义道路实现中华民族伟大复兴的中国梦的信念、增强对党和政府的信任、增进对以习近平同志为核心的党中央的信赖。切实抓好共产主义、中国特色社会主义和中国梦学习宣传教育，引导帮助大学生遵循“有理想、有追求，有担当、有作为，有品质、有修养”的要求，正确认识世界和中国发展大势、正确认识中国特色和国际比较、正确认识时代责任和历史使命、正确认识远大抱负和脚踏实地，树立中国特色社会主义共同理想和共产主义远大理想，筑牢为“两个一百年”目标和“中国梦”而奋斗的思想基础。

第十六条 网络意识形态工作。树立互联网思维，推动思想政治工作传统优势与信息技术紧密结合，促进思想政治工作更新更活。把互联网作为开展学生思想教育的重要阵地，加强内容体系、服务能力、使用环境等建设，加大品牌传播力度，推动工作提质增效，团结、带动和壮大网上积极力量，在大学生聚集度高的网络空间大力开展正面宣传，增强网络正能量，消解网络负能量。提升新媒体应用的协作能力和专业化水平，在学习宣传党的理论和路线方针政策、服务大学生成长、传播主流价值等方面，运用文字、图片、音乐、视频、动漫等多种形式开发贴近大学生特点、传播力强的优质内容产品。将做好网络舆论引导工作作为落实党的意识形态工作责任制的重要任务，着力发挥团学组织在清朗网络空间中的生力军和突击队作用，注重抓住重要契机策划设置网络话题、进行网上主题宣传，持续广泛、强有力、有针对性地发出青年好声音，提升网络舆情分析和引导能力，疏导青年情绪，澄清误解和谣言，引导青年形成正确认知，广泛开展网络素养教育，引导青年科学、依法、文明、理性用网，参与监督和遏止网上各种违法和不良信息传播，使互联网空间成为青年学生成长的温馨家园，为构建清朗网络空间作贡献。

第十七条 社会实践与志愿服务。深入到农村、社区、企业等基层一线开展生产劳动、社会调查、民宿体验、参观考察等活动，提升活动的覆盖面、规范化、专业性，围绕党和国家重大战略、结合学校特色实际、针对大学生需求，开展助力脱贫攻坚、“一带一路”调研、革命传统教育、民族团结进步教育、国防教育等社会实践活动。重点引导培养对象了解基层、认识国情，增强历史使命感和社会责任感，密切与基层和群众的联系，培养对党、对人民的朴素感情，树立起与人民群众紧密结合的成长道路的意识，在艰苦的环境中磨炼意志品质、培养优良作风，增加社会阅历，培养、提高社会适应能力和综合素质。推动培养对象注册青年志愿者，通过在校园内以主题团日等方式参与各类志愿服务、团学活动组织服务、重大赛会服务等各类志愿服务公益活动，充分发挥团员先锋模范作用，增强培养对象的社会责任感。

第十八条 社会主义核心价值观。从认知、践行、传播、引领等环节入手，培育和践行社会主义核心价值观，引导学生勤学、修德、明辨、笃实。树立正确的世界观、人生观、价值观，增强国家意识、法治意识、社会责任意识，弘扬社会公德、职业道德、家庭美德，培养良好个人品德和诚信品格。加强民族团结宣传教育，推动各族学生交往交流交融。

第十九条 中华优秀传统文化和革命文化、社会主义先进文化。深刻挖掘重要节庆日、纪念日蕴藏的丰富教育资源，引导学生传承弘扬中华优秀传统文化和美德，汲取中华优秀传统文化的思想精华和道德精髓，增强文化自信和价值观自信。利用我国改革发展的伟大成就、重大历史事件纪念活动、国家公祭仪式等，运用学生喜闻乐见的形式载体，设计开展革命文化、社会主义先进文化主题教育活动，加强党史国史、近现代史、改革开放史、社会主义发展史宣传教育，引导学生继承革命传统、传承红色基因，弘扬以爱国主义为核心的民族精神和以改革创新为核心的时代精神。组织培养对象实地参观爱国主义教育基地、革命遗址等，观看反映革命战争年代和新中国建设时期的影片，寻访历史见证人，参与祭奠革命先烈、唱革命歌曲、重温入党誓词等活动，观看反映优秀共产党员事迹的影像资料、专题展览，邀请先进典型作事迹报告，重点帮助培养对象了解中国共产党领导革命取得成功的历史必然性，使他们能够从中国革命的内在逻辑出发认识并由衷认同中国共产党的领导地位，增强对革命传统精神的理解，实现爱国主义精神的升华，增强“先锋”意识，坚定在党的领导下建设中国特色社会主义的信念。

第六章 培养方式

第二十条 本方案由党委组织部、学生工作部（处）和校团委联合实施，并按培养对象类型分别制定课程大纲与培养细则，在培养经费、活动场地、教学师资、网络平台等方面给予充分保障。团校结业学员优先推荐成为入党积极分子，学生骨干培训班结业学员优先推荐成为优秀团员、优秀团干部，“六有”大学生“青马计划”班作为两学一做常态化制度化学习教育重要内容，培训课程与党校学习统筹设计，结业学员优先推荐成为党的发展对象。

第二十一条 培养以集中教学与分班教学相结合，线上宣传与线下培训相结合，理论学习与实践锻炼相结合，学员应由学院组织报名或推荐，学校为每一位培养对象建立学籍，从所学课程考勤、实践交流参与、学习积极态度、作业完成情况等方面，客观记录培养对象在各个培养阶段和环节的表现及成绩，通过组织培养对象自评、小组鉴定、闭卷考试、征求党团组织意见等环节，形成培养对象的综合评价，对培训合格学员颁发结业证书。

第二十二条 建立重点培养对象信息库，切实加强跟踪培养，为他们的成才发展提供切实帮助。积极推荐优秀培养对象加入中国共产党，担任主要团学干部。通过各类评奖评优活动，加大对培养对象中优秀典型的选拔、表彰、宣传和推介力度。在专项奖学金评选、选调生招录、支教团选拔、选聘优秀毕业生留校工作等方面优先推荐青年马克思主义者培养工程“六有”大学生。

第七章 附　　则

第二十三条 本方案自印发之日起施行。

第二十四条 本方案由学生工作部（处）与校团委负责解释与修订。

中国科学技术大学青年马克思主义者培养工程共青团干部培养方案

（党学字〔2017〕92 号，2017 年 7 月 29 日）

第一章 指导思想

第一条 始终坚持党的领导，以立德树人为根本，以理想信念教育为核心，以社会主义核心价值观为引领，把培养社会主义合格建设者和可靠接班人摆在办学治校首位，进一步深入贯彻中共中央国务院《关于加强和改进新形势下高校思想政治工作的意见》精神，贯彻落实习近平总书记考察中国科大重要讲话精神，贯彻落实习近平总书记青年工作思想，积极适应共青团深化改革新形势、高等教育综合改革新发展、大学生新特点，全面贯彻党的教育方针，切实保持和增强政治性先进性群众性，紧紧围绕共青团“凝聚青年、服务大局、当好桥梁、从严治团”四维工作格局，引领大学生更加紧密地团结在以习近平同志为核心的党中央周围，坚定中国特色社会主义道路自信、理论自信、制度自信、文化自信，增进对党的政治认同、思想认同、情感认同。

第二章 培养目标

第二条 引导帮助高校共青团干部不断强化政治意识、大局意识、核心意识、看齐意识，切实做到坚定理想信念、心系广大青年、提高工作能力、锤炼优良作风，努力成为党的青年学生群众工作的行家里手。将团干部培养纳入学校党政后备干部培养。

第三条 教育引导共青团干部筑牢理想根基、强化宗旨意识、践行群众路线、勇于开拓创新，围绕理想信念、党性作风、团的业务能力、新知识新观点新技能，健全团学工作研究基金项目，进一步提高共青团干部队伍专业化、职业化水平，为团干部职称晋升、职业发展、教学科研成果评定等搭建平台、提供支撑，推进团干部校内转岗和校外流动，在同一职位上任期满两届的团干部应当转岗交流。

第四条 每年以团干部读书班形式实施理论学习培训不少于 32 学时；每年以团干部研修班形式实施实践交流培训不少于 32 学时。

第三章 培养对象

第五条 本方案面向学校各级共青团组织的专兼挂职干部，重点是校团委书记班子，校团委委员，校团委工作人员，院系团委书记、副书记，各教工团支部书记，优秀青年教师代表。

第四章 培养原则

第六条 严把入口关，认真做好各级团干部选配和协管，防止不按标准、不按程序选拔配备干部。抓好工作考核，保证基层团干部有足够精力投入团的工作。认真落实理论与实践培训要求，组织实施好团干部教育培训工作规划，院级团委书记任职前应通过不少于8学时的培训。

第七条 校团委定期向校党委作专项汇报，院团委定期向院党委作专项汇报（每学期至少汇报一次），汇报内容应包括团干部的选配和协管情况、年度工作计划及总结、年中工作推进情况等共青团重点工作。校团委定期与学院党委交流院团委工作情况（每学年至少走访一次）。

第八条 各级团组织要常态化开展成长观教育，教育要求团干部虚功实做、难事长做，坚决克服工作抓而不实、缺乏实干和抓而不长、缺乏韧劲的问题。各级团委班子要将成长观作为民主生活会的重要内容，认真开展批评和自我批评，上级团组织应派人列席会议。

第九条 团干部要严格落实中央八项规定精神，坚决抵制和纠正“四风”问题，要坚决落实直接联系青年系列制度安排，切实做到真正融入青年。团干部在团的日常工作要佩戴团徽，坚持团内互称同志，不称职务。团干部每年要向所服务的团员青年述职并接受团员测评。

第五章 培养内容

第十条 理论学习研讨。充分利用团中央、团省委及学校的各类教育培训资源，依托各级团干部教育培训基地，学习马克思列宁主义、毛泽东思想、邓小平理论、“三个代表”重要思想和科学发展观，学习习近平总书记系列重要讲话精神和治国理政新理念新思想新战略，学习全国高校思想政治工作会议精神、习近平总书记考察中国科大重要讲话精神，学习党章党规，党中央、团中央、全国学联、学校各类规章制度、最新文件及会议精神。举办形式多样的理论学习研讨班、论坛、交流会，围绕社会主义核心价值体系、党的路线方针政策和国家法律法规、国家改革发展稳定中的新情况新问题等重要课题进行教育培训和研讨，着力增强团干部参与经济建设、政治建设、文化建设、社会建设、生态文明建设的本领。结合实地走访，学习党史国史、近现代史、改革开放史、社会主义发展史和马克思主义中国化的最新成果，研讨社会热点问题，用马克思主义中国化的最新成果武装团干部，帮助团干部了解国家发展形势，培养“四个意识”，提高在高校思想政治工作中应对复杂问题的能力，增强贯彻党的路线、方针、政策的自觉性和坚定性。

第十一条 考察交流调研。组织到共青团先进工作高校学习考察，开拓工作视野，提高工作本领，增强工作能力，对高校共青团共存的重大理论和现实问题以及社会热点现象进行交流研讨，形成更深刻、更理性、更全面、更稳定的看法，进而明确坚定的政治方向。组织到沿海发达地区、西部贫困地区进行参观考察，了解国家经济社会发展现状、人民群众的生活状况，就涉及国家发展、社会民生的热点问题或基础性课题，深入到党政机关、厂矿企业、农村基层等开展有针对性的深度考察调研，形成具有较高理论水平和应用价值的研究报告。组织参与同港澳台和国外青年交流以及短期出访、出国培训和实习等活动，加大对政治、经济、文化等方面的不同制度、体制和发展模式的比较研究，澄清思想上的困惑和模糊认识，提升政治敏锐性和政治鉴别力。

第六章 培 养 方 式

第十二条 本方案由校团委联合各学院党委实施，校团委进行培养细则的课程设计、协调建议和督促落实，各学院党委在人员选配、活动场地、学习时间等方面给予充分保障和支持。

第十三条 校团委结合团学工作研究基金项目为团干部培养提供经费保障，团干部应不断增强团学工作的规范化、科学化，进一步提高团学工作研究水平，进行团学工作课题研究，为新形势下学校共青团改革攻坚、从严治团提供理论支撑、思想支撑和工作支撑。团干部每年应至少参加一项校级团学工作研究项目，并积极申报团中央、教育部相关研究项目，结题情况作为团干部培养效果的重要参考，列为团干部评奖评优年度考核指标之一。

第十四条 积极推荐团干部到校内外党政机关、地方企业等单位挂职锻炼，加大团干部培养力度。使团干部在挂职锻炼中了解基层的国情、社情、民情，在推动工作中提高调查研究、组织动员、沟通协调、规划实施、开拓创新等综合素质，不断增强开展群团工作本领和社会管理工作能力，在全身心投入工作的过程中锤炼作风、经受磨炼、增长才干。

第七章 附 则

第十五条 本方案自印发之日起施行。

第十六条 本方案由校团委负责解释与修订。

中国科学技术大学“六有”大学生培养方案

（党学字〔2017〕93号，2017年7月29日）

2016年4月26日，习近平总书记考察了中国科学技术大学。在东区新图书馆，习近平总书记语重心长地对学生们说，青年是国家的未来和民族的希望。希望同学们肩负时代责任，高扬理想风帆，静下心来刻苦学习，努力练好人生和事业的基本功，做有理想、有追求的大学生，做有担当、有作为的大学生，做有品质、有修养的大学生。大家要向我国老一辈杰出科学家学习，争取青出于蓝而胜于蓝。

习近平总书记在与师生的交流过程中，对高等教育、高校人才培养、高校科研创新工作都作出了重要指示，对中国科大创建世界一流大学充满了信心。全体科大人要继续发扬科大精神，坚持科教报国，坚持“红专并进、理实交融”，全员全过程全方位培养“六有”大学生。

为此，学校研究制定全校“六有”大学生培养方案。

一、指导思想

把“立德树人”摆在办学治校首位，以马克思主义为指导，全面贯彻党的教育方针，培养又红又专、德才兼备、全面发展的中国特色社会主义合格建设者和可靠接班人。进一步深入贯彻中共中央、国务院《关于加强和改进新形势下高校思想政治工作的意见》精神，落实习近平总书记考察中国科大重要讲话精神，特别是关于“做有理想、有追求的大学生，做有担当、有作为的大学生，做有品质、有修养的大学生”的重要要求，实现全员全过程全方位育人，同时传承优良校风、弘扬优良教风、争创优良学风。

二、培养目标

1. 长远目标：针对大学生的成长规律和实际需求，坚持围绕学生、关爱学生、服务学生，形式上不断创新，内涵上不断充实，通过组织育人、实践育人、文化育人、网络育人和服务育人，持续提高学生思想水平、政治觉悟、道德品质、文化素养，让学生成为德才兼备、全面发展的人才。

2. 具体目标：将理想信念教育放在首位，强化对师生的思想政治教育和价值引领；发挥哲学社会科学育人功能，将“六有”大学生教育融入思想政治理论课堂教学；弘扬中华优秀传统文化、革命文化、社会主义先进文化，传承“红专并进、理实交融”的校训精神和“崇尚科学、追求卓越”的创新精神；加强教师队伍建设，围绕“四个统一”开展师德师风建设；加强对各类思想文化阵地的建设，协调发挥第一课堂的主渠道作用和第二课堂的实践育人功效。

三、主要内容

1. 把理想信念教育摆在首位。通过举办党课、座谈会、社会实践、“主题党日”活动等形式，在全校学生中组织开展历次中央全会精神学习活动、“两学一做”学习教育和习近平总书记系列重要讲话特别是考察中国科大重要讲话精神学习活动。突出思想政治引领和价值引领，通过团校、学生骨干培训班、“六有”大学生“青马计划”班三级实施，采用集中教学与分班教学相结合、线上宣传与线下培训相结合、理论学习与实践锻炼相结合的方式，在大学生中培养一批能够运用马克思主义的立场观点方法分析问题、解决问题，牢固树立政治意识、大局意识、核心意识、看齐意识，对党忠诚、信仰坚定、素质优良、作风过硬的学生骨干，充分发挥他们的模范带头作用，影响带动全体学生。

2. 将“六有”大学生教育融入课堂教学。充分发挥思想政治理论课的主渠道作用，设定“六有”大学生专题课堂教育。在本科一年级新生“思想道德修养与法律基础”课程中，集中开展“六有”大学生课堂教学。将“六有”大学生实践教育纳入思想政治理论课实践教学环节，广泛发动并严格要求全体在校学生积极参加，本科生参加该实践教育将获得相应社会实践学分。加强各类课程教学的育人功能，在理论课教学和实验、实践、实习教学环节，有机融入“六有”大学生教育，结合我校光荣办学传统和使命，引导大学生立下科教报国之志，全面提升专业能力和综合素质，学成文武艺，报效祖国和人民，报效中华民族。

3. 传承优良校风。深刻挖掘国家和学校重要节庆、纪念日的内涵，以班级和团支部为单位举办特色纪念活动，引导学生增强文化自信、传承弘扬中华优秀传统文化和美德。依托学校的国家大学生文化素质教育基地，开展革命文化、社会主义先进文化主题教育活动，引导学生继承革命传统、弘扬以爱国主义为核心的民族精神和以改革创新为核心的时代精神。

强化入学教育，在入学教育阶段组织学生参观校史馆、图书馆，参加科大精神报告会、科大学术传统与学术规范报告会、校长报告会，参加开学典礼、迎新晚会，帮助新生深入理解社会主义核心价值观，形成对学校文化价值和传统的认同。深化“爱国荣校”教育，通过先进毕业班集体创建，在毕业教育中引导毕业学生正确认识时代责任和历史使命，既有远大抱负又能脚踏实地，始终践行科大校训，激励学生自觉把个人理想追求融入国家和民族的事业。

4. 弘扬优良教风。坚持教书和育人相统一，坚持言传和身教相统一，坚持潜心问道和关注社会相统一，坚持学术自由和学术规范相统一，引导广大教师以德立身、以德立学、以德施教，通过自主学习，自我改进，将师德师风规范转化为稳定的内在信念和行为品质，主动融入教育教学、科学研究和服务社会的实践中。明确教师上岗的基本条件是“拥护党的基本路线，治学严谨，作风正派，能为人师表，教书育人”。建立上岗导师长期培训机制，导师培训研讨会每年召开一次，并颁发培训结业证书。学校每年根据《中国科学技术大学博士生导师上岗审定工作实施办法》，对上岗博导进行审定，确保研究生指导教师队伍具有正确的政治方向和明确的培养目标。增加教师教学评价指标中关于教师思想道德品质的评价指标，教师要严守课堂纪律，要坚持马克思主义的世界观与方法论，在事关政治原则、政治立场和政治方向的问题上与党中央保持一致。

5. 争创优良学风。规范学生素质的“综合测评”，在评优评奖中强调德育为先、全面发展，在学生资助中强调励志教育、诚信教育，鼓励学生在认真学习科学文化知识之余，积极参与社会服务、科技创新、文化体育等活动，促进学生综合素质提升。打造思政教育文化品牌，在开学典礼与毕业典礼上，设计庄严、热烈的“出校旗”、奏唱国歌与校歌等环节，通过仪式教育鼓励学生传承科大文化。通过评选“最美‘六有’大学生”“最美‘六有’团支部”“先进班集体及‘六有’大学生班集体”，弘扬优良学风，争创优良班风，发挥先进典型的榜样作用。组织全校学生开展年度主题教育年活动，开展“诚信”教育和“荣誉”教育活动，面向国家助学贷款学生召开“诚信教育大会”。对全体本科新生进行校纪校规知识学习和测试，编撰、印制学生考试违纪案例，组织学生阅读、签名，使学生进一步珍视个人荣誉和集体荣誉，端正学习态度，让诚信理念成为贯穿人生的重要指南。开展暑期社会实践和见闻征文活动，引导学生投身实践、关心时政、了解国家发展进步，通过实践对学生深入进行世界观、人生观、价值观教育。

四、培养方式

1. 学校召开专项工作会议，全面统筹研究部署“六有”大学生培育工作。

2. 学生工作部(处)、团委、教务处、研究生院分别结合本单位工作，注重全程规划，强化培养环节，加强任课老师和研究生导师的师德师风建设和管理，在学生的入学教育、第一课堂教育、第二课堂教育、毕业教育中制定相应的“六有”大学生专题培养方案。

3. 各学生培养单位结合学校的整体方案和各部门的专题方案制定本单位的具体培养实施办法。

五、监督机制

1. 建立和完善校党委统一领导、党政齐抓共管，组织、宣传、纪检监察、学工、团委、教务、研究生院等部门协同配合，院(系)级单位党组织具体实施，师生共同参与的领导体制和工作机制。

2. 强化“六有”大学生教育实施效果监督与评价。学校党政领导深入了解“六有”大学生教育培养的实际情况，不断加大督导检查力度。相关管理部门建立健全教育效果评议、重大问题报告和舆情快速反应制度，通过教育督导、教学检查、学生座谈等多种形式，及时研究加强和改进教育方案和举措，及时纠正不良倾向和问题。对实施过程中出现的问题做到有诉必查，有查必果，追效问责，立行立改。

中国科学技术大学优秀博士学位论文评选办法

（校学位字〔2017〕53号，2017年4月6日）

第一章 总 则

第一条 为提高研究生创新能力，激发研究生的创新精神，提升研究生培养质量，学校决定开展中国科学技术大学优秀博士学位论文（以下简称“优博论文”）评选工作，并依据《中国科学技术大学章程》制定本办法。

第二条 优博论文评选工作遵循“科学公正、注重创新、严格筛选、宁缺毋滥”的原则。

第二章 评选标准

第三条 参加评选的博士学位论文必须达到以下条件：

1. 论文选题为本学科前沿，具有重要的理论意义或现实意义；

2. 论文的研究成果在理论或方法上有创新，达到同类学科的国内领先或国际先进水平；

3. 论文撰写符合学术规范，结构完整，文字流畅，材料翔实，逻辑严密；

4. 论文应体现作者确已掌握本学科坚实宽广的基础理论和系统深入的专业知识。

第三章 评选范围

第四条 以一个学年度为周期，每年六月评选一次。评选范围一般为本学年博士学位获得者的学位论文。

第五条 作者在博士学位论文答辩前未获得副高级及以上职称。

第四章 评选程序

第六条 博士论文评优需由作者申请，指导教师根据论文情况提出推荐建议。

第七条 各学院根据申请情况，向学位评定分委员会提交本院优博论文推荐名单，学位评定分委员会对学院推荐的论文进行审核，评选出优博论文候选名单，推荐至校学位评定委员会评审。

第八条 校学位评定委员会在各学位评定分委员会推荐的候选名单中评选出优秀博士学位论文，每年不超过30篇，其余推荐论文作为优博提名论文。

第九条 优博论文申请名单经学位评定分委员会审核通过后，在学校网站公示，任何单位或个人如发现申请论文存在学术失范问题，可向校学位委员会办公室举报，一经查实，学校将予以取消。

第十条 学校对优博论文及提名论文的作者和指导教师给予表彰和奖励。

第五章 附 则

第十一条 优博论文评选工作由校学位委员会办公室组织实施。

第十二条 本办法经2017年3月30日校学位委员会工作会议审议通过，由校学位委员会办公室负责解释。

第十三条 本办法自印发之日起施行。

中国科学技术大学关于授予来华留学生学位实施办法

（校学位字〔2017〕142号，2017年9月19日）

第一章 总 则

第一条 为促进我校的国际交流与合作，保证我校授予来华留学生学士、硕士和博士学位的质量，根据国务院学位委员会《关于普通高等学校授予来华留学生我国学位试行办法》，特制定本办法。

第二条 我校授予来华留学生学位的学科、专业，应是国务院学位委员会批准有权授予学士、硕士和博士学位的学科、专业。

第三条 来华留学生在学期间必须遵守我国的法律、法规及学校纪律。

第二章 学 士 学 位

第四条 我校培养的来华留学本科生，符合本实施办法的规定，经审核准予毕业，达到《中国科学技术大学关于授予普通高等教育本科毕业生学士学位实施细则》（以下简称《学士学位实施细则》）第三条规定的学术水平者，授予学士学位。具体要求如下：

1. 通过本专业规定的基础理论课程、专业主干课程的考试和选修课程的考查。

2. 初步掌握汉语。要求通过汉语水平考试（HSK）四级，具有使用生活用语和阅读本专业汉语资料的初步能力。《中国概况》应作为来华留学本科生的必修课来安排和要求。

3. 完成有一定工作量的本科毕业论文（毕业设计或其他毕业实践环节）。

第五条 授予来华留学本科毕业生学士学位，按以下程序进行：

1. 校学位委员会办公室（以下简称“校学位办”）按照《学士学位实施细则》第四条的规定，对来华留学本科毕业生进行审核。

2. 校学位办将审查合格的学士学位申请者名单报学位委员会。经校学位委员会审议通过，授予相应学科门类的学士学位。

第三章 硕士学位

第六条 我校培养的来华留学硕士生，通过硕士学位的课程考试和论文答辩，成绩合格，达到《中国科学技术大学硕士、博士学位授予实施细则》（以下简称《硕士、博士学位授予实施细则》）第四条规定的学术水平者，授予硕士学位。

第七条 来华留学硕士生申请硕士学位，应在学习期间通过本专业规定的学位课程考试以及其他必修和选修课程的考试或考查。具体要求如下：

1. 基础理论课和专业课，一般为三至四门，这些课程应作为学位课程来安排和要求。

2. 汉语课。对于在我国获得学士学位、再次申请来华攻读硕士学位者，要求具有使用生活用语和阅读本专业汉语资料的能力；对于在他国（含派遣国，下同）获得相当于我国学士学位学术水平的学历证书者，要求具有使用生活用语的初步能力。《中国概况》应作为来华留学硕士生的必修课来安排和要求。

3. 选修课。各学科、专业可以根据来华留学硕士生攻读硕士学位的需要，开设一些选修课。

对于在他国已经修学相应学科、专业硕士学位课程的来华留学生申请攻读我国硕士学位时，我校及其学科、专业应根据申请人提供在他国修学的课程名称、成绩单以及两名专家（相当于副教授及其以上人员）的推荐信等材料组织同行专家（副教授及其以上人员）三至五人对其已经修学的硕士学位课程进行审查、审核、考试或考核。凡经专家组认可的课程，可以免修；否则应按本条规定重新修学有关课程。

凡未达到上述要求者，可以在一年时间内补修或重修有关课程，仍未达到上述要求者，不能参加论文答辩。

第八条 来华留学硕士生申请硕士学位，必须撰写论文（含专题报告）。根据来华留学硕士生不同的培养规格，论文可以是学术研究或科学技术报告，也可以是专题调研、工程设计、案例分析等报告。其报告应能反映学位申请者从事科学研究工作或综合运用基础理论和专门知识解决实际问题的能力。

第九条 对于来华留学硕士生申请硕士学位，应按照本实施办法进行认真的资格审查。审查合格者，参加论文答辩；审查不合格者，不能参加论文答辩。

第十条 我校培养来华留学硕士生，原则上应采取脱产培养的方式，即整个培养过程均在我校完成。提倡来华留学硕士生撰写论文与其所在国实际相结合；确因需要并经指导教师同意，来华留学硕士生可以利用部分时间回国撰写论文，但在我校进行论文工作的时间不得少于半年；来华留学硕士生的论文答辩工作必须在我校进行。

第十一条 来华留学硕士生硕士学位论文的评阅和答辩，应按我校《硕士、博士学位授予实施细则》第八条、第九条的规定进行。

第十二条 授予来华留学硕士生硕士学位，按以下程序进行：

1. 来华留学硕士生学位论文答辩通过后，由所在系向校学位办提出申请。申请时需按要求提供有关材料，以供学位分委员会和校学位委员会审议。

2. 校学位办将硕士学位申请者的材料汇总后，分送各学位分委员会进行审查。学位分委员会应按照硕士学位授予标准，坚持原则，严格把关，对学位申请者的情况进行全面审查，综合评价。会议应当有全体成员的三分之二及以上出席方为有效，以无记名投票方式表决，获参加投票人数三分之二及以上同意，方可做出建议授予硕士学位的决议。

学位分委员会的决议和投票结果必须由学位分委员会秘书填写在《研究生学位论文答辩情况表》中，由分委员会主席签署意见后，报校学位委员会审议。

校学位委员会原则上于每年四月、六月和十一月召开会议，审议学位申请者的学位授予工作。会议应当有全体成员的三分之二及以上出席方为有效，以无记名投票方式表决，获参加投票人数三分之二及以上同意，方可作出授予学位的决议。硕士学位获得者名单由学校发文公布，并颁发硕士学位证书。

第四章 博士学位

第十三条 我校培养的来华留学博士生，通过博士学位的课程考试和论文答辩，成绩合格，达到我校《硕士、博士学位授予实施细则》第十二条规定的学术水平者，授予博士学位。

第十四条 来华留学博士生申请博士学位，应在学习期间通过本专业规定的课程考试及必修环节，具体要求如下：

1. 基础理论课、专业课和必修环节按相应学科、专业博士生培养方案的要求进行。

2. 汉语课。对于在我国获得硕士或学士学位，再次申请来华攻读博士学位者，要求具有使用生活用语和阅读本专业汉语资料的能力；对于在他国获得相当于我国硕士学位学术水平的学历证书者，要求具有使用生活用语和阅读本专业汉语资料的初步能力。《中国概况》应作为来华留学博士生的必修课来安排和要求。

3. 一门外国语(除派遣国母语、汉语以外)。要求具有阅读本专业资料的初步能力。可作为选修课来安排和要求。

凡未达到上述要求者，不能参加论文答辩。

第十五条 对来华留学博士生申请博士学位，应按照本实施办法进行严格的资格审查。审查合格者，参加论文答辩；审查不合格者，不能参加论文答辩。

第十六条 来华留学博士生博士学位论文的评阅和答辩，应按我校《硕士、博士学位授予实施细则》第十六条、第十七条的规定进行。

第十七条 授予来华留学博士生博士学位，按以下程序进行：

1. 来华留学博士生学位论文答辩通过后，由所在系向校学位办提出申请，申请时需按要求提供有关材料，以供学位分委员会和校学位委员会审议。

2. 校学位办将博士学位申请者的材料汇总后，分送各学位分委员会进行审查。学位分委员会应按照博士学位授予标准，坚持原则，严格把关，对学位申请者的情况进行全面审查，综合评价。会议应当有全体成员的三分之二及以上出席方为有效,以无记名投票方式表决。获参加投票人数三分之二及以上同意,方可做出建议授予博士学位的决议。

学位分委员会的决议和投票结果必须由学位分委员会秘书填写在《研究生学位论文答辩情况表》中,由分委员会主席签署意见后,报校学位委员会。

校学位委员会原则上每年四月、六月和十一月召开全体会议,讨论学位申请者的学位授予工作。会议应当有全体成员的三分之二及以上出席方为有效,以无记名投票方式表决,获参加投票人数三分之二及以上同意,方可做出授予博士学位的决定。

博士学位获得者名单由校学位办发文公布,以征求意见,接受监督。

第十八条 来华留学生在申请博士学位时,必须以第一作者(导师署名不计在内)发表(或被接收发表)至少一篇与学位论文相关的研究性学术论文。各学科可根据本学科特点制定更高的学位标准。

第五章 附 则

第十九条 攻读哲学、经济学、法学、教育学、文学、历史学以及艺术、中医和临床医学等专业学士、硕士和博士学位的来华留学生,应用汉语撰写和答辩论文。

攻读其他学科、专业学士、硕士和博士学位的来华留学生,其本科毕业论文、硕士学位论文和博士学位论文可以用汉语、英语或法语撰写和答辩。

第二十条 我校授予他国具有研究生毕业同等学力的有关人员硕士、博士学位,可参照国务院学位委员会《关于授予具有研究生毕业同等学力人员硕士、博士学位的规定》及我校有关规定办理。

第二十一条 本实施办法经校学位委员会审议通过,自 2017 年 9 月 1 日起开始施行。本实施办法解释权和修改权属校学位委员会。

中国科学技术大学学生违纪处分管理规定

(校学字〔2017〕151 号,2017 年 8 月 23 日)

第一章 总 则

第一条 为维护学校正常的教育教学秩序和生活秩序,保护学校和学生的合法权益,建设良好的校风和学风,培养社会主义合格建设者和可靠接班人,根据教育部《普通高等学校学生管理规定》和《高等学校学生行为准则》等,结合我校实际情况,制定本规定。

第二条 本规定适用于具有中国科学技术大学正式学籍的本科生和研究生。已经入学报到,尚处在学籍审查期中的新生也适用本规定。接受成人高等学历教育的学生、港澳台学生、华侨学生、留学生、非学历教育研究生等类别的在校学生的违纪处分参照本规定执行。

第三条 学生应当遵守宪法、法律、法规,遵守公民道德规范,遵守学校管理制度,遵守国家和学校关于网络使用的有关规定。不得有酗酒、打架斗殴、赌博、吸毒,传播、复制、贩卖非法书刊和音像制品等违法行为;不得参与非法传销和进行邪教、封建迷信活动;不得从事或者参与有损大学生形象、有悖社会公序良俗的活动;不得登录非法网站和传播非法文字、音频、视频资料等,不得编造或者传播虚假、有害信息;不得攻击、侵入他人计算机和移动通信网络系统;不得在学校进行宗教活动。学校发现学生在校内有违法行为或者严重精神疾病可能对他人造成伤害的,可以依法采取或者协助有关部门采取必要措施。

第四条 学生在校外开展教学、实习、考察、社会实践、挂职锻炼等社会活动期间有违纪行为的,参照本规定给予纪律处分。

第五条 实施违纪处分应当坚持公正、公平、公开的原则;坚持批评教育与违纪处分相结合的原则;坚持集体讨论,少数服从多数的原则。做到程序正当、证据充分、依据明确、定性准确、处分适当。

第二章 组 织 机 构

第六条 学生工作处为负责学生违纪处分工作的具体协调、管理部门。

第七条 学校成立学生申诉处理委员会,工作机构挂靠党政办公室,按照《中国科学技术大学学生申诉管理规定》受理学生申诉。

第三章 处分的种类及适用

第八条 违纪处分的种类分为:

(一) 警告;

(二) 严重警告;

(三) 记过;

(四) 留校察看;

(五) 开除学籍。

第九条 学校给予学生的纪律处分,应与学生违纪行为的性质和过错的严重程度相适应。

第十条 留校察看处分的察看期限从处分决定书发文之日起计算,期限为一年。

在察看期限内,根据学生的不同表现情况,分别处理如下:

(一) 学生有悔改表现,进步明显的,由本人申请,经学院(系、直属单位)学生工作委员会讨论后提出建议,由校学生工作处提出处理意见并上报分管校领导审核通过后,报请校长工作会议批准,可以提前解除察看期;

(二) 学生没有新的违纪行为的,察看期满时,由本人申请,经学院(系、直属单位)学生工作委员会讨论后提出建议,由校学生工作处提出处理意见并上报分管校领导审核通过后,报请校长工作会议批准,可以按期解除察看期;

(三) 学生有新的违纪行为,按规定可以给予任何一种纪律处分的,均直接给予开除学籍处分;

（四）学生虽有新的违纪行为，尚不够给予纪律处分的，经校长工作会议讨论，视情节可以延长察看期限半年或者一年，但察看期限累计不得超过两年。

第十一条 对受纪律处分的学生，可以附加取消其在学位、奖助学金、免试推荐研究生、荣誉称号等方面的申请资格，或者取消其已获得的荣誉、资格，具体办法由学校有关部门规定。除开除学籍处分以外，给予学生处分一般应当设置 6 到 12 个月期限，警告和严重警告处分设置 6 个月期限，记过和留校察看设置 12 个月期限，处分期满时，由本人申请，经学院（系、直属单位）学生工作委员会讨论后提出建议，由校学生工作处提出处理意见并上报分管校领导审核通过后，报请校长工作会议批准，可以按期解除处分。解除处分后，学生获得表彰、奖励及其他权益，不再受原处分的影响。

第四章 处分权限、程序及管理

第十二条 学生违纪事实的调查、违纪证据的收集、处分决定建议以及有关资料的整理由各学院（系、直属单位）协同有关职能部门按照国家法律法规和教育部等上级有关规定以及学校有关规定办理，学生工作处负责审核。

第十三条 学生处分由学生所在学院（系、直属单位）学生工作委员会提交处分建议及违纪相关证据和资料，学生工作处审核后提出处分意见并报校长工作会议讨论决定；

在必要情况下，学生工作处也可以在通报违纪学生所在学院（系、直属单位）后，直接上报分管校领导审核通过后，报请校长工作会议讨论。

第十四条 对违纪学生的处分，由学校出具处分决定书。

第十五条 在对学生做出处分决定之前，学生所在学院（系、直属单位）应当告知学生拟处分的事实、理由、依据和处分等级，并听取学生本人的陈述和申辩，学生委托代理人进行陈述和申辩的，应以书面委托书的形式确认代理人身份及其权限。

第十六条 处分决定书应当在决定做出后的 15 个工作日内由学生所在学院（系、直属单位）会同学生工作处等有关部门送交学生本人，由学生本人在送交通知书上记明收到日期并签名；学生拒绝接收处分决定书的，送交人应当在送交通知书上如实记录拒绝签字的情况和日期，并由在场的两名见证人签字证明，把处分决定书留在学生的住所，即视为送交。

处分决定书无法送交学生本人的，可由学生工作处挂号邮寄给学生的成年家属，自交寄之日起（以邮局邮戳日期为准），经过 30 日，即视为送交；无法邮寄送交的，由学生工作处在校内公告，自发出公告之日起，经过 30 日，即视为送交，公告送交应如实记录原因和经过。

第十七条 下列各项证据，经过查证核实后，可以作为处分违纪学生的依据：

（一）书证；

（二）物证；

（三）证人证言；

（四）当事人的陈述；

（五）视听资料；

（六）鉴定结论；

（七）勘验笔录、现场笔录；

(八) 学校有关部门提供的说明性材料；

(九) 其他权威部门依法作出的鉴定性结论。

第十八条 学生违纪有下列情形之一者，从重或者加重处分：

(一) 违纪行为的为首者或组织者；

(二) 违纪后故意隐瞒、拒不承认、无理狡辩者；

(三) 对检举人、证人进行威胁或打击报复者；

(四) 违纪再犯者；

(五) 因违纪行为造成严重后果者；

(六) 在校外违纪，并在社会上造成恶劣影响者。

第十九条 有下列情形之一的，从轻、减轻或免予处分：

(一) 情节特别轻微的；

(二) 主动承认错误并及时改正的；

(三) 主动提供情况揭发他人违法违纪行为并经查证属实的；

(四) 因不可抗力原因或紧急避险造成违规违纪的。

第二十条 学生处分不得撤销。对学生的处分及解除处分材料，应当真实完整地归入学校文书档案和学生本人档案。

第二十一条 被开除学籍的学生，应当在接到处分决定书之日起 15 个工作日内办理离校手续，户口迁移回原籍。学校有关部门将学生档案寄回生源地(或家庭所在地、原单位)的教育主管部门。学校发给学生学习证明，退还已缴纳的下一学期学费及有关费用。学生返程路费自理。学生逾期不办离校手续的，由学生所在学院(系、直属单位)按规定程序代为办理。

学生接到开除学籍处分决定书后，向学校申请复议，结果是维持原处理决定的，办理离校手续的时间为接到学校复查决定书之日起 15 个工作日内。学生对学校复查有异议，继续向上一级教育主管部门申请复议，结果是维持原处理决定的，办理离校手续时间为接到上级教育主管部门复查决定书之日起 15 个工作日内。

第二十二条 开除学籍处分决定，须报中国科学院相关职能部门和安徽省教育厅备案。

第五章 申 诉 程 序

第二十三条 学生如对处分决定有异议，可以根据《中国科学技术大学学生申诉管理规定》，在学校处分决定书送交之日起 10 个工作日内，向学校学生申诉处理委员会提出书面申诉。如对学校复查决定仍有异议，学生可以在学校复查决定书送达之日起 15 个工作日内，向中国科学院相关职能部门或安徽省教育厅提出书面申诉。

第二十四条 学生申诉处理委员会对学生提出的申诉进行复查，并在接到书面申诉之日起 15 个工作日内，做出复查结论并告知申诉人。情况复杂不能在规定限期内作出结论的，经学校负责人批准，可延长 15 日。学生申诉处理委员会认为必要的，可以建议学校暂缓执行有关决定。学生申诉处理委员会经复查，认为做出处理或者处分的事实、依据、程序等存在不当,可以作出建议撤销或变更的复查意见,要求相关职能部门予以研究,重新提交校长工作会或者专门会议作出决定。复查期间处分决定(除开除学籍的处分外)照常执行。

第二十五条 从处分决定或复查决定送交之日起,学生在申诉期内未提出申诉的,学校或上级教育主管部门不再受理其提出的申诉。

第六章 附 则

第二十六条 本规定由学生工作处负责解释,自2017年9月1日起施行。原《中国科学技术大学学生违纪处分管理规定》(校学字〔2007〕22号)同时废止。

中国科学技术大学学生违纪处分实施细则

(校学字〔2017〕152号,2017年8月23日)

为加强对学生违纪处分工作的管理,切实做好违纪学生的教育、帮助工作,根据教育部《普通高等学校学生管理规定》和《中国科学技术大学学生违纪处分管理规定》,结合我校实际情况,制定本细则。

第一条 违反国家宪法、法律、法规、法令者,视情节轻重给予严重警告以上直至开除学籍处分。

(一) 违反《中华人民共和国刑法》被司法机关判处罚金、管制、拘役、有期徒刑(包括缓刑)以上刑罚者,可给予开除学籍处分。

(二) 违反治安管理规定受到处罚,情节恶劣的,给予开除学籍处分。

(三) 被处以治安拘留者,给予记过或者留校察看处分。

(四) 被处以治安警告或治安罚款者,根据情节,给予严重警告或者记过处分。

(五) 违反《中华人民共和国集会游行示威法》或其他有关法规,组织、参加未经批准的集会、游行、示威等活动的,对策划者、组织者和骨干分子,给予留校察看或者开除学籍处分。对其他参加人员或者以提供信息、资料、财物、场地等方式支持上述活动者,情节较轻的,给予警告或者严重警告处分;情节较重的,给予记过处分;情节严重的,给予留校察看或者开除学籍处分。对不明真相被裹挟参加,经批评教育后确有悔改表现的,可以免予处分。

第二条 有下列情形之一者,视情节轻重和悔改态度,分别处理如下:

(一) 故意散布谣言,破坏社会和校园稳定的,给予警告以上直至记过处分;情节严重的,给予留校察看或者开除学籍处分。

(二) 宣扬邪教,经教育不改的,给予警告以上直至记过处分;情节严重的,给予留校察看或者开除学籍处分。

(三) 在校内进行宗教活动,经教育不改的,给予警告以上直至记过处分;情节严重的,给予留校察看或者开除学籍处分。

(四) 将枪支、弹药或者易燃、易爆、有毒、有害等危险品擅自带入学校或者带出实验室、仓库等规定保管场所，造成严重公共安全隐患的，给予严重警告或者记过处分；情节严重的，给予留校察看或者开除学籍处分。

（五）在重点防火单位或场所擅自使用明火，造成严重公共安全隐患的，给予严重警告或者记过处分；情节严重的，给予留校察看或者开除学籍处分。

第三条 对寻衅滋事、打架斗殴致人人身伤害者，视情节轻重给予以下处分，同时肇事者应当赔偿经济损失并承担受害者医疗及其他必要费用：

（一）殴打他人或互殴，尚未致伤者，给予严重警告处分；致他人轻微伤者，给予记过处分；致他人轻伤者，给予留校察看处分；致他人重伤者，给予开除学籍处分；挑起事端或先行动手者从重处分，正当防卫或被迫还击者，视情节减轻或者免除处分。

（二）结伙斗殴或勾结校外人员结伙斗殴者，参照本条第一款加重处分；为首者，给予留校察看直至开除学籍处分。

（三）故意为他人打架提供凶器，未造成伤害者，给予记过以上处分；造成伤害者，给予留校察看直至开除学籍处分。

（四）怂恿、挑唆、用言词侮辱或其他方式触犯他人，引起事端或激化矛盾，未造成打架后果者，给予警告处分；造成打架后果者，参照本条第一款给予相应处分。

（五）以"劝架"为名，偏袒一方，促使事态扩大或造成伤害者，给予严重警告以上直至开除学籍处分。

（六）在调查处理打架事件过程中，故意提供伪证，妨碍调查处理工作正常进行者，给予警告以上直至开除学籍处分。

第四条 谩骂、侮辱或者诽谤他人，造成不良影响的，给予警告或者严重警告处分；情节严重的，给予记过以上直至留校察看处分。

第五条 用信函、电话或电子邮件等手段或者直接恐吓、威胁他人，干扰他人正常生活的，给予警告或者严重警告处分；情节严重的，给予记过以上直至留校察看处分。

第六条 通过不当肢体行为、语言、文字、影像、图片、电子信息及其他行为或方式对他人进行骚扰的，视情节轻重给予警告以上直至开除学籍处分。

第七条 隐匿、毁弃、非法占有或者非法处理他人或组织的通知、邮件或电子邮件，给予警告或者严重警告处分；给他人或者组织造成较大损失的，给予记过处分；情节严重的，给予留校察看或者开除学籍处分。

第八条 偷窃、勒索、诈骗、冒领、侵占国家、集体和他人财物者，除追回赃款、赃物或赔偿损失外，视情节轻重给予以下处分：

（一）有盗窃、勒索、诈骗、冒领、侵占行为者，根据国家相关法规，给予警告以上直至开除学籍处分。

（二）偷窃公章、保密文件、档案等物品者，视情节轻重给予留校察看或者开除学籍处分。

（三）盗用他人（含单位）账号或各类通讯卡账号和密码者，给予记过处分；情节严重的，给予留校察看或者开除学籍处分。

（四）拾物不还、非法占有遗失物，视情节轻重给予警告以上直至记过处分。

（五）为作案者望风，提供信息、作案工具或进行掩盖、窝赃等，可以比照作案者处理。

（六）共同作案的，区分责任，一并处理。

第九条 故意隐匿、毁弃、破坏公私财产的，给予警告或者严重警告处分；情节严重的，给予记过以上直至开除学籍处分。

第十条 有下列情形之一的，给予严重警告或者记过处分；情节严重的，给予留校察看或者开除学籍处分：

（一）故意损毁、破坏校园公共建筑、集体宿舍或者公共设施的。

（二）未经批准，对校园公共建筑、集体宿舍或者公共设施私自改造、装修的。

第十一条 故意损毁、破坏校园广播电视、电话、网络等通信线路或者设备的，给予记过处分；情节严重的，给予留校察看或者开除学籍处分。

第十二条 违反实验、实习操作规程，违反学校有关防火、消防规定，由于过失，给国家、学校或者他人财产造成损失的，给予警告或者严重警告处分；情节严重的，给予记过或者留校察看处分。

第十三条 有下列情形之一的，给予严重警告或者记过处分；情节严重的，给予留校察看或者开除学籍处分：

（一）未经许可，私自转让、许可使用学校或他人知识产权的。

（二）违反保密规定，泄露学校科技成果，包括技术秘密的。

（三）有其他违反学校有关知识产权规定的行为，使学校权益受到损失的。

第十四条 学生在考试（含考查、测验等）时有下列情形之一者，为考试违规行为，视情节轻重给予警告或者严重警告处分：

（一）未经允许携带书籍、笔记等资料，或者草稿纸、答题纸，或者计算器、电子辞典等辅助器具，或者手机、对讲机等通信工具，至发卷时仍未按要求放到指定位置的，给予警告处分。

（二）考试中东张西望，企图偷看他人试卷，经当场警告不改者，给予警告处分。

（三）开卷考试中未经监考人员允许借用他人的书、笔记、资料、计算器等物品，经当场警告不改者，给予警告处分。

（四）闭卷考试开始后，学生桌内、座位旁有与考试内容相关的书、笔记、讲义、复习材料等物品，但尚未抄看者，给予严重警告处分。

（五）闭卷考试开始后，学生利用自带用品夹带与考试内容有关的笔记、复习材料、纸条，但尚未抄看者，给予严重警告处分。

（六）偷看他人试卷或草稿纸者，给予严重警告处分。

（七）考试中交头接耳说话者，视情节轻重给予警告或者严重警告处分。

（八）他人强拿自己的答卷或草稿纸却未加拒绝者，视情节轻重给予警告或者严重警告处分。

（九）用某种示意、动作互相传递有关考试信息者，视情节轻重给予警告或者严重警告处分。

（十）交卷后仍在考场逗留或在考场附近高声喧哗，经当场警告不改者，视情节轻重给予警告或者严重警告处分。

（十一）有其他违反考试纪律的行为，影响考试秩序的，视情节轻重给予警告或者严重警告处分。

第十五条 学生在考试(含考查、测验等)时有下列情况之一者,为考试作弊行为,视情节轻重给予记过或留校察看处分:

(一) 闭卷考试开始后,被监考人员发现抄看桌内、座位旁与考试内容相关的书、笔记、讲义、复习材料等物品者。

(二) 闭卷考试开始后,被监考人员发现抄看利用自带用品夹带的与考试内容有关的笔记、复习材料、纸条者。

(三) 闭卷考试开始后,被监考人员发现桌面上放有与考试内容相关的书、笔记、讲义、复习材料等物品,或者在桌面、身上等处写有与考试课程相关内容者。

(四) 在允许使用的工具书上写有与考试相关的内容或夹带与考试相关材料者。

(五) 强拿他人试卷或草稿纸者。

(六) 把答卷或有字迹的草稿纸移向邻座或竖起,为他人提供偷看机会者。

(七) 抄袭他人试卷或草稿纸者。

(八) 考试中直接或以借用工具书、文具、计算器等方式传接试卷、答卷或纸条者。

(九) 考试中未经允许使用电子辞典或其他有文字存储功能的电子设备者。

(十) 考试过程中,利用上厕所等机会在考场外偷看有关考试内容的资料或与他人交谈有关考试内容者。

(十一) 其他有违考场规则构成作弊行为者。

第十六条 学生在考试(含考查、测验等)时有下列情况之一者,为严重作弊行为,给予开除学籍处分:

(一) 由他人代考者。

(二) 替他人考试者。

(三) 使用通信设备作弊者。

(四) 组织作弊者。

(五) 其他作弊行为严重者。

第十七条 盗窃、故意隐匿、毁弃或者破坏试卷、答卷的,给予留校察看或者开除学籍处分。

第十八条 以央求、送礼、请客、威胁等手段要求老师提高分数、加分或隐瞒违纪作弊事实者,视情节轻重给予记过以上直至开除学籍处分。

第十九条 考试时作弊未被发现,事后查出者,按本规定相应条款予以处分。

第二十条 因考试违规受到处分后,考试作弊或再次考试违规者加重处分;因考试作弊受到处分后,再次考试作弊者,给予开除学籍处分。

第二十一条 发布代考、代写论文以及买卖论文、作业等信息的或者有其他扰乱学校教学秩序、损害校风学风行为的,对情节轻微的给予警告或严重警告处分,对情节严重的给予记过或者留校察看处分。

第二十二条 有剽窃、抄袭或者伪造实验数据、计算结果等学术不端行为的,给予记过或者留校察看处分;情节严重的,给予开除学籍处分。

对学术不端行为的认定,以学术委员会等学术权威组织的认定为处理依据。

第二十三条 涂改、伪造成绩单、签字、印章、推荐信或者其他有关学业、学术水平证明的，给予留校察看或者开除学籍处分。

第二十四条 在课堂、实验等教学活动中，有使用手机等通讯设备或者有频繁出入课堂、大声喧哗等影响教学秩序的行为，经劝阻无效的，给予警告或者严重警告处分；情节严重的，给予记过处分。

第二十五条 未经批准擅自缺课，一学期内缺课累计达 20 学时的，给予警告处分；累计达 21～30 学时的，给予严重警告处分；累计达 31～40 学时的，给予记过处分；累计达 41 学时以上的，给予留校察看以上直至开除学籍处分。

按周计算的实践环节每天按 5 学时计算。

第二十六条 未经批准擅自离校或者请假逾期不归，连续 1～3 天的给予通报批评，连续 4～5 天的，给予警告处分；连续 6～7 天的，给予严重警告处分；连续 8～9 天的，给予记过处分；连续 10 天以上的，给予留校察看以上直至开除学籍处分。

连续天数的计算中不计法定节假日。

第二十七条 因请假逾期不归或擅自离校受到处分不予改正，再次违反的，原受记过及以下处分者，给予留校察看处分；原受留校察看处分者，可给予开除学籍处分。

第二十八条 扰乱公共场所(包括集体宿舍)管理秩序的，分别处理如下：

(一) 有喧哗或者有使用音响器材，音量过大等扰乱管理秩序行为，经劝阻无效的，给予警告或严重警告处分；情节严重的，给予记过处分。

(二) 有酗酒、哄闹、故意摔砸敲打各种物品、设施等扰乱管理秩序行为的，给予严重警告或者记过处分；情节严重的，给予留校察看或者开除学籍处分。

(三) 有乱涂画、乱张贴、乱挂放等故意破坏环境卫生行为的，给予警告或者严重警告处分；情节严重的，给予记过或者留校察看处分。

第二十九条 违反学生社区管理有关规定，扰乱学生社区管理、生活秩序者，除赔偿损失外，视情节轻重给予如下处分：

(一) 将钥匙借给非本宿舍人员使用造成公共或他人财产损失的，给予警告或者严重警告处分。

(二) 未经学生社区管理部门批准私自调换宿舍，经教育不改的，给予警告或者严重警告处分。

(三) 扰乱宿舍管理秩序，对其他人的正常学习、生活造成影响，经批评教育不改者，给予警告或者严重警告处分。

(四) 未经批准私自更换宿舍门锁造成后果的，给予严重警告或者记过处分。

(五) 出租学生宿舍或者宿舍床位者，给予警告或者严重警告处分。

(六) 未经批准，留宿非本宿舍同性人员，对未造成不良后果者，给予警告或者严重警告以上处分；对造成不良后果者，给予记过或者留校察看处分。

(七) 在集体宿舍留宿异性或在异性集体宿舍留宿者，视情节轻重给予记过或者留校察看处分。

(八) 未经批准，私自租房居住，经劝阻不改者，给予警告以上直至记过处分。

(九) 违章用电或者违章使用电器，经教育不改的，给予警告或者严重警告处分；因私拉电线，使用违章电器导致火灾险情的，给予记过处分；情节严重的，给予留校察看处分。

（十）其他违反学生宿舍管理规定的行为，给予警告以上直至留校察看处分。

第三十条 违反国家、学校网络管理规定，扰乱网络管理秩序，视情节轻重给予下列处分：

（一）私自提供网络服务，发展网络用户，为他人提供网络接口者给予警告或严重警告处分；情节严重的，给予记过或者留校察看处分。

（二）将自己的BBS账号或邮箱地址借给他人使用或者由于个人密码保管不善被他人利用，造成不良后果的，给予警告或者严重警告处分；情节严重的，给予记过处分。

（三）未经允许，修改、移动、破坏、复制、下载他人、组织的计算机等设备中的文件等信息，依据所造成的损失，给予警告或者严重警告处分；情节严重的，给予记过或者留校察看处分。

（四）制造、故意传播和应用计算机病毒，或者非法侵入他人、组织的计算机等设备系统，依据所造成的损失，给予严重警告或者记过处分；情节严重的，给予留校察看或者开除学籍处分。

（五）未经允许提供网络服务，或者盗用他人、组织的账号、密码，造成不良影响的，给予警告或者严重警告处分；情节严重的，给予记过或者留校察看处分。

（六）在各种网络论坛发布违反宪法、反对四项基本原则、破坏安定团结、扰乱社会秩序的言论，视情节轻重，给予警告以上直至开除学籍处分。

第三十一条 违反学生业余活动管理规定或社团协会管理规定的，分别处理如下：

（一）组织、成立、加入非法社会团体或非法组织、邪教组织，开展非法活动的，对策划者、组织者和骨干分子，给予留校察看或者开除学籍处分；对其他参加人员，视情节轻重给予警告至留校察看处分；学生团体邀请校外组织、人员到校举办讲座等活动，未经学校批准，视情节轻重可给予负责人和组织者警告至留校察看处分。

（二）违反学生团体管理的有关规定，组织成立未曾登记注册或未经批准的学生团体并开展活动，出版刊物，或以合法学生团体的名义开展非法活动，或有其他违反学校学生团体管理规定并造成严重后果的行为，视情节轻重给予警告以上直至开除学籍处分。

（三）未经审批擅自组织募捐、接收赞助、收取活动经费或会费的，造成不良影响的，对组织者或学生团体直接负责人给予警告或者严重警告处分；给学生身心健康或者经济上造成较大损害的，给予记过处分；情节严重的，给予留校察看或者开除学籍处分。

第三十二条 有下列行为之一的，视情节轻重分别处理如下：

（一）妨碍学校有关人员执行公务的，给予警告或者严重警告处分；情节严重的，给予记过或者留校察看处分。

（二）违反学校保密工作规定，造成不良影响的，给予警告或者严重警告处分；情节严重的，给予记过或者留校察看处分。

（三）在违纪事件处理过程中故意作伪证或故意给调查造成困难的，给予警告或者严重警告处分。

（四）弄虚作假，谎报家庭经济状况，骗领奖助学金、困难补助、贷学金或助学贷款的，给予警告或者严重警告处分。

（五）转借学生证等证件，造成财产损失或者不良影响的，给予警告或严重警告处分；情节严重的，给予记过处分或者留校察看处分。

（六）盗用、涂改、伪造学生证等证件或其他证明性文件的，给予严重警告或者记过处分；情节严重的，给予留校察看或者开除学籍处分。

（七）违反校园交通管理规定，造成不良影响的，给予警告或严重警告处分；情节严重的，给予记过处分或者留校察看处分。

（八）擅自散发未经登记、审批的宣传品、印刷品的，造成不良影响的，给予警告或者严重警告处分；其中具有违禁、非法内容、人身攻击、造谣惑众等严重情节的，给予记过或者留校察看处分。

（九）使用学校提供的宿舍、电话、电子邮件或者校园网络等教育资源，从事个人商业活动，造成不良影响并经教育不改的，给予警告或者严重警告处分；情节严重的，给予记过或者留校察看处分。

第三十三条 有下列行为的，视情节轻重分别处理如下：

（一）制作、传播、出租淫秽文章、书刊、图片、音像、网页、网站等淫秽物品，或者非法书刊、音像等资料的，给予严重警告或者记过处分；情节严重的，给予留校察看或者开除学籍处分；传看、传阅淫秽文章、书刊、图片、音像、网页、网站等淫秽物品，经教育不改的，给予警告或者严重警告处分；情节严重的，给予记过或者留校察看处分。

（二）参与赌博或者明知赌博而提供赌具或场所的，给予严重警告或者记过处分；其中有聚众赌博、屡次赌博或者勾结校外人员赌博等严重情节的，给予留校察看或者开除学籍处分。

（三）吸食毒品者，给予记过或者留校察看处分；情节严重的，给予开除学籍处分。

（四）有卖淫、嫖娼、提供性服务等行为的，给予开除学籍处分。

（五）恶意违约，不履行承诺，造成不良影响的，给予警告或者严重警告处分；情节严重的，给予记过或者留校察看处分。

（六）参与非法传销的，给予警告或者严重警告处分；情节严重的，给予记过或者留校察看处分。

（七）有其他违反社会公德或者违法行为，损害大学生形象，造成不良影响的，给予警告或者严重警告处分；情节严重的，给予记过或者留校察看处分。

第三十四条 有下列侵权或者损害学校声誉行为之一的，给予警告或者严重警告处分；情节严重的，给予记过或者留校察看处分：

（一）在个人的商业活动中，公开在招牌、广告、海报、文件等有关宣传材料上未经允许使用学校的名称或者标识的。

（二）擅自代表学校、院系等机构或者学生组织等名义对外发布公告、新闻，或者做出不负责任承诺的。

（三）擅自代表学校、院系等机构或者学生组织等名义在社会上参加活动的。

（四）有其他损害学校声誉的行为，造成不良影响的。

第三十五条 本实施细则中所述给予处分中有“以上”者均含本级处分在内。

第三十六条 本实施细则由学生工作处负责解释，自 2017 年 9 月 1 日起施行。原《中国科学技术大学学生违纪处分实施细则(试行)》(校学字〔2007〕23号)同时废止。

中国科学技术大学国家助学贷款实施细则

(校学字〔2017〕153号,2017年8月22日)

第一章　总　　则

第一条　为切实做好我校国家助学贷款工作,根据财政部、教育部、中国人民银行、银监会有关文件规定,结合我校具体实际,特制定本细则。

第二条　本细则所指国家助学贷款是指经办银行向借款人发放的由中央财政贴息、用于借款人在大学就读期间所需学费、住宿费和生活费的校园地助学贷款。

第三条　本细则所称经办银行是指中国银行股份有限公司合肥南城支行;借款人是指我校符合贷款申请条件的学生。

第二章　国家助学贷款的组织与管理

第四条　学校学生资助管理中心(挂靠学生处)负责全校国家助学贷款的组织与实施,其工作包括:制定国家助学贷款实施细则与操作办法,开展宣传培训,资格审定,材料初审,合同签订,数据信息采集和信息沟通等;按期向教育部全国学生资助管理中心申报年度贷款额度计划;向主管部门报告助学贷款工作情况;协助经办银行进行助学贷款发放、催收等工作,及时向经办银行提供贷款学生的变动情况。

第五条　各院、系和直属单位协助学生资助管理中心做好国家助学贷款工作,并在借款学生毕业、转学、升学、退学、休学、停学等学籍变动情况发生前,认真协助学生资助管理中心办理借款确认、偿还或合同变更等手续。

第三章　申请国家助学贷款的对象与条件

第六条　申请国家助学贷款的对象为家庭经济困难的全日制统招本科生、研究生。不包括代培、定向、委培研究生和全额奖学金获得者。

第七条　申请国家助学贷款的学生须具备下列基本条件:

1. 具有中华人民共和国国籍,且持有中华人民共和国居民身份证;

2. 具有完全民事行为能力的自然人(未成年人须由其法定监护人出具书面同意贷款的确认书);

3. 诚实守信,遵纪守法,无违法违纪行为;学习刻苦,成绩合格;无不良诚信记录;

4. 因家庭经济困难,在校期间所能获得的收入不足以支付完成学业所需基本费用(包括学费、住宿费、基本生活费)。

第四章　国家助学贷款的额度、期限、利率与贴息方式

第八条　国家助学贷款只能用于支付借款人在校期间产生的学费、住宿费和基本生活费，全日制普通本科学生每人每年申请贷款额度不超过8000元；全日制研究生每人每年申请贷款额度不超过12000元。

第九条　国家助学贷款的期限从借款人签订借款合同之日起计算，到偿还全部本息，一般不能超过20年，其中包括在校学习的时间和毕业后的还款时间。

第十条　国家助学贷款实行一次申请、一次授信、一次签约、分期发放的方式，即借款人应一次性申请在校期间每年所需要的贷款，经办银行分年度向借款人发放各年度的贷款。

第十一条　国家助学贷款利率执行中国人民银行同期公布的同档次基准利率，不上浮。借款学生在读期间的贷款利息由财政全额补贴。借款学生毕业后产生的贷款利息及罚息由借款人本人全额支付。处于还款期内的借款学生毕业后继续攻读学位的，经过中心审核，报经办银行确认后，继续攻读学位期间发生的贷款利息，由原贴息财政部门继续全额贴息。借款学生在校期间因患病等原因休学的，应向学生资助管理中心提供书面证明，由学生资助管理中心向经办银行提出贴息申请，银行审核通过后，休学期间的贷款利息由财政全额贴息。

第五章　国家助学贷款申请程序

第十二条　我校国家助学贷款的办理流程如下：

1. 网上申请：申请人应在每年9月1日至9月10日登录学校学工一体化系统网站（网址：http://xgyth.ustc.edu.cn），在线提交本人助学贷款申请信息；

2. 院系初审：学生资助管理中心对申请人信息进行汇总整理，并提交院系进行资格初审，院系在一周内完成资格审核，将审核名单与意见提交学生资助管理中心初审；

3. 学校初审：学生资助管理中心在一周内对院系通过初审的申请人名单进行审核确认，将符合条件的申请学生电子信息送银行初审；

4. 银行初审：银行在完成初审后，根据申请学生人数发放书面申请材料；

5. 书面申请：学生资助管理中心收到银行书面材料后，统一组织指导学生填写提交材料，申请人应同时提交以下资料：

① 国家助学贷款申请表；

② 申请人家庭所在乡（镇）或街道民政部门（教育部门）盖章的家庭经济困难证明（或家庭经济情况调查表）；

③ 申请人身份证复印件一份；

④ 申请人学生证复印件一份（新生可用录取通知书复印件代替）；

⑤ 父母或其他法定监护人的身份证复印件一份；

⑥ 年龄不满18岁者，须提供法定监护人同意申请贷款的书面证明；

⑦ 申请人在贷款经办银行开立的借记卡复印件一份。

6. 院系审核:学生在一周内将填写好的《国家助学贷款申请审批表》提交院系进行审核,经班主任签字,院系盖章后,将《国家助学贷款申请审批表》及全套附件材料以班级为单位交学生资助管理中心审核;

7. 学校审核、公示:学生资助管理中心在 2 周时间内对申请人提交的资料和申请人的资格进行复审,并将复审通过名单在全校范围内公示 5 天;

8. 银行审核、签订借款合同:银行对提交的申请人资料进行审核,与申请人签订借款合同,贷款申请手续办理完毕,借款合同生效。

第六章　国家助学贷款的发放与偿还

第十三条　贷款的发放。

经办银行在签署借款合同后,将当年的贷款发放到学校指定的账户,经学校确认并授权后,将学生所欠缴学杂费代扣。以后各年的贷款,银行在确认学生学籍后于每年 9 月至 10 月按合同约定发放。

第十四条　贷款的偿还。

1. 还款协议签订:借款人毕业离校前,学校将组织借款人与中国银行办理还款确认手续,手续包括:填写贷款确认书,制订还款计划,签订还款协议等。借款人不办理上述手续,学校不予办理离校手续。借款人毕业到新的单位后,应如实填写《中国银行国家助学贷款联系方式确认函》,并在毕业后一个月内通过电子邮件或书面提交经办银行和学校学生资助管理中心。借款人工作或学习单位发生变化时,要及时将自己最新联系电话和通信地址告诉经办银行和学生资助管理中心,或者到学校学生工作一体化系统更新自己的单位信息和联系方式。

2. 偿还方式:借款人可以根据还款协议分月还款,根据还款协议每月只还利息,不还本金,从毕业后的第二年或第三年开始偿还贷款本金和利息,要求每月初将还款存入银行确认的本人账户。还款期内也可选择一次性偿还或分笔偿还,将还款存入个人账户,本人通过中行网银完成操作。毕业前一定要检查确认自己原贷款账户是否有效,是否开通网银,如果无法顺利还款,将会造成逾期,留下不良信用记录。

第七章　国家助学贷款的展期与终止

第十五条　贷款的展期。

借款人本科毕业后继续攻读研究生或硕士毕业后继续攻读博士(含转博)者可申请办理贷款展期。借款人应在毕业前向原所在学校递交贷款展期贴息申请,并提供录取通知书或相关证明,由学校审核通过后,由经办银行为其办理展期手续,重新签订还款协议。贷款展期后,累积期限达到新的利率期限档次的,从展期之日起,按新的期限利率执行。继续攻读学位的借款学生贷款展期期间的利息,由财政部门继续按我校在校生实施贴息。

第十六条　贷款的终止。

借款人在学校期间发生退学、转学、非因病休学、被取消学籍等情况的,借款学生应主动告知经办银行，由银行为借款人办理相关手续，自办理手续之日的下月 1 日起，终止贷款财政贴息，改由学生本人支付利息，银行可采取提前收回贷款本息措施。

第八章　国家助学贷款的代偿资助

第十七条　基层就业贷款代偿。

对中央部门所属全日制普通高等学校应届毕业生，自愿到中西部地区和艰苦边远地区基层单位就业、服务期达到 3 年以上（含 3 年）的，实施学费补偿或国家助学贷款代偿。补偿代偿金额根据毕业生在校期间每年实际缴纳的学费或获得的国家助学贷款确定，本科生每人每年不高于 8000 元。研究生每人每年最高不超过 12000 元。每年补偿或代偿总额的 1/3，分 3 年补偿代偿完毕。地方高校毕业生学费补偿贷款代偿由各地参照中央政策制定执行。该项资助必须在毕业当年 12 月 20 日之前申请有效。具体办理程序请参阅《财政部、教育部关于印发〈高等学校毕业生学费和国家助学贷款代偿暂行办法〉的通知》（财教〔2009〕15 号），或向学生资助管理中心咨询。

第十八条　应征入伍服义务兵的贷款代偿。

对应征入伍服义务兵役的高等学校在校生及毕业生在校期间缴纳的学费或获得的国家助学贷款实施一次性补偿或代偿，对退役后复学的高校在校生（含高校新生）实行学费减免。补偿代偿金额根据学生在校期间每年实际缴纳的学费或获得的国家助学贷款确定，本科生每人每年不高于 8000 元。研究生每人每年最高不超过 12000 元。退役复学学费减免金额按照实际收取学费确定，具体办理程序请参阅《高等学校学生应征入伍服义务兵役国家资助办法》的通知（财教〔2013〕236 号）或向学生资助管理中心咨询。

第十九条　直招士官的贷款代偿。

对直接招收为士官的高等学校学生，入伍时对其在校期间缴纳的学费实行一次性补偿或获得的国家助学贷款实行代偿，补偿代偿金额根据毕业生在校期间每年实际缴纳的学费或获得的国家助学贷款确定，本科生每人每年不高于 8000 元，研究生每人每年不高于 12000 元。具体请参阅《关于对直接招收为士官的高等学校学生施行国家资助的通知》（财教〔2015〕462 号）或向学生资助管理中心咨询。

第九章　附　　则

第二十条　本办法由学生资助管理中心负责解释。

第二十一条　本办法自印发之日起施行，原《中国科学技术大学国家助学贷款实施细则》同时废止。

中国科学技术大学本科生学籍管理实施细则

（校教字〔2017〕170号，2017年8月23日）

为了坚持社会主义办学方向，坚持马克思主义的指导地位，全面贯彻党的教育方针，坚持立德树人，维护学校正常的教学秩序，规范教学过程管理，促进学生全面发展，培养学生的创新精神和实践能力，培养德、智、体、美等方面全面发展的社会主义建设者和接班人，依据教育部《普通高等学校学生管理规定》（教育部令第41号），结合我校本科教学的实际情况，特制定本实施细则。

第一章 入学与注册

第一条 新生持“中国科学技术大学录取通知书”和学校规定的有关证件，按期到校办理入学报到手续。因故不能按期到校者，应凭有关证明向学校请假，假期一般不得超过两周。未请假或者请假逾期的，除因不可抗力等正当事由以外，视为放弃入学资格。

第二条 学校在报到时对新生入学资格进行初步审查，审查合格的办理入学手续，予以注册学籍；审查发现新生的录取通知、考生信息等证明材料，与本人实际情况不符，或者有其他违反国家招生考试规定情形的，取消入学资格。

第三条 学生入学后，学校在三个月内按照国家招生规定进行复查。

复查中发现学生存在弄虚作假、徇私舞弊等情形的，确定为复查不合格，取消其学籍；情节严重的，移交有关部门调查处理。

复查中发现学生身心状况不适宜在校学习，经学校指定的二级甲等以上（含二级甲等）医院诊断，证明其在一年内可治愈并达到入学体检标准的，可由本人申请，学生工作处批准，保留其入学资格一年。保留入学资格的新生应在规定期限内办理离校手续，回家治疗。保留入学资格者不具有学籍，不享受在校生和休学生待遇，治疗期间的医疗费用自理。保留入学资格未按期离校者，不再保留入学资格。保留入学资格期满者，经二级甲等以上（含二级甲等）医院诊断证明病愈，必须在下学年开学前向学生工作处提交入学申请，凭学生工作处通知，按时到学校指定医院进行审查，审查合格，即可以当年新生身份办理入学手续。审查不合格的，取消入学资格；逾期不办理入学手续且未有因不可抗力延迟等正当理由的，视为放弃入学资格。

第四条 学校实行三学期制，每学年分秋、春、夏三个学期。学生须在春、秋季学期开学办理注册手续。学生在秋季学期开学时须缴齐本学年费用，缴费后方予以注册。家庭经济困难的学生可以申请助学贷款或者其他形式资助，办理有关手续后注册。学校按照国家有关规定为家庭经济困难学生提供教育救助，为申请助学贷款的学生办理有关手续。

因故不能按期注册者，必须履行请假手续，否则按违反学习纪律处理。对不请假或超过假期者均按旷课处理。未经请假逾期两周不注册的，视为放弃学籍，按自动退学处理。

第二章　学制、学习年限与学费

第五条　我校本科生标准学制为4年，弹性学习年限为3～6年。学生可以申请提前一年毕业或延长学习年限，但在校最长学习年限不得超过6年。

（一）学生休学、个性化学习时间均计入在校学习年限。

（二）新生和在校学生应征参加中国人民解放军（含中国人民武装警察部队），学校保留其入学资格或者学籍至退役后2年，其服役时间不计入在校学习年限。

第六条　学生应按规定及时缴纳学费及相关费用。学生在学制年限内，按入学时确定的标准缴纳学费，学制年限外，按延长年的学费标准缴纳学费。具体收费政策与标准见相关文件。

第三章　请假与考勤

第七条　学生应自觉遵守学习纪律，按要求参加教学计划规定和学校统一安排的活动。上课不迟到、不早退。学生上课或参加实验、实习、设计（论文）与规定参加的会议等，都应实行考勤。

第八条　因病或其他原因不能上课或参加教学活动者，应事先办理请假手续。凡未经请假或超过假期者，以旷课论处。对旷课学生，根据旷课时间多少、情节轻重及其检查态度，给予批评教育，直至纪律处分。

第九条　对于学校按教学计划规定的军事训练、实习等，学生无故不参加者，每天按旷课五学时计。

第十条　学生请假三日以内，由班主任签署意见后报所在学院学生管理负责人审批；超过三日由教学院长审批。事假一般不得超过两周。因病请假应提交学校指定医院开具的、经校医院审核批准的病假单。

第十一条　学生请假期满应及时办理销假手续。如请假期满仍不能回校学习，应按照上述规定办理续假手续并附有关证明，否则按违反学习纪律处理。

第十二条　未办理请假手续或请假未获批准而擅自离校两周以上者，按自动退学处理，取消其学籍。

第四章　课 程 修 读

第十三条　个性化学习。

（一）一般情况下，学生应根据所修专业的培养目标与毕业要求，参照所修专业指导性学习计划修读课程。学生也可在院系及学业指导中心专家指导下根据自己的个人潜力和学术兴趣制定个性化学习方案，提前修读或“缓修”部分课程。

（二）学生修读课程应遵从知识积累的科学规律，有预修课程的应先修读预修课程，未修读预修课程或虽修读但成绩未合格者，不能选修后续课程。

（三）学生每学期个性化学习计划中的课程总量应不超过30学分。一、二年级的春、秋季学期，学生个性化学习计划中的课程总量每学期应不少于20学分。三年级的春、秋季学期，学生个性化学习计划中的课程总量每学期应不少于15学分。

第十四条 学生必须按规定参加选课。未经注册选修的课程，不得参加课程考核，不给学分、不记成绩。选课后未在规定时间内正式办理退课手续而不参加课程学习或考核者，该课程成绩按“旷考”记载。学生可依据中国科学技术大学本科生课程修读管理的相关规定进行选、退课操作。

第十五条 学生可以根据个人情况，依据中国科学技术大学本科生课程修读管理的相关规定申请免修、免听部分课程。

第十六条 学生在修读主修专业课程的同时，可根据中国科学技术大学本科生双学位及辅修专业修读管理办法，申请跨学科修读双学位或跨专业修读辅修专业课程。

第十七条 课程重修

学生可以根据中国科学技术大学本科生补考和重修的管理规定，申请重新修读课程。

第十八条 放弃课程修读

学生在因特殊原因造成学习困难、无法完成学习时，可以根据中国科学技术大学本科生课程修读的管理规定，申请放弃部分选修类课程的修读。

第五章 课程考核

第十九条 考核分为考试和考查两种。考核可采用笔试（闭卷、开卷或半开卷）、口试或做论文等方式进行，由主讲教师自主确定。

第二十条 主讲教师可根据课程性质确定考勤方式。凡实行考勤的课程，无故缺课累计超过三次以上（含三次）者，该课程的平时成绩记为0分。

第二十一条 缓考。

（一）学生因病、遇到意外事故或因参加学校组织的交流学习活动不能参加考试，须于考前书面请假，提交学校指定医院开具的、经校医院审核批准的病假单或有关证明，经班主任签字，送院教学办公室报教学院长批准后，可以缓考。

（二）缓考学生可以根据中国科学技术大学补考和重修的管理规定申请“补考”或“重修”。

第二十二条 补考。

学生所修课程的考核不合格，可根据中国科学技术大学补考和重修的管理规定申请“补考”或“重修”。

第六章 成绩记载

第二十三条 考试课程成绩由平时成绩（含期中考试、课堂讨论、测验、作业、论文、听课等）和期末考试成绩综合评定。考试成绩（包括期中考试成绩）一般占总成绩的50%～70%，其余按平时成绩（包括听课、完成作业以及课堂讨论情况和平时测验成绩）计算，具体比例由任课教师根据课程性质决定。

第二十四条 课程成绩根据学生平时听课、完成实验、实习、课外作业、课堂讨论情况以及平时测验和期中考试成绩综合评定。

第二十五条 各门课程最后确定的所有成绩中，优秀率(85 分及以上)不宜超过 40%。对于全校性通修课程，并采用统考方式考核的，以全校总体分布统计。

第二十六条 学生的成绩记载采用百分制与等级制(五等级制和二等级制)。

(一) 需要严格考核的通修课程、学科基础课程和专业课程采用百分制记载。百分制成绩，60 分以上(含 60 分)为及格，85 分以上(含 85 分)为优秀。

(二) 不宜精确考核的课程，如综合素质选修课程、实践类课程、部分人文社科类及部分专业选修课程等可采用五等级制记载。五等级制成绩记载为：A、B、C、D、F，其中 F 为不及格，A^- 以上(含 A^-)为优秀。

(三) 讲座类课程、部分实践类教学活动及其他不便用百分制和五等级制考核的课程，以及重在鼓励学生参与的教学活动可采用二等级制记载。二等级制成绩记载为“通过”“不通过”。

(四) 百分制与五等级制成绩记载方式的对应如下：

百分制	五等级制	学分绩点
100～95	A^+	4.3
94～90	A	4
89～85	A^-	3.7
84～82	B^+	3.3
81～78	B	3
77～75	B^-	2.7
74～72	C^+	2.3
71～68	C	2
67～65	C^-	1.7
64	D^+	1.5
63～61	D	1.3
60	D^-	1
<60	F	0

第二十七条 采用平均学分绩点(GPA)衡量学生的学习质量，GPA 的计算方法为

$$\text{GPA}=\frac{\sum \text{课程学分}\times\text{课程学分绩点}}{\sum \text{课程学分}}$$

(采用二等级制记载的课程成绩不参与 GPA 计算。)

第二十八条 学生按学校规定选修课程并参加所选课程所有教学环节的考核，考核无

论及格或通过与否，成绩均记入学生成绩档案。多次修读同一门课程的成绩均予以记载，并同时参与 GPA 计算。

第二十九条 学生可以根据校际间协议跨校修读课程，可以参加学校认可的开放式网络课程学习。学生修读的课程成绩（学分），学校审核同意后，予以转换和认定。

第三十条 学生参加创新创业、社会实践等活动以及发表论文、获得专利授权等与专业学习、学业要求相关的经历、成果，学校审核同意后，可以折算为学分，计入学业成绩。

第三十一条 学生在发生缓修、缓考、补考、重修、旷考、作弊等情况时，依据中国科学技术大学本科生成绩管理的相关规定进行成绩记载。

第三十二条 学生因退学等情况中止学业，其在校学习期间所修课程及已获得学分，予以记录。学生重新参加入学考试、符合录取条件，再次入学的，其已获得学分，经学校认定，可以予以承认。

第三十三条 学校开展学生诚信教育，记录学生学业、学术、品行等方面的诚信信息，建立对失信行为的约束和惩戒机制；对有严重失信行为的，给予相应的纪律处分，对违背学术诚信的，对其获得学位及学术称号、荣誉等作出限制。

第七章　转专业与转学

第三十四条 学生在学习期间对其他专业有兴趣和专长的，可以申请转专业；以特殊招生形式录取的学生，国家有相关规定或者录取前与学校有明确约定的，不得转专业。

第三十五条 学科专业确认。

按学科大类招生的院系进行学科内的专业确认，由相关学院组织进行，结果报送教务处进行学籍异动处理。

第三十六条 全校性专业选择。

学生在入学第一学年结束时可在全校范围内重新选择专业。学校在春季学期公布各专业的接收计划（遴选标准和具体要求由接收院系制订）。学生按个人兴趣进行申请，接收院系根据学生的学习兴趣、参照入学一年的成绩综合考虑，遴选录取。

第三十七条 中期分流。

学生在二年级可以参加由学校统一组织的部分学科专业的中期分流。春季学期，适合中期分流培养的学科专业申报中期分流计划，由教务处向学生统一公布，学生可以根据个人兴趣进行申请，由中期分流接收院系遴选录取。

第三十八条 转专业。

二年级学生可以在全校范围内申请转院系或修读专业，三年级学生可以在其修读院系内申请转修读专业，四年级学生可以申请调整专业方向。春季学期转院系（专业）的申请时间为第 14～16 教学周，秋季学期的申请时间为第 16～18 教学周。获准转专业的学生于下一学期进入新专业学习。

第三十九条 学生申请转院系未被录取时，可以在学业指导中心专家指导下，申请在学籍单位不变的情况下将修读专业调整为拟转专业，并且按照该专业的培养要求修读课程。毕业资格审核时若达到拟转专业的毕业标准，即可获得该专业的毕业证书。

第四十条 调整专业的学生在进行毕业资格审定时，按学生最终所修专业的培养计划要求执行。经批准缓修的课程，在调整专业后不再要求的，可以不再修读。

第四十一条 转学。

（一）学生因患病或者有特殊困难、特别需要，无法继续在本校学习或者不适应本校学习要求的，可以申请转学。其中患病学生需提供正规医院检查证明。特殊困难、特别需要一般指因家庭有特殊情况，确需学生本人就近照顾的，以及符合学校规定的其他情形。

（二）学生有下列情形之一，不得转学：

1. 入学未满一学期或者毕业前一年的；

2. 高考成绩低于拟转入学校相关专业同一生源地相应年份录取成绩的；

3. 由低学历层次转为高学历层次的；

4. 以定向就业招生录取的；

5. 无正当转学理由的。

（三）学生因学校培养条件改变等非本人原因需要转学的，学校应当出具证明，由安徽省教育厅协调转学到同层次学校。

（四）学生转学由学生本人提出申请，填写《学生转学处理审批表》说明理由，学校审核并提出意见。经学校和拟转入学校初步同意，由转入学校负责审核条件及相关证明，认为符合本校培养要求且学校有培养能力的，经校长工作会研究决定是否转入。

（五）符合转学条件的学生，须根据安徽省教育厅相关规定和要求，办理相应手续。

转入省内院校的，填写《普通高等学校转学（省内）学生备案表》一式四份，我校和拟转入学校签署同意意见后，两校分别留存一份，转入学校在规定时间内向安徽省教育厅备案一份，另有一份供学生迁转户口备用。

跨省转学的，填写《普通高等学校转学（省外）学生备案表》一式五份，我校和拟转入学校签署同意意见后，报安徽省教育厅，由安徽省教育厅商转入地省级教育行政部门，按转学条件确认后办理转学手续。两校分别留存一份，安徽省教育厅、转入地省级教育行政部门各留一份备案，另有一份供学生迁转户口备用。

（六）外校本科生申请转入我校学习，应严格依照本条第二款的规定。转学由学生本人提出申请，说明理由，经所在学校和我校同意，并审核转学条件及相关证明，认为符合我校培养要求，公示五个工作日无异议后，经分管校领导报校长工作会研究决定，可以转入。外校学生拟转入我校学习的转学程序和手续比照转出办理，在办完转学手续3个月内我校须向安徽省教育厅备案。

第八章　休学与复学

第四十二条 学生有下列情况之一者，经学校批准，应予休学：

（一）因病经学校指定医院诊断需停课治疗或休养，时间超过一学期1/3者；

（二）因某种特殊原因不能正常学习，学生本人申请或学校认为必须休学者。

第四十三条 申请休学者，须填写休学申请，经所在学院、教务处审核批准、发给休学证明后方可休学。学校认为必须休学者，由学生所在学院发给学生休学通知，并报教务处、学生工作处备案。

第四十四条 学生可以在春季学期第1～15教学周、秋季学期第1～17教学周申请休学，夏季学期不受理休学申请。

第四十五条 学生休学以一学期为期，春季学期第14～15教学周、秋季学期第16～17教学周申请休学的学生，应办理一学年（含当学期）休学手续。因病经学校批准可以延长，但累计不得超过两年。

第四十六条 学生因创业、自费短期出国留学、家庭特殊困难等原因需中途休学，经本人申请、家长签字，所在学院、教务处审核批准，可保留学籍休学。保留学籍休学与因病休学时间总计不得超过两年。

第四十七条 每学期第一周至第四周内办理休学手续者，不收取当学期学费；第五周至第十周内办理休学手续者退还当学期三分之二学费；第十一周至第十五周内办理休学手续者退还当学期三分之一学费；第十六周以后办理休学手续者，不退还当学期学费。

第四十八条 休学学生应在规定期限内办理相关手续后离校，不得参加学校的教学活动，否则按违纪处理，直至取消学籍。

第四十九条 学生休学期间，学校保留其学籍，学生不享受在校学习学生的待遇，学校不对其活动负责或承担责任。在休学学期间如有严重违法乱纪行为，则取消学籍。学生因病休学回家疗养期间的医疗费用，按有关规定办理。

第五十条 学生办理休学手续后，当学期所选修且未考核的课程记为“缓修”。复学后跟随下一年级学习。

第五十一条 学生休学期满，应于学期开学前持有关证明按下列规定办理复学手续：

（一）因病休学者需填写《复学申请表》，同时提交二级甲等以上（含二级甲等）医院开具的“病已痊愈可以正常学习”的证明，由学校指定医院进行复查，复查合格者经所在学院、教务处审核批准后方可复学。伪造诊断证明或复查不合格者不得复学。

（二）因其他原因休学者需填写《复学申请表》，同时提交相关证明，附家长签字的个人复学申请，并提供休学期间所在地街道（乡）政府或接收单位开具的行为表现证明，经所在学院、教务处审核批准后方可复学。

第五十二条 休学期满后两周之内不办理复学手续的学生，视为自动退学。

第五十三条 学生在保留入学资格或休学期间，不得报考其他学校。

第九章 学习警示与退学

第五十四条 学校于每年春、秋季开学补考后，对学生的学习状况进行清理。

第五十五条 学生有下列情况之一者，予以学习警示处理：

（一）当前所有课程不及格学分累计达到10学分以上（含10学分）者；

（二）上学期获得有效总学分低于15学分者。

第五十六条 对当前所有课程不及格学分累计低于6学分，且上学期获得总学分不低于15学分的警示期学生，予以解除学习警示处理。

第五十七条 学生有下列情况之一者，可予学业退学处理：

(一) 当前所有课程不及格学分累计达到 20 学分以上(含 20 学分)者;

(二) 上学期获得有效总学分低于 15 学分的警示期学生。

第五十八条 除学业原因之外,学生有下列情况之一者,可予退学处理:

(一) 休学、保留学籍期满,在学校规定期限内未提出复学申请或者申请复学经复查不合格的;

(二) 根据学校指定医院诊断,患有疾病或者意外伤残不能继续在校学习的;

(三) 未经批准连续两周未参加学校规定的教学活动的;

(四) 超过学校规定期限未注册而又未履行暂缓注册手续的;

(五) 学校规定的不能完成学业、应予退学的其他情形。

学生本人申请退学的,经学校审核同意后,办理退学手续。

第五十九条 对于达到学习警示的学生,院系向学生发放《学习警示通知书》,由院系教学负责人或学业指导中心专家指导学生以重修不及格课程为主制定切实可行的个性化学习方案。

第六十条 对于达到退学标准的学生,经合法性审查后,由分管校领导提交校长工作会研究决定。在对学生作出退学决定之前,学校应当告知学生作出决定的事实、理由及依据,并告知学生享有陈述和申辩的权利,听取学生的陈述和申辩。《退学通知书》由院系向学生发放,学生拒绝签收的,以留置方式送达;已离校的,采取邮寄方式送达;难于联系的,利用学校网站、新闻媒体等以公告方式送达。

第六十一条 学生对学校的处理决定有异议的,可以在接到学校处理决定书起 10 日内,按照中国科学技术大学学生申诉管理的规定,向学校学生申诉处理委员会提出书面申诉。

第六十二条 自处理或者复查决定书送达之日起,学生在申诉期内未提出申诉的视为放弃申诉,学校及相关部门不再受理其提出的申诉。

第六十三条 学生接到《退学通知书》或维持退学处理的《申诉结果通知书》后,应在规定时间内办理相关手续,逾期不办理者,作自动退学处理,学校自文件下发之日起注销其学籍。

第六十四条 退学学生的档案由学校退回其家庭所在地,户口按照国家相关规定迁回原户籍地或者家庭户籍所在地。

第十章 奖励与处分

第六十五条 对德、智、体全面发展或在某一方面成绩突出的学生,可授予优秀学生或其他荣誉称号,也可采取颁发奖学金、减免学费等方式给予鼓励和奖励。

第六十六条 对违反有关规定的学生,如未经批准擅自缺课、未经批准擅自离校或者请假逾期不归,学校将依据学生违纪处分条例,根据情节严重程度分别给予下列处分:1. 警告;2. 严重警告;3. 记过;4. 留校察看;5. 开除学籍。

第十一章 毕业、结业与肄业

第六十七条 毕业资格预审核。

(一) 学校对四年级学生在秋季学期开学四周内进行毕业资格预审核,完成所修专业指导性学习计划前三学年学习要求者,自动进入毕业年级。

(二) 若学生所获培养方案内有效学分与所修专业指导性学习计划前三学年学习要求相差大于 15 学分,原则上不能进入毕业年级,跟随下一年级安排学习计划。

第六十八条 提前毕业。

申请提前毕业的学生,应在三年级秋季学期开学两周内提出申请,由学院根据专业指导性学习计划进行审核,提前毕业的学生应至少完成培养计划要求课程的 85%以上,GPA 不低于 3.0,且其余课程和毕业论文可在一年内修读完成,由所在学院核准后,准予提前毕业,列入毕业年级,并缴纳相应学费。毕业资格审核时未达到毕业要求者,按结业或肄业离校。

第六十九条 学生在学校规定年限内,修满规定的学分,并达到修读专业培养方案的要求,准予毕业,发给毕业证书。符合学位授予条件者,授予学士学位。

第七十条 修读双学位的学生,满足主修专业学位授予条件且完成双学位专业培养方案要求者,授予双学位相应学科门类学士学位证书;选修辅修专业的学生,完成培养方案要求者,授予辅修专业证书。

第七十一条 学校对毕业年级学生在四年级春季学期开学四周内进行毕业资格审核,未达到毕业要求的按下列办法处理:

(一) 学生所获专业培养计划内的课程学分与专业培养计划规定的总学分(含毕业论文)相差小于等于 20 学分者,做结业处理;

(二) 学生所获专业培养计划内的课程学分与专业培养计划规定的总学分(含毕业论文)相差大于 20 学分者,可以申请延长学习年限。

第七十二条 结业学生在离校后至入校后 7 年内可申请回校以旁听方式重修课程(或补做毕业论文),修满学分,成绩合格,达到毕业要求者,可申请换发毕业证书,毕业时间按发证日期填写。逾期未修满课程学分或毕业论文答辩未通过者,发放结业证书。逾期不符合毕业要求或不申请换发毕业证书者,学校不再受理。

第七十三条 对于修满一年以上,所修培养计划内课程获得 30 学分以上(含 30 学分)的退学学生,发给肄业证书。对于自动退学、取消学籍和受纪律处分开除学籍的学生,发给学习证明。

第七十四条 学生对学校所颁发的毕业(学位)证书、结业证书、肄业证书等应妥善保存,如有遗失,不予补发。需证明学历的,经本人申请、所在单位和校档案馆证明,可发给相应的学历证明书。

第十二章 附 则

第七十五条 本实施细则与上级教育主管部门有关规定不一致的,以上级教育主管部门有关规定为准；涉及与国家法律相关的内容以国家法律为准。

第七十六条 本实施细则自 2017 年 9 月 1 日起施行，适用于所有在籍全日制本科学生。原《中国科学技术大学本科生学籍管理条例（试行）》（教字〔2013〕17 号）同时废止。其他有关文件与本规定不一致的，以本规定为准。

第七十七条 本实施细则由教务处负责解释。

中国科学技术大学研究生学籍管理实施细则

（校研字〔2017〕186 号，2017 年 9 月 4 日）

第一章　总　　则

第一条 为规范研究生学籍管理，维护学校正常的教育教学秩序，保障广大研究生合法权益，全面贯彻国家教育方针，培养德、智、体、美等方面全面发展的社会主义建设者和接班人，依据教育法、高等教育法、《普通高等学校学生管理规定》（教育部第 41 号令）以及《中国科学技术大学章程》，结合学校研究生教育具体情况，制定本规定。

第二章　入学与注册

第二条 按国家招生规定录取的研究生新生，持录取通知书，按学校要求办理入学手续。因故不能按期入学的，应当向学校请假。请假时间不得超过两周。未请假或请假逾期者，除因不可抗力等正当事由以外，视为放弃入学资格。

第三条 学校在报到时对新生入学资格进行初步审查，审查合格的办理入学手续，予以注册学籍；审查发现新生的录取通知、考生信息等证明材料，与本人实际情况不符，或者有其他违反国家招生考试规定情形的，取消入学资格。

第四条 新生可以申请保留入学资格。保留入学资格期间不具有学籍，不享受在校生待遇。除参军入伍外，申请保留入学资格每次时间不超过 1 年，累计时间不超过 2 年。

新生保留入学资格应提交《研究生保留入学资格申请表》，附事由证明材料，经导师、院系分管领导书面同意，报研究生院审批办理保留手续。因病保留入学资格者，应提交经学校指定的二级甲等以上医院（下同）诊断证明。

新生保留入学资格期满前应向学校申请入学，提交《研究生恢复入学资格申请表》，附事由证明材料，经导师、院系分管领导书面同意，报研究生院审批。因病保留入学资格者，应提交学校指定医院诊断证明。经学校审查合格的，办理入学手续。以学年为时间单位保留的，与下年新生同时入学。学校审查不合格的，取消入学资格；新生逾期不办理入学手续且未有因不可抗力延迟等正当理由的，视为放弃入学资格。

第五条 新生入学后，学校在 3 个月内按照国家招生规定进行复查。复查内容主要包括以下方面：

（一）录取手续及程序等是否合乎国家招生规定；

（二）所获得的录取资格是否真实、合乎相关规定；

（三）本人及身份证明与录取通知、考生档案等是否一致；

（四）身心健康状况是否符合报考专业或者专业类别体检要求，能否保证在校正常学习、生活；

（五）艺术、体育等特殊类型录取学生的专业水平是否符合录取要求。

复查中发现新生存在弄虚作假、徇私舞弊等情形的，确定为复查不合格，取消学籍；情节严重的，学校移交有关部门调查处理。

复查中发现新生身心状况不适宜在校学习，经学校指定医院诊断，需要在家休养的，可以按照第四条规定保留入学资格。

第六条 研究生在学期间，每学期开学时应当按学校规定办理注册手续，包括学期电子注册、研究生证注册。

第七条 学期电子注册是指学校通过研究生信息平台进行的电子注册管理。由研究生通过研究生信息平台申请，经导师或班主任在研究生信息平台上确认后完成。研究生以下情况均视为正常注册：

（一）到校学习；

（二）经学校批准出境学习或交流；

（三）经导师批准赴外地学习或交流；

（四）校外导师联合培养；

（五）按学校教学计划安排在外实习或学习；

（六）在职人员回原单位培养。

第八条 除以上情况外，研究生不能如期注册，从开学日起请假两周以内，本人通过研究生信息平台请假，导师或班主任在研究生信息平台上准假后生效。研究生按时返校，导师或班主任在研究生信息平台上销假后视为完成正常注册。

研究生不能如期注册，从开学日起请假两周以上或不满足其他注册必要条件，应当履行暂缓注册手续，提交《研究生暂缓注册申请表》，经导师或班主任、院系分管领导书面同意，交研究生院审批后生效。暂缓注册期间视为未注册，不享有在校生的各项待遇。

研究生有其他不符合注册条件的，不予注册。

第九条 处于保留入学资格、休学或保留学籍期间的研究生，无须办理学期注册。学期中非注册时间段内，暂缓注册者申请注册、保留入学资格者申请入学、休学者申请复学或保留学籍者申请恢复学籍，提交相应申请表，经导师、院系分管领导书面同意，研究生院审批后办理相应学籍异动，即予以当前学期注册。

第十条 除因不可抗力等正当事由外，研究生超过注册期限或请假期限两周以上未注册，将被纳入学籍清理范畴按程序终止学籍。

研究生超过暂缓注册期限两周以上，如仍未满足正常注册条件，或已满足正常注册条件但未申请注册，将被纳入学籍清理范畴按程序终止学籍。

第十一条 正常注册的研究生应按时、足额缴纳学费。无故未按时缴纳学费者，下列在校生享有的待遇受到影响：

（一）停发各类奖助学金，补缴学费后，从下月起恢复，已停发的奖助学金不再补发；
（二）不能参加各类奖助学金评选；
（三）不能申报助教、助研、助管等教学、科研、管理辅助岗位；
（四）研究生信息平台使用功能受限。

第十二条 正常注册的研究生应完善个人信息登记，向学校提供和确认准确的邮件地址、手机号码、家庭地址、家庭电话等，学校将其作为本人声明和指定的联系方式。学校有关通知及文件等，只要确认已按该联系方式发出，视为送达。

第三章 学习年限

第十三条 我校硕士研究生基本学习年限为 2～3 年，最短学习年限为 2 年，最长学习年限为 5 年。博士研究生基本学习年限为 3～4 年，最短学习年限为 2 年，最长学习年限为 8 年。直博生基本学习年限为 5～6 年，最短学习年限为 4 年，最长学习年限为 8 年。

除参军入伍外，新生保留入学资格每次时间不超过 1 年，累计时间不超过 2 年。保留入学资格时间不计入最长学习年限。

研究生休学一般以学期、学年为时间单位，累计时间不得超过 2 年。除参军入伍的服役时间外，休学、保留学籍、出境联合培养等时间均计入最长学习年限。

第十四条 研究生一般应在基本学习年限内完成学习任务。在校学习时间达到最短学习年限且不超过最长学习年限（下称学校规定学习年限），是获得学历证书的必要条件。研究生达到最长学习年限须结束学业，并办理离校手续，按已有学业水平发给相应学历证书。达到学位授予条件的，发给学位证书。

第四章 考核与成绩记载

第十五条 研究生应参加学校教育教学计划规定的课程和各种教育教学环节（以下统称课程）的考核，考核成绩记入成绩册，并归入学籍档案。

考核分为考试和考查两种。研究生公共必修课和基础课考试一般应采用课堂笔试。专业课考核方式可采用笔试、口试、写调研报告或论文等多种形式，由任课教师自主确定。笔试可以采用闭卷考试或开卷考试。

课程考核不合格者，可以在学校规定学习年限内再次选修该门课程（重修），并进行考核（重考）。重考成绩合格后，记入成绩册，并标注为重考。

第十六条 研究生思想品德的考核、鉴定，以《普通高等学校学生管理规定》（教育部第 41 号令）第四条为主要依据，采取个人小结和院系评价相结合的方式。

研究生体育成绩评定突出过程管理，根据考勤、课内教学、课外锻炼活动和体质健康等情况综合评定。

第十七条 我校实行完全学分制，研究生应当在学校规定学习年限内，修完培养方案要求的学分，每学期选课总学分不超过 23 学分。

第十八条 研究生可选修校内其他专业课程，成绩性质按培养方案确定，学习成绩记入成绩册。研究生跨校修读课程和参加开放式网络课程学习，学习成绩和成绩性质按学校相关规定审核和记载。

第十九条 学校鼓励研究生参加创新创业、社会实践等活动，研究生发表的论文、获得的专利权等与专业学习、学业要求相关的经历、成果等，可记入学籍档案。学校开设创新创业课程，研究生所修学分可记入成绩册。

第二十条 学校按照研究生实际所修课程，真实、完整地记载、出具学业成绩。

研究生严重违反考核纪律或者作弊的，该课程考核成绩记为无效，并视其违纪或者作弊情节，按学校相关规定，予以纪律处分。

研究生因退学等情况中止学业，其在校学习期间所修课程及已获得学分，学校予以记录。研究生重新参加入学考试、符合录取条件再次入学的，其在我校已获得学分，经录取院系认定，予以承认，成绩性质按录取专业培养方案确定。

第二十一条 研究生应当按时参加教育教学计划规定的活动。不能按时参加的，应当事先请假并获得批准。无故缺席的，根据学校有关规定给予批评教育，情节严重的，予以相应的纪律处分。

第二十二条 学校利用各种渠道开展研究生诚信教育。对有严重失信行为的，学校依据有关规定予以教育及纪律处分，对违背学术诚信的，学校对其获得学位及学术称号、荣誉等作出限制。

第五章 转专业与转学

第二十三条 研究生应在录取时确定的院系、专业和导师名下完成学业，但有下列情形之一者，可以提出转院系、转专业或转导师申请：

（一）因学科调整，研究生所在的学科或专业发生变化；

（二）研究生的导师因调动工作或其他特殊原因不能继续履行指导职责，且原专业无法调整安排他人继续指导；

（三）其他特殊情况。

休学创业或退役后复学的研究生，因自身情况需要转专业，学校优先考虑。

第二十四条 研究生拟转入导师当年应具备招生资格，申请者占用拟转入导师与院系当年招生名额。

第二十五条 研究生有下列情形之一，不得转专业：

（一）以特殊招生形式录取的学生，国家有相关规定或者录取前与学校有明确约定的；

（二）已有转专业记录或转学经历的；

（三）在校学习时间超过基本学习年限上限的；

（四）其他不符合国家招生规定的。

第二十六条 研究生转院系、转专业或转导师应填写《研究生学籍异动审批表》，并依次取得转出导师、转出院系分管领导、拟转入导师、拟转入院系分管领导的书面同意，报研究生院审核。

第二十七条 转入、转出专业一般应属于同一一级学科。对于跨一级学科转专业者，

增加由转入院系组织的专业知识考核,难度及要求与研究生入学考试相当。考核内容为:

(一)笔试两门专业课;

(二)面试。

考核通过,名单由转入院系公示5个工作日后报研究生院审核。

第二十八条 研究生院审核后下文批准转院系、转专业、转导师。

第二十九条 研究生转专业后,需按照新专业培养方案和导师要求修订个人培养计划,已修课程与新培养计划课程一致的,可以办理确认手续,承认其所修学分。

第三十条 研究生一般应当在被录取学校完成学业。因患病或者有特殊困难、特别需要,无法继续在本校学习或者不适应本校学习要求的,可以申请转学。有下列情形之一,不得转学:

(一)入学未满一学期或者毕业前一年的;

(二)由低学历层次转为高学历层次的;

(三)以定向就业招生录取的;

(四)研究生拟转入学校、专业的录取控制标准高于其所在学校、专业的;

(五)无正当转学理由的。

研究生因学校培养条件改变等非本人原因需要转学的,学校出具证明,由所在地省级教育行政部门协调转学到同层次学校。

第三十一条 研究生转学,由本人及拟转入导师共同提出申请,说明理由,经所在学校和拟转入学校同意,由转入学校负责审核转学条件及相关证明,认为符合本校培养要求且学校有培养能力的,经学校校长办公会或者专题会议研究决定,可以转入。

跨省转学的,由转出地省级教育行政部门商转入地省级教育行政部门,按转学条件确认后办理转学手续。须转户口的由转入地省级教育行政部门将有关文件抄送转入学校所在地的公安机关。

第三十二条 学校对转学情况及时进行公示,并在转学完成后3个月内,由转入学校报所在地省级教育行政部门备案,接受省级教育行政部门对学校转学行为的监督和管理。

第六章 休学与复学

第三十三条 研究生可以分阶段完成学业,除另有规定外,应当在最长学习年限(含休学和保留学籍)内完成学业。

第三十四条 研究生有下列情况之一者,可以申请休学:

(一)创业;

(二)支教;

(三)在职研究生单位工作需要;

(四)已婚女研究生符合国家计生政策生育;

(五)其他原因不能注册者。

第三十五条 研究生有下列情况之一者,应当办理休学:

(一)因健康原因不宜在校学习,经学校指定医院诊断确需休养的;

（二）一学期请病假累计超过学习周数三分之一的；

（三）不能坚持正常学习，导师和院系认为必须休学的。

第三十六条 研究生休学，一般以学期、学年为时间单位，期满后仍不能复学的，可以继续申请休学，休学时间累计不得超过 2 年，在校学习时间和休学时间之和不得超过最长学习年限。

第三十七条 新生和在校学生应征参加中国人民解放军（含中国人民武装警察部队），学校保留其入学资格或者学籍至退役后 2 年，其中服役时间不计入最长学习年限，其余时间计入最长学习年限。

研究生参加学校组织的跨校联合培养项目，在联合培养学校学习期间，学校同时为其保留学籍，时间不限，但计入最长学习年限。

研究生保留学籍期间，与其实际所在的部队、学校等组织建立管理关系。

第三十八条 研究生休学应提交《研究生休学、保留学籍申请表》，附事由证明材料，经导师、院系分管领导书面同意，报研究生院审批办理休学手续。因病休学者，应提交学校指定医院诊断证明。

第三十九条 研究生休学应当办理手续离校。休学期间，学校保留其学籍，但不享受在校学习学生待遇。研究生无论是否因病休学，除休学时已在学校参加大学生城镇居民医疗保险的年度外，以后年度应均自行参加家庭所在地医疗保险。

第四十条 研究生申请复学，应在休学期满前提交《研究生复学、恢复学籍申请表》，附事由证明材料，经导师、院系分管领导书面同意，报研究生院审批，方可办理复学手续。因病休学者申请复学，应提交学校指定医院诊断证明。

第七章 退学与学籍清理

第四十一条 研究生有下列情形之一，学校予以退学处理：

（一）经考核不宜继续攻读硕士学位或博士学位的；

（二）超过学校规定的最长学习年限未完成学业的；

（三）在校时间超过基本学习年限上限未完成学业，未办理或不予办理延长学习期限手续（即培养进度确认手续）的；

（四）休学、保留学籍期满，在期满前未提出复学申请或者继续休学申请的；休学、保留学籍累计时间已达到 2 年，未提出复学申请或者申请复学经复查不合格的；

（五）根据学校指定医院诊断，患有疾病或者意外伤残不能继续在校学习的；

（六）未经批准连续两周未参加学校规定的教学活动的；

（七）超过学校规定期限未注册而又未履行暂缓注册手续的；

（八）研究生本人自愿申请退学的。

第四十二条 研究生本人自愿申请退学，提交《研究生退学申请表》，经导师及院系分管领导书面同意、研究生院审查，报校长办公会审议通过后，办理退学手续，学校发给退学证明。

第四十三条 退学研究生，应当在领取退学证明之日起 10 个工作日内办理离校手续。

按已有毕业学历和就业政策可以就业的，由原毕业学校报所在地省级毕业生就业部门办理相关手续。在一年内没有聘用单位的，档案退回其家庭所在地，户口迁回原户籍地或者家庭户籍所在地。

第四十四条 对第四十一条中(一)～(七)项情形，如研究生未在上述情形发生30天内主动办理退学手续离校，学校纳入学籍清理范畴按程序终止学籍。根据已有学业水平，终止学籍方式分为毕业离校、结业离校、退学离校等。

第四十五条 研究生学籍清理，由所在院系会同导师拟定学籍终止意见，向研究生发出学籍终止告知书，指导研究生办理毕业、结业、退学离校或其他学籍异动手续。

研究生拒绝签收学籍终止告知书的，以留置方式送达。已离校的，以邮寄、电子邮件2种方式并用送达。难于联系者，15个工作日内以电话、电子邮件、短信再次联系2次，如无回复或无人签收，在校内发布公告经过60个工作日视为送达。

自学籍终止告知书送达之日起10个工作日内研究生无反馈，视为同意接受学籍终止处理意见。研究生对学籍终止处理意见有异议，可在该期限内向所在院系书面陈述和申辩，院系收到申辩书后在5个工作日内进行复核和书面答复，5个工作日后由研究生本人到校领取。研究生不领取者，视为同意接受答复处理意见。研究生领取后对答复仍有异议的，可在领取之日起10个工作日内按照学校相关规定提出申诉。

第四十六条 根据反馈和申诉情况，院系拟定终止学籍研究生名单并附相关材料，经研究生院审核，报校长办公会议研究决定，下发终止学籍文件并在研究生院网站公布。

第四十七条 学籍终止的研究生，应当在学籍终止告知书送达或学校发文之日起10个工作日内办理退学、毕业或结业离校手续，交回离校表格方可领取退学证明、毕业或结业证书。

第四十八条 退学的研究生，不得申请复学。

第八章 毕业与结业

第四十九条 研究生在学校规定学习年限内，修完培养计划规定的全部课程，成绩合格，毕业论文答辩通过，学校准予毕业，发给毕业证书。符合当前学位授予条件的，学校发给学位证书。

博士生在校学习时间满2年，直博生、硕博连读生在校学习时间满4年，提前完成培养计划规定内容，获得毕业所要求的学分，达到提前答辩申请学位要求的，经学院批准，研究生院审核，准予提前毕业。

第五十条 研究生在学校规定学习年限内，修完培养计划规定的全部课程，但未撰写毕业论文或论文答辩未通过，学校准予结业，发给结业证书。

第五十一条 研究生可以分阶段完成学业，在最长学习年限内，可以先结业再毕业，或先毕业再申请学位。

研究生结业后可以重修或者补作毕业设计、论文、答辩，符合相应条件后，学校颁发毕业证书、学位证书，合格后颁发的毕业证书、学位证书，毕业时间、获得学位时间按发证日期填写。

第五十二条 研究生入学时间超过基本学习年限上限，但未超过最长学习年限（下称延长学习年限期间），即硕士研究生入学满 3 年但不满 5 年、博士研究生入学满 4 年但不满 8 年、直博生入学满 6 年但不满 8 年，未达到毕业要求但经过进一步培养具有达到本单位毕业生平均学术水平的潜力，或已达到毕业要求且经过进一步培养具有超过本单位毕业生平均学术水平的潜力，导师可以为其申请继续在校学习，相关研究生应在每学期末办理培养进度确认手续，并在每学期开学时按时注册。

延长学习年限期间，研究生不额外缴纳学费，不参与学业奖评选，不享受基本助学金及助研助教岗位酬金待遇，其他奖助学金以评选要求为准。

第五十三条 研究生在校时间超过基本学习年限上限，即硕士研究生在校学习时间满 3 年、博士研究生在校学习时间满 4 年、直博生在校学习时间满 6 年，未达到毕业要求，如有以下情况之一者，学校不予延长学习年限，研究生应办理结业或退学离校：

（一）未修完培养计划规定的全部课程；

（二）未通过毕业论文开题；

（三）其他导师和院系认为不适合继续在校学习的情况。

第五十四条 由于各种原因，直博生、硕博连读生不再适合继续攻读博士学位，但具备攻读硕士学位基本条件，经本人提交《研究生学籍异动审批表》，经导师、院系分管领导书面同意，研究生院审批后转为硕士研究生培养，最迟毕业时间不得超过原作为博士生的最长学习年限。

第九章 学业证书管理

第五十五条 学校严格按照招生时确定的办学类型和学习形式，以及研究生招生录取时填报的个人信息，填写、颁发学历证书、学位证书及其他学业证书。

研究生在校期间变更姓名、出生日期等证书需填写的个人信息的，应当有合理、充分的理由，并提供有法定效力的相应证明文件。学校审查合格后，方予上报所在地省级教育行政部门审批修改，学校审查不合格，不予上报审批修改。

第五十六条 学校执行高等教育学籍学历电子注册管理制度，按相关规定及时完成研究生学籍学历电子注册。

第五十七条 对违反国家招生规定取得入学资格或者学籍的，学校取消其学籍，不发给学历证书、学位证书；已发的学历证书、学位证书，学校依法予以撤销。对以作弊、剽窃、抄袭等学术不端行为或者其他不正当手段获得学历证书、学位证书的，学校依法予以撤销。

被撤销的学历证书、学位证书已注册的，学校予以注销并报教育行政部门宣布无效。

第五十八条 学历证书和学位证书遗失或者损坏，经本人申请，学校核实后应当出具相应的证明书。证明书与原证书具有同等效力。

第十章 附 则

第五十九条 本规定适用于在中国科学技术大学接受普通高等学历教育的博士、硕士研究生。其他类型研究生,除另有规定外,均参考本规定进行管理。

第六十条 本规定经校长办公会审议通过,自 2017 年 9 月 1 日开始执行。

第六十一条 本规定由研究生院负责解释。

中国科学技术大学硕士、博士学位授予实施细则

(校学位字〔2017〕187 号,2017 年 7 月 19 日)

第一章 总 则

第一条 根据《中华人民共和国学位条例》《中华人民共和国学位条例暂行实施办法》和《普通高等学校学生管理规定》,结合我校实际情况,制定本实施细则。

第二条 我校按照国务院学位委员会批准授权的学科、专业或学位类型授予硕士、博士学位。

第三条 申请人应坚持四项基本原则,遵守宪法、法律、法规,遵守公民道德规范,遵守学校管理制度,具有良好的道德品质和行为习惯。

第二章 硕 士 学 位

第四条 学术水平。

硕士生通过课程考试和论文答辩,达到下述条件者,授予硕士学位:

(一) 掌握本学科坚实的基础理论和系统的专门知识。

(二) 具有从事科学研究工作或独立担负专门技术工作的能力。

第五条 资格审查。

(一) 硕士学位申请人的资格审查,由院(系)组织专人按照本细则第四条的规定,结合其培养计划负责进行。

(二) 硕士学位申请条件,由各学位分委员会根据学科特点和培养模式自行制定。

(三) 单考委培硕士生申请学位发表学术论文的要求,遵照同等学力硕士学位申请标准执行。

(四) 对于在校期间受到记过及以上处分者,在处分期限内不得申请学位,解除处分后可以申请学位。

(五) 学历教育未获得毕业证书者,不受理其学位申请。

第六条 硕士课程学习和考试要求。

硕士生在规定的学习期限内,必须完成研究生培养方案规定的学分并达到成绩要求。其中基础课加权平均成绩达到优良(不低于 75 分)为合格。基础课加权平均成绩不合格,但每门课的成绩不低于 60 分并取得规定的学分者,可允许参加论文答辩,答辩通过者,准予毕业,但不能申请学位。

第七条 硕士学位论文要求。

硕士学位论文应对所研究课题有一定的学术价值，并有新的见解，以此表明作者具有从事科学研究工作或独立担负专门技术工作的能力。

硕士学位论文应在导师指导下由硕士生独立完成。论文正文一般应不少于三万字。对论文内容和格式的具体要求详见《中国科学技术大学研究生学位论文撰写手册》。论文的导师署名不得超过两位。

第八条 硕士学位论文评阅。

学位论文经导师和所在学位点预审同意后，应聘请两位具有高级专业技术职务的同行专家作为评阅人进行评阅。评阅时间不得少于十五天。论文评阅人由导师提出建议，学位点负责人审核批准后报校学位办聘请。

硕士学位论文的评阅，由院系统一组织，一般在同一学科、领域内采用集中评审，评阅过程申请人及导师不得参与。论文评阅人名单应对学位申请人保密，评阅意见及有关材料应密封传递。论文评阅过程中如有一位评阅人持否定意见，则由校学位办再增聘一位评阅人进行评阅，如两位评阅人均持否定意见，则本次学位申请无效。

第九条 硕士学位论文答辩。

硕士学位论文评阅通过后，由学位点集中组织论文答辩。答辩委员会组成名单由各学位点提出建议并上报校学位办。校学位办有权调整答辩委员会组成名单。答辩委员会应由不少于三名具有高级专业技术职务的同行专家组成。答辩委员会主席应由教授(或相当专业技术职务的专家)担任。申请人的导师不得参加答辩委员会。

答辩委员会委员应出席论文答辩会和答辩委员会会议，答辩前必须审阅论文，答辩时进行提问和参加投票表决。论文答辩除有保密要求外，一般应公开举行。

答辩委员会根据论文水平及答辩情况等进行综合评价，以无记名投票方式表决，获全体委员三分之二及以上同意，方可作出建议授予硕士学位的决议。

论文答辩不合格者，经答辩委员会同意，可在两个月后至一年内修改论文后重新答辩一次。若答辩委员会未作出修改论文、重新举行答辩的决议，或申请人逾期未完成论文修改，或重新答辩仍不合格者，以后不再受理其学位申请。

硕士学位论文评阅、答辩工作由各学位点组织集中进行，特殊原因需单独进行的，由导师提出申请，学位点签署意见后报校学位办批准。

第十条 学位申请。

硕士研究生通过学位论文答辩和获得硕士研究生毕业资格后，由各院(系)向校学位办提出学位申请。申请时需按要求提供有关材料，以供学位分委员会和校学位委员会审议。

校学位办对学位申请者名单进行公示，公示期不少于七日。公示期间有异议的，由学位委员会组织复核并作出是否授予学位的决定。

第十一条 学位授予。

校学位办将硕士学位申请人的材料汇总后，分送各学位分委员会审查。学位分委员会作出决定应当以会议的方式进行。会议应当有全体成员的三分之二及以上出席方为有效。学位分委会按照硕士学位授予标准，坚持原则，严格把关，对学位申请人的情况进行全面审查，综合评价，并以无记名投票方式表决，获参加投票人数三分之二及以上同意，方可作出建议授予硕士学位的决议。学位分委员会的决议和投票结果必须由学位分委员会秘书填写在《研究生学位论文答辩情况表》中，由学位分委员会主席签署意见后，报校学位委员会审议。

校学位委员会原则上于每年四月、六月和十一月召开会议，审议学位申请人的学位授予工作。会议应当有全体成员的三分之二及以上出席方为有效，以无记名投票方式表决，获参加投票人数三分之二及以上同意，方可作出授予学位的决议。

学位委员会作出授予硕士学位的决定后，学校给学位获得者颁发硕士学位证书，印发学位授予文件，公布学位获得者名单。

第三章　博士学位

第十二条　学术水平。

博士生通过博士学位的课程考试和论文答辩，达到下述学术水平者，授予博士学位：

（一）掌握本学科坚实宽广的基础理论和系统深入的专门知识；

（二）具有独立从事科学研究工作的能力；

（三）在科学或专门技术上做出创造性的成果。

第十三条　资格审查。

（一）博士学位申请人的资格审查，由校学位办组织专人负责，审查时除遵照本细则第十二条规定外，还应注意对博士生整个学习阶段进行全面审查，包括思想政治、科研作风、学习成绩和业务能力等。博士生申请学位的学习培养过程与学术论文发表的具体要求参照由各学位分委员会制定、校学位委员会讨论通过的《中国科学技术大学研究生学习培养过程要求》执行。

（二）对于学习培养过程与学术论文发表未达到《中国科学技术大学研究生学习培养过程要求》条款要求的学生，若导师认为其已经达到博士学位所应具有的学术水平、具备博士学位授予条件，经导师提出书面申请，学生参加学位分委员会组织的答辩，经学位分委员会无记名投票，获参加投票人数三分之二及以上同意，经校学位办全面资格审查后，可予以学位申请资格，但最终须经校学位委员会表决通过。

（三）对于在校期间受到记过及以上处分者，在处分期限内不得申请学位，解除处分后可以申请学位。

（四）学历教育未获得毕业证书者，不受理其学位申请。

第十四条　博士课程学习和考试要求。

（一）博士生在规定的学习期限内，必须完成研究生培养方案规定的学分并达到成绩要求。基础课和专业课考试由学位分委员会指定三位或三位以上具有正高级专业技术职务的专家组成的考试委员会主持。

（二）博士生应至少掌握一门外国语。第一外语为英语的博士生是否必修第二外语，由博士点所在学位分委员会决定，并报校学位办备案，第一外语为其他语种者，必修英语，且课内学时不得少于 144 学时。

第十五条　博士学位论文要求。

博士学位论文应能表明作者确已掌握有关学科坚实宽广的基础理论和系统深入的专门

知识，具有独立从事科学研究工作的能力，并在科学或专门技术上做出创造性的成果。论文应是系统而完整的科研成果的表述与总结。

博士学位论文应在博士生导师指导下由博士生独立完成。论文正文一般不少于五万字，论文内容和格式的具体要求详见《中国科学技术大学研究生学位论文撰写手册》。论文的导师署名不得超过两位。

博士生在论文工作开始前应在教研室或研究组作开题报告。

博士生用于论文研究和撰写的时间一般不得少于两年。

第十六条 博士学位论文评阅。

博士生在完成课程学习、成绩合格和博士学位论文达到上述要求的基础上，经导师、所在学位点预审同意后，方可向校学位办提请论文评阅和答辩。

在举行论文答辩前，校学位办应聘请不少于五位本学科或相关学科的博士生导师作为论文评阅人(校外博士生导师不少于三人)。论文评阅人由导师提出建议，学位点负责人审核后报校学位办聘请。校学位办有权调整评阅人名单。

论文评阅时间不得少于一个月。评阅过程中如有一位评阅人持否定意见，则由校学位办再增聘一位评阅人进行评阅；如有两位评阅人均持否定意见，则本次学位申请无效。

第十七条 博士学位论文答辩。

博士学位论文评阅通过后，由学位点负责组织论文答辩。答辩委员会组成名单由导师提出建议，学位点负责人审核后报校学位办聘请。校学位办有权调整答辩委员会委员组成名单。答辩委员会应由不少于五名本学科或相关学科的博士生导师组成(其中一般应有校外博士生导师)。学位申请人的导师不参加答辩委员会。

答辩委员会委员应出席论文答辩会和答辩委员会会议，答辩前必须审阅论文，答辩时进行提问和参加投票表决。论文答辩除有保密要求外，一般应公开举行。

答辩委员会根据论文水平及答辩情况等进行综合评价，以无记名投票方式表决，获全体委员三分之二及以上同意，方可作出建议授予博士学位的决议。

论文答辩不合格者，经答辩委员会同意，可在两个月后至两年内修改论文后重新答辩一次。若答辩委员会未作出修改论文、重新举行答辩的决议，或申请人逾期未完成论文修改，或重新答辩仍不合格者，以后不再受理其学位申请。

第十八条 学位申请。

博士研究生通过学位论文答辩和获得博士研究生毕业资格后，方可向校学位办提出学位申请。申请时需按要求提供有关材料，以供学位分委员会和校学位委员会审议。

校学位办对学位申请者名单进行公示，公示期不少于七日。公示期间有异议的，由学位委员会组织复核并作出是否授予学位的决定。

第十九条 学位授予。

校学位办将博士学位申请人的材料汇总后，分送各学位分委员会审查。学位分委员会作出决定应当以会议的方式进行。会议应当有全体成员的三分之二及以上出席方为有效。学位分委会按照博士学位授予标准，坚持原则，严格把关，对学位申请人的情况进行全面审查，综合评价，并以无记名投票方式表决，获参加投票人数三分之二及以上同意，方可作出建议授予博士学位的决议。学位分委员会的决议和投票结果必须由学位分委员会秘书填写在

《研究生学位论文答辩情况表》中,由学位分委员会主席签署意见后,报校学位委员会审议。

校学位委员会原则上于每年四月、六月和十一月召开会议,审议学位申请人的学位授予工作。会议应当有全体成员的三分之二及以上出席方为有效,以无记名投票方式表决,获参加投票人数三分之二及以上同意,方可作出授予学位的决议。

学位委员会作出授予博士学位的决定后,学校给学位获得者颁发博士学位证书,学校印发学位授予文件,公布学位获得者名单。

第四章　附　　则

第二十条　对于国内外的卓越学者或著名社会活动家,经校学位委员会提名,报主管部门审查并转报国务院学位委员会批准,可以授予名誉博士学位。

第二十一条　在我校学习的外国留学生和从事科学研究或教学工作的外国学者,申请学位按相关规定办理。

第二十二条　对于特别优秀的研究生需要申请提前答辩,按我校相关规定办理。

第二十三条　学位获得者的学位证书,由校学位办统一颁发。学位授予日期为校学位委员会作出同意授予学位决定的日期。

第二十四条　学校应当保存学位申请人的申请材料和学位论文等档案资料,学位论文应当交存学校图书馆和国家图书馆。学位授予信息报送国务院学位委员会。学位证书的对外公证,由校学位办统一办理。

第二十五条　学位申请人或者学位获得者在获得学位过程中有学术不端、作伪造假等行为的,经学位委员会审查决定,可以不受理其学位申请、不授予学位或者撤销已授予学位。

第二十六条　学位申请人对不受理其学位申请、不授予其学位的决议或者决定有不同意见的,学位获得者对撤销其学位的决议或者决定有不同意见的,可以向学校提出书面申诉。

公民、法人或其他组织对授予学位的决议和决定有不同意见的,可以向学校提出书面异议。

学校在收到申诉或者异议之日起六十日内作出复核决定。学位申请人或者学位获得者对复核决定仍不同意的,可以依法申请行政复议或者提出行政诉讼。

第二十七条　校学位办负责受理在学位授予中有争议的各种事宜。

第二十八条　学位申请中,如遇特殊情况,经学位分委员会讨论,获参加投票人数三分之二及以上同意后,方可提请校学位委员会审议。校学位委员会根据实际情况通过投票作出是否授予学位的决定。

第二十九条　本实施办法经校学位委员会审议通过,由校学位委员会负责解释和修改,自 2017 年 9 月 1 日起施行。

中国科学技术大学关于优秀博士生提前答辩申请学位的规定

(校学位字〔2017〕188号,2017年9月17日)

为规范研究生培养的过程管理,维护正常的教学秩序,一般要求攻读博士学位的研究生在学习阶段内接受严格系统的学习训练。对少数特别优秀的博士生,符合下列条件者可提前答辩申请学位。

一、申请条件

1. 申请人应是品学兼优的学生。

2. 基础课和导师指定的专业课程成绩加权平均85分以上。

3. 申请人需要在学校接受规定时间的学习和训练。普通博士生至少学习两学年以上,硕博连读生和直博生至少学习四学年以上。

4. 申请提前答辩的博士生在满足本学科博士学位标准的基础上,还需以第一作者(导师署名不计在内),我校为第一署名单位在本学位分委员会认定的高水平期刊上发表1篇学术论文。

二、审批程序

申请提前答辩需由导师写出书面报告,申请人填写提前答辩申请表,附学习成绩单,发表论文,经学院审核同意后报校学位办公室。校学位办公室每年四月受理提前答辩的申请。

三、本规定自印发之日起施行。

中国科学技术大学优秀博士学位论文奖励办法

(校学位字〔2017〕197号,2017年9月17日)

第一条 为提高研究生创新能力,激发研究生的创新精神,提升研究生培养质量,根据《中国科学技术大学优秀博士学位论文评选办法》(〔2017〕53号)规定,自2017年起,学校决定开展中国科学技术大学优秀博士学位论文评选工作,并对评选出的中国科学技术大学优秀博士学位论文获得者、优秀博士学位论文提名奖获得者以及指导教师给予表彰和奖励。

第二条 表彰及奖励

(一)中国科学技术大学优秀博士学位论文获得者颁发荣誉证书,奖励奖金5000元;指导教师颁发荣誉证书,第一指导教师奖励奖金5000元。

(二)中国科学技术大学优秀博士学位论文提名奖获得者及指导教师颁发荣誉证书。

第三条 本办法经2017年7月18日校长工作会议审议通过,由校学位办公室负责解释。

第四条 本办法自印发之日起施行。

中国科学技术大学专业学位研究生教育教学工作绩效实施办法

（校研字〔2017〕220 号，2017 年 9 月 29 日）

为协调发展我校学术学位与专业学位研究生教育（含教育培训项目等，以下同），进一步落实我校专业学位教育各教学单位（学院、重点科研机构）的主体责任，保障我校专业学位研究生教育教学工作的正常开展，规范教师（含管理、支撑岗，以下同）绩效考核，将专业学位研究生教育教学工作纳入教师“三元薪酬”体系，特制定本办法。

第一条 专业学位研究生教育工作纳入我校教师“三元薪酬”体系。

第二条 我校教师参与专业学位研究生教育教学工作，工作量计入“三元薪酬”体系浮动绩效；计入浮动绩效的专业学位研究生教育教学工作量，不计入教师常规年度考核工作量。

第三条 各教学单位须制定本单位专业学位研究生教育教学浮动绩效标准（含项目类别、核算依据等），经研究生院核准，报人力资源部备案。

第四条 专业学位研究生教育教学浮动绩效方案申报：各教学单位提出上一学年浮动绩效方案，经研究生院核准，报人力资源部审批、财务处备案。

第五条 浮动绩效发放所需经费，由各教学单位所得的专业学位研究生教育学费分配经费中支出。

第六条 本办法经校长办公会议审议通过，自印发之日起执行。

第七条 本办法由研究生院负责解释。

中国科学技术大学关于加强非全日制研究生思想政治教育的实施办法

（校研字〔2017〕221 号，2017 年 10 月 10 日）

第一章 总　　则

第一条 为做好非全日制研究生思想政治教育和管理工作，全面提升非全日制研究生培养质量，根据《关于加强和改进新形势下高校思想政治工作的意见》和《中国科学技术大学关于加强和改进新形势下思想政治工作的实施意见》精神，结合我校非全日制研究生教育实际情况，制定本办法。

第二条 指导思想：贯彻落实习近平总书记系列重要讲话精神和党中央治国理政新理

念新思想新战略、党的十八届六中全会精神、全国高校思想政治工作会议精神，增强“四个意识”，坚定“四个自信”，全面贯彻落实党的教育方针，坚持社会主义办学方向，以立德树人为根本，把思想政治工作贯穿非全日制研究生教育教学全过程，做到全员育人、全程育人、全方位育人，形成教书育人、科研育人、实践育人、管理育人、服务育人、文化育人、组织育人的长效机制。

第三条 培养目标：以培养具有正确政治方向的德智体美全面发展的社会主义事业建设者和接班人为目标，以非全日制研究生课程教学为抓手，发挥思想政治理论课的主渠道作用，坚持不懈传播马克思主义科学理论，抓好马克思主义理论教育，为研究生成长奠定科学的思想基础；坚持不懈培育和弘扬社会主义核心价值观，引导广大研究生做社会主义核心价值观的坚定信仰者、积极传播者、模范践行者。

第四条 非全日制研究生思想政治教育与管理工作实行导师负责制，研究生培养单位是直接管理部门，研究生院为主管职能部门。

第二章 教学管理

第五条 丰富政治课程教学内容。充分发挥思想政治理论课的主渠道作用，把理想信念教育放在首位，丰富现有非全日制研究生思想政治理论课程的教学内容，将党的十八大和十八届三中、四中、五中、六中全会精神和即将召开的党的十九大精神，习近平总书记系列重要讲话精神和党中央治国理政新理念新思想新战略，“六有大学生”教育等融入到思想政治课堂教学中；切实抓好马列主义、毛泽东思想和中国特色社会主义理论体系学习教育，加强革命文化和社会主义先进文化教育，教育引导非全日制研究生牢固树立“四个意识”，坚定“四个自信”。

第六条 加强对课程建设的长远和系统规划，构建新型教学模式和支持方式。用好课堂教学主渠道，思想政治理论课要坚持在改进中加强，提升课程教学中思想政治教育亲和力、针对性和有效性。非全日制研究生的课程教学管理参照《中国科学技术大学研究生课程教学管理规定》(研字〔2017〕8 号)执行。严格执行关于非全日制研究生任课教师、课程管理、研究生修课、教师教学考核、成绩管理、随堂听课督导等制度，切实加强课堂管理。

切实推动中国特色社会主义理论体系进教材、进课堂、进头脑，把统一使用马克思主义理论研究和建设工程重点教材纳入相关培养方案和教学计划。在非全日制研究生课堂教学过程中，加强思想价值引领，提高思想政治教育与专业教育的融合度。

第七条 传承优良校风。充分发挥我校红色文化和学术文化传统的教育、引领和激励作用，利用国家和学校重要节庆及纪念日，以研究生班级为单位举办特色校园文化活动，引导非全日制研究生增强文化自信，传承中华优秀传统文化和革命文化、社会主义先进文化以及科大优良传统，积极践行社会主义核心价值观。创新宣传思想工作的理念和方式方法，在新生入学教育阶段组织研究生参观校史馆、图书馆，参加科大精神报告会、科大学术传统与学术规范报告会、校长报告会，参加开学典礼、迎新晚会等系列活动；教育引导研究生形成对中国科大文化价值和传统的认同。

第三章 师资管理

第八条 加强教师管理。严格执行《中国科学技术大学研究生课程教学管理规定》(研字〔2017〕8号),明确任课教师对课程的教学内容和教学过程负全责,要将立德树人作为根本任务,加强自身政治学习和思想道德修养,坚持教书和育人相统一,坚持言传和身教相统一,坚持潜心问道和关注社会相统一,坚持学术自由和学术规范相统一,用好课堂讲坛,使各类课程与思想政治理论课同向同行,形成协同效应,教育引导研究生做"六有大学生"。

增加教师教学评价中关于思想道德品质的评价指标,要求教师严守课堂纪律,坚持马克思主义的世界观与方法论,在事关政治原则、政治立场和政治方向的问题上与党中央保持高度一致。

第九条 加强研究生导师管理。建立上岗导师长期培训机制和上岗审定制度,导师培训研讨会每年召开一次,并颁发培训结业证书;每年对上岗博导进行审定,确保研究生指导教师队伍具有正确的政治方向和明确的培养目标。明确导师是非全日制研究生培养的第一责任人,要严格审查研究生开题报告,包括政治方向(人文社科类研究生)、选题方向、科学道德等各方面严格把关,帮助研究生树立优良学术风气、高尚职业道德。

第四章 日常活动管理

第十条 党团活动。党团组织定期举办活动,邀请非全日制研究生参加党团组织生活(含党团组织关系不在我校的非全日制研究生),利用我国改革开放的伟大成就、重大历史事件纪念活动、爱国主义教育基地、国家公祭仪式等组织开展主题教育,弘扬以爱国主义为核心的民族精神和以改革创新为核心的时代精神。

第十一条 日常管理。非全日制研究生班级专职班主任要定期调查评估研究生思想政治情况,并及时向院系党组织汇报。围绕学生、关照学生、服务学生,不断提高研究生思想水平、政治觉悟、道德品质、文化素养,帮助学生成长为德才兼备、全面发展的人才。

培养单位要定期与非全日制研究生所在单位进行联动,及时了解研究生的思想状况,有针对性地加强思想政治工作。

第五章 附则

第十二条 本办法由研究生院负责解释。

第十三条 本办法经学校党委常委会议讨论通过,自印发之日起施行。

中国科学技术大学关于加强研究生社会实习期间思想政治教育的实施办法

(校研字〔2017〕222号,2017年10月10日)

第一章 总 则

第一条 为做好研究生在社会实习期间的思想政治教育和管理工作,全面提高研究生培养质量,根据《关于加强和改进新形势下高校思想政治工作的意见》和《中国科学技术大学关于加强和改进新形势下思想政治工作的实施意见》精神,结合研究生社会实习期间的教育特点,制定本办法。

第二条 指导思想:高举中国特色社会主义伟大旗帜,全面贯彻党的十八大和十八届三中、四中、五中、六中全会精神,以马克思列宁主义、毛泽东思想、邓小平理论、“三个代表”重要思想、科学发展观为指导,深入学习贯彻习近平总书记系列重要讲话精神和党中央治国理政新理念新思想新战略,全面贯彻党的教育方针,坚持社会主义办学方向,以立德树人为根本,以理想信念教育为核心,以社会主义核心价值观为引领,把思想政治工作贯穿研究生教育教学全过程,做到全员育人、全程育人、全方位育人,切实做好研究生社会实习期间的思想政治教育工作,以培养中国特色社会主义合格建设者和可靠接班人。

第三条 培养目标:以培养又红又专、德才兼备、全面发展的中国特色社会主义合格建设者和可靠接班人为目标,发挥实习导师、校内导师和专职思政工作人员作用,在社会实习期间,坚持不懈传播马克思主义科学理论,抓好马克思主义理论教育,为研究生成长奠定科学的思想基础;坚持不懈培育和弘扬社会主义核心价值观,引导广大研究生做社会主义核心价值观的坚定信仰者、积极传播者、模范践行者。

第二章 思想政治教育责任主体

第四条 研究生社会实习单位由研究生所在学院(含系、所,下同)负责遴选;研究生社会实习期间的思想政治教育工作由实习导师、校内导师和专职思政工作人员共同承担,研究生培养单位和实习单位是直接管理部门,研究生院为主管职能部门。

第五条 实习单位遴选。研究生实习单位要选择合法经营、管理规范、实习条件完备、与我校有长期合作关系的单位。实习单位应为重视思想政治工作,具有风清气正、和谐奋进的良好氛围,且在意识形态方面没有发生过较严重问题的单位。

学院成立研究生社会实习工作领导小组,负责研究生实习计划安排、实习单位遴选和实习期间思想政治教育内容规划等重要决策事项,成员由分管领导和部分研究生指导教师组成;研究生教学秘书、班主任在领导小组的指导下,负责研究生专业实践的具体组织实施。

第六条 实习导师。研究生实习导师要拥护党的理论和路线方针政策,治学严谨,作风正派;要以马克思列宁主义、毛泽东思想、邓小平理论、"三个代表"重要思想、科学发展观、习近平总书记系列重要讲话精神和党中央治国理政新理念新思想新战略为指导,教育引导学生在社会实践过程中积极主动加强政治学习,践行社会主义核心价值观。

第七条 校内导师。建立导师上岗审定制度,每年对上岗博导进行审定,确保研究生指导教师队伍具有正确的政治方向和明确的培养目标。明确导师在研究生培养过程中的主体责任,要求导师严格审查研究生开题报告,包括政治方向(人文社科类研究生)、选题方向、科学道德等各方面严格把关,帮助研究生树立优良学术风气、高尚职业道德。

第八条 专职思政工作人员。安排专职思政工作人员指导研究生专业实践期间的研究生思政学习,记录研究生思想政治学习情况。加强与实习导师的沟通交流,掌握学生专业实践状况和思政学习情况,一旦发现问题及时给予指导。创新思想政治教育途径与方法,坚持思想政治教育贴近研究生思想实际、生活实际和情感实际,注重管理、教育与服务并重,把解决思想问题与解决实际问题结合起来,促进学生身心和人格健康发展。

第三章　思想政治教育内容

第九条 把理想信念教育放在首位,切实抓好马克思列宁主义、毛泽东思想学习教育,广泛开展中国特色社会主义理论体系学习教育,深入学习党的十八大和十八届三中、四中、五中、六中全会精神,即将召开的党的十九大精神以及习近平总书记系列重要讲话精神,引导师生深刻领会党中央治国理政新理念新思想新战略,牢固树立"四个意识",坚定"四个自信"。

培育和践行社会主义核心价值观,引导研究生树立正确的世界观、人生观、价值观,加强国家意识、法治意识、社会责任意识教育,加强民族团结进步教育、国家安全教育、科学精神教育,以诚信建设为重点,加强社会公德、职业道德、家庭美德、个人品德教育,提升研究生道德素养。

加强对中华优秀传统文化和革命文化、社会主义先进文化以及科大优良传统的学习教育,利用我国改革发展的伟大成就、重大历史事件纪念活动、爱国主义教育基地、国家公祭仪式等组织开展主题教育,弘扬以爱国主义为核心的民族精神和以改革创新为核心的时代精神。

第四章　思想政治教育活动

第十条 党团活动。加强研究生基层党组织建设,充分发挥基层党组织的战斗堡垒作用,借助共青团、学生会和学生社团等基层组织的力量,开展系列主题教育活动,组织研究生参加重大历史事件纪念活动、参观爱国主义教育基地,弘扬以爱国主义为核心的民族精神和以改革创新为核心的时代精神。规范党内组织生活,按照基层党组织组织生活的属地管理原则,要求研究生党员在社会实习期间积极参加实习单位的组织生活。

第十一条 校内联络。加强研究生实习期间的跟踪管理,各学院、校内导师、专职思政工作人员要定期与实习单位联系,及时了解研究生的思想状况,有针对性地加强思想政治工作;开展实习期间的中期检查,调研研究生在实习单位的实践工作情况、纪律遵守情况及实习导师的指导情况等，重点加强对研究生思想政治动态的检查。

第五章　附　　则

第十二条　本办法由研究生院负责解释。

第十三条　本办法经学校党委常委会议讨论通过，自印发之日起施行。

中国科学技术大学新任博士生导师教育培训管理办法

（校研字〔2017〕224号，2017年9月27日）

第一章　总　　则

第一条　为进一步提高博士生导师队伍的思想政治素质和学术道德水平，切实做好新任博士生导师师风师德的教育培训工作，根据《中共中央 国务院印发〈关于加强和改进新形势下高校思想政治工作的意见〉》和《中国科学技术大学关于加强和改进新形势下思想政治工作的实施意见》，制定本办法。

第二条　指导思想：贯彻落实习近平总书记系列重要讲话精神和党中央治国理政新理念新思想新战略、党的十八届六中全会精神、全国高校思想政治工作会议精神，增强“四个意识”，坚定“四个自信”，全面贯彻落实党的教育方针，坚持社会主义办学方向，扎实推进师德师风建设，切实做好新任博士生导师的教育培训工作，不断提高新任博士生导师的思想政治水平和人才培养能力，引导广大导师做有理想信念、有道德情操、有扎实学识、有仁爱之心的党和人民满意的好导师。

第二章　教育培训内容

第三条　思想政治教育。学习马克思列宁主义、毛泽东思想、邓小平理论、“三个代表”重要思想和科学发展观，学习党的路线、方针、政策和决议。在事关政治原则、政治立场和政治方向的问题上与党中央保持一致。

深入学习习近平总书记系列重要讲话精神，特别是考察中国科大重要讲话精神，引导新任博士生导师深刻领会党中央治国理政新理念新思想新战略，牢固树立政治意识、大局意识、核心意识、看齐意识，坚定中国特色社会主义道路自信、理论自信、制度自信、文化自信，把社会主义核心价值观体现到教书育人全过程。

第四条　学术道德与学术规范教育。加强法制意识教育，学习国家有关知识产权的法律法规；加强职业道德教育，学习学术道德和学术规范等相关知识；加强警示教育、示范教育，运用学术道德及学术规范典型案例，增强新任博士生导师廉洁从业意识，提高导师道德素养。

第五条 研究生培养政策培训与经验交流。加强关于研究生培养的基本政策、基本要求和基本流程的教育培训,使新任博士生导师熟悉研究生培养政策和培养环节,发挥业务特长,培养高层次拔尖创新人才。

加强优秀博士生导师或专家指导研究生的经验交流和分享,传承优良教育理念,推动新任博士生导师做到严爱相济、亦师亦友,在学业上严格要求、在过程中悉心管理、在生活上人文关怀。

第三章 教育培训组织管理

第六条 教育培训组织。研究生院、校学位委员会办公室负责新任博士生导师教育培训的组织工作,培训会每年举办一次。

第七条 教育培训范围。新任博士生导师培训范围包括校本部新任博士生导师和科教融合单位及其他联合培养单位等在我校新任的博士生导师。教学形式为课堂教学与会议研讨,其中,课堂教学不少于半天。

第八条 教育培训纪律。教育培训实行签到制,新任博士生导师必须参加培训并签到,如有特殊原因确实不能参加培训的,需事先请假,由校学位办公室根据具体情况安排在下一批次培训;新任博士生导师通过培训并取得学校颁发的导师培训结业证书后方可单独招收、指导博士生。

第四章 附 则

第九条 本办法由研究生院、校学位委员会办公室负责解释。

第十条 本办法经学校党委常委会讨论通过,自印发之日起施行。

中国科学技术大学人文社科类研究生学位论文选题和开题管理办法

(校研字〔2017〕225 号,2017 年 9 月 25 日)

第一章 总 则

第一条 为提高研究生学位论文质量,保证研究生学位论文选题的前沿性、科学性和政治性,做好人文社科类研究生学位论文的选题和开题工作,结合我校研究生教育实际,制定本办法。

第二条 指导思想:贯彻落实党的十八大和十八届三中、四中、五中、六中全会精神,深入贯彻习近平总书记系列重要讲话精神和党中央治国理政新理念新思想新战略,增强“四个意识”,坚定“四个自信”,全面贯彻落实党的教育方针,坚持社会主义办学方向,以立德树人为根本,加强人文社科类研究生学位论文选题和开题管理,切实提高研究生学位论文质量。

第二章　学位论文选题

第三条　政治取向。学位论文选题要有正确的政治方向与价值取向,要以马克思列宁主义、毛泽东思想、邓小平理论、"三个代表"重要思想、科学发展观为指导;贯彻习近平总书记系列重要讲话精神和党中央治国理政新理念新思想新战略;坚持四项基本原则,拥护党的路线方针政策,遵守国家法律法规和社会公德。

第四条　理论价值。学位论文的选题要瞄准学科发展前沿,具有开创性;要表现新观点、新看法、新见解,体现对学科前沿的研究;要有所发现,有所创造,有所前进。

第五条　实践价值。学位论文选题要有社会价值和实用价值,既可以是基础理论研究,也可以是社会实际问题研究。研究目标是产生原创性的人文社会科学研究成果,或者是直接为社会实践服务,产生经济效益和社会效益。

第六条　项目依托。依托科研项目进行研究生培养,是提升研究生培养质量的重要途径,研究生学位论文选题应与科研项目相结合,把握学科前沿,解决理论与实践问题。

第三章　学位论文开题

第七条　开题指导。研究生导师负责指导研究生的开题报告撰写工作。导师作为研究生培养的第一责任人,要认真指导、严格把关研究生的开题报告。导师要在研究内容、研究方法等学术方面严格要求,同时还要对开题报告所涉及的政治内容、科学道德等方面严格把关,帮助研究生通过学位论文的开题以及相关研究树立严谨的治学态度、高尚的职业道德和正确的世界观。

第八条　政治审核。学院党委负责人文社会科学类研究生学位论文开题报告的政治审核工作,着重审查开题报告中是否存在违反四项基本原则、违背党的路线方针政策、损害党和国家利益、违反国家法律法规和社会公德及科学道德等情形。一经发现有上述情形的,立即对研究生进行批评教育并要求改正。经教育仍不悔改的,不得开题,并将根据学校相关规定予以处罚。

第九条　可行性评估。学位论文开题报告评审小组负责开题报告的可行性评估工作。根据研究生学位论文开题报告涉及的内容及研究方向,学院聘请本学科或相关学科的教授或副教授三至五人(博士论文开题报告评审小组教授不少于三人)组成学位论文开题报告评审小组,听取研究生汇报,评议论文开题报告,确保研究生论文选题的可行性与政治导向的正确性。

第四章　附　　则

第十条　本办法由研究生院、校学位委员会办公室负责解释。

第十一条　本办法经学校党委常委会讨论通过,自印发之日起施行。

中国科学技术大学科教融合博士、硕士研究生指导教师管理办法

（校研字〔2017〕255 号，2017 年 11 月 15 日）

第一条 为进一步做好我校研究生培养工作，更好地发挥科教融合博士、硕士研究生指导教师（以下简称"科教融合导师"）在我校学科建设和高端人才培养中的重要作用，根据《中国科学院关于进一步加强科教融合的若干措施和规定》（科发前字〔2016〕36 号）相关精神，对我校科教融合导师相关工作制定本管理办法。

第一章 遴选、聘任原则及基本条件

第二条 学校对科教融合导师申请人的遴选、聘任，坚持"师德为先、育人为要、择优评选、宁缺毋滥"和"学院主评、学校主管、按需设岗、动态管理"基本原则，遴选、聘任的导师应有利于促进学校与融合研究所的深度合作，有利于促进新兴交叉学科的发展，有利于协同培养高水平研究生。

第三条 我校科教融合导师申请人基本条件应符合中国科学技术大学研究生指导教师上岗条件的相关规定。

第二章 遴选及岗位职责

1. 硕士生导师遴选程序

第四条 科教融合硕士生导师遴选由融合学院根据学科建设、人才培养、科学研究等需求自主遴选审定。

第五条 凡申请科教融合硕士生导师者，须通过中国科大导师信息系统填写《中国科学技术大学科教融合硕士生导师资格申请审核表》。由融合学院按照导师上岗条件负责遴选，审查通过后报校学位委员会办公室备案。

2. 博士生导师遴选程序

第六条 凡申请科教融合博士生导师者，须通过中国科大导师信息系统填写《中国科学技术大学科教融合博士生导师资格申请审核表》。

第七条 已在原研究所取得博士生导师资格者，申请我校科教融合导师，由融合学院依据我校博士生导师上岗条件负责审定，审核通过后报校学位委员会办公室备案。

第八条 拟新担任博士生导师的申请者，申请我校科教融合导师，其遴选审定工作程序参照《中国科学技术大学博士生导师上岗审定工作实施办法》（校学位字〔2005〕12 号）执行。在每年三月份向学校提出申请，经融合学院审核后报校学位委员会办公室。校学位委员会办公室复审后将申请者的材料上网公布，接受监督。相关学位分委员会和校学位委员会根据博士生导师上岗条件，对首次申请招收博士生者以无记名投票方式表决，获参加投票人数三分之二及以上同意，视为审议通过。

3. 导师岗位职责

第九条 科教融合导师对研究生的全过程培养指导负全面责任，主要岗位职责包括：

1. 为人师表，在思想教育、科研道德等方面对研究生进行引导、示范和监督；
2. 遴选生源，对研究生的招生录取进行把关；
3. 制订研究生培养计划；
4. 指导研究生确定研究课题、组织开展科研工作；
5. 指导研究生形成学术论文、学位论文及其他学术成果；
6. 组织学位论文的开题报告、中期检查和答辩；
7. 与学科建设、研究生培养相关的其他工作。

第三章 聘任与考核评价

第十条 凡通过遴选的科教融合导师，由研究生院为其颁发相应的"博士生导师聘书""硕士生导师聘书"。

第十一条 博士生、硕士生导师的招生由融合学院根据学科建设需要、申请人学术水平和学校当年下达的招生计划自主审核确定。

第十二条 学校定期组织各融合学院相关学位分委员会对科教融合导师研究生培养情况进行考核评价。考核结果为合格且符合续聘条件者，由学校继续聘任；考核结果为不合格者，下一聘期不予聘任。培养过程中如未按要求履行导师职责，出现重大招生、培养、教学、学位授予等事故，取消导师资格。

第四章 其 他

第十三条 本办法由研究生院负责解释，自印发之日起施行。

中国科学技术大学校内预算绩效评价暂行办法

（校财字〔2017〕38号，2017年3月29日）

第一章 总 则

第一条 为提升预算资金使用效率，增强单位"花钱问效"责任意识，促进绩效目标管理，根据《中国科学技术大学预算管理暂行办法》和预算绩效管理工作要求，制定本办法。

第二条 校内预算绩效评价（以下简称绩效评价）是指学校预算管理与咨询机构根据设定的绩效目标，运用科学、合理的绩效评价指标、评价标准和评价方法，对校内预算的经济性、效率性和效益性进行客观、公正的评价。

第三条 学校预算管理与咨询机构是绩效评价的主体，包括财务处、监察审计处、预算专家委员会和社会中介机构及社会专家。预算年度内通过校内预算安排的项目适用本办法。

第二章 绩效评价原则和内容

第四条 绩效评价应当遵循以下基本原则：

（一）实现绩效评价全覆盖。根据《中国科学技术大学预算管理暂行办法》和预算绩效管理工作要求，各单位对年度内全部校内预算项目开展绩效评价，确保绩效评价自评覆盖率达到100%。

（二）确保评价结果真实客观。相关评价人员对照年初预算设定的绩效目标及指标值，进行打分测评，秉承实事求是的原则，确保数据准确、分值合理、结果客观。

第五条 绩效评价的指标体系是衡量绩效目标实现程度的考核工具。主要包括投入、过程、产出、效果四个一级指标。绩效评价指标的确定应当遵循以下原则：

（一）相关性原则。应当与绩效目标有直接的联系，能够恰当反映目标的实现程度。

（二）重要性原则。应当优先使用最具评价对象代表性、最能反映评价要求的核心指标。

（三）可比性原则。对同类评价对象要设定共性的绩效评价指标，以便于评价结果可以相互比较。

（四）系统性原则。应当将定量指标与定性指标相结合，系统反映财政支出所产生的社会效益、经济效益、环境效益和可持续影响等。

（五）经济性原则。应当通俗易懂、简便易行，数据的获得应当考虑现实条件和可操作性，符合成本效益原则。

第六条 绩效评价的内容主要是绩效目标的设定与完成程度、项目组织实施管理状况、项目资金管理情况、项目实施效益。

第七条 绩效评价一般以预算年度为周期，次年适时安排绩效评价工作。

第三章 绩效评价方法

第八条 绩效评价方法主要采用成本效益分析法、比较法、因素分析法、最低成本法、公众评判法等。

（一）成本效益分析法。是指将一定时期内的支出与效益进行对比分析，以评价绩效目标实现程度。

（二）比较法。是指通过对绩效目标与实施效果、历史与当期情况、不同部门和地区同类支出的比较，综合分析绩效目标实现程度。

（三）因素分析法。是指通过综合分析影响绩效目标实现、实施效果的内外因素，评价绩效目标实现程度。

（四）最低成本法。是指对效益确定却不易计量的多个同类对象的实施成本进行比较，评价绩效目标实现程度。

（五）公众评判法。是指通过专家评估、公众问卷及抽样调查等对财政支出效果进行评判，评价绩效目标实现程度。

（六）其他评价方法。

第九条 绩效评价方法的选用应当坚持简便有效的原则。

根据评价对象的具体情况，可采用一种或多种方法进行绩效评价。

第四章 绩效评价工作程序

第十条 学校成立绩效评价工作小组。成员由预算专家委员会成员、外请绩效测评专家、财务处相关人员、审计处相关人员组成。由财务处牵头负责。

第十一条 绩效评价工作一般按照以下程序进行：

（一）单位自评：各单位填写校内预算绩效评价表，对年度内全部校内预算项目进行绩效自评打分。

（二）抽选项目：在单位自评基础上，预算专家委员会专家在年度内全部校内预算项目中随机进行抽选，每年选取 10 个左右项目进行测评。

（三）资料核查：绩效测评专家对被抽查项目的相关资料进行核查，包括账务资料、相关规章制度、招投标文件、合同、协议等。

（四）实地查看：绩效评价工作小组对项目实施现场进行实地查看、走访用户单位，了解项目实施状况、实施效果。

（五）综合评价：绩效测评专家根据绩效评价资料，结合实地查看专家结论，对被抽查项目进行综合绩效评价打分、评定绩效等级提交评价工作小组审议。

（六）评价报告：由绩效测评专家根据被抽查项目绩效评价审议结果出具绩效评价报告。财务处将绩效评价结果及时反馈项目单位并向学校预算工作小组、校长工作会议以及党委常委会议报告。

第五章 绩效评价结果及报告

第十二条 绩效评价结果应当采取评分与评级相结合的方式，具体分值和等级可根据不同评价内容设定。绩效评价分为优、良、中、差四个等级，其中：85 分及以上为优，75～85 分(含 75 分)为良，60～75 分(含 60 分)为中，60 分以下为不合格。

第十三条 撰写绩效评价报告，绩效评价报告应当包括以下主要内容：

（一）基本概况；

（二）绩效评价的组织实施情况；

（三）绩效评价指标体系、评价标准和评价方法；

（四）绩效目标的实现程度；

（五）存在问题及原因分析；

（六）评价结论及建议；

（七）其他需要说明的问题。

第十四条 绩效评价报告应当依据充分、真实完整、数据准确、分析透彻、逻辑清晰、客观公正。

第十五条 财务处应当及时整理、归纳、分析、反馈绩效评价结果。学校将其作为改进预算管理和安排以后年度预算的重要参考依据。

第十六条 中央财政项目预算绩效评价按上级部门要求开展。

第十七条 本办法自印发之日起施行。由财务处负责解释。

中国科学技术大学科研财务助理岗位管理暂行办法

（校财字〔2017〕41号，2017年3月31日）

为贯彻落实《关于进一步完善中央财政科研项目资金管理等政策的若干意见》（中办发〔2016〕50号）精神，根据《中国科学院关于推进科研财务助理工作的指导意见》（科发条财字〔2016〕172号），结合学校实际，制定本办法。

一、岗位设置

（一）目标

通过建立健全科研财务助理制度，与现有科研秘书统筹考虑，逐步形成专业化的科研财务助理队伍，规范资金使用与管理，让科研人员潜心从事科学研究。

（二）岗位性质

以科研项目和科研经费管理为主要服务内容的一种辅助性科研财务管理岗位。可优先由符合条件的科研秘书兼任。

（三）岗位设置

学院、重点科研机构必须设置科研财务助理岗位。科研团队和项目组根据需要申请配备。学校结合学院、重点科研机构、科研团队和项目组（以下统称为单位）科研项目的体量和实际工作量确定设置。单位设置科研财务岗位后，学校财务部门原则上不再受理学生报账业务。

二、岗位职责

（一）参与单位科研项目经费管理和科研业务日常事项的办理。协助项目立项申报计划任务书的编写、项目预决算的编制以及预算执行、预算调剂和项目验收等工作。

（二）配合财务部门按制度要求负责单位各类经费审核和报销。

（三）配合资产部门负责单位政府采购计划和预算申报以及材料等进出库手续的办理。

（四）做好单位科研经费检查、审计等配合工作。

（五）做好财经政策宣传贯彻工作。

（六）根据需要，完成其他辅助性工作。

三、岗位条件

（一）认真贯彻执行党的路线方针政策，遵守国家法律法规，有一定的政策水平、业务能力和职业道德水准，具有一定的财务管理和项目管理知识。

（二）有较强的责任意识、学习能力、服务意识，热爱本职工作，坚持原则，严格执行财经纪律，廉洁奉公。

（三）忠实履行监督职责，自觉维护国家和学校利益。

（四）应具有本科及以上学历，具有管理、财会、经济等专业背景者优先。

四、聘用方式及福利待遇

（一）科研财务助理岗位人员的选聘采取校内外公开招聘，竞聘上岗和合同管理。外聘人员由人力资源部通过派遣公司与其签订劳动用工合同。

（二）薪资收入。科研财务助理岗位人员的薪资收入由基础工资和绩效奖励组成。基础工资按合同约定，绩效奖励根据考核情况发放。事业编制内的科研财务助理按学校现行政策执行。

（三）福利及社会保障。学校按劳动法规定统一办理社会保险。

五、人员招聘和管理

（一）用工单位向人力资源部报送《科研财务助理岗位计划申报表》，申报表经人力资源部核准后，人力资源部向用工单位下达科研财务助理岗位计划。

（二）用人单位在人力资源部核准的岗位计划内，按照学校用工管理的规定和科研财务助理岗位条件采取公开公正公示原则进行岗位招聘工作。

（三）与用人单位或团队成员有夫妻关系、直系血亲关系、三代以内旁系血亲或者近姻关系的，不得应聘相应的科研财务助理岗位。

（四）科研财务助理在校工作期间，应遵守学校和用人单位的规章制度，日常管理由用人单位负责。工作期内出现违法违纪行为的，按国家及学校有关规定处理。

（五）财务处牵头与相关职能部门共同做好科研财务助理业务培训工作，负责登记在册管理。

六、经费保障

（一）科研财务助理岗位的人员经费由用人单位承担。

（二）用人单位承担的科研财务助理人员经费来源于用工单位各类有劳务费预算和间接费用预算的科研项目经费和单位可用于支付劳务费的其他经费。科研财务助理是课题组成员或者有固定工资收入的人员，不能再由项目（课题）的劳务费支取，但可以从间接费用（绩效）里获得补贴。

（三）科研财务助理的人员费转拨，由项目负责人签字，报学院或实验室审核汇总后，交由财务处集中按月发放（暂定每月 25 日前，遇节假日顺延）。财务处根据学校与劳务派遣公司、劳务派遣公司与科研财务助理签订的合同负责经费来源审核和发放。用人单位在学校签订的劳务派遣合同框架内与劳务派遣公司签订劳务派遣管理实施协议。

七、本办法自印发之日起施行，由财务处、人力资源部、科研部负责解释。

中国科学技术大学“统筹推进世界一流大学和一流学科建设”专项资金管理办法（试行）

（校财字〔2017〕132 号，2017 年 7 月 17 日）

第一章　总　　则

第一条　为规范和加强“统筹推进世界一流大学和一流学科建设”（以下简称“双一流”）专项资金管理，提高资金使用效益，根据教育部、财政部、国家发展改革委制定的《统筹推进世界一流大学和一流学科建设实施办法(暂行)》(教研〔2017〕2 号)精神,结合我校特色与实际,制定本办法。

第二条 学校“双一流”专项资金来源包括中央财政专项资金、中国科学院配套资金、安徽省人民政府共建资金和学校项目自筹资金等。本办法适用于中央财政专项资金,其他配套资金按经费来源单位管理办法执行。

第三条 学校“双一流”专项资金主要用于学科建设、队伍建设、人才培养、支撑体系建设、科研条件改善、国际交流合作等方面。按照学校统筹推进世界一流大学和一流学科建设的总体规划,以人才培养为核心,以一流学科建设带动学校整体发展,全面提升学校在人才培养、科学研究、社会服务、文化传承创新和国际交流合作中的能力,提高学校的办学水平和综合实力。

第四条 学校“双一流”专项资金实施统一管理、集中核算、专款专用。

第五条 凡使用“双一流”专项资金形成的资产均属国有资产,须纳入学校资产统一管理。

第二章 管理部门职责与权限

第六条 “双一流”专项资金由学校“双一流”办公室统一管理,研究生院、人力资源部、科研部、公共实验中心、教务处、国际合作与交流部、资产与后勤保障处、基本建设处、财务处等职能部门协同配合,严格执行国家财经法律法规,共同做好“双一流”专项资金的管理工作,保障建设项目的顺利实施。

(一)“双一流”办公室负责组织项目评审,负责项目预算审核汇总上报,负责按审定的预算分配方案下达拨款通知,负责组织项目绩效考核。

(二)研究生院、人力资源部、教务处、公共实验中心、科研部、国际合作与交流部分别具体负责“双一流”项目中的学科建设、队伍建设、人才培养、支撑体系建设、科研条件改善、国际交流合作等相关工作,负责项目预算汇总,负责分类制定绩效评价和资金管理具体办法,并按规定管理、使用经费。

(三)资产与后勤保障处负责仪器设备等固定资产的购置论证、招标采购等工作。

(四)基本建设处负责教学、科研用房和附属设施等维修改造工作。

(五)财务处负责经费核算并与相关部门共同做好预算执行等相关财务管理工作。

(六)相关职能部门配合做好与项目相关的管理工作。

第七条 项目承担单位(学院、中心、实验室)是“双一流”专项资金的基层管理单位,承担项目及经费监管责任;负责督促经费执行进度,监督各项目负责人合理、合法使用经费。

第八条 项目负责人根据项目特点和实际需要,科学、合理编制项目预算,严格按预算支出,对经费支出的真实性、合规性承担相关责任,并保证预算执行进度,按照要求完成绩效自评。

第三章 预 算 管 理

第九条 “双一流”专项资金预算纳入学校总体预算,“双一流”建设期内实行收支平衡,允许跨年分配,年度总额控制使用。

第十条 学校根据《统筹推进世界一流大学和一流学科建设实施办法(暂行)》(教研〔2017〕2 号)精神,结合学校的发展战略规划、"双一流"专项资金来源等情况,通过单位预算申请,经校务专项会议论证、学校"双一流"建设领导小组审议、党委常委会审定,确定"双一流"建设项目预算分配方案。

第十一条 "双一流"建设项目按照国家有关财经法律法规的要求,根据发展规划,科学合理编制年度预算。

第十二条 "双一流"建设项目预算一经审定,必须严格执行,一般不作调整。确有必要调整时,必须按项目预算审批程序重新申请报批。

第四章 支出管理

第十三条 "双一流"建设经费的资金使用实行项目管理方式,具体支出范围包括与"双一流"建设相关的人员经费、业务费、设备购置费、维修费等。

(一) 人员经费指项目建设过程中引进、聘任、培养各类人才和团队的支出,为"双一流"队伍建设经费,由人力资源部统一管理。

(二) 业务费指为完成项目建设任务而开支的实验材料费、办公费、印刷费、邮电费、交通费、差旅费、会议费、培训费、劳务费、租赁费、维修(护)费、国际合作与交流费、物业管理费、版面费、加工协作费、测试费、检索费、外宾接待费、学生活动费等。

(三) 设备费指为完成项目建设任务而必须购置或试制教学、科研仪器设备发生的费用。

(四) 修缮费指与项目建设相关的教学、科研用房和附属设施的修缮所发生的支出。

(五) 劳务费指与项目建设相关流动人员的劳务酬金和专家咨询费支出,可以作为学校聘期制人员的薪酬来源补充。

第十四条 "双一流"专项资金的开支范围和标准按照国家有关规定执行。

第十五条 "双一流"专项资金所涉及的大额资金支出,须执行《中国科学技术大学大额资金支付审批管理暂行办法》。

第十六条 "双一流"专项资金采购支出应按照学校招标管理的规定程序进行;凡纳入政府采购的支出项目,应按照《中华人民共和国政府采购法》的有关规定实施政府采购。

第十七条 "双一流"专项资金不得用于"双一流"建设项目之外的开支,不得用于偿还债务、支付罚款、捐赠、赞助和对外投资等支出,也不得用于按照国家规定不得列支的其他支出。

第五章 决算管理

第十八条 年度末,各建设项目需就项目建设进展情况和专项资金的使用情况进行总结,报送学校"双一流"办公室。

第十九条 年度末,学校将"双一流"专项资金收支情况纳入单位年度决算统一编报,经中国科学院审核后报送财政部门。

第二十条 各建设项目应加强管理，确保“双一流”项目建设进度和预算执行进度。项目实行滚动预算管理，2年内允许归口管理部门根据项目资金使用绩效和进展情况统筹调控。超过期限，未列支的专项资金按照财政部结转和结余资金管理规定严格管理和使用。

第六章 监督检查与绩效考评

第二十一条 “双一流”专项资金实行定期和不定期检查制度，由学校“双一流”办公室和相关职能部门根据国家有关规定，对各建设项目专项资金的预算执行、资金使用效益、项目进展、财务管理等情况进行监督检查。对建设进展不明显、资金使用效益低下，或发生资金使用违规、资金浪费情况的，应督促其认真整改，否则将减少或停止后续经费支持，对情节严重的责任人员，将按国家和学校有关规定追究其责任。

第二十二条 “双一流”各建设项目负责人对专项资金使用的真实性、合法性和相关性承担直接责任，学校职能部门对专项资金使用要发挥监督和协调作用，承担管理责任。各建设项目负责人需对项目的资金管理、预算执行和资金使用负责，应自觉接受职能部门的管理和监督。

第二十三条 “双一流”专项资金实行绩效考评制度。年度结束后，由学校“双一流”办公室和相关职能部门，对“双一流”项目绩效目标进行考评，考评结果将作为安排下年度项目专项资金的重要参考依据。

第七章 附　　则

第二十四条 本办法经校长工作会议审议后，报党委常委会批准后执行。

第二十五条 本办法在执行当中，如上级部门有新的规定，按上级部门文件执行。

第二十六条 本办法由“双一流”办公室、财务处共同负责解释。

中国科学技术大学收入管理办法

（校财字〔2017〕133号，2017年7月17日）

第一章 总　　则

第一条 为加强和规范学校各项收入管理，增强经济资源的筹措能力，保障和促进学校的事业发展，根据《高等学校财务制度》《高等学校会计制度》《行政事业单位内部控制规范（试行）》等精神，结合学校实际，制定本办法。

第二条 收入是指学校为开展教学、科研及其他事业活动依法多渠道取得的非偿还性资金,包括财政补助收入、事业收入、上级补助收入、附属单位上缴收入、经营收入和其他收入。

第三条 收入管理坚持“依法取得、应收尽收、规范管理、责任明确”的原则。学校财务处是学校各项收入的业务管理部门,负责依法对全校的收入进行统一管理和集中核算。

第二章 收入的分类

第四条 财政补助收入。

是指学校从中央财政部门和上级主管部门取得的各类财政拨款。主要包括:

(一) 财政教育拨款,即学校从中央财政部门和上级主管部门取得的各类财政性教育拨款。

(二) 财政科研拨款,即学校从中央财政部门和上级主管部门取得的各类财政性科研拨款。

(三) 财政其他拨款,即学校从各级财政部门和业务主管部门取得的本条上述拨款范围以外的财政性拨款。

第五条 上级补助收入。

是指学校从主管部门和上级单位取得的非财政补助收入。

第六条 事业收入。

(一) 教育事业收入

是指学校开展教育教学及其辅助活动所取得的各项收入,即各项行政事业性收费,主要包括:

1. 学费收入。通过学历和非学历教育向个人或单位收取的学费、委托培养费、培训费收入。主要包括全日制普通本科生学费、研究生学费、中外合作办学学生学费、留学生学费,短期进修培训学生学费、附属中学学费、幼儿园保育教育费等。

2. 住宿费收入。包括普通本科学生住宿费、研究生住宿费、留学生住宿费、短期进修培训学生住宿费等。

3. 培训费收入。指举办的各类培训班的收入。

4. 其他。主要包括会议费、考试考务费、招生报名费、测试费等。

(二) 科研事业收入(含实验室运行费)

是指学校开展科学研究及其辅助活动所取得的收入,主要包括国家纵向科研经费、地方科研经费、横向课题经费、科技协作经费、科技成果转让及科技咨询等所取得的收入。

第七条 附属单位上缴收入,即学校附属独立核算单位按照有关规定上缴的收入。

第八条 经营收入,即高等学校在教学、科研及其辅助活动之外,开展非独立核算经营活动取得的收入。

第九条 其他收入,即上述规定范围以外的各项收入,包括投资收益、国有资产有偿使用收入、捐赠收入、利息收入、租金收入、现金盘盈收入、存货盘盈收入、收回已核销应收及预付款项、无法偿付的应付及预收款项、知识产权收入、拨入专款、非同级财政拨款(其他经费拨款)等。

（一）投资收益是指学校通过参股、入股等对外投资方式取得的投资收入。

（二）国有资产有偿使用收入是将学校占有使用的固定资产、流动资产、无形资产，通过出租、出借、对外合作、对外服务形式取得的收入，主要包括经营性用房租赁收入，利用学校的会议室、教室、实验室、公共场所（地）、仪器设备、非教学用房等收取的租赁费、有偿使用和有偿服务费等。

（三）捐赠收入是指企事业单位、个人等社会各界支持我校发展、为学校捐赠的流动性资产。

（四）利息收入。

（五）其他。

第十条 国有资产处置收入是学校处置的固定资产、无形资产及其他资产等取得的净收入。国有资产处置收入应当按照国家有关规定实行收支两条线管理。

第三章 收入的组织管理

第十一条 根据“收支两条线”的管理要求，各部门、各单位所有取得的收入必须全部纳入学校综合财务预算，实行统一管理，任何单位不得截留、挪用或设立“小金库”。

第十二条 学校财务部门和相关单位是学校所有收入落实的责任单位，校内各责任单位应与财务部门通力配合，采取有效措施保障学校各项收入及时落实到账，使各项收入应收尽收，共同做好收入的组织管理工作。

第十三条 财务处具体负责校内各项收入的审核、确认、核算和票据的管理等工作，并对收入的合法性、合规性实施监督检查。

第十四条 财政补助收入的责任单位为财务处、人力资源部、教务处、研究生院、科研部、基本建设处、资产与后勤保障处等相关单位，各责任单位应各司其职，相互配合，共同做好收入预算申报相关基础数据的编制统计工作，保证上报材料完整、准确和及时。

第十五条 上级补助收入责任单位为财务处及相关单位。

第十六条 教育事业收入的组织责任单位

（一）普通本科生学费、住宿费、双学位学生学费，责任单位为教务处、保卫与校园管理处及各相关学院。

（二）研究生学费、住宿费，责任单位为研究生院、保卫与校园管理处及各相关学院。

（三）留学生学费、住宿费，责任单位为国际合作与交流部。

（四）短期培训费（非学历教育），责任单位为各学院、各培训承担单位。

（五）附中学费收入、幼儿保育教育费收入，责任单位分别为附中和幼儿园。

（六）会议费、考试教务费、招生报名费、测试费、版面费等其他教育收入，责任单位为相关业务管理单位。

第十七条 为保证学校教育事业性收费的足额收取，教务处、研究生院等学籍管理的业务部门，应根据核定的收费标准，负责学生学费、住宿费应收数的初始化确定工作。如应收数发生变动或确定的应收数与核定的标准不符，必须提供相关的政策或审批依据。实收数的确认由财务处负责。

第十八条 科研事业收入的责任单位为科研部、各学院、实验室和各重点科研机构。

第十九条 其他收入的组织责任单位。

（一）非同级财政拨款收入（含地方级经费拨款）的责任单位为财务处及学校各相关单位，各相关单位应紧跟国家、上级单位和地方政府出台的有关政策，多渠道筹措办学经费。

（二）国有资产（资源）有偿使用收入的责任单位为资产与后勤保障处和相应业务单位。

（三）学校捐赠收入及中央财政捐赠配比收入的责任单位为教育基金会、财务处等相关单位。

（四）利息收入的责任单位为财务处。

第二十条 学校严格按照批准的收费项目范围组织收入。各种收费项目立项、收费标准的制定和调整，必须经学校收费工作领导小组审核批准。各单位不得自行确定或调整收费项目和收费标准。更不允许未经批准立项，擅自进行收费的行为发生。

第二十一条 学校财务处负责各项收费项目的管理、申报和报备工作。需要新增加的收费项目，或收费标准需要调整的收费项目，由收费业务管理责任单位提出申请，财务处提出审核意见报学校收费工作领导小组审核批准后执行。按规定需要上报主管部门或物价部门备案的，按规范程序报备。

第二十二条 学校按规定可以分成的收入，根据学校相关文件规定的分成比例进行分配。分配给相关业务单位的经费，按学校相关文件规定进行使用。

第二十三条 各业务单位利用学校现有的资源和条件，通过合法、合规和合理的途径和方式，开展对外有偿使用和有偿服务等所取得的收入，为鼓励业务单位组织收入的积极性，原则上可实行收入分成和激励管理。具体分成和激励办法由财务处会同人力资源部等相关单位研究拟定，经校长工作会议讨论后，报校党委常委会批准后执行。

第二十四条 收费减免与退费。本科生、研究生学费减免和退费，其他经批准的收费项目收入的减免，必须按照规范程序办理。收费减免与退费的相关管理办法由相关业务部门会同财务处另行制定。

第二十五条 各类收入均应使用上级财政部门统一印制的收费票据以及按有关规定应使用的税务发票。

第四章 监督检查

第二十六条 学校纪检、监察审计和财务部门应定期或不定期对收入实现情况开展监督和检查，落实收入方面的审计检查整改意见。

第二十七条 学校所属各单位、各部门不得擅自收费，不得应收不收或不按标准收费，不得自收自支，不得私设小金库等。对违反规定的单位和个人，将根据国家法律法规及学校相关规定给予严肃处理。

第五章 附则

第二十八条 本办法自印发之日起施行。此前学校相关文件中有与本办法不一致的，以本办法规定为准。

第二十九条 本办法由财务处负责解释。

中国科学技术大学离退休专项工作经费管理试行办法

（校办字〔2017〕137号，2017年7月18日）

第一章 总 则

第一条 为了贯彻执行国家和我院离退休干部的相关政策（中办发〔2016〕3号，科发党字〔2016〕48号文件），规范离退休专项工作经费的使用和管理，更好地为离退休干部服务，参照《中国科学院离退休干部工作局离退休专项工作经费管理试行办法》及我校的财务管理制度，制定本办法。

第二条 离退休专项工作经费主要包括离退休干部的各类活动费用、补助性费用、慰问费用、为老服务费用、群团组织工作费用、老年大学及活动中心运行维护费用、服务车辆费用，以及为落实离退休干部政治待遇、生活待遇，发挥老同志作用的其他费用。

第二章 管理职责

第三条 离退休人员管理部门负责离退休专项工作经费的预算申请和使用。

第四条 校财务处按照国家、中科院和学校有关制度规定，负责经费支出审核和报销，监督年度预算执行。

第五条 校监察审计部门负责经费的监督和检查。

第三章 支出原则

第六条 离退休专项工作经费本着“合理支出，突出重点，提高效益，节俭办事”的原则，保证离退休专项工作经费用于落实“两项待遇”、发挥作用、阵地建设、活动的组织开展及为老服务。

第七条 使用离退休专项工作经费购买固定资产或属于政府采购范围（目录）内的货物、工程和服务，需按规定程序进行报批和采购。固定资产入库、报销及处置参照学校固定资产管理办法执行。

第八条 离退休专项工作经费审批责任人为各经费管理部门负责人，审批责任人依据国家、中科院、学校和安徽省有关文件或校离退休干部工作委员会决议等政策性文件作为支出审批的依据。

第四章　支出范围及标准

第九条　离退休专项工作经费支出范围：

1. 落实政治待遇支出。包括党组织活动费，慰问费，通报情况、形势报告会相关费用，离退休人员订阅报刊费、离休干部报刊补助费，离退休党支部支委及相关团体负责人工作补贴，离退休基层党支部支委片长培训相关费用等。

2. 落实生活待遇支出。包括特困帮扶，离退休人员节日慰问、生日慰问、实物福利费，离退休人员体检费，离退休干部健康休养费，离退休干部购买意外保险费等。

3. 组织活动支出。包括老年文体群众团体活动费，离退休干部文体活动费、重大节日活动费、体验美好生活及学习交流活动费等。

4. 老年大学及活动中心运行支出。包括专聘教师酬金、差旅费、资产购置费、设备租赁调试费、教材购置费、运行维护费、劳务费等。

5. 老同志发挥作用支出。包括老科协、关工委等相关团体调研、学习交流、开展活动等费用。

6. 服务保障支出。做好以上服务和活动的相关交通费、车辆租赁费、邮电通信费等。

7. 其他支出。包括其他用于离退休干部的相关支出。

第十条　离退休干部参加各类活动的用餐、住宿、交通费用按一般工作人员标准执行。

第十一条　离退休干部经离退休干部工作办公室同意的公务出差差旅费参照在职人员相关标准执行。

第五章　预算管理与执行

第十二条　离退休人员管理部门根据工作计划编制年度预算，提出预算申请，按学校预算管理程序报批，待批准后执行。

第十三条　离退休人员管理部门应加强预算执行计划管理，及时监控预算执行进度。

第六章　附　　则

第十四条　本试行办法经校离退休干部工作委员会讨论通过之日起施行。如本试行办法与国家、中科院、校出台的新制度不一致，按新制度执行。

第十五条　本办法由离退休干部工作办公室负责解释。校退休工人参照此办法执行。

中国科学技术大学国内公务接待管理规定

（校办字〔2017〕157号，2017年8月9日）

第一条 为了规范我校国内公务接待管理，厉行勤俭节约，反对铺张浪费，加强党风廉政建设，根据《党政机关厉行节约反对浪费条例》《党政机关国内公务接待管理》《中国科学院关于进一步规范和加强公务接待支出管理的通知》以及《安徽省省直机关公务接待费管理暂行办法》《省内公务活动禁止饮酒规定》的规定，结合学校实际，制定本规定。

第二条 本规定所称国内公务，是指出席会议、考察调研、执行任务、学习交流、检查指导、请示汇报工作等公务活动。

第三条 国内公务接待应当坚持有利公务、务实节俭、严格标准、简化礼仪、高效透明、尊重少数民族风俗习惯的原则。

第四条 确需接待的公务活动，接待单位应有来访单位的接待依据（公函、邀请函等），明确内容、行程和人员。

第五条 接待单位应当严格控制国内公务接待范围，不得用公款报销或者支付应由个人负担的费用，不得将休假、探亲、旅游等活动纳入国内公务接待范围。

第六条 接待单位应当根据规定的接待范围，严格接待审批控制，对能够合并的公务接待统筹安排。无接待依据的公务活动和来访人员一律不予接待。

第七条 国内公务接待不得在机场、车站、码头和辖区边界组织迎送活动，不得跨地区迎送，不得张贴悬挂标语横幅，不得安排群众迎送，不得铺设迎宾地毯；接待单位主要负责人不得参加迎送。严格控制陪同人数，不得层层多人陪同。

接待单位安排的活动场所、活动项目和活动方式，应当有利于公务活动开展。安排外出考察调研的，应当深入基层、深入群众，不得走过场、搞形式主义。

第八条 接待住宿应当严格执行差旅、会议管理的有关规定，在定点饭店或者内部接待场所安排，执行协议价格。出差人员住宿费应当回本单位凭据报销，与会人员住宿费按会议费管理有关规定执行。

住宿用房以标准间为主，接待省部级干部可以安排普通套间。接待单位不得超标准安排接待住房，不得额外配发洗漱用品。

第九条 接待用餐尽量安排为校内教工餐厅自助餐。确因工作需要，接待单位可以安排工作餐一次，并严格控制陪餐人数。接待对象在10人以内的，陪餐人数不得超过3人；超过10人的，陪餐人数不得超过接待对象人数的三分之一。

工作餐应当供应家常菜，不得提供鱼翅、燕窝等高档菜肴和用野生保护动物制作的菜肴，不得提供香烟以及酒类或含有酒精的饮料，不得使用私人会所、高消费餐饮场所。一般公务接待的标准最高不得超过130元/人。

第十条 国内公务接待的出行活动应当安排集中乘车，合理使用车型，严格控制随行车辆。

第十一条 各单位应当加强对国内公务接待经费的预算管理，合理限定接待费预算总额。公务接待费用应当全部纳入预算管理，单独列示。

禁止在接待费中列支应当由接待对象承担的差旅、会议、培训等费用，禁止以举办会议、培训为名列支、转移、隐匿接待费开支；禁止向下级单位及其他单位、企业、个人转嫁接待费用，禁止在非税收入中坐支接待费用；禁止借公务接待名义列支其他支出。

各单位要加强结算管理，对公务接待支出原则上实行痕迹化结算管理，应明确使用公务卡结算公务接待支出的限额标准，对达到限额标准的公务接待支出使用公务卡结算。

第十二条 凡发生国内公务接待费用，不论经费来源，都必须严格按照《党政机关国内公务接待管理规定》（中办发〔2013〕22 号）、《中国科学院关于进一步规范和加强公务接待支出管理的通知》（科发办字〔2015〕177 号）、《安徽省省直机关公务接待费管理暂行办法》（财行〔2014〕2066 号）等文件执行，确保公务接待支出符合资金管理规定。

接待费报销凭证包括财务票据、接待依据（公函、邀请函等）、接待事项审批单和费用结算清单。对于无接待依据、无接待事项审批单、无费用结算清单以及超范围、超标准的接待，一律不予报销。

第十三条 接待单位不得超标准接待，不得组织旅游和与公务活动无关的参观，不得组织到营业性娱乐、健身场所活动，不得安排专场文艺演出，不得以任何名义赠送礼金、有价证券、纪念品和土特产品等。

第十四条 学校定期对各单位国内公务接待工作进行监督检查。财务处应当对国内公务接待经费开支和使用情况进行监督检查。监察审计处应当对国内公务接待经费进行审计，并加强对内部接待场所的审计监督。监督检查的主要内容包括：

（一）国内公务接待标准执行情况；

（二）国内公务接待经费管理使用情况；

（三）国内公务接待信息公开情况；

（四）内部接待场所管理使用情况。

第十五条 学校应当将国内公务接待工作纳入问责范围。纪检监察部门应当加强对国内公务接待违规违纪行为的查处，严肃追究接待单位相关负责人、直接责任人的党纪责任、行政责任并进行通报，涉嫌犯罪的移送司法机关依法追究刑事责任。

第十六条 各单位应当加强公务外出计划管理，科学安排和严格控制外出的时间、内容、路线、频率、人员数量，禁止异地部门间没有特别需要的一般性学习交流、考察调研，禁止重复性考察，禁止以各种名义和方式变相旅游，禁止违反规定到风景名胜区举办会议和活动。

第十七条 本规定由党政办公室、财务处负责解释，自印发之日起施行。原《中国科学技术大学国内公务接待管理规定（试行）》（校办字〔2014〕80 号）同时废止。

中国科学技术大学经济活动内部控制建设实施方案(试行)

(校财字〔2017〕178 号,2017 年 8 月 23 日)

为贯彻落实财政部《行政事业单位内部控制规范(试行)》(财会〔2012〕21 号)、《关于全面推进行政事业单位内部控制建设的指导意见》(财会〔2015〕24 号)、《中国科学院所属单位经济活动内部控制规范》(科发条财字〔2013〕206 号)以及《教育部直属高校经济活动内部控制指南(试行)》(教财厅〔2016〕2 号)等要求,在全校范围内构建全面有效的内部控制体系,进一步推进依法治校,强化和规范高校经济与业务活动管理,提高学校风险防范能力,保障“双一流”战略目标实现,制定本方案。

一、指导思想

高举中国特色社会主义伟大旗帜,认真贯彻落实党的十八大和十八届三中、四中、五中、六中全会精神,深入贯彻习近平总书记系列重要讲话精神和治国理政新理念新思想新战略,特别是习近平总书记考察中国科大重要讲话精神,根据财政部、教育部、中国科学院关于内控制度建设的相关规定,全面推进学校内部控制建设,规范内部经济和业务活动,强化对内部权力运行的制约,防止内部权力滥用,夯实学校各项基础工作,建立健全科学高效的制约和监督体系,保证经济活动合法合规、资产安全和使用有效、财务信息真实完整,切实增强全校教职工的风险防控意识,促进学校治理水平全面提升,为创建世界一流大学提供有力保证。

二、工作目标

总体目标:紧紧围绕学校办学目标和事业发展规划,全面执行《行政事业单位内部控制规范(试行)》(以下简称《内控规范》),有效开展学校内部控制建设工作,完成《内控规范》中规定的建设目标和任务。到 2020 年,基本建成与国家治理体系和治理能力现代化相适应的权责一致、制衡有效、运行顺畅、执行有力、管理科学的内部控制体系,形成支持学校可持续发展的制度环境,更好地发挥内部控制在提升内部治理水平、规范内部权力运行、促进依法行政、推进廉政建设中的重要作用。

具体目标:围绕控制环境、预决算管理、资产管理、债务管理、收入管理、支出管理、合同管理、采购管理、工程项目管理、科研项目管理、财政专项项目管理、经济活动信息化管理、所属企业管理、教育基金会管理、附属单位管理等 15 个业务层面的经济活动,梳理和优化现行规章制度和业务流程,通过分析风险隐患,完善风险评估机制,提出有效的风险防控措施,部署运行内部控制信息系统,建立与学校发展相适应、落地见效的经济活动内部控制体系。

内部控制建设具体目标责任部门分工一览表

目标内容	责任部门
控制环境管理	党政办公室、发展规划处
预决算管理、债务管理、收入管理、支出管理、财政专项项目管理、资产管理(货币资金)	财务处
资产管理(固定资产、存货、投资等)、采购管理	资产与后勤保障处
工程项目管理	基本建设处
科研项目管理	科研部
经济合同管理	党政办公室、人力资源部、科研部、财务处、研究生院、基本建设处、资产与后勤保障处、国际合作部、保卫与校园管理处
经济活动信息化管理	党政办公室、人力资源部、科研部、研究生院、基本建设处、资产与后勤保障处、财务处、教务处、学工部、保卫与校园管理处、网络信息中心等相关单位
所属企业管理	资产经营公司、出版社、学校所属各研究院
教育基金会管理	教育基金会
附属单位管理	各附属单位

三、工作任务

按照财政部《行政事业单位内部控制规范(试行)》(财会〔2012〕21 号)、《教育部直属高校经济活动内部控制指南(试行)》(教财厅〔2016〕2 号)和《中国科学院所属单位经济活动内部控制规范》(科发条财字〔2013〕206 号)的要求,全面梳理内部控制管理现状,围绕十五类重要经济活动,认真查找内部控制薄弱环节,明确当前及今后一个时期学校内部控制建设的重点内容和重要工作。

(一) 全面梳理各类经济活动业务流程

根据学校各层级职能部门管理职责划分,针对 15 类重要经济活动的业务流程进行全面梳理,包括业务层面的组织机构设置和业务流程设计。对各项经济业务特点进行总结和归纳,明确各项经济业务的目标、范围和内容。

(二) 明确各项经济业务的控制环节

按照业务实现的时间顺序和逻辑关系,将各个业务的决策机制、执行机制和监督机制融入到业务流程中的每个环节,细化业务流程各环节中各单位、各岗位的设置,明确其职能范围和分工。

(三) 系统分析经济活动风险隐患

在明确各项经济活动业务范围和业务环节的基础上,全面开展风险排查,确定风险点,建立统一的风险数据库,明确风险责任单位,提出管理策略和解决方案,将风险控制在可承诺的范围内。

(四) 建立健全和完善内部控制制度

对照财政部、教育部内部控制要求,在全面梳理学校各项经济业务活动流程和风险防控点的基础上,结合学校层面和业务层面的重大风险,建立健全内部控制的各项规章制度。重点查找现行制度中存在的交叉、重叠、矛盾、缺失及与业务流程关联度不强等缺陷,对各项制度(标准)进行重新修订与整合,确保制度与流程、岗位职责、控制要求相统一,为制度的有效执行提供保障。

(五) 建设学校统一内部控制信息化工作平台

为提高内部控制信息化、标准化水平,学校将建设具备信息在线收集、风险在线评估、重大风险自动预警、内部控制在线评价等功能的内部控制信息系统。根据不同的经济活动业务需求,按照重要性原则,逐步有序地进行信息化系统平台开发。各类经济业务信息化系统的开发,应服从于学校整体信息系统建设的大局要求,各类业务系统应能够嵌入到学校统一内部控制信息化工作平台中。实现与相关业务系统的集成化,提升系统实用化程度。

(六) 形成内部控制评价监督长效机制

建立健全内部控制的监督检查和自我评价制度,通过日常监督和专项检查,检查内部控制实施过程中存在的突出问题、管理漏洞和薄弱环节,进一步改进和加强内部控制。学校通过制定内部控制评价工作方案,明确评价范围、评价内容、评价方式、程序步骤、时间节点,组织各单位开展内部控制自评工作,编报内部控制自评报告,评价内部控制设计与执行的有效性。坚持标本兼治、综合治理、惩防并举、注重预防的方针,充分发挥监察审计等内部监督力量,将内部控制运行情况纳入到经济责任审计、专项审计、党风廉政建设责任制检查等重要内容中,提高对舞弊、违规、违纪等内部控制风险的防范与控制能力。

通过上述工作,学校将建成具有组织架构扁平化、业务流程标准化、内部控制责任岗位化、控制手段信息化、监督评价常态化特征的内部控制体系。通过有效运用不相容岗位相互分离、内部授权审批控制、归口管理、预算控制、财产保护控制、会计控制、单据控制、信息内部公开等内部控制基本方法,加强对学校层面和业务层面的内部控制,实现内部控制体系全面、有效实施。

四、工作措施和步骤

(一) 建立组织保障体系

学校成立经济活动内部控制建设领导小组和工作小组。领导小组由党委书记、校长任组长,各分管校领导为成员;工作小组由党委副书记、纪委书记任组长,总会计师任副组长,党政办公室、监察审计处、人力资源部、科研部、基本建设处、财务处、资产与后勤保障处、网络信息中心等相关业务职能部门为主要成员。

内部控制建设领导小组负责领导学校内部控制建设工作,对学校内部控制建设的基本思路、工作重点、建设方案等进行审议。

内部控制建设工作小组负责学校内部控制体系建设工作的具体实施,组织全校各单位开展内部控制建设;建立健全学校内部控制建设组织体系,推动内部控制建设工作常态化开展。

内部控制工作小组下设办公室（内控建设工作办公室），挂靠财务处，具体负责协调内部控制体系建设的日常工作。

内控建设工作办公室人员：由内部控制建设工作小组成员单位指定一名具体负责本单位内控建设工作的人员组成。

（已于 2017 年 7 月完成领导小组、工作小组的调整。）

（二）内控建设项目的启动与部署

学校将召开内部控制体系建设项目培训会，开展内部控制建设的政策宣传和培训。制定项目实施方案与项目工作计划，并明确对应各类任务的具体工作描述、项目成果、任务周期及参与人员，建立项目管理和汇报机制，保证项目顺利开展。

（已于 2017 年 7 月 27 日开展一次培训辅导会并部署相关工作。）

（三）开展内部控制基础性评价与重大风险评估

鉴于学校内部控制体系建设工作内容的复杂性和特殊性，在实际建设过程中可能会存在一定的不确定因素，通过采取竞争性磋商采购的方式，确定专业水平高、业务能力强、职业信誉好的专业机构。将围绕 15 类经济活动业务范围，对学校层面风险管理及内部控制的现状进行全面评估。通过对学校各项经济活动的管理制度、岗位分工、业务流程等进行梳理，找出内控薄弱环节与存在的问题，完善制度，优化流程，采取措施，堵塞漏洞，对学校经济活动的风险进行有效防范和管控，建立健全科学有效的制约和监督体系。

（计划：2017 年 8 月完成风险评估专业机构的采购，9 月份专业机构进驻，项目评估工作启动。）

1. 中介机构风险评估的预期成果包括但不限于以下内容：

《中国科学技术大学内部控制风险评估报告》

《中国科学技术大学内部控制基础性评价意见书》

《中国科学技术大学内部控制基础性评价报告》

《内部控制总体评价指标及评分标准》

《内部控制评价指标及评分标准》（各业务单位层面）

《中国科学技术大学内部控制缺陷整改计划》

《中国科学技术大学制度体系建设计划》

2. 中介机构指导开展的内控制度体系建设的预期成果包括但不限于以下内容：

《中国科学技术大学内部控制手册》（包括不限于内部控制流程体系框架、内部控制流程文档、内部控制流程图、组织机构图、业务流程图、岗位职责和权限指引等）

《各业务层面的制度汇编》

《中国科学技术大学内部控制评价监督办法》

《中国科学技术大学校办企业内部控制建设模板》

《中国科学技术大学关键控制程序文件》及支撑性管理制度

《中国科学技术大学内部控制建设培训课件》包括实务操作资料等（知识转移）

（四）内部控制制度体系建设项目基本完成

结合中介机构对学校内控体系建设的评估结果，在其业务的指导下，全面梳理学校现有制度文件，与业务流程进行匹配，查缺补漏，搭建适合的内控制度体系框架，实现制度流程一体化管理。使用专业分析程序和方法，识别制度体系中的结构型缺陷，完善并健全学校内部控制制度。

（计划：2018 年 6 月 30 日前基本完成。）

（五）内部控制建设项目总结验收

在学校内部控制体系基本建成并试运行六个月后，学校将开展内部控制评价工作，了解和掌握内部控制体系的试运行情况，并根据评价过程中发现的相关问题修订或完善内部控制项目成果，保证内部控制项目成果的有效落地，同时，对内部控制体系总体建设与执行情况进行工作总结和项目验收。

（计划：于 2018 年 12 月进行项目总结验收工作。）

（六）逐步建立学校内部控制信息化系统平台

建设学校内部控制信息化统一工作平台，是学校内控制度体系有效运行、发挥监管作用的支撑保障。通过各类业务信息系统的不断建立和完善，将关键控制点和控制要求固化到业务信息系统中，才能充分发挥业务信息系统在内部控制执行中的重要作用，推进各项业务活动标准化、流程化、信息化，减少人为干预和操作失误。因此，在内控体系基本健全完善的基础上，制定学校内部控制信息化系统建设规划，明确信息系统建设的任务要求，并有计划、有步骤地组织实施。

（计划：2018 年 6 月前完成合同管理信息化平台建设，2019 年 12 月底前逐步完成其他各业务层面信息化平台建设。）

五、工作要求

（一）加强组织领导

各单位要站在促进学校事业健康发展的高度，充分认识全面推进行政事业单位内部控制建设的重要意义，把制约内部权力运行、强化内部控制作为当前和今后一个时期的重要工作来抓，切实加强对单位内部控制建设的组织领导，加强宣传、培训和学习，精心组织落实，将单位内部控制建设纳入制度化、规范化轨道。

（二）抓好贯彻落实

各单位主要负责人作为内控制度建设项目实施的第一责任人，要高度重视、全力支持，切实担负起领导责任，带头组织推动内控实施。按照学校推进内控建设工作方案的总体要求、主要任务和时间表，认真抓好内部控制建设，明确工作分工，配备工作人员，充分利用信息化手段，组织、推动本单位内部控制建设。

（三）深入宣传教育

各单位要加大宣传教育力度，广泛宣传制约内部权力运行、强化内部控制的必要性和紧迫性，引导广大教职工自觉提高风险防范和抵制权力滥用意识，确保权力规范有序运行。要加强对单位领导干部和工作人员有关制约内部权力运行、强化内部控制方面的教育培训，为全面推进内部控制建设营造良好的环境和氛围。

中国科学技术大学国际会议经费管理暂行办法

（校财字〔2017〕179 号，2017 年 8 月 23 日）

第一章　总　　则

第一条　为落实国家关于推进科技领域简政放权、放管结合、优化服务的要求，进一步规范我校举办国际会议的经费管理，促进我校国际学术交流，推动科技创新，根据《中办、国办印发〈关于在华举办国际会议的管理办法〉的通知》《财政部关于印发〈在华举办国际会议经费管理办法〉的通知》（财行〔2015〕371 号）等文件精神，参照中国科学院关于在华举办国际会议经费管理的相关规定，制定本办法。

第二条　本办法适用我校经批准在我国境内（不含港澳台地区）举办的各类与教学、科研业务相关的学术类国际会议，我校与国际组织及外国有关团体、机构共同举办或受其委托承办的国际学术会议，包括研讨会、报告会、交流会、年会、例会、座谈会、评审会、学术评审、评估会或培训班等会议类型。非教学科研业务类国际会议按照财行〔2017〕371 号文件的规定执行。

第三条　在华举办国际会议应当遵循以下原则：

（一）严格执行国际会议审批规定，履行报批手续。

（二）科学、规范、合理地编制国际会议经费预算，勤俭节约，杜绝铺张浪费，严格控制会议数量、规格和规模。

（三）根据国际惯例或对等接待的原则，合理负担经费。

（四）注重会议的实效。

（五）严格遵守国家保密法律法规和学校保密管理规定。

第二章　会 议 审 批

第四条　举办国际会议应履行事前报批制度。国际合作与交流部为学校举办国际学术会议审核的业务归口管理部门，具体负责受理会议申请，按规定程序办理报批手续。

第三章　收 入 管 理

第五条　所需经费由我校全额负担或与会各方分担的国际会议，按会议统一标准编制经费预算，我校负担的经费应当纳入学校预算管理。

第六条　国际会议的收入包括：会议注册费收入、国际组织专项资助、中央财政专项经费、科学院经费资助、赞助收入和其他收入。

（一）会议注册费收入，是指根据国际惯例，由会议举办单位向参会代表收取的用于会议支出的费用。

（二）国际组织专项资助，是指国际组织拨付给会议举办单位的专项经费。会议举办单位应当积极向国际组织申请专项资助。

（三）中央财政专项，是指在无会议注册费收入和国际组织专项资助，或者会议注册费收入和国际组织专项资助不足以弥补会议支出时，由中央财政对国际会议的补助。

（四）科学院经费资助，是指科学院对院属单位在华举办的国际会议资助的经费。

（五）赞助收入，是指境内外机构或部门、企业、个人出于自愿，无偿向国际会议提供资金或物资赞助而形成的收入。

（六）其他收入，是指从中央或地方政府获得会议资助，举办展览、展示、广告、旅游中介等收入。

举办国际会议取得的各项收入，必须统一纳入预算管理，单独核算。

第七条 举办国际会议取得的赞助物资或购买的办公用品、消耗材料等财产物资，应当严格管理。

（一）财产物资的取得、保管、领用要有规范的报批程序，明确专人负责。购买的固定资产应按照固定资产管理办法进行管理。

（二）购置或赞助取得的各项财产物资应当在会议结束后 3 个月内进行处理，具体处理方案经学校资产、财务部门同意，处置收入由学校依法依规管理。

第四章 支 出 管 理

第八条 国际会议的支出范围包括：特邀人员旅费和食宿费、场地租金、同声传译设备和办公设备租金、宴请费用、交通费用、工作人员食宿费用、志愿人员费用、翻译费用、综合费用以及其他费用支出。其中，综合费用支出范围包括办公用品、消耗材料购置，会议文件印刷、会议代表及工作人员的制证费以及其他会务费用等。

第九条 国际会议的支出实行综合定额控制。国际会议综合定额标准为：每人每天不超过 1200 元。

第十条 国际会议如有注册费、赞助费等收入，会议举办方可承担与会人员、国际组织官员及秘书处人员会议期间的食宿费用。国际会议收取注册费、资助费等收入，应遵循“收支两条线”的原则，由学校财务统一管理。较大规模国际会议可委托具有相应资质的会议公司提供会议服务，应签订合同并按合同据实结算，会议收支结算的有效票据及结算明细表作为会议支出的报销凭据。

第十一条 国际会议举办场所应当注重安全适用，不追求奢华，厉行节约、讲求实效。会议用餐以自助为主，严禁讲排场，不上高档菜肴和酒水。会议期间只安排一次宴请（不得提供高档酒水）。

第十二条 会议期间，会议工作人员确因工作需要租用车辆，接送会议代表往返驻地与会场，应当合理使用车型，严格控制随行车辆。租车费用标准应符合当地物价水平。

第十三条 学术类国际会议一般不安排同声翻译。特殊情况需要安排同声传译口译，需考虑同声传译人员的资格和等级，所需费用的定额标准应根据实际情况合理制定，经批准后，所需费用据实结算。不得承担额外的义务，对于确实需要为境外同声传译人员提供国际旅费的，我方只承担经济舱，费用据实结算。除劳务费及境外国际旅费外，不得承担同声传译人员的食宿、交通等费用。

第十四条 会议承办单位应当遵循国际惯例，按照实事求是、精简高效、厉行节约的原则，从严从紧控制国际会议经费支出。

出席我校举办的国际会议的特邀代表、按照外交对等接待的外宾，可在会议费中报销特邀代表的旅费和食宿费。为特邀代表提供国际机票，一般只提供经济舱；对于邀请的诺贝尔奖获得者、国际组织重要任职人员、国际上著名的学者或相当于部级的人士等特殊情况，经国际合作与交流部审核批准，可酌情提供公务舱。对于学校举办的小型国际会议、会议费完全由学校承担的，学校特邀作为专家参加会议的境外代表，其国际旅费、往返机场的交通费及会议期间的食宿费用全部由会议承担。除此之外，不承担会议代表的国内或国际旅费、往返机场的交通费及食宿费用。

第十五条 为国际会议特邀代表提供的国际机票原则上由学校购买，特殊情况也可采取定额包干方式，包干标准原则上不超过相应的公务舱标准。

第十六条 根据学术活动的需要，合理安排会议日程，严格控制会议规模、天数和参会人数。会议天数包括会议报到、会议期间和离会的时间，其中，会议报到和离会时间合计不超过2天。除经批准的特殊情况外，国际会议工作人员人数控制在会议正式代表人数的15%以内，驻会工作人员不得超过会议工作人员总数的50%。志愿人员原则上不安排住宿。

第十七条 要严格控制会议住宿档次，不发会议纪念品，不赠送礼品，不组织公款游览、参观等。为促进国际合作交流，有条件的单位可组织实地考察我校的科学设施或实验室。

第十八条 国际会议结束后，应及时办理会议费用报销手续。国际会议费报销时应提供：

（一）国际会议批件；

（二）国际会议通知(包含会议议程)；

（三）会议费报销单；

（四）实际参会人员签到表；

（五）会议服务单位提供的会议费发票、原始明细单据、电子结算单、委托协议(合同)等相关资料；

（六）国际会议承担的各项费用的原始票据；

（七）涉及人员费发放的，应采用转卡支付，确实需要支付现金的，必须提供情况说明，并经单位负责人签批。发放表必须有领款人本人的签收；

（八）会议公示材料。

第十九条 国际会议费用的支付原则上以银行转账或公务卡等非现金方式结算。

第五章 绩效管理

第二十条 我校主办或承办的国际会议应加强会议总体策划，跟踪前沿科学问题和热点科学问题，注重国际会议的实效性，提高国际会议报告水平，促进学术交流和青年人才的培养，加强科学普及和对外宣传，并及时总结评估，强化国际会议绩效管理。

第二十一条 对于申请财政专项预算拨款的国际会议，各单位应当按照预算绩效管理要求，编制绩效目标，撰写会议总结，存档备案。各单位应当加强对绩效目标的审核，作为会议经费预算编制的重要依据，提高项目和资金安排的科学合理性。

各单位应当建立完善的绩效管理机制，依据确定的绩效目标组织开展绩效自评，评价结果作为绩效问责的重要依据。

第六章 监督问责

第二十二条 国际会议举办单位应在国际会议结束后，将非涉密会议的名称、主要内容、参会人数、经费支出等，在办理财务报销前，在单位内部进行公示。

第二十三条 学校监察审计部门对学校召开的国际会议费管理和使用情况进行监督检查。对存在问题的单位，由学校监察审计部门责令改正，违规资金应予追回，并视情况予以通报。对直接责任人和单位负责人，报请学校按规定给予相应处分。

第二十四条 违反本办法规定，有下列行为之一的，依照有关法律法规追究会议举办部门和相关人员的责任：

（一）擅自改变国际会议资金用途的；

（二）以虚报、冒领等手段骗取国际会议经费的；

（三）以虚构会议人数、天数等手段骗取国际会议经费的；

（四）违规扩大支出范围，或超过支出标准的；

（五）违规报销与国际会议无关费用的；

（六）挪用、截留、侵占国际会议经费的；

（七）其他违反本办法行为的。

第七章 附 则

第二十五条 本办法中有关会议费管理的其他未及事宜，按照国家相关规定执行。

第二十六条 本办法由财务处、国际合作与交流部负责解释。

第二十七条 本办法自印发之日起施行。

中国科学技术大学基本建设财务管理办法

（校财字〔2017〕206 号，2017 年 10 月 9 日）

第一章 总 则

第一条 为进一步规范我校基本建设财务管理工作，根据财政部《基本建设财务规则》

(中华人民共和国财政部令第 81 号)、《基本建设项目竣工财务决算管理暂行办法》(财建〔2016〕503 号)及《基本建设项目建设成本管理规定》(财建〔2016〕504 号)的有关规定和要求,结合学校实际情况,制定本办法。

第二条 本办法适用于我校所有基本建设项目,以及要求按基本建设程序管理的大型维修改造项目和其他项目。

第三条 基本建设资金统一纳入学校预算管理,核算按照高校会计制度实行双轨制,独立核算,专款专用,定期并入事业财务。

第四条 校财务部门是基本建设资金的财务管理和核算部门。负责建设项目资金核算管理及项目竣工财务决算管理。在管理过程中,严格执行国家财经法规及学校有关规定,监督建设资金的合理使用,认真做好日常的会计审核、记账、报表等工作,确保建设资金的安全、有效使用,防范财务风险。

第二章 建设资金的筹集及预算管理

第五条 建设资金按照来源分为财政资金和自筹资金,建设资金的来源由基建部门在项目决策阶段明确,以便学校合理安排预算,及时落实建设资金。

第六条 建设项目的财政资金到位后,专款专用,严格按照批准的项目预算执行,不得挤占挪用。

第七条 建设项目的自筹资金,由基建部门根据项目概算或项目备案资料、项目进度及项目年度计划等,按照学校预算管理的要求及时间结点,逐年申请项目自筹资金。学校每年根据预算收入情况,合理安排建设项目自筹资金。

第八条 建设项目发生停建、缓建、重大设计变更等变动事项和其他特殊情况需调整预算的,由基建部门按照规定,履行学校预算审批程序后办理。

第三章 建设成本的控制和核算管理

第九条 建设成本是指按照批准的建设内容由项目建设资金安排的各项支出,包括建筑安装工程投资支出、设备投资支出、待摊投资支出和其他投资支出。

建筑安装工程投资支出是指基本建设项目(以下简称项目)建设单位按照批准的建设内容发生的建筑工程和安装工程的实际成本,其中不包括被安装设备本身的价值,以及按照合同规定支付给施工单位的预付备料款和预付工程款。

设备投资支出是指项目建设单位按照批准的建设内容发生的各种设备的实际成本(不包括工程抵扣的增值税进项税额),包括需要安装设备、不需要安装设备和为生产准备的不够固定资产标准的工具、器具的实际成本。

待摊投资支出是指项目建设单位按照批准的建设内容发生的,应当分摊计入相关资产价值的各项费用和税金支出。主要包括勘察费、设计费、可行性研究费、土地征用及迁移补偿费、印花税及按规定缴纳的其他税费、项目建设管理费、代建管理费、监理费、招标投标费、社会中介机构审查费、其他待摊投资性质支出。

其他投资支出是指项目建设单位按照批准的项目建设内容发生的房屋购置支出，办公生活用家具、器具购置支出，软件研发及不能计入设备投资的软件购置等支出。

第十条 基建部门严格按照批复的项目概算内容或项目备案资料控制建设成本，确保列支的建设成本合理、真实，同时不得列支以下支出：

（一）超过批准建设内容发生的支出；

（二）非法收费和摊派；

（三）因设计单位、施工单位、供货单位等原因造成的工程报废等损失，以及未按照规定报经批准的损失；

（四）项目符合规定的验收条件之日起3个月后发生的支出；

（五）其他不属于本项目应当负担的支出。

第十一条 财务部门负责建设成本的核算管理，在管理过程中，规范资金使用。财务部门根据项目批准的初步设计及概算或项目备案资料，做好账务设置和管理，确保项目核算的正确性、科目使用的准确性。同时，按照国家和科学院的有关规定，及时向院主管部门报送基本建设财务报表、固定资产投资报表等。

第十二条 建设项目未批准立项之前，不得在基建财务列支前期费用，不得支付工程款。

第十三条 建筑安装工程投资支出及设备投资支出按照项目进行核算，非本项目的支出不得列入项目支出中。

第十四条 项目建设管理费实行总额控制、分年度据实列支。总额控制数以项目批准的概算金额为准，批准投资中没有明确金额的，按照批准项目总投资扣除土地征用、迁移补偿等为取得或租用土地使用权而发生的费用为基数分档计算（具体计算办法执行财政部《基本建设项目建设成本管理规定》（财建〔2016〕504号）文件）。

第十五条 项目建设管理费中一般不得发生业务招待费，确需列支的，项目业务招待费支出严格按照国家及学校有关规定执行，并不得超过项目建设管理费的5%。

第十六条 实行代建制管理的项目，一般不得同时列支代建管理费和项目建设管理费。确需同时发生的，两项费用之和不得高于项目建设管理费的总额。

第十七条 费用性支出执行国家及学校相关规定中的开支额度和开支标准，与建设项目无关的费用，不得记入项目建设支出中。

第十八条 由多个项目承担的费用性支出，能分别核算的，按项目分别核算；不能分别核算的，按照合理的分摊原则在相关的各个项目间进行分摊后核算。

第四章　建设资金的支付及审批流程

第十九条 建设项目实行合同管理，工程、勘察设计、工程监理、审计、设备以及大宗材料采购等，按照国家和学校有关规定，需要进行招投标的，基建部门严格执行招投标程序，财务部门根据中标通知书签订的合同及工程进度付款。

第二十条 工程物资采购执行国家和学校物资采购相关规定的同时，属于中央国家机关政府集中采购目录中的采购项目，按照政府采购相关规定执行。

第二十一条 国家财政资金的支付，财务部门按照国库集中支付制度有关规定和合同约定等执行。

第二十二条 建安工程及设备安装工程进度款结算和支付的流程规定如下：

（一）首次付款时，基建部门需提供工程合同书、中标通知书、施工企业支付申请书、发票，由监理单位和基建部门经办人和负责人审查签字，经财务人员审核无误后作为支付工程款的凭证，支付工程进度款。

如果合同中有约定需支付预付工程款的，原则上预付工程款不得超过合同总额的30%。确需超过合同总额30%的，施工企业需提供等额的预付款保证金（仅接受银行转账）。支付的预付工程款，财务按照合同约定后期从工程进度款中扣回。

（二）工程建设过程中，由施工企业按逐月完成工程量，提交工程款支付申请书、发票，由监理单位和基建部门经办人和负责人审查签字，经财务人员审核无误后作为支付工程款的凭证，支付工程进度款。

（三）工程竣工后，经验收质量合格，施工单位递交竣工结算报告及完整的结算资料，经过内部审计部门或有资质的社会中介机构审计，根据审计结果财务进行工程款结算。并预留不超过5%的工程质量保证金，总包工程款根据基建部门和档案管理要求，同时预留5%的基建档案保证金。未按规定进行审计的工程决算，财务部门不进行工程款结算支付。

（四）基建档案保证金的支付：预留的基建档案保证金，经基建部门同意、档案馆开具基建档案验收证明后支付。

（五）工程质量保证金的支付。工程交付使用缺陷责任期满后，应支付的工程质量保证金，由施工单位提交付款申请书，由工程使用单位和基建部门签署意见后支付。

设备购置款、勘察设计费、工程监理费、市政大配套费等的支付按合同及国家、地方规定执行。

第二十三条 实行代建制的项目，代建单位配合基建部门做好工程项目管理工作，需对项目工程款、设备安装款等签署支付意见。

第二十四条 实行跟踪审计的项目，跟踪审计单位配合基建部门做好项目工程造价的控制和管理，需对项目工程款、设备安装款等签署支付意见。

第二十五条 符合学校大额资金管理的项目支出，以及超合同款项的支出，在履行上述流程的同时，严格执行学校大额资金审批管理办法。

第二十六条 建设资金财务审批流程如下：

（一）2万元（含）以下的项目资金转账支付，由经办会计和财务主管人员审核无误后，直接办理。

（二）2万元（不含）到30万元（含）的项目资金转账支付，由基建部门按规定履行相关程序，经会计人员审核无误，财务部门负责人审批后，办理支付手续。

（三）30万元（不含）以上的项目资金转账支付，由基建部门按规定履行相关程序，经会计人员审核无误，财务部门负责人审批，并报分管财务校领导审批后，办理支付手续。

第二十七条 在基建开支的招待费、劳务费以及国家严控的其他支出，由基建部门按规定履行相关程序，报财务部门负责人审批，金额较大的支出，需同时报分管财务校领导审批后，办理支付手续。

其他特殊业务按规定程序审批后，须报分管财务校领导批准。

第五章　建设项目交付使用及竣工验收

第二十八条　项目竣工后，基建部门要及时办理项目工程决算审计，以便财务部门按时编制项目竣工财务决算。项目竣工财务决算应当数字准确、内容完整。主要包括项目竣工财务决算报表和竣工财务决算说明书。项目竣工财务决算报表的具体格式见财政部《基本建设项目竣工财务决算管理暂行办法》(财建〔2016〕503 号)。

原则上，项目竣工财务决算在项目完工可投入使用 3 个月内编报，特殊情况确需延长的，中小型项目不得超过 2 个月，大型项目不得超过 6 个月。

第二十九条　财务部门在编制项目竣工财务决算前，做好各项清理工作，完成账目核对、账务调整、债权实现和债务清偿、档案资料归集整理等。按照规定将待摊投资支出按合理比例分摊计入交付使用资产价值、转出投资价值和待核销基建支出。

第三十条　项目竣工财务决算需委托有专业能力的社会中介机构进行审计，并出具竣工财务决算审核情况的报告书。

第三十一条　项目符合科学院竣工验收条件的，由基建部门向科学院提出项目验收申请，按照科学院项目验收管理流程，财务部门配合科学院财务专业验收组完成项目财务验收，依据科学院财务专业验收组的验收意见进行整改及账务调整。

第三十二条　项目规定验收合格后，及时办理资产交付使用手续，交付使用资产包括固定资产、流动资产、无形资产等。

第三十三条　项目经批准使用项目资金购买的车辆、办公设备等自用固定资产，项目完工时按设备投资支出转入交付使用。

第六章　附　　则

第三十四条　财务档案按国家和学校会计档案管理有关规定执行，做好财务资料的装订、归档及保管工作。

第三十五条　除本办法明确规定外，学校财务各项管理制度、规定均适用于基本建设财务管理工作。

第三十六条　本办法与国家有关规定不符的，按国家规定执行。

第三十七条　本办法未尽事宜，按国家及学校有关规定执行。

第三十八条　本办法由财务处负责解释，自印发之日起施行。原《中国科学技术大学基本建设财务管理规定》(校财字〔2010〕276 号)同时废止。

中国科学技术大学科研财务助理岗位管理实施细则

(校财字〔2017〕217 号，2017 年 9 月 30 日)

为切实做好学校科研财务助理的管理工作，充分发挥科研财务助理服务于科研工作的重要作用，根据《中国科学技术大学科研财务助理岗位管理暂行办法》(校财字〔2017〕41 号)的相关规定和要求，制定本细则。

一、岗位确认与备案

1. 岗位核定

根据各学院、重点科研机构的科研财务助理岗位申报情况，结合近三年年均科研经费总量，由人力资源部、科研部和财务处共同讨论确定各学院、重点科研机构应设置科研财务助理的岗位数。

2. 人员确认

在核定的岗位总量范围内，对各单位申报的现有符合条件的人员可直接确认为科研财务助理岗位，不足部分需要新增加的人员，可在现有从事科研秘书、财务报账的人员中选择录用，录用条件可适当放宽。确实需要新进招聘的，按照规定程序进行公开招聘确定科研财务助理人员。

3. 备案管理

科研财务助理岗位确认的，应当填写《科研财务助理岗位确认备案表》一式三份，分别报人力资源部、科研部和财务处备案。同时，学校为科研财务助理人员颁发中国科学技术大学科研财务助理岗位证书。对于在学校财务部门从事会计核算和财务管理工作的编外用工，视同科研财务助理岗位管理。

二、管理模式与工作要求

1. 管理方式

科研财务助理管理模式采用单位“集中管理、统筹安排”的管理模式。科研财务助理作为服务于科研工作的专业团队，为充分发挥和有效利用科研财务助理的人力资源，各学院、重点科研机构的行政办公室作为本单位科研财务助理团队的组织管理部门，具体负责科研财务助理的日常管理。

2. 工作安排

科研财务助理的工作范围、工作任务应当进行统筹考虑，合理分配。在工作安排上，对于有夫妻关系、直系亲属关系等应当实行回避原则。

3. 日常考勤

各单位应为科研财务助理提供必要的办公场所和办公条件，严格执行考勤管理制度。

三、薪酬核定与发放

1. 薪酬来源

科研财务助理岗位的人员经费由用人单位承担。经费来源于用人单位各类有劳务费预算和间接费用预算的科研项目经费和单位可用于支付劳务费的其他经费。属于学校在编人员的，按现有规定执行。

2. 薪酬标准核定

用人单位核定科研财务助理的工资标准，原则上应根据科研财务助理实际承担的工作任务和工作量情况，参照当地科学研究与技术服务业从业人员的平均工资水平，合理确定科研财务助理的应发工资标准。同时，编制单位科研财务助理工资薪酬一览表，报经人力资源部、科研部和财务处共同审核后备案存档，作为工资发放的依据。

3. 薪酬发放

科研财务助理的薪酬发放，采用集中发放的方式。学校财务处为每个用人单位办理科研财务助理薪酬经费归集卡。用人单位定期（一般为半年）将经费划拨到经费卡上，财务部门按月统一编制工资发放表，统一转账，由劳务派遣公司发放和办理社保。科研财务助理工资发放一般为每月 25 日（遇节假日顺延）。

4. 薪酬调整

因特殊情况或相关因素，需要对科研财务助理的工资薪酬进行调整的，用人单位应当提前一个月报送薪酬调整通知单，经审核批准后予以调整。

四、业务培训与政策宣传

1. 业务培训

财务处牵头与相关职能部门共同做好科研财务助理的定期业务培训工作。培训内容包括科研、人事、财务、资产等政策管理制度。

2. 政策宣传

科研财务助理应当加强自身业务学习，熟练掌握和了解科研、人事、财务、资产等政策管理制度和相关业务办理流程。同时有义务和责任向广大师生宣传国家和学校相关的政策制度规定，引导科研人员合理、合法、合规地使用科研经费。

五、考核与奖励

1. 考核

科研财务助理岗位考核工作由人力资源部、科研部、财务处和用人单位共同负责。考核分年度工作考核和合同期期满考核。考核办法参照学校教职工年度考核管理办法进行，考核结果作为用工和奖惩的重要依据。

2. 奖励

学校通过预算设立科研财务助理队伍建设专项奖励资金，对工作表现优秀、考核优良的科研财务助理予以奖励。

学校鼓励科研财务助理人员通过国家规定方式和途径取得相应专业技术职务。取得专业技术职务资格在工作业务考核中将作为一项重要的评价指标。科研财务助理为取得相应专业技术资格，参加财务会计专业培训、职称考试，可凭取得的资格证书，在费用报销上给予一定的支持。

六、其他事项

1. 属于在编人员的科研财务助理人事劳动管理，执行《中国科学技术大学教职工考勤管理办法》。

2. 属于编外用工的科研财务助理人事劳动管理，执行《中国科学技术大学编外用工管理办法》。

3. 本细则由财务处、人力资源部、科研部负责解释，自印发之日起施行。

中国科学技术大学研究生学费管理办法

（校研字〔2017〕223号，2017年10月10日）

第一章 总 则

第一条 为建立健全我校研究生教育成本分担与学费收取制度，促进我校研究生教育事业持续健康发展，根据财政部、国家发展改革委、教育部印发的《关于完善研究生教育投入机制的意见》（财教〔2013〕19号）和教育部新修订的《普通高等学校学生管理规定》（教育部令第41号）等文件精神，结合我校实际情况制定本办法。

第二章 学费标准

第二条 学费标准如下：

（一）国家政策规定学费标准的专业，按照国家规定的标准执行。

（二）国家授权高等学校根据研究生培养成本、当地经济发展水平、办学条件、居民经济承受能力等因素确定学费标准的专业，相关院系、研究生院会同财务处制定相关专业学费标准，经省级教育、价格、财政部门核准。

（三）省级人民政府批准的相关专业学费设有额度范围的，由研究生院会同财务处确定每年度的学费标准，并在招生简章中公布。

第三章 学费减免

第三条 学费减免规定：

（一）应征入伍服义务兵役、退役士兵等国家政策规定可减免学费的，按国家相关规定执行。

（二）学院与相关单位签订的人才培养协议中涉及学费减免条款的，在协议签订前须按学校规定程序报批后方可执行。

减免幅度不超过20％的由培养单位提出申请，经研究生院审核批准后执行；减免幅度达到20％但不超过50％的由培养单位提出申请，经研究生院审核后报分管校领导审批后执行；减免幅度超过50％的由培养单位提出申请，经研究生院审核后报收费工作领导小组批准后执行。

（三）其他学费减免情况，根据减免幅度参照人才培养协议学费减免程序办理。

第四章 学费退费

第四条 学费退费规定：

（一）申请学费退费研究生，须首先退回已享受的奖助学金。

（二）秋冬学期申请退学的研究生，该学期入读不超过 1 个月者，退还已缴纳的该学年全部学费；超过 1 个月者，退还已缴纳的春夏学期学费。春夏学期终止学籍的研究生，该学期入读不超过 1 个月者，退还已缴纳的春夏学期学费；超过 1 个月者，不退还已缴纳的学费。

（三）新入学研究生，因复查不合格被取消入学资格者，退还已缴纳的全部学费。

第五条 研究生学费的退还由研究生本人填写《中国科学技术大学研究生学费退还申请书》，经研究生院审核批准后至财务处办理。

第六条 其他退费情况，须经所在院系、研究生院和财务处会签后，报分管校领导审批备案后执行。

第五章 学费管理

第七条 为保证学校教育事业性收费的足额收取，研究生院根据物价部门核定的收费标准确定学费应收数，负责学费应收数的系统初始化工作，并将包括减免额、减免原因在内的应收数推送至财务收费系统；财务处根据系统中学费应收数，负责及时足额收取学费，并确认学费实收数。

第八条 研究生应在学校规定的时间内缴纳学费。

（一）新生在入学报到前须将学费存入奖助学金卡中，由学校指定银行在规定时间统一代扣。

（二）除银行代扣外，研究生还可选择网上银行缴费、银行柜台缴费、转账缴费等方式。

（三）研究生在学期间，每学期开学一个月内应当按学校规定缴纳当年学费。未缴纳学费的研究生，在校享有的权利和使用的资源受到影响，如停发各类奖助学金并不再补发、不参加各类奖助学金评选、不参加教育教学活动、研究生信息平台使用功能受限等。

第九条 对因家庭困难无力支付学费的研究生，可通过申请“绿色通道”办理学费缓交手续。

第十条 “绿色通道”办理流程：

（一）开学一周之内，研究生递交《中国科学技术大学经济困难研究生学费缓交申请表》（以下简称《申请表》），乡、镇、街道民政部门或相应政府部门出具的家庭经济困难证明或低保证明；

（二）学院（系）对研究生的《申请表》和证明材料进行审查并签署意见，报研究生院审核；

（三）由研究生院会同财务处办理研究生学费的缓交工作。

第六章 附　　则

第十一条 本办法自印发之日起施行，学校已有规定与本办法不一致的，以本办法为准。

第十二条 本办法由研究生院、财务处负责解释。

中国科学技术大学本科学生学费减免与退费管理办法

(校学字〔2017〕226 号,2017 年 10 月 21 日)

第一章 总 则

第一条 为规范我校学生管理行为,保障家庭经济困难学生顺利入学并完成学业,根据国务院《关于健全普通本科高校、高等职业学校和中等职业学校家庭经济困难学生资助政策体系的意见》(国发〔2017〕13 号)和教育部第 41 号令《普通高等学校学生管理规定》的精神,并依据《中国科学技术大学收入管理办法》(校财字〔2017〕133 号),结合我校实际情况,特制定本办法。

第二章 学费标准与缴纳

第二条 本科生学费标准按照物价、教育部门核准备案的标准执行。

第三条 每学年学生应当缴纳学费,开学一周内办理注册手续,未按规定缴纳学费的不予注册。家庭经济困难的学生可以申请助学贷款或者其他形式资助,办理有关学费缓缴手续后再进行注册。未按规定完成注册的学生,不具备申请各类奖助学金、参与各类评奖评优活动、申请各类交流项目的资格。

第三章 申请学费减免条件

第四条 申请减免学费的对象包括我校家庭经济特别困难的全日制本科生、符合《高等学校学生应征入伍服义务兵役国家资助办法》(财教〔2013〕236 号)规定完成义务兵役复学的学生及其他特殊情况的学生。

第五条 申请减免的学生还需要满足以下条件:

(一) 热爱社会主义祖国,拥护中国共产党的领导;

(二) 遵守宪法和法律法规,遵守学校规章制度;

(三) 诚实守信,品行端正;

(四) 勤奋学习,积极上进,成绩合格;

(五) 家庭经济困难学生的学费减免,原则上以一年级新生为主并兼顾二年级,其中建档立卡贫困家庭的学生和已申请国家助学贷款的学生优先;

(六) 国防生和定向生不能减免学费。

第四章 学费减免申请、评定与实施

第六条 每学年学校根据各学院人数分配减免金额。

第七条 学费减免分三个等级：一等当年学费全免、二等 2000 元、三等 1000 元。

第八条 程序及填报要求：

（一）学生本人向所在学院提出申请，填写《学费减免申请表》；

（二）班主任、学院分别审核后，将初评结果及申报材料统一报送学生工作处；

（三）学生工作处审核通过后，确定名单及等级。

第九条 学生工作处将当年度学费减免名单及等级以文件形式递交财务处，由财务处核查基本信息无误后，根据学生缴纳学费情况实施具体的减免。

第十条 对于国家及其他单位设置的学费减免项目，依据相关文件规定进行申请、评定与实施。

第五章 绿色通道学费缓缴

第十一条 为保障家庭经济困难新生顺利报到入学，学校多年来一直设立“绿色通道”。家庭经济特别困难的学生，凭所在地乡镇（城市街道）民政部门或教育部门盖章的《高等学校学生及家庭情况调查表》，经录取院系现场审核，可以先办理入学手续并暂缓缴纳部分学费、住宿费。

第六章 学 费 退 费

第十二条 根据学校学籍管理规定，每学期第一周至第四周内办理休、退学手续者，不收取当学期学费；第五周至第十周内办理休、退学手续者退还当学期三分之二学费；第十一周至第十五周内办理休、退学手续者退还当学期三分之一学费；第十六周以后办理休、退学手续者不退还当学期学费。经校务专项工作会议决定的特殊事项学生学费退费按会议决定的额度执行。

第十三条 休学的学生退费在学生复学时办理，财务处依据教务处开具的《复学通知书》，按学生休学的时间节点进行退费。

第十四条 退学的学生退费在办理离校手续时办理，财务处依据学生处开具的《离校手续单》，按学生退学的时间节点进行退费。

第七章 监督与检查

第十五条 发现学生在申请过程中存在弄虚作假行为的，取消其当年学费减免申请资格，以及本年度学校其他奖助学金的评选资格。情节严重的，将根据学校相关规定予以纪律处分。

第十六条 发现工作人员在评审过程中存在弄虚作假行为的，学校将根据相关规定进行处理。

第八章 附 则

第十七条 本办法自印发之日起施行。

第十八条 本办法由学生工作处、教务处和财务处负责解释。

中国科学技术大学院级统筹增量经费(绩效预算)分配方案(试行)

(校财字〔2017〕272号,2017年12月6日)

一、院级统筹增量经费预算分配的指导思想

党的十九大报告指出,现代化经济体系建设必须坚持“质量第一、效益优先”的发展理念。为进一步优化学校资源配置,提高资金使用效益,以绩效管理为目标,突出学院(重点科研机构)在学校综合改革和全面推进“双一流”建设中的主导作用,加大院级单位经费的统筹调控能力,按照规模和综合绩效评价指标分配院级统筹增量经费,促进学院的快速发展,特制定本方案。

二、院级统筹增量经费的预算额度

院级统筹增量经费年度预算原则上控制在1亿元以内。

三、纳入院级统筹增量经费分配的单位

纳入院级统筹增量经费分配的院级单位包括学院和重点科研机构。

四、院级统筹增量经费分配考评指标

院级统筹增量经费分配指标为:规模指标(权重为50%)和院级综合绩效评价指标(权重为50%)。

规模指标分为:教职工规模指标和学生规模指标,分别按总量的25%、25%权重计算。

1. 规模指标

(1) 教职工规模指标:按上年6月底单位实际职工总数计算,含专业教师及其他人员。数据由人力资源部提供。

(2) 学生规模指标:按上年6月底实际学生总数计算,包括本科生及全日制研究生(注:管理学院、公共事务学院等单位的非全日制研究生计算学生规模经费时予以扣除)。数据由教务处、研究生院提供。

2. 院级综合绩效评价指标

(1) 增项考核指标。

学院综合绩效增项评价指标分为:学科排名、招生质量、就业情况、科研情况、年度综合考核结果5项指标。其中:学科排名、招生质量、就业情况、科研情况、年度综合考核结果5项指标各按总量的10%计算。5项指标的考评均采取从优到劣依次排序的方式进行。5项指标排序相加,最后得出综合排序(数字小的排前列)

经费分配办法:以排序中位数为基础,应分配经费数为平均数(即总经费额度×权重/参与分配的单位个数)。排序每向前一名增加 5%,排序向后一名减少 5%。

学科排名:数据由研究生院提供。

招生质量:包括本科和研究生招生,数据由招生就业处和研究生院提供。

就业情况:数据由招生就业处提供。

科研情况:数据由科研部提供。

年度考核结果:包括基层党建、学生工作和其他综合考核,考核结果由党委组织部汇总提供。

(2) 减项考评指标。

安全考评指标作为减项考核指标。安全考评不合格、不通过的扣减核定总经费(含规模和绩效额度)的 10%。

安全考评:依据上年安全考核结果,数据由保卫与校园管理处提供。

五、院级统筹增量经费(绩效预算)的使用

学院统筹经费(绩效预算)的使用,由学院党政联席会议审议确定,统筹用于学院人才培养、学科建设、学术交流、基础设施条件改善、师资队伍和文化传承等各项工作的运行和建设。不得用于教职员工薪酬发放。

六、其他说明

允许在预算年度初期对院级统筹增量经费(绩效预算)按规模指标进行预分配。

学校对院级统筹增量经费纳入预算绩效评价范围。定期开展抽查工作。经费结余定期清理,原则上不超过 2 年,逾期将由学校收回。

中国科学技术大学预算工作领导小组工作规则

(校财字〔2017〕274 号,2017 年 12 月 14 日)

第一章　总　　则

第一条　为加强对学校预算管理工作的领导,规范学校预算管理工作程序,建立科学、高效、规范、有序的预算管理体系,根据《中国科学技术大学预算管理暂行办法》的精神,学校成立了预算工作领导小组,并制定本工作规则。

第二条　预算工作领导小组受学校财务工作领导小组领导,是学校预算编制、预算预审、预算考评、预算管理的议事机构。

第二章　组 织 机 构

第三条　预算工作领导小组由校长、相关校领导和职能部门、学院负责人组成,设组长一名、副组长一名、成员若干名。

第四条　预算工作领导小组成员须具备以下基本条件:

（一）具有良好的政治素质，认真贯彻执行党的基本路线和教育方针；

（二）具有强烈的事业心和责任感，具有履行职责需要的理论水平、政策水平和专业知识；

（三）了解高校办学、管理规律，熟悉学校基本情况；

（四）了解学校财务管理工作，熟悉国家有关政策、法规及预算管理规定。

第五条 财务处作为预算工作领导小组秘书单位，负责小组日常具体事务。

第三章 工 作 职 责

第六条 预算工作领导小组工作职责：

预算工作领导小组负责审核学校预算经费的来源，审核预算专家委员会提交的项目论证结果，拟定预算分配方案草案，考评预算执行情况，对执行年度预算、改进预算管理、提高预算绩效、加强预算监督等提出意见和建议。

第四章 议 事 规 则

第七条 预算工作领导小组议事应坚持民主集中、公平公正原则。

第八条 预算工作领导小组议事通过领导小组会议进行，实行例会和临时会议相结合的会议制度，根据需要召开。

第九条 会议议题由工作小组秘书单位根据预算工作安排进行拟定。

第十条 会议必须有小组成员三分之二以上到会方能召开。小组成员如不能出席会议，须事先请假。

第十一条 会议采取表决制。会议表决可根据讨论和审议事项的不同内容，采取口头、举手、投票等方式进行。会议决议必须有到会成员三分之二以上同意方可有效。预算工作领导小组会议审议通过的事项，报校长工作会议、学校党委常委会议审议决定。

第五章 附 则

第十二条 预算工作领导小组秘书单位负责做好会议的会务工作，包括会议通知、会议材料准备、会议记录、会议纪要起草、会议资料归档等。

第十三条 会议纪要由预算工作领导小组组长签发。

第十四条 本规则由财务处负责解释，自印发之日起施行。原《中国科学技术大学预算工作小组工作规则（试行）》（校财字〔2006〕2 号）同时废止。

中国科学技术大学预算专家委员会工作规则

（校财字〔2017〕275 号，2017 年 12 月 14 日）

第一章 总 则

第一条 根据《中国科学技术大学预算管理暂行办法》有关精神，学校成立预算专家委员会（以下简称“预专委”），为建立科学、高效、规范、有序的工作程序，特制定本规则。

第二条 预专委是学校校内预算经费项目论证与检查评估的咨询机构，接受学校预算工作领导小组领导并对其负责。

第二章 组织机构

第三条 预专委由各学院（国家及国家重点实验室）推选 1 名代表组成。委员一届任期 5 年。预专委设主任 1 名、常任委员若干名。

第四条 预专委成员必须具备以下基本条件：

（一）具有良好的政治素质，认真贯彻执行党的基本路线和教育方针；

（二）具有履行职责需要的理论水平、政策水平和专业知识；

（三）了解国家相关法律法规、预算管理政策规定，熟悉学校基本情况、办学规律；

（四）办事公正、敢于善于发表自己的独立意见；

（五）热心学校预算管理，积极参与预算相关工作。

第五条 根据工作需要，预专委可以临时聘任有关财务、审计、工程建设、技术条件支撑等方面的专家作为预专委的项目委员，参加有关项目论证或检查评估。

第六条 预专委设立办公室作为日常办事机构，挂靠学校财务处。预专委的工作经费列入学校行政办公经常性预算。

第三章 主要职责

第七条 受学校预算工作领导小组的委托，预专委履行下列职责：

（一）对各单位申报的年度校内经费预算以及预算调整项目进行论证评审，形成学校年度预算方案（草案）和预算调整（草案）；

（二）对校内预算执行情况进行监督检查和绩效考评；

（三）对影响校内经费预算的重大问题进行研究并提出专家建议；

（四）对预算管理工作提出改进意见和建议；

（五）根据论证结论、评审意见、专家建议形成方案，提交学校预算工作领导小组审核。

第四章 议 事 规 则

第八条 预专委议事通过预专委会议进行，实行例会与临时会议相结合的会议制度，根据需要召开。特殊情况可采取电子邮件等通信方式进行。

第九条 预专委会议必须有应到会委员人数三分之二以上方能召开，常任委员如不能出席会议，须推荐学院其他专家代为参会。

第十条 预专委全体组成人员（包括常任委员与项目委员）参与预专委工作期间，均应独立判断，仅对预专委负责，对外不得泄漏会议内容及其相关情况、不得发表与预专委集体决议相违背的言论。

第十一条 预专委全体组成人员（包括常任委员与项目委员）参与预专委工作期间，不得以任何形式接受或变相接受与预专委工作相关的任何其他利益。

第十二条 预专委全体组成人员（包括常任委员与项目委员）必须接受广大师生员工的民主监督。对于违反本工作规则和有关规定的人员必须提出口头警告；造成严重后果者，必须撤销其工作资格，并按照学校有关规定处理。

第十三条 会议采取表决制。会议表决可根据论证事项的不同内容，采取口头、举手、投票等方式进行，会议决议必须有到会成员半数以上同意方可有效。会议论证结果，提交学校预算工作领导小组初审。

第十四条 项目论证和检查评估采取专家评估与项目申报单位及归口管理部门质询答辩相结合的方式。

第十五条 部分项目根据预算类别可以实行专项评审，包括维修改造专项、设备购置专项等。

第十六条 预专委办公室负责项目论证和检查评估的文件资料准备和具体事务安排等工作。

第十七条 预专委会议决议和纪要由预专委主任签发。

第五章 附 则

第十八条 本规则由财务处负责解释，自印发之日起施行。原《中国科学技术大学预算专家委员会工作规则（试行）》（校财字〔2007〕7 号）同时废止。

中国科学技术大学差旅费管理办法(试行)

(校财字〔2017〕291号,2017年12月25日)

第一章　总　　则

第一条　为进一步加强和规范学校国内差旅费管理,简化办事流程,提高工作效率,根据中共中央办公厅、国务院办公厅《关于进一步完善中央财政科研项目资金管理等政策的若干意见》(中办发〔2016〕50号)和《中国科学院差旅费管理办法(试行)》(科发条财字〔2016〕102号)等精神,结合学校实际,制定本办法。

第二条　本办法所称差旅费是指工作人员临时到常驻地以外地区公务出差所发生的城市间交通费、住宿费、伙食补助费和市内交通费。

第二章　城市间交通费

第三条　城市间交通费是指工作人员因公临时到常驻地以外地区出差乘坐火车、轮船、飞机等交通工具所发生的费用。

第四条　出差人员应按照规定等级乘坐交通工具(不含出租车和旅游船,下同),并凭据报销城市间交通费。出差人员乘坐交通工具等级见下表:

类别	交通工具 / 级别	火车(含高铁、动车、全列软席列车)	轮船(不包括旅游船)	飞机	其他交通工具(不包括出租小汽车)
Ⅰ类	“两院”院士、部级及相当职务人员	火车软席(软座、软卧),高铁/动车商务座,全列软席列车一等软座	一等舱	头等舱或公务舱	凭据报销
Ⅱ类	正高级职称人员;专业技术岗位五级及以上人员;职员岗位四级及以上人员	火车软席(软座、软卧),高铁/动车一等座,全列软席列车一等软座	二等舱	经济舱	凭据报销
Ⅲ类	其余人员(含学生)	火车硬席(硬座、硬卧),高铁/动车二等座,全列软席列车二等软座	三等舱	经济舱	凭据报销

各类人员级别以学校人事部门认定为准。

第五条　部级及相当职务人员出差,因工作需要,随行一人可乘坐同等级交通工具。身患重大疾病或年龄超过70岁的院士,因工作需要出差,随行工作人员一人可乘坐同等级交通工具。

第六条 对于乘坐夕发朝至列车，或连续乘坐列车超过12小时的，乘坐普通软卧，不受出差人员级别限制。

第七条 未按照规定等级乘坐交通工具的，超支部分由个人自理。对于乘坐高于规定等级的交通工具所发生的费用，按照实际购买票价和自身对应等级全价票“从低”的原则报销。特殊情况，必须说明理由，经分管校领导批准后予以报销。对于实际购买票价的路线距离超出出差应到目的地路线距离而产生的多余票价金额，由个人自行负担。

第八条 到出差目的地有多种交通工具可选择时，出差人员在不影响公务、确保安全的前提下，应当选乘相对经济便捷的交通工具。

第九条 乘坐飞机的民航发展基金、燃油附加费可以凭据报销。

第十条 往返机场、高铁站与市区的出租车（机场大巴、地铁）票视同城市间的交通费凭据报销。

第十一条 乘坐飞机、火车、轮船等交通工具的，每人次可以购买交通意外保险一份，所在单位统一购买交通意外保险的，个人不再重复购买。

第十二条 城市间交通费按乘坐交通工具的等级凭据报销，订票费、经批准发生的签转或退票费、交通意外保险费凭据报销。

第十三条 出差购买机票，执行财政部、中国民用航空局印发的《关于加强公务机票购买管理有关事项的通知》（财库〔2014〕33号）的规定。

第三章 出差补助费

第十四条 其他出差补助费包括住宿费、伙食费和市内交通费等，均采取定额包干补助方式报销。

第十五条 住宿费补助标准，分别对应出差人员乘坐交通工具等级，参照财政部最新《中央和国家机关工作人员赴地方差旅费住宿费标准明细表》（财行〔2016〕71号）执行。报销时不需要再提供住宿费发票。

第十六条 伙食补助费按规定标准和自然（日历）天数发放。补助标准为每人每天100元（出差目的地是西藏自治区、新疆维吾尔自治区或青海省的，每人每天120元）。

第十七条 市内交通费补助按出差自然（日历）天数计算，每人每天80元标准包干使用。

第四章 其他差旅费

第十八条 因工作需要（如科学实验、测试、合作研究等），出差时间较长（非临时性出差）超过15天的，出差期间住宿费在规定标准范围内据实报销。伙食费补助费和市内交通费分段计算发放：15天以内（含15天）按全额发放伙食费补助费和市内交通费，超出15天以上部分减半发放伙食补助费，且不再发放市内交通费补助。

第十九条 外出参加会议（含各类评审会）和培训，报销时需提供会议、培训通知。举办方统一安排食宿且费用自理的，凭举办方出具的有效证明，按规定标准发放住宿费、伙食费和市内交通费补助。举办方（或其他单位）已承担所有费用的，学校不再报销差旅费。举办方（或其他单位）只承担食宿费用的，在途期间的伙食补助费和市内交通费正常发放。

第二十条 本办法适用范围为学校教职工。学生赴外地实习实践、社会调研活动，在合理的范围内据实报销。学生因教学科研、实验等出差，在不超过第三类人员标准范围内，由经费负责人确定相关费用的补助标准。编外人员因公出差，在不超过第三类人员标准范围内，由单位或项目负责人确定相关费用的补助标准。

第二十一条 邀请专家来校讲学、评审、调研、学术交流等，按相应职级规定标准报销受邀人员城市间交通费、住宿费、专家咨询费或劳务费，但不得同时发放伙食补助费及市内交通费。

第二十二条 工作人员因公出国（境）费用按国家和学校相关规定执行。因公临时出国（境）人员在国内段的相关费用按照本办法规定报销。

第五章 报销管理

第二十三条 出差人是差旅费使用的直接责任人，对差旅费使用的合规性、合理性、真实性和相关性承担直接责任。出差人应了解并遵守有关财经法律法规和差旅费管理制度，依法、据实报销差旅费。

第二十四条 各单位应本着勤俭节约、保证工作需要的原则，严格差旅费预算管理，控制差旅费支出规模。建立并严格执行出差审批制度，工作人员出差应履行报批手续。如差旅费报销单负责人签字审批手续齐全，财务部门则视同单位负责人已经事先同意出差。

第二十五条 工作人员出差结束，原则上应在一个月内办理差旅费报销手续。差旅费报销原则上遵循“一次一单，一事一报”的原则，不同人员、不同事由和不同时间段的出差，应分别填写差旅费报销单。

第二十六条 同时在专业技术岗位和管理岗位上任职的人员，可以按照“就高”原则选择差旅费标准。

第二十七条 工作人员出差期间发生的相关费用（如注册费、会务费、订票费、退票费、保险费等），必须连同差旅费一起报销，事后不得补报，更不得与其他单据混在一起报销。差旅费报销中不得夹报与出差无关的费用。

第二十八条 工作人员出差发生的相关费用，原则上应使用公务卡等非现金结算方式支付。中央财政科技计划（专项、基金等）以及纳入中央部门预算管理的科研项目，按照财政部、科技部《关于中央财政科研项目使用公务卡结算有关事项的通知》（财库〔2015〕245 号）规定，必须实行公务卡结算。

第六章 监督与问责

第二十九条 各单位应当加强对本单位工作人员出差活动和经费报销的内控管理。严禁无实质内容、无明确公务目的的差旅活动，严禁以任何名义和方式变相旅游，严禁异地部门间无实质内容的学习交流和考察调研。对未经批准擅自出差、不按规定开支和报销差旅费的人员进行严肃处理。

第三十条 出差人员不得向接待单位提出正常公务活动以外的要求，不得在出差期间接受违反规定用公款支付的宴请、游览和非工作需要的参观，不得接受礼品、礼金和土特产品等。

第三十一条 各单位应当定期（按月或按季）公开本单位工作人员出差信息。公开信息包括出差时间、地点、事由等，自觉接受广大师生监督。

第三十二条 各单位应当自觉接受学校监察审计部门对出差活动及相关经费支出的监督检查。监督检查的主要内容包括：

（一）单位出差审批制度是否健全，出差活动是否按规定履行审批手续；

（二）差旅费开支范围和标准是否符合规定；

（三）差旅费报销是否符合规定，是否有虚报冒领情况；

（四）是否向下级单位、企业或其他单位转嫁差旅费；

（五）差旅费管理和使用的其他情况。

第三十三条 凡差旅费审批控制不严、虚报冒领、重复报销等违规行为，由学校纪委、监察审计处等部门从严查处，依法追回违规资金，按违规报销金额的1～5倍扣发岗位津贴并在适当范围内公示，视情况按学校规定给予行政纪律处分，涉嫌违法的，移送司法机关处理。

第七章　附　　则

第三十四条 符合野外工作条件的，其差旅费报销按照《中国科学技术大学野外特殊环境下开展教学科研活动经费管理暂行办法》（校财字〔2017〕134号）规定执行。

第三十五条 本办法由财务处负责解释。

第三十六条 本办法经校长工作会议审议、党委常委会议讨论通过，报中国科学院备案后印发施行。原《中国科学技术大学差旅费报销管理办法》（校财字〔2016〕162号）、《中国科学技术大学差旅费包干管理办法（试行）》（校财字〔2017〕169号）同时废止。其他相关规定与本办法不符的，以本办法为准。

中国科学技术大学预算管理暂行办法

（校财字〔2017〕294号，2017年12月14日）

第一章　总　　则

第一条 为加强学校预算管理，优化资源配置，规范财务收支行为，提高资金使用效益，促进学校健康、有序和可持续发展。根据修订后的《中华人民共和国预算法》《高等学校财务制度》(财教〔2012〕488号)等国家有关财政规章制度以及《中国科学技术大学关于贯彻落实“三重一大”决策制度的暂行办法》(校办字〔2017〕156号),结合我校实际情况,制定本办法。

第二条 学校综合财务预算是学校根据事业发展目标和计划编制的年度财务收支计划。预算的内容主要包括收入预算和支出预算两部分。预算由校级预算和所属单位各级预算组成。

第三条 学校预算管理的主要任务:完善预算管理体制和运行机制;建立健全预算管理办法和制度;科学合理安排学校年度预算;监督预算的执行;对预算资金使用追踪问效和考核分析,提高预算资金使用效益。

第四条 学校综合财务预算,一经批准不得随意更改。各项支出必须以经批准的预算为依据,未列入预算的不得支出。

第五条 学校综合财务预算按财政年度编制,预算年度自1月1日起,至12月31日止。每年9月初起开始编制下一年度预算。预算收入和预算支出以人民币(万元)为计量单位,精确到小数点后两位。

第六条 学校实行全口径预算管理,包括学校可统筹分配预算和专项预算管理。学校可统筹分配预算管理包括预算的编制、审核、批准、监督,以及预算的执行和调整。学校获批的各类专项预算(含科研项目预算)依照财政部门及主管部门规定执行。

第二章　预算管理体制与职责

第七条 学校预算管理实行“统一领导、分级管理、共同参与”的管理体制。预算分配工作履行预算专家委员会项目论证、预算工作领导小组预算分配方案拟订、校长工作会议预算分配方案审议、党委常委会议审定并批准预算分配方案的程序。

第八条 学校党委常委会议是学校年度综合预算的批准机构。主要职责为:

(一) 贯彻执行国家有关预算的法律法规、方针政策,审定学校预算管理办法;

(二) 审定学校预算分配方案;

(三) 审定学校预算调整方案。

第九条 校长工作会议是学校预算管理的领导机构,主要职责为:

(一) 审定学校预算管理的相关制度;

(二) 确定学校预算编制的原则和要求;

(三) 审议学校年度预算草案;

(四) 审议学校年度预算调整方案。

第十条 预算工作领导小组受学校财务工作领导小组领导,是预算编制、预算预审、预算考评的议事机构。负责审核学校预算经费的来源,审核预算专家委员会提交的项目论证结果,拟定预算分配方案草案,考评预算执行情况,对执行年度预算、改进预算管理、提高预算绩效、加强预算监督等提出意见和建议。

第十一条 预算专家委员会是学校校内预算项目论证与检查评估的咨询机构,根据预算工作领导小组的委托,履行下列职责:

(一) 对各单位申报的学校综合财务预算项目进行论证;

（二）对学校综合财务预算项目有关重大政策问题进行研究并提出专家建议；

（三）对上年度学校综合财务预算有关项目进行抽查和绩效评价。

第十二条 学校财务处为预算工作领导小组秘书单位，具体负责预算的编制、执行、调整和监督工作等，其主要职责为：

（一）拟定预算管理规章制度；

（二）按照上级主管部门的要求及时准确地编报部门预算；

（三）审核学校各单位提出的预算建议，根据上级主管部门预算批复意见，编制学校综合财务预算建议草案；

（四）根据预算专家委员会、预算工作领导小组提出的预算论证和审核意见，对综合财务预算建议草案进行必要的调整，形成学校综合财务预算初步方案，并提请校长工作会议审议；

（五）根据党委常委会议审定意见，按事权和财权相统一的原则将预算下达到各有关责任单位；

（六）认真执行学校年度财务收支计划，监督学校预算执行，努力提高资金使用效益；

（七）结合学校事业发展具体情况会同相关部门提出预算调整建议，按照规定程序调整年度预算；

（八）准确、及时地分析、报告预算执行情况，建立预算执行预警系统，强化预算执行的约束力；

（九）年终全面分析预算执行情况，准确、及时地编报财务决算。

第十三条 院级单位、职能部门和附属机构是学校预算的责任单位，其主要职责为：

（一）按照学校要求，结合单位工作任务实际情况，提出本单位年度预算建议，对项目进行可行性研究及效益分析，并对项目的真实性、合法性负责；

（二）根据事业发展情况，按照“量入为出”的原则进一步细化本部门的预算，编报本部门具体预算方案；

（三）根据事业发展情况，年内确需调整预算的，要据实向学校提出预算调整建议，按规定程序报批；

（四）严格本单位的预算执行，维护预算的严肃性和约束力；

（五）年终各单位应当对预算执行情况开展绩效自评。

第三章 预算编制原则

第十四条 预算编制应当遵循“统筹兼顾、勤俭节约、量力而行、讲求绩效和收支平衡”的原则，不得编制赤字预算。在收支总体平衡的情况下，可适当加大财政预算安排的额度。

第十五条 收入预算的编制要坚持积极稳妥的原则，逐项核实各项合法收入，尽可能排除收入中的不确定因素。支出预算的编制要坚持统筹兼顾、保证重点、勤俭节约的原则，严格控制机关运行经费支出，优先安排重点支出。

第十六条 预算编制坚持“收支两条线”的原则，所有收入全部由学校统一调度使用，全部支出由学校预算统一安排。

第十七条 预算编制坚持公开、公正的原则。要从学校和各部门的实际出发，对编制程序、重点项目、支出标准和定额、资金分配等加强科学论证，努力做到客观、公正、透明，确保资金分配的科学合理。

第四章 预算编制与审核

第十八条 学校综合财务预算编制内容主要包括收入预算和支出预算两部分。

学校收入预算主要包括教育经费拨款、科研经费拨款、其他经费拨款、教育事业收入、科研事业收入、上级补助收入、拨入专款、其他收入等。

学校支出预算主要包括人员经费、教学经费、学生及学生工作经费、后勤及公共保障经费、科研专项经费、机关及学院行政经费、直属及支撑单位经费、文体专项经费、人才培训专项经费、自筹基建经费、其他专项经费等。

第十九条 为应对学校事业发展过程中的突发需求，解决预算执行中难以预见的急需开支和特殊开支，学校综合财务预算原则上按预算支出额的百分之三以内设置预备费，具体预算额度根据学校当年财力安排。

第二十条 学校各单位编制预算时应当根据事业发展规划和年度目标需求，参考上一年预算执行情况、有关支出绩效评价结果和本年度收支预测，按照规定程序征求各方面意见后，进行编制。

第二十一条 学校综合财务预算编制按照国家规定的模式，采取“二上二下”的程序编制。

学校每年 9 月初开始布置和组织编制下一年度的预算工作。各单位应在学校布置预算编制后 30 个工作日内完成第一轮预算编制，并提交财务处汇总。财务处应在收到各单位的第一轮预算报表后 5～10 个工作日内整理汇总完毕，并提出预算建议草案，报预算专家委员会评审。

预算专家委员会对预算建议草案中各单位申报的预算项目进行论证，重点关注新增项目及经常性增幅较大的项目，必要时安排预算申报单位进行论证答辩，评审后 3～5 个工作日内完成资料汇总整理，并提出预算评审方案，报预算工作领导小组审核。

预算工作领导小组审核预算评审方案，特别是对预算收入的确定及影响预算的重要变动事项提出建议。财务处根据预算工作领导小组审核意见和建议进行调整及修改预算方案，报校长工作会议审议。

校长工作会议审议确定的学校预算方案经党委常委会议审定批准后，下达到校内各部门，年度内据以执行。

第五章 预 算 执 行

第二十二条 学校各单位均应按照国家关于预算执行的要求加强预算管理，增强预算执行严肃性。学校按照责、权、利相结合原则和分级经济责任制的规定，进行管理和监督。

第二十三条 实行预算执行定期报告制度。财务处定期对预算执行情况进行报告和跟踪分析，及时掌握预算执行进度和目标完成情况并反馈到学校决策部门及相关单位。

第二十四条 实行预算执行通报和预警制度，财务处定期通报预算执行实际进度以及预算执行计划完成情况，对预算执行相对缓慢的单位实行预警。

第二十五条 实行预算执行约谈制度。学校对预算执行缓慢的单位或项目进行重点关注和督促，开展调查研究，必要时约谈课题(项目)负责人。

第二十六条 学校预算执行督导检查工作小组负责分析和督促各单位按计划和进度执行预算。

第二十七条 年度终了一个月内，预算资金使用单位要撰写本单位预算执行情况分析与说明，包括经费收支情况、计划完成情况以及在经费管理中存在的问题与建议等。

第二十八条 实行预算执行绩效考评制度。年终财务处组织协调预算专家委员会成员、审计部门、相关专家共同对各单位预算执行情况进行检查，开展预算项目年度绩效考评。

第二十九条 学校坚持预算安排与预算执行目标完成情况、绩效考评结果挂钩制度。对于完成预算执行目标且预算绩效考评优秀的单位，在下一年经费安排上给予适当体现；对于未完成预算执行目标或预算绩效考评不合格的单位，经费结余按学校要求清理，并对下一年度预算安排适当扣减。单位基本运行经费和经常性项目经费年底清零，项目经费在项目实施完成后清零，无特殊原因，一般不超过两年。

第六章 预算调整及预备费使用

第三十条 预算调整是指年度预算未安排，本年度必须实施的项目以及预算年度内学校事业有重大变化、对预算产生重大影响时，需对原定预算进行必要的调整(包括总额调整和局部调整)。支出预算调整要有相应的收入来源；减少收入时，要压缩相应的支出。

第三十一条 总额调整是指学校对原定预算收支总额的调整。局部调整是指在收支总额不变的情况下对部分预算的调整，包括追加预算、削减预算、预算项目调剂等。

第三十二条 学校每年安排两次预算调整，原则上在5月、9月进行。各单位需进行预算调整的项目必须在此期间申报，此外一律不予调整。

第三十三条 预算调整必须遵循学校综合预算批准程序，任何部门或个人均不得超越权限作出减收或增支的决定。

第三十四条 经规定程序审批通过的调整项目，财务处按照批准意见调整预算。

第三十五条 临时性、应急性项目，确因特殊原因需要支出，按下列原则和程序执行：

(一) 临时应急项目必须通过应急项目立项申报。

(二) 各应急项目立项由经费具体使用单位向归口部门申报，由项目归口部门根据项目额度按以下流程报批：

1. 单项金额20万元(含)以下的项目，由项目归口部门报预算专家委员会签署意见后，报分管校领导和分管财务校领导审定。

2. 单项金额20万元以上、50万元(含)以下的项目，由项目归口部门报预算专家委员会签署意见后，报分管校领导和分管财务校领导共同签署意见，报校长审定。

3. 单项金额50万元以上、100万元(含)以下的项目，由项目归口部门经预算专家委员会签署意见后，报分管校领导和分管财务校领导共同签署意见，报学校财务领导小组审定或校长工作会议审定。

4. 单项金额100万元以上的项目，由项目归口部门经预算专家委员会签署意见后，报分管校领导和分管财务校领导共同签署意见，通过校长工作会议审议报党委常委会议审定。

（三）根据审定意见，由财务处从预备费中安排项目经费。

第三十六条 学校运行、发展过程中涉及重要、重大或紧急的事项，需要从学校预备费中安排经费的，预算额度200万元（含）以下的，学校主要领导可以直接审批，并责成分管校领导具体落实和实施；200万元以上的，应通过校长工作会议审议，并报党委常委会议审定。

第七章 预算监督

第三十七条 财务处负责组织对学校各级预算的执行情况进行监督，并按照国家拨款的进度调整和控制，及时向学校报告预算执行情况。

第三十八条 学校有关部门和个人不按规定擅自变更预算资金的用途或超支使用预算、虚报预算项目与支出、不按规定使用预算的，对负有直接责任的主管人员和其他人员追究行政责任，性质严重的移交司法机关处理。

第三十九条 财务处在财政年度结束后，应就财务预算的执行情况向校长工作会议提交专项报告。

第八章 附　　则

第四十条 本办法由财务处负责解释。

第四十一条 本办法自印发之日起施行。原《中国科学技术大学预算管理办法》（校财字〔2015〕211号）同时废止。

中国科学技术大学学生活动经费管理规定

（校财字〔2017〕300号，2017年12月29日）

为进一步加强学生活动经费的管理，规范学生活动经费的开支行为，提高资金使用效益，根据学校实际，制定本规定。

本规定所称学生活动经费，是指学校为组织管理学生事务、开展学生文体活动、社会实践活动、党团活动、学术交流、班集体建设、慰问特殊学生等活动而设立的专项经费，包括全校所有学生班级、团组织、学生会组织、学生社团等开展活动的经费。

一、学生活动经费开支原则

学生活动经费必须专款专用，不得挤占挪用，不得用于开展与学生活动无关的经济活动，应勤俭节约、合理使用。

二、学生活动经费管理职责

学生工作部(处)、研究生院、校团委、各学院(实验室)等单位负责管理和审核划拨本单位的学生活动经费;财务处负责学生活动经费的报销核算。

三、学生活动经费具体开支范围

1. 学生活动经费可以用于下列开支:

与学生活动相关的办公费(笔墨、纸张、颜料、电池、笔记本、电子存储设备、电子办公用品等办公耗材)、印刷费(复印、图文设计、海报、印刷制作、电脑刻字、喷绘、证书、奖状、请柬、席卡、胸牌、名片等)、活动费用(场地费、设备租赁购买费用、拍摄与视频制作刻录、装饰用品费、鲜花、矿泉水和少量食品、工作餐、演出或比赛服装费、演出用化妆品与化妆师费用、活动评选名次的奖金奖品奖杯费用、物资设备搬运安装费、聘请校外评委或裁判员的劳务费、商业保险费、报名费等)、学生培训会议费、交通费(车船机票、租车船费、市内交通费等)、标准内的住宿费、报纸杂志及纸质与电子图书音像资料费、邮寄费、通信费、特殊学生慰问(食品、生活学习用品等)等支出,以及因特别主题活动需要而产生的其他支出。

2. 学生活动经费禁止用于下列开支:

(1) 与学生活动无关的开支。

(2) 无正式票据的开支。

(3) 各类罚款、滞纳金、大笔餐费(超过每人次50元)、礼品费等。

四、学生活动经费申请、审批、报销程序及要求

1. 学生活动经费申请、审批程序

学生活动经费的使用应经过申请、审批和报销三个环节。各单位应本着量入为出的原则,根据全年的工作计划妥善安排经费支出。除比赛奖金、评委裁判劳务费、学生劳务费等可以用领款清单签名领取(附获奖名单及奖励金额、评委会或裁判员、学生名单及劳务费金额)外,其余报销必须以正式发票为据,特殊情况依照财务处相关规定执行。

2. 学生活动经费报销具体要求

(1) 禁止以白条或冒名签领方式办理报销。发票要有明细品名,不能笼统开办公用品等大项,要有发票专用章,机打发票要有学校纳税人识别号。报销必须有经费负责人、经办人、证明人(或验收人)签字。

(2) 活动结束后应该尽快报销,发票有效期按学校财务规定执行。在报销时应汇总本次活动所发生的全部费用支出,并在报销单上注明该活动项目名称。

(3) 学生活动经费购置设备达到固定资产要求的,应按要求办理固定资产登记手续。

(4) 同一活动同一收款单位超过1000元,应使用非现金方式结算。

五、学生活动经费监督检查

1. 各单位主要负责人或指定的负责人负责本单位学生活动经费使用的管理工作,对学生活动经费使用的真实性、合法性负责,并承担相应的领导责任。

2. 财务处在上述经费使用范围内,按照财务制度及相关法规规定,负责审核原始凭证的合法性、合规性和审批手续的完整性。

3. 监察审计处不定期对各单位学生活动经费使用的真实性、合法性及合规性进行监督、检查和审计。

六、其他

本规定由学生工作部(处)、校团委、财务处负责解释,自印发之日起施行。

中国科学技术大学英语授课推进计划实施管理办法

(校教字〔2017〕36号,2017年3月27日)

第一章 总 则

第一条 为培养具有国际视野和全球竞争力的科技拔尖人才,加快我校世界一流大学建设,学校建立中国科学技术大学英语授课推进计划,并制定本办法。

第二条 英语授课是指以英语作为教学语言,针对基础或专业课程开展的教学工作。

第三条 英语授课推进计划由教务处、研究生院、国际合作与交流部共同负责协调并具体落实。

第二章 申报与评审

第四条 英语授课课程必须符合现有学生课程培养方案的要求。

第五条 拟开展英语授课的课程需先向各学院申报,经学院审核后,本科生课程提交至教务处,研究生课程提交至研究生院,再经评审委员会审核。

第六条 课程申报材料包括授课老师的基本信息、教材、大纲、课程简介、相关课件、习题等。

第七条 英语授课课程评审委员会由教务处、研究生院、国际合作与交流部联合推荐专家组成。

第三章 课 程 管 理

第八条 获评的英语授课课程需提交至教务管理部门进行统一排课,对于未进入统一排课的英语课程,将不纳入英语授课推进计划支持范畴。

第九条 英语授课课程由通过评审的境外教师或本校教师承担。

第十条 教师应根据课程教学要求,事先就课程大纲、教材、课后阅读量、作业量等做出必要的说明,使学生能在选课和学习过程中对本课程有充分了解。

第十一条 教材主要选用国际一流大学通用的英语原版教材。选用教材时要考虑到教材内容与课程教学内容的符合性。如果不能完全符合,可参照其他材料或编写相应的英语教材。英语教材应有与其配套的英语教学参考资料供学生使用。

第十二条 教学。

（一）教学语言要求。

1. 课堂授课语言需使用英语；

2. 教材、讲义及课堂用补充材料采用英语文本；

3. 课堂板书或屏幕文字使用英语；

4. 学生的作业用英语完成；

5. 平时的测验、期中、期末考试的试卷采用英语文本，学生答题原则上应以英语完成。

（二）对进行英语授课课程学习的学生应有辅导、答疑等恰当的指导和帮助。

第十三条 课程结束后，授课教师需将英语授课课程相关课件、纲要、作业、试卷等教学材料提交给学院备案。

第十四条 教务处、研究生院、国际合作与交流部对获评英语授课课程开展学生问卷调查、督导评价等方式进行质量跟踪和评估，结合评估结果，确定该获评课程是否继续执行。

第十五条 一年内未执行或未申请延续的获评英语授课课程，需重新进行课程申报。

第四章 教学津贴

第十六条 对于获评的英语授课课程，授课教师可根据本办法领取教学津贴。

第十七条 境外教师授课的课程，教学津贴标准（税前）为教授一节课150～200美元，副教授一节课100～150美元，其他教师一节课100美元。

第十八条 本校教师开设英语授课课程，教学津贴（税前）每节课200元。新开课程，前三年教学工作量按照实际授课课时的2倍计算，三年后按实际课时计算。

第十九条 英语授课课程的经费主要来源于教务处、研究生院、国际合作与交流部管理的国际交流经费及其他学校自筹经费。

第二十条 教学津贴的发放金额将结合课程质量评估结果，由教务处和研究生院核定，国际合作与交流部审核后统一发放。

第五章 附则

第二十一条 本办法由校国际合作与交流部负责解释。

第二十二条 本办法自印发之日起施行，原《中国科学技术大学英语授课推进计划实施管理办法（试行）》（校教字〔2013〕50号）同时废止。

中国科学技术大学"国际访问教授"计划实施管理办法

（校人字〔2017〕37 号，2017 年 3 月 27 日）

第一章　总　　则

第一条　国际化的高水平学术队伍是学校提高国际化程度、建设世界一流大学的重要指标。为了充分利用学校的国际合作资源，更加灵活地引进国际优秀教师，学校制订中国科学技术大学"国际访问教授"计划，并制定本办法。

第二条　"国际访问教授"计划由国际合作与交流部、人力资源部、研究生院及教务处等部门共同负责协调并具体落实。

第三条　指导方针是坚持学术优先、结构优化；基本原则是坚持择优聘请、严格考核、合同管理及动态调整。

第二章　申请条件与职责

第四条　"国际访问教授"是指在国际知名大学或者研究机构拥有教职（Tenure-Track Faculty）、到我校访问并开展教学与科研合作的正教授、副教授或助理教授（或相当专业技术职务）。

第五条　"国际访问教授" 需完成工作任务书规定的相关内容。"国际访问教授"分为科研类与教学科研类，科研类主要在我校开展科研工作，教学科研类主要在我校开展科研工作，并承担本科生或研究生的英语授课。

第三章　评 审 管 理

第六条　用人单位（各学院/国家（重点）实验室）根据学科建设及教学、科研工作需要向国际合作与交流部推荐人选。

第七条　由国际合作与交流部、人力资源部、研究生院和教务处联合推荐相关专家组成"国际访问教授"评审委员会，每年开展两次评审工作。

第四章　合同与考评

第八条　学校与"国际访问教授"在平等自愿、协商一致的基础上，签订聘请合同，明确双方的权利和义务。

第九条　"国际访问教授"的聘请合同，由国际合作与交流部统一签订和管理、人力资源部备案，合同期限不少于两个月、不超过一年。

第十条 教学类“国际访问教授”所授英语课程管理及教学津贴按现行的“英语授课推进计划”实施管理办法执行。

第十一条 “国际访问教授”的日常管理与服务由用人单位负责。聘期结束前，根据合同约定，用人单位需对其来校实际工作情况进行考核，并提交考评报告和相关资料至国际合作与交流部、人力资源部备案。

第五章 薪酬与福利

第十二条 “国际访问教授”的薪酬支付根据来校工作的实际天数计算（到达日和离开日合算一天）。

第十三条 学校为“国际访问教授”提供聘期内一次往返国际旅费（经济舱）。

第十四条 “国际访问教授”的薪酬来源

（一）国际合作与交流部管理的国家外国专家局经费（其中正教授 1000 元/天，副教授、助理教授 750 元/天）。

（二）人力资源部管理的国际师资经费（其中正教授 500 元/天，副教授、助理教授 300 元/天）。

（三）“英语授课推进计划”实施管理办法中规定的英语授课教学津贴。

第十五条 各实验室可根据科研合作情况对访问教授支付一定的津贴。

第十六条 来访教授自己负责旅行、医疗等保险。

第十七条 合同执行期间，学校为“国际访问教授”提供校内住房。

第六章 附 则

第十八条 本办法由校国际合作与交流部负责解释。

第十九条 本办法自印发之日起施行。原《中国科学技术大学“国际访问教授”计划实施管理办法（试行）》（校人字〔2013〕年 49 号）同时废止。

中国科学技术大学因公临时出国(境)管理实施细则

（校办字〔2017〕85 号，2017 年 5 月 18 日）

第一章 总 则

第一条 为贯彻落实中央《关于加强和改进教学科研人员因公临时出国管理工作的指导意见》精神，进一步完善中国科学技术大学因公临时出国（境）管理工作机制，规范有序管理我校因公临时出国（境）工作，更好地服务于创建世界一流大学中心工作，推动我校国际合作与港澳台交流，根据《中共中央办公厅、国务院办公厅转发中央组织部、中央外办、外交部、教育部、科技部、财政部〈关于加强和改进教学科研人员因公临时出国管理工作的指导意见〉的通知》(厅字〔2016〕17 号)、《教育部办公厅关于贯彻落实〈关于加强和改进教学科研人员因公临时出国管理工作的指导意见〉的通知》(教外厅〔2016〕2 号)、《中国科学院关于印发〈中国科学院院属单位因公临时出国(境)管理办法〉的通知》(科发际字〔2017〕26 号)要求,结合我校实际情况,特制定《中国科学技术大学因公临时出国(境)管理实施细则》。

第二条 本细则适用于学校在编教职工(含我校正式聘用的持外国永久居留证或外国国籍教职工)、博士后、与学校签订工作合同的非事业编制工作人员的因公临时出国(境),以及在校学生赴台湾地区交流。

第三条 本细则适用于六个月以内的因公临时出国(境)活动。

第四条 中国科学技术大学因公临时出国(境)管理工作,接受中国科学院国际合作局的监督和指导,归口部门为校国际合作与交流部暨港澳台事务办公室(以下简称"国合部暨港澳台办")。

第二章　分 类 管 理

第五条 我校因公临时出国(境)实行分类管理,分为教学科研学术交流类因公临时出国(境)和非教学科研学术交流类因公临时出国(境)。

(一) 教学科研学术交流类因公临时出国(境)主要包括合作研究、学术访问、出席国际会议、教学活动、科学观测、科学考察、科研仪器调试、科技展览、出席国际组织活动、人才招聘等活动。教学科研学术交流类因公临时出国(境)根据实际需要和出访计划安排,不受出访批次数、团组人数和在外停留天数的限制,但应坚持少而精的原则。

(二) 非教学科研学术交流类因公临时出国(境)主要指一般性的校际间的涉及国际合作和科研管理的工作交流。非教学科研学术交流类因公临时出国(境)的出访人数和出访批次实行限量管理。

第三章　年度计划的制定和报备

第六条 我校因公临时出国(境)实行年度计划制定与报备。要根据实际需要制订年度计划,统筹规划和合理安排相关工作。年度计划需列明因公临时出国(境)类型、团组人员、交流形式、出访时间、经费预算和来源等内容。年度计划由各学院/国家级实验室及党政管理服务部门集中报送校国合部暨港澳台办,经学校审批后上报中国科学院国际合作局备案。对确需临时执行的出访任务,经学校审批后可以调整年度计划。

第四章　公 示 制 度

第七条 因公出访报批前须进行事前公示。公示内容包括全体团组人员的姓名、单位、职务、出访国家、任务、日程、往返航线、邀请函、经费来源和经费预算等。

第八条 出访任务完成后,须进行事后公示。事后公示包括出访实际执行情况、实际产生费用等。

第九条 各学院/国家级实验室教职工因公临时出国(境)在本部门的局域网或公示栏公示,学校党政管理服务部门职工因公临时出国(境)在校国合部暨港澳台办公示栏公示。公示时间原则上不少于5个工作日。未按规定公示公开的,校国合部暨港澳台办不予审核其出国(境)申请,校财务处不予核销其出国(境)费用。

第五章 出国(境)任务批件申报

第十条 教职工因公临时出国(境)批件申报。

因公出访须有明确的出访目的和实质内容,派出人员身份应与出访任务和目的密切相关。根据因公临时出国(境)计划,教职工需在事前公示结束后最迟于出国(境)前15天通过中国科学院ARP系统国际合作模块填报出国(境)申请,并提供国外邀请函的复印件、《因公临时出国(境)人员备案表》、在职证明(60周岁及以上,院士除外)、健康证明(65周岁及以上)等材料,经ARP系统国际合作模块校内各节点审核后报中国科学院国际合作局审批并签发《中国科学院出国(境)任务批件》。邀请函须含有明确的出访人员、出访任务和日期、停留时间、费用承担方式(参加国际会议除外)、邀请人签名等。

参加中国科学院院外单位组团出访,须在得到组团单位的批件和任务通知书后,通过中国科学院ARP系统,报中国科学院国际合作局审批签发《中国科学院出国(境)任务批件》。

第十一条 教职工和学生因公赴台湾地区批件申报。

本校教职工和全日制在校学生需提前15天通过中国科学院ARP系统填报因公赴台湾地区申请,经校内各节点审核同意,提交相关材料,经校港澳台办审核后,报送中国科学院港澳台事务办公室审批,再经国务院台湾事务办公室审批签发《赴台批件》。

参加中国科学院院外单位组团赴台,须在得到组团单位的批件和任务通知书后,通过ARP系统报中国科学院港澳台事务办公室审批并签发《赴台确认件》。

第六章 证件办理及管理

第十二条 因公出访人员出国(境)执行公务时,在《中国科学院出国(境)任务批件》签发后,须通过校国合部暨港澳台办办理因公护照/通行证和签证/签注手续,持因公护照/通行证出访。教学科研人员前往拥有国外永久居留权的国家执行公务、学校正式聘用的外籍教学科研人员因公出访、在站博士后因公出访、执行紧急的因公出访任务等特殊情况,可持因私证照出国(境)。

第十三条 教职工和学生申请因公赴台湾地区时,在获得国务院台湾事务办公室签发的《赴台批件》后,持所需材料自行前往户籍所在地公安局出入境管理处办理《大陆居民往来台湾通行证》及签注。

第十四条 因公临时出访人员出访任务完成后一周内须将所持因公护照/因公赴港澳通行证交由校国合部暨港澳台办统一保管。

第七章　出国(境)费用管理

第十五条　因公临时出国(境)经费包括国际旅费、境外城市间交通费、住宿费、伙食费、公杂费和其他费用。

(一) 国际旅费,是指出境口岸至入境口岸旅费。

(二) 国(境)外城市间交通费,是指为完成工作任务所必须发生的、在出访国家或地区的城市与城市之间的交通费用。

(三) 住宿费,是指出国(境)人员在国(境)外发生的住宿费用。

(四) 伙食费,是指出国(境)人员在国(境)外期间的日常伙食费用。

(五) 公杂费,是指出国(境)人员在国(境)外期间的市内交通、邮电、办公用品、必要的小费等费用。

(六) 其他费用主要是指出国签证费用、必需的保险费用、防疫费用、国际会议注册费用等。

第十六条　出访人员应根据《中国科学院出国(境)任务批件》批复的出访内容、日期和费用来源,在国家规定的因公临时出国(境)费用标准范围内,经校国合部暨港澳台办审核后报销出国(境)期间的相关费用。

(一) 报销时须提供《中国科学院出国(境)任务批件》复印件,事后公示表,护照/通行证的首页、签证/签注、出入境记录等单据的复印件,机票行程单、登机牌原件及费用开支明细。

(二) 出访人员因航班延误等不可抗拒因素不能按期回国的,报经校国合部暨港澳台办审核批准后,予以报销。

(三) 教学科研人员出访前,如需临时增加出访内容和时间,应通过中国科学院 ARP 系统申报《中国科学院出国(境)任务批件》,确因时间限制无法报批,须在出访前报国合部暨港澳台办审批。

(四) 教学科研人员在国(境)外出访期间,如需增加出访内容和时间,须提前向所在学院/国家(重点)实验室报告,获得批准后方可执行,并报校人力资源部和国合部暨港澳台办备案,且超出任务批件规定的部分费用自理。

(五) 因出访任务延期等原因须推迟出访时间,应重新申报《中国科学院出国(境)任务批件》,确因时间限制无法报批的,推迟执行出访任务的境外停留天数和出访内容应与原任务批件规定的一致,并在出行前报国合部暨港澳台办审批。

第十七条　院士、省部级及相当职务人员,可乘坐飞机头等舱,司局级及相当职务人员,可乘坐飞机公务舱。二级教授及相当专业技术人员,在从事科研教学类出访,且连续飞行时间在 6 小时以上时,可选择乘坐飞机公务舱。

第十八条　因公临时出访市内交通费原则上按财政部规定的公杂费标准包干使用。确因工作和公务需要,经国合部暨港澳台办审核确认,可据实报销,同时不再发放公杂补助。在一次出国(境)过程中,只能选择一种报销方式。

第十九条　因公临时出访应优先选择由我国航空公司运营的国际航线。因中转 1 次以上(不含 1 次)、票价价差较大等原因确需购买非国内航空公司航班机票的,应当于购买机票前填写《乘坐非国内航班和改变中转地审批表》,并报请国合部暨港澳台办和财务处批准,报销时附上出具审核意见的审批表。

第二十条 出国(境)住宿、伙食和公杂标准原则按国家现行因公临时出国(境)经费相关管理规定执行。出席国际会议入住会议举办方推荐的酒店,住宿费超出国家规定标准的,应于出访前报经国合部暨港澳台办和财务处审核批准后,可据实予以报销。

第八章 附 则

第二十一条 本管理细则由校国际合作与交流部暨港澳台事务办公室、人力资源部和财务处在各自职能范围内负责解释。在执行过程中,遇有国家相关政策法规调整时,由校国际合作与交流部暨港澳台办公室负责修订。

第二十二条 本管理细则自印发之日起施行,原《中国科学技术大学因公出国(境)管理实施细则》(校办字〔2015〕85 号)同时废止。

中国科学技术大学公派长期出国(境)管理办法

(校人字〔2017〕165 号,2017 年 8 月 10 日)

第一章 总 则

第一条 为适应学校建设世界一流大学和一流学科需要,进一步加强国际交流,拓展学术视野,规范公派长期出国(境)工作,根据国家留学基金管理委员会和中国科学院有关公派出国(境)的政策规定,结合学校实际,制定本办法。

第二条 公派长期出国(境)是指学校在职人员因公赴海外一流大学、研究机构等执行六个月及以上进修、访学等任务。按照经费来源渠道,主要分为:

(一) 公派公费项目

1. 国家公派:获得国家留学基金管理委员会等政府部门资助;
2. 中国科学院公派:获得中国科学院资助;
3. 单位公派(公费):获得学校青年骨干教师出国研修计划资助。

(二) 公派自费项目

单位公派(自费):获得海外高校或科研机构资助。

第三条 公派长期出国(境)管理工作统筹考虑“选拔、派出、管理、回国”各环节,坚持“派出前有要求,派出后有管理,回国后有考核”的原则,充分发挥公派长期出国(境)工作的最佳效益。

第二章　选 派 要 求

第四条　选派要求：

（一）热爱祖国，政治立场坚定，无违法违纪记录；

（二）业务水平高，有良好的发展潜力；

（三）具有中国国籍；

（四）需满足具体公派出国（境）项目的要求；

（五）申请人须已完成首聘期内的工作。作为后备师资培养的优秀聘期制科研人员可不受首聘期限制，但出国（境）到期时间应不超过其与学校签订的聘用合同到期时间。

选派人员暂不包括：已取得国外永久居留权的人员；已获得公派出国项目资助尚在有效期内的人员；正在执行公派出国项目的人员；曾获得公派出国项目资助，未经学校批准擅自放弃且时间在五年以内，或经学校批准放弃且时间在两年以内的人员；已获得公派出国项目资助，回国工作服务期未满三年的人员。

第五条　为确保聘期制科研人员的选派质量，各学院、国家（重点）实验室（简称“用人单位”，下同）应严格把关，择优推荐，合理控制选派比例。

第三章　选派计划及程序

第六条　用人单位须根据教学科研和人才培养的需要，制定年度公派长期出国（境）人员选派计划。

学校根据学科发展、科研任务和人才队伍建设的需要，统筹规划，研究确定年度选派计划。

第七条　选派程序：

（一）学校发布公派公费项目申报通知；

（二）申请人按照项目要求提交申请；

（三）用人单位推荐；

（四）人力资源部审核并报项目主管部门评审；

（五）项目主管部门发布录取通知；

（六）用人单位进行事前公示（原则上不少于五个工作日）；

（七）申请人办理出国（境）审批手续（至少提前两个月）；

（八）申请人办理因私普通护照、签证；

（九）申请人与学校签订协议书；

（十）出国（境）开展工作。

公派自费出国（境）人员纳入年度选派计划后，可直接办理出国（境）审批等有关手续。

第八条　严禁未经审批擅自出国（境）。一经发现，用人单位应及时向人力资源部书面报告有关情况，学校将按照有关规定进行相应处理。

第四章 出国(境)期限

第九条 公派长期出国(境)期限一般不超过一年,具体时间以各公派出国(境)项目要求为准。

第十条 确因工作需要申请延长出国(境)期限的,须在首次批准期满前三个月提交书面申请表、海外合作者说明及经费来源证明,经学校批准后方可执行。公派长期出国(境)最多可申请延期一次,延长期限不得超过首次批准出国(境)期限且不得超过一年。

第十一条 公派长期出国(境)期限到期后,出国(境)人员须按时回校并办理报到手续。逾期超过一个月未归者,学校将按照有关规定进行相应处理。

第五章 出国(境)期间管理

第十二条 公派长期出国(境)人员应认真执行工作计划,严格履行公派出国(境)协议书的内容,每三个月须将工作情况向用人单位进行汇报。

第十三条 公派长期出国(境)期间原则上不允许临时回国。确有特殊原因,需临时回国的,应提前一个月向用人单位及人力资源部申请。临时回国时间不得超过 20 天。公派公费出国(境)人员如临时回国累计超过 20 天,需按天(超期天数)退还已资助的奖学金。

第十四条 公派长期出国(境)人员的年度考核由用人单位负责,重点考核出国(境)工作情况、国外合作者评价意见等。

第十五条 公派长期出国(境)人员应遵守中国及所在国家(地区)的法律法规,维护祖国荣誉和学校声誉,不得从事有损祖国、学校利益和安全的活动。

第十六条 公派长期出国(境)人员应珍惜机会,潜心钻研,争取学有所成。

第十七条 用人单位应加强对公派长期出国(境)人员的管理,及时掌握出国(境)人员工作进展,并给予必要的指导和监督。因用人单位疏于管理而造成不良影响的,将追究有关领导责任。

第六章 出国(境)期间待遇

第十八条 公派公费出国(境)人员:

(一) 自批准出国(境)之日的下一个月起,基础薪酬和绩效奖励正常发放,岗位津贴暂停发放。按期回国并办理报到手续后,学校将全额补发出国(境)期间停发的岗位津贴。

(二) 如因工作需要申请延期,获批后,延期期间的基础薪酬和绩效奖励正常发放,岗位津贴将停止发放并不予补发。

第十九条 公派自费出国(境)人员:

(一) 自批准出国(境)之日的下一个月起,基础薪酬暂停发放,按期回国办理报到手续后,学校将全额补发出国(境)期间停发的基础薪酬;绩效奖励正常发放,岗位津贴将停止发放并不予补发。

（二）如因工作需要申请延期，获批后，延期期间的薪酬待遇同上。

第二十条 实行年薪制的人员（含聘期制及轨道制人员），出国（境）期间的薪酬待遇和发放方式如下：

（一）公派公费出国（境）人员：

1. 自批准出国（境）之日的下一个月起，相应岗位原年薪额度内的基础薪酬和租房补贴正常发放；其余薪酬暂停发放，按期回国并办理报到手续后，学校将予以全额补发。经费来源渠道保持不变。

2. 如因工作需要申请延期，获批后，相应岗位原年薪额度内的基础薪酬和租房补贴正常发放，延期期间的其余薪酬将停止发放并不予补发。

（二）公派自费出国（境）人员：

1. 自批准出国（境）之日的下一个月起，相应岗位原年薪额度内的基础薪酬和租房补贴暂停发放，按期回国并办理报到手续后，学校将予以全额补发；其余薪酬将停止发放并不予补发。

2. 如因工作需要申请延期，获批后，延期期间的薪酬待遇同上。

第二十一条 公派长期出国（境）费用报销需经用人单位审核、公示，并经人力资源部审批后方可办理。

（一）报销费用内容：

1. 公派公费出国（境）人员：可报销一次往返国际旅费、资助期限内的奖学金、办理护照/签证费用、必需的保险费用、防疫费用等。奖学金包括伙食费、住宿费、注册费、交通费、电话费、书籍资料费、医疗保险费、交际费、一次性安置费、签证延长费、零用费和学术活动补助费等，标准参照《财政部教育部关于调整国家公派留学人员奖学金资助标准的通知》（财教〔2010〕286 号）文件执行。公派公费出国（境）人员一次往返国际旅费和奖学金由项目主管部门提供，不得重复报销。

2. 公派自费出国（境）人员：若海外资助经费中不包含一次往返国际旅费、办理护照/签证费用、必需的保险费用、防疫费用等，可根据预算由课题组提供。

（二）报销时须提供的材料：

学校审批表复印件、事后公示表、护照/通行证的首页、签证/签注、出入境记录等单据的复印件、机票行程单、登机牌原件及费用开支明细。

第二十二条 未经审批擅自出国（境）或出国（境）逾期超过一个月未归者，自违规之日起，学校将停止发放其所有薪酬待遇，并不予补发。

第七章 回国后管理

第二十三条 回国后，公派长期出国（境）人员须在入境一周内向用人单位及人力资源部报到。确因航班等特殊原因，报到时间不得超出批准期限一个月。

第二十四条 报到后，用人单位须对公派长期出国（境）人员实际出国（境）情况进行事后公示（原则上不少于五个工作日）。未按规定进行公示的，财务处将不予核销其出国（境）费用。

第二十五条 回国后，公派长期出国（境）人员须参加用人单位每学期组织的公派出国（境）交流报告会，详细介绍出国（境）期间的工作情况及研究成果，由用人单位形成考核意见后报人力资源部。

第二十六条 回国后，公派长期出国(境)人员应加强与海外的学术联系，在推动学校国际交流、人才培养、学科发展、人才引进等方面作出积极贡献。

第八章 附 则

第二十七条 因国际合作需要，申请驻外开展岗位职责范围内工作的人员，须经有关职能部门审核认定，根据出国(境)时间的长短，按照学校因公出国(境)的审批程序办理。相关管理按照协议书约定的内容执行。

第二十八条 六个月以下的因公出国(境)管理按照《中国科学技术大学因公临时出国(境)管理实施细则》(校办字〔2017〕85号)执行。

第二十九条 涉密人员公派长期出国(境)，按照学校保密部门的有关规定执行。

第三十条 本办法由人力资源部负责解释。

第三十一条 本办法自印发之日起施行。

中国科学技术大学学生出国(境)管理实施细则

(校学字〔2017〕208号，2017年10月10日)

第一章 总 则

第一条 为创建世界一流大学，进一步完善中国科学技术大学学生出国(境)管理工作，规范我校学生出国(境)进行学术交流，加强相关职能部门和院系的沟通和协调，特制定本实施细则。

第二条 本细则适用于在我校正式注册学籍、需要办理出国(境)手续赴国(境)外(台湾地区除外)进行各类学术活动的学生。我校在校学生赴台湾地区交流管理参照《中国科学技术大学因公临时出国(境)管理实施细则》执行，不在本细则执行范围之内。

第三条 国际合作与交流部(含港澳台事务办公室)(以下简称"国合部")、教务处、研究生院和各学院、国家(重点)实验室为学生出国(境)管理工作的相关职能部门。学生出国(境)管理应贯彻规范、专业和服务学生的原则，相关职能部门应按照各自职责参与管理工作，分工明确，相互配合。

第二章 分类遴选与审批

第四条 我校学生出国(境)开展学术活动实行分类管理。根据学生类别，分为本科生出国(境)和研究生出国(境)；根据项目执行类别，分为校级项目出国(境)、院级项目出国(境)和个人出国(境)。

第五条 根据类型不同，国（境）外交流项目信息发布程序如下：

（一）校级层面的本科生和研究生出国（境）项目，由国合部负责与国（境）外合作机构联系，并根据相关内容，分别向教务处和研究生院推送项目通知。本科生项目由教务处审核确定学生申请资格、资助办法等相关内容，并发布项目信息；研究生项目由研究生院审核确定学生申请资格、资助办法等相关内容，并发布项目信息。

（二）院级层面的本科生和研究生出国（境）项目，由各学院、国家（重点）实验室负责与国（境）外合作机构进行联系，并通过学院、国家（重点）实验室渠道面向符合条件的学生发布信息。

（三）个人出国（境），由学生本人（或通过导师等）自行联系国（境）外机构，获取出国（境）的相关信息。

第六条 根据类型不同，国（境）外交流项目申请程序如下：

（一）校级层面的本科生和研究生出国（境）项目，学生分别按照教务处和研究生院通知规定的申请方法、流程和渠道提出申请；

（二）院级层面的本科生和研究生出国（境）项目，学生按照各学院、国家（重点）实验室规定的申请方法、流程和渠道提出申请；

（三）个人自行联系的项目，由学生本人负责完成相关申请流程。

第七条 根据类型不同，国（境）外交流项目遴选程序如下：

（一）教务处和各学院负责对申请校级或院级项目的本科生进行校内遴选。校级项目的校内遴选推荐名单，由国合部负责向国（境）外合作机构推送，接受校外遴选；院级项目的校内遴选推荐名单，由各学院负责向国（境）外合作机构推送，接受校外遴选。

（二）研究生院和各学院、国家（重点）实验室负责对申请校级或院级项目的研究生进行校内遴选。校级项目的校内遴选推荐名单，由国合部负责向国（境）外合作机构推送，接受校外遴选；院级项目的校内遴选推荐名单，由各学院、国家（重点）实验室负责向国（境）外合作机构推送，接受校外遴选。

（三）个人自行联系的项目，学生本人负责接受项目选拔过程。

第八条 学生通过项目遴选后，根据项目类型不同，出国（境）审批程序如下：

（一）所有出国（境）交流的本科生，须在最迟于出国（境）之前 7 天，凭录取函或邀请函，填写《中国科学技术大学本科生因公出国（境）审批表》，由班主任、学院、教务处和国合部签字审批，出访超过 90 天（含 90 天）另须到校社区办审批；填写《中国科学技术大学学生公派出国交流责任书》，由本人和家长签署。两份文件交国合部备案。录取函或邀请函须含有明确的学生姓名、出访学校、项目内容和日期、停留时间、对方签名等。

（二）所有出国（境）交流的研究生，须在最迟于出国（境）之前 7 天，凭录取函或邀请函，填写《中国科学技术大学研究生因公出国（境）审批表》，由导师、学院或国家（重点）实验室、研究生院和国合部签字审批，出访超过 90 天（含 90 天）须到校社区办审批；填写《中国科学技术大学学生公派出国交流责任书》，由本人签署。两份文件交国合部备案。录取函或邀请函须含有明确的学生姓名、出访学校、项目内容和日期、停留时间、对方签名等。

（三）对于未在出国（境）前按要求办理审批手续的学生，国合部等相关职能部门将不予审核报销。

第九条 参加出国（境）学术交流的学生可凭审批表复印件到相关职能部门复印相关

协议，开具相关证明，自行办理出入境手续和证件。

第三章 学生管理

第十条 参加出国(境)交流的学生需参加相关职能部门主办的行前培训。

第十一条 参加出国(境)交流的学生必须充分考虑出国出境可能会出现的风险，确认自己的身体及心理情况适合参加出国交流项目，并购买相关海外医疗保险和意外保险；不购买相应保险的学生，如在国外交流学习期间遇疾病或意外伤害等紧急情况，则应自行承担相应责任和所有费用。

第十二条 参加出国(境)交流的学生在到达目的地后，应于 24 小时之内将国(境)外地址、联系方式及时报告给相关职能部门和所属学院、国家(重点)实验室的学生管理部门，并保持通畅联系。

第十三条 参加出国(境)交流的学生境外期间的学籍管理，分别参照教务处和研究生院相关管理规定执行。

第十四条 学生在出国(境)交流期间发生意外事件，或遇特殊自然灾害或社会动乱，应及时与家人、所属学院、国家(重点)实验室学生管理办公室和相关职能部门联系，以便相关事宜的协调和处理。

第四章 经费管理

第十五条 出访学生应根据《中国科学技术大学研究生因公出国(境)审批表》《中国科学技术大学本科生因公出国(境)审批表》规定的出访内容、日期和费用来源，在国家规定的因公临时出国(境)费用标准范围内，经国合部审核后报销出国(境)期间的相关费用。

(一) 报销时须提供《中国科学技术大学本科生因公出国(境)审批表》或《中国科学技术大学研究生因公出国(境)审批表》复印件，护照/通行证的首页、签证/签注、出入境记录等单据的复印件，机票行程单、登机牌原件及费用有效票据、开支明细。各种报销凭证须用中文注明开支内容、日期、数量、金额等，并由经办人签字。资助方式为定额资助的，根据审批表规定予以报销。

(二) 出访学生因航班延误等不可抗拒因素不能按期回国的，须出具情况说明及相关证明材料，报国合部审核批准后，予以报销。

(三) 学生出访前，如需临时增加出访内容和时间，更改出国(境)任务，须在出访前出具邀请函等证明材料，重新进行审批手续，作为报销依据。

(四) 学生在国(境)外出访期间，如需增加出访内容和时间，须提前向所在学院、国家(重点)实验室报告，获得批准后方可执行，并报国合部备案，且超出审批表规定的部分费用自理。

(五) 因出访任务延期等原因须推迟出访时间，须在出访前重新办理审批手续，推迟执行出访任务的境外停留天数和出访内容应与原审批文件规定的一致，并在出访前报国合部审核，行程结束后，可予以报销。

第十六条 出访期间市内交通费原则上按财政部规定的公杂费标准包干使用。确因工作需要，须出具说明及相关证明材料，经国合部审核确认，可据实报销，同时不再发放公杂补助。在一次出国(境)过程中，只能选择一种报销方式。

第十七条 学生出访应乘坐经济舱，并优先选择由我国航空公司运营的国际航线。因中转1次以上(不含1次)、票价价差较大等原因确需购买非国内航空公司航班机票的，应当于购买机票前填写《乘坐非国内航班和改变中转地审批表》，并报国合部和财务处批准，报销时附上出具审核意见的《乘坐非国内航空公司航班和改变中转地审批表》。

第十八条 教务处资助的本科生出国(境)交流项目，其经费管理参照《中国科学技术大学本科生境外交流项目资助管理办法(试行)》等相关管理办法执行；研究生院资助的研究生出国(境)外交流项目，其经费管理参照《中国科学技术大学博士生参加国际学术会议资助项目暂行管理条例》等相关管理办法执行；“中国科学技术大学优秀学生国际交流资助计划”的经费管理参照《中国科学技术大学优秀学生国际交流资助计划实施管理办法》(校学字〔2015〕160号)执行。学生受课题经费等其他资助渠道参加国(境)外交流，补助标准分类管理方法如下：

(一) 30天以上(含30天)的出国交流经费标准，参考《财政部教育部关于调整国家公派留学人员奖学金资助标准的通知》规定的人员和国家类别标准，按月发放生活补助。超出一个月且不满一个月的部分按天数比例折算(如45天为1.5个月)。具体金额由经费指标卡负责人决定，可小于或等于相关国别及人员类别标准，但不得超出。住宿、当地交通费用等费用包含在生活补助中，不得另行报销。

(二) 30天以上(含30天)的赴香港、澳门的交流，按月生活补助发放，研究生不超过人民币8800元/月，本科生不超过人民币7500元/月。超出一个月且不满一个月的部分按天数比例折算(如45天为1.5个月)。具体金额由经费指标卡负责人决定，可小于或等于该标准，但不得超出。住宿、当地交通费用等费用包含在生活补助中，不得另行报销。

(三) 30天以下的出国(境)交流经费标准，参考教工《短期因公出国出境各国家和地区住宿费、伙食费、公杂费开支标准表》。具体报销内容和金额由经费指标卡负责人决定，可小于或等于相关国别及人员类别标准，但不得超出。

(四) 学生受多方资助渠道出国(境)交流，其资助总额不得超过国家规定的资助标准上限。

(五) 如国家出台新规定或标准，按照国家规定执行。

第五章 附　　则

第十九条 国家留学基金委(CSC)建设高水平大学公派项目或优秀本科生交流项目，参照CSC相关管理规定及实施流程执行。

第二十条 30天以上(含30天)赴台湾地区的生活补助标准参照此管理细则第十八条(二)条款执行。

第二十一条 本管理实施细则自印发之日起施行，由国合部、教务处、研究生院、财务处、各学院和国家(重点)实验室在各自职能范围内解释。

中国科学技术大学境外专家来访管理办法

（校人字〔2017〕209号，2017年10月10日）

第一章　总　　则

第一条　为规范我校来访的境外专家接待管理、方便聘用境外专家单位办理各项手续，进而推动学校学科发展、提升学校学术水平，根据公安部、外交部、财政部、国家外国专家局和中国科学院的有关规定，结合我校教学和科研实际情况，特制定本办法。

第二条　本办法适用于所有长期或短期来访我校参加国际会议、海峡两岸会议和培训，进行合作研究、学术访问、商务活动和工作的境外专家。境外来访专家分为长期来访专家和短期来访专家，其中，长期来访专家为来访时间超过三个月的境外专家，短期来访专家为来访时间在三个月以内的境外专家。

第三条　国际合作与交流部（含港澳台事务办公室）为我校境外来访专家事务的主管部门，负责境外专家的综合管理工作。部分长期境外专家由人力资源部综合管理，包括千人计划专家、境外特聘研究员、国际博士后等。财务处为我校境外来访专家经费监管部门，负责境外专家经费的财务报销等工作。

第二章　境外专家来访申报

第四条　境外专家来访之前需由校内邀请方在中国科学院资源规划项目（Academia Resource Planning）（简称“中科院 ARP 系统”）的相应模块中填写来访邀请/顺访，完成邀请方和受邀境外专家的个人信息、工作信息和本次来访信息的填写。经项目负责人和学院、国家（重点）实验室审核，提交至国际合作与交流部（含港澳台事务办公室）审核通过后，再上报至中国科学院国际合作局。其中，属于我校邀请的境外专家来访需在“来访邀请/顺访”模块中选择填写来访邀请，属于国内其他单位邀请的境外专家来访需在“来访邀请/顺访”模块中选择填写顺访，台湾地区来访的专家需在“台胞来访”模块中填写台胞来访。

第五条　境外来访专家抵达我校后，根据《中华人民共和国外国人入境出境管理法实施细则》，入境后在市内旅馆以外（如学校公寓、租住的民居等）住宿的，应当在入住后24小时内在相应辖区派出所办理住宿登记申报。

第三章　境外来访专家证件办理及管理

第六条　来访外籍专家，需要“被授权单位邀请函”办理来华访问签证（F签证）或工作签证（Z签证）的，可选择申请中国科学院或者安徽省外国专家局签发的“被授权单位邀请函”。如申请中国科学院的“被授权单位邀请函”，校内邀请方需在填报 ARP 来访邀请时，在

"是否需要'被授权单位邀请函'"一栏中选择"是",并按照要求上传附件材料,中科院国际合作局审批后,签发境外专家"被授权单位邀请函";如申请安徽省外国专家局的"被授权单位邀请函",校内邀请方需至国际合作与交流部登录安徽省外专局系统进行在线申请。

第七条 对于拟来我校工作的长期境外来访专家,学院、国家(重点)实验室需与其签订工作合同,并承担相应管理责任,协助申请相关证件。一个月以上来访境外专家入境后,须购买外籍及港澳台来华人士综合医疗保险。学院、国家(重点)实验室需在境外长期专家入境后 15 天内为其申请外国人工作许可证,1 个月内为其申请外国人在华居留证件。

第八条 短期来访的境外专家如需办理校园一卡通,需在国际合作与交流部(含港澳台事务办公室)网站下载相应申请函和承诺书,填写完成后至国际合作与交流部(含港澳台事务办公室)审核盖章,凭申请函至一卡通中心办理一卡通。长期来访的境外专家在入职时凭工作合同和申请函办理一卡通。

第九条 根据国家相关法律规定,来我校访问的境外专家不得从事传教以及与来访目的和身份不符的活动。校内邀请方需向其邀请的短期来访专家告知该项规定。与长期境外专家签订的合同中需明确此项规定,教学部门在学期开始前的例会中,也应向新入职长期境外专家明确说明此项规定。

第四章　境外专家来访费用管理

第十条 境外来访专家经费的开支范围依据各项目的管理办法而定,种类包括国际旅费、城市间交通费、专家工薪、讲课费、专家补贴、住宿费、翻译费、资料费、办公用费等。

第十一条 国际旅费是指专家从国(境)外到中国出(入)境口岸之间的往返国际交通费用,原则上由校内邀请方购买国际机票。建议乘坐我国航空公司航班,一般为经济舱。对于邀请的诺贝尔奖获得者、国际组织重要任职人员、国际著名学者或相当于部级人士等特殊情况,经国际合作与交流部(含港澳台事务办公室)审核批准,可酌情提供公务舱,特殊情况也可采取定额包干方式,包干额度原则上不超过相应的公务舱标准。

第十二条 专家工薪指与专家通过签订合同或协议等方式约定的工作报酬。对于支付工薪的境外专家不应再另外资助其讲课费和专家补贴。

第十三条 讲课费指邀请境外专家进行授课、讲座所支付的报酬。讲课费可参考"中国科学技术大学英语授课推进计划"规定的课时费标准。讲座费可参考国家外国专家局颁发的外国文教专家经费管理暂行办法规定的标准(上限为 3000 元/次),诺贝尔奖获得者和院士的资助标准可适当上调,但须报国际合作与交流部一事一议。

第十四条 专家补贴是指资助境外专家在华工作期间的费用补贴,按专家每次在华实际工作天数发放。专家补贴可参考外国文教专家经费管理暂行办法规定的标准(上限为 1000 元/天)。

第十五条 住宿费是指境外专家在华开展工作期间实际发生的住宿费用,凭有效发票和支出明细单按实际住宿天数在标准内据实报销。住宿费可参考外国文教专家经费管理暂行办法规定的标准(上限为 700 元/天)。

第十六条 城市间交通费是指境外专家从出(入)境口岸往返工作城市的中国境内交通费用。火车可乘坐一等座,航班一般为经济舱。对于邀请的诺贝尔奖获得者、国际组织重要任职人员、国际著名学者或相当于部级人士等特殊情况,经国际合作与交流部(含港澳台事务办公室)审核批准,可酌情提供公务舱,特殊情况也可采取定额包干方式,包干额度原则上不超过相应的公务舱标准。

第十七条 境外专家在校期间,宴请不超过 2 次。宴请严禁讲排场,杜绝奢侈浪费。来访境外专家人数在 5 人以内的(包括 5 人),宴请人数原则上在陪同人员与专家 1∶1 以内安排;来访境外专家超过 5 人的,超出部分人数原则上在陪同人员与专家 1∶2 以内安排。宴请费标准上限为每人每次 300 元(不得提供高档酒水)。

第十八条 赠送境外专家的礼品应当节约从简,尽量选择印有学校徽标的纪念品。原则上,每人次礼品不超过 200 元。

第五章 境外专家费用报销程序

第十九条 境外专家费用报销前,需确认报销附件是否齐全,包括发票收据等明细、在 ARP 系统中打印出的《来访邀请打印表》、校内邀请方出具的邀请函及对方的同意函等。

第二十条 涉及境外专家费用的报销单,在报送至财务处之前,需经国际合作部(含港澳台事务办公室)审核并签字。

第六章 附 则

第二十一条 本办法由国际合作与交流部(含港澳台事务办公室)、人力资源部、财务处共同负责解释。

第二十二条 本办法自印发之日起施行。

中国科学技术大学外国留学生安全管理办法

(校学字〔2017〕214 号,2017 年 10 月 10 日)

第一条 为保障我校外国留学生人身和财产安全,促进留学生身心健康,维护学校正常的教学和生活秩序,营造良好的育人环境,依据《中华人民共和国高等教育法》《中华人民共和国出境入境管理法》《普通高等学校学生管理规定》和《学校招收和培养国际学生管理办法》,结合我校留学生的实际情况,特制定本办法。

第二条 留学生必须遵守《中华人民共和国宪法》《中华人民共和国国家安全法》《中华人民共和国出境入境管理法》等法律法规,不得危害中国国家安全,不得损害社会公共利益、破坏扰乱公共秩序,不得在中国境内非法停留,不介入中国的内部事务。留学生应自觉遵守中国公民公认的道德规范,尊重中国的社会公德和风俗习惯。

第三条 留学生必须遵守《中华人民共和国境内外国人宗教活动管理规定》和《宗教事务条例》等法律法规。学校尊重外国留学生的民族习俗和宗教信仰，但学校不提供举行宗教仪式的场所。留学生严禁在校内进行传教，禁止在公共场所进行宗教聚会等活动，不得张贴悬挂宗教宣传品和宗教标识。

第四条 留学生须在到校后 24 小时内到公安机关办理申报住宿登记手续，并在学校国际合作与交流部(以下简称“国合部”)的协助下，在 30 日内办理居留手续。留学生需妥善保管个人护照，在护照即将到期 45 个工作日内向国合部呈报，办理延签手续。因个人因素造成护照遗失或居留许可过期，学校不承担责任。留学生毕业、结业、肄业、退学后，必须在规定的时间内出境。对勒令退学或开除学籍处分的留学生，须在规定时间内办理离校手续，国合部将通知公安机关出入境管理部门，由后者依法收缴其所持外国人居留证。

第五条 留学生在校学习期间不得经商或从事其他兼职活动。因故离开合肥市区(含节假日)，须向所在学院和国合部请假，未经批准擅自离校或请假逾期不归的，在校外发生意外，学校不承担责任。

第六条 留学生在校内住宿期间，须遵守留学生公寓管理规定，维护学校和宿舍安全，严禁留宿外来人员。留学生在校外住宿，须事先向国合部提出申请，经批准后提交《合法住房租赁合同书》，同时须向居住地派出所申报住宿登记、变更住宿地址。留学生校外住宿期间如出现任何问题，责任由本人承担。

第七条 留学生应自觉遵守我国交通与安全法规，留学生使用机动车辆必须遵照学校保卫与校园管理处制定的相关管理规定，禁止在校园内驾驶摩托车，骑电动车或自行车出入校门时要主动减速或下车推行。

第八条 留学生使用计算机网络，应当遵循中国政府和学校关于网络使用的有关规定，不得登录非法网站，不得传播有害信息和虚假信息。

第九条 经学校指定医院确诊，患有精神病、癫痫病或其他重大疾病，不宜继续在校学习的留学生，应及时办理休学。休学期结束后仍未治愈的学生，应按规定办理退学，由其监护人在一周内办理相关手续后回国。

第十条 留学生不得有酗酒、打架斗殴、赌博、吸毒，传播、复制、贩卖非法书刊和音像制品等违反治安管理规定的行为，不得参与传销和邪教、封建迷信活动。留学生因违反中国法律法规以及学校纪律、规章制度和本办法而产生的一切责任后果，包括对自身或他人造成伤害或财物损失的，均由本人承担。

第十一条 当留学生生命安全、集体和个人财产面临严重威胁或发生重大损失时，知情人要立即向保卫与校园管理处、相关院系和国合部报告，并积极协助处理相关事宜。

第十二条 本办法中有关学生安全教育管理及其事故处理和责任区分未尽事宜的，参照国家有关法律、法规和学校规章制度执行。

第十三条 本办法由国际合作与交流部负责解释，自印发之日起施行。

中国科学技术大学外籍语言教师聘用管理办法

（校人字〔2017〕215号，2017年10月10日）

第一章　总　　则

第一条　为更好地实现我校建设成为具有中国特色的世界一流大学战略目标，加快师资队伍建设国际化的步伐，规范外籍语言教师管理，为外籍语言教师提供优质高效的服务，依据《中华人民共和国高等教育法》《中华人民共和国出入境管理法》，结合我校实际，特制定本办法。

第二条　本办法所指外籍语言教师是由国际合作与交流部代表学校聘请，在教学单位（英语语言实践平台及英语实践中心）承担本科生、研究生英语教学，与我校签订正式工作合同的外籍人员。

第二章　聘用条件与流程

第三条　聘用条件。

（一）具有大学学士以上学位和2年以上相关工作经历，或持有国际公认的教师资格证书，原则上母语必须为英语。聘用时年龄一般不超过65岁，连续在华工作一般不超过5年。

（二）身体健康，具有中国相关机构认可的健康证明。

（三）无犯罪及不良行为记录。

（四）对华友好，遵守中国法律法规和我校规章制度，尊重中国风俗习惯。

第四条　聘用流程。

（一）教学单位应在每年5月1日前，根据教学需要，提前向国际合作与交流部报送下一学年教师需求计划。

（二）国际合作与交流部确认聘用计划并发布招聘信息后，由教学单位组织面试，考察外籍语言教师教学能力，确定通过面试人员名单，并书面报送国际合作与交流部。未在华工作过的外籍语言教师，需提供经中国驻外使领馆认证的无犯罪记录证明；已在华工作的外籍语言教师，需提供原在华工作单位的推荐信。

（三）确认聘用人员后，由国际合作与交流部代表学校，与外籍语言教师按工作任务、工作量、期限、待遇、权利义务以及违约责任和仲裁等内容签订我校印制的标准合同，原则上外籍语言教师合同签订周期为一年。

（四）双方签订合同后，教学单位应指派专人，联系外籍语言教师，积极配合国际合作与交流部，提供各类申请外国人工作许可通知的材料。

（五）外籍语言教师来校后，由国际合作与交流部安排入住教师公寓，外籍语言教师必须在抵校 24 小时内赴住所所属派出所办理临时住宿登记手续，逾期罚款自付。

（六）教学单位必须在外籍语言教师来校后 30 天内，联系国际合作与交流部为外籍语言教师办理完成外国人在华工作许可证及外国人在华居留证件。

（七）新入职外籍语言教师试用期为一个月，试用期内，若其教学能力经教学单位认定无法满足我校教学水平，或违反我校相关管理规定，试用期满合同终止。

第三章　管理与考核

第五条　外籍语言教师入职后，国际合作与交流部和教学单位应及时向其介绍我国情况和我国的教育方针、政策、法律及有关规定，帮助其了解中国、了解学校，督促其遵守中国的法律法规及学校的规章制度，尊重中国的公众利益、文化传统及风俗习惯。

第六条　学校充分尊重外籍语言教师的宗教信仰及风俗习惯，但外籍语言教师在校期间不得进行任何形式的传教活动。

第七条　教学单位应向外籍语言教师告知我校教学要求、教学大纲、授课内容、授课学时及授课对象等情况。外籍语言教师在日常教学中，要严格执行学校教学有关规定，不得随意更改授课内容。

第八条　外籍语言教师在聘期内应参照遵守我校现有教师有关管理规定。请假必须履行请假手续，教学单位应每月上报外籍语言教师的考勤结果，维护工作秩序。

第九条　聘任期满前两个月，教学单位应对外籍语言教师进行聘期考核，确定考核结果。对于考核合格的外籍语言教师，由国际合作与交流部与其续签合同。对于表现优秀的外籍语言教师，国际合作与交流部优先将其作为各类（国家、省级和市级）外国人友谊奖的推荐人选。对于未通过考核的外籍语言教师，国际合作与交流部应在聘任期满一个月前将不续聘结果书面通知外籍语言教师。

第四章　附　　则

第十条　外籍语言教师与学校发生劳动争议，应协商解决；协商不成的，当事人可以向学校所在地劳动人事争议调解委员会申请调解；调解不成的，可依法提请劳动仲裁、法律诉讼。

第十一条　本办法自印发之日起施行，由国际合作与交流部负责解释。

中国科学技术大学外国留学生课外活动管理办法

（校学字〔2017〕216 号，2017 年 10 月 10 日）

第一条 为丰富我校留学生业余生活，规范校内留学生课外活动的组织与管理，根据《学校招收和培养国际学生管理办法》（教育部、外交部、公安部令第 42 号）及《中国科学技术大学学生社团管理条例》（党学字〔2017〕9 号），特制定此办法。

第二条 学校提倡并支持留学生在校内组织有益于身心健康的学术、科技、艺术、文娱、体育等课外活动。学校国际合作与交流部（以下简称“国合部”）为留学生课外活动的主要管理部门。留学生组织与开展校内课外活动，应按照学校有关规定，至少提前一周向国合部提出书面申请，获得批准后方可进行。

第三条 留学生组织与开展各类课外活动应当遵守我国宪法、法律、法规和学校规章制度的相关规定。留学生不得参加或组织政治性活动以及宗教传播活动，不得举办有宗教组织参与支持的活动。

第四条 留学生组织校内课外活动时，主办者应当以书面形式向国合部提供有关时间、地点、参与人员、规模、经费预算、宣传方案等方面的重要信息。留学生课外活动原则上安排在非教学时间进行，活动所用的各类宣传物品须在指定位置张贴摆放，确保内容真实、健康文明。留学生课外活动如邀请媒体或记者采访，应报国合部审批，按学校有关宣传管理规定执行。

第五条 留学生在校内举办课外活动，安全责任遵循“谁主办、谁负责”的原则。大型课外活动须报学校保卫与校园管理处审批，由专人负责制订安保工作方案和应急处置预案并组织实施。如活动过程中需要使用明火、冷烟火、大型灯具等易燃危险品，应严格遵守有关法律法规，安排专人负责防火工作，确保不发生火灾事故。

第六条 学校鼓励留学生参加由我国学生组织举办的各类文体活动及学生社团，留学生也可以自愿参加我国在重大节日举行的各类庆祝活动。

第七条 留学生可以成立在校留学生社团。留学生社团的成立、组织建设、活动及经费管理等必须遵守《中国科学技术大学学生社团管理条例》（党学字〔2017〕9 号）的各项规定，并报国合部审批。

第八条 留学生参加校外组织（人员）举办的活动，或者与校外组织（人员）联合举办活动，或者邀请校外组织（人员）来校参加活动的，应提前至少一周向国合部提交书面申请，经批准后方可参加或者举办。

第九条 留学生牵头成立跨校、跨地区的组织，应经国合部审批同意后，向中国政府主管部门申请。留学生课外活动如邀请驻华使节参加，驻华机构应以文件形式向学校和省级政府外事办公室申请审批。

第十条 本办法由国际合作与交流部负责解释，自印发之日起施行。

中国科学技术大学与国(境)外机构签署协议管理办法

(校办字〔2017〕296 号,2017 年 12 月 29 日)

第一章　总　　则

第一条　为促进学校的国际合作与交流,规范学校及校内各单位与国(境)外高校或机构签署协议流程,特制定本管理办法。

第二条　我校与国(境)外高校或机构签署协议分为校级和院级两个层面。校级协议涉及校际间的合作与交流,须经校长工作会议审议通过后授权签署。院级协议涉及单个学院、国家(重点)实验室层面的合作与交流,须经学院、国家(重点)实验室党政联席会议审议通过后授权签署。

第三条　协议签署双方应遵循平等与互惠原则。协议双方应已有一定合作基础或即将开展实质性合作,需要通过协议形式确定合作关系。双方协议签署人应层级对等。

第二章　细　　则

第四条　涉外协议具体签署流程如下:

(一) 学院、国家(重点)实验室或职能部门向国际合作与交流部提交拟签订的英文协议、中文翻译件以及申请报告(包括背景资料、合作原因及合作计划等)。

(二) 国际合作与交流部对协议文本、语言及对等性进行审核后,将协议草稿送交各相关部处会签意见。若涉及教学教务问题,须征求教务处或研究生院意见;若涉及科研项目及知识产权等问题,须征求科研部意见;若涉及资金支付等财务条款,须征求财务处意见;其他将视协议具体内容要求征求相关业务部门意见。

(三) 国际合作与交流部征求法律顾问意见,与各部处意见汇总后,一并反馈给申请单位。申请单位对协议进行修改,国际合作与交流部确认最终协议文本。

(四) 校级协议由国际合作与交流部提交校长工作会议审议通过后,依据对等原则授权签署。院级协议提交学院、国家(重点)实验室党政联席会议审议通过后,依据对等原则授权签署。若院级协议涉及财务、法律、保密、知识产权等重大事项,经相关职能部门提议确认后,由申请单位提交校长工作会议审议。涉外协议如需加盖学校合同章,须依据《中国科学技术大学合同管理办法(试行)》(校办字〔2012〕63 号)执行。

(五) 校级协议正本由国际合作与交流部留存,副本送交申请单位备案;院级协议正本由申请单位留存,副本送交国际合作与交流部备案。

第三章　附　　则

第五条　本办法自印发之日起施行，由国际合作与交流部负责解释。

中国科学技术大学与国（境）外机构签署协议流程图

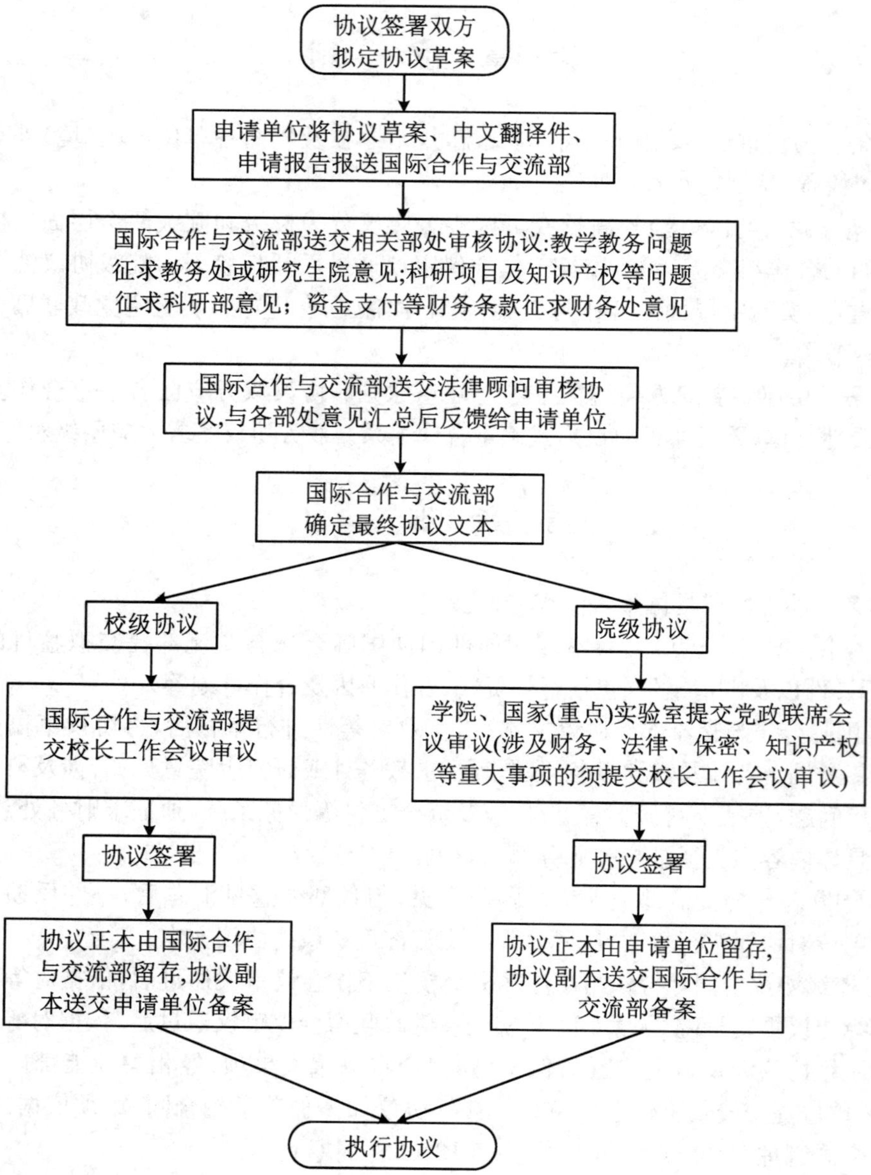

中国科学技术大学重点监管物品备案管理办法(试行)

(校保字〔2017〕52号,2017年4月5日)

第一条 为了加强我校爆炸性、剧毒、易制毒、放射性物品及非医用麻醉药品、精神药品的管理,保护师生员工的生命财产及学校财产安全,保护校园环境,根据国家《危险化学品安全管理条例》《易制毒化学品管理条例》《麻醉药品和精神药品管理条例》《放射性同位素与射线装置安全和防护条例》等文件,结合我校实际,特制定本办法。

第二条 本办法规定以下类别的物品为我校重点监管物品:

(一) 爆炸物:《化学品分类和标签规范》分类的不稳定爆炸物、1.1项爆炸物;

(二) 剧毒品:新版《危险化学品目录》规定的剧毒品;

(三) 第一类易制毒品;

(四) 非医用麻醉药品/第一类精神药品;

(五) 放射源/射线装置。

第三条 学校根据相关部委发布的目录清单,结合主管部门的监管要求及我校各单位使用危险品的实际情况,制定并发布《中国科学技术大学重点监管物品目录》,并对重点监管物品的购置、研制、转移、退役(含废弃物处置)等活动实行备案管理。

第四条 涉及重点监管物品登记、审核、管理的部门和单位应修订相关工作流程,落实备案制:

(一) 资产与后勤保障处在受理涉及重点监管物品的购置、转移、退役申请时,应要求申请人到保卫与校园管理处办理备案手续。

(二) 科研部在受理涉及重点监管物品的研制申请时,应要求申请人到保卫与校园管理处办理备案手续。

(三) 化学试剂库、生命科学学院等单位在受理涉及重点监管物品的购置、退役(含废弃物处置)申请时,应要求申请人到保卫与校园管理处办理备案手续。

(四) 对于各研究组(或课题组)涉及重点监管物品的零星自购、转移、退役(含废弃物处置)申请,由各学院(或重点科研机构)审批,并应要求申请人到保卫与校园管理处办理备案手续。

第五条 对于重点监管物品的购置、研制、转移、退役等活动,在完成备案手续前,相关部门不得批准实施。

第六条 重点监管物品的使用单位承担安全生产主体责任,具体使用的研究组(课题组)负直接责任。各相关使用单位(或研究组),应安排专人管理,落实责任制,及时排除隐患,落实整改措施,有效防范科研安全生产事故的发生。

第七条 涉及重点监管物品登记、审批、管理的部门和单位在职责范围内承担监督、检查、教育、管理的责任。

第八条 本办法自印发之日起施行,由保卫与校园管理处、资产与后勤保障处、科研部负责解释。

中国科学技术大学危险化学品废弃物分类处置规定

（校保字〔2017〕180号，2017年9月5日）

第一条 为了规范我校危险化学品废弃物的安全管理，消除安全隐患，保护人身财产安全，保护校园环境，根据《固体废物污染环境防治法》《危险化学品安全管理条例》，结合我校实际，特制定本规定。

第二条 危险化学品废弃物是指被列入《国家危险废物名录》的化学废弃物，具有腐蚀性、毒性、易燃性、反应性或者感染性等一种或者几种危险特性的化学废物，不排除具有危险特性，可能对环境或者人体健康造成有害影响，需要进行安全管理的危险废物。

盛装危险化学品的容器和受危险化学品污染的包装物，也按照危险化学品废弃物进行管理。

第三条 本规定适用于我校校园内产生的危险化学品废弃物的分类、暂存及其安全管理。

第四条 我校危险化学品废弃物的处置遵循减少产额、规范分类、环保处置的原则。

第五条 危险化学品废弃物的分类、包装及标注方法参见附录《危化品废弃物分类办法》。

第六条 各产生危险化学品废弃物单位（以下简称"产废单位"）负责危化品废弃物的安全管理，安排专人负责危化品废弃物的分类、包装、贴标签工作，张贴危险标识，制订并张贴应急处置卡；组织相关操作人员定期开展危化品废弃物分类包装标注培训、安全及法律知识培训，并根据危化品特性采取相应的报警、防护措施，确保人员和财产安全。

学院、重点科研机构负责指导本单位内部危化品废弃物的安全管理及其分类、包装、贴标签工作，安排专人统一组织本单位危化品废弃物的收集、暂存等活动。

保卫与校园管理处负责监督管理学校危化品废弃物的分类收集和集中处置工作，定期组织环评申报，定期组织各学院、重点科研机构处置危化品废弃物，接受主管部门的检查。

第七条 产废单位必须按照《危化品废弃物分类办法》及化学特性进行分类，禁止混合性质不相容而未经安全性处置的危化品废弃物。

危化品废弃物中不应含有剧毒、低燃点化学品及放射性物质，并应尽量减少无毒无害物质的含量。

第八条 存放危化品废弃物的场所应远离火源、热源，保持良好的通风，并依据废弃物的特性采取必要的安全防范措施。

第九条 教职工退休、学生毕业前，必须将相关实验场所的危化品及其废弃物进行清理处置。未及时清理处置的，由所在学院、重点科研机构、直属单位负责组织善后处置工作。

第十条 严禁将危化品废弃物放置在楼道、庭院等公共场所阻塞疏散通道。严禁直接丢弃、排放,或者私自转移危险化学品废弃物。

第十一条 未按要求进行分类、包装、标注危化品废弃物的,由产废单位自行运回整改;导致合同违约的,由产废单位承担违约责任;导致在暂存和运输过程中发生爆燃、化学反应等,造成安全事故的,或者因违规放置、丢弃、排放、私自转移危化品废弃物等,造成人员财产损失和环境污染的,由产废单位赔偿损失;造成严重后果的,依法追究相关责任人的法律责任。

学校将上述违规行为记入安全隐患或安全生产责任事故清单,根据严重程度采取警告、通报、关闭实验场所等措施,并作为年度安全考核的依据。

第十二条 本规定由保卫与校园管理处负责解释,自印发之日起施行。

中国科学技术大学校园交通管理规定

(校保字〔2017〕183 号,2017 年 10 月 15 日)

第一条 为保障校园内教职工车辆的优先有序停放,规范校园交通秩序,预防和减少交通事故发生,保障师生员工的生命财产安全,营造良好的育人环境,依据《中华人民共和国道路交通安全法》《中华人民共和国道路交通安全法实施条例》,制定本规定。

第二条 凡进出中国科学技术大学校园区域内行驶、停放的各类型机动车和非机动车,以及与校园道路交通安全有关的单位和个人,均应当遵守本规定。

第三条 学校对校园交通管理遵循"分类管理、校内优先"的原则。

第四条 保卫与校园管理处是校园道路交通管理职能部门,负责统一管理道路交通安全、设施建设、宣传教育、隐患治理、指挥引导、事故救助等。

第五条 校内各部门应当配合保卫与校园管理处开展交通安全教育,倡导交通安全文明行为,配合做好校园道路交通安全工作。

第六条 关于车辆出入校门及停放的规定。

(一) 持教职工车辆通行证的机动车可从各开放的校门出入,在划定停车区域停放。

(二) 持家属通行证的车辆仅限从临近家属区校门出入,在家属区停车区域内停放。

(三) 持业务单位通行证的车辆仅限从指定的校门出入,在指定的区域停放,禁止过夜。

(四) 学生本人车辆凭行驶证、一卡通或学生证在指定校门登记进入,停放在指定停车区域,原则上禁止过夜。

(五) 校外临时来访车辆在指定的校门出示车辆行驶证,登记车辆信息、来访单位、联系方式等信息后进校,停放于指定的停车区域。需要进入校园其他区域时,由校内接洽部门向保卫与校园管理处报备,经同意后方可进入,禁止过夜。

(六) 执行公务的公安、消防、急救和工程抢险等特种车辆经门卫问询后进入校园区域。

(七) 校外各类大中型客货车、工程车等车辆需经校内相关部门向保卫与校园管理处报备,经同意后方可进入校园区域。

(八) 出租车、网约车原则上禁止进入校园,对确有特殊情况,如老、弱、病、残、孕乘坐或遇恶劣雨雪天气等，需要乘车进入校园的，经说明事由、门卫查验、登记后进入校园区域，禁止停放。

（九）自行车、两轮电动车等非机动车凭有效证件进入校园，停放在非机动车专用停车区域，不得乱停乱放。

（十）各类摩托车、燃油助力车、无牌照的封闭式电动车禁止进入校园区域。

第七条 关于校园内行车的规定。

机动车、非机动车在校园区域内行驶速度不得超过 20 km/h；做到礼让行人，禁鸣喇叭；如遇有重大集体活动和警卫活动时，校园区域内所有机动车辆和非机动车辆需服从保卫与校园管理处工作人员的管理。

第八条 校园车辆通行证的类型、办理规定、有效期限。

（一）教职工车辆通行证：车主本人需同时携带工作证（或一卡通）、驾驶证、行驶证到保卫与校园管理处办公室申请办理，通行证无有效期限。

（二）聘用职工（含访问学者及外聘教师）车辆通行证：车主本人需同时携带校内聘用单位证明（需聘用单位主要负责人签字并加盖单位公章）、用工合同、驾驶证、行驶证到保卫与校园管理处办公室申请办理，该通行证有效期限与聘用合同聘用期一致。

（三）家属（仅限教职工配偶、父母及子女）车辆通行证：由教职工本人或家属持教职工的工作证（或一卡通）、能证明亲属关系的结婚证（或户口本）、驾驶证、行驶证到保卫与校园管理处申请办理（每位教职工仅限办理一个家属车辆通行证），该通行证有效期限为一年。

（四）业务单位车辆通行证：仅限校外长期与校内部门有业务往来的单位申请。由申请办理通行证的校外业务单位持校内合作部门负责人签字盖章的证明、驾驶证、行驶证到保卫与校园管理处审核办理，该通行证有效期限不超过一年。

第九条 校园车辆通行证的放置及更换。

车主应将校园车辆通行证放置在车辆前挡风玻璃醒目位置，以便校园门卫及交通管理人员的查验工作，否则将视为无证车辆。

校园车辆通行证有效期限到期后车主应主动交回保卫与校园管理处，保卫与校园管理处工作人员有权收回过期的校园车辆通行证。

第十条 车辆违规处理。

（一）禁止伪造、转借或使用他人的校园车辆通行证。对伪造车辆通行证的，保卫与校园管理处将依法追究其责任并列入校内交通黑名单，拒绝其车辆进入校园；转借或使用他人车辆通行证的，将收回原证，并且不再办理新证。

（二）对在校园内有超速、鸣笛、乱停乱放等不文明行为的车辆，由保卫与校园管理处工作人员对车主采取批评教育、对车辆张贴违章停车通知书、锁车、拖车等措施进行处理，并公示不文明行为。

（三）持有教职工车辆通行证及教师家属车辆通行证的车辆、学生车辆如在校园区域一月内违规超过三次，保卫与校园管理处有权收回车辆通行证，并限制其进入校园区域一个月；如在三个月内违规超过五次将限制该车辆进入校园区域六个月；如在连续六个月内违规次数达到十次将禁止该车辆进入校园区域一年。

（四）持有业务单位通行证的车辆和临时来访车辆进入校园区域内一年内违规违章两

次、无故过夜停放一次即列入校内交通黑名单，禁止该车辆进入校园。

（五）各类型机动车、非机动车进入校园区域需服从保卫与校园管理处的管理，在此过程中车主如有违法犯罪行为将依法交由公安机关处理。

第十一条 本规定自印发之日起施行，原《中国科学技术大学校园机动车辆管理规定》和《中国科学技术大学校园机动车辆管理补充规定》同时废止。

第十二条 本规定由保卫与校园管理处负责解释。

中国科学技术大学材料出入库管理办法

（校产字〔2017〕175 号，2017 年 8 月 15 日）

根据《中国科学院所属单位经济活动内部控制规范》（科发条财字〔2013〕206 号）文件要求，为加强我校材料出入库管理，特制定本办法。

学校各单位应加强对自行采购材料购买、验收及领用情况的管理，由专人负责，做好材料购买、入库和领用登记等相关工作。

一、各单位自行购置的材料执行以下入库管理程序：

1. 购买人填写《中国科学技术大学材料入库单》；

2. 验收人根据购货发票（或采购清单）进行材料验收；

3. 采购单位负责人审核。

二、采购单位对已入库材料由专人登记造册，负责实物保管，材料领用时填写《中国科学技术大学材料出库单》。

三、各单位可以根据本规定要求，并结合单位实际情况，制定本单位材料管理实施细则。

四、凡采购学校“重点监管物品目录”内的材料须按照学校相关文件规定执行。

五、本办法由资产与后勤保障处负责解释。

六、本办法自印发之日起施行。

中国科学技术大学采购物资验收管理办法

（校产字〔2017〕176 号，2017 年 8 月 15 日）

第一章　总　　则

第一条 根据《中国科学院事业单位国有资产管理办法》（科发条财字〔2013〕203 号）、《中国科学院所属单位经济活动内部控制规范》（科发条财字〔2013〕206 号）和《财政部关于进一步加强政府采购需求和履约验收管理的指导意见》（财库〔2016〕205 号）文件要求，为加强我校采购物资到货验收管理,特制定本办法。

第二条 本办法中的物资指使用学校经费采购的仪器设备、家具、材料和试剂等。

第三条 采购物资验收工作坚持严谨、准确、及时原则。参与验收各方应积极维护学校利益,切实把好验收关。

第二章 验收内容

第四条 验收内容包括采购物资外观、数量验收和技术质量验收。

(一) 外观、数量验收是指依据合同、到货清单核对进场实物的数量、型号、材质、配置等内容。检查外包装是否完好,拆箱后物资外观有无破损,合格证、说明书、保修单等是否齐备。

(二) 技术质量验收指检查物资是否按规范进行安装,并通过运行调试(包括功能调试、技术指标调试、整机统调等)和仪器检测等方法,检查仪器设备的性能指标、技术质量以及人员培训等是否符合合同规定的要求。

第三章 验收方式及依据

第五条 物资验收方式分为自行验收和联合验收。

(一) 自行验收:指物资采购单位组织采购人与供应商共同验收。

(二) 联合验收:指资产管理部门组织采购人、验收专家、供应商、档案管理部门和监审部门组成验收小组共同验收。

第六条 物资验收依据为物资采购时签订的合同、供应商的投标和响应文件、供货清单、产品说明书、样品等。

第四章 验收程序

第七条 物资验收按以下程序进行:

(一) 以合同或采购清单等材料为依据,核对货物装箱单与合同或采购货物清单等是否相符;

(二) 检查货物的内外包装是否完好,确保无破损、变形、碰撞创伤、雨水浸湿等问题,安全标志完好正常;

(三) 检查货物及其附件是否齐全,外表是否有残损、锈蚀、碰伤;

(四) 按货物装箱单逐一清点主机及其附件的分类数量是否相符,主机和所附配件的型号、编号核对是否无误;

(五) 检查随机资料如仪器设备说明书、操作规程、检修手册、产品合格证等是否完备;

(六) 需要进行安装、运行测试的设备,在货物外观、数量验收合格后,使用单位应当及时安排并协助厂家对设备进行安装、调试、试运行,并对各项技术性能指标、使用功能指标进行测试检查,确保设备符合合同约定的技术要求;

（七）有培训要求的采购项目，必须按合同要求落实人员培训，确保操作人员能熟练掌握仪器设备的操作。

第五章 验收要求与责任

第八条 凡采购物资必须进行验收。

第九条 采购单位在物资到货前应主动关注采购进度，及时做好货到前的准备工作，包括拟定验收方案，提供安装、调试、测试和使用所必需的条件等。

第十条 凡采购项目金额在2万元（含）以上、50万元以下的自行验收，验收合格后，填写《中国科学技术大学物资验收单（2万～50万元）》。

第十一条 凡采购项目金额在50万元（含）以上的，外观、数量验收采用联合验收方式，技术质量验收采用自行验收方式。验收合格后，填写《中国科学技术大学物资验收单（50万元以上）》。

第十二条 货物验收须做好现场记录，参加货物验收的各方代表须在验收记录和结果上签字，货物验收记录和结果等归档备查。

第十三条 对国家规定由指定机构检测、检验或合同中约定由有资质的第三方验收的物资，按国家和地方的相关规定执行。

第十四条 参与验收人员要树立高度的责任心，认真负责、一丝不苟。凡因工作失误影响验收工作进度而造成损失的，要追究相关单位当事人的责任。因把关不严或不按时验收导致超过索赔期而给学校利益造成损失的，按有关规定追究相关单位当事人的责任。

第六章 验收异常处理

第十五条 物资到货后采购单位按照合同要求及时组织验收。不能如期验收的，应提交报告说明原因，并拟定计划验收时间。

第十六条 货物验收须做好现场记录，如发现异常情况须拍照留据，并及时报告资产管理部门，共同做好善后处理工作：

（一）仪器设备或配件数量缺少、技术资料不齐全或外观破损，各单位应做好记录并及时与供应商或外贸代理公司确定补充或更换物资。

（二）物资达不到技术指标要求的，应及时与供应商沟通，并要求供应商提供再次调试、测试的技术支持和协助；再次调试、测试后，技术指标仍达不到要求的，应予退货。

（三）物资名称、型号与合同要求不符的，各单位应予拒收，并要求供应商按合同约定提供符合要求的物资。

第七章 附 则

第十七条 50万元以下的软件和服务类由采购单位自行验收，验收合格后采购单位撰写验收报告。50万元（含）以上的软件和服务类由资产管理部门参与验收，验收合格后由采购单位撰写验收报告。

第十八条 本办法由资产与后勤保障处负责解释。

第十九条 本办法自印发之日起施行。

中国科学技术大学仪器设备损失赔偿暂行办法

（校产字〔2017〕177号，2017年8月15日）

第一章 总 则

第一条 为加强学校资产管理，维护学校资产的安全完整，根据财政部《中央级事业单位国有资产管理暂行办法》（财教字〔2008〕13号）和《中国科学院事业单位国有资产管理办法》（科发条财字〔2013〕203号）、财政部《行政事业单位资产清查核实管理办法》（财库〔2016〕1号）等文件精神，制定本办法。

第二条 仪器设备是学校完成教学、科研等工作的必要条件，依据“统一领导，归口管理，分级负责，责任到人”的原则，使用单位应做好日常保管、检验和维护等工作，制定必要的使用制度及技术操作规程，建立健全资产管理使用责任制。

第三条 凡因责任事故造成仪器设备损失的，应予以赔偿，追究相关人员的责任。

第二章 损失情形及处理

第四条 下列原因导致仪器设备损坏的，应予赔偿：

（一）擅自移动、拆卸、改装仪器设备造成损坏的；

（二）擅自将仪器设备公物私用、外借造成损坏的；

（三）不遵守操作规程或不按规定进行操作造成损坏的；

（四）产品质保期内因未使用导致未及时发现质量问题或使用过程中发现质量问题不及时、不如实上报，造成损坏的；

（五）管理人员或使用人员工作失职、指导错误或保管不妥而造成损坏的；

（六）其他由于管理人员或使用人员不遵守规章制度等主观原因造成损坏的。

第五条 下列原因导致仪器设备丢失的，应予赔偿：

（一）因保管不善造成仪器设备丢失或被盗的；

（二）因公物私用后造成仪器设备丢失或被盗的；

（三）因擅自外借造成仪器设备丢失或被盗的。

第六条 下列客观原因造成仪器设备损坏、丢失的，经过技术鉴定或有关部门认定，可免予赔偿：

（一）已采取预防措施，但由于仪器设备本身的特殊性，不可避免造成损坏的；

（二）因仪器设备本身的缺陷或使用年限长久，接近报废程度，在正常使用时发生的损坏和合理的自然损耗；

（三）已采取预防措施，使用仪器设备试行新的操作或检修时发生损坏的；

（四）经过公安部门鉴定，已采取严密防范措施，仍未能避免被盗的；

（五）由于自然灾害或其他不可抗拒的客观原因造成仪器设备损坏或丢失的。

第七条 下列情形除责令赔偿外，还应视情给予行政处分或追究法律责任：

（一）严重不负责任，严重违反操作规程的；

（二）发生仪器设备损坏、丢失事故隐瞒不报，推诿责任，态度恶劣的；

（三）仪器设备损失重大，后果严重的；

（四）仪器设备损坏、丢失后伪造现场或谎报情节，弄虚作假的；

（五）未经批准，擅自将学校资产挪作私用、出租、出借造成损坏、丢失的。

第三章 责任认定

第八条 仪器设备在使用过程中造成损坏的，由使用单位做责任认定。

第九条 仪器设备搬运过程中丢失的，由使用单位做责任认定，并由两名以上知情人证明。

第十条 仪器设备在校内被盗的，应及时上报学校保卫部门，由公安机关出具案件受理证明或结案证明。校外被盗的应由当地公安机关出具案件受理证明或结案证明。

第四章 赔偿标准与处置权限

第十一条 仪器设备的损坏、丢失依情形按照不同标准予以赔偿：

（一）局部损坏可以修复的，应按维修费予以赔偿；

（二）损坏、丢失零配件的，应按零配件的损失价值予以赔偿；

（三）因局部损坏或丢失零配件而导致整台设备报废的，应按整机价值计算予以赔偿；

（四）损坏后质量显著下降，但尚能使用的，应按其质量变化程度、酌计损失价值予以赔偿；

（五）因责任事故造成仪器设备损坏、丢失，属于共同责任的，应根据各责任人的责任大小，按比例分担赔偿费用。

第十二条 仪器设备损坏、丢失赔偿按以下公式计算：

$$\text{赔偿金额}=\text{设备原值}\times\text{赔偿比例}\times\text{加权系数}$$

$$\text{赔偿比例}=\frac{\text{折旧年限}-\text{已使用年限}}{\text{折旧年限}}$$

加权系数(0.5～1)：依据造成损失的责任大小、损失原因以及是否及时报告等情况酌情确定。

超出折旧年限的仪器设备，原则上赔偿金额按照原值的2%计算。

第十三条 赔偿处理权限。凡仪器设备的损坏或丢失都需填写《中国科学技术大学仪器设备损坏（丢失）赔偿表》，并由相关单位提出处理意见，按权限审批。

（一）单价或批量价值10万元以下的仪器设备损坏、丢失，由使用单位提出处理意见，报资产管理部门审核备案。

（二）单价或批量价值10万元（含）以上至50万元以下的仪器设备损坏、丢失，由使用单位会同资产管理部门共同调查处理，提出处理意见。

（三）单价或批量价值50万元（含）以上的仪器设备损坏、丢失，由使用单位会同资产管理部门共同调查处理，并将处理意见报主管校领导审批。单价或批量价值200万元（含）以上的设备损失须报中国科学院主管部门审批。

第十四条 责任人依据审核确定的赔偿金额在一个月内向财务部门缴款。

第十五条 对无故拖延，在三个月内仍不执行赔偿处理决定的，学校可采用适当的行政措施。教职工调离学校、退休或学生在毕业前仍未交清赔偿款，均不予办理离校等手续。

第十六条 若赔偿金额较大，一次性缴清确有困难者，经本人申请、所在单位审查同意、资产管理部门审批，可分期缴纳。

第十七条 仪器设备损坏或丢失赔偿费用须由责任人个人承担，不得使用公款（如科研经费、自筹经费、创收经费等）支付。

第十八条 由于学生个人原因造成的仪器设备损坏或丢失，按本办法予以赔偿。相关教师承担连带责任，并分担相关赔偿义务。

第五章 附 则

第十九条 本办法仅适用于仪器设备类资产损失赔偿，家具类资产损失赔偿可参照执行。

第二十条 本办法由资产与后勤保障处负责解释。

第二十一条 本办法自印发之日起施行。

中国科学技术大学采购管理办法

（校产字〔2017〕185号，2017年8月15日）

第一章 总 则

第一条 为加强我校物资采购管理，规范物资采购行为，提高资金使用效益和采购工作效率，更好地为学校教学科研等各项工作服务，根据《中华人民共和国政府采购法》和《中华人民共和国政府采购法实施条例》等法律法规和《关于加强政府采购活动内部控制管理的指导意见》精神，结合学校实际，特制定本办法。

第二条 本办法所称采购，是指学校以合同形式有偿获得货物和服务的行为，包括购买、租赁、委托等。货物是指各种形态和种类的物品,包括仪器、设备、原辅材料、试剂、产品等;服务是指除货物和工程以外的其他采购对象。

第三条 学校的采购活动遵循公开透明、公平竞争、公正廉洁和诚实信用的原则。

第四条 学校采购管理坚持“先审批,后采购”原则,采购活动应按照政府采购法律制度规定执行,明确学校相关部门及采购人在采购过程中的职责和权限。

(一) 采购人和采购单位对采购的必要性、真实性和合理性负责,并配合相关管理部门做好采购和验收管理的有关工作;

(二) 经费归口管理部门对拟采购货物和服务与项目经费的相关性和合理性负责;

(三) 财务部门对拟采购货物和服务的经费保障性和支出的合规性负责,对政府采购预算项目的类别和调剂等进行管理,并承担相应的财务管理责任;

(四) 资产管理部门对采购过程的合规性负责,承担相应的采购管理责任。

第二章 采购方式

第五条 学校采购方式主要为:(一) 公开招标;(二) 邀请招标;(三) 竞争性磋商;(四) 竞争性谈判;(五) 询价;(六) 单一来源。

第六条 涉密项目的采购,按照经费下达部门的要求进行采购。

第七条 科研仪器设备的采购,遵照学校科研仪器设备采购管理规定执行。

第八条 质量管理体系内涉及的设备、原材料和元器件等的采购,遵照我校质量管理体系的《质量手册》及程序文件相关内容和要求执行。

第三章 采购预算及审批管理

第九条 按照国家要求的政府采购限额标准,达到分散采购限额标准或公开招标数额标准的采购项目须有当年政府采购预算。

第十条 各采购单位在财务部门编制部门预算时,同时上报本单位政府采购预算。

资产管理部门负责汇总编制及上报政府采购预算,督促采购人执行获批项目预算的采购,并协助采购人及财务部门做好政府采购预算执行工作。

第十一条 采购单位根据项目批准的采购预算,提交采购申请,相关管理部门对申请进行审批。

第十二条 根据项目的采购金额,审批权限如下:

(一) 单价或批量未达分散采购限额标准的货物和服务,由采购单位、经费归口管理部门和资产管理部门进行采购审批。

(二) 单价或批量达到分散采购限额标准或公开招标数额标准以上的货物和服务,由采购单位、经费归口管理部门、财务部门、资产管理部门和分管校领导进行采购审批。

(三) 单价或批量达到分散采购限额标准或公开招标数额标准以上的进口仪器设备,根据财政部和中科院的要求,采购单位需先完成进口设备上级主管单位审批备案,再进行校内审批。

（四）对于变更采购方式的采购项目，按照《中国科学院事业单位变更政府采购方式审批管理办法》，经中科院和财政部审批并批复后，方可进入采购实施阶段。

第四章　采 购 合 同

第十三条　采购合同的订立必须采取书面形式。经签约双方协商的有关修改采购合同的文书、传真、图表、电子邮件、报价书和会签表等，均属于合同的范围。

第十四条　凡进行采购活动，原则上都应签订采购合同，作为买卖双方的法律依据和保障。采购金额达2万元人民币以上的货物和服务必须签订采购合同，由资产管理部门审核并加盖“中国科学技术大学合同专用章(5)”方为有效。

第十五条　国内货物和服务采购合同由资产管理部门代表学校签订；国外货物和服务采购合同由资产管理部门委托有资质的外贸代理机构代表学校对外签订。

第十六条　合同执行工作由各采购单位具体负责，资产管理部门予以协助和监督，并协调处理相关的合同纠纷。

第五章　采购验收和档案管理

第十七条　采购货物到货后，应及时组织验收。验收工作遵照学校相关规定执行。

第十八条　质量管理体系内涉及的设备、原材料和元器件等货物的验收，由相关使用课题组根据质量管理体系的要求，组织货物的全面验收工作。

第十九条　国家法律规章要求必须由商检和检疫机构检验检疫的货物，未经相关机构检验检疫，不得安装验收投入使用。

第二十条　采购项目完成后，资产管理部门留存申报材料、合同和验收单据进行归档备案。

第二十一条　采购档案的保存期限以学校档案管理规定为准。

第六章　采 购 监 督

第二十二条　采购管理部门认真履行职责，维护学校利益，采购工作接受校内相关部门的监督。

第二十三条　采购工作人员须廉洁自律，遵守法律法规和职业道德。

第二十四条　政府采购活动中的违法行为，按照《政府采购法》《政府采购法实施条例》等有关法律、法规的规定处理。

第七章　附　　则

第二十五条　建设工程、房屋修缮中永久的不可或缺的设备、设施和材料等的购置不适用本办法。

第二十六条 本办法若遇国家政策调整,以国家的政策和规定为准。未尽事宜,按照国家、中国科学院等有关规定执行。

第二十七条 本办法由资产管理部门负责解释,涉及质量管理体系工作内容由质量管理办公室负责解释。

第二十八条 本办法自印发之日起施行。原《中国科学技术大学采购管理暂行办法》(校产字〔2014〕92 号)同时废止。

中国科学技术大学采购管理办法实施细则

(校产字〔2017〕185 号,2017 年 8 月 15 日)

第一章 总 则

第一条 为强化我校采购过程管理,提高采购效率,推进采购管理的规范化、科学化,根据国家法律法规和中科院有关规定及《中国科学技术大学采购管理办法》,结合实际情况,制定本实施细则。

第二条 本细则所称采购是指学校以合同形式有偿获得货物和服务的行为,包括购买、租赁、委托等。其中货物是指各种形态和种类的物品,包括仪器、设备、原辅材料、试剂、产品等;服务是指除货物和工程以外的其他采购对象。

第三条 政府集中采购目录中的货物和服务按政府采购制度实行采购。

第四条 科研仪器设备按《中国科学技术大学科研仪器设备采购暂行管理办法》(校产字〔2016〕238 号)规定实行采购。

第二章 采购方式和适用情况

第五条 本细则所称采购方式,是指公开招标、邀请招标、竞争性磋商、竞争性谈判、询价和单一来源六种采购方式。

一、公开招标采购

指招标采购单位依法以招标公告的方式邀请不特定的供应商参加投标的采购方式。采购金额达到政府采购限额标准以上的采购项目,应当采用公开招标采购方式。其中,采购金额大于 200 万元(含)的采购项目,经学校审批通过后,须公开招标。

二、邀请招标采购

指招标采购单位依法从符合相应资格条件的供应商中随机邀请三家以上供应商,并以投标邀请书的方式,邀请其参加投标的采购方式。符合下列情形之一,经学校审批通过后,方可邀请招标。

(一) 具有特殊性,只能从有限范围的供应商处采购的;

(二) 采用公开招标方式的费用占政府采购项目总价值的比例过大的。

三、竞争性磋商采购

指采购人、政府采购代理机构通过组建竞争性磋商小组(以下简称“磋商小组”)与符合条件的供应商就采购货物和服务事宜进行磋商,供应商按照磋商文件的要求提交响应文件和报价,采购人从磋商小组评审后提出的候选供应商名单中确定成交供应商的采购方式。

符合下列情形之一,经学校审批通过后,方可进行竞争性磋商采购。

(一) 政府购买服务项目;

(二) 技术复杂或者性质特殊,不能确定详细规格或者具体要求的;

(三) 因艺术品采购、专利、专有技术或者服务的时间、数量事先不能确定等原因不能事先计算出价格总额的;

(四) 市场竞争不充分的科研项目,以及需要扶持的科技成果转化项目。

四、竞争性谈判采购

谈判小组与符合资格条件的三家以上供应商就采购货物和服务事宜进行谈判,供应商按照谈判文件的要求提交响应文件和最后报价,采购人从谈判小组提出的成交候选人中确定成交供应商的采购方式。符合下列情形之一,经学校审批通过后,方可进行竞争性谈判。

(一) 招标后没有供应商投标或者没有合格标的或者重新招标未能成立的;

(二) 技术复杂或者性质特殊,不能确定详细规格或者具体要求的;

(三) 采用招标所需时间不能满足用户紧急需要的;

(四) 不能事先计算出价格总额的。

五、询价采购

询价小组向符合资格条件的三家以上供应商发出采购货物询价通知书,要求供应商一次报出不得更改的价格,采购人从询价小组提出的成交候选人中确定成交供应商的采购方式。对于货物规格、标准统一、现货货源充足且价格变化幅度小的采购项目,经学校审批通过后,方可进行询价采购。

六、单一来源采购

采购人从某一特定供应商处采购货物和服务的采购方式。符合下列情形之一,经学校审批通过后,方可进行单一来源采购。

(一) 只能从唯一供货商处采购的;

(二) 发生了不可预见的紧急情况不能从其他供应商处采购的;

(三) 必须保证原有采购项目一致性或者服务配套的要求,需要继续从原供应商处添购,且添购资金总额不超过原合同采购金额百分之十的。

第六条 金额在200万元(含)以上的单项或批量采购项目,需要采用非招标采购方式的,应当在采购活动开始之前,按照《中国科学院事业单位变更政府采购方式审批管理办法》要求,填报《变更政府采购方式申请表》《变更政府采购方式单位内部会商意见表》以及其他相关材料,通过资产管理部门上报中科院和财政部,经批准后方可实施采购活动。

第七条 金额在100万元(含)至200万元之间的单项或批量采购项目,按审批流程,经过各相关部门批准后,可以采取竞争性磋商、竞争性谈判、询价和单一来源采购方式。若采用招标方式采购应参照本细则第九条执行。

第八条 金额在100万元以下的单项或批量采购项目，采购人可自行选择适当采购方式，报送资产与后勤保障处备案。

第三章 采 购 程 序

第九条 招标(公开招标、邀请招标)程序

(一) 编制招标文件

招标文件由政府采购代理机构负责编制，并由采购人确认。招标文件发出之日至投标人提交投标文件截止日，不得少于20天。

(二) 刊登招标公告或发出招标邀请

公开招标须通过公开媒体或其他途径向所有潜在的供应商发出公告。采取邀请招标方式采购的，政府采购代理机构从符合相应条件的供应商中，采取随机方式抽取3家以上的供应商，向其发出投标邀请书。

(三) 审查供应商资格

政府采购代理机构根据招标文件要求，对供应商的资格进行审查。

(四) 确定评标委员会

评标委员会由招标人代表和有关技术、经济等方面的专家组成，成员人数为5人以上单数，其中技术、经济等方面的专家不得少于成员总数的三分之二。

(五) 开标

开标应当在招标文件确定的提交投标文件的截止时间的同一时间公开进行；开标地点应当为招标文件中预先确定的地点。

(六) 评标

评标委员会应当按照招标文件确定的评标标准和方法，对投标文件进行评审和比较。评标委员会完成评标后，应当向招标人提出书面评标报告，并推荐合格的中标候选人。

(七) 招标结果公示

招标人应当自收到评标报告之日起3日内公示中标候选人，公示期不得少于3日。

(八) 确定中标供应商

招标人根据评标委员会的书面评标报告和推荐中标候选人确定中标人。

中标人确定后，招标人应当向中标人发出中标通知书。双方应当自中标通知书发出之日起30日内，按照招标文件和中标人的投标文件订立书面合同。

第十条 竞争性磋商程序

(一) 成立竞争性磋商小组

磋商小组由采购人代表和评审专家共3人以上的单数组成，其中评审专家人数不得少于磋商小组成员总数的三分之二。

(二) 确定参加竞争性磋商的供应商名单

采购人、采购代理机构应当通过发布公告、从省级以上财政部门建立的供应商库中随机抽取或者采购人和评审专家分别书面推荐的方式邀请不少于3家符合相应资格条件的供应商参与竞争性磋商采购活动。

（三）制定竞争性磋商文件

竞争性磋商文件（以下简称磋商文件）应当根据采购项目的特点和采购人的实际需求制定，并经过采购人书面同意。采购人应当以满足实际需要为原则，不得擅自提高经费预算和资产配置等采购标准。

磋商文件不得要求或者标明供应商名称或者特定货物的品牌，不得含有指向特定供应商的技术、服务等条件。

从磋商文件发出之日起至供应商提交首次响应文件截止之日止不得少于10日。

（四）磋商

1. 磋商小组成员应当按照客观、公正、审慎的原则，根据磋商文件规定的评审程序、评审方法和评审标准进行独立评审。未实质性响应磋商文件的响应文件按无效响应处理，磋商小组应当告知提交响应文件的供应商。

2. 采购人、采购代理机构可以视采购项目的具体情况，组织供应商进行现场考察或召开磋商前答疑会，但不得单独或分别组织只有一个供应商参加的现场考察和答疑会。

3. 磋商小组所有成员应当集中与单一供应商分别进行磋商，并给予所有参加磋商的供应商平等的磋商机会。

4. 在磋商过程中，磋商小组可以根据磋商文件和磋商情况实质性变动采购需求中的技术、服务要求以及合同草案条款，但不得变动磋商文件中的其他内容。实质性变动的内容，须经采购人代表书面确认。

5. 磋商文件能够详细列明采购标的的技术、服务要求的，磋商结束后，磋商小组应当要求所有实质性响应的供应商在规定时间内提交最后报价，提交最后报价的供应商不得少于3家。

6. 磋商文件不能详细列明采购标的的技术、服务要求，需经磋商由供应商提供最终设计方案或解决方案的，磋商结束后，磋商小组应当按照少数服从多数的原则投票推荐3家以上供应商的设计方案或者解决方案，并要求其在规定时间内提交最后报价。

（五）确定成交供应商

磋商小组应当根据综合评分情况，按照评审得分由高到低顺序推荐3名以上成交候选供应商，并编写评审报告。采购代理机构应当在评审结束后2个工作日内将评审报告送采购人确认。

对于市场竞争不充分的科研项目，以及需要扶持的科技成果转化项目，提交最后报价的供应商可以为2家。

具体参见《政府采购竞争性磋商采购方式管理暂行办法》（财库〔2014〕214号）。

第十一条 竞争性谈判程序

（一）成立谈判小组

谈判小组由采购人的代表和有关专家共3人以上的单数组成，其中专家的人数不得少于成员总数的三分之二。

（二）制定谈判文件

谈判文件应当明确谈判程序、谈判内容、合同草案的条款以及评定成交的标准等事项。谈判文件不得要求或者标明供应商名称或者特定货物的品牌，不得含有指向特定供应商的技术、服务等条件。

从谈判文件发出之日起至供应商提交首次响应文件截止之日不得少于3个工作日。

（三）确定邀请参加谈判的供应商名单

采购人从符合相应资格条件的供应商名单中确定不少于3家的供应商参加谈判，并向其提供谈判文件。

（四）谈判

谈判小组所有成员集中与单一供应商分别进行谈判。在谈判过程中，谈判的任何一方不得透露与谈判有关的其他供应商的技术资料、价格和其他信息。谈判文件如有实质性变动，谈判小组应当以书面形式通知所有参加谈判的供应商。

（五）确定成交供应商

谈判结束后，谈判小组应当要求所有参加谈判的供应商在规定时间内进行最后报价，谈判小组从质量和服务均能满足采购文件实质相应要求的供应商中，按照最后报价由低到高的顺序提出3名以上成交候选人，并编写评审报告，由采购人确定成交供应商。

第十二条 询价程序

（一）成立询价小组

询价小组由采购人的代表和有关专家共3人以上单数组成，其中专家的人数不得少于成员总数的三分之二。

（二）制定询价文件

询价文件应对采购项目的价格构成和评定成交的标准等事项作出规定。询价文件不得要求或者标明供应商名称或者特定货物的品牌，不得含有指向特定供应商的技术、服务等条件。

从询价文件发出之日起至供应商提交首次响应文件截止之日不得少于3个工作日。

（三）确定被询价供应商名单

询价小组根据采购需要，从符合相应资格条件的供应商名单中确定不少于三家的供应商，并向其发出询价通知书。

（四）询价

询价小组要求被询价的供应商一次报出不得更改的价格。

（五）确定成交供应商

询价小组从质量和服务均能满足采购文件实质相应要求的供应商中，按照报价由低到高的顺序提出三名以上成交候选人，并编写评审报告，由采购人确定成交供应商。

第十三条 单一来源采购程序。

（一）采购人、采购代理机构应当组织具有相关经验的专业人员与供应商商定合理的成交价格并保证采购项目质量。

（二）金额达到200万元（含）以上的货物和服务项目，拟采用单一来源采购方式的，采购人按照规定上报中科院、财政部，经批准后实施。

（三）金额达到100万元（含）以上的采购项目，采购人员须提交《中国科学技术大学采购项目可行性论证报告》和单一来源采购价格协商记录。其中，价格协商记录格式不限，可为邮件、报价单和协议等。资产管理部门组织专家对单一来源相关供应商的符合性、供应标的物的符合性、专有技术等方面进行论证。

第四章 采 购 管 理

第十四条 坚持“先审批，后采购”原则，凡单价或批量在 2 万元(含)以上的采购项目，须进行网上申报和电子审批，审批通过后，方可实施采购活动。采购人须打印纸版审批表单，签字后递交至资产与后勤保障处存档。

(一) 单价或批量在 2 万元(含)至 100 万元的采购项目，采购人应填写《中国科学技术大学物资采购申报表(100 万元以下)》，报送至资产与后勤保障处备案。

(二) 单价或批量在 100 万元(含)以上的采购项目，采购人应填写《中国科学技术大学非单一来源物资采购申报表》或《中国科学技术大学单一来源物资采购申报表》，并进行专家论证，专家人员不能与论证项目有直接利害关系，不能是潜在供应商及其关联单位的工作人员。专家人数不少于 5 人，专业技术职务原则上不低于副教授或同等职级。论证结束后，形成论证报告，由采购人报送至资产与后勤保障处。

其中，拟选择单一来源采购方式(金额在 100 万元(含)至 200 万元)的项目，按照《中国科学院事业单位变更政府采购方式审批管理办法》的要求，专家论证及部门会商结束后，网上公示 5 个工作日，如无异议，可实施采购活动。

第十五条 采购人不得将应当以公开招标的货物或者服务化整为零或者以其他任何方式规避公开招标采购。

第十六条 政府采购代理机构由学校以公开方式确定，每两年遴选一次，原则上不少于 3 家。采购人在学校选定的政府采购代理机构中随机抽取(或特殊情况可指定)一家代理采购事宜，由资产管理部门委托其组织政府采购工作。

第十七条 外贸代理机构由学校公开招标确定，招标工作每两年开展一次，原则上不少于 3 家。采购人在学校中标的外贸代理机构中自行选择一家代理外贸事宜，由资产管理部门委托其办理进口事项。

第十八条 国内货物和服务的采购合同由资产管理部门代表学校与供应商签订，资产管理部门负责审核采购合同。进口货物和服务的外贸合同由采购人自行选定外贸代理机构与供应商签订，资产管理部门代表学校与外贸代理机构签订委托合同。

第十九条 采购合同的签订应遵照国家法律法规和学校有关规定执行。

第二十条 根据采购合同及学校相关规定对采购货物和服务进行验收。

第二十一条 质量管理体系内涉及的设备、原材料和元器件等货物的验收，由相关使用课题组根据质量管理体系的要求，自行组织货物的全面验收工作。

第二十二条 采购项目完成后，资产管理部门留存申报材料、合同和验收单据进行归档备案。

第五章 附 则

第二十三条 本办法若遇国家政策调整，以国家的政策和规定为准。未尽事宜，按照国家、中国科学院等有关规定执行。

第二十四条 本细则由资产与后勤保障处负责解释。

第二十五条 本细则自印发之日起施行。原《中国科学技术大学采购管理暂行办法实施细则》(校产字〔2015〕86 号)同时废止。

中国科学技术大学维修改造项目管理办法(试行)

(校建字〔2017〕238 号,2017 年 10 月 21 日)

第一章 总 则

第一条 为加强我校维修改造工程管理,提高资金使用效益、保证工程质量、改进服务方式、规范管理行为,依据《中华人民共和国建筑法》《中国科学院基本建设项目管理办法》(科发条财字〔2013〕200 号)、《中国科学院所属单位经济活动内部控制规范》(科发条财字〔2013〕206 号)、《中国科学院修缮项目管理实施细则(试行)》(建字〔2012〕14 号)以及《中国科学技术大学建设项目招标管理暂行办法》(校建字〔2014〕91 号)等相关规定,结合我校实际情况,制定本管理办法。

第二条 本办法适用于在校内已交付使用的建筑物、构筑物上进行的,以恢复和改善相关设施使用功能、延长使用年限的施工作业,以及为改善环境、提高设施使用效率所新增的项目。包括房屋修缮土建工程,水、暖、电、气改造工程,实验室设施维修改造,装饰装修工程,校园绿化工程,景点建设工程以及校内原有场地、道路、管道、围墙等室外维修工程。

第二章 项目管理分工

第三条 维修改造项目实行法人负责制,由分管副校长负责组织实施。学校工程项目管理小组负责项目管理决策,工程项目监督小组负责项目监督。

第四条 维修改造项目实行归口管理。施工管理归口基本建设处,财务管理归口财务处,审计管理归口监察审计处,档案管理归口档案馆。

第三章 项目申请与立项

第五条 凡维修改造项目,无论资金来源,均须提出书面申请,经过学校立项批准后实施,不得擅自开工。

第六条 学校经费项目的申请与立项。

1. 凡由学校预算经费实施的项目,各用户单位按学校年度预算编报要求通过学校预算系统进行申报。基本建设处对各用户单位申报的项目进行初审排序,并配合学校预算专家委员会和预算工作小组进行评审,按规定程序审批通过后实施。

2. 未列入学校当年预算经费又来不及通过预算调整实施的应急维修改造项目,用户单位填写《中国科学技术大学维修改造应急项目申报/备案表》。单项工程预算费用 5 万元以下(含 5 万元),由基本建设处审批通过后立项并实施;单项工程预算费用 5 万元以上 20 万元以下(含 20 万元),报分管校领导审批通过后立项并实施;单项工程预算费用 20 万元以上,报校长审批通过后立项并实施。

3. 应急抢修及突发事件项目,由基本建设处立即采取应急措施,组织校内相关单位在第一时间进行处置,事后填写《中国科学技术大学维修改造应急项目申报/备案表》,实行专项审计。

第七条 用户自筹经费项目的申请与立项。

凡由用户单位自筹经费实施的项目,须经所属单位负责人签署意见同意后,项目负责人填写《中国科学技术大学用户自筹经费维修改造项目申报表》,经相关职能部门批准后实施。

第八条 用户单位要对本单位申报的维修改造项目的真实性、合理性和可行性负责。

第四章 项目实施与管理

第九条 施工单位的选择。

1. 单项预算金额 50 万元以上的维修改造项目执行新建项目程序,进行公开招标。

2. 单项工程预算费用在 50 万元以下(含 50 万元),通过公开招标确定 5～6 家零星维修备选单位。由工程项目管理小组负责组织在备选单位库中抽签确定具体项目施工单位。零星维修备选单位实行考核淘汰制。

3. 技术复杂、有特殊要求需要采用不可替代的专利或者专有技术等特殊项目,用户单位提出申请,由工程项目管理小组负责组织专家对其特殊需求进行论证,论证通过后视不同情况可采取单一来源采购、询价或竞争性谈判方式确定。

第十条 设计、监理单位的选择。

1. 维修改造项目设计、监理单位通过公开招标各确定 3 家备选单位。具体项目实施单位的选择由基本建设处负责。备选单位实行考核淘汰制。

2. 维修改造项目严格按基本建设程序实施专业设计、专业监理。用户单位负责提出工程项目功能需求,协助基本建设处做好工程项目设计,参与工程项目全过程管理。

第十一条 施工管理。

1. 工程项目实行项目现场责任人制和联系人制。基本建设处对工程质量、进度、投资、安全、验收、资料归档等实行全过程管理。工程变更严格执行《中国科学技术大学维修改造项目变更实施细则》(校建字〔2014〕208 号)。

2. 项目管理可实施代建制,基本建设处督促代建单位对施工单位进行管理,要求施工单位遵守政府有关主管部门及校内相关部门关于建设项目校内施工交通、夜间施工、施工噪声、教学环境、环境绿化、古树名木、施工场地周围地下管线保护、建筑垃圾及时清运等安全文明生产的管理规定,按规定办理有关手续。

第十二条 维修改造项目档案参照《中国科学技术大学基本建设类档案管理办法》(校办字〔2015〕62 号)执行。

第十三条 资金管理。

1. 财务处根据国家、中国科学院有关基建财务管理规定，明确建设资金审批权限，规范工程款的支付程序，加强维修改造项目资金的基础管理工作。

2. 凡未通过学校立项程序擅自施工的维修改造工程，财务处不予支付工程款。

第十四条 监察审计处负责对工程项目进行决算审计。

第五章 项目竣工验收

第十五条 项目施工结束后，符合验收条件的，基本建设处按照有关规定，及时组织代建、勘察、设计、施工、监理等参建单位及用户单位进行竣工验收。

第十六条 项目竣工验收后，基本建设处及时与资产与后勤保障处（或用户单位）办理资产移交手续，与保卫与校园管理处办理物业交接手续。

第十七条 项目竣工验收后，按照财务处要求填写预算绩效评价表，进行绩效自评打分。

第六章 备选单位管理与考核

第十八条 预算金额50万元以下（含50万元）维修改造项目集中采购的备选施工单位须与基本建设处签订框架协议，并向学校一次性缴纳50万元履约保证金，服务期满后办理退还手续，如有违背诚信及串标、围标、肢解分包的行为，经工程项目监督小组查实的没收其所缴纳的履约保证金，五年内严禁参与学校项目投标。

第十九条 备选设计、监理单位与基本建设处签订框架协议，并向学校一次性缴纳10万元履约保证金，服务期满后办理退还手续。

第二十条 备选施工、设计、监理单位在服务期内，由基本建设处组织相关单位对其进行全过程管理、监督，分别从工程质量、工期、安全文明施工等合同履约情况，用户满意度，完工后续服务，企业信誉和管理水平等方面按年度进行动态考核，公示考核结果。服务期满按分值高低采取末位淘汰，被淘汰单位不得参与下一服务期内项目投标。

第七章 项目监督

第二十一条 维修改造项目全过程接受学校工程项目监督小组、监察审计部门和群众的监督。

第八章 附则

第二十二条 本办法经校长工作会议审议通过，自印发之日起施行。

第二十三条 本办法未尽事宜，按照国家及学校有关规定和文件执行。

第二十四条 本办法由基本建设处负责解释，现行有关规定与本办法不一致的以本办法为准。

中国科学技术大学涉密公文保密管理规定

（校办字〔2017〕16号，2017年2月15日）

第一章　总　　则

第一条　为进一步规范涉密公文保密管理，确保国家秘密安全，依据《中华人民共和国保守国家秘密法》及其实施办法，根据中共中央、国家保密局等单位相关公文管理规定，结合我校实际情况，特制定本规定。

第二章　涉密公文保密管理原则

第二条　根据实际工作需要配备一名保密专员，具体负责涉密公文的日常管理工作。

第三条　建立专门的涉密公文登记制度，与非涉密公文分别登记管理。

第四条　建立涉密公文借阅、使用登记制度，借阅和使用涉密公文，要及时办理登记手续，随时掌握涉密公文的去向。

第三章　涉密公文的收文与传阅

第五条　公文管理人员对收到的涉密公文进行签收。签收公文要逐件清点，重要公文要逐页查点，如发现问题，应及时向发文机关查询并采取相应的处理措施。签收后，应在专用的登记本上予以登记。登记后，部门负责人确定传阅范围。

第六条　参加会议带回的涉密公文，个人不得保存，须及时移交党政办公室机要室管理，移交时须履行公文移交手续。

第七条　涉密公文的传阅。

（一）公文管理人员应严格按照确定的传阅范围进行传阅，严格控制知悉范围。送阅涉密公文应使用专用红色文件夹，一般应当面送交，立等收回，严禁随意放置在阅文人办公桌上。阅文人确实因工作需要保留的，在使用完毕后及时交还或者通知公文管理人员收回，不得直接转入下一环节。涉密公文不得在阅文人办公室过夜。公文管理人员应对滞留他处的涉密公文进行登记，随时掌握其去向。

（二）阅读公文应在办公室或在公文阅览室进行，不得将公文带出办公室或其他公共场所。一般情况下，因公外出人员，个人不准随身携带涉密公文。

第四章　涉密公文的使用保管

第八条　涉密公文的借阅。

（一）借阅涉密公文，应控制知悉范围。应当经部门负责人批准，严格履行报批手续。

（二）涉密公文一般不得复制，确因工作需要的，须经制发单位批准并严格按照学校有关规定履行手续。复制的涉密公文视同原件管理，不得改变其密级、保密期限和知悉范围。

第九条 涉密公文的保存。

（一）涉密公文要存放在铁质公文柜中，与非涉密公文信息资料分别存放，并定期进行清查，核对。

（二）涉密电子公文应当存储在涉密计算机中。

（三）工作人员离开办公场所，应当将涉密公文及时存放在文件柜中。

（四）涉密公文管理人员离岗、离职前，应将所保管的涉密公文全部如数清退，并办理移交手续。

（五）需要归档的涉密公文，应当按照国家档案管理规定及时归档。

第四章 内部公文的使用保管

第十条 未标注密级的中共中央、中共中央组织部、安徽省委公文，按内部公文管理，严格控制公文的知悉范围。任何单位和个人不得通过微信、QQ、邮箱等互联网平台传播。

第十一条 未标注密级的中央、省委公文的公开发布，必须由公文制发单位办理，其他任何单位和个人不得擅自公开发布。

第十二条 严禁将内部公文出售给废品收购站。

第五章 涉密公文的清退销毁

第十三条 涉密公文进行清退和销毁由指定人员负责。对拟销毁的公文认真清点、登记，填写《销毁文件目录》和《涉密载体销毁登记表》，经部门负责人审核后送安徽省国家保密局统一销毁。涉密公文销毁登记、审批记录应长期保存备查。禁止私自销毁涉密公文。

第十四条 严禁将涉密公文出售给废品收购站或私人。

第六章 附 则

第十五条 本规定由党政办公室负责解释。

第十六条 本规定自印发之日起施行。

中国科学技术大学内部审计工作规定

（校监审字〔2017〕166号，2017年8月10日）

第一章 总 则

第一条 为进一步规范我校内部审计工作，提高内部审计工作水平，有效发挥内部审计作用，根据《中华人民共和国审计法》《审计署关于内部审计工作的规定》《中国科学院审计工作条例》等有关规定，结合我校实际情况，制定本规定。

第二条 学校内部审计工作为学校改革和事业发展服务，促进学校及所属各单位遵守国家财经纪律，强化内部控制和管理，健全自我约束机制，维护学校合法权益，提高资金使用效益。

第三条 学校内部审计工作应当遵循独立、客观、公正的原则。

第二章 内部审计机构及其职责

第四条 监察审计处是学校设立的专门内部审计机构，在校长（或其授权的其他校领导，以下称“分管校领导”）领导下，开展学校内部审计工作。

第五条 监察审计处的内部审计业务工作接受中国科学院监督与审计局和安徽省审计厅的指导和监督。

第六条 监察审计处的审计工作职责：

（一）制定学校内部审计工作发展规划、实施办法和年度工作计划；

（二）对学校及下属单位开展内部审计工作；

（三）协助上级审计部门对学校的审计工作；

（四）负责日常的内部审计管理工作；

（五）对校内工程造价咨询和审核工作进行管理和监督；

（六）完成上级部门和学校领导交办的其他工作。

第七条 校内有关职能部门在工作中需要由社会审计中介机构出具鉴证文件的，不属于内部审计业务，经分管校领导批准后，监察审计处可以予以协助。

第三章 内部审计工作人员

第八条 内部审计工作人员应具有良好的政治素质和较高的政策水平，具有与从事审计工作相适应的专业知识、业务能力和工作经验。

第九条 学校支持内部审计工作人员参加中国科学院监督与审计局等有关部门组织的职业后续教育、业务培训和工作交流。

第十条 学校合理规划内部审计工作人员岗位设置，明确岗位职责和工作任务。内部审计工作人员应遵循《审计机关审计人员职业道德准则》，依法审计，实事求是，廉洁奉公，保守秘密。

第十一条 内部审计工作人员在履行职务时，与被审计对象或审计事项有利害关系的，应当回避。

第四章 内部审计机构的职权与责任

第十二条 监察审计处在履行职务中行使以下职权：

（一）审查与审计事项有关的会计核算、财务管理、资产管理、经济管理、科研管理、工程项目、工程管理等方面的账簿、报表、图纸、文件、会议纪要、会议记录、经济合同、工作记录、工作计划、工作总结、工作成果报告等资料，并要求被审计单位按时报送；

（二）核查与审计事项有关资金使用情况，并索取证明材料，核查财产购置、使用情况，并与其相关电子数据及资料进行比对，现场勘察实物；

（三）根据工作需要，向有关单位和个人进行询问和书面调查；

（四）调查研究与审计项目相关的经济活动及经营管理情况，提出改进管理和提高经济效益的建议；

（五）对正在进行的有严重违法违规嫌疑、严重损失浪费的行为，作出临时制止决定；对严重违反国家财经纪律和造成重大损失的单位和人员，提出组织处理或纪律处分建议；

（六）对可能被隐匿、篡改、毁弃的会计凭证、会计账簿、会计报表以及其他与经济活动有关的资料，经分管校领导批准，有权予以暂时封存，并提出追究有关人员责任的建议；

（七）对不配合审计、拒绝审计、提供虚假材料的单位和人员提出组织处理或者纪律处分的建议。

第十三条 学校内部审计工作所需经费列入学校财务预算，并予以保证。根据工作需要，可委托社会审计机构对有关事项进行审计或聘请社会审计机构审计人员参与审计。所需经费没有纳入预算的，由被审计项目或被审计单位承担。

第十四条 监察审计处应建立审计工作责任制、审计项目责任制和审计人员岗位责任制，定期进行审计质量的检查和抽查。

第十五条 监察审计处可以利用国家审计机关、上级内部审计机构和社会审计机构的审计结果；经分管校领导批准，学校内部审计结果可提供给校外有关部门和在校内以适当方式公告。

第五章 内部审计业务管理

第十六条 监察审计处的内部审计工作包括以下内容：

（一）对学校设立的学院、部（处）以及其他直属单位（以下称“校内单位”）的财务收支及有关经济活动进行审计；

（二）对校内单位经费预算以及决算进行审计；

（三）对校内单位负责人任期内的经济责任情况进行审计；

（四）对学校科研经济业务的真实性和合法性进行审计；

（五）对学校专项资金使用情况进行绩效考核和评价；

（六）对校内单位内部控制制度的健全性和有效性以及风险管理情况进行评审；

（七）对校内单位经济管理和效益情况进行审计；

（八）专项审计调查；

（九）校领导交办的其他审计业务工作。

第十七条 内部审计工作每个项目不得少于两人，审计组组长由监察审计处负责人确定，实行组长负责制。

第十八条 内部审计工作一般只能由监察审计处内审人员进行；根据工作需要并经分管校领导批准，监察审计处可以聘请校内有关人员参加审计组；特殊情况下，可聘请校外专业人员协助工作。

第十九条 监察审计处制定内部审计年度工作计划报经校长工作会议通过后实施，具体审计项目应当按照下列程序进行：

（一）组成审计小组，由审计小组长制定审计方案；

（二）向被审计单位下达《审计通知书》，并抄送审计工作涉及的校内相关单位；

（三）接收到《审计通知书》的单位，应当按照通知书的要求提供书面材料或其他协助；

（四）向被审计单位送达《审计征求意见稿》；《审计征求意见稿》中涉及会计核算、财务报账资料、财务会计制度执行等财务管理业务规范性问题，应得到学校财务部门的核实和确认；

（五）出具《审计报告》并送达被审计单位，同时应当抄报有关校领导，抄送有关校内单位；

（六）根据《审计报告》应当进行整改的，监察审计处向被审计单位和整改事项涉及的校内有关单位送达《审计整改通知书》，并督促被审计单位限期整改；

（七）根据学校规定，在校内以适当的方式公告审计结论。

第二十条 审计人员在审计过程中发现涉嫌舞弊等重大事项时，应按有关规定和程序及时报告或移送。

第二十一条 接收到《审计整改通知书》的单位应当按照要求落实整改，并向监察审计处提交审计整改落实方案和整改结果报告。

第二十二条 对于被审计单位规模小、业务简单、内容单一的审计项目，在保证审计工作质量的前提下，可视情况执行简易审计工作程序，适当简化审计通知、审计实施方案、审计程序、审计工作底稿、审计报告等内容。

第二十三条 监察审计处应加强内部审计信息管理，做好审计工作信息的收集、整理、加工、处理和报告工作，为有关方面的决策和管理工作提供依据和参考。

第二十四条 项目审计结束后，根据“谁审计谁立卷”的原则，由审计组长或其指定组内人员负责编制、收集、整理审计档案，装订成册，电子档案应备份保存。审计档案移交学校档案馆的时间不得迟于审计项目结束后的次年6月30日。

第二十五条 审计档案一般限定审计机构内部调阅。其他任何单位和人员需调阅审计档案的，应当经监察审计处分管校领导书面批准。

第二十六条 学校应加强内部审计结果利用工作，完善相应的工作机制，明确责任部门和工作程序，发挥内部审计工作对学校整体管理的促进作用。

第六章 罚 则

第二十七条 校内单位或人员有下列行为之一的，学校将根据国家有关法律法规和中国科学院规定以及校内规定追究单位负责人或直接责任人的责任：

（一）被审计单位或其他有协助义务的校内单位拒绝提供与审计事项有关的文件、资料及证明材料的，或者提供虚假资料、阻碍检查的；

（二）被审计单位无正当理由拒不执行审计结论，并不按照本规定落实整改的；

（三）报复陷害内部审计工作人员的；

（四）内部审计人员滥用职权、徇私舞弊、玩忽职守、泄露秘密的；

（五）其他违反校内规定影响内部审计正常工作的。

第七章 附 则

第二十八条 校内工程造价咨询与审核管理工作，另行制定规定。

第二十九条 本规定由监察审计处负责解释。

第三十条 本规定自印发之日起施行。此前关于内部审计工作的校内规定同时废止。

中国科学技术大学工程造价咨询管理办法(试行)

（校监审字〔2017〕264 号，2017 年 11 月 22 日）

第一章 总 则

第一条 为加强校内工程造价咨询工作的管理，规范校内工程造价咨询程序，提高建设资金使用效益和管理工作水平，根据《中华人民共和国建筑法》《建设工程价款结算暂行办法》(财建〔2004〕369 号)、《建设工程工程量清单计价规范》(GB 50500-2013)、《中国科学院基本建设项目管理办法》(科发条财字〔2013〕200 号)、《中国科学院所属单位经济活动内部控制规范》(科发条财字〔2013〕206 号)等相关规定，结合我校实际情况，制定本办法。

第二条 本办法所称工程，是指建设工程以及有关的货物、服务，包括基本建设项目、维修改造项目等。

第三条 学校对工程造价咨询工作的监督管理部门是监察审计处(以下称“监管部门”)。

第二章　咨询单位的确定

第四条　工程造价咨询工作应当委托有资质的社会中介机构(以下称“事务所”)实施。

第五条　事务所通过公开招标的方式选定,每次应不少于 3 家入围。

具体项目实施单位的选择由监管部门负责。

第三章　咨询工作的实施

第六条　监管部门委托事务所完成的工程造价咨询工作包括:

(一) 工程量清单、控制价编制;

(二) 工程预算审核;

(三) 项目施工阶段全过程工程造价控制;

(四) 工程结算审核;

(五) 其他工程造价咨询业务。

第七条　工程项目如需要编制工程量清单和控制价,校内项目建设申请单位应当提交书面说明,经监管部门登记备案后指定事务所与其接洽并完成编制工作。

第八条　工程项目如需要进行预算审核的,校内项目建设申请单位应当提交书面说明,经监管部门登记备案后指定事务所与其接洽并完成审核工作。

第九条　工程项目如需要实施施工阶段全过程工程造价控制(以下称“跟踪审核”)的,校内项目建设管理单位应当提交书面说明,经监管部门登记备案后指定事务所进场工作。

第十条　所有工程项目合同实际履行完毕,应当进行结算审核,校内有关单位根据结算审核结果办理付款等手续。

第十一条　根据具体项目特点及实际情况,实施跟踪审核的工程项目需开展结算审核业务,可由原实施跟踪审核的事务所进行,或者另行委托其他事务所进行。

第四章　结算审核程序

第十二条　工程结算审核的主要内容:

(一) 工程施工内容是否真实、完整、与施工合同一致;

(二) 设备、材料是否与结算内容一致,质量或运转情况是否正常;

(三) 竣工图是否与现场一致;

(四) 工程量计算是否准确、真实,有无重算、漏算、错算等情况;

(五) 套用定额是否合理,单价换算是否正确,主材价格是否合理;

(六) 取费标准是否与规范或合同规定相符,取费基数及计算是否正确,计算程序是否符合规定;

(七) 设计变更单、现场签证单等内容是否真实发生,数据是否正确;是否按规定进行了签批生效,手续是否完备;有无已取消项目未签、局部项目多签等问题;

（八）人工、材料、设备等价差调整是否严格依照合同及相关规范执行；

（九）数据汇总、引用是否有误等；

（十）其他应该审核的内容。

第十三条 所有工程结算材料应当由校内项目建设申请单位（以下称“送审单位”）工作人员送交至监管部门，不得由其他单位或个人送交。监管部门接收完整材料并登记后，交由事务所进行审核。

监管部门对送审材料有异议的，送审单位应当做出书面说明，该说明是送审材料的组成部分。

第十四条 工程结算审核期限以监管部门签收完整的送审材料之日起计算，事务所应当在 30 日内出具正式审核报告。

工程送审价超过 2000 万元的，事务所出具审核报告期限可以延长至 45 天。

第十五条 项目建设管理单位应当根据工程进展等实际情况，及时督促施工方提交结算资料，并要求施工方配合事务所的审核工作。

第十六条 在工程结算审核中需要勘查现场的，由送审单位联系项目建设管理单位、代建单位（如有）、监理单位（如有）、施工单位等同时到场。

第十七条 在工程结算审核中，如有补充材料、补充说明等影响审核结果或者审核期限的，相关单位应当出具书面说明。否则，视为没有。

第十八条 事务所出具定案表应经各方签字盖章确认，签章顺序依次为事务所、施工单位、代建单位（如有）、学校项目送审单位。

第十九条 工程结算审核工作结束后，监管部门应当向送审单位返回送审材料及审核报告，底稿统一存档。

第五章 咨询单位管理

第二十条 监管部门负责督促事务所按时、按质、按量完成工作，并从合同履约情况、管理水平、用户满意度、造价人员职业道德、造价成果质量等方面对事务所实施的造价咨询业务过程及造价成果进行监督与考核。必要时，可委托其他事务所对造价成果进行复核。

监管部门对各入围单位进行动态考核，并按年度考核结果分配下一年度的委托咨询业务量。

第二十一条 学校相关分支机构需对位于合肥市外的工程项目开展工程造价咨询工作，由分支机构就地自行组织有资质的事务所实施，并及时向监管部门登记备案。

第六章 异议的解决及责任

第二十二条 任何单位对校内工程造价咨询业务过程及造价成果有异议，应当以书面形式向监管部门提出并说明理由。监管部门应督促原事务所解释，或选择其他事务所进行复核。

因造价争议引起的诉讼或者仲裁，应由项目管理单位牵头处理，监管部门应当督促审核定案的事务所协助处理。

第二十三条 在工程造价咨询工作中，校内有关单位和部门违反本办法，未履行或者未完全履行工作职责，给学校经济利益和声誉造成损失的，应当按照有关规定承担责任。

第七章 附 则

第二十四条 现行有关规定与本办法不一致的以本办法为准。

第二十五条 本办法由监察审计处负责解释，自印发之日起施行。

九、机构与干部

学校党政领导

党委书记	许　武
校　　长	包信和
常务副校长	潘建伟
党委副书记、纪委书记	叶向东
副 校 长	陈初升
党委常委、副校长	陈晓剑
党委常委、副校长	周先意
党委常委、副校长	朱长飞
党委副书记	蒋　一
副校长(兼)	江海河
党委常委、副校长	王晓平
总会计师	黄素芳
校长助理	杨金龙

中共中国科学技术大学第十一届委员会常务委员会委员名单

许　武　叶向东　陈晓剑　周先意　朱长飞　蒋　一　王晓平

中共中国科学技术大学第十一届委员会委员名单

(按姓氏笔画排序)

王晓平　尹　民　叶邦角　叶向东　朱长飞　刘　斌　许　武　何淳宽　陆夕云
陈华平　陈晓剑　罗喜胜　周先意　龚流柱　屠　兢　葛学武　蒋　一　傅　尧
褚家如

中共中国科学技术大学纪律检查委员会委员名单

(按姓氏笔画排序)

丁望斌　叶向东　田扬超　刘天卓　赵　峰　洪　军　黄超群

中国科学技术大学机构设置图

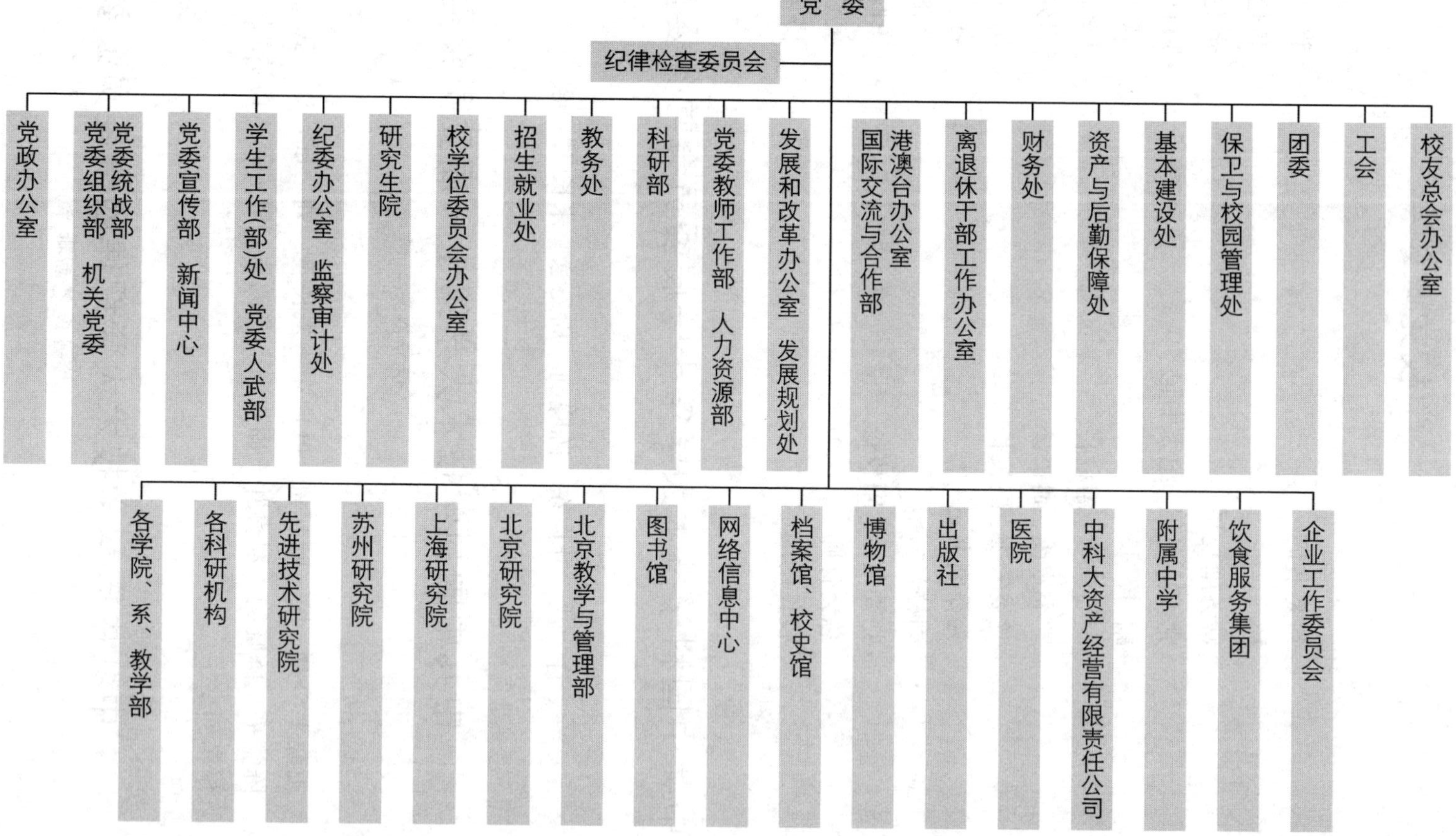

学院、系和教学部设置

<table>
<tr><th colspan="2">学　院</th><th>系、教学部</th></tr>
<tr><td colspan="2">少年班学院</td><td>少年班、教改试点班</td></tr>
<tr><td colspan="2" rowspan="3">数学科学学院</td><td>数学系</td></tr>
<tr><td>计算与应用物理系</td></tr>
<tr><td>概率统计系</td></tr>
<tr><td colspan="2" rowspan="5">物理学院</td><td>物理系</td></tr>
<tr><td>近代物理系</td></tr>
<tr><td>天文学系</td></tr>
<tr><td>光学与光学工程系</td></tr>
<tr><td>工程与应用物理系</td></tr>
<tr><td colspan="2" rowspan="4">化学与材料科学学院</td><td>化学物理系</td></tr>
<tr><td>材料科学与工程系</td></tr>
<tr><td>化学系</td></tr>
<tr><td>高分子科学与工程系</td></tr>
<tr><td rowspan="5">生命科学与医学部</td><td rowspan="4">生命科学学院</td><td>分子生物学与细胞生物学系</td></tr>
<tr><td>神经生物学与生物物理学系</td></tr>
<tr><td>系统生物学系</td></tr>
<tr><td>医药生物技术系</td></tr>
<tr><td>附属第一医院</td><td></td></tr>
<tr><td colspan="2" rowspan="4">工程科学学院</td><td>近代力学系</td></tr>
<tr><td>精密机械与精密仪器系</td></tr>
<tr><td>热科学和能源工程系</td></tr>
<tr><td>安全科学与工程系</td></tr>
<tr><td colspan="2" rowspan="3">信息科学技术学院</td><td>电子工程与信息科学系</td></tr>
<tr><td>自动化系</td></tr>
<tr><td>电子科学与技术系</td></tr>
<tr><td colspan="2">计算机科学与技术学院</td><td>计算机科学技术系</td></tr>
<tr><td colspan="2" rowspan="2">地球和空间科学学院</td><td>地球物理与行星科学技术系</td></tr>
<tr><td>地球化学与环境科学系</td></tr>
</table>

续表

<table>
<tr><th>学　　院</th><th colspan="2">系、教学部</th></tr>
<tr><td rowspan="4">管理学院</td><td colspan="2">工商管理系</td></tr>
<tr><td colspan="2">管理科学系</td></tr>
<tr><td colspan="2">统计与金融系</td></tr>
<tr><td colspan="2">专业学位教育中心</td></tr>
<tr><td rowspan="7">人文与社会科学学院</td><td rowspan="5">人文社科基础教学中心</td><td>外语系</td></tr>
<tr><td>科技哲学教学研究部</td></tr>
<tr><td>人文素质教学研究部</td></tr>
<tr><td>马克思主义理论教学研究部</td></tr>
<tr><td>体育教学部</td></tr>
<tr><td colspan="2">科技史与科技考古系</td></tr>
<tr><td colspan="2">科技传播与科技政策系</td></tr>
<tr><td>马克思主义学院</td><td colspan="2"></td></tr>
<tr><td rowspan="2">公共事务学院</td><td colspan="2">法律硕士教育中心</td></tr>
<tr><td colspan="2">MPA 中心</td></tr>
<tr><td>核科学技术学院</td><td colspan="2"></td></tr>
<tr><td>软件学院</td><td colspan="2"></td></tr>
<tr><td>环境科学与光电技术学院</td><td colspan="2"></td></tr>
<tr><td>材料科学与工程学院</td><td colspan="2"></td></tr>
<tr><td>天文与空间科学学院</td><td colspan="2"></td></tr>
<tr><td>纳米技术与纳米仿生学院</td><td colspan="2"></td></tr>
<tr><td>微电子学院</td><td colspan="2"></td></tr>
</table>

校部机关党政机构负责人名单

党　校

校　长　　　　许　武（兼）
常务副校长　　赵永飞

纪律检查委员会

书　记　　　　叶向东（兼）
副书记　　　　黄超群

纪委办公室

主　任	黄超群（兼）
副主任	瞿启发

党政办公室

常务副主任	王　伟
副主任	周　宇　叶　征　马　壮　彭　慧（挂职）

党委组织部

部　长	何淳宽
副部长	张　玲　赵　峰

党委统战部

部　长	张　玲　谭　勇（挂职）

党委宣传部

部　长	陈晓剑（兼）
副部长	杨保国　杨　凡　汪银生

新闻中心

主　任	杨保国
副主任	杨　凡　汪银生

党委学生工作部

部　长	李　峰

学生工作处

处　长	李　峰
副处长	聂　磊

党委人民武装部

部　长	李　峰
副部长	聂　磊

监察审计处

处　长	丁望斌
副处长	杨自浣

研究生院

院　长	潘建伟（兼）
常务副院长	杨金龙（兼）

副院长 古继宝 倪 瑞 吴恒安(挂职) 李思敏(挂职)
综合办公室
主 任 裴 旭
教学与学籍办公室
主 任 万洪英
学科管理与评估(211/985 工程管理)办公室
主 任 陈 伟(兼)
副主任 熊 文
招生办公室
主 任 倪 瑞(兼)
副主任 杜 进

学位办公室

主 任 陈 伟
副主任 李兴权

发展和改革办公室

主 任 罗喜胜

发展规划处

处 长 罗喜胜
副处长 钟 琪

招生就业处

处 长 杨 锋
副处长 魏 英 韦巍巍 胡 芃(挂职)

教务处

处 长 周丛照
副处长 马运生 秦 进 韦巍巍(兼) 曾长淦(挂职)

科研部

部 长 傅 尧
副部长 朱霁平 王 峰 李 俊 王敬宇

党委教师工作部

部 长 褚家如
副部长 曾 杰

人力资源部

部 长 褚家如

副部长　　黄　方　梁宏飞　李方元

国际合作与交流部

部　长　　侯中怀
副部长　　蒋家杰　周　密

财务处

处　长　　章　晨
副处长　　俞向群　皇甫越　高维孝

资产与后勤保障处

处　长　　张鹏飞
副处长　　姚子龙　詹月红

基本建设处

保卫与校园管理处

处　长　　洪　军
副处长　　曹学含　张宪锋

团　委

书　记　　杨晓果
副书记　　赵　林(挂职)　申成龙(兼)

工　会

主　席　　蒋　一(兼)
常务副主席　　史明瑛
副主席　　孙洪庆

离退休干部工作办公室

主任、党总支书记　　刘　艳
党总支副书记　　厉　洪

校友总会

会　长　　包信和
副会长　　鹿　明　郭胜利
办公室主任　　朱洪超

教育基金会

副理事长兼财务总监　　尹登泽
副理事长兼秘书长　　郭胜利

机关党委

书　记	叶向东(兼)
常务副书记	何淳宽(兼)
副书记	郑红群

学院、系、教学部党政负责人名单

少年班学院

院　长	陈　旸
副院长	尹　民　李震宇
党总支书记	尹　民
党总支副书记	兰　荣

数学科学学院

院　长	马志明(兼)
执行院长	李嘉禹
副院长	邓建松　李思敏　麻希南
党委书记	邓建松
党委副书记	王　莉

物理学院

院　长	欧阳钟灿(兼)
执行院长	杜江峰
副院长	叶邦角　王冠中　陈向军　徐　宁
党委书记	叶邦角
党委副书记	张增明

化学与材料科学学院

院　长	李　灿(兼)
执行院长	杨金龙
副院长	葛学武　刘世勇　徐铜文　胡水明
党委书记	葛学武
党委副书记	闫立峰

工程科学学院

院　长	杜善义(兼)

执行院长	陆夕云
副院长	刘明侯　吴恒安　倪　勇
党委书记	刘明侯
党委副书记	赵　钢

信息科学技术学院

院　长	吴一戎(兼)
执行院长	吴　枫
副院长	陈卫东　王　永　李厚强　张勇东
党委书记	陈卫东
党委副书记	谢　超　王　童(挂职)

地球和空间科学学院

院　长	陈　颙(兼)
执行院长	汪毓明
副院长	刘　斌　陈福坤　姚华建
党委书记	刘　斌
党委副书记	熊　成

生命科学学院

名誉院长	张明杰(兼)
执行院长	薛　天
副院长	魏海明　臧建业　胡　兵
党委书记	魏海明
党委副书记	丁丽俐

计算机科学与技术学院

执行院长	李向阳
副院长	陈恩红　许胤龙
党委书记	钱　海

管理学院

名誉院长	周小川(兼)
执行院长	余玉刚
副院长	刘天卓　胡太忠
党委书记	刘天卓
党委副书记	芮　锋

人文与社会科学学院

院　长	刘　钝(兼)

党委书记	屠　兢
党委副书记	孙　蓝(兼)　王国燕

公共事务学院

院　长	宋　伟
副院长	李晓纲　褚建勋
党委书记	李晓纲
党委副书记	陈晓伶(挂职)

软件学院

院　长	陈华平
常务副院长	李　曦
副院长	汪　炀
党委书记	尹　红

国际学院

院　长	潘建伟(兼)

环境科学与光电技术学院(与中科院合肥物质科学研究院共建)

院　长	魏复盛(兼)
执行院长	刘文清(兼)
副院长	谢品华(兼)　翁宁泉(兼)

材料科学与工程学院(与中科院沈阳金属所共建)

院　长	杨　锐(兼)
常务副院长	张哲峰(兼)
副院长	刘世勇(兼)　刘　敏(兼)

纳米技术与纳米仿生学院(与中科院苏州纳米技术与纳米仿生研究所共建)

院　长	杨　辉(兼)
常务副院长	刘佩华(兼)
副院长	徐铜文(兼)　王强斌(兼)

天文与空间科学学院(与中科院紫金山天文台共建)

院　长	杨　戟(兼)
常务副院长	常　进(兼)
副院长	孔　旭(兼)　吴雪峰(兼)

应用化学与工程学院(与长春应用化学研究所共建)

院　长	安立佳(兼)

常务副院长	杨小牛(兼)
副院长	刘世勇(兼)　刘靖宇(兼)

马克思主义学院(与中共安徽省委党校共建)

院　长	胡忠明(兼)
常务副院长	周丛照(兼)
副院长	杨志梅(兼)　汤俪瑾(兼)

上海研究院

常务副院长兼党总支书记	陈良高
副院长	吕冰涛

苏州研究院

执行院长	黄刘生
副院长	李　彬　俞书宏

北京教学与管理部

主　任	胡岳东

先进技术研究院

常务副院长	陆守香
党委副书记	朱东杰
副院长	汤家骏　陈　林　李　俊(兼)
总会计师	倪晋鹏

国际金融研究院(与合肥市人民政府共建)

院长	余玉刚(兼)

数学系

主　任	黄　文
常务副主任	王　毅
副主任	叶　郁

计算与应用数学系

主　任	刘利刚
副主任	侯新民

概率统计系

主　任	张土生

物理系

主　任	沈保根(兼)

执行主任　林子敬
物理系、光学与光学工程系党总支书记　崔宏滨

近代物理系

主　任　陈向军
副主任　安　琪　完绍龙
党总支书记　韩　良

光学与光学工程系

系主任　许祖彦(兼)
执行主任　周正威
副主任　王　沛　孙方稳
党总支副书记　张永生

天文学系

主　任　严　俊(兼)
执行主任　孔　旭
副主任　朱青峰　薛永泉
天文学系、物理实验教学中心党总支书记　袁业飞

物理实验教学中心

副主任　张增明
党总支副书记　浦其荣

工程与应用物理系

执行主任　庄　革
党总支书记　丁翠平

化学物理系

主　任　杨学明(兼)
执行主任　黄伟新
党总支书记　李群祥

材料科学与工程系

主　任　吴以成
执行主任　杨上峰
党总支书记　刘伟丰

化学系

主　任　洪茂椿(兼)

执行主任 邓兆祥
党总支书记 虞正亮

高分子科学与工程系

主　任 王利祥(兼)
执行主任 陈昶乐
党总支书记 何卫东

化学实验教学中心

主　任 侯中怀
副主任 朱平平　刘光明

近代力学系

主　任 丁　航
副主任 姜洪源
党总支书记 赵　凯

精密机械与精密仪器系

主　任 徐晓嵘
副主任 张世武　吴　东
党总支书记 赵　钢(兼)　吴　强(挂职)

热科学和能源工程系

主　任 裴　刚
副主任 胡茂斌　叶桃红
党总支书记 胡　芃　牟　玲(挂职)

安全科学与工程系

主　任 胡　源
副主任 王青松

电子工程与信息科学系

主　任 吴一戎(兼)
执行主任 俞能海
副主任 陈晓辉　周武旸
党总支书记 谭　勇

自动化系

主　任 徐　波(兼)
执行主任 康　宁

副主任 凌　强　王　雷
党总支书记 郑　烇

电子科学与技术系

主　任 叶甜春(兼)
执行主任 邱本胜
副主任 傅忠谦　黄　鲁
党总支书记 陈　香

信息安全专业

执行主任 胡红钢

地球物理与行星科学技术系

主　任 陆全明
副主任 李　锐

地球化学与环境科学系

主　任 周根陶
副主任 谢周清

分子生物学与细胞生物学系

主　任 田长麟

神经生物学与生物物理学系

主　任 毕国强

系统生物学系

主　任 吴家睿(兼)
执行主任 刘海燕

医药生物技术系

主　任 裴瑞卿(兼)
执行主任 肖卫华

生命科学实验教学中心

主　任 赵　忠

工商管理系

主　任 洪　进
副主任 赵　征

管理科学系

主　任　　吴　杰
副主任　　秦　进

统计与金融系

执行主任　　张伟平

外语系

党总支书记兼系主任　　徐守平
副主任　　张曼君　邢鸿飞
党总支副书记　　斯　骏

马克思主义理论教学研究部

常务副主任　　汤俪瑾
社科党总支书记　　汤俪瑾

人文素质教学研究部

主　任　　孔　燕

科技哲学教研部

主　任　　徐　飞

体育教学部

主　任　　曾　文

科技史与科技考古系

主　任　　刘　钝(兼)
执行主任　　石云里

科技传播与科技政策系

主　任　　周荣庭

重点科研机构负责人名单

国家同步辐射实验室

主　任　　陆亚林
副主任　　田扬超　张国斌　王　琳

党委书记 田扬超

合肥微尺度物质科学国家研究中心

主　任 罗　毅
副主任 鲁　非　陈　旸(兼)　王　兵(兼)
党委书记 王　兵

火灾科学国家重点实验室

主　任 张和平
副主任 孙金华　刘乃安
党委书记 宋卫国

核探测与核技术国家重点实验室(联合)

主　任 安　琪

语音及语言信息处理国家工程实验室(联合)

副主任 戴礼荣　陈恩红

类脑智能技术及应用国家工程实验室

主　任 吴　枫
副主任 查正军

量子信息与量子科技前沿协同创新中心

主　任 潘建伟

热安全技术国家地方联合工程研究中心

主　任 张和平
副主任 姚　斌　纪　杰

大尺度火灾国际联合研究中心

主　任 刘乃安

国家高性能计算中心(合肥)

副主任 许胤龙

安徽蒙城地球物理国家野外科学观测研究站

副站长 薛向辉

中科院量子信息与量子科技创新研究院

主　任 潘建伟

中国科学院合肥大科学中心

联络人 陆亚林

其他单位负责人名单

公共实验中心

主　任	鲁　非
副主任	陈　伟　朱霁平

图书馆

常务副馆长	田乐胜
副馆长	汪忠诚　宁　劲

网络信息中心

主　任	李　京
副主任	张焕杰　徐　兵

档案馆

馆　长	刘　明
副馆长	方黑虎

图书网络档案联合党总支

书　记	汪忠诚

博物馆

馆　长	张志辉

出版社

社　长	伍传平
党支部书记	张春瑾
常务副总编辑	李攀峰
副社长	李芳宇

医　院

副院长	王建强　周　鹏
党支部书记	夏炳乐

中科大资产经营有限责任公司

董事长	王　兵
党总支书记	杨定武

总经理 应 勇
财务总监 张 岚

附属中学

校长、党总支书记 李 蓓
副校长 蔡婉若 张峻菡 徐 斌

企业工作委员会

书 记 苏 俊
副书记 李 静

饮食服务集团

总经理 顾 韬
副总经理 徐 燕
后勤党总支书记 顾 韬

担任各级人大代表、政协委员以及各民主党派重要职务等人员名单

第十二届全国人大代表

包信和 郑永飞

安徽省第十二届人大代表

陈晓剑

合肥市第十六届人大代表 吴恒安
包河区第四届人大代表 朱平平 黄金水
蜀山区第四届人大代表 安 虹 于 舒(学生)

第十二届全国政协委员 牛立文 潘建伟

安徽省第十一届政协委员

叶向东 谢 毅 王 兵 张 玲(特邀) 周先稠 郑永飞(常委) 王挺贵 徐铜文 牛立文(副主席) 杨金龙(常委) 程晓舫 俞书宏 潘建伟(常委) 陈乾旺(常委) 王 永 陈初升(常委) 韦世强(常委)

包河区第四届政协委员	陈家富(副主席) 吴 强	
蜀山区第四届政协委员	李 毅(常委) 王 群	
安徽省人民政府参事	赵政国	
安徽省文史研究馆馆员	史玉民	
中国民主同盟第十二届中央常委、安徽省第十三届委员会主任委员		郑永飞
中国农工民主党第十六届中央委员会常委、安徽省第十一届委员会主任委员		牛立文
九三学社第十四届中央副主席、安徽省第十一届委员会主任委员		潘建伟
中国农工民主党第十六届中央委员会委员、安徽省第十一届委员会副主任委员		杨金龙
九三学社第十四届中央委员会委员、安徽省第十一届委员会副主任委员		陈乾旺
中国国民党革命委员会安徽省第十三届委员会委员	郭国平	蔡 俊
中国民主同盟安徽省第十三届委员会委员		王挺贵
中国民主建国会安徽省第九届委员会常委		徐铜文
中国民主促进会安徽省第八届委员会委员		何陵辉
中国致公党安徽省第六届委员会委员		俞书宏
九三学社安徽省第十一届委员会委员	王 永	陆朝阳
安徽省无党派知识分子联谊会第二届理事会副会长		陈初升
中国国民党革命委员会科大支部主委		汤家骏
中国民主同盟科大总支主委		王挺贵
中国民主建国会科大支部主委		徐铜文
中国民主促进会科大支部主委		何陵辉
中国农工民主党科大支部主委		董振超
中国致公党科大支部主委		俞书宏
九三学社科大基层委员会主委		王 永
校无党派知识分子联谊会会长		陈初升
安徽省侨联副主席		叶向东
校侨联主席		汪 箭

各类委员会(非常设机构)及其成员名单

学位评定委员会

(校学位字〔2014〕224号、校学位字〔2016〕15号、校学位字〔2016〕75号、
校学位字〔2017〕104号、校学位字〔2017〕284号、校学位字〔2017〕302号)

主 任 委 员:包信和
副主任委员:潘建伟
秘 书 长:杨金龙

委　　员（按姓氏笔画排序）：
万元熙　万宝年　王　水　王强斌　古继宝　石云里　田志刚
匡光力　朱清时　伍小平　刘文清　齐　飞　安立佳　杜江峰
李向阳　李依依　李嘉禹　李曙光　杨　辉　杨小牛　吴　枫
何多慧　余玉刚　汪毓明　宋　伟　张文逸　张和平　张哲峰
张家铝　张淑林　张裕恒　陆夕云　陆亚林　陈仙辉　陈发来
陈华平　陈国良　陈昶乐　陈晓非　范维澄　罗　毅　周又元
周丛照　郑永飞　赵政国　俞昌旋　施蕴渝　姚华建　秦　宏
袁军华　钱逸泰　徐　宁　郭光灿　黄刘生　龚知本　谢　毅
窦贤康　薛　天

第八届学位评定分委员会

(校学位字〔2015〕39号，校学位字〔2016〕14号，
校学位字〔2017〕285号，校学位字〔2017〕301号)

数学学科学位分委员会

主　任：李嘉禹
副主任：胡太忠
委　员：邓建松　叶向东　任广斌　李思敏　杨亚宁　吴耀华　陈　卿　陈发来
欧阳毅　胡　森　郭文彬　麻希南

物理与天文学科学位分委员会

主　任：杜江峰
副主任：徐　宁
委　员：孔　旭　邓友金　叶邦角　张家铝　陈向军　林子敬　金　革　周又元
周正威　周先意　郑　坚　赵政国　俞昌旋　袁军华　郭光灿　韩　良
韩正甫

化学与材料学科学位分委员会

主　任：杨金龙
副主任：刘世勇　俞汉青
委　员：刘扬中　张兴元　陈春华　武晓君　胡水明　龚流柱　梁高林　葛学武
谢　毅　熊宇杰

地学与环境学科学位分委员会

主　任：郑永飞
副主任：汪毓明

委　员：王　水　刘　斌　刘桂建　李　锐　肖益林　吴小平　陆全明　陈晓非　陈福坤　姚华建　傅云飞　谢周清　窦贤康

生命科学学科学位分委员会

主　任：施蕴渝

副主任：薛　天

委　员：史庆华　光寿红　刘海燕　吴　缅　张华凤　陈　林　周荣斌　赵　忠　胡　兵　臧建业　魏海明

力学与工程学科学位分委员会

主　任：伍小平

副主任：陆夕云

委　员：丁　航　刘乃安　刘明侯　吴恒安　张和平　竺长安　倪　勇　徐晓嵘　褚家如　裴　刚

电子信息与计算机学科学位分委员会

主　任：吴　枫

委　员：卫　国　王　永　刘发林　许胤龙　李厚强　邱本胜　汪增福　陈华平　陈恩红　林福江　周学海　洪佩琳　殷保群　黄刘生

核科学与技术学科学位分委员会

主　任：万元熙

副主任：韦世强

委　员：万宝年　叶民友　田扬超　刘功发　齐　飞　李为民　何多慧　张国斌　陆亚林　陈红丽　秦　宏　盛六四　傅　鹏

管理科学与工程学科学位分委员会

主　任：余玉刚

副主任：杨　锋

委　员：丁栋虹　王荣森　古继宝　刘志迎　杨亚宁　吴　杰　吴　强　吴耀华　张曙光　赵定涛　胡太忠　曹威麟

公共管理与人文学科学位分委员会

主　任：宋　伟

副主任：石云里

委　员：古继宝　史玉民　刘桂建　杨海滨　汪明生　张淑林　陈晓剑　金正耀　周荣庭　崔海建　屠　兢　曾建雄　褚建勋　潘正祥

微尺度国家研究中心学位分委员会

主　任：罗　毅

副主任：王　兵　毕国强

委　员：石　磊　杨金龙　陆朝阳　陈　旸　林子敬　俞书宏

科学岛分院学位分委员会

主　任：匡光力

副主任：万宝年

委　员：万元熙　王英俭　王俊峰　王儒敬　傅　鹏　刘文清　孙玉平　吴李君　吴宜灿　吴海信　宋云涛　张忠平　张裕恒　孟国文　龚知本　曾　雉　谢品华

管理人文类专业学位学位分委员会

主　任：古继宝

副主任：余玉刚　宋　伟

委　员：石云里　刘　庭　孙　蓝　杨　辉　吴耀华　张圣亮　罗　彪　周荣庭　周朝生　赵定涛　黄攸立　曹威麟　臧武芳

工程类专业学位学位分委员会

主　任：黄刘生

副主任：陈华平

委　员：王文楼　叶民友　许立新　邱本胜　何陵辉　张和平　陈恩红　季　杰　季海波　竺长安　俞能海　黄建华　屠　兢　滕脉坤

金属所学位分委员会

主　任：李依依

副主任：张哲峰

委　员：马秀亮　王京阳　王俭秋　王福会　卢　柯　叶恒强　成会明　戎利建　孙　超　严川伟　苏党生　李美栓　李殿中　杨　柯　杨　锐　杨院生　张劲松　张志东　张　健　柯　伟　胡壮麟　韩恩厚

苏州纳米所学位评定分委会

主　任：杨　辉

副主任：王强斌

委　员：邓宗武　朱毅敏　张智军　陈　韦　陈立桅　周小春　姜　江　秦　华　徐　科　董建荣　谢永林　靳　健　裴仁军

长春应化所学位评定分委会

主　任：安立佳

副主任：杨小牛

委　员：门永锋　王立民　王利祥　王献红　邢　巍　曲晓刚　刘志强　杨向光

杨秀荣 汪尔康 张所波 张学全 张洪杰 孟 健 姜 伟 徐国宝
唐 涛 逯乐慧 韩艳春 薛冬峰

学术委员会

(校科字〔2015〕8号)

主 任 委 员：何多慧
副主任委员（按姓氏笔画排序）：
万元熙 赵政国
秘 书 长：朱长飞
委 员（按姓氏笔画排序）：
丁 航 卫 国 王 水 王 兵 王官武 王挺贵 叶向东
田志刚 毕国强 朱清时 伍小平 刘万东 刘文清 齐 飞
孙金华 严以京 李厚强 李曙光 吴 杰 吴 缅 张振宇
张家铝 张裕恒 陆亚林 陈仙辉 陈发来 陈宇翱 陈国良
陈晓非 陈恩红 罗 毅 季 杰 周又元 郑永飞 俞汉青
俞昌旋 施蕴渝 钱逸泰 徐 飞 徐正元 郭光灿 黄刘生
麻希南 谢 毅 廉哲雄 窦贤康 潘建伟

教学委员会

(校教字〔2014〕230号、校教字〔2015〕162号、校教字〔2017〕106号、校教字〔2017〕106号)

主 任：包信和
副 主 任：陈初升 程 艺
秘 书 长：周丛照
委 员（按姓氏笔画排序）：
丁泽军 卢建新 古继宝 石云里 刘 斌 刘发林 刘明侯
刘海燕 毕国强 李卫平 杨亚宁 杨基明 汪志勇 陈 卿
陈发来 陈春华 周正威 周学海 林铭章 胡水明 赵政国
顾乃杰 高 琛 崔海建 黄 文 龚兴龙 蒋 一 谢周清
顾问委员（按姓氏笔画排序）：
孙立广 朱近康 朱栋培 何天敬 吴清松 宋光天 施蕴渝
程福臻 缪柏其

意识形态工作领导小组

(党字〔2017〕52号)

组 长：许 武

副组长：叶向东　蒋　一　陈晓剑

成　员（按姓氏笔画排序）：

刘天卓　杨保国　何淳宽　汪银生　张　平　张　玲　罗喜胜　周丛照
侯中怀　洪　军　黄超群　屠　兢　董　雨　褚家如

领导小组办公室设在党委宣传部：

主　任：杨保国

副主任：汪银生

网络安全和信息化领导小组

（党字〔2017〕53号）

组　长：许　武

副组长：蒋　一　陈晓剑　王晓平

成　员（按姓氏笔画排序）：

丁望斌　刘天卓　李　京　杨保国　何淳宽　张　平　张　玲　罗喜胜
周丛照　周　宇　侯中怀　洪　军　屠　兢　董　雨　褚家如

领导小组办公室设在党政办公室，周宇兼任办公室主任。

党建工作领导小组暨“两学一做”学习教育常态化制度化领导小组

（党字〔2017〕61号）

组　长：许　武

副组长：叶向东

成　员：陈晓剑　周先意　朱长飞　蒋　一　王晓平　黄素芳

领导小组下设党建办公室，挂靠党委组织部。

统一战线工作领导小组

（党办字〔2017〕49号）

组　长：许　武

成　员：叶向东　陈晓剑　周先意　朱长飞　蒋　一　王晓平　黄素芳

领导小组下设办公室：

主　任：叶向东

成　员（按姓氏笔画排序）：

王　兵　尹　民　尹　红　邓建松　古继宝　叶民友　叶邦角　田扬超
朱东杰　刘天卓　刘明侯　刘　艳　刘　斌　苏　俊　李晓纲　李　蓓
杨定武　杨保国　何淳宽　汪忠诚　宋卫国　张　玲　陈卫东　陈良高
罗喜胜　周丛照　侯中怀　洪　军　夏炳乐　顾　韬　钱　海　曹威麟

屠　兢　葛学武　董　雨　褚家如　魏海明

党风廉政建设领导小组

(党办字〔2017〕65号)

组　长：许　武
副组长：叶向东
成　员：陈晓剑　周先意　朱长飞　蒋　一　王晓平　黄超群　丁望斌

廉洁从业风险防控工作领导小组

(党办字〔2017〕66号)

组　长：许　武　包信和
成　员：潘建伟　叶向东　陈初升　陈晓剑　周先意　朱长飞　蒋　一　王晓平
　　　　黄素芳　杨金龙
领导小组下设办公室：
主　任：叶向东
副主任：黄超群　丁望斌
成　员（按姓氏笔画排序）：
　　　　王　兵　方　春　古继宝　刘天卓　杨保国　何淳宽　张　玲　张鹏飞
　　　　罗喜胜　周丛照　侯中怀　洪　军　章　晨　傅　尧　褚家如

巡视整改领导小组、工作小组

(党办字〔2017〕54号)

一、领导小组

组　长：许　武
副组长：包信和
成　员：潘建伟　叶向东　陈初升　陈晓剑　周先意　朱长飞　蒋　一　王晓平
　　　　黄素芳　杨金龙

二、工作小组

组　长：叶向东
副组长：陈晓剑　蒋　一

离退休干部工作委员会

(党办字〔2017〕125号)

主　任：王晓平

委　员（按姓氏笔画排序）：

　　王　伟　王建强　史明瑛　刘　艳　何淳宽　张鹏飞　章　晨　黄素芳
　　褚家如

委员会下设办公室，挂靠离退休干部工作办公室。

党委落实意识形态工作责任制整改领导小组、工作小组

（党宣字〔2017〕86号）

一、领导小组

组　长：许　武
副组长：包信和
成　员：潘建伟　叶向东　陈初升　陈晓剑　周先意　朱长飞　蒋　一　王晓平
　　　　黄素芳　杨金龙

二、工作小组

组　长：陈晓剑
副组长：蒋　一　王晓平

学生工作指导委员会

（党学字〔2017〕18号）

主　任：许　武
副主任：陈初升　周先意　蒋　一　王晓平　黄素芳　杨金龙
委　员（按姓氏笔画排序）：

　　古继宝　叶邦角　李　京　李　峰　李　彬　汪忠诚　张　平　张鹏飞
　　陈　旸　周丛照　周建新　胡岳东　侯中怀　俞能海　洪　军　聂　磊
　　顾　韬　章　晨　董　雨　傅　尧　褚家如

委员会下设办公室，挂靠党委学生工作部：

主　任：董　雨
副主任：李　峰　张　平　聂　磊
成　员（按姓氏笔画排序）：

　　万洪英　马运生　王建强　韦巍巍　吕冰涛　朱东杰　张宪锋　张焕杰
　　赵　林　胡传万　徐　燕　高维孝　蒋家杰　詹月红　魏　英

量子信息国家实验室（筹）核心区
暨中国科大高新园区建设领导小组、工作小组

（校办字〔2017〕7号）

领导小组成员组成如下：

组　长：潘建伟

副组长：叶向东　陈晓剑　朱长飞　王晓平

领导小组下设规划咨询、工程建设、科技平台、监控审计等四个工作小组及办公室，规划咨询工作小组组长由陈晓剑担任，工程建设工作小组组长由王晓平担任，科技平台工作小组组长由朱长飞担任，监控审计工作小组组长由叶向东担任。

办公室负责园区规划建设的日常工作，挂靠党政办公室。

主　任：周　宇

副主任：卜华松

综合改革领导小组和工作小组

（校办字〔2017〕111号）

一、综合改革领导小组

组　长：许　武　包信和

成　员：潘建伟　叶向东　陈初升　陈晓剑　周先意　朱长飞　蒋　一　王晓平
　　　　黄素芳　杨金龙

二、综合改革工作小组

领导小组下设11个专项小组，组长由分管校领导担任。

六十周年校庆筹备工作领导小组

（校办字〔2017〕218号）

组　长：潘建伟

副组长：陈晓剑（常务）　蒋　一　王晓平　黄素芳　何淳宽

秘书长：何淳宽（兼）

领导小组下设校庆办公室，负责人如下：

主　任：倪　瑞

副主任：郭胜利　杨保国　王　伟　朱洪超　谢　超　周　宇

"全院办校、所系结合"实施工作领导小组

（校办字〔2017〕218号）

组　长：许　武　包信和

副组长：陈初升　陈晓剑　朱长飞　蒋　一　杨金龙

领导小组下设办公室，挂靠党政办公室，叶征兼任办公室主任。

档案工作委员会

(校办字〔2015〕5号、校办字〔2015〕142号、校办字〔2017〕97号)

主　任：包信和
副主任：陈晓剑
成　员（按姓氏笔画排序）：
王　兵　伍传平　刘　明　刘天卓　李　京　何淳宽　宋　伟　张鹏飞
陆亚林　罗喜胜　周　密　周丛照　黄素芳　屠　兢　董　雨　蒋家平
傅　尧　褚家如

委员会下设办公室，挂靠档案馆，刘明兼任办公室主任。

扶贫开发领导小组

(校办字〔2017〕292号)

组　长：许　武
副组长：朱长飞　蒋　一
成　员（按姓氏笔画排序）：
王　伟　王　兵　史明瑛　朱洪超　李　俊　杨定武　杨晓果　何淳宽
张鹏飞　顾　韬　郭胜利　章　晨　傅　尧

领导小组下设办公室，挂靠科研部科技合作与交流处。

主　任：李　俊
副主任：何昊华

专项奖学金评审委员会

(校学字〔2017〕115号)

主　任：包信和
副主任：陈初升　蒋　一　杨金龙
委　员（按姓氏笔画排序）：
古继宝　孙　蓝　杜江峰　李向阳　李嘉禹　吴　枫　何多慧　余玉刚
汪毓明　宋　伟　张　平　张和平　陆夕云　陆亚林　陈　旸　陈华平
周丛照　俞能海　秦　宏　黄　方　龚流柱　梁长浩　董　雨　鲁　非
薛　天

统筹推进世界一流大学与一流学科建设领导小组和工作小组

(校研字〔2017〕78号)

一、领导小组

组　长：许　武　万立骏

成　员：潘建伟　叶向东　陈初升　陈晓剑　周先意　朱长飞　蒋　一　王晓平　黄素芳　杨金龙

二、工作小组

组　长：潘建伟

副组长：杨金龙

成　员（按姓氏笔画排序）：

古继宝　田乐胜　李　京　张鹏飞　陈　伟　罗喜胜　周丛照　侯中怀　章　晨　鲁　非　褚家如

合肥先进光源规划建设领导小组

(校科字〔2017〕47号、校科字〔2017〕101号)

组　　长：包信和

常务副组长：潘建伟

副　组　长：陈晓剑　朱长飞　王晓平

组　　员：陆亚林　褚家如　罗喜胜　钟　琪

领导小组下设工作组，成员名单如下：

组　　长：陆亚林

组　　员（按姓氏笔画排序）：

王　琳　田扬超　朱霁平　张国斌　钟　琪　梁宏飞

武器装备科研生产许可认证领导小组和工作小组

(校科字〔2016〕33号、校科字〔2017〕102号)

一、领导小组人员组成如下：

组　长：包信和

副组长：朱长飞　王晓平

成　员：刘天卓　罗喜胜　褚家如　章　晨　张鹏飞　洪　军

二、工作小组人员组成如下：

组　长：朱长飞

副组长：罗喜胜　洪　军
成　员：王　伟　王敬宇　梁宏飞　俞向群　姚子龙　张宪锋　彭承志　马　壮
吴成宝　刘　静　费维义　李金山　纪雪婷　赵永进　徐耀龙　廖胜凯

中央高校基本科研业务费专项资金领导小组

(校科字〔2017〕70号、校科字〔2017〕100号)

组　长：包信和
副组长：朱长飞
成　员(按姓氏笔画排序)：
古继宝　张　平　张鹏飞　罗喜胜　周丛照　章　晨　褚家如

生物安全管理委员会

(校科字〔2017〕150号)

主　　任：包信和
常务副主任：薛　天
副　主　任：孙宝林
委　　员(按姓氏笔画排序)：
牛立文　白　丽　朱　书　杨振业　肖卫华　张　智　罗喜胜
周荣彬　胡　兵　洪　军　鲁　非　臧建业　魏海明

支撑岗位设置与聘用委员会

(校人字〔2017〕11号)

主　任：蒋　一
委　员(按姓氏笔画排序)：
王　永　王　兵　王晓平　田扬超　孙金华　陆朝阳　陈向军
周丛照　罗喜胜　侯中怀　屠　兢　谢　毅　鲁　非　褚家如

管理岗位设置与聘用委员会

(校人字〔2017〕12号)

主　任：蒋　一
委　员(按姓氏笔画排序)：
叶邦角　刘天卓　杨金龙　吴　枫　何淳宽　余玉刚　张鹏飞　陆夕云
陈　旸　黄素芳　董　雨　褚家如　薛　天

养老保险制度改革领导小组及工作小组

(校人字〔2017〕112号)

一、领导小组

组　长：许　武　包信和
副组长：潘建伟　蒋　一
成　员：叶向东　黄素芳　何淳宽　褚家如

二、工作小组

组　长：褚家如
成　员：洪　军　刘　艳　章　晨　梁宏飞　李方元　李　荣　阮迪利　朱　波

优秀人才引进学术委员会

(校人字〔2017〕113号)

主　任：包信和
委　员（按姓氏笔画排序）：
万元熙　王　水　朱清时　伍小平　许　武　杜江峰　李向阳　李嘉禹
李曙光　杨金龙　吴　枫　何多慧　余玉刚　汪毓明　张和平　张裕恒
陆夕云　陆亚林　陈　旸　陈仙辉　陈初升　陈国良　范维澄　罗　毅
周又元　郑永飞　赵政国　施蕴渝　秦　宏　钱逸泰　徐正元　郭光灿
谢　毅　褚家如　潘建伟　薛　天

国际组织人才工作领导小组

(校招就字〔2017〕98号)

组　长：包信和
副组长：潘建伟　陈初升
成　员（按姓氏笔画排序）：
古继宝　刘天卓　孙　蓝　何淳宽　宋　伟　周丛照　侯中怀　董　雨
傅　尧

毕业生就业工作指导委员会

(校招就字〔2017〕99号)

主　任：包信和
副主任：陈初升　蒋　一
委　员（按姓氏笔画排序）：

古继宝　周丛照　洪　军　董　雨　傅　尧　魏　英

预算基础数据编制领导小组

(校财字〔2017〕128号)

组　长：黄素芳

成　员(按姓氏笔画排序)：

古继宝　周丛照　钟　琪　俞向群　章　晨　傅　尧　褚家如

预算执行监督检查工作小组

(校财字〔2017〕129号)

组　长：包信和

副组长：黄素芳

成　员(按姓氏笔画排序)：

方　春　尹登泽　古继宝　张鹏飞　罗喜胜　周丛照　侯中怀　俞向群
洪　军　章　晨　鲁　非　褚家如

教育收费工作领导小组

(校财字〔2017〕135号)

组　长：包信和

副组长：陈初升(常务)　黄素芳　杨金龙

成　员(按姓氏笔画排序)：

丁望斌　古继宝　李　峰　张鹏飞　周丛照　章　晨　傅　尧

经济活动内部控制建设领导小组、工作小组

(校财字〔2017〕146号)

一、领导小组

组　长：许　武　包信和

成　员：潘建伟　叶向东　陈初升　陈晓剑　周先意　朱长飞　蒋　一　王晓平
黄素芳　杨金龙

二、工作小组

组　长：叶向东

副组长：黄素芳

工作小组下设办公室，挂靠财务处。

预算工作领导小组

(校财字〔2017〕288号)

组　长：包信和
副组长：黄素芳（常务）
成　员（按姓氏笔画排序）：
丁望斌　王　伟　方　春　古继宝　杜江峰　杨金龙　张鹏飞　陆夕云
陆守香　陈华平　罗喜胜　周丛照　俞向群　章　晨　屠　兢　傅　尧
鲁　非　褚家如

财务工作领导小组

(校财字〔2017〕295号)

组　长：包信和
成　员：许　武　包信和　黄素芳

核与辐射安全管理委员会

(校保字〔2017〕140号)

主　任：包信和
副主任：王晓平
成　员（按姓氏笔画排序）：
丁丽俐　王　琳　王建强　叶邦角　刘　斌　张宪锋　洪　军　秦　宏
屠　兢　葛学武　蒋诗平　鲁　非
委员会下设办公室，挂靠保卫与校园管理处，洪军兼任办公室主任。

维护安全稳定领导小组和工作小组

(校保字〔2017〕141号)

组　长：许　武　包信和
成　员：潘建伟　叶向东　陈初升　陈晓剑　周先意　朱长飞　蒋　一　王晓平
黄素芳　杨金龙
领导小组下设工作小组：
组　长：蒋　一　王晓平
工作小组下设办公室，办公室设在保卫与校园管理处，洪军任办公室主任。

“3H工程”推进小组

(校后字〔2017〕201号)

组　　长：许　武　包信和

副 组 长：周先意　王晓平
成员单位：人力资源部、财务处、资产与后勤保障处、基本建设处、饮食服务集团、医院、附中、幼儿园
推进小组下设办公室，挂靠资产与后勤保障处，张鹏飞兼任办公室主任。

第九届教代会第四次会议有关机构

主席团：

许　武　包信和　潘建伟　叶向东　陈初升　陈晓剑　周先意　朱长飞　蒋　一
王晓平　黄素芳　杨金龙　史明瑛　李群祥　褚家如　王　永　刘万东　李　平
闫立峰　李震宇　杨基明　孙金华　张世武　王　刚　安　虹　魏海明　朱仁斌
刘天卓　柴　松　陆亚林　汪忠诚　张焕杰　顾　韬　李　蓓　夏炳乐　朱霁平
蒋家杰

常务主席：

蒋　一

常务副主席：

许　武　包信和　潘建伟　叶向东　陈初升　陈晓剑　周先意　朱长飞　王晓平
黄素芳　杨金龙　史明瑛　李群祥　褚家如　王　永

秘书长：

史明瑛

第一次大会执行主席：

许　武　包信和　潘建伟　陈初升　周先意　黄素芳　杨金龙　褚家如

第二次大会执行主席：

叶向东　陈晓剑　朱长飞　蒋　一　王晓平　史明瑛　李群祥　王　永

提案工作委员会：

主 任 委 员：李群祥
副主任委员：张鹏飞　孙洪庆
委　　　员（按姓氏笔画排序）：
丁翠平　安　虹　孙洪庆　李群祥　张鹏飞　周　鹏　胡水明
宣本金　柴　松　徐庶民　黄丽华

劳动保障与福利工作委员会：

主 任 委 员：褚家如
副主任委员：黄素芳　史明瑛

委　　员(按姓氏笔画排序):

史明瑛　兰　荣　宋　策　倪向贵　徐　燕　黄素芳　崔宏滨

斯　俊　谢　超　褚家如　臧武芳

发展与规划工作委员会:

主任委员:王　永

副主任委员:罗喜胜　王　伟

委　　员(按姓氏笔画排序):

丁兆君　王　永　王　伟　朱仁斌　伍传平　刘志迎　张增明

罗喜胜　胡　源　熊宇杰

第九届教职工代表大会代表资格审查委员会:

主　任:蒋　一

副主任:黄超群

成　员(按姓氏笔画排序):

王晓平　叶民友　叶邦角　刘天卓　陈卫东　何淳宽　黄素芳　龚流柱

葛学武　褚家如

十、学科专业

本科专业

（共37个）

学院名称	学院所含系	学院所含专业	专业代码
数学科学学院 (001)	数学系(45系) 计算与应用数学系(46系) 概率统计系(47系)	数学与应用数学 信息与计算科学	070101(理) 070102(理)
物理学院 (203)	物理系(2系) 近代物理系(4系) 天文学系(22系) 光学与光学工程系(38系)	物理学 应用物理学 天文学 光电信息科学与工程	070201(理) 070202(理) 070401(理) 080705(理)
化学与 材料科学学院 (206)	化学物理系(3系) 材料科学与工程系(14系) 化学系(19系) 高分子科学与工程系(20系)	化学 材料物理 材料化学 高分子材料与工程	070301(理) 080402(理) 080403(理) 080407(工)
生命科学学院 (207)	分子生物学与细胞生物学系(8系) 神经生物学与生物物理学系(21系) 系统生物学系(31系) 医药生物技术系(32系)	生物科学 生物技术	071001(理) 071002(理)
地球和 空间科学学院 (208)	地球物理与行星科学技术系 地球化学与环境科学系	地球物理学 地球化学 大气科学 环境科学	070801(理) 070902(理) 070601(理) 082503(理)
工程科学学院 (209)	近代力学系(5系) 精密机械与精密仪器系(9系) 热科学和能源工程系(13系) 安全科学与工程系(30系)	理论与应用力学 机械设计制造及其自动化 测控技术与仪器 能源与动力工程 安全工程	080101(理) 080202(工) 080301(工) 080501(工) 082901(工)
核科学 技术学院(214)		核工程与核技术	082201(工)
信息科学 技术学院 (210)	电子工程与信息科学系(6系) 自动化系(10系) 电子科学与技术系(23系)	电子信息工程 通信工程 自动化 电子科学与技术 信息安全	080701(工) 080703(工) 080801(工) 080702(工) 080904K(工)
计算机科学 与技术学院(215)	计算机科学与技术系(11系)	计算机科学与技术 软件工程	080901(工) 080902(工)

续表

学院名称	学院所含系	学院所含专业	专业代码
管理学院(204)	工商管理系(15系) 管理科学系(16系) 统计与金融系(17系)	管理科学 信息管理与信息系统 金融学 工商管理 统计学	120101(管) 120102(管) 020301K(经) 120201K(管) 071201(理)
人文与社会科学学院(211)	外语系(18系) 科技史与科技考古系(24系) 科技传播与科技政策系(25系)	英语 传播学 考古学	050201(文) 050304(文) 060103(史)

一级学科博士、硕士学位授权点

序号	学科门类代码名称	一级学科代码	一级学科名称	授权类型
1	01 哲学	0101	哲学	博士
2	02 经济学	0202	应用经济学	硕士
3	03 法学	0301	法学	硕士
4	05 文学	0503	新闻传播学	硕士
5	06 历史学	0601	考古学	硕士
6	07 理学	0701	数学	博士
7		0702	物理学	博士
8		0703	化学	博士
9		0704	天文学	博士
10		0706	大气科学	硕士
11		0708	地球物理学	博士
12		0709	地质学	博士
13		0710	生物学	博士
14		0712	科学技术史	博士
15		0713	生态学	博士
16		0714	统计学	博士

续表

序号	学科门类代码名称	一级学科代码	一级学科名称	授权类型
17	08 工学	0801	力学	博士
18		0802	机械工程	硕士
19		0803	光学工程	博士
20		0804	仪器科学与技术	博士
21		0805	材料科学与工程	博士
22		0807	动力工程及工程热物理	博士
23		0809	电子科学与技术	博士
24		0810	信息与通信工程	博士
25		0811	控制科学与工程	博士
26		0812	计算机科学与技术	博士
27		0827	核科学与技术	博士
28		0830	环境科学与工程	博士
29		0831	生物医学工程	博士
30		0835	软件工程	硕士
31		0837	安全科学与工程	博士
32		0839	网络空间安全	博士
33	12 管理学	1201	管理科学与工程	博士
34		1202	工商管理	博士
35		1204	公共管理	硕士

专业学位授权点

序号	类　别	专业代码(工程领域代码)	专业名称(工程领域名称)
1	0251	025100	金融
2	0252	025200	应用统计
3	0351	035100	法律
4	0254	025400	国际商务
5	0551	055100	翻译

续表

序号	类 别	专业代码(工程领域代码)	专业名称(工程领域名称)
6	0552	055200	新闻与传播
7	0651	065100	文物与博物馆
8	0852(工程)	085201	机械工程
		085202	光学工程
		085203	仪器仪表工程
		085204	材料工程
		085206	动力工程
		085208	电子与通信工程
		085209	集成电路工程
		085210	控制工程
		085211	计算机技术
		085212	软件工程
		085216	化学工程
		085217	地质工程
		085224	安全工程
		085226	核能与核技术工程
		085229	环境工程
		085230	生物医学工程
		085238	生物工程
		085239	项目管理
		085240	物流工程
		0852b01	工程博士(电子与信息)
		0852b04	工程博士(能源与环保)
9	1251	125100	工商管理
			高级管理人员工商管理硕士(EMBA)
10	1252	125200	公共管理
11	1256	125600	工程管理

注：另有高等学校教师在职攻读硕士学位(发科学学位证书)。

博士后科研流动站学科

（共 20 个）

学　科	专　业
数学	基础数学、计算数学、概率论与数理统计、应用数学、运筹学与控制论
物理学	凝聚态物理、光学、理论物理、粒子物理与原子核物理、等离子体物理、声学、原子与分子物理
化学	无机化学、分析化学、物理化学(含化学物理)、有机化学、高分子化学与物理
天文学	天体物理
地球物理学	固体地球物理学、空间物理学、空间环境科学
地质学	地球化学
生物学	神经生物学、遗传学、细胞生物学、生物化学与分子生物学、生物物理学
科学技术史	科学技术史
力学	固体力学、流体力学、工程力学、工程安全与防护技术、材料力学与设计
材料科学与工程	材料物理与化学、材料学、材料加工工程
动力工程及工程热物理	工程热物理、热能工程、动力机械及工程、流体机械及工程、制冷机低温工程、化工过程机械
电子科学与技术	物理电子学、电路与系统、微电子学与固体电子学、电磁场与微波技术
信息与通信工程	通信与信息系统、信号与信息处理
控制科学与工程	模式识别与智能系统、控制理论与控制工程
计算机科学与技术	计算机系统结构、计算机软件与理论、计算机应用技术、信息安全
核科学与技术	核技术及应用、同步辐射及应用、核能科学与工程
管理科学与工程	商务智能、评估系统工程、金融工程、传媒管理
环境科学与工程	环境科学、环境工程
矿业工程	安全技术及工程
仪器科学与技术	精密仪器及机械

中国科大进入ESI前1%学科名单

序号	学　　科
1	数学
2	物理学
3	化学
4	地球科学
5	生物学与生物化学
6	材料科学
7	工程学
8	计算机科学
9	临床医学
10	环境科学与生态学
11	社会科学

国家级重点学科

一级学科国家重点学科

序　号	学科代码	学　科　名　称
1	0701	数学
2	0702	物理学
3	0703	化学
4	0708	地球物理学
5	0710	生物学
6	0712	科学技术史
7	0801	力学
8	0827	核科学与技术

二级学科国家重点学科

序　号	学科代码	学科名称
1	070401	天体物理
2	070902	地球化学
3	081001	通信与信息系统
4	081202	计算机软件与理论

国家重点培育学科

序　号	学科代码	学科名称
1	081903	安全技术及工程
2	120100	管理科学与工程

安徽省重点学科

序　号	学科代码	学科名称
1	0101	哲学
2	0704	天文学
3	0709	地质学
4	0713	生态学
5	0714	统计学
6	0803	光学工程
7	0804	仪器科学与技术
8	0805	材料科学与工程
9	0807	动力工程及工程热物理
10	0809	电子科学与技术
11	0810	信息与通信工程
12	0811	控制科学与控制工程
13	0812	计算机科学与技术
14	0830	环境科学与工程

续表

序号	学科代码	学科名称
15	0831	生物医学工程
16	0835	软件工程
17	1202	工商管理
18	1204	公共管理

十一、教学与人才培养

本科学生人数

（2017 年 12 月 31 日）

单位：人

项目 \ 类别	毕业生数	招生数	在校生数
总计	1806		7355
经济学	41		149
文学	23		42
管理学	36		91
理学	939		3793
工学	767		3280

在校研究生人数

（2017 年 12 月 31 日）

序　号	类　　别	在校生数
1	全日制博士生	4865
2	工程博士	90
3	全日制学术型硕士生	5229
4	全日制专业学位硕士生	5668
5	同等学力博士生	246
6	非全日制专业学位硕士生	1507
合　　计		17605

接受外国留学生情况

单位：人(人次)

	毕(结)业生数	授予学位数	招生数	在校学生数					
				合　计	第一年	第二年	第三年	第四年	第五年
总计	72	62	269	665	223	197	178	58	9
其中：女	14	11	70	147	54	55	29	6	3
分层次									
博士	50	47	172	476	141	131	142	54	8
硕士	17	15	79	177	73	64	36	3	1
本科			7	4	1	2		1	
培训	5		11	8	8				
分大洲									
亚洲	52	46	193	488	159	141	137	44	7
非洲	12	11	62	142	52	50	29	10	1
欧洲	4	1	6	15	5	5	3	2	
北美洲	2	2	4	13	4	1	6	1	1
南美洲	1	1	3	4	2		1	1	
大洋洲	1	1	1	3	1		2		
中国政府资助	71	62	266	652	221	197	178	54	2
学校间交换	1								
自　　费			3	13	2			4	7

中国科学院优秀博士学位论文名录

序号	姓　名	性别	获学位时间	学位论文题目	学科代码	二级学科名称	导师姓名	导师职称
1	刘永强	男	2016.6	超曲面补空间 Alexander 类不变量的可除性定理	070101	基础数学	陈秀雄	教授

续表

序号	姓　名	性别	获学位时间	学位论文题目	学科代码	二级学科名称	导师姓名	导师职称
2	黄　璞	男	2015.6	宏观物理系统中的反常涨落：通往宏观量子效应的关键实验技术	070202	量子信息物理学	杜江峰	教授
3	江　嵩	男	2016.6	针尖增强拉曼散射在纳米结构识别中的应用	070205	凝聚态物理	董振超	教授
4	项子霁	男	2016.4	近藤绝缘体和拓扑半金属的量子振荡研究及铁基超导体输运性质研究	070205	凝聚态物理	陈仙辉	教授
5	周宗权	男	2015.6	固态量子存储	070207	光学	郭光灿	教授
6	葛　进	男	2016.6	基于海绵模板指引的宏观纳米组装体制备及应用研究	070301	无机化学	俞书宏	教授
7	高　山	男	2016.6	无机二维超薄材料的可控制备与催化性能研究	070301	无机化学	谢　毅	教授
8	谷升阳	男	2015.6	行星尺度波动及其在大气层耦合中的作用	070802	空间物理学	李　陶	教授
9	莫　非	男	2015.11	有丝分裂激酶 Aurora B 与 PLK1 的赖氨酸乙酰化修饰功能解析	071009	细胞生物学	姚雪彪	教授
10	刘晓毅	男	2016.6	石墨烯离面力学特性及其复合材料设计	080102	固体力学	吴恒安	教授
11	汪　松	男	2016.6	大碳笼空心及内嵌富勒烯的功能化研究	080502	材料学	杨上峰	教授
12	范其瑭	男	2016.6	利用卤代芳香分子在金属表面合成有序低维有机纳米结构	082720	同步辐射及应用	朱俊发	教授
13	王允坤	男	2014.6	新型生物电化学膜分离技术在废水处理和资源回收中的应用研究	083002	环境工程	盛国平	教授
14	王　禹	男	2016.6	火灾下玻璃幕墙破裂行为的实验和数值模拟研究	083700	安全科学与工程	孙金华	教授

教学实验室一览表

所属单位	实验室名称
物理学院 实验教学中心	物理学专业基础实验室(5 级)
	凝聚态物理专业实验室
	微电子学专业实验室
	生物物理专业实验室
	光信息科学与技术专业实验室
	核与粒子物理专业实验室
	物理电子学实验室
	量子通信教学实验室
	核电子学实验室
	等离子体物理专业实验室
	天文物理专业实验室
	大学物理-基础物理实验室(一级)
	大学物理-综合物理实验室(二级)
	大学物理-现代技术物理实验室(三级)
	大学物理-研究性物理实验室(四级)
	大学物理-自主设计制作实验室
	大学物理- IYPT 科技创新实验室
	大学物理-力学演示实验室
	大学物理-电磁学演示实验室
	大学物理-光学演示实验室
化学与材料科学学院 实验教学中心	普通化学实验室
	无机化学实验室
	分析化学实验室
	有机化学实验室
	物理化学实验室
	化学工程实验室

续表

所属单位	实验室名称
化学与材料科学学院实验教学中心	仪器分析实验室
	中级有机化学实验室
	化学物理基础教学实验室
	材料科学基础教学实验室
	高分子物理实验室
	高分子化学实验室
	高级分析化学实验室
	化学生物学实验室
	分子模拟计算实验室
生命科学学院实验教学中心	数字显微网络互动实验室
	普通生物学实验室
	细胞生物学实验室
	生物化学及分子生物学实验室
	生理学与神经生物学实验室
	多媒体教学实验室
	放射性同位素实验室
	结构生物学实验室
	膜片钳实验室
	创新研究型高级生物学实验室
	GMP 中试车间
工程科学学院工程科学实验教学中心	力学基础实验室
	机械与测控实验室
	热科学基础实验室
	计算机辅助工程实验室
	工程实践中心
	创新实践基地
信息科学技术学院实验教学中心	计算机软件与系统实验教学平台
	电路与系统实验教学平台
	专业实验教学平台
	综合创新实验教学平台

续表

所属单位	实验室名称
计算机科学与技术学院	软件教学实验室
	硬件教学实验室
地球和空间科学学院实验教学中心	岩矿物性实验室
	野外地球物理勘探实验室
	地球物理数值模拟实验室
	大气物理探测实验室
	激光雷达探测实验室
	空间等离子体物理实验室
	岩石成分分析实验室
	岩石组成和结构分析实验室
	环境分析测试实验室
人文与社会科学学院	科技传播与科技政策系教学实验中心
	数字文化教学实验中心
	科学可视化实验室
管理学院	企业竞争决策实验室
	数据挖掘实验室
	项目协同管理实验室
	企业资源计划实验室

2017 年“大学生研究计划”数据统计表

单位：人

学　院	校外大研	校内大研	机器人竞赛	创新创业计划	合　计
少年班学院	15	94	24	33	166
数学学院	5	17	0	8	30
物理学院	6	51	7	42	106
化学与材料科学学院	1	24	0	30	55
工程科学学院	1	16	40	27	84
信息科学技术学院	1	48	64	64	177

续表

学　　院	校外大研	校内大研	机器人竞赛	创新创业计划	合　计
地球和空间科学学院	16	15	4	28	63
生命科学学院	0	8	4	19	31
计算机科学与技术学院	0	26	3	10	39
管理学院	2	9	0	3	14
核科学技术学院	1	8	6	33	48
人文与社会科学学院	0	0	0	3	3
合　　计	48	316	152	300	816

国家级教师教学发展示范中心一览表

编　号	专 业 名 称	主持人	批准年度
1	中国科学技术大学教师教学发展中心	刘　斌	2012

国家级专业综合改革试点一览表

编　号	专 业 名 称	主持人	批准年度
1	物理学	王冠中	2013
2	天文学	袁业飞	2013

实验教学示范中心一览表

国家级实验教学示范中心

序　　号	学　　　院	名　　称
1	物理学院	物理实验教学中心

续表

序　　号	学　　院	名　　称
2	生命科学学院	生命科学实验教学中心
3	化学与材料科学学院	化学实验教学中心
4	信息科学技术学院 计算机科学与技术学院	信息与计算机实验教学中心

省级实验教学示范中心

序　　号	学　　院	名　　称
1	地球和空间科学学院	地球和空间科学探测实验教学中心
2	工程科学学院	工程科学实验中心

国家级虚拟仿真实验教学中心

序　　号	学　　院	名　　称
1	物理学院	物理虚拟仿真实验教学中心
2	化学与材料科学学院	化学虚拟仿真实验教学中心

省级虚拟仿真实验教学中心

序　　号	学　　院	名　　称
1	生命科学学院	生命科学虚拟仿真实验教学中心
2	地球和空间科学学院	地球和空间科学虚拟仿真实验教学中心
3	工程科学学院	工程科学虚拟仿真实验教学中心
4	信息科学技术学院	电磁场与微波虚拟仿真实验教学中心

国家精品开放课程一览表

序号	课 程 名 称	主持人	批准年度	所 属 单 位
1	数学实验	李尚志	2003	数学科学学院
2	并行计算	陈国良	2003	计算机科学与技术学院
3	大学物理实验	霍剑青	2003	物理学院
4	线性代数	李尚志	2004	数学科学学院

续表

序号	课程名称	主持人	批准年度	所属单位
5	微积分	程　艺	2004	数学科学学院
6	生理学	徐耀忠	2004	生命科学学院
7	高聚物的结构与性能	何平笙	2005	化学与材料科学学院
8	电磁学	程福臻	2007	物理学院
9	地震学原理与应用	刘　斌	2007	地球和空间科学学院
10	线性代数和空间解析几何	陈发来	2007	数学科学学院
11	天体物理概论	向守平	2008	物理学院
12	概率论与数理统计	缪柏其	2008	管理学院
13	大学生心理学	孔　燕	2010	人文与社会科学学院
14	认识宇宙(视频课)	向守平	2012	物理学院
15	陶瓷艺术鉴赏与制作(视频课)	汤书昆 王　祥	2012	人文与社会科学学院
16	科学简史・科学革命篇(视频课)	石云里	2012	人文与社会科学学院
17	地震活动与地震学(视频课)	刘　斌 黄金水	2012	地球和空间科学学院
18	核聚变——人类理想新能源(视频课)	万元熙	2012	核科学技术学院
19	系统生物学与生命(视频课)	吴家睿	2013	生命科学学院
20	来自量子世界的新技术(视频课)	郭光灿	2013	物理学院
21	生命科学导论(视频课)	施蕴渝 高　平 魏海明 周江宁 沈显生	2013	生命科学学院
22	生活中的光学(视频课)	高　琛	2014	物理学院
23	化学与社会生活中的安全(视频课)	汪志勇	2014	化学与材料科学学院
24	人体健康的卫士:免疫系统(视频课)	魏海明	2014	生命科学学院
25	极地考察与全新世生态地质学(1~6讲)(视频课)	孙立广	2015	地球和空间科学学院
26	科学简史・中国科学篇(视频课)	石云里	2016	人文与社会科学学院
27	中华文化精髓修养之入门及儒家修养篇(视频课)	刘仲林	2016	人文与社会科学学院
28	文献管理与信息分析	罗昭峰	2017	图书馆
29	Linux 操作系统分析	孟　宁	2017	软件学院

近年来荣获国家级教学成果奖一览表

序号	成果名称	等级	获奖单位	主要完成人	获奖年份
1	大学物理实验的改革与实践	一等	天文与应用物理系	霍剑青 王晓蒲 熊永红 赵永飞	2001
2	面向国家重大需求产学研与新兴交叉学科建设相结合培养高层次创新人才	一等	火灾科学国家重点实验室	范维澄 王清安 张和平 袁宏永 胡源	2001
3	并行算法类教学基地建设	二等	计算机科学技术系	陈国良 安虹 顾乃杰 许胤龙 黄刘生	2001
4	数学实验课程建设	二等	数学系	李尚志 陈发来 吴耀华 张韵华	2001
5	全面提升高分子物理重点课程的教学质量	二等	化学与材料科学学院	何平笙 朱平平 杨海洋	2005
6	力学类专业课程结构和基础课教学内容体系改革	二等	工程科学学院	王秀喜 何世平 尹协振 胡秀章	2005
7	大学生创新能力培养体系建设与实践	二等	学校	程艺 吴敏 向守平 高天芳 汤家骏	2005
8	“并行计算”课程的创建及其辐射与示范作用	二等	计算机科学与技术学院	陈国良 徐云 郑启龙 吴俊敏 孙广中	2009
9	信息化环境下新型研究生教育管理模式的探索与实践	二等	研究生院	张淑林 倪瑞 李兴权 胡忠辉 李芳平 万明 万洪 英路 卫娜 袁胡骏 刘海清	2014
10	多层次研究型物理实验教学在拔尖人才培养中的改革与实践	二等	物理学院	张增明 王中平 张宪锋 孙腊珍 霍剑青 张权	2014
11	基于能力培养的大学计算机基础课程改革总体规划与体系建设	二等	计算机科学与技术学院	陈国良 李廉 冯博琴 周学海 何钦铭 张龙 马斌荣 苏中滨 龚沛曾 郝兴伟	2014

续表

序号	成 果 名 称	等级	获奖单位	主要完成人	获奖年份
12	全景体验式教学模式及其在MBA 教育中的应用	二等	管理学院	梁 樑 赵定涛 张圣亮 古继宝 朱 宁 林 峰 刘红梅	2014
13	大学英语口语评测系统的研发及其相关教育测量的应用研究与实践	二等	软件学院	吴 敏 叶 艳 庄智象 黄 卫 李萌涛	2014

各类奖教金获得者

中国科学技术大学“两学一做”学习教育先进基层党组织、优秀共产党员和优秀党务工作者名单

（党组字〔2017〕56 号）

先进基层党组织

教工（13 个）

数学科学学院教工第三党支部
物理学院物理实验教学中心党支部
信息科学技术学院通信与信息系统专业教工党支部
计算机科学与技术学院教工科技楼党支部
地球和空间科学学院固体地球物理教工党支部
管理学院统计与金融系教工党支部
人文与社会科学学院体育教学部教工党支部
合肥微尺度物质科学国家实验室教工第三党支部
党政办公室党支部
研究生院党支部
医院第一基层党支部
资产经营有限责任公司第一党支部
附属中学初中党支部

学生（14 个）

数学科学学院计算与应用党支部
物理学院近代物理系 14 硕 16 博党支部
化学与材料科学学院高分子科学与工程系 14 级硕士党支部
生命科学学院研究生第二党支部
工程科学学院热科学与能源工程系 2015 级硕士生党支部

信息科学技术学院本科生13级党支部
计算机科学与技术学院研究生西区电子楼第二党支部
地球和空间科学学院地球化学专业研究生党支部
管理学院2015级管科物流硕士班党支部
公共事务学院2016级法律硕士党支部
人文与社会科学学院社会科学研究生党支部
核科学技术学院辐射防护与环境保护教研室学生党支部
软件学院16级软设二班党支部
火灾科学国家重点实验室2014级硕士班党支部

优秀共产党员

教工(21人)

数学科学学院：郭文彬
物理学院：张云龙
化学与材料科学学院：熊宇杰
工程科学学院：林其钊
信息科学技术学院：陈晓辉
计算机科学与技术学院：岳丽华
地球和空间科学学院：陆全明
管理学院：吴　杰
人文与社会科学学院：汤俪瑾
软件学院：叶　勇
先进技术研究院：贺成芬
国家同步辐射实验室：余　芹
合肥微尺度物质科学国家实验室：孙　梅
机关党委：俞　玥　徐耀龙
离退休干部党总支：史济怀
图书馆：陈　超
资产经营有限责任公司：于秀梅
附属中学：江贤民　张震娅
后勤党总支：郝敬安

学生(66人)

少年班学院：邱　天
数学科学学院：韦小雪　吴美娟
物理学院：王　博　王　塑　田　添　张思洁　蔡佳佳
化学与材料科学学院：付明臣　朱哲圣　孙幸幸　杨　尊　陈　静　郑　珍
柴　鹏　董希泽
生命科学学院：朱　青　米　娟　陈佐龙　周永刚　徐成林　黄登峰
工程科学学院：王　敏　欧阳可赛　赵东升　赵志晔　夏雨婷

信息科学技术学院：王国坤　李　宇　何杰挺　汪玉洁　张　哲　陈玉萍　赵　斌

计算机科学与技术学院：余建烽　易瑞康　黄建盟　常　欢

地球和空间科学学院：刘浩然　李佳根　张全浩　彭秀球

管理学院：李　争　张　翔　赵赛南　徐晶芝　黄正薇

公共事务学院：戚云龙　戴希兵

人文与社会科学学院：闫红心　周子龙　樊　婧

核科学技术学院：王小亮　齐雅平

软件学院：于　璇　冯金明　李小强　张　婷　钱泽宇　程　序

国家同步辐射实验室：刘道彬　张梦星

合肥微尺度物质科学国家实验室：王东明　陈　昕

火灾科学国家重点实验室：姜童辉　曹淑超

优秀党务工作者

（21 人）

少年班学院：王　莉

数学科学学院：任秀兰

物理学院：陆　山

生命科学学院：吴鹏志

信息科学技术学院：唐朝舜

计算机科学与技术学院：张　昱

地球和空间科学学院：陈廷娣

管理学院：刘　璐

人文与社会科学学院：王国燕

先进技术研究院：刘广兴

国家同步辐射实验室：胡传圣

合肥微尺度物质科学国家实验室：宋　策

火灾科学国家重点实验室：祝玉泉

机关党委：牟　玲　汪银生　胡胜友

离退休干部党总支：曹　蓓

图书馆：郭　磊

医院：周兆春

附属中学：张栋宇

后勤党总支：阳　思

第二届杨亚基金人文精神教育奖

(校人字〔2017〕89号)

孙　蓝　黄　雯

第十二届杨亚基金-爱岗敬业奖

(校人字〔2017〕90号)

万宏艳	张明波	王　莉	李　雯	朱咏梅	顾若水	刘晓虹	刘振邦	王以庶
葛　晶	李　敏	丁卫平	李玉虎	陈凯明	郑启龙	孙婵娟	祝宝友	董　梅
朱　宁	胡宗好	秦　颖	周俊兰	张　皓	宋小燕	蔡立英	何昊华	李　婧
朱巧玲	杨自浣	肖厚勇	彭莉君	王筱萌	王晓荣	闵石头	朱　波	谷　静
纪雪婷	李　远	方　芳	沈义竹	梁　红	张　海	朱文婧	刘治国	刘　毅
裴香涛	张鹏宇	宋　策	朱永春	肖　琳	刘辉灿	耿晓红	李　琛	刘　杰
黄灵英	张桂玲	范　雯	石玉仙	王秀梅	于秀梅	黄吉虎	汤　涛	杨义恕
郭　强	张　良	钱　倚	孙金柱	程庆革	韩秉洁	詹路生	杨元亭	胡家鑫
王　进	钱　梅	王兰兰	姜　娟	兰新军	卢长辉			

第二届中国科大-兴业证券管理服务奖

(校人字〔2017〕119号)

中国科大-兴业证券优秀管理服务奖

李保连	张武斌	胡胜友	姚　琼	毛凤鸣	常　军	古继宝	倪　瑞	秦　红
张润东	姜　川	王　峰	陈晓伶	黄立萍	李蓉蓉	魏　英	周正凯	钟　琪
许　丽	詹月红	方　春	胡传万	张辉坤	章仲楷	厉　洪	张　平	洪　波
任秀兰	钱　海	黄玉明	方　平	李　曦	龚美静	余　芹	荣　皓	陈　军
李会民	孙　超	王燕霞	张峻菡	王建强	孔庆勇	王　兵	徐　燕	杨　拓

中国科大-兴业证券管理服务特等奖

周先意　鹿　明　张淑林　褚家如　章　晨

2017年度中国科大-兴业证券教育奖

(校人字〔2017〕158号)

王新茂	王　毅	陈　卿	曹金祥	傅湘宁	王官武	李　婉	刘海燕	程晓蕾
冯志华	叶回春	赵　刚	吴善珍	张信明	卢建良	袁仁民	康　辉	杜少甫
张圣亮	汤俪瑾	杨玉璋	张燕翔	闫文盛	张善才	彭承志	王秀霞	邓志华

田乐胜　李　京　李　蓓

2017年度张宗植青年教师奖

(校人字〔2017〕159号)

张永兵　陈　志　郑　媛　张文华　张　倩　刘志峰　胡衍雷　张　旭　万柯松
陈　昱　李勇军　郭　浩　曾　妮　罗　箐　张　杨

2017年度惠普信息科学青年教师奖

(校人字〔2017〕160号)

庄连生　宋　鹏

2017年度王宽诚育才奖

(校人字〔2017〕161号)

叶　盛　李皓昭　翁明其　秦　敢　王声波　杨　晴　张　群　邵　伟　陈聚涛
赵　忠　何立群　赵　凯　凌　青　杨　利　周　颢　王　超　仲　雷　刘　羿
黄　茜　毛甜甜　杨　辉　徐　飞　斯　骏　陈　志　李为民　李良彬　吴文彬
张仕定　张瑞芳　张永明

第二届中国科大-第十二届困学守望教学奖

(校人字〔2017〕200号)

育人终身成就奖

叶怀安　方容川　刘耀阳　李永平

杰出教学奖

郭文彬　李　娟　潘必才　朱林繁　刘磁辉　陶小平　张增明

优秀教学奖

徐　岩　张明波　殷　浩　张　娜　陈　昱　毛甜甜　何海燕　翁明其　朱界杰
单　旭　潘海俊　李　弘　刘衍文　刘国柱　袁业飞　周幸祥　张永生　涂　涛
许金时　赵　霞　祝　巍

2017年度海外校友基金会教师奖

(校人字〔2017〕245号)

青年教师成就奖

邓友金

优秀教学奖

薛永泉　朱平平　李　旭　谢　智

青年教师事业奖

马　杰　黄民信　江海龙　陈昶乐　白　丽　秦家虎　倪怀玮　程旭东

第十二届杨亚基金教育奖

(校人字〔2017〕265号)

张　希　韩　良　曾长淦　武晓君　尤业字　单　革　于　倩　袁小平　胡访宇
康　宇　李向阳　吴小平　叶五一　方　刚　史玉民　陈宇翱　王　兵　刘功发
潘　洋　王建平　杨　俊　李忠广　裴　旭　侯中怀　赵　林　周　宇

第十届平凡基金教育奖

(校人字〔2017〕266号)

徐守平　王新茂　朱晓东　洪　洞　李　毅　罗时玮　陈聚涛　陈银华　李　平
赵永飞

2017年校毕业生就业工作先进个人

(校招就字〔2017〕270号)

少年班学院：郭民生　倪晓玉
数学科学学院：杨　瑱
物理学院：项国勇　陈子瑜　阮可青
化学与材料科学学院：葛治伸　李　恒　孙　静
生命科学学院：陈　曦
工程科学学院：孔庆合　赵　钢
信息科学技术学院：陈晓辉　李争鸣　白雪飞
计算机科学与技术学院：王海龙　张俊霞
地球和空间科学学院：徐　燕

管理学院：朱洪超　李艳梅
公共事务学院：任　冲
人文与社会科学学院：蔡加成　王国燕
核科学技术学院：王　炜
软件学院：刘　业　丁　箐　周　倩
纳米科学技术学院：杭臣臣
国家同步辐射实验室：何志刚
合肥微尺度物质科学国家实验室：高关胤
火灾科学国家重点实验室：祝玉泉
环境科学与光电技术学院：刘　萍
合肥物质科学研究院：常昱红　闫　超
招生就业处：黄　勇　王　娟

2017年度宝钢优秀教师奖

(校人字〔2017〕271号)

欧阳毅　徐　鑫　沈显生　胡太忠

2017年度杰出研究校长奖

(校办字〔2017〕297号)

印　娟　任继刚　吴文彬　蔡　刚　廖胜凯

第二届西区精神杰出教学奖

(校教字〔2017〕298号)

西区精神教学成就奖

沈显生　李永新

西区精神优秀教学奖

孙广中　朱　明　陈　泉　李　辉　李木军　汪　铭　杨基明　季　杰　金培权
胡新伟

2016～2017 学年度优秀学生工作干部、优秀班主任、优秀辅导员名单

优秀学生工作干部

近代物理系：朱林繁
物理学院：李业龙
化学与材料科学学院：闫立峰
管理学院：董新美
公共事务学院：王忠平
人文与社会科学学院：斯　骏
纳米科学技术学院：郭　云
学生工作处：岳兴林

优秀辅导员

化学与材料科学学院：何卫东

优秀班主任

少年班学院：

唐　宁　兰　荣　梅　玫　朱彦武　宋　彦　范　姝　倪晓玉

数学科学学院：

乐　珏　左达峰

物理学院：

陶小平　秦胜勇　邵　明　何海燕　王声波　廖　源　张一飞　周海洋　项国勇　赵　伟　汤　茜

化学与材料科学学院：

刘　红　吴宇恩　刘华蓉　李　恒　孙　静

生命科学学院：

刘晓丹　陈聚涛

工程科学学院：

许　峰　赵　旸　袁小平　易建新

信息科学技术学院：

吴善珍　王百宗　刘桂英　张　璠　白雪飞

计算机科学与技术学院：

张国义　张　辉　李胜柏　张俊霞　王海龙　黄章进

地球和空间科学学院：

张少兵　苏振鹏　汤琴琴

管理学院：

徐晶芝　瞿启发　莫鸿芳　陈　昱　夏红卫

公共事务学院：

秦　洁

人文与社会科学学院：

许振宇　孙洪庆　董军锋　汤俪瑾　于全夫

核科学技术学院：

郭　赟　方智勇

合肥微尺度物质科学国家研究中心：

严　青　杨淑红　周　俊

火灾科学国家重点实验室：

程旭东

后备军官选培办公室：

徐　洋

研究生院科学岛分院：

秦娟娟　常昱红　叶海燕　罗跃光

奖学金一览表

奖学金名称	设奖单位(个人)	设立时间	奖 励 范 围	额 度(元/年)
郭沫若奖学金	首任校长郭沫若先生	1980	各学院GPA前5%的学生或在科技创新等方面有特别突出表现的学生有资格参评,经院、校两级评审后确定获奖者	10000
张宗植科技奖学金	旅日爱国华侨张宗植先生	1988	优秀本科生、研究生,不限专业	1500
中科院院长奖学金	中国科学院	1989	优秀研究生	5000/10000
宝钢奖学金	宝钢教育基金会	1993	高年级优秀本科生、研究生	10000/20000
光华奖学金	光华教育基金会	1993	优秀本科生、研究生,同等条件少数民族学生优先	1200/1500
力学攀登奖学金	中国科学院力学所	1994	工程科学学院优秀本科生、研究生	2000
优秀学生奖学金	中国科学技术大学	1995	优秀本科生	1000/2000/4000
优秀新生奖学金	中国科学技术大学	1995	优秀本科新生	500/1000/2000
地奥奖学金	成都地奥制药公司	1995	优秀本科生、研究生,不限专业	1000
海外校友基金会优秀新生奖学金	中国科大海外校友基金会	1996	高考成绩特别优异的本科新生	2000/5000
华为奖学金	深圳华为技术有限公司	1997	相关学院优秀本科生、研究生	5000/8000/10000
何多慧院士奖学金	中国工程院院士何多慧先生	1998	优秀本科生,同等条件贫困生优先	1000
中科院宝洁优秀博士生奖	中国科学院	1999	化学与材料科学学院优秀博士研究生	3000
求是研究生奖学金	香港求是科技基金会	2000	物理、化学、生物、数学类优秀博士研究生	5000
三星奖学金	三星集团中国总部	2002	相关学院优秀本科生、研究生	5000/7000/10000

续表

奖学金名称	设奖单位(个人)	设立时间	奖励范围	额度(元/年)
郭永怀奖学金	中国科学技术大学	2003	化学物理系、力学与机械工程系研究生	3000
力学基地人才奖	力学与机械工程系	2003	力学与机械工程系本科生	500
唐仲英德育奖学金	美国唐仲英基金会	2003	积极参加公益活动的本科生	4000
CASC 奖学金	中国航天科技集团公司	2006	大三、大四本科生及研二以上研究生	3000/5000/10000
黄鸣龙奖学金	中国科学院上海有机化学研究所	2006	化学与材料科学学院优秀本科生	5000
上海微系统所奖学金	中科院微系统与信息技术研究所	2007	信息学院优秀本科生	2000
国家奖学金	财政部、教育部	2007	品学特别优秀的本科学生	8000
赵九章奖学金	吴京生先生,中国科学院空间科学与应用研究中心,中国科学院大气物理研究所	2007	地球和空间科学学院优秀本科生	2000
合志奖学金	刘合教授	2007	工程科学学院优秀本科生	2000
吴学周奖学金	中科院长春应用化学研究所	2008	化学院优秀本科生	5000
刘有成奖学金	刘有成院士	2008	化学院优秀本科生、研究生	3000
中广核奖助学金	中国广东核电集团有限公司	2009	核学院在读本科生及研究生	2000/5000
中科院朱李月华优秀博士生奖学金	中国科学院	2009	优秀博士研究生	5000
钱军校友奖学金	钱军校友	2009	热科学和能源工程系品学兼优学生	3000/4000/5000
中国电科十四所国睿奖学金	中国电子科技集团第十四研究所	2010	信息学院、计算机学院、核学院等优秀的二、三年级研究生	8000
大连化学物理研究所优秀学生奖学金	中国科学院大连化学物理研究所	2010	化学与材料科学学院优秀本科生	10000
陈国良院士奖学金	陈国良院士	2011	优秀本科生	2000
化学所英才奖学金	中国科学院化学研究所	2011	化学与材料科学学院优秀本科生	5000

续表

奖学金名称	设奖单位(个人)	设立时间	奖 励 范 围	额 度(元/年)
中科院广州能源所奖学金	中国科学院广州能源研究所	2011	热科学和能源工程系三年级优秀本科生	2000
中科院电子所奖学金	中国科学院电子学研究所	2011	信息科学技术学院、物理学院、少年班学院二年级以上(含二年级)的优秀本科生	4000
劳雷奖学金	劳雷工业有限公司	2011	地空学院的优秀本科生、研究生	4000
孙斌领导力奖学金	安徽静安投资集团有限公司董事长孙斌先生	2013	表现出较为突出的组织能力和领导能力、获得广泛肯定的本科生	2000
陈桂林领导力奖学金	安徽宇晟投资发展集团有限公司董事长陈桂林先生	2013	表现出较为突出的组织能力和领导能力、获得广泛肯定的本科生	2000
“智造顺德”奖学金	顺德区人民政府	2014	优秀的全日制本科生	3000
8814 奖学金	8814 全体校友	2014	化学院优秀的毕业班学生	8814
苏州育才奖学金	苏州市人才工作领导小组办公室	2017	理工科本科生、研究生	10000

助学金一览表

助学金名称	设奖单位(个人)	设立时间	奖 励 范 围	额 度(元/年)
曾宪梓奖助学金	曾宪梓教育基金会通过教育部港澳台办设立	2000	本科贫困生(连续三年)	5000
海外校友爱心奖学金	海外校友基金会	2001	本科贫困生(连续四年)	3000
新长城助学金	中国扶贫基金会	2002	本科贫困生	3000
精进助学金	香港精进基金有限公司	2005	本科优秀贫困生(连续四年)	5000
国家助学金	财政部、教育部	2005	本科贫困生	2000/3000/4000

续表

助学金名称	设奖单位(个人)	设立时间	奖励范围	额度(元/年)
晨光基金会奖助学金	晨光基金会	2006	本科优秀贫困生(连续四年)	3000
香港思源奖助学金	香港思源基金会	2006	本科优秀贫困生(连续四年)	4000
村田奖助学金	村田(中国)投资有限公司	2006	信息学院本科优秀贫困生(连续四年)	4000
丰田助学金	中国宋庆龄基金会	2006	本科贫困生(连续四年)	4000/6000
国家励志奖学金	财政部、教育部	2007	二年级以上(含二年级)本科优秀贫困生	5000
新创校友爱心奖学金	新创校友基金会	2007	本科贫困生(连续四年)	3000
886 新生助学金	中国科大 886 全体校友	2013	信息科学技术学院本科贫困新生	4000
阳光助学金	上海紫瑞投资有限公司	2014	本科贫困生(连续四年)	4000
孙大光张刚助学金	孙大光先生及夫人	2016	安徽籍本科优秀贫困生	4000
国元证券奖助学金	国元证券股份有限公司	2017	本科优秀贫困生	5000
天凤助学金	个人捐赠	2017	本科贫困新生	5000

2016～2017 学年度国家奖学金、中国科学院院长奖、郭沫若奖学金获奖者名单

国家奖学金

本科生(共 110 人)

马　骁　逯与凯　刘文正　吴　昊　史雨阳　薛若岚　邵　帅　何文嘉　罗宇杰
赵浩淇　张岐鑫　宋　飞　王嘉铭　雷沧粟　夏立乔　韩　振　杨洪权　杜昕泽
钟　立　吴　天　刘丰铭　魏　嵩　张舒博　尹童欣　汪亦桐　胡仲强　赵新锐
胡文韬　王怡文　陈振岚　袁　铭　李嘉伟　祁琳峰　吴　昕　李浩伟　李子航
池文豪　王　瞭　张俊升　刘俊邦　单　逸　林思锐　薛文瑾　彭丹力　苏廷玉
谢垚峰　何晓彤　王新意　邵彦杰　朱　源　徐靖彦　杨　灿　钱程远　许哲豪
徐九赐　潘昊霖　汪添翼　王志胜　王圣棋　梁嘉韵　劳卓涵　席大为　刘兆辉
蔡子健　邢奇宇　万佳为　吴娅维　李晨阳　唐尔葶　王湘阳　赵雪丹　梁　粟
李一恒　张　翔　秦一功　王　焱　叶嘉沅　周琪琪　李岱旺　苏立群　张桂栋

刘家昆 赵宇澄 王 锋 张子豫 陈华阳 孔雅静 罗由之 刘 泽 贺一纯
许嘉祺 熊 伟 庄思源 郑子涵 周 祺 鲁吴越 吴紫薇 孙梦舟 李 波
许思学 曹常辉 任俊屹 徐梦凡 潘鸿儒 刘 玥 李文娟 郑思锐 林显彩
刘丁匀 康 宁

硕士生(共 231 人)

张 芃 李 鑫 孟繁琛 潘文爽 孙玉强 王 军 夏瑞瑞 赵金镛 张继云
秦盼盼 张家民 黎 旺 吕熙睿 宁方强 陈纯缙 崔 刊 高 军 牛梦超
魏凌楠 何 雨 周 侠 李 洲 黄莉莉 蔡 炜 刘晓云 谭子婷 史鑫尧
张雨晨 华 健 杨 康 王玉康 李梦俏 李璐妍 程 晗 李洪良 张建树
孙 磊 陈光霁 夏 洁 陈涵洁 李 庆 孙 璐 周楷雄 孙延欢 孙全影
薛颖杰 尹 杰 胡淑萍 李少华 王芷阳 吴方舟 韩江萍 潘 瑞 于灵云
李孟林 王 杰 盛 典 张娇娇 崔荣芝 陈雅明 杨 朵 袁启锋 魏仲清
郑 元 周雅文 苑福泉 闫 旭 邱钊凡 李炳辰 吴俊峰 刘世隆 吴康达
董明新 张立言 朱昌盛 赵张美 曹 强 王融坤 王鑫鑫 陈冶蕲 纪媛婧
董若石 胡佳栋 戴希兵 黄 楷 李秋阳 王文忠 柯阳光 万 鑫 王珊珊
李子昂 陈远强 刘孝艳 张孟夏 付晓霞 孙 莹 崔琬涓 吴瑞瑞 章亚琴
鲁 晨 王雨婷 邓曼婷 朱建涛 杨倩文 武 琳 沈 磊 张子豪 陈松松
王榴燕 邢 路 王 莹 王 书 杨太平 赵绪尧 王征云 宋 伟 毛哲华
朱凯若 李守志 储志伟 顾 悦 魏梦俊 童明玉 姜 朋 江诗礼 刘咏璐
迟 雨 黄学龙 何 静 王艳艳 王 磊 孟 婧 陈佩瑶 吴 耕 杨 静
赵长明 蒋华杰 廖家英 钱满满 章轩语 师晓宇 高宗春 刘轶男 周天培
姚 雨 温力先 吴澄帆 凌丽丽 彭 湃 黄晓惠 刘立岩 史 鼐 杨帮培
朱哲圣 杨 峥 尚 云 齐雅平 汪 爽 杨 晨 何 群 田富成 王 岍
梁林波 郭延龙 朱梓强 伍翠翠 周川云 年问问 钟博超 赵晴晴 陈泽艺
王 慧 张国荣 陈万标 曹晓聪 程爱民 李思宇 赵言言 王庆功 粘志刚
成 赢 杨 丰 鲁晓飞 李奇奇 申思远 钟 山 廖靓欢 马 龙 王永超
曹赛赛 梁 煜 丁 丽 何泽洲 姜添曦 蔡 泽 姬生云 杨超宇 钟 斌
彭朝阳 单思宇 王晋东 赵 斌 丁 淼 朱谢飞 朱远帅 穆 林 王桂凤
姜 皓 杜 扬 赵功名 杨佳佳 陈坦访 陈世瑜 余卓隆 黄训蓬 陈无忌
舒扬扬 贺云天 陈玉莹 高 暠 杨文锦 陈小发 董智超 胡 鑫 刘 洋
杨 阳 翟晓雅 邢欢欢 刘照贺 方清华 李 茜

博士生(共 116 人)

单昌功 桂伟民 秦鑫冬 胡敏敏 李荣汉 马 会 杨兰兰 刘天夫 赵金龙
李 俊 边会婷 金凯强 侯雁北 高守建 潘 兵 赵 旭 曾 犟 张 宁
金 飞 尚启超 郑 昕 褚维斌 彭 晶 任 威 王 璐 潘滢炜 李 亚
夏应策 张 旭 程松松 张拙之 王茹雪 肖 芽 迟逢逢 张文婷 史 慧

杨 欢 张 亮 潘 越 林木楠 吴 骋 丁 星 盛振峰 王 婷 田冬冬
党 童 陈逸伦 康晋霆 刘 源 王建成 王雯思 汪 翔 朱庆缘 李 峰
储军飞 徐学哲 丁守军 叶 扬 蒋科成 周彬斌 孙一强 张 显 肖瑞春
高文帅 邓晨光 刘雪朋 张振华 金 松 童 赟 林华辰 陈石穿 杨 佳
朱先军 葛婧捷 海子娟 李湾湾 王 晓 赵 峰 刘雅婷 杨 阳 张 雷
李富海 祝曹祥 孔 慧 刘 炜 赵周宇 张 科 俞 翔 苏艳华 陈 敏
夏文龙 曾 健 余立艳 王 东 刘九羊 张鹏飞 秦媛媛 汪国睿 朱 阳
杨月华 倪劲成 吴 强 吕 松 曹静宇 张 丽 王英子 李博杰 夏子晴
刘彦麟 韦 韡 吴珍凤 周玲玲 曹芳芳 黄 亮 乔永娜 赵汝艳

中国科学院院长奖获奖名单

特别奖

王谢平 孙 凯 王旭东 吴功伟 朱银波 汪玉洁 杨 鹏 张全浩 吴 湛
王 辉

优秀奖

于 涛 丁文隽 王 昕 王茹雪 王 超 何志成 陈明城 沈 镇 祖梦婕
杨 欢 毕环宇 王 辉 朱小姣 苏建伟 刘友文 姚东宝 彭 旭 郑 珍
田攀攀 陈晓锋 苏 伟 郎雪婷 李洪军 江 龙 彭俊辉 何雨珂 劳召欣
胡名科 胡中停 丁晓喜 吴 岳 黄 伟 陈志勇 刘 梅 朱 烽 卢栋才
王喆锋 孙 宇 方洪健 陈 欢 钟嘉豪 陈夏雨 韩小雅 姬 翔 徐津津
李富海 车 伟 王 涛 李 周 耿建培 刘 东 骆 阳 于志龙 王 冬
张 丹 金驰名 杨 猛 谢其军

郭沫若奖学金获奖名单

邱建祥 许轶臣 於得晟 崔天一 项一帆 薛若岚 曲彦霖 刘弘毅 徐峰灏
王泽冠 郑天哲 史彦龙 董玉龙 周 媛 陈 皿 陈 瑜 刘天舒 孟学峰
隋凡平 周 凯 吴章辉 赵申昇 陈 铮 杨宗鑫 程嘉铖 陆书文 王 珺
张艺潇 王沁霞 刘美晨 于孟鑫 刘素婷 章太阳

2017 年本科招生分省录取情况

省份/直辖市	录取总人数	重点线	最高分	最低分	平均分
安徽	268	487	673	654	658
北京	26	537	663	658	660
福建	38	441	645	622	626
甘肃	44	460	645	633	639
广东	107	485	660	640	646
广西	42	473	657	635	640
贵州	30	456	665	646	649
海南	8	539	844	819	832
河北	60	485	685	675	679
河南	135	484	666	647	652
黑龙江	27	455	676	661	667
湖北	106	484	675	657	661
湖南	76	505	667	656	660
吉林	46	507	681	660	664
江苏	87	331	407	392	395
江西	98	503	660	642	649
辽宁	46	480	674	664	668
内蒙古	16	466	665	658	661
宁夏	11	439	645	632	635
青海	9	391	626	618	621
山东	71	本科控制线：433	681	669	672
山西	34	481	639	621	626
陕西	43	449	694	675	680
上海	16	本科控制线：402	602	568	572
四川	70	511	675	670	672

续表

省份/直辖市	录取总人数	重点线	最高分	最低分	平均分
天津	25	521	681	669	673
新疆	11	437	659	649	653
云南	21	500	676	654	662
浙江	165	普通类分段线：577	688	677	681
重庆	29	492	674	664	667

注：新疆民考汉与西藏、新疆内地班录取人数未计入。2017年，我校面向全国招收本科生1816人，实际报到1810人，其中：少年班40人，少年班“创新试点班”187人，自主招生133人，农村自主专项63人，在浙江开展三位一体综合评价录取100人，贫困地区专项计划151人。

国家任务毕业生去向

2017届本科毕业生去向

单位：人

项目 类别	合计	出国留学	国内深造	部队	科研、高校等事业单位就业	国有、三资等企业就业	地方待就业
本科毕业生	1806	519	815	22	31	299	120

2017届毕业研究生去向

单位：人

项目 类别	合计	出国留学	国内深造	部队	科研、高校等事业单位就业	国有、三资等企业就业	地方待就业
毕业派遣博士生	849	70	212	2	338	211	16
毕业派遣硕士生	2835	112	972	20	223	1457	51

注：以上数据统计截至2017年10月底，含结业生。

毕业生中的中国科学院院士

（共48人）

姓　名	工　作　单　位	毕业时间	当选时间	毕业系别
白以龙	中科院力学研究所	1963	1991	近代力学系
朱清时	中国科学技术大学	1968	1991	近代物理系
赵忠贤	中科院物理研究所	1964	1991	物理系
陈　颙	国家地震局	1965	1993	物理系
马志明	中科院数学与系统科学研究院	1981(硕)	1995	研究生院
朱作言	中科院水生生物研究所	1980(硕)	1995	研究生院
徐建中	中科院工程热物理研究所	1963	1995	近代力学系
施蕴渝	中国科学技术大学	1965	1997	物理系
严加安	中科院数学与系统科学研究院	1964	1999	数学系
佟振合	中科院理化技术研究所	1963	1999	近代化学系
王志珍	中科院生物物理研究所	1964	2001	物理系
石耀霖	中科院研究生院	1966	2001	物理系
李邦河	中科院数学与系统科学研究院	1965	2001	数学系
李崇银	中科院大气物理研究所	1963	2001	物理系
刘嘉麒	中科院地质与地球物理研究所	1986(博)	2003	研究生院
李曙光	中国科学技术大学	1965	2003	近代化学系
吴　奇	中国科学技术大学、香港中文大学	1982	2003	近代化学系
陈　霖	中科院研究生院、生物物理研究所	1970	2003	物理系
林尊琪	中科院上海光机所	1964	2003	无线电电子学系
侯建国	中国科学技术大学	1983	2003	物理系
饶子和	南开大学	1977	2003	物理系
郭光灿	中国科学技术大学	1965	2003	无线电电子学系
王大成	中科院生物物理研究所	1963	2005	生物物理系
李洪钟	中科院过程工程研究所	1981(硕)	2005	研究生院
黄民强	总参第五十八研究所	1989(博)	2005	无线电电子学系

续表

姓　名	工　作　单　位	毕业时间	当选时间	毕业系别
魏奉思	中科院空间科学与应用研究中心	1963	2005	地球物理系
陈润生	中科院生物物理所	1964	2007	生物物理系
俞昌旋	中国科学技术大学	1965	2007	近代物理系
王自强	中科院力学研究所	1963	2009	近代立学系
庄文颖	中科院微生物研究所	1981(硕)	2009	研究生院
李亚栋	清华大学	1998(博)	2011	化学系
沈宝根	中科院物理研究所	1976	2011	物理系
张肇西	中科院理论物理研究所	1963	2011	近代物理系
郑建华	中国人民解放军保密委员会技术安全研究所	1987(硕)	2011	研究生院
袁亚湘	中科院数学与系统科学研究院	1982(硕)	2011	研究生院
鄂维南	北京大学	1982	2011	数学系
潘建伟	中国科学技术大学	1992	2011	近代物理系
杨秀荣	中国科学院长春应用化学研究所	1968	2013	近代化学系
张培震	中国地震局地质研究所	1982(硕)	2013	研究生院
赵政国	中国科学技术大学	1982	2013	近代物理系
谢　毅	中国科学技术大学	1996(博)	2013	应用化学系
庄小威	哈佛大学	1991	2015	少年班/物理系
杜江峰	中国科学技术大学	1990	2015	少年班/近代物理系
陈仙辉	中国科学技术大学	1995(博)	2015	物理系
陈晓非	中国科学技术大学	1982	2015	地球和空间科学系
景益鹏	上海交通大学	1989(硕)	2015	基础物理教学中心
谢心澄	北京大学	1982	2015	近代物理系
窦贤康	中国科学技术大学	1987	2017	地球和空间科学系

注：以当选院士年度为序，同年当选的以姓氏笔画为序。

毕业生中的中国工程院院士

（共 23 人）

姓　名	工　作　单　位	毕业时间	当选时间	毕业系别
吴有生	无锡中国船舶总公司 702 所	1964	1994	近代力学系
王震西	中科院三环公司	1964	1995	物理系
杨秀敏	工程兵国防工程研究设计所	1965	1995	近代力学系
李国杰	国家智能计算机研究开发中心	1981(硕)	1995	研究生院
何多慧	中国科学技术大学	1964	1995	近代物理系
龚惠兴	中科院上海技术物理研究所	1963	1995	无线电电子学系
魏复盛	中国环境监测总站	1964	1997	近代化学系
杜善义	哈尔滨工业大学	1964	1999	近代力学系
宋湛谦	中国林科院南京林化所	1964	1999	近代化学系
蒋洪德	清华大学	1981(硕)	1999	研究生院
许祖彦	中科院物理研究所	1963	2001	物理系
陈立泉	中科院物理研究所	1964	2001	物理系
范维澄	中国科学技术大学	1965	2001	近代力学系
周寿桓	中国电子科技集团公司	1962	2003	技术物理系
吴以成	中科院理化技术研究所	1969	2005	近代化学系
邓中翰	中星微电子有限公司	1992	2009	地球和空间科学系
董春鹏	中国船舶重工集团公司	1966	2009	无线电电子学系
刘连元	中国航天科技集团公司第一研究院	1965	2011	近代力学系
刘文清	中科院合肥物质科学研究院	1978	2013	物理系
任辉启	总参工程兵科研三所	1992(硕)	2015	近代力学系
吴伟仁	国防科工委	1978	2015	无线电系
李　凯	美国普林斯顿大学	1981(硕)	2017	研究生院
陆　军	中国电子科技集团	1988(硕)	2017	无线电系

注：以当选院士年度为序，同年当选的以姓氏笔画为序。

毕业生中的国际著名学术机构院士

（共30人次）

姓　名	学术机构名称	毕业时间	当选时间	毕业院系
庄小威	美国科学院	1992	2012	少年班、物理系
骆利群	美国科学院	1986	2012	少年班、生物系
杨培东	美国科学院	1993	2016	应用化学系
周　郁	美国工程院	1978	2007	物理系
李　凯	美国工程院	1981(硕)	2012	研究生院
陈向力	美国工程院	1985	2017	物理系
杨培东	美国人文与科学院	1993	2012	应用化学系
骆利群	美国人文与科学院	1986	2012	少年班、生物系
庄小威	美国人文与科学院	1992	2013	少年班、物理系
卓　敏	加拿大皇家科学院	1985	2009	生物系
张亚勤	澳大利亚国家工程院	1983	2017	少年班、无线电系
赵忠贤	发展中国家科学院	1964	1987	物理系
白志东	发展中国家科学院	1982(博)	1990	数学系
马志明	发展中国家科学院	1981(硕)	1998	研究生院
朱作言	发展中国家科学院	1980(硕)	1998	研究生院
陈　颙	发展中国家科学院	1965	2000	物理系
朱清时	发展中国家科学院	1968	2001	近代物理系
李国杰	发展中国家科学院	1981(硕)	2002	研究生院
侯建国	发展中国家科学院	1983	2004	物理系
饶子和	发展中国家科学院	1977	2004	物理系
王志珍	发展中国家科学院	1964	2005	物理系
石耀霖	发展中国家科学院	1966	2005	物理系
施蕴渝	发展中国家科学院	1965	2009	物理系
郭光灿	发展中国家科学院	1965	2009	无线电电子学系
庄文颖	发展中国家科学院	1981(硕)	2010	研究生院

续表

姓　名	学术机构名称	毕业时间	当选时间	毕业院系
潘建伟	发展中国家科学院	1992	2012	近代物理系
沈宝根	发展中国家科学院	1976	2013	物理系
李亚栋	发展中国家科学院	1998(博)	2014	化学系
谢　毅	发展中国家科学院	1996(博)	2015	应用化学系
袁亚湘	发展中国家科学院	1982(硕)	2015	研究生院

十二、 科学研究与科技产业

国家级科研机构

类　别	机　构　名　称	校内负责人	成立时间	批准部门
国家研究中心	合肥微尺度物质科学国家研究中心	罗　毅	2017.11	科学技术部
国家级实验室	国家同步辐射实验室	陆亚林	1991.12	国家计委
国家重大科技基础设施	合肥同步辐射光源	陆亚林	1991.12	国家计委
	稳态强磁场实验装置(联合)	俞书宏	2008.5	国家发改委
	未来网络试验设施(联合)	吴　枫	2015.4	国家发改委
	高精度地基授时系统(联合)	潘建伟	2016.12	国家发改委
国家重点实验室	火灾科学国家重点实验室	张和平	1989.6	国家发改委
	核探测与核电子学国家重点实验室(联合)	安　琪	2011.10	科学技术部
国家工程实验室	语音及语言信息处理国家工程实验室(联合)	戴礼荣	2011.6	国家发改委
	类脑智能技术及应用国家工程实验室	吴　枫	2017.1	国家发改委
国家地方联合工程研究中心	热安全技术国家地方联合工程研究中心	张和平	2015.12	国家发改委
	智能机器人先进机构与控制技术国家地方联合工程研究中心(联合)	尚伟伟	2016.9	国家发改委
国家国际科技合作基地(联合研究中心)	大尺度火灾国际联合研究中心	刘乃安	2014.11	科学技术部
2011协同创新中心	量子信息与量子科技前沿协同创新中心	潘建伟	2013.4	教育部
其　他	国家高性能计算中心(合肥)	陈国良	1995.9	科学技术部
	安徽蒙城地球物理国家野外科学观测研究站	陈晓非	2007.4	科学技术部

中科院级科研机构

类　别	机　构　名　称	校内负责人	成立时间	批准部门
率先行动机构	中国科学院量子信息与量子科技创新研究院	潘建伟	2014.1	中国科学院
	中国科学院合肥大科学研究中心	陆亚林	2014.11	中国科学院
中科院重点实验室	中国科学院材料力学行为和设计重点实验室	吴恒安	2001.12	中国科学院
	中国科学院量子信息重点实验室	郭光灿	2001.12	中国科学院
	中国科学院壳幔物质与环境重点实验室	郑永飞	2005.3	中国科学院
	中国科学院近地空间环境重点实验室	窦贤康	2005.3	中国科学院
	中国科学院能量转换材料重点实验室(联合)	陈初升	2008.12	中国科学院
	中国科学院星系宇宙学重点实验室(联合)	王挺贵	2008.12	中国科学院
	中国科学院软物质化学重点实验室	刘世勇	2009.12	中国科学院
	中国科学院脑功能与脑疾病重点实验室	周江宁	2009.12	中国科学院
	中国科学院吴文俊数学重点实验室	胡　森	2010.12	中国科学院
	中国科学院电磁空间信息重点实验室	王东进	2013.4	中国科学院
	中国科学院空间信息处理与应用系统技术重点实验室(联合)	李厚强	2013.4	中国科学院
	中国科学院无线光电通信重点实验室	徐正元	2014.8	中国科学院
	中国科学院强耦合量子材料物理重点实验室	陈仙辉	2014.8	中国科学院

续表

类　别	机　构　名　称	校内负责人	成立时间	批准部门
中科院重点实验室	中国科学院天然免疫与慢性疾病重点实验室	田志刚	2014.8	中国科学院
	中国科学院城市污染物转化重点实验室(联合)	俞汉青	2014.8	中国科学院
	中国科学院微观磁共振重点实验室	杜江峰	2016.8	中国科学院
其他	中国科学院热安全工程技术研究中心	张和平	1998.7	中国科学院
	中国科学院强磁场科学中心(联合)	俞书宏	2008.4	中国科学院
	中国科学院太阳能光热综合利用研究示范中心	季　杰	2009.7	中国科学院
	中国科学院国家数学与交叉科学中心——合肥分中心	李嘉禹	2010.11	中国科学院
	中国科学院量子技术与应用研究中心	潘建伟	2011.5	中国科学院

省部级科研机构

序号	名　　称	负责人	成立时间	批准部门
1	多媒体计算与通信教育部——微软重点实验室	李卫平	2004.11	教育部
2	高性能计算安徽省重点实验室	陈国良	1999.12	安徽省科技厅
3	分子医学安徽省重点实验室	田志刚	2002.12	安徽省科技厅
4	光电子科学与技术安徽省重点实验室	刘　文	2002.12	安徽省科技厅
5	计算与通讯软件安徽省重点实验室	王煦法	2005.2	安徽省科技厅
6	生物质洁净能源安徽省重点实验室	傅　尧	2006.12	安徽省科技厅
7	细胞动力学与化学生物学安徽省重点实验室	姚雪彪	2008.11	安徽省科技厅
8	大数据分析与应用安徽省重点实验室	陈恩红	2017.3	安徽省科技厅
9	极地环境与全球变化安徽省重点实验室	谢周清	2017.3	安徽省科技厅
10	安徽省生物质能源工程技术研究中心	傅　尧	2007.6	安徽省科技厅

续表

序号	名　　称	负责人	成立时间	批准部门
11	安徽省污水处理工程技术研究中心	俞汉青	2009.9	安徽省科技厅
12	安徽省量子信息工程技术研究中心	陈增兵	2011.3	安徽省科技厅
13	安徽省高校人文社科重点研究基地——科学传播研究与发展中心	汤书昆	2003.1	安徽省教育厅
14	先进功能材料安徽省重点实验室	陈初升	2004.8	安徽省教育厅
15	物理电子学安徽省重点实验室	安　琪	2004.11	安徽省教育厅
16	网络传播系统与控制安徽省重点实验室	朱　明	2007.8	安徽省教育厅
17	生物技术药物安徽省工程技术研究中心	田志刚	2007.8	安徽省教育厅
18	无线网络通信安徽省重点实验室	卫　国	2008.1	安徽省教育厅
19	安徽省高校人文社科重点研究基地——工商管理创新研究中心	刘志迎	2013.1	安徽省教育厅
20	安徽省高校人文社科重点研究基地——科技史与文物研究中心	石云里	2013.1	安徽省教育厅
21	城市公共安全协同创新中心	张和平	2013.11	安徽省教育厅
22	先进技术与产业协同创新中心	李卫平	2013.11	安徽省教育厅
23	微电子与光电子技术研究院	刘　文	2013.11	安徽省教育厅
24	安徽省医药生物研究院	肖卫华	2013.11	安徽省教育厅
25	先进核聚变能和等离子体科学协同创新中心	李建刚	2014.8	安徽省教育厅
26	安徽大数据应用协同创新中心	陈恩红	2014.8	安徽省教育厅
27	安徽省语音及语言技术工程实验室	刘庆峰	2009.8	安徽省发改委
28	安徽省先进功能高分子薄膜工程实验室	李良彬	2017.8	安徽省发改委
29	安徽省废水资源化利用工程实验室	俞汉青	2017.8	安徽省发改委

校级科研机构

所系联合实验室			
序号	实验室名称	成立时间	联合共建单位
1	星系和宇宙学联合实验室	2005.1	中国科学院上海天文台
2	核探测技术与核电子学联合实验室	2005.4	中国科学院高能物理研究所

续表

序号	实验室名称	成立时间	联合共建单位
3	化学物理联合实验室	2005.6	中国科学院大连化学物理研究所
4	智能科学与技术联合实验室	2005.7	中国科学院沈阳自动化研究所
5	蛋白质科学联合实验室	2005.7	中国科学院生物物理研究所
6	网络与通信联合实验室	2005.9	中国科学院沈阳计算技术研究所
7	绿色合成化学联合实验室	2005.11	中国科学院上海有机化学研究所
8	数学物理联合实验室	2005.12	中国科学院武汉物理与数学研究所
9	科技传播研究所	2006.2	中国科学院科学时报社
10	强子物理研究中心	2006.3	兰州重离子国家实验室
11	网络传播系统与控制联合实验室	2006.11	中国科学院声学研究所
12	新能源材料联合实验室	2007.4	中国科学院上海硅酸盐研究所
13	无机固体联合实验室	2007.5	中国科学院福建物质结构研究所
14	高分子薄膜与溶液联合实验室	2007.9	中国科学院长春应用化学研究所
15	分析化学研究伙伴小组	2008.1	中国科学院长春应用化学研究所
16	超精密控制与系统联合实验室	2010.5	中国科学院长春光机所
17	微纳电子系统集成研究中心	2010.9	中国科学院微电子所
18	环境污染控制联合实验室	2012.1	中国科学院城市环境研究所
19	生物质催化转化联合实验室	2013.12	中国科学院广州能源研究所
20	量子生物物理联合实验室	2014.10	中国科学院生物物理研究所
21	天然活性多肽联合实验室	2015.3	中国科学院昆明动物研究所
22	超导量子器件与量子信息联合实验室	2015.10	中科院上海微系统与信息技术研究所
校企联合实验室			
1	科大华为信息技术研究所	1997.5	深圳华为技术有限公司
2	中国科学技术大学-SHINCRON先进薄膜工艺与材料联合实验室	2003.12	日本SHINCRON公司
3	中国科大-黄山永佳膜技术与膜材料联合研发中心	2012.5	黄山永佳(集团)有限公司
4	中国科学院-阿里巴巴量子计算实验室	2015.7	阿里巴巴集团
5	未来网络联合实验室	2017.4	光载无限(北京)科技有限公司
6	中国科大-瑞达生命科技联合研究中心	2017.6	安徽瑞达投资集团有限公司

续表

序号	实验室名称	成立时间	联合共建单位
7	环境资源与健康研究中心	2017.7	安徽中烟工业有限责任公司
学校设立科研机构			
序号	名称	成立时间	挂靠单位
1	数学研究所	1978.1	数学学院
2	自然科学史研究室	1980.12	人文与社会科学学院
3	天体物理研究中心	1984.1	物理学院
4	信息处理中心	1988.9	信息科学技术学院
5	非线性科学中心	1992.4	物理学院
6	超精密技术研究所	1992.4	工程科学学院
7	工业自动化研究所	1992.4	信息科学技术学院
8	生物医学工程研究所	1992.11	信息科学技术学院
9	智能信息技术研究所	1992.11	信息科学技术学院
10	科技法学研究室	1992.11	管理学院
11	儿童弱视和斜视研究治疗中心	1993.6	校医院
12	信号统计处理中心	1993.9	信息科学技术学院
13	统计研究所	1993.9	管理学院
14	理论物理研究所	1994.4	物理学院
15	材料化学与膜技术研究所	1994.12	化学与材料科学学院
16	石油天然气研究中心	1994.12	地球和空间科学学院
17	微波毫米波工程研究中心	1996.10	信息科学技术学院
18	科技考古实验室	1996.10	人文与社会科学学院
19	国际经济研究所	1996.11	管理学院
20	极地环境研究室	1999.5	地球和空间科学学院
21	辐化技术研究所	1999.10	化学与材料科学学院
22	免疫学研究所	2001.10	生命科学学院
23	烟草与健康研究中心	2002.2	化学与材料科学学院
24	交叉学科理论研究中心	2002.5	物理学院
25	知识管理研究所	2002.9	人文与社会科学学院
26	科学传播研究与发展中心	2006.11	人文与社会科学学院

续表

序号	实验室名称	成立时间	联合共建单位
27	粒子科学与技术研究中心	2009.7	物理学院
28	高速流动与推进研究中心	2009.7	工程科学学院
29	CFC 金融信息研究中心	2009.7	管理学院
30	可持续发展与创新研究中心	2010.2	管理学院
31	燃烧研究中心	2010.2	国家同步辐射实验室
32	磁约束聚变堆总体设计研究中心	2011.3	核科学技术学院
33	地震与地球内部物理实验室	2012.9	地球和空间科学学院
34	中国科学技术大学医学中心	2012.12	独立机构
35	量子材料物理实验室	2013.5	物理学院
36	生物医学工程中心	2013.5	中国科学技术大学医学中心
37	未来网络实验室	2013.5	中国科学技术大学先进技术研究院
38	无线光通信与网络研究中心	2013.12	信息科学技术学院
39	服务科学与技术实验室	2013.12	管理学院

年度获批重大重点项目(课题)一览表

项目类别	项　目　名　称	负责人	获批经费(万元)
科技部 国家重点研发计划	中国聚变工程实验堆集成工程设计研究	宋云涛	18420
	天地一体化广域量子通信网络技术	彭承志	11184
	具有量子纠错和存储功能的多超导量子比特集成系统	朱晓波	5298
	固体量子存储器	李传锋	4751
	着丝粒蛋白质机器调控细胞命运抉择的分子机制	姚雪彪	3230
	先进能源材料表界面能量转换过程的多维度原位同步辐射研究	韦世强	3057
	局域场下受限小量子体系的量子调控	罗　毅	2814
	新型二维层状非常规超导体的探索与机理研究	陈仙辉	2800
	国家棉麻、粮食物资储备库安全保障技术与装备研发	胡　源	2700

续表

项目类别	项 目 名 称	负责人	获批经费（万元）
科技部 国家重点研发计划	基于加速器光源的高通量物性与结构原位表征	陆轻铀	2583
	大数据驱动的类人智能感知与情感交互关键技术	吴 枫	2133
	上转换单光子探测器和 InGaAs/InP 雪崩二极管单光子探测器	张 军	1600
	无线接入安全研究	杨盘隆	1184
	原子晶体结构的空间和时间分辨谱学研究	曾华凌	1033
	活细胞中重要功能蛋白质结构与互作研究	刘扬中	920
	碳基能源转化催化机理原位研究平台	朱俊发	743
	电极、电解质表界面相互作用及原位表征	王功名	677
	原子层厚二维纳米材料的制备及其表面配位位点的调控	熊宇杰	649
	调控肿瘤微环境的纳米药物设计与制备	尤业字	644
	基于固态自旋体系的高精度量子测量	孙方稳	633
	细胞周期中染色质动态变化对干细胞干性的调控机制	光寿红	558
	单分子器件基础物性的理论模拟和新奇功能设计	朱文光	542
	基于里德堡原子量子信息的实验研究	丁冬生	485
	高温稠密等离子体状态 5 倍频汤姆逊诊断关键技术研究	郑 坚	469
	室温超长相干时间单自旋制备的实验研究	王 亚	465
	原子尺度纳米催化剂的结构调控及小分子高效活化研究	吴宇恩	460
	可见光收发模块和系统设计	金显庆	385
科技部 国家重点研发计划	蛋白晶体衍射数据处理和相位解析新方法研究	牛立文	380
	新型智能处理计算机体系结构-智能算法的共性范式	唐 珂	349
	面向大规模异质工业互联网终端的高效安全自适应互联技术	张 兰	298
	煤经合成气直接高效转化的科学基础	李微雪	216
	多模态反腐案例特征发现与腐败案件发展态势预判	陈欢欢	189.2
	磁共振图像引导多粒子联合适形调强的蒙特卡洛模拟与验证	陈 志	163
	高温熔融金属泄露流淌快速耐火阻隔技术及装备	张启兴	150

续表

项目类别	项 目 名 称	负责人	获批经费（万元）
基金委国家重大科研仪器研制项目	原子阱氪、氩同位素定年装置	卢征天	3884.2
	基于大数据的微反应情感分析仪器	陈恩红	845
	分子的电子贴附解离高分辨谱仪	田善喜	587
基金委重大项目	局域场下的高分辨分子成像及化学精准测量	罗 毅	1685.5
	钙钛矿材料多功能原理及其耦合新效应	李晓光	1588
	局域场光学成像技术与精准测量	董振超	377.5
	视网膜光感受器损伤的修复与重建研究	薛 天	305
	地壳的高分辨率成像与孕震构造背景	刘 斌	294.5
基金委联合基金	空间尺度量子力学基本问题检验研究	印 娟	700
	空间量子密钥分发体制验证及其应用	廖胜凯	700
	远距离量子态传输与操控研究	任继刚	700
	空间量子信道传输特性与机制研究	彭承志	700
	DAMPE 卫星 BGO 量能器高精度能量测量方法研究	黄光顺	300
	α-酮戊二酸依赖酶的时间分辨晶体学研究	龚为民	260
	应用同步辐射软 X 射线谱学技术原位研究 Cu 基双金属催化剂的结构及其催化反应机理	朱俊发	260
	BESIII 上 2-3GeV 能区重子结构和 phi(2170)实验研究	鄢文标	230
	揭示金属膜蛋白动态特性的强磁场多频电子自旋共振设备搭建和新技术	田长麟	230
	星地量子密钥分发的军民融合组网研究	陈宇翱	180
	基于量子科学实验卫星平台的时频传递研究	张 强	180
基金委重大研究计划	合成气（CO 和 H_2）和甲烷在金属氧化物表面的活化机制和碳链增长反应机理	黄伟新	350
	全脑尺度神经环路快速三维显微成像与数据处理新技术	毕国强	300
	基于精准靶向神经环路的非药物治疗难治性抑郁症的基础与临床研究	张 智	200
	炎症小体通过监控肠道微生态调控肠道上皮内淋巴细胞稳态的作用和机制研究	周荣斌	200
	脑衰老及其向神经退行性病变转化机制的战略调查研究	申 勇	200

续表

项目类别	项 目 名 称	负责人	获批经费（万元）
基金委重点项目	结晶、玻璃化以及有序和无序的关联	徐 宁	330
	量子相干性的资源化理论及实验研究	黄运锋	330
	位置灵敏探测器信号读出电子学的关键技术研究	王永纲	330
	利用约束性模拟研究星系形成历史和生态环境	王慧元	310
	有机不饱和体系的硼化官能化	傅 尧	300
	轻质、抗疲劳纳米结构单元组装弹性体的构筑和应用研究	俞书宏	300
	废水生物处理过程中微生物代谢产物的作用机制与调控原理	盛国平	300
	社会运作管理理论、方法和应用	毕功兵	245
基金委国际（地区）合作与交流项目	RHIC 第二期束流能量扫描中手征相变和 QGP 特性研究	唐泽波	300
	选择加氢反应氧化物催化剂	黄伟新	251.5
	面向碱性燃料电池的阴离子交换膜材料设计及性能调控	徐铜文	243
	新型杂化等级结构材料的类超分子模板仿生合成、介观晶体的形成机理与电催化性能研究	俞书宏	223.22
	基于真空平板 PV/T 集热和 ORC 热力循环的太阳能冷热电联供系统研究	裴 刚	198
	金属原子掺杂的 sp2 碳纳米材料：合成、结构和面向能量存储与转换的电化学性质	季恒星	196
	肝脏特有 NK 细胞的进一步验证与功能研究	田志刚	166.03
基金委海外及港澳学者合作研究基金	地壳岩浆活动中的镁同位素分馏及其意义——以喜马拉雅地区典型岩石为例	滕方振	180
基金委面上项目	剪切增稠胶的力学行为与作用机理研究	龚兴龙	118
中科院院长基金	超导量子计算机研制	潘建伟	3000
中科院前沿科学重点研究项目	对撞机上暗物质和超出标准模型新物理的寻找	赵政国	500
	新型二维半导体材料探索及量子特性研究	陈仙辉	500
	智能波形设计及其应用	李 荐	300
	地球环境演化和现代气溶胶形成机理的氧、硫同位素制约	沈延安	300
	纳米催化的晶相和稳定性调控	李微雪	300

续表

项目类别	项 目 名 称	负责人	获批经费（万元）
中科院创新仪器研制项目	室温大气纳米磁成像关键技术研发团队	杜江峰	500
中科院战略性先导科技专项B	高温超导材料及磁体技术应用研究	陈仙辉	400
	深海超高清三维/全景视频实时低损压缩存储系统	吴 枫	200
	非均质材料微纳结构设计与调控研究	倪 勇	149.84
	病原体免疫应答与免疫逃逸-基于免疫卡控点的HBV免疫耐受新机制	田志刚	125
中科院其他	量子科学实验卫星运行经费	彭承志	300
其他部委	火星磁强计	张铁龙	2055
	川滇地区公共速度模型建构	姚华建	200
发改委	子午工程2017年度运行合同	窦贤康	100
	焦面光纤定位系统运行维护（2017年度）	褚家如	100

年度职务专利授权一览表

序号	专利（申请）名称	类型	专 利 号	授权日	发明人
1	一种热塑性弹体及其制备方法	发明专利	ZL201410160775.5	20170111	王志刚 蒋 峰
2	一种微纳功能材料生长方法及其量子点电池应用	发明专利	ZL201410053141.X	20170201	吴以治 许小亮
3	一种高精度荧光寿命测量装置	发明专利	ZL201310589730.5	20170111	陈 耕 李传锋 唐建顺
4	一种纳米薄膜的测量方法及装置	发明专利	ZL201310743478.9	20170111	张增明 宫俊波 代如成 王中平 丁泽军
5	一种机器人自主导引及避障的方法	发明专利	ZL201310595900.0	20170118	靳国强 陈小平 程 敏
6	一种多源地理空间信息关联模型的构建方法及系统	发明专利	ZL201310428926.6	20170125	熊 焰 王行甫 汪 娜 刘士琛 万寿红

续表

序号	专利(申请)名称	类型	专　利　号	授权日	发明人
7	基于光子到达时间的无偏高速量子随机数发生器	发明专利	ZL201310743453.9	20170201	张　军　潘建伟
8	一种酚醛树脂气凝胶的制备方法	发明专利	ZL201510456331.0	20170201	俞书宏　于志龙
9	基于移动社交网络节点社会特性的机会路由行为建模方法	发明专利	ZL201310626892.1	20170125	张四海　钱　岑　秦晓卫　周武旸
10	一种洁净化学气体和细水雾联合作用的灭火系统	发明专利	ZL201310694651.0	20170104	倪小敏　张少刚　赵　媚　王喜世　张和平
11	一种采用可再生能源供电及节能方式的中继通信系统	发明专利	ZL201310627178.4	20170104	赵　明　赵　靓　任海豹　周武旸
12	一种将石墨烯薄膜转移到 TEM 铜网上的方法	发明专利	ZL201510145260.2	20170111	张梓晗　吕　鹏　杨秋云　王冠中
13	一种通信指纹的提取方法以及装置	发明专利	ZL201310118284.X	20170208	葛子毅　程绍银　蒋　凡　吕秀全　周志强
14	一种非常规气藏地层参数的获取方法及系统	发明专利	ZL201410383817.1	20170208	李道伦　张龙军　卢德唐
15	地层中低渗透率储层的视渗透率解释方法及系统	发明专利	ZL201410558826.X	20170215	卢德唐　刘　聪　李道伦
16	一种去除细胞悬浮液中低温保护剂的装置及方法	发明专利	ZL201510046418.0	20170222	丁卫平　唐方琼　龚良泉　邹丽丽　高大勇　周晓明
17	基于 X 射线几何投影莫尔条纹的精密位移测量装置及方法	发明专利	ZL201410153744.7	20170104	吴自玉　王圣浩　王志立　高　昆　韩华杰　张　灿　杨　蒙
18	一种合成西那卡塞的方法	发明专利	ZL201510181537.7	20170111	傅　尧　付明臣　尚　睿　成万民
19	一种面积可控的水下仿生推进装置	发明专利	ZL201510044965.5	20170222	张世武　杨懿琨　刘　波　秦丰华　许　旻
20	一种基于全数字化技术的束流位置和相位测量系统及方法	发明专利	ZL201410440504.5	20170201	赵　雷　高兴顺　胡晓芳　刘树彬　安　琪

续表

序号	专利(申请)名称	类型	专利号	授权日	发明人
21	一种连续变量量子密钥分配系统侦听方法	发明专利	ZL201410060893.9	20170201	王双 黄靖正 银振强 陈巍 李宏伟 周政 何德勇 韩正甫 郭光灿
22	基于微镜扫描的微悬臂梁阵列生化传感装置及方法	发明专利	ZL201210551559.4	20170215	张青川 邬林 程腾
23	一种耐高温熔体的 LIBS 接触式探头	实用新型	ZL201620565833.7	20170208	潘从元 曾强 费腾 王秋平 王声波
24	一种泡沫灭火训练装置	实用新型	ZL201620333521.3	20170208	王宝伟 陆守香 何其泽
25	一种铜基贵金属催化剂、其制备方法与应用	发明专利	ZL201510282878.3	20170301	俞书宏 傅棋琪 李会会
26	低渗透率储层的固有渗透率解释方法及系统	发明专利	ZL201410604819.9	20170301	李道伦 刘聪 卢德唐
27	一种电热致动器及其形成方法	发明专利	ZL201510020763.7	20170301	孟超 黄璞 周经纬 杜江峰
28	一种改性非绝缘体纳米线及其制备方法、组装膜和器件	发明专利	ZL201510397226.4	20170308	俞书宏 曹付虎 张传玲
29	一种具有交换偏置效应的单相氧化物多铁陶瓷及其制备方法	发明专利	ZL201510140125.9	20170308	陆亚林 黄妍 彭冉冉 傅正平 翟晓芳
30	一种工作在软 X 射线波段的并联平场光栅及其设计方法	发明专利	ZL201310307159.3	20170322	刘正坤 王庆博 陈火耀 邱克强 付绍军
31	一种适用于车式移动机器人的室内区域覆盖方法	发明专利	ZL201510127993.3	20170322	陈宗海 孙建 王鹏 张启彬
32	一种正交错位光纤光栅的刻写装置和刻写方法	发明专利	ZL201410198562.1	20170322	张晓强 王安廷 许立新 顾春
33	基于大景深条带图像投影的弯曲粗糙表面缺陷鉴别方法	发明专利	ZL201410773348.4	20170322	王克逸 王玉伟 闫佩正 卢钰
34	一种具有温度气压自动补偿的 CO_2 气体浓度监测装置及方法	发明专利	ZL201410770815.8	20170322	赵建华 方丽丽
35	一种基于 CO_2 气体浓度监测的飞机火警探测装置及方法	发明专利	ZL201410770606.3	20170322	赵建华 方丽丽

续表

序号	专利(申请)名称	类型	专　利　号	授权日	发明人
36	基于 ST 段损伤向量罗盘的心肌血液扇区显示与定位方法	发明专利	ZL201310723918.4	20170315	蔡莎莎　杨　圣　蒋依秦　张韶宇
37	自动纠偏的无后处理量子随机数产生装置及方法	发明专利	ZL201410383773.2	20170322	王　坚　王建民　张鸿飞
38	由有机材料催化热解制备含氮芳香性化合物的方法	发明专利	ZL201380001008.3	20170322	张　颖　徐禄江　姚　倩
39	用于宽动态范围中子通量监测的动态标定系统级方法	发明专利	ZL201310052304.8	20170322	阴泽杰　李世平　徐修峰　杨青巍　杨进蔚
40	超支化触发式自降解聚合物	发明专利	ZL201510289701.6	20170322	刘世勇　刘固寰
41	制备铜锡硫或铜锡硫硒薄膜的方法	发明专利	ZL201510354656.8	20170322	朱长飞　王亚光　李建民　刘伟丰　江国顺
42	一种形状可控的水下仿生推进装置	发明专利	ZL201510054420.2	20170308	张世武　杨懿琨　刘　波　秦丰华　许　旻
43	一种合成布替萘芬的方法	发明专利	ZL201510181611.5	20170301	傅　尧　付明臣　尚　睿　成万民
44	一种基于 3-羟基-4-吡啶酮类化合物的高分子铁(Ⅲ)螯合剂及其制备方法	发明专利	ZL201510395532.4	20170301	张兴元　李军配　杨　树　罗伯特·海德　孔小乐　文森索·阿巴特　张国庆
45	一种基于宽度优先搜索的多天线系统并行检测方法	发明专利	ZL201410139513.0	20170301	范阿冬　秦晓卫　戴旭初
46	一种具有压电增强结构的含铋压电材料及其制备方法	发明专利	ZL201410735030.7	20170301	初宝进　周万丰
47	一种基于保偏光纤形成双腔 F-P 干涉仪的激光频移探测方法和设备	发明专利	ZL201410370824.8	20170111	夏海云　上官明佳　窦贤康　王　冲　裘家伟
48	一种具有延期功能的单向传爆门元件及其使用方法	发明专利	ZL201410044055.2	20170111	马宏昊　王　飞　沈兆武　李雪交　任丽杰

续表

序号	专利(申请)名称	类型	专利号	授权日	发明人
49	一种基于肌肉协同的步行能力计算方法和装置	发明专利	ZL201410136557.8	20170111	刘玲 李飞 陈香
50	一种基于形状记忆合金-柔体复合结构的柔性操作手	发明专利	ZL201510250616.9	20170111	董二宝 金虎 苏夏 许旻 杨杰
51	一种含氟均相阴离子交换膜及其制备方法	发明专利	ZL201410735427.6	20170111	徐铜文 冉瑾
52	一种外界风作用下腔室火灾模拟实验装置	发明专利	ZL201410043871.1	20170118	纪杰 李林杰 原向勇 李开源 范传刚 付艳云 李曼 万华仙
53	一种不同形貌的 Au/TiO_2 纳米晶催化剂及其应用	发明专利	ZL201410335913.9	20170118	黄伟新 陈士龙
54	一种双流体细水雾喷头	发明专利	ZL201410390452.5	20170118	秦俊 费芹 冯明辉 韩雪
55	一种爆炸法堵孔方法	发明专利	ZL201510357338.7	20170118	马宏昊 王飞 沈兆武 李战军 崔晓荣 林谋金 崔宇
56	一种双流体喷射细水雾灭火枪	发明专利	ZL201410088126.9	20170201	秦俊 李雨农 韩郁翀 陶骏骏 韩雪 冯明辉
57	一种优化隧道火灾中竖井自然排烟效果的设计方法	发明专利	ZL201410436595.5	20170201	纪杰 范传刚 原向勇 高子鹤
58	燕尾槽金属板间隙配合界面复合的方法	发明专利	ZL201410415828.3	20170201	马宏昊 李雪交 沈兆武 薛冰 王鲁庆
59	激光雷达多通道接收光路高速斩光装置	发明专利	ZL201410109232.0	20170125	方欣 李陶 窦贤康
60	五角星形 Au-Cu 合金纳米晶体的制备方法及由其制备的产品	发明专利	ZL201410280731.6	20170125	何嵘 张卓群 汪友程 曾杰
61	一种聚烯烃微孔隔膜的制备方法	发明专利	ZL201510130733.1	20170125	李良彬 李薛宇 林元菲 孟令蒲 陈晓伟 张瑞 张前磊
62	一种基于分层感知的目标检索方法	发明专利	ZL201310311320.4	20170208	陈宗海 项俊平 赵宇宙 郭明玮

续表

序号	专利(申请)名称	类型	专 利 号	授权日	发明人
63	一种利用木质素定向合成航空煤油芳香组分的方法	发明专利	ZL201410413266.9	20170215	李全新 毕培燕 张雅静 汪继聪 姜沛文 吴小平
64	一种无光学迷宫的点型光散射式感烟探测器及信号处理方法	发明专利	ZL201410344735.6	20170215	张永明 韩 玲 林高华 王进军 方 俊
65	实时温控微型样品室	发明专利	ZL201410539238.1	20170215	李 迪 李银妹 呼新尧 周金华
66	高催化活性抗积碳阳极材料及其制备方法	发明专利	ZL201410265802.5	20170215	彭冉冉 陆亚林 汪志全 王振斌 杨征辉
67	一种长时间持续测量高热流密度的热流计	发明专利	ZL201410137019.0	20170215	程文龙 夏雨婷 谢 标
68	一种基于逐行梯度拟合的 MRI 非均匀场估计方法	发明专利	ZL201410778958.3	20170222	凌 强 李朝辉 李 峰
69	基于显微成像的图像灰度测量颗粒粒径的方法	发明专利	ZL201410685961.0	20170222	周金华 李 迪 李银妹 钟敏成 王自强
70	一种基于光学俘获的颗粒粒径检测方法	发明专利	ZL201410685965.9	20170222	周金华 李 迪 李银妹 钟敏成 王自强
71	一种锂系电池储能单元消防系统	发明专利	ZL201410217016.8	20170301	王青松 段强领 伍 科 邵光正 李勇琦 孙金华 陈 满
72	一种电磁及光电测试多功能样品杆	发明专利	ZL201410438358.2	20170301	郝飞翔 杨盛玮 张大龙 董思宁 李晓光
73	一种室内定位的方法及系统	发明专利	ZL201410299873.7	20170301	黄文超 熊 焰 王行甫
74	一种车牌图像去模糊的方法及系统	发明专利	ZL201410355699.3	20170215	李厚强 卢庆博 周文罡
75	三维流体物理动画引擎的实现方法及装置	发明专利	ZL201310654810.4	20170301	董兰芳 汪锦想
76	一种新型太阳能冰箱	实用新型	ZL201620681937.4	20170118	裴 刚 曹静宇 胡名科 王其梁 季 杰

续表

序号	专利(申请)名称	类型	专利号	授权日	发明人
77	太阳能双系统冰箱	实用新型	ZL201620681893.5	20170118	裴刚 曹静宇 胡名科 高广涛 季杰
78	一种多功能的光谱选择性封装材料	实用新型	ZL201620681565.5	20170118	裴刚 胡名科 曹静宇 赵斌 季杰
79	一种高效的反硝化厌氧甲烷氧化与厌氧氨氧化混合微生物体系的共培养方法	发明专利	ZL201310455062.7	20170329	曾建雄 付亮 夏修阳 丁兆威 丁静 刘静静
80	一种双能 X 射线相位衬度成像装置及其实现方法	发明专利	ZL201410384492.9	20170329	吴自玉 王圣浩 胡仁芳 韩华杰 张灿 王志立 高昆
81	一种基于 FPGA 的时间数字变换器	发明专利	ZL201510076606.8	20170329	王永纲 刘冲
82	GaAs/AlGaAs 半导体异质结结构体及其制作方法	发明专利	ZL201410231897.9	20170329	李海欧 郭国平 尤杰 曹刚 肖明 郭光灿
83	具有多孔高电阻层的薄膜太阳能电池	发明专利	ZL201410553193.3	20170329	张振宇 王德亮 王子文 沈凯
84	一种转基因鱼自动构建装置	发明专利	ZL201510088542.3	20170329	黄玉斌 胡兵
85	自由活动动物实验连接线解旋装置	发明专利	ZL201510109725.9	20170329	陈伟恒 何雪松 李飞 董二宝 刘北明 毕国强
86	大位阻二亚胺钯催化剂及其配体、制备方法和用途	发明专利	ZL201510358285.0	20170412	陈昶乐 代胜瑜 隋学林
87	用于冷冻光电关联显微成像的方法和装置	发明专利	ZL201410490390.5	20170412	毕国强 周正洪 何继中 陶长路 徐程 刘云涛
88	一种由点云直接重建三维曲面的方法	发明专利	ZL201410479451.8	20170412	张举勇 熊诗尧 刘利刚
89	X 射线光栅相位衬度成像中摩尔条纹的识别方法及装置	发明专利	ZL201410840694.X	20170412	吴自玉 韩华杰 王圣浩 张灿 杨萌 王志立 高昆
90	一种具有反铁磁层间耦合的磁性多层膜及其制备方法	发明专利	ZL201510428403.0	20170412	吴文彬 陈斌斌 徐浩然

续表

序号	专利(申请)名称	类型	专利号	授权日	发明人
91	一种酶响应聚合物及其制备方法和应用	发明专利	ZL201510237278.5	20170419	刘世勇 李亚民
92	一种用于固体推进剂燃速/燃温的测试装置	实用新型	ZL201621058583.4	20170412	张和平 张丹 陆松 曹承阳
93	一种应用于高层建筑的送风系统	实用新型	ZL201620907551.0	20170412	纪杰 周腾蛟 高子鹤 杨立中 姚斌 李曼 原向勇 张林鹤
94	一种高层建筑楼梯间加压送风挡烟系统	实用新型	ZL201620909881.3	20170329	纪杰 李曼 原向勇 高子鹤 杨立中 万华仙
95	表面等离激元共振法测量液体折射率的实验专用样品池	实用新型	ZL201621050178.8	20170412	朱玲 张权 代如成 谢宁 郑虹
96	一种基于太阳能建筑的建筑材料热物性数据库系统	发明专利	ZL201310176142.9	20170329	何立群 季杰
97	一种基于多尺度噪声调节的随机共振方法	发明专利	ZL201310723637.9	20170329	何清波 王俊 潘媛媛
98	一种基于本地文件的评论和互动系统及方法	发明专利	ZL201410126606.X	20170329	何亮 刘淇 谭昶 陈恩红
99	一种基于 Haar-like 特征的司机面部特征快速检测方法	发明专利	ZL201410163867.9	20170329	凌强 李佳桐 李峰
100	一种超疏水磁性海绵的制备方法	发明专利	ZL201410341581.5	20170503	陈乾旺 闫楠 汪芳
101	一种用于锅炉全自动燃烧控制装置	发明专利	ZL201410428313.7	20170503	汪箭 丁超 周德闯
102	一种灭火用旋射流细水雾喷头	发明专利	ZL201410735470.2	20170503	王喜世 王志刚 朱培
103	一种基于拉应力岩土爆破方法	发明专利	ZL201610029750.0	20170503	马宏昊 洪泳 沈兆武 任丽杰 陈海军 赵凯 郑航
104	一种胶体隔热保护结构及其制备方法与应用	发明专利	ZL201410738225.7	20170412	马宏昊 王飞 沈兆武 赵凯 任丽杰 王鲁庆

续表

序号	专利(申请)名称	类型	专利号	授权日	发明人
105	一种利用生物油合成航空煤油环烷烃和芳烃组分的方法	发明专利	ZL201410723188.2	20170412	李全新 毕培燕 汪继聪 张雅静 姜沛汶 吴小平
106	一种提高异养下微藻脂肪酸产率的方法	发明专利	ZL201410427641.5	20170510	曾建雄 申晓菲 夏修阳 储菲菲 余世金 胡昊
107	基于金属纳米光栅的微偏振片阵列及其制备方法	发明专利	ZL201310030339.1	20170503	张青川 张志刚 赵旸 程腾 伍小平
108	一种基于 FPGA 的时间数字变换器	发明专利	ZL201510076290.2	20170503	王永纲 刘冲
109	一种柔软透气的电极薄膜材料、触觉传感器及其制备方法	发明专利	ZL201510306997.8	20170503	徐春叶 李保章 郑建明
110	一种提高铁电氧化物材料的挠曲电效应的方法	发明专利	ZL201410834912.9	20170503	初宝进 周万丰
111	一种用于电子顺磁共振探头的远程调谐装置	发明专利	ZL201510087378.4	20170503	代映秋 蒋振 荣星 杜江峰
112	一种可存储高维量子态的固态量子存储装置	发明专利	ZL201510159078.2	20170503	周宗权 李传锋 郭光灿
113	一种重心坐标的构建方法	发明专利	ZL201410482229.3	20170503	张举勇 邓柏林 刘子舜 刘利刚
114	一种中频捷变的全光纤相干测风激光雷达系统	发明专利	ZL201510080765.5	20170419	夏海云 贾晓东 窦贤康 王冲 上官明佳 裘家伟
115	一种曲线拟合的处理方法	发明专利	ZL201310177697.5	20170419	王磊 卢德唐 李道伦
116	一种量子随机数产生方法及装置	发明专利	ZL201410413268.8	20170419	王坚 张鸿飞 谢天宇 王建民
117	一种空间错位视觉损伤的模拟方法及系统	发明专利	ZL201410418326.6	20170419	周逸峰 王潇潇
118	一种实时的多模态医学图像融合方法	发明专利	ZL201410427772.3	20170419	汪增福 刘羽
119	一种发音器官三维建模方法	发明专利	ZL201410597249.5	20170419	於俊 江辰 罗常伟 李睿 汪增福

续表

序号	专利(申请)名称	类型	专 利 号	授权日	发明人
120	微波凝视关联成像系统中时空随机辐射场的远场测量方法	发明专利	ZL201510067466.8	20170419	王东进 田 超 郭圆月 陈卫东 刘 波 孟青泉
121	一种蜂窝网中多中继分配与中继功率分配方法及系统	发明专利	ZL201310496360.0	20170503	张 玥 张 峰 张文逸
122	一种可形变物体的高真实感动画合成方法	发明专利	ZL201410313358.X	20170503	罗常伟 汪增福 於 俊
123	一种基于强度关联的微波凝视高分辨成像方法	发明专利	ZL201510052108.X	20170503	郭圆月 王东进 陆广华 刘发林 孟青泉 刘 波
124	一种适用于非视距散射通信的光电收发器件	发明专利	ZL201510023990.5	20170503	李上宾 徐正元 邹荻凡
125	微波凝视关联成像系统的随机辐射阵元排布定量表征方法	发明专利	ZL201510066892.X	20170503	王东进 孟青泉 郭圆月 陆广华 刘 波 田 超
126	一种微波凝视关联成像随机辐射阵元空间排布的优化方法	发明专利	ZL201510066895.3	20170503	王东进 孟青泉 刘发林 郭圆月 田 超 刘 波
127	一种基于时分-波分复用的瑞利-钠激光雷达集成方法和系统	发明专利	ZL201510160707.3	20170503	窦贤康 王 冲 夏海云 薛向辉 上官明佳 裘家伟
128	一种基于偏振复用的直接探测测风激光雷达	发明专利	ZL201510172766.2	20170503	夏海云 上官明佳 窦贤康 王 冲 裘家伟 舒志峰 薛向辉
129	一种采用旋转电刷结构的动力锂电池组均衡系统	发明专利	ZL201510277980.4	20170503	陈宗海 刘 畅 张陈斌 唐晓鹏
130	一种细水雾幕喷头	实用新型	ZL201621044614.0	20170329	王喜世 缪志伟 朱 培
131	一种刚度可控的水下仿生推进装置	实用新型	ZL201621080400.9	20170426	张世武 杨懿琨 王二龙 李卫华 孙帅帅
132	一种嵌段阳离子型水性聚氨酯铁(Ⅲ)螯合物的制备方法	发明专利	ZL201510357255.8	20170517	张兴元 李军配 杨 树 张国庆

续表

序号	专利(申请)名称	类型	专利号	授权日	发明人
133	一种低复杂度最小距离收发信端编译码构建方法	发明专利	ZL201410090543.7	20170517	许小东 陈志勇
134	工业机器人抓取过程的动态避障系统及其方法	发明专利	ZL201610613977.X	20170517	尚伟伟 杜爽 张驰 丛爽
135	一种含有磷杂菲基团的阻燃二元醇及其制备方法	发明专利	ZL201510044245.9	20170517	张兴元 贺晨 李军配 徐路路
136	一种适用于物理层多播多流数据传输的收发端构建方法	发明专利	ZL201410091203.6	20170510	张子龙 许小东
137	一种分析探针、其制备方法和用途	发明专利	ZL201310356349.4	20170503	崔华 刘孟晓 张宏丽 舒江南
138	一种双功能化氧化石墨烯复合材料、其制备方法和用途	发明专利	ZL201410625470.7	20170125	崔华 刘晓英
139	一种黏性指进现象模拟方法及装置	发明专利	ZL201410498252.1	20170531	卢德唐 田伟 李道伦
140	一种用于研究卵细胞的微装置及显微镜系统	发明专利	ZL201510016969.2	20170531	赵刚 蒋振东 刘威 章志国 白雪飞
141	一种聚二甲基丙烯酸乙二醇酯微球的制备方法	发明专利	ZL201510025871.3	20170531	汪谟贞 陈金星 葛学武
142	一种层状钙钛矿型纳米片、其制备方法、择优取向的层状钙钛矿型陶瓷材料及其制备方法	发明专利	ZL201510096914.7	20170531	陆亚林 傅正平 李晓宁
143	一种陶瓷材料及其制备方法	发明专利	ZL201510633261.1	20170531	陆亚林 孙书杰 刘长辉 彭冉冉 傅正平
144	一种生物电化学法耦合植物修复含铬废水处理系统及方法	发明专利	ZL201510304909.0	20170503	盛国平 努扎艾提·艾比布 俞汉青 王允坤
145	CdTe薄膜太阳电池的背接触结构、其制备方法与CdTe薄膜太阳电池	发明专利	ZL201511030285.4	20170503	王德亮 李珣 沈凯
146	一种实时无损检测与定量调控材料微波制备过程的装置	发明专利	ZL201410640445.6	20170616	许峰 董博 胡小方 肖宇
147	一种用于研究环境风条件下保温材料火蔓延的实验装置	发明专利	ZL201510282066.9	20170419	张和平 柳爱静 程旭东 杨晖 李开源

续表

序号	专利(申请)名称	类型	专　利　号	授权日	发明人
148	一种针对建筑外墙防火结构及其性能的模拟实验装置	发明专利	ZL201510133068.1	20170609	张和平　侯亚楠　李开源　程旭东　胡隆华
149	一种含磷含氮阻燃多元醇及其制备方法	发明专利	ZL201610573323.9	20170616	胡伟兆　马　超　宋　磊　胡　源　汪碧波
150	一种将二氧化碳及水蒸气混合气直接转化为富含甲烷的气体的管式结构及其制备方法和应用	发明专利	ZL201510716084.3	20170616	夏长荣　李一航　陈　龙
151	一种基于策略选择的联合编解码方法	发明专利	ZL201310392717.0	20170616	李　旭　尹华锐　卫　国
152	一种有机改性二硫化钼纳米片的制备方法	发明专利	ZL201610224150.X	20170616	胡兆伟　邢伟义　冯夏明　宋　磊　胡　源
153	一种热接触式制备纳米孔洞石墨烯的方法	发明专利	ZL201510465231.4	20170616	杨秋云　张梓晗　祝　巍　王冠中
154	二维碳氮单晶合金及其制备方法	发明专利	ZL201310557207.4	20170616	曾长淦　张振宇　张　汇　崔　萍
155	木糖醇高温高产工程菌株的构建及应用	发明专利	ZL201410727487.3	20170616	洪　洞　张　佳
156	一种边缘引导和结构约束的全波形反演快速方法	发明专利	ZL201510309007.6	20170531	向世明　张海江
157	光纤-聚合物探头温度传感器及其制备方法	发明专利	ZL201410317071.4	20170531	张玉娟　张其锦
158	一种用于 X 射线光栅相位衬度成像的背景扣除方法	发明专利	ZL201510012249.9	20170531	王圣浩　吴自玉　张　灿　杨　萌　韩华杰　高　昆　王志立
159	一种基于凝胶作用固定大高宽比微纳结构的方法	发明专利	ZL201610218534.0	20170531	刘　刚　陈　楠　熊　瑛　张晓波　田扬超　陆亚林
160	一种宽带全集成锁相环频率综合器	发明专利	ZL201410428339.1	20170517	张吉利　黄　森　王子谦　王陈銮　朱　光　刁盛锡　林福江
161	一种采用有源跨导增强和噪声抵消技术的差分低功耗低噪声放大器	发明专利	ZL201410431317.0	20170517	张　蓉　孙景业　刁盛锡　傅忠谦　林福江

续表

序号	专利(申请)名称	类型	专利号	授权日	发明人
162	一种基于十字检测的栅格状雷达检测方法	发明专利	ZL201410393513.3	20170517	凌强 杜彬彬 李峰
163	一种基于金属薄膜 SPR 色散的图像化测量装置和测量方法	发明专利	ZL201410853476.X	20170517	雷欣瑞 鲁拥华 王沛
164	一种芯片编程工具	发明专利	ZL201310250388.6	20170606	张和平 付阳阳 陆松 王洁
165	一种永久性液态微球样品室	发明专利	ZL201410539240.9	20170606	李迪 李银妹 周金华 呼新尧
166	一种基于视频分析与搜索聚合的城市商铺信息库自动构建系统及方法	发明专利	ZL201410391136.X	20170616	朱明 雷鸣
167	一种卷曲键盘制备方法	发明专利	ZL201410159122.5	20170616	许星星 王中平 王庆 周洁 徐策 张增明
168	基于视频的烟气流速场、湍流度场实验测量装置及方法	发明专利	ZL201510222312.1	20170531	张永明 贾阳 林高华 方俊 王进军
169	一种与建筑相结合的可控蓄热式太阳能空气集热器	发明专利	ZL201510408518.3	20170531	何伟 洪晓强 余本东 罗炳庆
170	一种双向限位的柔性鳍-腿推进装置	实用新型	ZL201621240771.9	20170616	张世武 钟斌 周佑丞 方涛 许旻
171	一种环境风作用下高层建筑立体火行为模拟实验装置	实用新型	ZL201621101762.1	20170616	任飞 胡隆华 孙协鹏 邝辰 陆勇 尚峰举 张晓磊
172	一种基于大数据的城市区域智能停车场导航和管理平台	实用新型	ZL201620932468.9	20170609	丁超 陈钦佩
173	一种基于曲柄滑块结构的双尾鳍仿生机器鱼	实用新型	ZL201621099575.4	20170531	张世武 李校祥 钱云 朱靖 秦丰华 杨基明
174	一种锂离子电池热失控实验装置	实用新型	ZL201620459703.5	20170609	荣路清 付阳阳 陆松 张和平
175	氮掺杂多壁碳纳米管及其制备方法	发明专利	ZL201510358452.1	20170616	俞书宏 马涛 从怀萍 陈庆霞

续表

序号	专利(申请)名称	类型	专利号	授权日	发明人
176	一种人工肝体外工作平台	发明专利	ZL201510046429.9	20170616	丁卫平 刘婧 邹丽丽 唐方琼 梁程 朱兴霞
177	光纤温度传感器及其制备方法	发明专利	ZL201410167876.5	20170616	张玉娟 张其锦
178	一种超高分子量聚乙烯多孔纤维及其制备方法	发明专利	ZL201510160662.X	20170627	李良彬 曹田 刘红利 李静 吕飞 万彩霞
179	一种铜纳米线提纯装置	实用新型	ZL201621306887.8	20170616	俞书宏 傅棋琪 李玉达
180	一种雨团识别及其特征参数的构建方法和装置	发明专利	ZL201510482235.3	20170711	陈逸伦 傅云飞 张昇祺
181	一种摄像头曝光时间的调节方法	发明专利	ZL201410126244.4	20170711	凌强 李佳桐 李峰 邓思斌
182	交通枢纽港站中的出租车长短途自动分流的方法及系统	发明专利	ZL201510409387.0	20170711	李俊 孙奇 刘锐
183	一种场编码模式的多参考场快速运动估计方法及系统	发明专利	ZL201410249609.2	20170718	陈方栋 张金雷 李厚强 王峰
184	一种分布式移动管理架构下数据传输的方法	发明专利	ZL201410182287.4	20170714	薛开平 倪丹 田野 沈烁 吴义镇
185	一种桶形环状辐射加热条件下的阻燃电缆竖直燃烧性能测试装置	发明专利	ZL201510465195.1	20170627	谢启源 龚泰 罗圣峰 赵劲飞 姜羲
186	一种基于往复丝杠机构的多鱼鳍推进装置	实用新型	ZL201621265676.4	20170627	张世武 廖攀
187	一种基于草图的场景图像检索方法	发明专利	ZL201310726931.5	20170627	陈雪锦 张孝 谈建超 侯丹彤
188	一种浮动集成成像立体显示装置	实用新型	ZL201720018973.7	20170728	王梓 王安廷 刘博远 明海
189	一种烟雾粒子消光及散射特性测量装置	实用新型	ZL201621241679.4	20170728	张和平 郑荣 陆松 程元
190	一种高超声速进气道自起动能力检测装置	实用新型	ZL201720053829.7	20170829	李祝飞 詹东文 黄蓉 杨基明
191	一种负载金纳米粒子的石墨烯气凝胶及其制备方法	发明专利	ZL201510726521.X	20170829	葛学武 王维康 汪谟贞

续表

序号	专利(申请)名称	类型	专利号	授权日	发明人
192	一种复合催化剂、其制备方法和木质素的解聚方法	发明专利	ZL201510490715.4	20170829	李文志 杜志杰 马巧智 徐志平 吴昊
193	一种加氢催化剂及其制备方法	发明专利	ZL201510338004.5	20170829	黄伟新 丁良兵 路军岭 易洪
194	一种电子顺磁共振探头以及检测方法	发明专利	ZL201610260238.7	20170711	杜江峰 蒋振 荣星 秦熙 石致富
195	一种多孔金属及其制备方法	发明专利	ZL201610073096.3	20170711	纵旭 丁瑞艮 蔺杰 顾建强 高建峰 陈初升
196	一种赤铁矿亚微米颗粒的制备方法	发明专利	ZL201610093693.2	20170725	俞书宏 刘洋溢
197	二硒化钴纳米带组装球、其制备方法及其应用	发明专利	ZL201510578454.1	20170725	俞书宏 郑亚荣 高敏锐
198	一种熔石英表面处理的装置及方法	发明专利	ZL201510275557.0	20170725	刘颖 蒋晓龙 刘正坤 邱克强 徐向东 洪义麟 付绍军
199	一种偶氮亲水化合物及其制备方法和用途	发明专利	ZL201510311843.8	20170627	张兴元 彭腾 李军配 周操 许飞
200	一种偶氮嵌段阳离子水性聚氨酯的制备方法	发明专利	ZL201510357240.1	20170711	张兴元 李军配 王怀伟 杨树 张国庆
201	一种双季铵侧长链型阴离子交换膜的制备方法	发明专利	ZL201410554107.0	20170728	徐铜文 贺玉彬
202	一种锰酸镧/半导体金属氧化物复合气敏材料及其制备方法	发明专利	ZL201510379161.0	20170728	易建新 纪磊 张赫 陈冬冬 刘卫 姜羲
203	一种二硒化钴修饰碳纤维复合材料及其制备方法和应用	发明专利	ZL201410706177.3	20170728	俞书宏 郑亚荣 高敏锐
204	一种可同时发荧光和磷光的双发射型水性聚氨酯的制备方法	发明专利	ZL201510311812.2	20170728	张兴元 周操 李发萍 张国庆 李军配 徐栋 戎佳萌 孙伟

续表

序号	专利(申请)名称	类型	专利号	授权日	发明人
205	一种能快速单盘修复的存储系统构建方法	发明专利	ZL201510223908.3	20170728	许胤龙 王能 吴思 梁杰 邹懋
206	一种基于图像梯度拟合的 MRI 非均匀场估计方法	发明专利	ZL201410779041.5	20170627	凌强 李朝辉 李峰
207	一种基于人脸检索的不良视频智能检测方法	发明专利	ZL201410214938.3	20170627	朱明 沈旭东 孙永录
208	一种基于数字噪声耦合技术的 Δ-Σ 调制器	发明专利	ZL201410153826.1	20170711	贺林 张云程 龙芳 林福江
209	一种聚变堆热室清洗废气氧化分离净化再生利用方法及装置	发明专利	ZL201610028767.4	20170725	龚正 宋云涛
210	一种带多级 Cache 的 SIMD 众核处理器上的稀疏矩阵存储方法	发明专利	ZL201510091269.X	20170725	韩文廷 张爱民 江霞 安虹 陈俊仕 孙荪
211	一种可用于粉尘和高温环境的激光诱导击穿光谱测量系统及应用	发明专利	ZL201410207134.0	20170725	王秋平 潘从元 杜学维 曾强 王声波
212	一种软件定义网络中基于地址替换的移动管理系统	发明专利	ZL201410317804.4	20170725	薛开平 殷静 洪佩琳 卢汉成
213	一种全自动的基于单幅图像的三维场景构建方法	发明专利	ZL201410340189.9	20170725	陈雪锦 王贵杭 胡思宇
214	一种具有原位测量效果的可拆除式独立真空腔体	发明专利	ZL201410578813.9	20170728	孔帅 孙喆 崔胜涛 居赛龙 张国斌
215	任务数目和性能感知的可重构多核处理器的资源分配方法	发明专利	ZL201410610548.8	20170728	安虹 高晓川 王涛 邱晓杰 韩文廷 张爱民
216	一种利用相向摩擦力压制成的叠堆压电马达	发明专利	ZL201410127166.X	20170728	郭颖 陆轻铀
217	一种用于实现均匀无散斑照明的激光投影光源	发明专利	ZL201510304927.9	20170728	马晓辉 崔哲 王安廷 明海
218	一种链路层协议数据类型识别的方法	发明专利	ZL201410286298.7	20170728	薛开平 余林浩 王和洲 洪佩琳
219	一种低温宽频带低噪声放大器	发明专利	ZL201410735258.6	20170728	郭国平 郑智雄 李海鸥 曹刚 肖明 郭光灿

续表

序号	专利(申请)名称	类型	专　利　号	授权日	发明人
220	森林火灾现场扑救队员生存环境安全监测与报警装置	发明专利	ZL201510059063.9	20170728	王海晖　胡国庆　龚存昊　尹成龙
221	一种基于熵和灰关联度的室内环境特征提取方法	发明专利	ZL201510161001.9	20170728	陈宗海　屈薇薇　王　鹏
222	一种基于 MapReduce 的增量计算方法	发明专利	ZL201410577293.X	20170725	孙广中　刘惠民　周英华
223	一种核燃料棒与中心冷却热管的嵌套一体化结构	发明专利	ZL201510188176.9	20170725	赵　辉　陈红丽
224	一种基于弧形足-蹼装换机构的两栖推进复合腿	发明专利	ZL201510455981.3	20170725	张世武　周佑丞　钟　斌　方　涛　许　旻
225	具有周期性纳米结构的雪崩光电二极管	发明专利	ZL201610623546.1	20170728	江　晓　张　强　臧　凯　马　健　丁　迅　霍秩杰　喻宗夫　詹姆斯·S·哈里斯　潘建伟
226	利用循环放大体系构建一种灵敏检测的通用方法	发明专利	ZL201510289746.3	20170728	刘世勇　刘固寰
227	一种构型可控地合成 2-(4-硝基)丁酰基吡啶氮-氧化合物的方法	发明专利	ZL201510220751.9	20170728	汪志勇　李丽君　张　胜
228	一种基于量子点的可级联纠缠光源及远程量子通讯系统	发明专利	ZL201510552098.6	20170829	何力新　王建平　龚　明　郭光灿
229	特异性抗人上皮细胞黏附分子(EpCAM)的单克隆抗体的制备、鉴定及应用	发明专利	ZL201310231680.3	20170829	魏海明　范晓蕾　郑小虎　田志刚　孙　汭
230	一种制备 2,5-呋喃二甲酸酯的方法	发明专利	ZL201410453425.8	20170829	傅　尧　崔敏姝　邓　晋　石　景　杜一平
231	一种物体轮廓的测量系统及方法	发明专利	ZL201510088953.2	20170829	张世武　王旭东　许　旻　梁　旭　陈　卓
232	一种合成吡贝地尔的方法	发明专利	ZL201510181730.0	20170829	傅　尧　付明臣　尚　睿　成万民
233	一种用于制备可回收的反蛋白石型聚四氟乙烯多孔膜的方法	发明专利	ZL201510297483.0	20170829	葛学武　王运龙　汪谟贞

续表

序号	专利(申请)名称	类型	专利号	授权日	发明人
234	一种DNA催化循环网络诱导的DNA-纳米金组装方法及其在单碱基突变检测中的应用	发明专利	ZL201510350472.4	20170829	梁好均 姚东宝 肖石燕 宋廷结
235	一种基于多级透析法清除细胞低温保护剂的微装置	实用新型	ZL201621333981.2	20170711	丁卫平 邹丽丽 康玉峰 刘婧 刘娟娟 邱本胜
236	一种去除细胞低温保护剂的微装置	实用新型	ZL201621339924.5	20170711	丁卫平 康玉峰 邹丽丽 刘婧 李成盼 承韶晖
237	一种视频数据高效编码的方法	发明专利	ZL201310654825.0	20170829	董兰芳 王建富
238	一种驾驶员视线方向的检测方法	发明专利	ZL201410103324.8	20170829	李峰 李佳桐 凌强
239	一种三维流固单向耦合的实现方法及系统	发明专利	ZL201410553159.6	20170829	董兰芳 章恒
240	一种基于云平台的信息安全攻防教学系统	发明专利	ZL201510039220.X	20170829	王扬品 蒋凡 徐欣 姜晓璇 辛涛
241	核电站安全壳表面的冷却水膜覆盖率自动检测装置及方法	发明专利	ZL201510274211.9	20170829	李为民 李晓峰 李艳
242	一种动目标微波凝视关联成像的方法	发明专利	ZL201510312017.5	20170829	陆广华 张海龙 王东进 陈卫东 周凌云 刘发林 陈畅 孟青泉 罗春生 骆皓月 朱景涛 关剑 刘波 张健霖
243	高精度单电机传动激光雷达三维扫描仪	发明专利	ZL201510454959.7	20170829	夏海云 王冲 舒志峰 上官明佳 窦贤康 薛向辉 裘家伟
244	一种干涉系统及其多层干涉仪、单层干涉仪、条状干涉仪	实用新型	ZL201720138701.0	20170929	苏祖恩 陆朝阳 王辉 贺煜 庄思源 潘建伟
245	一种基于双面爆炸焊接的防护罩及装药结构	实用新型	ZL201720013125.7	20170829	马宏昊 杨明 沈兆武 王波 陈海军

续表

序号	专利(申请)名称	类型	专　利　号	授权日	发明人
246	一种可模拟不同尺寸、形状气体火源的多孔燃烧器组合模块	实用新型	ZL201720022003.4	20170829	纪　杰　万华仙 高子鹤　原向勇 王浩波　李　曼
247	一种热荷载和风荷载耦合作用下玻璃破裂测试装置	实用新型	ZL201621207743.7	20170829	王青松　王　禹 陆　伟　孙金华
248	一种耦合机械通风的房间-走廊开口火溢流模拟实验装置	实用新型	ZL201720108948.8	20170929	孙协鹏　胡隆华 任　飞　胡开智
249	一种固体材料逆流火焰蔓延前锋空间位置自动驻定装置	实用新型	ZL201621195896.4	20170929	谢启源　唐心奕
250	一种基于超高频 RFID 应用的 6 位 360°有源移相器	发明专利	ZL201510227625.6	20170929	王云阵　朱　煜 邓　莎　刁盛锡 林福江
251	一种压力传感器及其制备方法	发明专利	ZL201510434560.2	20170908	朱芸松　潘　楠 王晓平
252	一种基于特异 Smith-Purcell 效应的太赫兹辐射源	发明专利	ZL201610220733.5	20170929	刘维浩　陆亚林 贾启卡
253	一种聚变堆热室清洗废气变压吸附净化再生利用方法及装置	发明专利	ZL201610028817.9	20171003	龚　正　宋云涛
254	一种基于社交网络的隐私保护系统及方法	发明专利	ZL201410317811.4	20171003	俞能海　张卫明 姚远志　张　卓 包震坤
255	一种基于拉瓦尔喷管的爆炸二级管	发明专利	ZL201610030868.5	20171003	马宏昊　崔　宇 沈兆武　王鲁庆 陈海军
256	一种聚变堆热室清洗废气深冷精馏净化再生利用方法及装置	发明专利	ZL201610028790.3	20171003	龚　正　宋云涛
257	一种基于 OpenFlow 的流媒体云透明服务装置	发明专利	ZL201410663798.8	20171003	王子磊　姜同全 奚宏生
258	一种聚变堆热室内清洗去污方法及装置	发明专利	ZL201610028799.4	20171003	龚　正　宋云涛
259	一种 CdTe 薄膜制备方法及包含其的 CdTe 太阳能电池	发明专利	ZL201510104753.1	20171003	王德亮　沈　凯 白治中
260	FPGA 实现的单通道信号脉宽高精度测量方法和装置	发明专利	ZL201510547317.1	20171003	曹　平　范欢欢 安　琪　刘树彬

续表

序号	专利(申请)名称	类型	专利号	授权日	发明人
261	一种基于 Aharonov-Anandan 几何相的金刚石色心陀螺仪及角速度测量方法	发明专利	ZL201510125470.5	20171003	浮建伟 代映秋 荣星 杜江峰
262	用于制备表面为特定晶面的单晶空间取向调控方法和装置	发明专利	ZL201510364164.7	20171003	陈艳霞 郑勇力 魏杰 廖铃文
263	一种智能电网通信中精细上行资源调度方法	发明专利	ZL201410091009.8	20171013	杨坚 朱锐意 郭经红 张浩
264	一种柔性管状波动的仿生推进器	实用新型	ZL201720101476.3	20171024	高东奇 刘寸宇 秦丰华 王彤 张世武
265	一种分布式个性化推荐方法及系统	发明专利	ZL201410225857.3	20171027	王雷 况亚萍 夏磊 张成晨
266	多屏运动与内容协同变化的新媒体广告实现系统及方法	发明专利	ZL201410360754.8	20171003	朱明 王振法
267	一种用于戒烟的便携式经颅直流电刺激系统	发明专利	ZL201410597221.1	20171003	张效初 杨立状 张隆华
268	一种多线程高性能 http 代理实现方法及系统	发明专利	ZL201410619737.1	20171003	陆世亮 朱明
269	一种高线性度宽带巴伦低噪声放大器	发明专利	ZL201510073198.0	20171003	黄东 刁盛锡 林福江
270	一种用于氚增殖剂球床热导率的测量平台	发明专利	ZL201510106712.6	20171003	杨万里 赵平辉 金成 李远杰 李佳
271	一种提高机器人路径规划效率的室内地图构建方法	发明专利	ZL201510140528.3	20171003	陈赢峰 陈小平
272	一种快速测量表面红外半球发射率的装置和方法	发明专利	ZL201510262777.X	20171003	徐斌 魏俊
273	一种基于双波长单接收通道的转动拉曼测温激光雷达	发明专利	ZL201510536323.7	20171003	上官明佳 夏海云 窦贤康 薛向辉 王冲 裘家伟
274	数字微镜设备与多面棱镜结合的多光束干涉光刻方法	发明专利	ZL201511017157.6	20170929	崔辰静 鲁拥华 王沛
275	一种基于可见光的室内定位方法及系统	发明专利	ZL201410299901.5	20170929	胡益清 熊焰 黄文超 王行甫

续表

序号	专利(申请)名称	类型	专利号	授权日	发明人
276	一种纳米线及其制备方法	发明专利	ZL201510443877.2	20171003	杨晴 张莉
277	一种压电振子	发明专利	ZL201510315555.X	20171003	龚立娇 冯志华 潘巧生
278	溢油回收装置	实用新型	ZL201720201963.7	20171003	俞书宏 赵浩雨 施露安 葛进
279	一种光学超分辨显微成像系统	实用新型	ZL201621342086.7	20171003	陈向东 孙方稳 郭光灿
280	一种涂布微纳颗粒的设备	实用新型	ZL201621257604.5	20171031	郑瑜 孙方稳 郭光灿
281	一种含磷含席夫碱结构阻燃剂及其制备方法	发明专利	ZL201610550149.6	20171031	胡伟兆 侯雁北 宋磊 胡源 阚永春
282	一种用于光催化有氧偶联的缺陷态三氧化钨的制备方法	发明专利	ZL201610430182.5	20171031	熊宇杰 张宁
283	一种荧光型水性聚氨酯丙烯酸酯的制备方法	发明专利	ZL201510357905.9	20171010	张兴元 王怀伟 李军配 贺晨 李发萍
284	一种基于双斜面偏转关节的机器鱼	发明专利	ZL201510250572.X	20171107	董二宝 黄贺 刘春山 杨杰
285	一种基于光学俘获的原位校准压电平台位移的方法	发明专利	ZL201410685964.4	20171107	周金华 李迪 李银妹 钟敏成 王自强
286	一种二维反射式超声波风速风向仪及测量方法	发明专利	ZL201510218835.9	20171107	康宇 崔凌云 陈守胜 胡峰 李泽瑞
287	基于非偏振分光棱镜的 F-P 标准具瑞利散射多普勒鉴频装置	发明专利	ZL201510213672.5	20171027	郑俊 孙东松 窦贤康 韩於利 赵若灿 李建阅 周颖捷
288	一种基于光栅对耦合激发 BSW 实现无衍射光束的光学芯片	实用新型	ZL201720292385.2	20171031	王茹雪 张斗国 朱良富 邱冬 向益峰 王沛 明海
289	应用于超算中心的即插式喷雾冷却装置	实用新型	ZL201621274854.X	20170531	程文龙 陈华 章玮玮 彭钰航

续表

序号	专利(申请)名称	类型	专利号	授权日	发明人
290	一种用于在线分析固体燃料热解的大气压光电离质谱装置	实用新型	ZL201621138313.4	20170531	潘洋 李亚敏 刘成园 文武 杨玖重 朱亚楠 许鸣皋
291	一种太阳能光伏发电-辐射制冷的综合装置	实用新型	ZL201621335034.7	20170627	裴刚 赵斌 胡名科 敖显泽 黄小娜
292	具有两级蓄热水罐的直膨式太阳能热电联供系统	实用新型	ZL201621326924.1	20170627	李晶 裴刚 高广涛 王其梁 季杰
293	一种双涂层太阳能高温真空集热管	实用新型	ZL201621327064.3	20170725	裴刚 杨洪伦 王其梁 黄小娜 李晶 高广涛
294	具有散热机构的密闭式户外通信机柜	实用新型	ZL201720034588.1	20170728	刘珊珊 吕松 孙炜 胡灯运 胡中停 罗炳庆
295	一种多功能的光谱选择性封装材料	发明专利	ZL201610508040.6	20170829	裴刚 胡名科 曹静宇 赵斌 季杰
296	一种带透明遮热板的高温真空集热管	实用新型	ZL201621326890.6	20170829	裴刚 黄小娜 王其梁 杨洪伦 赵斌 李晶
297	一种槽式太阳能高温真空集热管	实用新型	ZL201621327038.0	20170829	裴刚 王其梁 黄小娜 杨洪伦 李晶 高广涛
298	一种用于超临界流体热力循环中的变流道换热器	实用新型	ZL201720086956.7	20171003	程文龙 丁淼 刘建 黄雯旭
299	一种主被动复合的太阳能炕采暖系统	实用新型	ZL201720348241.4	20171124	季杰 赵东升 庾汉成
300	一种 Hadoop 平台时序数据增量计算方法及系统	发明专利	ZL201410456262.9	20171107	孙广中 王丹
301	一种三维自锁模型的生成方法	发明专利	ZL201410664520.2	20171107	宋鹏 刘利刚
302	云环境下基于三维点云模型的图像预测方法、系统及装置	发明专利	ZL201510130242.7	20171107	刘东 邵曈 李厚强
303	基于大气压等离子体喷管的并行无掩模扫描微纳米加工装置和方法	发明专利	ZL201610296788.4	20171107	文莉 戴一川

续表

序号	专利(申请)名称	类型	专利号	授权日	发明人
304	一种新型非简并窄带纠缠源	发明专利	ZL201510431726.5	20171103	王健 黄运锋 李传锋 郭光灿
305	一种单色光可调比例偏振无关分束器	发明专利	ZL201510379067.5	20171103	胡晓敏 柳必恒 黄运锋 李传锋 郭光灿
306	一种个人行为数据匿名化方法及系统	发明专利	ZL201410727902.5	20171103	孙广中 魏燊 周英华
307	一种非等间距螺旋管相变蓄热器	实用新型	ZL201720271233.4	20171031	胡芃 章高伟
308	辐射式无线电能传输系统中交互过程状态定义及转换方法	发明专利	ZL201510639755.0	20171031	杨坚 谢金森 蔡委哲 吴晓民 邓理淙
309	一种基于双分辨率的特征量化方法及系统	发明专利	ZL201410787600.7	20171031	周文罡 孙韶言 李厚强 田奇
310	一种高性能的人脸识别方法及系统	发明专利	ZL201410553184.4	20171031	董兰芳 任乐乐
311	拓扑可控的矢量纹理图案生成方法	发明专利	ZL201410835565.1	20171107	周世哲
312	一种金介导的近红外光热效应与自噬抑制剂联合杀伤肿瘤细胞的方法	发明专利	ZL201410545330.9	20171107	温龙平 魏鹏飞 张强 周伟 张云娇 梁朝朝 张力 石闪闪
313	一种无偏真随机数发生器及随机数生成方法	发明专利	ZL201410478930.8	20171107	陈巍 王双 王纺翔 王超 何德勇 银振强 周政 韩正甫 郭光灿
314	正负相移双金属波带片	发明专利	ZL201410219021.2	20171107	吴自玉 陈健 高昆 刘刚 王志立 胡仁芳
315	HEVC 无损视频编码的预测模式选择方法及相应的编码方法	发明专利	ZL201410609275.5	20171103	李厚强 陈方栋
316	基于芯片进行规模化快速制备单根寡核甘酸的方法	发明专利	ZL201510252872.1	20171107	洪洞 高晓连 李璐璐
317	用于无损视频编码的率失真优化方法及编码方法	发明专利	ZL201410606849.3	20171031	李厚强 陈方栋

续表

序号	专利(申请)名称	类型	专　利　号	授权日	发明人
318	碳酸钙-阿霉素-二氧化硅纳米颗粒及其制备方法	发明专利	ZL201510030542.8	20171107	俞书宏　杨思瑶　赵　阳
319	一种硅纳米材料的制备方法及应用	发明专利	ZL201510427602.X	20171107	钱逸泰　朱永春　林　宁
320	一种激波管	发明专利	ZL201611108879.7	20171107	詹东文　李祝飞　杨基明
321	一种激光雷达的发射光束方向初步调整垂直装置	实用新型	ZL201720237517.1	20171103	方　欣　陈廷娣　李　陶　窦贤康
322	一种超导微波纳米谐振腔	实用新型	ZL201720276021.5	20171103	郭国平　杨鑫鑫　贾志龙　孔伟成　段　鹏　薛光明
323	一种化学气相沉积系统	实用新型	ZL201720306140.0	20171103	郭国平　杨　晖　李海欧　曹　刚　肖　明　郭光灿
324	一种两亲性聚合物及其制备方法和应用	发明专利	ZL201510237260.5	20171103	刘世勇　李亚民
325	金纳米催化剂的制备方法及所获得的催化剂产品和应用	发明专利	ZL201410390181.3	20171124	汪志勇　唐　林　查正根
326	离子束抛光设备及应用其的离子束抛光方法	发明专利	ZL201510331466.4	20171124	吴丽翔　邱克强　曾思为　付绍军
327	三维离子速度聚焦影像的处理方法	发明专利	ZL201510346551.8	20171124	唐国强　吴向坤　周晓国　刘世林
328	基于电涡流传感器的导电膜厚度测量系统及方法	发明专利	ZL201410412326.5	20171128	冯志华　王洪波　李　伟　琚　斌
329	一种数据处理后置型的即时真随机信号发生器	发明专利	ZL201510815400.2	20171128	王轶韬　唐建顺　何德勇　李传锋　郭光灿
330	一种基于随机计算的离散余弦变换实现方法及系统	发明专利	ZL201410249646.3	20171128	张帅福　杨灿美
331	一种基于消防炮技术的控制灭火方法、装置及系统	发明专利	ZL201410777625.9	20171128	姚　斌　王文伟　石晓龙
332	一种减少计数损失的脉冲幅度测量电路及方法	发明专利	ZL201410821108.7	20171128	陈　炼　刘宇哲　梁福田　李　锋　金　革
333	一种基于差分隐私的直方图发布方法	发明专利	ZL201510237298.2	20171128	孙广中　李小康

续表

序号	专利(申请)名称	类型	专　利　号	授权日	发明人
334	一种心脏起搏器振动供能系统	发明专利	ZL201510267968.5	20171128	唐晓鹏　陈宗海
335	一种离子束刻蚀时的加工参数确定方法	发明专利	ZL201510408705.1	20171128	曾思为　吴丽翔　邱克强　付绍军
336	一种火灾防控系统	发明专利	ZL201510439011.4	20171128	姚　斌　刘炳海　刘申友　王文伟　石晓龙
337	用于仪器管理系统的刷卡控制器高效计费方法	发明专利	ZL201510468209.5	20171128	赵　伟　卢志强　罗昭锋　何海辉　胡　兵
338	一种测量级联辐射过程中最上能级非均匀展宽的装置	发明专利	ZL201510560493.9	20171128	邹　扬　孙永南　韩永建　李传锋　郭光灿
339	用于大面积GEM探测器安装制作的滑动式自张紧方法	发明专利	ZL201610309767.1	20171128	周　意　尤文豪　唐逸敏
340	一种“中国紫”和“中国蓝”颜料传统烧制方法	发明专利	ZL201310121341.X	20171124	秦　颍
341	一种研究液滴运动与碰撞过程变化规律的实验装置	发明专利	ZL201510266268.4	20171222	张永明　罗剑飞　赵兰明　赵恒泽　江　文　方　俊　王进军
342	一种旋转刻蚀角度来刻蚀光栅槽型的方法	发明专利	ZL201510751720.6	20171222	曾思为　吴丽翔　邱克强　刘正坤　付绍军
343	一种变间距光栅的近场全息-离子束刻蚀制备方法	发明专利	ZL201510988326.4	20171124	刘　颖　李媛芳　刘正坤　陈火耀　邱克强　徐向东　洪义麟　付绍军
344	隧道内移动式射流风机组合排烟装置及其方法	发明专利	ZL201510391662.0	20171215	吴振坤　周天念　陈钦佩　周德闯　汪　箭
345	一种飞秒激光加工多彩结构色的方法、加工系统及采集系统	发明专利	ZL201610327644.0	20171222	李国强　章　振　胡衍雷　吴　东　褚家如　黄文浩
346	一种模拟低压环境的材料燃烧实验装置	发明专利	ZL201610190981.X	20171222	胡兆伟　战　婧　胡　源　宋　磊
347	一种基于微管道冷却的形状记忆合金驱动器	发明专利	ZL201510250636.6	20171124	董二宝　苏　夏　金　虎　许　旻　杨　杰

续表

序号	专利(申请)名称	类型	专利号	授权日	发明人
348	一种基于多维度传感器的监控装置	实用新型	ZL201720402771.2	20171128	何晓业 王 巍 陈义华 张 强 黄晴晴 耿金华 张海艇
349	基于偏振分光镜的分光装置	实用新型	ZL201720375051.1	20171124	董天浩 顾 春 许立新 颜 珂 李 根 方昱玮 王 贯
350	一种与X射线散射联用的蠕变拉伸装置	实用新型	ZL201720307139.X	20171222	李良彬 鞠见竹 李 静 常家瑞 孟令蒲
351	一种火灾烟雾散射和消光特性测量装置	实用新型	ZL201621397056.6	20171222	张永明 刘 佳 张启兴 王 锋 王进军
352	一种用于时间比特-相位编码的解码装置	实用新型	ZL201720574670.3	20171222	陈腾云 方啸天 潘建伟
353	光致变色单体、其制备方法、两亲性聚合物、其制备方法与囊泡及其应用	发明专利	ZL201510783035.1	20171222	刘世勇 汪枭睿
354	一种挠曲电压电复合材料	发明专利	ZL201510532314.0	20171222	初宝进 周万丰 潘 祺 章小同 陈 攀
355	一种电致变色材料及其制备方法以及黑色电致变色材料及其制备方法	发明专利	ZL201610153786.X	20171222	徐春叶 翁 朵 郑建明
356	一种控制铁电单晶电致形变取向的方法	发明专利	ZL201510799427.7	20171222	罗震林 赵江涛 何 浩 杨远俊 高 琛
357	嵌入压电叠堆扰动的微液滴主动制备装置	实用新型	ZL201720578839.2	20171222	司 廷 黄芳胜 吴 强 朱志强 杨超宇
358	基于压电蜂鸣片扰动的微液滴主动制备装置	实用新型	ZL201720578342.0	20171222	司 廷 黄芳胜 吴 强 朱志强 杨超宇
359	一种基于纠错码与低轮AES的加密方法及系统	发明专利	ZL201510166284.6	20171222	金 西 彭 波 王天祺
360	基于10.6 μm激光变焦望远镜高压输电线垃圾清除系统	发明专利	ZL201610286608.4	20171222	舒志峰 窦贤康 夏海云 薛向辉 谷升阳

续表

序号	专利(申请)名称	类型	专利号	授权日	发明人
361	一种基于链路干扰的虚拟网络映射方法	发明专利	ZL201410660555.9	20171212	殷　磊　邱　玲
362	一种交联层层自组装阻燃涂层修饰的聚酯纤维及其制备方法	发明专利	ZL201610321337.1	20171212	胡兆伟　潘　颖　宋　磊　胡　源　汪碧波
363	一种云无线接入异构网下的动态频率复用方法	发明专利	ZL201410231928.0	20171222	赵　明　王楷为　周武旸
364	一种基于阴离子型偶氮亲水扩链剂的水性聚氨酯制备方法	发明专利	ZL201510311813.7	20171124	张兴元　李军配　李发萍　彭　腾　杨劲松
365	视频帧的错误隐藏方法及应用其的视频编码方法	发明专利	ZL201410613005.1	20171222	李厚强　张金雷
366	挠曲电压电材料	发明专利	ZL201410733770.7	20171222	初宝进　周万丰
367	DRDI 及其激动剂在制备治疗 NLRP3 炎症小体相关炎症性疾病药物中的用途	发明专利	ZL201410541635.2	20171222	周荣斌　江　维　闫宜青
368	一种拉力传感器的固定导向装置	发明专利	ZL201510076344.5	20171222	张世武　王旭东　许　旻　梁　旭　陈　卓
369	MC-ICP-MS 实验室温度控制系统及其使用方法	发明专利	ZL201510734862.1	20170822	康晋霆　殷皓铭　黄　方

年度科研成果获院、省、部级及以上奖励情况

奖励类别	项目名称	获奖等级	获奖人	备注
国家自然科学奖	聚合物/层状无机物纳米复合材料的火灾安全设计与阻燃机理	二等奖	胡　源　桂　宙　王　鑫　宋　磊　瞿保均	
国家自然科学奖	有机化合物结构性质关系及反应规律性	二等奖	刘　磊　傅　尧　郭庆祥	
安徽省科学技术奖	重大科技成就奖		谢　毅	

续表

奖励类别	项目名称	获奖等级	获奖人	备注
安徽省科学技术奖	暗物质粒子探测卫星核心探测器—BGO量能器	一等奖	安 琪 刘树彬 封常青 张云龙 胡一鸣 黄光顺 张志永 陈灯意 魏逸丰 沈仲弢	
安徽省科学技术奖	分布式决策环境下的数据包络分析理论与方法	一等奖	梁 樑 吴 杰 杨 锋 毕功兵 李勇军	
安徽省科学技术奖	视觉媒体的协同分析理论与方法	一等奖	汪 萌 洪日昌 查正军	我校为第2完成单位
安徽省科学技术奖	基于加合/配位驱动可控合成无机纳米功能材料	二等奖	宋乐新 滕 越 杨正坤 夏 娟	
安徽省科学技术奖	EDT1/HDG11基因介导的抗旱节水	二等奖	向成斌 余林辉 蔡晓腾 陈 曦 王士梅	
安徽省科学技术奖	磁约束聚变等离子体中快粒子与磁流体不稳定性的相互作用	二等奖	蔡辉山 李 定 王少杰	
安徽省科学技术奖	无线自组织网络路由算法与性能优化的研究	二等奖	张信明 张 辉	
安徽省科学技术奖	面向云数据灾备服务的运维服务综合管理系统	三等奖	刘胜军 谢 飞 刘贵全 耿焕同 陈圣兵 涂有德	我校为第2完成单位
安徽省科学技术奖	安徽省污染性天气监测评估与预测预报关键技术及应用	三等奖	石春娥 吴必文 张 红 王儒威 邓学良 张 浩	我校为第3完成单位
高等学校自然科学奖	高原低压低氧特殊环境下火灾扩散燃烧行为的基础理论研究	二等奖	胡隆华 杨立中 汪 箭 方 俊 陆守香 王 强	
高等学校自然科学奖	航空交通系统网络化协同调控理论与方法	一等奖	曹先彬 杜文博 胡茂彬 唐 珂 严 钢 凌 翔 蔡开泉 张 军	我校为第2完成单位
高等学校技术发明奖	高超声速飞行器高温结构主动冷却热防护与热测量技术	一等奖	姜培学 符泰然 汤龙生 祝银海 彭 威 程晓舫	我校为第3完成单位
高等学校自然科学奖	进化优化与学习共融的复杂优化问题求解理论与方法	二等奖	巩敦卫 陈欢欢 张 勇 瞿博阳 王改革 梁 静 郝国生 张建化	我校为第2完成单位

2004～2017 年科研成果入选国际重大科技进展(新闻)一览表

年份	项　目　名　称	完成人	类　　别
2004	Five-Photon Entanglement(五光子纠缠和终端开放的量子态隐形传输)	潘建伟 等	国际物理学重大进展(美国物理学会)
2004	Entanglement breaks new record(量子态隐形传输突破新纪录)	潘建伟 等	国际物理学重大进展(欧洲物理学会)
2006	Attack of the Teleclones(电子克隆的威胁)	潘建伟 等	国际物理学重大进展(美国物理学会)
2008	Slow but sure progress towards quantum computing(向量子计算迈进重要一步)	潘建伟 等	国际物理学重大进展(欧洲物理学会)
2008	New High-Temperature Superconductors(新型高温超导材料)	陈仙辉 等	年度十大科学进展(Science) 世界十大科技进展新闻
2012	Data teleportation: The quantum space race(数据隐形传输:量子太空竞赛)	潘建伟 等	年度十大新闻亮点(Nature)
2012	Quantum hops(量子跳跃)	潘建伟 等	2012 年度 25 项重大科技进展之一(Science news)
2013	Foiling Quantum Hackers	潘建伟 等	国际物理学重大进展(美国物理学会)
2015	Double quantum-teleportation milestone	潘建伟 等	国际物理学十大突破(欧洲物理学会)
2017	A quantum communications satellite proved its potential in 2017	潘建伟 等	Top ten science stories of 2017(Science News)
2017	Particle-free quantum communication is achieved in the lab	潘建伟 等	国际物理学十大突破(欧洲物理学会)

2004～2017 年科研成果入选国内重大科技进展(新闻)一览表

年份	项　目　名　称	完成人	类　　别
2004	五光子纠缠和终端未定量子隐形传态的实验实现	潘建伟 等	中国高等学校十大科技进展
2004	我国量子信息实验领域取得重大突破	潘建伟 杨　涛 等	中国十大科技进展新闻

续表

年份	项 目 名 称	完成人	类 别
2005	我国科学家成功实现首次单分子自旋态控制	侯建国 杨金龙 等	中国十大科技进展新闻
2005	中国科大在单分子选键化学研究领域获重大进展	侯建国 等	国内十大科技新闻
2005	我国实现国际最长距离实用光纤量子密码系统	郭光灿 等	国内十大科技新闻
2006	实现两粒子复合系统量子态的隐形传输	潘建伟 等	中国十大科技进展新闻
2006	在光纤通信中成功实现一种抗干扰的量子密码分配方案	潘建伟 等	中国基础科学研究十大新闻
2006	发现一种可有效通过皮肤传送大分子药物的透皮短肽	温龙平 等	中国基础科学研究十大新闻
2007	实现六光子薛定谔猫态	潘建伟 杨 涛 等	中国十大科技进展新闻
2007	光量子计算机的物理实现和算法应用	潘建伟 等	中国高等学校十大科技进展
2007	在多光子纠缠和光学量子计算的实验方面取得新进展	潘建伟 等	中国基础科学研究十大新闻
2008	量子中继器实验被完美实现	潘建伟 等	中国十大科技进展新闻
2008	新型铁基高温超导材料的发现及相图研究	陈仙辉 等	中国高校十大科技进展
2008	我科学家发现铁基高温超导材料	陈仙辉 等	国内十大科技新闻
2008	我科学家实现世界首个量子中继器	潘建伟 等	国内十大科技新闻
2008	铁基高温超导研究取得系列重要进展	陈仙辉 等	中国基础科学研究十大新闻
2009	量子计算研究获重大突破	杜江峰 等	中国十大科技进展新闻
2009	成功实现太阳能冶炼高纯硅	陈应天 等	中国十大科技进展新闻
2009	基于自旋的量子调控实验研究	杜江峰 等	中国高校十大科技进展
2009	双功能单分子器件的设计与实现	侯建国 等	中国高校十大科技进展
2010	实现 16 公里自由空间量子态隐形传输	潘建伟 等	中国十大科技进展新闻
2010	我科学家首次实现远距离自由空间量子态隐形传输	潘建伟 等	国内十大科技新闻
2010	实验实现最远距离自由空间量子隐形传态	潘建伟 等	中国科学十大进展

续表

年份	项 目 名 称	完成人	类 别
2011	中科大制备出八光子纠缠态,刷新世界纪录	李传锋 等	国内十大科技新闻
2012	可扩展量子信息处理获重大突破	潘建伟 等	中国十大科技进展新闻
2012	可扩展量子信息处理取得系列重要进展	潘建伟 等	中国科学十大进展
2013	实现最高分辨率单分子拉曼成像	董振超 等	中国十大科技进展新闻
2013	基于等离激元增强拉曼散射实现单分子化学成像	董振超 等	中国科学十大进展
2014	量子通信安全传输创世界纪录	潘建伟 等	中国十大科技进展新闻
2015	首次实现多自由度量子隐形传态	潘建伟 等	中国十大科技进展新闻
2015	实现单光子多自由度量子隐形传态	潘建伟 等	中国科学十大进展
2015	实现对单个蛋白质分子的磁共振探测	杜江峰 等	中国科学十大进展
2015	纳米尺度量子精密测量	杜江峰 等	中国高校十大科技进展
2015	中科大首次成功实现“单光子多自由度量子隐形传态”	潘建伟 等	国际/国内十大科技新闻
2016	成功发射世界首颗量子科学实验卫星“墨子号”	潘建伟 等	中国十大科技进展新闻
2016	研制出将二氧化碳高效清洁转化为液体燃料的新型钴基电催化剂	谢 毅 等	中国科学十大进展
2017	世界首台超越早期经典计算机的光量子计算机诞生	潘建伟 等	中国十大科技进展新闻
2017	量子通信“从理想王国走到现实王国”	潘建伟 等	中国十大科技进展新闻
2017	“悟空”发现疑似暗物质踪迹(我校参与)	安 琪 等	中国十大科技进展新闻
2017	实现星地千公里级量子纠缠和密钥分发及隐形传态	潘建伟 等	中国科学十大进展
2017	量子系统研发创纪录,中国实现星地量子通信	潘建伟 等	国际十大科技新闻
2017	“墨子号”实现星地量子通信	潘建伟 等	国内十大科技新闻

年度发表在《Science》《Nature》《Cell》及其子刊上的论文一览表

（第一署名单位或通讯单位）

论 文 名 称	期刊名	卷页年	作 者
Satellite-based entanglement distribution over 1200 kilometers	Science	Vol 356,1140(2017)	潘建伟 等
All-oxide-based synthetic antiferromagnets exhibiting layer-resolved magnetization reversal	Science	Vol 357,191(2017)	吴文彬 等
3.9 angstrom structure of the yeast Mec1-Ddc2 complex,a homolog of human ATR-ATRIP	Science	Vol 358,1206(2017)	蔡 刚 等
Electrotunable artificial molecules based on van der Waals heterostructures	Science Advances	Vol 3,(2017)	郭国平 等
Satellite-to-ground quantum key distribution	Nature	Vol 549,43(2017)	潘建伟 等
Ground-to-satellite quantum teleportation	Nature	Vol 549,70(2017)	潘建伟 等
Mass production of bulk artificial nacre with excellent mechanical properties	Nature Communications	Vol 8,287(2017)	倪 勇 等
Firefly-mimicking intensive and long-lasting chemiluminescence hydrogels	Nature Communications	Vol 8,1003(2017)	崔 华 等
Buildup of a highly twisted magnetic flux rope during a solar eruption	Nature Communications	Vol 8,1330(2017)	刘 睿 等
The microbiota maintain homeostasis of liver-resident gamma delta T-17 cells in a lipid antigen/CD1d-dependent manner	Nature Communications	Vol 8,13839(2017)	田志刚 等
The shape of telephone cord blisters	Nature Communications	Vol 8,14138(2017)	姜洪源 等
Bloch surface waves confined in one dimension with a single polymeric nanofibre	Nature Communications	Vol 8,14330(2017)	张斗国 等
Atomic layer confined vacancies for atomic-level insights into carbon dioxideelectroreduction	Nature Communications	Vol 8,14503(2017)	谢 毅 等
Prediction of intrinsic two-dimensional ferroelectrics in In2Se3 and other III2-VI3 van der Waals materials	Nature Communications	Vol 8,14956(2017)	朱文光 等
Ruthenium-cobalt nanoalloys encapsulated in nitrogen-doped graphene as active electrocatalysts for producing hydrogen in alkaline media	Nature Communications	Vol 8,14969(2017)	陈乾旺 等

续表

论 文 名 称	期刊名	卷页年	作 者
Cryo-EM structures of MERS-CoV and SARS-CoV spike glycoproteins reveal the dynamic receptor binding domains	Nature Communications	Vol 8,15092(2017)	Gao, George F. 等
Sub-nanometre control of the coherent interaction between a single molecule and a plasmonic nanocavity	Nature Communications	Vol 8,15225(2017)	董振超 等
Menin enhances c-Myc-mediated transcription to promote cancer progression	Nature Communications	Vol 8,15278(2017)	张华凤 等
Imaging metal-like monoclinic phase stabilized by surface coordination effect in vanadium dioxide nanobeam	Nature Communications	Vol 8,15561(2017)	吴长征 等
Combining photocatalytic hydrogen generation and capsule storage in graphene based sandwich structures	Nature Communications	Vol 8,16049(2017)	江 俊 等
Synthetic-lattice enabled all-optical devices based on orbital angular momentum of light	Nature Communications	Vol 8,16097(2017)	周正威 等
Seismological evidence for a localized mushy zone at the Earth's inner core boundary	Nature Communications	Vol 8,165(2017)	温联星 等
CLICs-dependent chloride efflux is an essential and proximal upstream event for NLRP3 inflammasome activation	Nature Communications	Vol 8,202(2017)	江 维 等
Forming quasicrystals by monodisperse soft core particles	Nature Communications	Vol 8,2089(2017)	徐 宁 等
Dendritic mitoflash as a putative signal for stabilizing long-term synaptic plasticity	Nature Communications	Vol 8,31 (2017)	毕国强 等
Nickel-catalyzed synthesis of 1, 1-diborylalkanes from terminal alkenes	Nature Communications	Vol 8,345(2017)	傅 尧 等
The most active Cu facet for low-temperature water gas shift reaction	Nature Communications	Vol 8,488(2017)	黄伟新 等
Electrically driven single-photon emission from an isolated single molecule	Nature Communications	Vol 8,580(2017)	董振超 等
Bottom-up precise synthesis of stable platinum dimers on graphene	Nature Communications	Vol8,1070(2017)	韦世强 等
Polo-like kinase 1 coordinates biosynthesis during cell cycle progression by directly activating pentose phosphate pathway	Nature Communications	Vol8,1506(2017)	高 平 等
Greener and cheaper	Nature Energy	Vol 2,836(2017)	余 彦 等

续表

论 文 名 称	期刊名	卷页年	作 者
Incorporating nitrogen atoms into cobalt nanosheets as a strategy to boost catalytic activity toward CO2 hydrogenation	Nature Energy	Vol 2,869(2017)	曾 杰 等
Joule-heated graphene-wrapped sponge enables fast clean-up of viscous crude-oil spill	Nature Nanotechnology	Vol 12,434(2017)	俞书宏 等
High-efficiency multiphoton boson sampling	Nature Photonics	Vol 11,361(2017)	陆朝阳 等
Long-distance free-space quantum key distribution in daylight towards inter-satellite communication	Nature Photonics	Vol 11,509(2017)	张 强 等
Experimental nested purification for a linear optical quantum repeater	Nature Photonics	Vol 11,695(2017)	潘建伟 等
Four-body ring-exchange interactions and anyonic statistics within a minimal toric-code Hamiltonian	Nature Physics	Vol 13,1195(2017)	苑震生 等
Controlled state-to-state atom-exchange reaction in an ultracold atom-dimer mixture	Nature Physics	Vol 13,699(2017)	潘建伟 等
Non-equilibrium effect in the allosteric regulation of the bacterial flagellar switch	Nature Physics	Vol 13,710(2017)	张榕京 等
RdRP-synthesized antisense ribosomal siRNAs silence pre-rRNA via the nuclear RNAi pathway	Nature Structural & Molecular Biology	Vol 24,258(2017)	光寿红 等
Chromatin Accessibility Landscape of Cutaneous T Cell Lymphoma and Dynamic Response to HDAC Inhibitors	Cancer Cell	Vol 32,27(2017)	瞿 昆 等
RPL10L Is Required for Male Meiotic Division by Compensating for RPL10 during Meiotic Sex Chromosome Inactivation in Mice	Current Biology	Vol 27,1498(2017)	史庆华 等
Convergent Transcriptional Programs Regulate cAMP Levels in C-elegans GABAergic Motor Neurons	Developmental Cell	Vol 2,212(2017)	单 革 等
Natural Killer Cells Promote Fetal Development through the Secretion of Growth-Promoting Factors	Immunity	Vol 47,1100(2017)	田志刚 等
Insights into the Structure of Dimeric RNA Helicase CsdA and Indispensable Role of Its C-Terminal Regions	Structure	Vol 3,1795(2017)	施蕴渝 等

2001～2016 年发表论文情况*

年　度	SCI 论文	EI 论文	ISTP 论文	国内论文
2001	880	391	167	1499
2002	903	382	161	1395
2003	1087	629	186	1479
2004	1141	647	201	1430
2005	1499	1048	317	1544
2006	1558	1264	357	1750
2007	1509	1101	453	1668
2008	1544	1135	586	1480
2009	1568	1145	461	1329
2010	1510	1246	647	1237
2011	1663	1213	224	889
2012	1819	1199	196	929
2013	2107	1617	317	906
2014	2460	1702	313	905
2015	2624	2018	211	882
2016	2784	2195	614	759

* 统计数据来自中国科学技术信息研究所。

2001～2016 年发表论文在全国高校排名情况*

年　度	SCI 排名	EI 排名	ISTP 排名
2001	4	6	9
2002	5	7	14
2003	5	7	18
2004	5	7	18

续表

年　度	SCI 排名	EI 排名	ISTP 排名
2005	5	8	26
2006	6	7	25
2007	5	14	22
2008	8	18	23
2009	11	20	27
2010	13	24	28
2011	14	25	53
2012	16	27	65
2013	15	21	31
2014	15	21	29
2015	18	22	30
2016	18	22	19

* 统计数据来自中国科学技术信息研究所。

2005～2017 年发表国际论文 10 年段被引篇次和排名一览表*

统计年度	累计被引用篇数	累计被引用次数	累计篇均被引次数	在 C9 高校排名（累计篇均被引次数）
2011	10275	111421	10.84	1
2012	10562	137105	12.98	1
2013	13540	150241	11.10	1
2014	13141	190591	14.50	1
2015	17493	227909	13.03	1
2016	18638	256343	13.75	1
2017	19766	298069	15.08	1

* 统计数据来自中国科学技术信息研究所（以 2015 年为例，统计 2005～2014 年学校发表的国际论文截至 2015 年 9 月被引用情况）。

2013～2017 年自然指数(NI)一览表*

年份	WFC 指数	论文数	国内高校排名	亚太高校排名	全球高校排名
2013	146.78	395	4	11	52
2014	175.45	438	4	10	42
2015	215.54	527	2	5	33
2016	231.66	673	3	5	23
2017	237.01	695	4	5	19

*数据来源于自然出版集团发布的《自然指数》(采用了全新的评分方式——WFC,以 2013 年为例,统计时间段为:2012-01-01～2012-12-31)。

2009～2017 年中国卓越国际论文情况*

统计年度	SCI 论文总数	表现不俗论文数	表现不俗论文比例	表现不俗论文比例在 C9 高校排名
2009	1554	263	16.9%	1
2010	1568	345	22.0%	1
2011	1501	401	26.6%	1
2012	1663	696	42.0%	1
2013	1819	692	38.0%	1
2014	2107	890	42.2%	4
2015	2460	1148	46.7%	4
2016	2586	1144	44.2%	4
2017	2784	1529	54.9%	3

*统计数据来自中国科学技术信息研究所,2016 年“表现不俗论文”改为“中国卓越国际论文”,统计年度数据为上一年作者是第一单位发表的论文。

主办(承办)的学术刊物

中文名称	英 文 名 称	刊 号	主编	创刊年度	备注
中国科学技术大学学报	Journal of University of Science and Technology of China	CN34-1054/N	何多慧	1965	月刊
低温物理学报	Chinese Journal of Low Temperature Physics	CN34-1053/04	赵忠贤	1979	双月刊
实验力学	Journal of Experimental Mechanics	CN34-1057/03	于起峰	1986	双月刊
化学物理学报 *	Chinese Journal of Chemical Physics	CN34-1295/06	杨学明	1988	双月刊
火灾科学	Fire Safety Science	CN34-1115/X	张和平	1992	季刊
中国免疫学杂志(英文版)	Cellular & Molecular Immunology	CN11-4987/R	曹雪涛/田志刚	2004	月刊
研究生教育研究	Journal of Graduate Education	CN34-1319/G4	包信和	1996	双月刊
数学与统计学通讯	Communications in Mathematics and Statistics	ISSN 2194-6701	马志明	2013	季刊

注:《化学物理学报》由中国物理学会主办,我校承办;其余均为我校主办。

科技企业概况

序号	被投资企业名称	注册资本(万元)	持股比例(%)	主 营 范 围
1	中科大资产经营有限责任公司	8000	100	科技成果转化和产业化、股权管理、资产运营
2	科大讯飞股份有限公司	138869.36	4.01	人工智能及其行业应用
3	科大智能科技股份有限公司	72812.3556	1.9	智能配电网、工业机器人
4	时代出版传媒股份有限公司	50582.5296	5.32	出版传媒、印刷复制
5	科大国创软件股份有限公司	20240	3.51	软件开发、系统集成
6	国耀量子雷达科技有限公司	10000.8333	26.4	生产和研发量子感知和激光探测设备
7	科大国盾量子技术股份有限公司	6000	18	量子通信技术及其设备的研制、开发

续表

序号	被投资企业名称	注册资本（万元）	持股比例（%）	主　营　范　围
8	国科量子通信网络有限公司	6000	25	量子通信技术、网络科技领域内的技术开发
9	合肥科大立安安全技术股份有限公司	5000	22.5	消防产品、消防工程及技术服务
10	安徽问天量子科技股份有限公司	5000	24	量子器件和设备
11	吉世尔（合肥）能源科技有限公司	3260	35	燃料电池技术研发和相关产品销售
12	安徽广行通信科技股份有限公司	3000	5	三网融合
13	深圳市创新天地通信股份有限公司	2681.3	7.46	通信技术
14	合肥量子精密仪器有限公司	2057	25	量子精密测量仪器设备研发及销售
15	合肥科佳高分子材料科技有限公司	2020	15	膜及膜材料的研发、生产
16	福建省凯特科技有限公司	2000	25	税控机具等批发、代售，软件开发等
17	安徽省中科通源环境科技有限公司	1008.34	17.5	环境科技领域的技术开发和服务
18	安徽中科国创高可信软件有限公司	1003.3	8	高可信软件研发、服务
19	安徽科大擎天科技有限公司	1000	57.42	计算机软硬件产品和系统集成
20	安徽中科新研陶瓷科技有限公司	600	17	陶瓷、金属和复合材料粉体
21	合肥中科大爱克科技有限公司	300	56.33	加速器及相关技术的设计、研制
22	合肥兰德自动化有限公司	300	28	自动化设备
23	安徽中科大建成科技有限公司	300	28	高新技术产品研发、软件开发
24	合肥华西科技开发有限公司	210	35	汽车检测设备、控制系统
25	深圳市科大科技有限公司	100	51	高新技术产品研发、销售
26	合肥科创教育服务有限公司	10	100	教育咨询、教育服务

科技产业孵化基地一览表

基地名称	所在地	成立日期	代表机构	注册资本(万元)
合肥国家大学科技园	合肥高新技术产业开发区	2000.12	合肥国家大学科技园发展有限责任公司	1800
中国科技大学深圳研究院	深圳虚拟大学园	2000.8	中国科学技术大学深圳研究院	50
中国科学技术大学先进技术研究院	合肥高新技术产业开发区	2012.7	中国科学技术大学先进技术研究院(2013.6 注册)	1000

十三、教职工队伍

教职工人员结构情况

（2017 年 9 月）

单位：人

	教职工									其他人员		
	合计	校本部教职工					科研机构人员	校办企业职工	其他附设机构人员	聘请校外教师	离退休人员	附属中小学、幼儿园教职工
		总计	专任教师	行政人员	教辅人员	工勤人员						
总　计	3382	2658	1605	435	380	238	632	35	57	1604	2177	136
其中：女	901	689	255	231	179	24	170	6	36	173	957	92
正高级	699	680	667	13			12	5	2	1197	422	
副高级	890	875	768	40	67			7	8	350	600	36
中　级	1079	465	166	72	227		560	16	38	20	*	*
初　级	82	61	4	7	50		12		9	1	*	*
无职称	632	577		303	36	238	48	7		36	*	*
其中聘任制：小　计	406	327	4	108	130	85	47	4	28	*	*	*
其中：女	210	175	1	78	81	15	16	2	17	*	*	*
正高级										*	*	*
副高级	2	2	1		1					*	*	*
中　级	150	106	3	17	86		17	3	24	*	*	*
初　级	45	34		5	29		7		4	*	*	*
无职称	209	185		86	14	85	23	1		*	*	*

专任教师年龄、学历情况

（2017年9月）

单位：人

职称＼年龄		合计	29岁及以下	30～34岁	35～39岁	40～44岁	45～49岁	50～54岁	55～59岁	60～64岁	65岁及以上
总计		1605	33	241	348	291	220	264	141	54	13
其中：女		255	6	32	53	57	46	41	16	2	2
按专业技术职务分	正高级	667	2	56	130	109	86	141	81	49	13
	副高级	768	25	181	188	135	83	97	56	3	
	中级	166	2	4	30	47	51	26	4	2	
	初级	4	4								
按学历分	博士学位	1306	25	229	327	247	172	193	82	31	0
	硕士学位	197	7	6	14	35	36	48	38	13	0
	本科	102	1	6	7	9	12	23	21	10	13

分学科专任教师情况

（2017年9月）

单位：人

	合计	正高	副高	中级	初级
总计	1605	667	768	166	4
其中：女	255	43	158	52	2
哲学	29	10	11	8	
经济学	28	6	19	3	
法学	2	1		1	
教育学	26		14	10	2
文学	58	7	19	30	2
理学	904	456	409	39	0
工学	460	173	231	56	

续表

	合 计	正 高	副 高	中 级	初 级
管理学	93	14	63	16	
艺术学	5		2	3	

中国科学院院士、中国工程院院士一览表

（共49人）

姓 名	性别	出生年月	学 术 领 域	当选时间	所 属 学 部
朱清时	男	1946.2	分子高振动态实验和理论	1991	中国科学院化学部
王 水	男	1942.4	地球物理、空间科学	1993	中国科学院地学部
陈 颙	男	1942.12	地球物理	1993	中国科学院地学部
李国杰	男	1943.5	计算机	1995	中国工程院信息与电子工程学部
何多慧	男	1939.2	加速器物理和技术、自由电子激光	1995	中国工程院能源与矿业工程学部
马志明	男	1948.1	数学	1995	中国科学院数学物理学部
伍小平	女	1938.2	实验力学	1997	中国科学院技术科学部
施蕴渝	女	1942.4	结构生物学	1997	中国科学院生命科学和医学学部
钱逸泰	男	1941.1	无机固体化学	1997	中国科学院化学学部
童秉纲	男	1927.9	流体力学	1997	中国科学院数学物理学部
欧阳钟灿	男	1944.1	理论生物物理	1997	中国科学院数学物理学部
魏复盛	男	1938.11	环境化学、环境污染与健康、环境监测分析技术与方法	1997	中国工程院环境与轻纺工程学部
杨国桢	男	1938.3	光物理	1999	中国科学院数学物理学部
杜善义	男	1938.8	飞行器结构力学和复合材料	1999	中国工程院机械与运载工程学部
石耀霖	男	1944.8	地球动力学、地球内部物理和化学	2001	中国科学院地学部
范维澄	男	1943.1	交叉边缘学科火灾安全科学与工程	2001	中国工程院能源与矿业工程学部
周又元	男	1938.7	类星体和活动星系核研究	2001	中国科学院数学物理学部
许祖彦	男	1940.2	激光技术	2001	中国工程院信息与电子工程学部
李曙光	男	1941.2	地球化学	2003	中国科学院地学部

续表

姓　名	性别	出生年月	学　术　领　域	当选时间	所　属　学　部
吴　奇	男	1955.3	高分子科学	2003	中国科学院化学部
陈国良	男	1938.6	计算机	2003	中国科学院技术科学部
侯建国	男	1959.10	物理化学	2003	中国科学院化学部
洪茂椿	男	1953.9	无机化学	2003	中国科学院化学部
郭光灿	男	1942.12	光学	2003	中国科学院技术科学部
李　灿	男	1960.1	化学	2003	中国科学院化学部
张裕恒	男	1938.3	凝聚态物理	2005	中国科学院数学物理学部
吴以成	男	1946.11	非线性光学材料	2005	中国工程院化工、冶金与材料工程学部
吴一戎	男	1963.7	合成孔径雷达(SAR)系统以及遥感卫星地面处理和应用	2007	中国科学院信息技术科学部
郑永飞	男	1959.10	地球化学	2009	中国科学院地学部
万元熙	男	1939.12	等离子体物理	2009	中国工程院能源与矿业工程学部
包信和	男	1958.8	物理化学	2009	中国科学院化学部
万立骏	男	1957.7	物理化学、纳米科技	2009	中国科学院化学部
潘建伟	男	1970.1	量子物理和量子信息	2011	中国科学院数学物理学部
杨学明	男	1962.10	物理化学	2011	中国科学院化学部
李亚栋	男	1964.11	无机化学	2011	中国科学院化学部
万卫星	男	1958.7	空间物理	2011	中国科学院地学部
沈保根	男	1952.9	磁性物理学	2011	中国科学院技术科学部
张明杰	男	1966.9	结构生物学	2011	中国科学院生命科学和医学学部
赵政国	男	1956.12	粒子物理	2013	中国科学院数学物理学部
谢　毅	女	1967.7	无机固体化学	2013	中国科学院化学部
谭铁牛	男	1964.1	模式识别与计算机视觉	2013	中国科学院信息技术科学部
刘文清	男	1954.1	环境监测技术研究和应用	2013	中国工程院环境与轻纺工程学部
尹　浩	男	1959.8	通信网络与信息系统	2013	中国科学院信息技术科学部
陈仙辉	男	1963.3	凝聚态物理	2015	中国科学院数学物理学部
陈晓非	男	1958.2	固体地球物理学	2015	中国科学院地学部
杜江峰	男	1969.6	粒子物理与原子核物理	2015	中国科学院数学物理学部

续表

姓　名	性别	出生年月	学　术　领　域	当选时间	所　属　学　部
李建刚	男	1961.11	核科学技术应用	2015	中国工程院能源与矿业工程学部
窦贤康	男	1966.1	中高层大气理论、观测与实验综合研究	2017	中国科学院地学部
田志刚	男	1956.10	天然免疫学，特别是肝脏NK细胞的相关研究	2017	中国工程院医疗卫生学部

发展中国家科学院院士一览表

（共17人）

姓　名	性别	出生年月	学　术　领　域	当选时间
马志明	男	1948.1	数学	1998
陈　颙	男	1942.12	地球物理	2000
朱清时	男	1946.2	分子高振动态实验和理论	2001
李国杰	男	1943	计算机	2001
欧阳钟灿	男	1944.1	理论生物物理	2003
侯建国	男	1959.10	物理化学	2004
石耀霖	男	1944.8	地球动力学、地球内部物理和化学	2005
洪茂椿	男	1953.9	无机化学	2005
李　灿	男	1960.1	化学	2005
施蕴渝	女	1942.4	结构生物学	2009
郭光灿	男	1942.12	光学	2009
万立骏	男	1957.7	物理化学，纳米科技	2010
郑永飞	男	1959.10	地球化学	2011
包信和	男	1958.8	物理化学	2011
潘建伟	男	1970.1	量子物理和量子信息	2012
李亚栋	男	1964.11	无机化学	2014
谭铁牛	男	1964.1	模式识别与计算机视觉	2014

国家级教学名师一览表

（共7人）

年　度	国家级教学名师
2003	陈国良　李尚志
2006	程福臻
2007	霍剑青　施蕴渝
2009	史济怀
2011	向守平

国家万人计划入选者

（共46人）

年　度	万人计划领军人才	万人计划教学名师	万人计划青年拔尖
2012	陈仙辉　杜江峰　谢　毅		傅　尧　梁　兴　王俊贤　武晓君
2014		程福臻	郭国平　胡隆华　黄运锋　纪　杰　康　宇　盛国平　吴长征　吴　杰　周荣斌
2016	毕国强　陈增兵　窦贤康　龚流柱　韩　良　李传锋　李厚强　李微雪　刘乃安　刘世勇　王　兵　王　均	陈发来	
2017	陈恩红　单　革　傅　尧　胡隆华　黄汉民　黄伟新　黄　文　汪毓明　吴恒安　徐　宁　俞汉青　俞书宏　张勇东　周荣斌		石发展　吴宇恩

近年来我校教师获得国内外重要奖励/荣誉称号一览表

授予年度	姓　名	性别	获奖名称	授予单位
2015	陈晓非	男	国际大地测量与地球物理学联合会(IUGG)会士	国际大地测量与地球物理学联合会
2015	谢　毅	女	世界杰出女科学家成就奖	联合国教科文组织、欧莱雅基金
2015	杨金龙	男	全国先进工作者	中共中央、国务院
2015	彭承志	男	全国先进工作者	中共中央、国务院
2015	陈仙辉	男	马蒂亚斯奖(Bernd Matthias Prize)	超导材料与机理国际大会
2015	陈欢欢	男	国际神经网络协会青年科学家奖	国际神经网络协会
2015	张　捷	男	国际勘探地球物理学会杰出教育奖	国际勘探地球物理学会
2015	钱逸泰	男	何梁何利科学与技术进步奖	何梁何利基金会
2015	田志刚	男	何梁何利科学与技术进步奖	何梁何利基金会
2015	谢　毅	女	发展中国家科学院院士	发展中国家科学院
2015	彭新华	女	中国青年女科学家奖	中华全国妇女联合会
2015	徐善驾	男	国际电气与电子工程学会终身会士	国际电气与电子工程学会
2016	郭国平	男	中国青年科技奖	中共中央组织部、人力资源和社会保障部、中国科协
2016	周荣斌	男	中国青年科技奖	中共中央组织部、人力资源和社会保障部、中国科协
2016	秦礼萍	女	中国青年科技奖	中共中央组织部、人力资源和社会保障部、中国科协
2016	陈宇翱	男	陈嘉庚青年科学奖	中国科学院
2016	田志刚	男	国际免疫学联盟理事	第 16 届国际免疫学大会
2016	陈宇翱	男	国际纯粹与应用物理学联合会(IUPAP)青年科学家奖	国际纯粹与应用物理学联合会
2016	陆朝阳	男	美国光学学会(OSA)会士	美国光学学会
2017	潘建伟	男	感动中国 2017 年度人物	中央电视台

续表

授予年度	姓　名	性别	获奖名称	授　予　单　位
2017	郑永飞	男	国际地球化学会士(Geochemistry Fellows)	国际地球化学学会
2017	陆朝阳	男	中国青年五四奖章	共青团中央
2017	朱彦武	男	亚太经合组织(APEC)科学创新研究与教育奖	亚太经合组织
2017	陈仙辉	男	全国创新争先奖章	中国科协
2017	潘建伟	男	全国创新争先奖章	中国科协
2017	谢　毅	女	全国创新争先奖章	中国科协
2017	杜江峰	男	全国创新争先奖状	中国科协
2017	谢　毅	女	Nano Research Award	《Nano Research》编委会等
2017	陆朝阳	男	菲涅尔奖(Fresnel prize)	欧洲物理学会
2017	潘建伟	男	未来科学大奖物质科学奖	评奖委员会(民间)
2017	魏复盛	男	环境化学终身成就奖	中国化学会环境化学专业委员会等
2017	傅　尧	男	闵恩泽能源化工奖杰出贡献奖	中国工程院、中国石化
2017	潘建伟	男	2017 年十大科学人物	《Nature》

注：中国"两院"院士、国家科技奖励已列入相关统计单元，本表未收录。

杰出人才名单

(共 595 人次)

国家"千人计划"入选者名单

(共 45 人)

年　度	A　类	B　类
2008	潘建伟　赵政国　罗　毅　张振宇　陆亚林	
2009	沈延安　秦　宏　严以京　李卫平	
2010	林福江　陈秀雄　张瑞斌　张劲松　顾　华 张铁龙　王海林　郜　云　陈长汶　温联星 张　捷　罗德平　姜　羲　徐正元	
2011	刘国胜　姚　新	曾晓成　舒其望　何啓明

续表

年　度	A　类	B　类
2012	邓　力　张土生　徐　榭　徐春叶　曾冬林	徐　佩　王大能 Matthias Weidemüller Barry Sanders
2013	杨丹洲　申　勇	
2014	卢征天　吴　枫	
2016	李　荐　徐　东	
2017	田　奇　张燕咏	

注：Anthony Dean、松尾豊、Scott 入选“外专千人计划”，未计入。

国家“青年千人计划”入选者名单

(共 186 人)

年　度	“青年千人计划”入选者
2011	陈宇翱　陆朝阳　杨宵锋　孙　玄　熊宇杰　杜平武　江　俊　张海江　雷久侯 姚华建　黄　方　张宏海　周　平　朱　凯　光寿红　张华凤　余　彦
2012	薛永泉　许晓山　袁军华　朱文光　张培鸿　段宏伟　顾振华　毛　竹　刘　睿 倪怀伟　秦礼萍　穆　杨　陈欢欢　徐　东　杨振业　薛　天　韩仁志　朱彦武 宋　礼　向　斌　夏开文　初宝进　赵　博　黄民信　高　浩　李　宾　盛　茂 余玉刚　曾　杰　陈昶乐　路军岭　冷　伟　柳素玲　丁　勇　谢　志　宋晓元 刘　强　张　智　赵　旸
2013	姜洪源　张迎春　熊　伟　刘　丹　张　伟　陶　鑫　王　亮　秦胜勇　周　非 徐航勋　黄光明　王作勤　包小辉　徐锦峰　陈洪佳　马　杰　刘建北　吴德胜 後藤友嗣　吴　涛　马明明　王兴安　江海龙　邵　翔　孙道远　吴　东 陈志波　李　涛　秦　凯　徐增林　张榕京　万小红　徐　晗
2014	乔振华　李伏欣　王育才　万里昕　徐素宏　仓春蕾　李　涛　刘　伟　龚　明 符传孩　秦家虎　姚宏斌　龚　晨　朱苗苗　蔡一夫　闫　锐　蒋　蔚　曾华凌 蒋　彬　汪义丰　张元宾　赵玉军　龙　冬　施哲强　刘　诚　尹春明　朱　磊 李金金　骆天治　陈　弦　Zachary Smith　王征飞　许　超
2015	刘世平　徐茂超　程光磊　刘桂琳　王　川　苏永超　王功名　梁海伟　吕　辉 张　萍　马世嵩　瞿　昆　刘　尚　刘贤伟　赵　纯　方鑫定　耿　雷　曹瑞国 马　骋　章根强　李二强　盛　东　王海龙　杨晶磊　张　俊　孙　洁　齐国君
2016	吴雨生　周双勇　胡进明　王玉宝　陶余勇　朱　书　李俊伦　金显庆　王　杰 郑泽敏　高敏锐　徐飞虎　黄成栋　姚星灿
2017	戴汉宁　樊逢佳　方文娟　龚　伟　郭　昌　霍永恒　林毅恒　王　亚　肖正国 熊志伟　吴　思　陈世炳　梁永祺　杨　迪　杨益东　何俊峰　张　扬　程敬原 丁　虎　杨亚玲　Lulu Yiju Chen(陈怡如)　高大兴　唐爱辉

教育部“长江学者奖励计划”获得者名单

(共53人)

年 度	特 聘 教 授	讲 座 教 授	青 年 学 者
1998	姚雪彪		
1999	高大勇　李嘉禹	舒其望	
2000	叶向东　谢　毅　陈晓非	应志良	
2001	杨金龙		
2002	潘建伟　向成斌　陈仙辉 陆夕云　陈乾旺		
2004	卢建新	姚　新	
2005	倪四道		
2006	俞书宏　刘　文		
2007	杜江峰　龚流柱　俞汉青 毕国强	陈秀雄　姜弘文	
2008		叶如钢　周正洪	
2009	刘世勇　梁　樑　廉哲雄 陆全明	罗杰波	
2011	陈增兵　华中生	林　郁	
2012	麻希南　汪毓明		
2014	李传锋　吕自成　徐铜文		
2015	余玉刚		郭国平　胡隆华　康　宇 梁　兴　彭新华　盛国平 吴长征
2016		麻小南　张　捷	李文卫　刘　岗　孙永福

国家自然科学基金委员会
“国家杰出青年科学基金”获得者名单

(共126人)

年 度	“国家杰出青年科学基金”获得者
1994	郑永飞　李晓光
1995	郭其鹏　李　定　侯建国

续表

年　度	"国家杰出青年科学基金"获得者
1996	叶向东　毛志强　吴　奇　陈晓非
1997	程　艺
1998	谢　毅　陈仙辉　赵政国
1999	王挺贵　姚雪彪　李嘉禹
2000	杨金龙　丁泽军　刘海燕　牛立文　张其锦　李　淼
2001	陆夕云　陈乾旺　王官武　高　琛　田志刚　徐天乐　张俊颖　吴自玉
2002	陈初升　陈发来　龚为民
2003	邵学广　吴文彬　俞书宏　龚流柱
2004	倪四道　杜江峰　刘世勇　王少杰
2005	梁　樑　汪毓明　梁好均　卢建新　陈福坤
2006	何陵辉　崔　华　俞汉青　郑　坚　杨　涛
2007	吴明卫　韦世强　张广照　史庆华　毕国强　陆全明　华中生
2008	王　兵　王俊贤　苏育才
2009	潘建伟　罗　毅　齐　飞
2010	何力新　韩　良　徐铜文　窦贤康　谢周清　沈延安
2011	孙　斐　陈增兵　麻希南　王　群　侯中怀　龚兴龙　赵子福　王　均
2012	黄　文　余玉刚　黄运锋　孔　旭　罗开富　胡水明　夏群科　李　陶
2013	李传锋　徐　宁　傅　尧　黄　方　雷久侯　李良彬　李厚强　陈恩红
2014	丁　航　陈宇翱　彭新华　邓兆祥　吴　枫
2015	洪春雁　黄伟新　陆朝阳　史保森　吴恒安　张华凤　周荣斌
2016	秦礼萍　罗喜胜　邓友金　张　希　彭海平　郭国平　李向阳　刘乃安 田善喜　尤业字　彭承志　李智军
2017	单　革　康　宇　黄　伟　梁高林　熊宇杰　江海龙　袁业飞　许金时

国家自然科学基金委员会“国家优秀青年科学基金”获得者名单

(共94人)

年 度	“国家优秀青年科学基金”获得者
2012	蔡 刚 郭国平 黄汉民 李震宇 刘利刚 刘 睿 刘树彬 陆朝阳 穆 杨 倪 勇 吴长征 吴 杰 项国勇 姚华建 张国庆 张少兵 周荣斌
2013	柳素玲 龙世兵 倪怀玮 彭海平 盛国平 许金时 薛 天 薛向辉 杨 锋 赵 瑾 赵 文 郑 晓 朱彦武
2014	陈仁旭 高 鹏 胡隆华 姜 锐 康 宇 冷 伟 李明哲 刘 强 梅一德 苏振鹏 孙永福 翁清雄 姚 涛
2015	陈昶乐 陈小伍 丁桂军 胡红钢 金 帆 李文卫 毛 竹 孙方稳 王慧元 王细胜 魏玖长 吴 亮 吴 涛 吴宇恩 易 为 仲 雷
2016	曹利明 查正军 陈伊翔 顾振华 姜洪源 刘光明 刘和福 刘衍文 马 杰 盛 茂 王 双 肖 翀 殷月伟 余 彦 张 杨
2017	蔡一夫 仓春蕾 崔 萍 丁冬生 董春华 高晓英 胡进明 纪 杰 江 维 蒋 彬 刘 诚 刘贤伟 马明明 石发展 司 廷 孙道远 徐 岩 许 峰 张文逸 赵 雷

中国科学院“百人计划”入选者名单

(共91人)

年 度	“百人计划”入选者
1994	郑永飞 周 专
1995	赵政国
1998	何陵辉 高 琛 韦世强 龚为民 吴 缅 徐天乐 姚雪彪
1999	褚家如 王官武 冯珑珑 张青川 李 京 王晓方 吴自玉
2000	陆夕云 文鹤鸣 陈春华 崔 华 汪志勇 俞汉青 曹更玉 陈 旸 段路明 胡 森 刘秋宇 刘世林 陆云光 潘建伟 吴明卫 邢朝平 肖体俊 刘海燕 陈乾旺 林子敬 叶民友
2001	孙金华 张广照 田志刚 周江宁 吴文彬 卢建新
2002	李全新 俞书宏 齐 飞 郜 云 朱大鸣 温龙平 向成斌
2003	龚兴龙 刘世勇 潘必才 孙东松
2004	倪四道 杨亚宁 王 均 梁万珍 王俊贤 韩 良 孙宝林 王光辉 周丛照 史庆华 郑津津 王志刚

续表

年　度	“百人计划”入选者
2005	邓兆祥　黄伟新　孔　旭　沈维孝　王　群　苏育才　沈　鸿　朱　冰
2006	肖益林　田仕凯　徐　鑫　麻希南　邹旭波　何力新　陈增兵　孙　斐　李良彬　孙学峰
2007	田长麟　朱俊发
2008	臧建业　杨昱鹏　陈艳霞　毕国强　刘扬中　徐安武　胡　兵　朱　涛　彭新华　杨上峰　罗喜胜　曾长淦　陈　凯(项目百人)
2009	王海晖　李　陶　邓友金　刘北明　徐春叶　伍　林　廉哲雄　曾建雄　陈　帅(项目百人)
2010	徐　宁　倪　勇(项目百人)　张文禄(项目百人)　苑震生(项目百人)
2011	白　丽　光寿红　张华凤　赵　瑾　梁海弋　武晓君　罗开富　肖　明　张文逸
2012	张　希　丁　航　彭海平　孙连宏　孙　喆　张　强　张效初　赵　忠　周荣斌　刘利刚
2013	徐晓嵘　胡红钢　赵　文　黄光顺　王细胜
2014	李　锐　乔振华　汪香婷　温　泉　朱　平　季恒星
2015	金腾川　刘　波　沈　聪

“大师讲席”设置及聘任情况

讲席名称	所属学科	设立时间	已聘人数	聘任人员简况				
				姓　名	工作单位	研究领域	职称	聘任时间
华罗庚讲席	数学	2000.5	6	石钟慈	中科院计算数学与科学工程计算研究所	计算数学	教授(院士)	2000.7
				李　骏	美国斯坦福大学	代数几何与微分几何	教授	2000.11
				范剑青	香港中文大学	统计学	教授	2002.11
				龚　昇	已退休	数学	教授	2004.4
				鄂维南	美国普林斯顿大学	数学	教授	2005
				张景中	中科院成都分院		院士	2007

续表

讲席名称	所属学科	设立时间	已聘人数	聘任人员简况				
				姓名	工作单位	研究领域	职称	聘任时间
吴文俊讲席	数学	2001.3	2	王东明	法国科学院理论符号研究所	计算数学	教授	2001.7
				陈秀雄	美国威斯康星-麦迪逊大学	几何	教授	2001.12
赵九章讲席	地学	2000.5	3	吴京生	美国马里兰大学	空间等离子体物理	教授	2000.11
				陈颙	国家地震局	地震学和实验岩石物理学	教授（院士）	2000.7
				魏奉思				2006.9
严济慈讲席	物理	2000.5	3	解思深	中国科学院物理研究所	纳米科学	教授（院士）	2004.2
				文小刚	美国麻省理工学院	凝聚态物理	教授	2004.8
				Peter Zoller	奥地利Innsbruck大学	量子信息和量子光学	奥地利科学院院士	2004.9
钱学森讲席	力学	2000.5						
赵忠尧讲席	近代物理	2002.11	2	吴咏时	美国犹他大学	理论物理	教授	2002.11
				赵政国	美国密歇根大学	物理	高级研究员	2006.10
贝时璋讲席	生物	2002.11	1	朱建康	美国Arizona大学	植物学	教授	2002.9
大师讲席Ⅰ	数学	2001.10	21	刘克峰	美国加州大学洛杉矶分校	数学	教授	2004.9
				蔡伟	美国北卡罗来纳大学	数学	教授	2010.6
	物理	2001.10		Robert B. Griffiths	卡耐基-梅隆大学	物理	资深教授	2006.9
	物理	2001.10		丁洪	中科院物理所	物理	研究员	2009.1
	物理	2001.10		陈骝	美国加州大学尔湾分校	物理	教授	2010.5

续表

讲席名称	所属学科	设立时间	已聘人数	聘任人员简况				
				姓　名	工作单位	研究领域	职称	聘任时间
大师讲席Ⅰ	物理	2001.10	21	Prokofiev, Nikolay Victorovich	美国麻省大学Amherst分校	物理	教授	2012.3
	物理	2001.10		周　冰	美国密歇根大学	物理	教授	2012.3
	物理	2001.10		卢征天	美国芝加哥大学、阿贡国家实验室	原子物理	教授	2014.3
	化学	2001.10		M. S. Child	英国牛津大学	分子动力学	教授(院士)	2001.10
	化学	2001.10		庄小威	美国哈佛大学	化学	教授	2011.5
	化学	2001.10		杨培东	美国加州大学伯克利分校	化学	教授	2017.9
	信息	2001.10		高家红	美国芝加哥大学	信息	教授	2010.8
	信息	2001.10		Bill Dally	美国英伟达公司	信息	首席科学家/资深副总裁	2013.4
	计算机	2001.10		姚　新	英国伯明翰大学	计算机科学	美国工程院院士	2003.9
	计算机	2001.10		陈长汶	美国佛罗里达工学院	计算机科学	讲座教授/主任	2006.12
	计算机	2001.10		乔春明	美国纽约州立大学布法罗分校	计算机科学	讲座教授	2012.3
	计算机	2001.10		熊辉	美国罗格斯商学院	数据挖掘	教授	2016.10
	地空	2001.10		朱日祥	中国科学院地质与地球物理研究所	地球物理	教授/所长(院士)	2012.12
	地空	2001.10		Mark H. Thiemens	University of California, San Diego	地学	美国科学院院士	2015.4
	地空	2001.10		赵丰	台湾中央大学；中研院地科所	地球物理	教授/院长/所长	2016.5
	地空	2001.10		吴国雄	中国科学院大气物理研究所	大气科学	教授(院士)	2012.3

续表

讲席名称	所属学科	设立时间	已聘人数	聘任人员简况				
				姓名	工作单位	研究领域	职称	聘任时间
大师讲席Ⅰ	人文	2001.10	21	焦天龙	美国毕士普博物馆	人文	研究员	2013.2
大师讲席Ⅱ	数学	2009.6	13	陈秀雄	美国威斯康星大学麦迪孙分校	数学	教授	2009.5
	数学	2009.6		左康	德国美因兹大学	代数几何	教授	2012.3
	物理	2009.6		段路明	美国密歇根大学	物理	教授	2010.3
	物理	2009.6		莫厚俊	美国马萨诸塞大学	天文物理	教授	2011.4
	物理	2009.6		丁卫星	美国加州大学洛杉矶分校	物理	研究员	2011.10
	化学	2009.6		张劲松	美国加州大学河边分校	物理化学 环境化学	教授	2012.9
	生命	2009.6		管俊林	密西根大学医学院	分子医学及癌症研究	教授	2012.12
	生命	2009.6		周正洪	美国加州大学洛杉矶分校	结构生物学 生物物理	教授	2012.9
	机械工程	2009.6		徐先凡	美国普度大学	机械工程	教授	2010.3
	信息	2009.6		陈长汶	美国纽约州立大学布法罗分校	信息	教授	2009.10
	信息	2009.6		高大勇	美国华盛顿大学	生物医学工程	教授	2010.7
	计算机	2009.6		姚新	英国伯明翰大学	计算机	教授	2010.3
	地空	2009.6		温联星	美国纽约州立大学石溪分校	地球物理	教授	2010.7

我校教师担任国务院学位委员会学科评议组成员名单

姓　名	学　科	备　注
万立骏	化学	学科召集人
陈晓非	地球物理学	学科召集人
侯建国	化学	学科召集人
潘建伟	物理学	
陈发来	数学	
杨金龙	化学	
田志刚	生物学	
郑永飞	地质学	
刘文清	环境科学与工程	
齐　飞	核科学与技术	
谢　毅	材料科学与工程	
张和平	安全科学与工程	

我校教师担任第四届安徽省学位委员会委员名单

万立骏（副主任委员）　潘建伟　谢　毅　田志刚　陈发来　徐　飞

2017年招生的博士生导师名单

一级学科	学科代码	二级学科	指导教师(校内)	指导教师(校外)
0101 哲学	010100	哲学	汤书昆 周荣庭	
	010108	科学技术哲学	程晓舫 孔 燕 史玉民 徐 飞 张效初	房汉廷 杨起全
0701 数学	070101	基础数学	陈洪佳 陈 卿 陈小伍 陈秀雄 郜 云 胡 森 黄 文 李嘉禹 李 平 李思敏 梁 兴 麻希南 欧阳毅 任广斌 邵 松 盛 茂 王 毅 王作勤 叶向东 叶 郁 张瑞斌 张 希	崔贵珍 苗长兴 沈维孝 苏育才 王友德 席南华 徐 飞 叶如钢 左 康
	070102	计算数学	陈发来 陈国良 邓建松 李 新 刘利刚 舒其望 徐 岩 张梦萍	崔俊芝 严宁宁 袁亚湘 周爱辉
	070103	概率论与数理统计	薄立军 徐 佩 张土生	巴曙松 陈 敏 王启华 于 丹 周 勇
	070104	应用数学	库 伦 马 杰 欧阳毅 王 毅 杨周旺 张先得	程 艺 冯登国 葛根年 胡 磊 李 宝 尚在久
	070105	运筹学与控制论		郭宝珠 洪奕光 张汉勤
	070120	生物数学	梁 兴 王 毅	
	070121	数学物理	陈 卿 郜 云 胡 森 殷 峥 张 杨 左达峰 程 艺	

续表

一级学科	学科代码	二级学科	指导教师(校内)	指导教师(校外)
0702 物理学	070201	理论物理	曹利明 邓友金 丁桂军 高道能 黄民信 李明哲 卢建新 完绍龙 王安民 王文阁	
	070202	粒子物理与原子核物理	韩　良 黄光顺 蒋　一 刘建北 刘衍文 卢征天 彭海平 邵　明 王　群 叶邦角 赵政国 周先意	
	070203	原子与分子物理	陈　凯 陈　帅 陈向军 陈增兵 杜江峰 胡水明 卢征天 陆朝阳 罗　毅 潘建伟 杨　涛 郁司夏 苑震生 张　强 赵　博 朱林繁 Matthias Weidmüller	
	070204	等离子体物理	丁卫星 李　定 刘万东 陆全明 马锦秀 秦　宏 孙　玄 王少杰 王晓方 叶民友 俞昌旋 郑　坚 朱　平 朱晓东	张文禄
	070205	凝聚态物理	陈仙辉 丁泽军 董振超 段昌奎 高　琛 侯建国 李晓光 李震宇 林子敬 陆轻铀 陆亚林 潘必才 乔振华 秦胜勇 石　磊 石勤伟 宋　礼 孙学峰 王　兵 王德亮 王冠中 王海千 王晓平 王征飞 吴明卫 吴　涛 吴文彬 徐　宁 许小亮 严以京 杨金龙 尹　民 袁军华 曾长淦 曾华凌 曾　杰 张榕京 张裕恒 张增明 张振宇 赵爱迪 赵　瑾 郑　晓 朱　弘 朱文光 朱晓波	李润伟 沈保根
	070207	光学	董春华 龚　明 郭光灿 郭国平 韩永建 韩正甫 何力新 黄运锋 李传锋 陆亚林 任新国 史保森 孙方稳 王　沛 项国勇 肖　明 许金时 易　为 周幸祥 周正威 邹旭波	杨国桢

续表

一级学科	学科代码	二级学科	指导教师(校内)	指导教师(校外)
0702 物理学	070220	量子信息物理学	包小辉 陈凯 陈帅 陈宇翱 陈增兵 邓友金 董春华 杜江峰 郭光灿 郭国平 韩永建 韩正甫 何力新 黄运锋 李传锋 刘乃乐 陆朝阳 潘建伟 彭承志 彭新华 任新国 石发展 史保森 苏吉虎 孙方稳 项国勇 肖明 许金时 杨涛 易为 苑震生 张强 赵博 周幸祥 周正威 邹旭波 Barry Sanders Matthias Weidmüller	
0703 化学	070301	无机化学	陈乾旺 杜平武 龚兴龙 江海龙 李亚栋 梁海伟 刘波 刘扬中 钱逸泰 唐凯斌 吴长征 吴宇恩 谢毅 熊宇杰 徐安武 杨晴 姚宏斌 俞书宏	曹荣 洪茂椿
	070302	分析化学	崔华 邓兆祥 黄光明 李涛 梁高林	关亚风
	070303	有机化学	傅尧 龚流柱 顾振华 黄汉民 康彦彪 罗德平 马明明 宋钦华 田仕凯 汪义丰 汪志勇 王官武 王细胜 王中夏 肖斌	丁奎岭 李超忠 马大为 唐勇 俞飚 赵刚
	070304	物理化学(含:化学物理)	包信和 陈东明 陈艳霞 陈旸 侯建国 侯中怀 胡水明 黄伟新 江俊 蒋彬 李灿 李全新 李群祥 李微雪 李震宇 廖结楼 刘世林 路军岭 罗毅 秦胜勇 邵翔 田善喜 王兴安 吴奇 武晓君 徐瑞雪 闫立峰 严以京 杨金龙 杨学明 曾杰 张群 赵爱迪 赵东锋 郑晓 朱俊发 朱清时	黄学杰 金盛烨 梁万珍 任泽峰 孙志刚 肖春雷 张东辉 张广照 张涛

续表

一级学科	学科代码	二级学科	指导教师(校内)	指导教师(校外)
0703 化学	070305	高分子化学与物理	陈昶乐 陈家富 初宝进 葛学武 葛治伸 洪春雁 胡进明 金帆 梁好均 刘和文 刘世勇 王延梅 徐春叶 徐航勋 徐铜文 闫立峰 尤业字 张国庆 张其锦 张兴元 邹纲	王利祥 张广照
	070320	可再生洁净能源	傅尧 李全新 闫立峰 朱锡锋	
	070321	应用化学	陈家富 李文卫 穆杨 盛国平 吴亮 徐铜文 俞汉青 曾建雄	
	070322	纳米化学	江海龙 钱逸泰 孙永福 唐凯斌 谢毅 熊宇杰 徐安武 杨晴 杨上峰 俞书宏 曾杰	
	070323	单分子科学	陈向军 陈艳霞 董振超 李群祥 刘世林 王兵	
0704 天文学	070401	天体物理	蔡一夫 孔旭 王慧元 王俊贤 王挺贵 薛永泉 袁业飞 张杨 赵文 周宏岩 周又元 Maria Messineo	樊军辉 冯珑珑 廖新浩 王建民 严俊 杨小虎 袁峰
0706 大气科学	070602	大气物理学与大气环境	傅云飞 李锐 刘国胜 任保华	
0708 地球物理学	070801	固体地球物理学	陈晓非 陈颙 黄金水 冷伟 刘斌 毛竹 倪四道 孙道远 温联星 吴小平 吴忠庆 姚华建 张海江 张捷 张伟	陈国星 陈棋福 杜建国 高原 雷建设 刘耀炜 任金卫 谢富仁
	070802	空间物理学	陈出新 窦贤康 傅云飞 雷久侯 李锐 李陶 李毅 刘国胜 刘睿 陆全明 栾晓莉 任保华 苏振鹏 孙东松 陶鑫 汪毓明 王传兵 王水 薛向辉 张铁龙 郑惠南 郑坚 仲雷	龚建村 黄荣辉 李崇银 吕达仁 穆穆 万卫星 吴国雄 杨惠根 曾庆存 周秀骥

续表

一级学科	学科代码	二级学科	指导教师(校内)	指导教师(校外)
0709 地质学	070902	地球化学	陈福坤 陈仁旭 黄　方 李曙光 刘贻灿 倪怀玮 秦礼萍 沈延安 唐　俊 魏春生 肖益林 杨晓勇 杨永太 张少兵 赵子福 郑永飞 周根陶	
0710 生物学	071005	微生物学	孙宝林	李　寅 刘　钢 刘宏伟 娄春波 杨克迁 张立新
	071006	神经生物学	毕国强 仓春蕾 胡　兵 刘北明 刘　强 申　勇 宋晓元 汪香婷 温　泉 熊　伟 薛　天 杨昱鹏 张　智 周江宁 周逸峰	胡宝洋 胡新天 李家立 王晋辉 伍一军 徐　林 朱　岩
	071007	遗传学	光寿红 史庆华	陈大华 陈江华 金万洙 李　磊 林鑫华 刘长梅 刘杏忠 曲　静 舒晓东 滕兆乾 王皓毅 温廷益 徐增富 姚永刚 余迪求 张亚平 赵建国
	071009	细胞生物学	白　丽 符传孩 高　平 廉哲雄 刘　丹 柳素玲 梅一德 史庆华 孙　汭 田志刚 汪香婷 魏海明 温龙平 肖卫华 杨振业 姚雪彪 张华凤 周荣斌 朱　涛	曹　毅 陈策实 陈　畅 陈勇彬 高　斌 管俊林 赖良学 李　鹏 孟颂东 潘光锦 裴端卿 戚华宇 孙　兵 唐铁山 王金勇 王　强 徐　涛 杨鹏远 姚红杰 叶　昕 郑　辉 郑　萍 郑永唐
	071010	生物化学与分子生物学	蔡　刚 陈宇星 单　革 丁　勇 龚为民 金腾川 刘海燕 龙　冬 牛立文 施蕴渝 孙宝林 滕脉坤 田长麟 涂晓明 王育才 吴季辉 向成斌 许　超 臧建业 张明杰 赵　忠 周丛照	陈　凌 董宇辉 杜文斌 方　真 高　福 黄京飞 赖　仞 李向东 李　懿 李尹雄 李志远 梁　斌 刘双江 刘兴国 秦宝明 秦　燕 王江云 吴东海 徐增富 尹文兵 曾令文 张必良 张　云 周光飚 ralf jaun

续表

一级学科	学科代码	二级学科	指导教师(校内)	指导教师(校外)
0710 生物学	071011	生物物理学	毕国强 陈 林 胡 兵 温 泉 薛 天 张效初 周逸峰	娄继忠 徐平勇 张荣光 章新政 周正洪
	071020	结构生物学	陈宇星 金腾川 牛立文 施蕴渝 滕脉坤 田长麟 吴季辉 臧建业 周丛照	刘劲松
	071021	生物信息学	刘海燕 吴清发	吴家睿
	071022	生物材料	牛立文 王育才 温龙平	
0712 科学技术史	071200	科学技术史	龚德才 关瑜桢 金正耀 石云里 宋 伟 熊卫民 张淑林 张志辉 朱清时	周 元
0713 生态学	071300	生态学	丁 勇 胡 兵 刘桂建 孙宝林 夏维东 向成斌 谢周清 俞汉青 曾建雄 赵 忠 周丛照 朱仁斌	曹 垒 杜卫国
0714 统计学	071400	统计学	胡太忠 吴耀华 杨亚宁 张曙光	陈 敏
0801 力学	080102	固体力学	陈海波 龚兴龙 何陵辉 胡小方 姜洪源 梁海弋 骆天治 缪 泓 倪 勇 汪 洋 吴恒安 伍小平 张青川	陈学东 刘 合
	080103	流体力学	丁 航 高 鹏 黄海波 刘难生 卢德唐 陆夕云 罗喜胜 孙德军 童秉纲 杨基明	
	080104	工程力学	汪 洋 文鹤鸣	顾金才 任辉启 沈 俊 孙承纬 周丰骏
	080120	生物工程力学	丁 航 陆夕云 杨基明 张青川	

续表

一级学科	学科代码	二级学科	指导教师(校内)	指导教师(校外)
0801 力学	080121	材料力学与设计	何陵辉 倪　勇 彭良明	刘　涛
	080122	微系统力学	褚家如 伍小平	
	080124	工程安全与防护技术	汪　洋 文鹤鸣	顾金才 任辉启 沈　俊 孙承纬 周丰骏
0803 光学工程	080300	光学工程	董春华 韩正甫 刘　文 史保森 孙方稳 王　亮 王　沛 项国勇 肖　明 欧阳钟灿	许祖彦
0804 仪器科学与技术	080401	精密仪器及机械	储开芹 褚家如 冯志华 龚兴龙 王克逸 王秋平 吴　东 夏维东 徐晓嵘 翟　超 赵　旸 郑津津 竺长安 Zachary Smith (储扎克)	孙　东 相里斌 宣　明
	080402	测试计量技术及仪器	褚家如 冯志华 王克逸 翟　超	徐先凡
0805 材料科学与工程	080501	材料物理与化学	陈乾旺 陈　涛 高　琛 黄伟新 季恒星 李晓光 陆轻铀 陆亚林 石　磊 孙学峰 王德亮 王　路 吴文彬 武晓君 向　斌 阳丽华 张振宇 朱长飞 朱文光 朱彦武	
	080502	材料学	陈初升 陈春华 初宝进 杜平武 刘　卫 夏长荣 徐春叶 徐　鑫 杨上峰 余　彦	崔　平 韩伟强 刘兆平 许高杰 杨桂林
	080503	材料加工工程	葛学武 胡　源 李良彬 刘和文 王志刚 徐铜文	

续表

一级学科	学科代码	二级学科	指导教师(校内)	指导教师(校外)
0807 动力工程及工程热物理	080701	工程热物理	程文龙 程晓舫 姜锐 林其钊 刘明侯 王建华 王晓宏 赵刚	马隆龙 吴创之 徐建中 徐先凡
	080702	热能工程	季杰 裴刚 夏维东 赵旸 朱锡锋	陈勇 冯自平 李小森 马隆龙 吴创之 徐刚 徐建中 张琦 赵黛青
	080705	制冷及低温工程	季杰 裴刚	
0809 电子科学与技术	080901	物理电子学	安琪 金革 刘树彬 彭承志 荣星 宋克柱 王永纲 阴泽杰	
	080902	电路与系统	李斌 林福江 刘发林 孙利国 王永 吴枫	黑勇 黎大兵 刘明 宁永强 宋航 隋永新 王建宇 王欣洋 杨怀江 姚立斌 叶甜春 俞捷 朱慧珑
	080903	微电子学与固体电子学	杜江峰 郭国平 金革 刘树彬 刘文 彭承志 荣星 王亮 王永纲 阴泽杰 曾长淦	曹立强 陈弘达 陈云霁 李树深 林敏 刘昶 鲁华祥 万里兮 王镇 吴南健 谢晓明 徐志伟 闫江 杨富华 尤立星 俞跃辉 赵超 邹旭东
	080904	电磁场与微波技术	陈卫东 刘发林 孙利国 王东进 王刚 王卫东 徐云生 朱冰 朱旗	方广有 阴和俊
0810 信息与通信工程	081001	通信与信息系统	陈卫东 戴旭初 龚晨 洪佩琳 李厚强 邱玲 沈聪 王东进 王卫东 卫国 吴枫 徐云生 徐正元 张文逸 周武旸 朱冰 朱祖勍	邓云凯 罗翀 吴曼青 许利群

续表

一级学科	学科代码	二级学科	指导教师(校内)	指导教师(校外)
0810 信息与 通信工程	081002	信号与信息处理	陈志波 戴礼荣 李　斌 李厚强 凌震华 吴　枫 熊志伟 徐正元 叶中付 俞能海	陈长汶 丁赤飚 付　锟 高　文 洪　文 胡　郁 霍　强 李世鹏 李晓东 李学龙 刘庆峰 罗杰波 芮　勇 田　静 吴一戎 徐常胜 许继征 颜永红
	081020	信息安全(6 系)	郭光灿 韩正甫 洪佩琳 胡红钢 林宪正 俞能海 朱　明	冯登国 荆继武 李凤华 林东岱 刘铁岩 孟　丹
0811 控制科学 与工程	081101	控制理论与控制工程	从　爽 季海波 康　宇 凌　强 秦家虎 王　永 吴　刚 熊军林 杨　坚 殷保群	卜智勇 龚惠兴 吕金虎 乔　红 王东琳 王飞跃 吴宏鑫 于海斌
	081102	检测技术与自动化装置	康　宇	封锡盛 韩建达 史泽林 王洪光
	081103	系统工程	陈宗海 从　爽	
	081104	模式识别与智能系统	查正军 陈宗海 杨庆雄	陈长汶 郭百宁 洪小文 胡卫明 刘成林 梅　涛 孙　剑 孙晓艳 谭铁牛 陶建华 徐　波 曾大军
	081105	导航、制导与控制	季海波 王　永	冯　刚 贾　平 周建亮
	081120	网络传播系统与控制	吴　刚 殷保群 朱　明	王劲林
	081121	信息获取与控制	陈宗海	
0812 计算机科学 与技术	081201	计算机系统结构	安　虹 陈国良 顾乃杰 华　蓓 李　京	杜晓黎 冯晓兵 贺志强 洪　一 侯紫峰 胡伟武 李国杰 李锦涛 李忠诚 孙凝晖 徐志伟 许峰雄

续表

一级学科	学科代码	二级学科	指导教师(校内)	指导教师(校外)
0812 计算机科学与技术	081202	计算机软件与理论	陈国良 陈华平 陈欢欢 冯新宇 顾乃杰 黄刘生 李京 徐云 许胤龙 张信明	黄涛 李明树 乔春明 邵中 姚新 张健 赵峰
	081203	计算机应用技术	陈恩红 陈发来 陈小平 韩恺 李向阳 卢德唐 唐珂 熊焰	陈熙霖 程学旗 郭锐锋 鲁加国 秦涛 沈向洋 谭焜 童欣 谢幸 姚新 于东 张永光
	081220	信息安全(11系)	陈恩红 黄刘生 李向阳 熊焰	冯登国
0827 核科学与技术	082701	核能科学与工程	陈红丽 李定 秦宏 叶民友 俞昌旋	段旭如 李强 刘永 石跃江 徐瑚珊 杨青巍 虞清泉 欧阳晓平
	082702	核燃料循环与材料	林铭章	
	082703	核技术及应用	何多慧 何晓业 贾启卡 蒋蔚 金革 李京祎 李为民 刘功发 刘树彬 尚雷 孙葆根 王琳 王勇 徐宏亮	邓建军 方守贤 高大庆 秦庆 唐靖宇 夏佳文 肖国青 原有进 袁平 詹文龙 张天爵 赵红卫 赵振堂
	082704	辐射防护及环境保护	何多慧 王群 徐榭	
	082720	同步辐射及应用	高琛 韩聚广 李良彬 刘刚 宋礼 孙喆 田扬超 王秋平 韦世强 徐法强 闫文盛 姚涛 张国斌 朱俊发	
0830 环境科学与工程	083001	环境科学	刘诚 刘桂建 刘晓东 沈延安 谢周清 俞汉青 周根陶 朱仁斌	江桂斌 孙松 王新明 张占海
	083002	环境工程	刘贤伟 穆杨 盛国平 俞汉青 曾建雄	刘俊新 吴丰昌 杨敏

续表

一级学科	学科代码	二级学科	指导教师(校内)	指导教师(校外)
0831 生物医学工程	083100	生物医学工程	毕国强 陈林 丁航 高大勇 李骜 邱本胜 汪香婷 徐晓嵘 叶中付 张青川 张效初 赵刚 周逸峰	高家红 田捷
0837 安全科学与工程	083700	安全科学与工程	范维澄 胡隆华 胡源 纪杰 蒋勇 刘乃安 陆守香 宋卫国 孙金华 汪箭 王海晖 杨立中 张和平 张永明 朱霁平	
0839 网络空间安全	083900	网络空间安全	查正军 陈恩红 陈洪佳 陈凯 陈小伍 陈宇翱 陈增兵 戴礼荣 杜江峰 段昌奎 冯新宇 郭光灿 郭国平 洪佩琳 胡红钢 华蓓 黄刘生 库伦 李厚强 李向阳 林宪正 马杰 欧阳毅 潘建伟 彭承志 荣星 盛茂 石发展 史保森 吴枫 熊焰 徐正元 叶郁 俞能海 张强 张先得 朱明 邹旭波	冯登国 荆继武 李凤华 林东岱 刘铁岩 孟丹 谢海永
1201 管理科学与工程	120100	管理科学与工程	毕功兵 陈华平 古继宝 梁樑 魏玖长 吴杰 吴强 杨锋 余玉刚	华中生
	120120	金融工程	张曙光	巴曙松 陈敏
1202 工商管理	120200	工商管理	丁栋虹 冯锋 古继宝 梁樑 刘志迎 翁清雄 吴杰 杨锋 余玉刚	华中生
合肥物质科学研究院				
0702 物理学	070201	理论物理	陈一平 项农	
	070202	粒子物理与原子核物理	沈水法	

续表

一级学科	学科代码	二级学科	指导教师（校内）	指导教师（校外）
0702 物理学	070204	等离子体物理	陈俊凌 单家芳 丁伯江 高　翔 龚先祖 郭后扬 胡纯栋 胡建生 胡立群 季振山 揭银先 匡光力 李国强 李建刚 李亚东 梁云峰 刘甫坤 吕　波 罗广南 毛玉周 孟月东 沈　飙 孙有文 万宝年 万元熙 王　亮 王守国 吴　斌 吴振伟 肖炳甲 徐国盛 臧　庆 张晓东 张新军 赵君煜 赵燕平 周　登	
	070205	凝聚态物理	蔡伟平 段国韬 方前锋 费广涛 韩福生 李广海 刘长松 孟国文 宁　伟 秦晓英 屈　哲 盛志高 宋文海 孙玉平 田明亮 童　鹏 王贤龙 熊奕敏 徐　文 薛　飞 杨　杰 杨昭荣 曾　雉 张昌锦 张发培 张　蕾 张永胜 赵邦传 郑小宏 朱雪斌 邹良剑 Eugene Gregoryanz	
	070207	光学	储焰南 董凤忠 范承玉 方　黎 方晓东 方勇华 高闽光 高晓明 龚知本 何亚柏 洪　津 胡顺星 黄　伟 黄印博 江海河 阚瑞峰 李晓风 刘　东 刘建国 刘文清 刘　勇 毛庆和 乔延利 饶瑞中 司福祺 孙敦陆 孙晓兵 汪建业 王　安 王先华 王英俭 王　煜 魏合理 魏庆农 吴海信 吴　毅 谢晨波 谢品华 熊　伟 杨世植 易维宁 张黎明 张天舒 张为俊 张玉钧 赵南京 郑小兵 朱锟鹏 朱文越	
0703 化学	070301	无机化学	赵爱武	

续表

一级学科	学科代码	二级学科	指导教师(校内)	指导教师(校外)
0706 大气科学	070602	大气物理学与大气环境	侯再红 翁宁泉 吴晓庆 徐青山	
0710 生物学	071007	遗传学	林文楚	
	071010	生物化学与分子生物学	刘青松 吴丽芳	
	071011	生物物理学	卞　坡 戴海明 韩　伟 黄　青 林文楚 刘方邻 刘　静 刘青松 马祖长 王　军 王俊峰 王文超 吴李君 吴丽芳 吴跃进 吴正岩 徐维平 许　安 杨武林 张　钠 张　欣 赵国平 郑之明 钟　凯	
0713 生态学	071300	生态学	刘方邻	
0803 光学工程	080300	光学工程	方晓东 毛庆和 乔延利 饶瑞中 王英俭 张庆礼 郑小兵	
0804 仪器科学与技术	080401	精密仪器及机械	骆敏舟 吴杰峰 徐林森 尤　晖	
0805 材料科学与工程	080501	材料物理与化学	陈　健 戴建明 胡林华 黄行九 蒋长龙 李　越 梁长浩 刘锦淮 罗广南 孟凡利 潘　旭 田兴友 汪国忠 王命泰 王先平 王振洋 伍志鲲 杨良保 叶长辉 张海民 张庆礼 张　涛 张云霞 赵惠军 朱　俊	

续表

一级学科	学科代码	二级学科	指导教师(校内)	指导教师(校外)
0807 动力工程及工程热物理	080705	制冷及低温工程	欧阳峥嵘	
0808 电气工程	080804	电力电子与电力传动	汪良斌	
0811 控制科学与工程	081101	控制理论与控制工程	庄　明	
	081102	检测技术与自动化装置	孔德义　梁华为　骆敏舟　牛润新　双　丰 汪增福　朱锟鹏	
	081104	模式识别与智能系统	高理富　孔　斌　宋良图　孙丙宇　汪增福 王红强　王儒敬	
0812 计算机科学与技术	081203	计算机应用技术	鲍　健　梁华为　宋良图　孙怡宁　王儒敬 吴仲城	
0827 核科学与技术	082701	核能科学与工程	柏云清　陈俊凌　陈文革　傅　鹏　郭后扬 胡立群　黄群英　李　格　李建刚　李桃生 刘华军　刘松林　刘小宁　刘智民　罗广南 潘皖江　沈水法　沈　炜　宋云涛　谭运飞 万宝年　万元熙　王石生　王晓杰　吴　洁 吴宜灿　武松涛　武　玉　肖炳甲　姚达毛 姚建铭　郁　杰　张晓东　赵柱民　郑明杰	
	082703	核技术及应用	匡光力	

续表

一级学科	学科代码	二级学科	指导教师(校内)	指导教师(校外)
0830 环境科学与工程	083001	环境科学	桂华侨　刘文清　吴李君　谢品华　徐　亮	
中国工程物理研究院				
0701 数学	070101	基础数学		谌稳固　郭柏灵
	070102	计算数学		成　娟　杜　强　蔚喜军　袁光伟
	070104	应用数学		江　松
0702 物理学	070201	理论物理		段素青　刘　杰　张信威
	070204	等离子体物理		丁永坤　谷渝秋
	070205	凝聚态物理		黄　辉　林海青　吴　强　张　林
	070207	光学		景　峰　李泽仁　张　卫
	070208	无线电物理		苏　伟
0801 力学	080102	固体力学		陈小伟　尹益辉
	080103	流体力学		洪　滔　李　平　刘仓理
	080104	工程力学		陈小伟　刘仓理　尹益辉　赵　峰 赵剑衡
	080124	工程安全与防护技术		刘仓理
0803 光学工程	080300	光学工程		景　峰　朱启华

续表

一级学科	学科代码	二级学科	指导教师(校内)	指导教师(校外)
0827 核科学与技术	082701	核能科学与工程		李正宏 汪小琳
	082702	核燃料循环与材料		赖新春 罗德礼 罗顺忠 彭述明 桑革 帅茂兵 汪小琳
	082703	核技术及应用		陈波 龚建 谢卫平 章林文
中国科学院长春应用化学研究所				
0703 化学	070301	无机化学	陈继 程子泳 李成宇 廖伍平 林君 刘琼 刘孝娟 马贤锋 孟健 倪嘉缵 潘道成 逄茂林 曲晓刚 任劲松 苏锵 孙忠明 唐金魁 薛冬峰 尤洪鹏 张海元 张洪杰 张吉林 张新波	
	070302	分析化学	陈卫 董绍俊 段太成 郑建波 姜秀娥 金永东 李冰凌 李壮 逯乐慧 牛利 彭章泉 唐纪琳 汪尔康 汪劲 王宏达 王振新 徐国宝 徐经伟 杨卫 杨秀荣 于聪 张柏林	
	070303	有机化学	董德文 高连勋 高翔 韩福社 李胜海 王博 张所波	
	070304	物理化学(含:化学物理)	崔勐 葛君杰 李晓晶 李云琦 刘长鹏 刘志强 宋凤瑞 王宏宇 王晓辉 武志坚 邢巍 徐维林 赵凤玉	

续表

一级学科	学科代码	二级学科	指导教师(校内)	指导教师(校外)
0703 化学	070305	高分子化学与物理	安立佳 陈　全 陈学思 程建华 程延祥 崔冬梅 丁军桥 董丽松 郭凌杰 韩艳春 贺超良 胡雁鸣 黄维扬 黄宇彬 姬相玲 季生象 姜　伟 李　杲 李　茂 刘　俊 栾世方 门永锋 冉祥海 石　强 石彤非 苏朝晖 孙昭艳 汤朝晖 唐　涛 陶友华 田华雨 童　辉 王佛松 王利祥 王　倩 王献红 王振纲 王植源 谢志刚 谢志元 闫东航 杨小牛 杨宇明 姚占海 殷敬华 于喜飞 张学全 周光远 庄秀丽 NakamuraIssei	
	070321	应用化学	白晨曦 邓鹏飏 董献堆 聂　伟 邱雪鹏 王立民 王丕新 王　震 杨向光 章培标	
中国科学院金属研究所				
0805 材料科学与工程	080501	材料物理与化学	陈星秋 杜　奎 贺连龙 胡青苗 刘　伟 卢　磊 马秀良 苏党生 王绍青 王占杰 王振华 徐东生 叶恒强 张广平 张哲峰 张志东 郑士建 朱银莲	
	080502	材料学	白　朔 陈荣石 成会明 崔传勇 段德莉 郝玉琳 姜　辛 金海军 金　涛 李　峰 李阁平 李美栓 李　毅 刘　畅 刘　岗 刘志权 楼琅洪 卢　柯 任文才 隋国鑫 孙东明 孙晓峰 陶乃镕 王爱民 王建强 王京阳 王清江 王镇波 徐　坚 杨　锐 张海峰 张　健 周兰章 周亦胄	

续表

一级学科	学科代码	二级学科	指导教师(校内)	指导教师(校外)
0805 材料科学与工程	080503	材料加工工程	陈德敏 宫　骏 李殿中 李依依 刘　奎 刘　实 陆善平 马宗义 戎利建 孙　超 孙文儒 肖伯律 熊天英 杨　柯 张劲松 张士宏 赵九洲	
	080520	腐蚀科学与防护	董俊华 韩恩厚 李　瑛 刘福春 牛　焱 彭　晓 王俭秋 王振尧 吴欣强 严川伟 杨怀玉 曾潮流 郑玉贵 朱圣龙	
中国科学院南京分院				
0703 化学	070302	分析化学	王强斌	
	070304	物理化学(含:化学物理)	陈立桅 陈　韦 崔　铮 邓宗武 高雪峰 姜　江 靳　健 李立强 李清文 吕卫帮 马昌期 马宏伟 聂富强 潘革波 裴仁军 王强斌 吴晓东 姚亚刚 张　凯 张　珽 张学同 张跃钢 张智军 赵志刚 周小春	
0704 天文学	070401	天体物理	常　进 陈学鹏 范一中 甘为群 高　煜 纪　丽 季海生 江治波 康　熙 黎　辉 李国亮 刘庆忠 刘四明 毛瑞青 宁宗军 史生才 苏　杨 宿英娜 王红池 王力帆 韦大明 吴德金 吴雪峰 伍　健 熊大闰 徐伟彪 徐　烨 杨　戟 袁　强 郑宪忠	
	070402	天体测量与天体力学	傅燕宁 季江徽 雷成明 马静远 马月华 王　歆 伍　歆 熊建宁 熊永清 徐　劲 张晓祥 赵长印 赵海斌	
	070420	天文技术与方法	蔡明生 姚骑均 左营喜	

续表

一级学科	学科代码	二级学科	指导教师(校内)	指导教师(校外)
0709 地质学	070900	地质学	曹长群 陈　旭 樊隽轩 黄迪颖 李保华 李　罡 李国祥 李建国 李　越 罗　辉 祁玉平 戎嘉余 沈树忠 王　军 王　伟 王伟铭 王向东 王　鑫 王　怿 王永栋 王　玥 徐洪河 杨　群 袁训来 詹仁斌 张海春 张元动 周传明 周志炎 朱怀诚 朱茂炎	
0710 生物学	071009	细胞生物学	程国胜 戴建武 费　浩 姜　江 李　炯 马宏伟 聂富强 裴仁军 索广力 王强斌 张智军 朱毅敏	
0803 光学工程	080300	光学工程	巩　岩 唐玉国 武晓东 熊大曦	
0804 仪器科学与技术	080401	精密仪器及机械	唐玉国	
0805 材料科学与工程	080501	材料物理与化学	董建荣 徐　科 张书明 张祥成	
0809 电子科学与技术	080901	物理电子学	张宝顺	

续表

一级学科	学科代码	二级学科	指导教师(校内)	指导教师(校外)
0809 电子科学与技术	080903	微电子学与固体电子学	边历峰 蔡　勇 陈立桅 陈　沁 程国胜 崔　铮 丁孙安 董建荣 董　军 黄　勇 蒋春萍 李立强 李　同 梁秉文 刘虹越 刘建平 刘立伟 陆书龙 马昌期 秦　华 沈文江 孙　钱 王怀兵 王旭光 吴东岷 谢永林 徐　科 杨　辉 姚亚刚 曾中明 张宝顺 张　凯 张瑞英 张书明 张　珽 张耀辉 张跃钢 张泽洪 张子旸 池田昌夫	
0810 信息与通信工程	081001	通信与信息系统	何　磊	
0831 生物医学工程	083100	生物医学工程	陈晓禾 崔崤峣 戴亚康 董文飞 高　静 高　山 高　欣 巩　岩 胡　军 李　辉 马　勇 彭义杰 史国华 孙明山 唐玉国 王弼陡 王　成 王　宏 王守岩 武晓东 熊大曦 杨洪波 杨晓冬 张　春 张运海 赵凌霄 郑岷雪 周连群	

创新研究群体(团队)一览表(含基金委、中科院、教育部)

国家自然科学基金委员会创新研究群体

序号	年度	团 队 名 称	负责人
1	2001	纳米结构的制备、组装与表征	侯建国
2	2001	量子信息	郭光灿
3	2001	重要细胞活动和生物分子识别的结构生物学基础	施蕴渝
4	2003	纳米材料和纳米结构的化学制备与性质	谢 毅
5	2004	新型类钙钛矿氧化物功能材料的合成、微结构与性能研究	李晓光
6	2007	天然免疫系统与重大疾病的发生发展	田志刚
7	2008	分布系统的协调优化与风险管理	梁 樑
8	2009	大陆俯冲化学地球动力学	郑永飞
9	2011	地球空间环境及其对太阳活动的响应	窦贤康
10	2011	表面单分子量子行为的表征与调控	杨金龙
11	2012	基于光子与冷原子的量子信息物理和技术	潘建伟
12	2013	基于同步辐射装置的新方法与能源材料研究	吴自玉
13	2014	星系和类星体	王俊贤
14	2015	纳米材料制备与能源转换性能研究	俞书宏
15	2016	具有旋涡和界面的复杂流动	陆夕云
16	2016	着丝粒动态组装与调控	姚雪彪
17	2017	TeV 强子对撞机上电弱精确测量与新物理新现象寻找	韩 良
18	2017	稳定同位素生物地球化学	沈延安
19	2017	几何分析	李嘉禹

正高级专业技术职务人员名单

（2017 年 12 月，共 704 人）

单　位	正高级专业技术职务人员
校领导	许　武 包信和 潘建伟 叶向东 陈初升 陈晓剑 周先意 朱长飞 蒋　一 王晓平 杨金龙
少年班学院	陈　旸
数学科学学院	郭文彬 张瑞斌 李　平 胡　森 张梦萍 张土生 部　云 陈　卿 陈秀雄 任广斌 库　伦 陈发来 李思敏 麻希南 殷　峥 邓建松 欧阳毅 张　希 刘利刚 黄　文 王　毅 梁　兴 邵　松 徐　岩 王作勤 盛　茂 陈洪佳 李嘉禹 陈小伍 杨周旺 叶　郁 左达峰 马　杰 薄立军 刘世平 程　艺 郭经纬 张先得
物理学院	许小亮 尹　民 李晓光 潘必才 陈仙辉 王冠中 林子敬 朱　弘 吴明卫 徐　宁 段昌奎 张榕京 曾长淦 袁军华 赵　瑾 朱文光 秦胜勇 乔振华 丁泽军 易　波 李　澄 安　琪 杨维纮 阴泽杰 赵政国 朱大鸣 王安民 完绍龙 刘万东 卢建新 叶邦角 马锦秀 王永纲 朱晓东 王　群 陈向军 王文阁 王晓方 王少杰 黄光顺 杨　涛 杜江峰 郑　坚 高道能 韩　良 朱　平 朱林繁 陈增兵 郁司夏 邓友金 刘树彬 孙　玄 彭海平 陈　帅 陈　凯 苑震生 黄民信 刘建北 彭新华 曹利明 刘衍文 金　革 苏吉虎 宋克柱 邵　明 丁桂军 李明哲 朱　磊 程光磊 庄　革 石发展 荣　星 王　亚 周又元 张　杨 王挺贵 孔　旭 袁业飞 王俊贤 薛永泉 赵　文 王慧元 蔡一夫 刘桂琳 玛利亚 方文娟 甄军锋 郭光灿 刘　文 韩正甫 史保森 王　沛 邹旭波 何力新 周正威 李传锋 周幸祥 肖　明 郭国平 王　亮 黄运锋 韩永建 易　为 项国勇 许金时 孙方稳 龚　明 王　双 任新国 董春华 曹　刚 张增明 吴雨生 殷月伟 黄　坤 樊逢佳 周双勇 秦　宏 叶民友 徐　榭 林铭章 陈红丽 彭常宏 蒋　蔚
化学与材料科学学院	吴　奇 严以京 陈东明 李全新 刘世林 廖结楼 闫立峰 李群祥 陈艳霞 田善喜 胡水明 黄伟新 徐瑞雪 江　俊 路军岭 王兴安 邵　翔 张　群 刘光明 朱清时 李微雪 蒋　彬 陈春华 夏长荣 徐　鑫 初宝进 杨上峰 向　斌 朱彦武 杜平武 武晓君 余　彦 郝绿原 刘　卫 王　川 章根强 马　骋 曹瑞国 王　路 钱逸泰 罗德平 汪志勇 崔　华 王中夏 刘扬中 宋钦华 王官武 俞汉青 杨　晴 谢　毅 徐铜文 俞书宏 唐凯斌 曾建雄 万立骏 田仕凯 梁高林 邓兆祥 王细胜 黄光明 顾振华 穆　杨 熊宇杰 盛国平 马明明 江海龙 吴长征 李文卫 李　涛 姚宏斌 汪义丰 吴宇恩 吴　亮 刘贤伟 黄汉民 王功名 梁海伟 王　川 康彦彪 刘　波 白如科 张兴元 张其锦 葛学武 梁好均 朱平平 王延梅 刘和文 王志刚 尤业字 刘世勇 洪春雁 陈昶乐 徐航勋 邹　纲 汪　峰 李连伟 胡进明 季恒星 龚流柱

续表

单　位	正高级专业技术职务人员
工程科学学院	伍小平 杨基明 张青川 胡小方 陆夕云 何陵辉 文鹤鸣 卢德唐 龚兴龙 孙德军 陈海波 缪泓 汪洋 彭良明 丁航 梁海弋 吴恒安 倪勇 姜洪源 沈兆武 刘难生 黄海波 高鹏 骆天治 李二强 王海龙 竺长安 王克逸 郑津津 冯志华 徐晓嵘 赵旸 吴东 扎克 盛东 储开芹 孙明斋 王建华 朱锡锋 刘明侯 王晓宏 裴刚 程晓舫 林其钊 夏维东 季杰 程文龙 叶宏 闫锐 龚明 翟超 田超
信息科学技术学院	胡访宇 卫国 王培康 叶中付 孙利国 洪佩琳 徐云生 戴礼荣 邱玲 戴旭初 朱冰 俞能海 徐正元 王刚 王卫东 朱旗 陈卫东 李厚强 吴枫 周武旸 陈志波 张文逸 王东进 刘发林 李卫平 朱祖勍 龚晨 李荐 张勇东 王杰 沈聪 熊志伟 丛爽 殷保群 王永 朱明 陈宗海 季海波 吴刚 康宇 熊军林 杨坚 秦家虎 查正军 黄伟 李智军 林福江 邱本胜 赵刚 金显庆 许磊 张卫明 胡红钢 林宪正 李斌 谢洪涛
地球与空间科学学院	李曙光 王水 陈晓非 郑永飞 刘国胜 傅云飞 陈出新 张铁龙 刘贻灿 孙东松 肖益林 任保华 张捷 李毅 陈福坤 杨晓勇 周根陶 刘斌 魏春生 黄金水 唐俊 郑惠南 沈延安 刘桂建 吴小平 温联星 陆全明 王传兵 倪四道 朱仁斌 杨永太 谢周清 赵子福 张海江 李锐 吴忠庆 李陶 汪毓明 刘睿 雷久侯 秦礼萍 姚华建 冷伟 倪怀玮 毛竹 陶鑫 栾晓莉 薛向辉 张少兵 刘晓东 仲雷 陈仁旭 申成龙 孙道远 苏振鹏 刘诚 陈伊翔 赵纯 刘尚 耿雷 胡岩 姜哲 窦贤康 李俊伦
生命科学学院	施蕴渝 吴缅 滕脉坤 沈显生 周江宁 吴季辉 陈林 温龙平 肖卫华 向成斌 牛立文 姚雪彪 魏海明 高平 孙宝林 史庆华 廉哲雄 胡兵 陈宇星 毕国强 刘海燕 赵忠 刘北明 朱涛 吴清发 张华凤 丁勇 杨昱鹏 宋晓元 光寿红 单革 田长麟 张志勇 臧建业 杨振业 薛天 张效初 刘强 蔡刚 白丽 张智 刘丹 熊伟 周荣斌 田志刚 孙汭 周逸峰 梅一德 江维 申勇 王育才 龙冬 仓春蕾 符传孩 许超 马世嵩 瞿昆 金腾川 汪香婷 温泉 王朝 郑基深 孙林峰 朱书 陶余勇 黄成栋
计算机科学与技术学院	陈国良 陈小平 蒋凡 黄刘生 徐云 熊焰 顾乃杰 许胤龙 安虹 华蓓 陈恩红 陈欢欢 唐珂 张信明 周学海 李向阳 韩恺 张兰 谢希科 杨盘隆 李诚
管理学院	尹春明 赵定涛 王荣森 丁栋虹 刘志迎 魏玖长 翁清雄 冯锋 吴强 刘和福 梁樑 余玉刚 吴杰 毕功兵 杜少甫 吴耀华 胡太忠 杨亚宁 张曙光 方世建 陈华平 曹威麟 郑泽敏 崔志坚
公共事务学院	宋伟 张姝
人文与社会科学学院	李萌涛 崔海建 孙蓝 陈纪梁 胡化凯 金正耀 石云里 龚德才 张志辉 熊卫民 关瑜桢 汤书昆 周荣庭 孔燕 史玉民 徐飞 夏文彧 屠兢
软件学院	吴敏
苏州研究院	李彬

续表

单　位	正高级专业技术职务人员
国家同步辐射实验室	盛六四　李为民　韦世强　孙　喆　何多慧　潘国强　贾启卡　孙葆根　高　琛　田扬超　徐法强　徐宏亮　韩聚广　张国斌　尚　雷　朱俊发　李良彬　刘　刚　宋　礼　王　勇　高　辉　洪义麟　王秋平　何晓业　刘功发　闫文盛　王　琳　鲍　骏　陆亚林　姚　涛
微尺度物质科学国家实验室	张国庆　刘乃乐　李震宇　张裕恒　张振宇　董振超　徐春叶　吴文彬　罗　毅　陈乾旺　龚为民　孙学峰　赵　博　张　强　曾　杰　陈宇翱　包小辉　陆朝阳　吴　涛　左　健　石　磊　王海千　石勤伟　徐安武　王德亮　王　兵　陆轻铀　彭承志　鲁　非　陈家富　金　帆　郑　晓　叶树集　张　军　孙永福　卢征天　王征飞　曾华凌　朱晓波　肖　翀　松尾豊　张　杨　张　汇　郭　昌　汪喜林　赵东锋　霍永恒　姚星灿　高敏锐　徐飞虎
火灾科学国家重点实验室	范维澄　孙金华　王海晖　张和平　胡　源　蒋　勇　杨立中　宋卫国　刘乃安　张永明　汪　箭　宋　磊　纪　杰　胡隆华　陆守香　张　俊
北京教学与管理部	胡岳东
党委组织部、党委统战部、机关党委	赵永飞　张　玲
发展和改革办公室、发展规划处	罗喜胜
研究生院	张淑林　古继宝
招生就业处	杨　锋
教务处	周丛照　汤家骏
科研部	傅　尧　朱霁平
党委教师工作部、人力资源部	褚家如　黄　方
国际合作与交流部	侯中怀
工会	史明瑛
企业工作委员会	苏　俊
网络信息中心	李　京　张焕杰
档案馆	丁毅信
出版社	张春瑾　高哲峰　伍传平
医院	石玉仙　邱　肃
资产经营有限责任公司	赵　卫　成促进
附中	李　蓓
烟草中心	张悠金　刘少民

近年来博士后人数变动情况

年　度	当年在站人数	当年进站人数	当年出站人数
2007	201	85	62
2008	232	108	77
2009	289	133	76
2010	337	152	104
2011	415	160	82
2012	469	193	139
2013	478	128	119
2014	473	151	156
2015	390	155	238
2016	455	200	135
2017	478	161	138

2016～2017 学年度在聘外籍语言教师情况

Beata Drewnowska	波兰	2017.9～2018.6
Dominic Napat	美国	2017.9～2018.6
Elena Dobrovolskaya	俄罗斯	2017.9～2018.6
Hanna Swiatczak	波兰	2017.9～2018.6
Haydee Avellaneda	菲律宾	2017.9～2018.6
Heiko Hansjürgens	德国	2017.9～2018.6
Hepuni Kayina	印度	2017.9～2018.6
James Murphy	英国	2017.9～2018.6
John Gandy	英国	2017.9～2018.6
Kyle Natoli	美国	2017.9～2018.6

续表

Lalzawmliani Ralte	印度	2017.9～2018.6
Murray Sherk	加拿大	2017.9～2018.6
Selene T. Arcilla	菲律宾	2017.9～2018.6
Terry Denman	英国	2017.9～2018.6
Timothy Dixon	英国	2017.9～2018.6
TiffaniTumbaga	美国	2017.9～2018.2
Elyse Jackson	美国	2018.2～2018.6
Ronda Culver	美国	2018.2～2018.6
Sean Og Mckiernan	爱尔兰	2018.2～2018.6
Steffan Gindy Thorn	英国	2018.2～2018.6

十四、国内外学术交流与合作

年度公派出访人员出国(境)情况

单位：人

总数	学科类别		人员类别								出国(境)类别			
			教职工					学生						
	自然科学	社会科学	教授	副教授	讲师	助教	其他	博士研究生	硕士研究生	本科生	考察访问	合作科研	学术会议	其他
1696	1392	304	1335		104	13	211	15		18	85	348	1075	188

近年来接待外宾情况

按国别统计

单位：人

年度 \ 人数 \ 国别	合计	美国	日本	德国	英国	加拿大	澳大利亚	法国	俄罗斯	其他
2006	441	177	41	22	12	25	16	17	15	116
2007	331	148	22	8	9	15	11	4	7	107
2008	327	156	26	19	14	15	12	8	5	72
2009	444	231	30	30	8	12	13	38	5	77
2010	615	203	30	13	19	17	20	39	16	258
2011	521	251	31	26	27	13	14	27	18	114
2012	752	287	30	38	36	25	22	36	24	254
2013	775	280	28	47	32	29	25	2	14	318
2014	1083	453	58	58	50	32	49	38	30	315
2015	1350	523	56	69	72	35	41	47	32	475
2016	1385	641	59	112	78	57	49	36	11	342
2017	1575	776	45	75	68	40	76	47	22	426

按来访性质分类

单位：人

性质 / 人数 / 年度	合 计	主 请	接待来访
2006	441	352	89
2007	313	256	57
2008	327		
2009	444	367	77
2010	615	432	183
2011	521	463	58
2012	752	592	160
2013	775	590	185
2014	1083	1007	76
2015	1350	1163	187
2016	1385	1222	163
2017	1575	1420	155

与国(境)外机构签订交流协议情况

序号	协 议 名 称	签订日期	有效期限	合作单位
1	中科大-维也纳科技大学合作备忘录	2017.01.11	5	维也纳科技大学
2	中科大-伊利诺伊大学 3+1+X 项目协议	2017.02.03	5	伊利诺伊大学
3	中科大-维尔兹堡大学科技协议	2017.02.13	长期	维尔兹堡大学
4	中科大-伊朗设拉子大学合作备忘录	2017.04.24	3	伊朗设拉子大学
5	中科大-特文特博士生联合培养协议	2017.04.24	5	特文特大学
6	中科大-台湾清华大学学生交换计划备忘录	2017.04.27	5	台湾清华大学
7	中科大化院-美国密歇根大学安娜堡大学研究实习项目协议	2017.05.10	3	美国密歇根大学安娜堡分校
8	中科大-科廷大学博士生联合培养协议	2017.06.05	5	科廷大学

续表

序号	协议名称	签订日期	有效期限	合作单位
9	中科大-麦考瑞博士生联合培养协议	2017.07.17	5	麦考瑞大学
10	中科大-麦考瑞研究硕士学生交换协议	2017.07.17	长期	麦考瑞大学
11	中科大-加拿大 Calgary 大学合作备忘录	2017.08.03	5	加拿大 Calgary 大学
12	中科大-巴黎中央理工学院学生交换协议	2017.09.20	3	巴黎中央理工学院
13	中科大-巴黎中央理工学院 3.5+2.5 项目协议	2017.09.20	3	巴黎中央理工学院
14	中科大统计系-美国威斯康星麦迪逊分校 3+1 项目协议	2017.11.01	3	美国威斯康星麦迪逊分校
15	中科大-意大利蒙塞拉特基金会合作备忘录	2017.11.17	5	意大利蒙塞拉特基金会
16	中科大物理学院-法国马赛 Erasmus+ 项目协议	2017.12.21	3	法国艾克斯-马赛大学
17	中科大-巴基斯坦管理科学学院合作备忘录	2017.12.28	5	巴基斯坦管理科学学院
18	中科大-美国里海大学合作备忘录	2017.12.11	5	美国里海大学

与国(境)外机构合作科研项目情况

序号	项目名称	我校参与合作人员	合作方
1	煤化工废水资源化技术及中俄工业废水资源化合作平台	徐铜文	俄罗斯库班国立大学/俄罗斯科学院普通与无机化学研究所
2	新一代城市污水厂新技术研发和机理研究	俞汉青	香港大学

主办、承办国际大型学术会议情况

会议名称	起止时间	代表数	
		国内	国外
2017 火灾前沿科学和技术国际研讨会	2017 年 10 月 24～26 日	30	20

续表

会议名称	起止时间	代表数	
		国内	国外
2017国际低温生物学与低温医学大会	2017年8月20～24日	320	80
第四届中英高分子与软物质双边国际交流会	2017年9月23～25日	80	20
生物医学微纳米技术国际会议	2017年7月2～6日	45	25
CFETR第二次国际顾问委员会会议	2017年4月19～20日	35	15
第五届大气光散射和遥测技术国际会议	2017年6月19～23日	50	50
代数与算术几何国际会议	2017年5月8～12日	40	30
无线光通信国际研讨会	2017年7月1～3日	171	29
关于举办第六届细胞与分子免疫学国际研讨会的请示	2017年6月21～23月	300	50
2017分数阶系统理论与应用国际研讨	2017年7月26日	43	7
第三届中日正电子科学研讨会	2017年6月8～11日	60	20
大气长期变化和趋势研讨会	2018年5月14～18日	50	30
相干光源和科学国际研讨会(2017)	2017年11月8～10日	60	29
2018第三届“惰性气体放射性核素示踪应用国际研讨会”	2018年9月5～7日	100	50
霍普夫代数及非交换几何国际会议	2017年8月14～17日	60	30
第七届量子能源国际研讨会	2017年11月12～15日	64	29
第15届亚洲程序设计语言和系统会议	2017年11月26～29日	40	7
2017年IEEE机器人与机械电子国际会议	2017年8月27～31日	280	20
2018年粒子物理唯象学计算机模拟国际会议	2018年11月12～16日	45	30
能源材料的同步辐射谱学和显微表征国际会议	2018年9月28～30日	50	20
纳米摩擦和摩擦学物理性能国际研讨会	2017年11月9～10日	20	50
能源环境膜与膜过程国际会议	2017年11月27日～12月1日	50	10
第五届量子物理基础与技术国际会议	2018年11月12～17日	300	200
二维材料双边研讨会	2018年1月4～6日	54	6
表面与催化国际研讨会	2018年1月21～24日	45	5
2018年国际量子密码会议	2018年8月27～31日	300	200

“大师论坛”举办情况

序号	时　间	报告人	职　　务	报　告　题　目
1	1月12日	毛河光	美国国家科学院院士	地球核幔间聚氧与环境聚变
2	4月17日	袁钧瑛	美国艺术和科学院院士、哈佛大学医学院细胞生物学系终身教授	发现细胞死亡的秘密
3	5月12日	Peter Jenni	著名高能物理实验科学家、ATLAS国际合作组前负责人	The Hunt for the Higgs Boson and its Discovery at the LHC
4	5月31日	Daan Frenkel	2016年玻尔兹曼奖章得主、剑桥大学化学系教授	The Puzzle of Self-Assembly and the Self-Assembly of Puzzles
5	6月13日	Michael L. Shuler	美国国家工程院院士、美国人文与科学院院士、康奈尔大学教授	Models of Life: Simple Cells to Humans
6	6月27日	Hans-Joachim Freund	德国科学院院士、德国马普学会弗里茨-哈伯研究所所长和化学物理系主任	Model Systems in Heterogeneous Catalysis at the Atomic Level
7	6月28日	张益唐	著名数学家、加州大学圣芭芭拉分校数学系教授	Methods of Undetermined Quantities in Number Theory
8	7月3日	庄小威	美国国家科学院院士	揭示生命中不可见的奥秘——利用超分辨率成像在纳米尺度上对生物系统的精细解析
9	7月4日	何志明	美国工程院院士	Complexity and Simplicity-From Drug Candidate Search to Phenotypic Personalized Medicine(PPM)
10	9月24日	Gerard't Hooft	1999年度诺贝尔物理学奖获得者	量子进行曲
11	11月29日	叶军	美国国家科学院院士、中国科学院外籍院士	Atomic Clock and Quantum Physics
12	12月7日	Shaul Mukamel	美国国家科学院院士	Study of Nonadiabatic Dynamic and Conical Intersections by Nonlinear Broadband X-ray Spectroscopy

续表

序号	时 间	报告人	职 务	报 告 题 目
13	12 月 11 日	马歇尔・赫伯特	卡内基梅隆大学机器人研究所主任	人工智能的前沿技术及研究实例
14	12 月 11 日	大卫・伯恩	卡内基梅隆大学机器人研究所首席科学家	机器人技术与商业机遇
15	12 月 18 日	雷纳・韦斯基普・索恩巴里・巴里什	2017 年度诺贝尔物理学奖获得者	引力波大会

“中国科大论坛”举办情况

序号	时 间	报告人	职 务	报 告 题 目
1	4 月 7 日	李家洋	中国科学院院士、发展中国家科学院院士、美国科学院外籍院士	青年学子如何做好科研
2	9 月 18 日	刘昌孝	中国工程院院士、天津药物研究院研究员、名誉院长	创新药物研究开发的难点和挑战
3	10 月 22 日	饶子和	中国科学院院士、清华大学教授	Herpes Simplex Virus

十五、全院办校、所系结合

与中国科学院研究院所签署合作共建协议一览表

序　号	与科大签署协议的研究院所	协议签署时间
1	中国科学院数学与系统科学研究院	2003.11
2	中国科学院上海生命科学研究院	2003.11
3	中国科学院合肥物质科学研究院	2004.4
4	中国科学院长春光学精密机械与物理研究所	2004.4
5	中国科学院长春应用化学研究所	2004.4
6	中国科学院南京分院	2004.5
7	中国科学院上海分院	2004.5
8	中国科学院武汉分院	2004.6
9	中国科学院长春分院	2004.8
10	中国科学院成都分院	2004.9
11	中国科学院兰州分院	2004.9
12	中国科学院广州分院	2004.9
13	中国科学院沈阳分院	2004.10
14	中国科学院西安分院	2004.12
15	中国科学院昆明分院	2004.12
16	中国科学院高能物理研究所	2005.5
17	中国科学院生物物理研究所	2005.7
18	中国科学院西双版纳植物园	2005.7
19	中国科学院新疆分院	2005.8
20	中国科学院广州能源研究所	2005.5
21	中国科学院上海应用物理研究所	2005.9
22	中国科学院沈阳计算技术研究所	2005.9
23	中国科学院北京分院	2007.3
24	中国科学院苏州纳米技术与纳米仿生研究所	2007.5
25	中国科学院工程热物理研究所	2007.5
26	中国科学院动物研究所	2008.9

续表

序　号	与科大签署协议的研究院所	协议签署时间
27	中国科学院沈阳金属研究所	2009.6
28	中国科学院力学研究所	2009.7
29	中国科学院物理研究所	2009.7
30	中国科学院深圳先进技术研究院	2010.3
31	中国科学院国家天文台、中国科学院紫金山天文台、中国科学院上海天文台	2010.6
32	中国科学院光电技术研究院	2010.11
33	中国科学院上海微系统研究所	2012.3
34	中国科学院近代物理研究所	2012.4

聘请中科院研究院所领导和专家兼任学校院系领导一览表

序号	姓　名	所属单位和职务	我校聘任职务	聘任时间
1	洪茂椿	院士	化学系主任	2003.11.27
2	王利祥	中国科学院长春分院院长	高分子科学与工程系主任	2004.9.30
3	刘　钝	中国科学院自然科学史研究所原所长	人文与社会科学学院院长、科技史与科技考古系主任	2005.10.13
4	万元熙	中国科学院等离子体物理研究所原所长、院士	核科学技术学院院长	2008.12.22
5	欧阳钟灿	中国科学院理论物理研究所原所长、院士	物理学院院长	2009.4.26
6	李　灿	中国科学院大连化学物理所学位委员会主任、院士	化学与材料科学学院院长	2009.4.26
7	陈　颙	国家地震局原副局长、院士	地球和空间科学学院院长	2009.4.26
8	裴端卿	中国科学院广州生物医药与健康研究院院长	医药生物技术系主任	2009.12.8
9	马志明	中国科学院数学与系统科学研究院、院士	数学科学学院院长	2009.12.8

续表

序号	姓 名	所属单位和职务	我校聘任职务	聘任时间
10	许祖彦	中国科学院理化技术研究所、院士	光学与光学工程系主任	2009.12.8
11	严 俊	中国科学院国家天文台台长	天文学系主任	2010.1.14
12	杜善义	哈尔滨工业大学复合材料研究所所长、院士	工程科学学院院长	2010.6.11
13	叶甜春	中国科学院微电子研究所所长	电子科学与技术系主任	2010.9.18
14	沈保根	中国科学院物理研究所研究员、院士	物理系主任	2012.4.28
15	吴以成	中国科学院理化技术研究所、院士	材料科学与工程系主任	2012.12.21
16	魏复盛	中国科学院生态环境研究中心博士生导师、中国环境监测总站研究员、院士	环境科学与光电技术学院院长	2013.4.19
17	刘文清	中国科学院安徽光学精密机械研究所所长、院士	环境科学与光电技术学院执行院长	2014.1.24
18	杨 锐	中国科学院金属研究所所长	材料科学与工程学院院长	2015.9.2
19	杨学明	中国科学院大连化学物理所副所长、院士	化学物理系主任	2016.1.7
20	杨 辉	中国科学院苏州纳米技术与纳米仿生研究所所长	纳米技术与纳米仿生学院院长	2016.6.17
21	刘佩华	中国科学院苏州纳米技术与纳米仿生研究所党委书记	纳米技术与纳米仿生学院常务副院长	2016.6.17
22	杨 戬	中国科学院紫金山天文台台长	天文与空间科学学院院长	2016.6.17
23	常 进	中国科学院紫金山天文台副台长	天文与空间科学学院常务副院长	2016.6.17
24	吴一戎	中国科学院电子学研究所所长、院士	信息科学技术学院院长	2016.6.19

与中国科学院研究院所共建英才班一览表

校级“科技英才班”一览表

序号	科技英才班名称	合 作 单 位	签署协议时间
1	华罗庚数学科技英才班	中国科学院数学与系统科学研究院	2009.3.18
2	师昌绪材料科学科技英才班	中国科学院金属研究所	2009.6.11

续表

序号	科技英才班名称	合 作 单 位	签署协议时间
3	贝时璋生命科技英才班	中国科学院生物物理研究所 中国科学院上海生命科学研究院	2009.7.9
4	严济慈物理科技英才班	中国科学院物理研究所	2009.7.9
5	王大珩光机电科技英才班	中国科学院长春光学精密机械与物理研究所	2009.7.9
6	赵忠尧应用物理科技英才班	中国科学院上海应用物理所	2009.7.9
7	钱学森力学科技英才班	中国科学院力学研究所	2009.7.9
8	卢嘉锡化学科技英才班	中国科学院化学研究所、中国科学院上海有机化学研究所	2010.6.9
9	王绶琯天文科技英才班	中国科学院国家天文台、中国科学院紫金山天文台、中国科学院上海天文台	2010.6.9
10	赵九章现代地球和空间科技英才班	中国科学院地质与地球物理研究所	2010.6.9
11	计算机与信息科技英才班	中国科学院计算技术研究所、中国科学院电子学研究所	2010.6.9
12	新能源英才班	中国科学院广州能源研究所	2016.8.26
13	精密光机电与环境英才班	中国科学院合肥物质科学研究院	2016.12.15

院级“科技英才班”一览表

序号	科技英才班名称	合 作 单 位	签署协议时间
1	钱三强英才班	中国科学院高能物理研究所	2013.6.3
2	黄昆英才班	中国科学院半导体研究所	2013.6.4
3	技术物理英才班	中国科学院上海技术物理研究所	2013.7.3
4	尚光英才班	中国科学院上海光学精密机械研究所	2013.9.1
5	王淦昌英才班	中国科学院等离子体物理研究所	2013.9.29
6	杨澄中英才班	中国科学院近代物理研究所	2013.10.16
7	天眷英才班	中国科学院武汉物理与数学研究所	2013.11.12
8	吴仲华英才班	中国科学院工程热物理研究所	2016.10.16

近年来接收中国科学院研究院所代培研究生情况一览表

年　度	人　数
1999	302
2000	379
2001	522
2002	750
2003	835
2004	859
2005	896
2006	995
2007	961
2008	996
2009	1074
2010	1065
2011	1075
2012	1106
2013	1050
2014	822
2015	841
2016	774
2017	784
合　计	16086

近年来向中国科学院研究院所推荐免试研究生情况一览表

年　度	人　数
1999	52
2000	52
2001	85
2002	167
2003	201
2004	150
2005	180
2006	221
2007	198
2008	191
2009	188
2010	194
2011	177
2012	153
2013	145
2014	124
2015	112
2016	84
2017	82
合　计	2756

近年来本科生在中国科学院研究院所开展实践教学情况一览表

年 度	大学生研究计划	专业实习	毕业论文	合 计
2004	223	397	157	777
2005	238	350	101	689
2006	301	368	94	763
2007	487	554	107	1148
2008	284	303	112	699
2009	329	309	108	746
2010	292	335	185	812
2011	228	358	174	760
2012	162	423	172	757
2013	131	690	198	1019
2014	73	469	164	706
2015	104	561	146	811
2016	47	602	139	788
2017	48	547	110	705

中国科学院研究院所在学校设立奖学金一览表

序号	奖学金名称	设 立 单 位	设立年度
1	力学攀登奖	中国科学院力学研究所	1994
2	祖同奖学金	中国科学院西安光学精密机械研究所	2003
3	李薰奖学金	中国科学院沈阳金属研究所	2005
4	长光奖学金	中国科学院长春光学精密机械与物理研究所	2006
5	黄鸣龙奖学金	中国科学院上海有机化学研究所	2006
6	成都光电奖学金	中国科学院光电技术研究所	2006

续表

序号	奖学金名称	设 立 单 位	设立年度
7	赵九章奖学金	中国科学院空间科学与应用研究中心	2007
8	地学攀登奖学金	中国科学院地质与地球物理研究所	2007
9	吴学周奖学金	中国科学院长春应用化学研究所	2007
10	微系统所奖学金	中国科学院上海微系统与信息技术研究所	2007
11	国家天文台奖学金	中国科学院国家天文台	2009
12	大连化学物理研究所优秀学生奖学金	中国科学院大连化学物理研究所	2010
13	化学所英才奖学金	中国科学院化学研究所	2011
14	广州能源所奖学金	中国科学院广州能源研究所	2011
15	电子所奖学金	中国科学院电子学研究所	2011
16	近代物理所奖学金	中国科学院近代物理研究所	2012
17	林兰英奖学金	中国科学院半导体研究所	2012
18	卢嘉锡奖学金	中国科学院福建物质结构研究所	2013

近年来与中国科学院研究院所
共建科教结合平台一览表

序号	机 构 名 称	共 建 单 位	成立时间
1	核科学技术学院	中国科学院合肥物质科学研究院	2009.1
2	计算机科学与技术学院	中国科学院计算技术研究所、中国科学院软件研究所、中国科学院沈阳计算技术研究所	2009.5
3	光学与光学工程系	中国科学院上海光学精密机械研究所、中国科学院光电技术研究所、中国科学院西安光学精密机械研究所、中国科学院长春光学精密机械与物理研究所、中国科学院安徽光学精密机械研究所	2009.12
4	数学科学学院	中国科学院数学与系统科学研究院	2011.5

续表

序号	机构名称	共建单位	成立时间
5	中国科学院国家数学与交叉科学中心——合肥分中心	中国科学院数学与系统科学研究院	2011.5
6	合肥物质科学技术中心	中国科学院合肥物质科学研究院	2011.9
7	环境科学与光电技术学院	中国科学院合肥物质科学研究院	2011.9
8	中国科学院核能安全技术研究所	中国科学院合肥物质科学研究院	2011.9
9	量子信息与量子科技前沿协同创新中心	中国科学院上海技术物理研究所、中国科学院半导体研究所、南京大学、国防科技大学	2012.7(组建) 2014.1(揭牌)
10	国家示范性微电子学院	中国科学院长春光学精密机械与物理研究所	2015.12
11	合肥能源研究院	中国科学院广州能源研究所、合肥市人民政府	2016.11

近年来与中国科学院研究院所共建实验室一览表

序号	实验室名称	共建(合作)单位	成立时间
1	核探测与核电子学国家重点实验室(核探测技术与核电子学联合实验室)	中国科学院高能物理研究所	2008.12 (2005.4)
2	中国科学院星系宇宙学重点实验室(星系和宇宙学联合实验室)	中国科学院上海天文台	2008.12 (2005.1)
3	中国科学院网络传播系统与控制重点实验室(培育建设)(网络传播系统与控制联合实验室)	中国科学院声学研究所	2008.12 (2006.11)
4	中国科学院能量转换材料重点实验室(新能源材料联合实验室)	中国科学院上海硅酸盐研究所	2008.12 (2007.4)
5	中国科学院城市污染物转化重点实验室(环境污染控制联合实验室)	中国科学院城市环境研究所	2014.8 (2012.1)
6	中国科学院空间信息处理与应用系统技术重点实验室	中国科学院电子学研究所	2013.4

续表

序号	实验室名称	共建(合作)单位	成立时间
7	中国科学院微观磁共振重点实验室(量子生物物理联合实验室)	中国科学院生物物理研究所、中国科学院物理研究所、中国科学院化学研究所	2016.8 (2014.10)
8	化学物理联合实验室	中国科学院大连化学物理研究所	2005.6
9	智能科学与技术联合实验室	中国科学院自动化研究所	2005.7
10	蛋白质科学联合实验室	中国科学院生物物理研究所	2005.7
11	网络与通信联合实验室	中国科学院沈阳计算技术研究所	2005.9
12	绿色合成化学联合实验室	中国科学院上海有机化学研究所	2005.11
13	数学物理联合实验室	中国科学院武汉物理与数学研究所	2005.12
14	科技传播研究所	中国科学院科学时报社	2006.2
15	强子物理研究中心	兰州重离子国家实验室	2006.3
16	无机固体联合实验室	中国科学院福建物质结构研究所	2007.5
17	高分子薄膜与溶液联合实验室	中国科学院长春应用化学研究所	2007.9
18	分析化学研究伙伴小组	中国科学院长春应用化学研究所	2008.1
19	超精密控制与系统联合实验室	中国科学院长春光学精密机械与物理研究所	2010.5
20	微纳电子系统集成研究中心	中国科学院微电子研究所	2010.9
21	生物质催化转化联合实验室	中国科学院广州能源研究所	2013.12
22	天然活性多肽联合实验室	中国科学院昆明动物研究所	2015.3
23	超导量子器件与量子信息联合实验室	中国科学院上海微系统与信息技术研究所	2015.10

注:学校与中国科学院研究院所共建的上述联合实验室中,已有部分实验室升格为国家或省部级重点实验室。

近年来与中国科学院研究院所共建科教融合学院一览表

学科领域	研究所	共建学院	成立时间或进展情况
化学化工与材料学科领域	中国科学院金属研究所	材料科学与工程学院	2015年9月2日
	中国科学院苏州纳米技术与纳米仿生研究所	纳米技术与纳米仿生学院	2016年6月17日
	中国科学院长春应用化学研究所	应用化学与工程学院	2017年8月26日
物理天文学科领域	中国科学院合肥物质科学研究院	核科学技术学院	2008年12月18日
	中国科学院紫金山天文台	天文与空间科学学院	2016年6月17日
工程科学和机械控制	中国科学院苏州生物医学工程技术研究所	生物医学工程学院	研究生教育已归口

十六、办学支撑条件

图书馆馆藏情况

项目		纸质文献总计	电子文献总计	图书							期刊			报纸	视听资料
				合计	中文			外文			合计	中文	外文		
					小计	社科	科技	小计	社科	科技					
总藏书量		240.0595万册		182.4658万册	158.9851万册	70.7203万册	88.2648万册	23.4807万册	2.2697万册	21.211万册	56.1733万册	26.4802万册	29.6931万册	6312册	7765盘
2009年购置	种	17107	4139000	14854	14317	7000	5200	537		537	2188	2000	188	65	0
	册	45070	4139000	42503	41966	21000	20966	537		537	2388	2200	188	179	0
2010年购置	种	19851	4559000	17388	17300	9500	7200	88		88	2398	2216	182	65	0
	册	61729	4559000	59096	59008	30000	29008	88		88	2454	2272	182	179	0
2011年购置	种	16559	5027000	14942	14738	8300	6500	204		204	1550	1381	169	67	0
	册	53798	5027000	51371	51157	26000	25157	214		214	2248	2079	169	179	0
2012年购置	种	19735	5310000	18164	16802	11241	5561	1362		1362	1509	1346	163	62	0
	册	61932	5310000	59579	58147	33725	24422	1432		1432	2189	2026	163	164	0

续表

项目		纸质文献总计	电子文献总计	图书							期刊			报纸	视听资料
				合计	中文			外文			合计	中文	外文		
					小计	社科	科技	小计	社科	科技					
2013年购置	种	15793	5610000	14274	13630	7600	6030	644		644	1454	1282	172	65	0
	册	42671	5610000	40857	40180	22800	17380	677		677	1677	1505	172	137	0
2014年购置	种	22690	5840000	21717	20952	11524	9428	765		765	943	798	145	30	0
	册	55806	6110000	54495	53712	29542	24170	783		783	1271	1125	146	40	0
2015年购置	种	20375	6090000	19534	18878	12428	6450	656	172	484	795	684	111	46	0
	册	43351	6630000	42164	41493	24548	16945	671	173	498	1097	985	112	90	0
2016年购置	种	22121	6350000	21280	20410	13458	6952	870	51	819	795	684	111	46	0
	册	46175	7180000	44988	44095	26328	17767	893	56	837	1097	985	112	90	0
2017年购置	种	26290	6650000	25726	24281	13356	10925	1445	68	1504	519	480	39	45	0
	册	48265	7780000	47413	45841	24060	21781	1572	68	1377	764	725	39	88	0

档案馆馆藏情况

单位：卷、件

类别＼年度	2015	2016	2017
教学类档案	9772 件	22413 件	31418 件
科研类档案	671 卷	2073 卷	763 卷 305 件
党群类档案	324 件	334 件	366 件
行政类档案	1020 件	1492 件	4167 件
外事类档案	1220 件	1803 件	1522 件
财会类档案	11124 卷 50 件	5567 卷 52 件	11067 卷 56 件
基建类档案	382 卷	781 卷	309 卷
设备类档案	103 卷	67 卷	12 卷
人物类档案			
出版物类档案	102 件	205 件	45 件
声像类档案	507 件	308 件	291 件
寄存类档案		2 件	
其他档案	6 件	196 件	68 卷 15 件
年度进馆总数	12280 卷 13001 件	8488 卷 26805 件	12219 卷 38185 件
馆藏总数	110914 卷 257549 件	119402 卷 284354 件	131621 卷 322539 件

注：1. 党群、行政、教学类档案根据国家有关规定自 2001 年起由案卷级改为文件级。

2. 寄存类档案 2017 年移出 40 件。

3. 截至 2016 年底，科研类档案 2011～2013 年度件改卷，仍有部分未录入数据库，数据有待更新。

近年来图书出版情况

年 度	品 种		总印数（万册）	总印张（千印张）	新出图书版面字数（万字）	定价总金额（万元）
	总 量	新 版				
2016	454	222	216	24067	8039	8562
2017	496	244	169	27242	11195	8016

近年来校园网络建设情况

年份	联网计算机数(台)	用户数(人)	带宽(MB/s)	光缆长度*(km)	网络设备数*(台)	经费投入*(万元)
1996	280	350	0.064	7.3	38	201
1997	1400	1800	0.128	11.5	45	226
1998	2900	5400	0.256	19.8	94	276
1999	4500	8800	0.512	28.1	115	531
2000	6800	13000	155	39.6	347	807
2001	7820	14589	410	48.2	766	1407
2002	8500	16800	665	52.8	886	1857
2003	9820	19990	665	55.1	993	1984
2004	13500	22393	2800	56.1	1123	2284
2005	16000	23500	6000	57.1	1173	2584
2006	18000	24330	8750	62.1	1379	2915
2007	20000	29246	8850	66.1	1627	3250
2008	21000	33620	8850	69.7	1782	3765
2009	22000	39370	11200	71.2	1897	4990
2010	23000	45120	11355	72.2	2022	6343
2011	24000	50870	11855	75.2	2047	7668
2012	35000	50259	11855	78.5	2358	9141
2013	44000	61528	13500	79.4	2473	10214
2014	46000	62925	13600	81.9	2990	11482
2015	46000	65657	14500	85.3	3552	12239
2016	46000	74891	17100	87.5	4641	13553
2017	46000	74669	23200	90.6	5708	15353

注：带*为逐年累计数。

年度教学科研仪器设备统计

单位：万元

单位名称	仪器设备拥有量				其中：10万元以上			
	年初数		年末数		年初数		年末数	
	台件	金额	台件	金额	台件	金额	台件	金额
合　计	73832	2642056229.62	81587	3188984354.06	4761	1826552959.04	5817	2261600499.21
少年班学院(少年班、教改试点班	229	1384638.40	218	1266558.40	0	0.00	0	0.00
数学科学学院	514	6061285.77	642	8832830.77	7	1820471.39	10	3316171.39
物理学院院属	163	1248191.40	170	2417723.42	0	0.00	3	1161165.07
物理系	1998	68434803.12	2072	73663968.17	122	45173875.09	132	48159163.92
近代物理系	5162	174907091.88	5616	197821878.21	348	102761616.53	410	117040963.08
天文与应用物理系	2779	36259118.88	2799	40276941.66	68	18113704.04	76	21202969.04
光学与光学工程系	350	11809963.40	508	18020810.32	29	6841979.61	40	10941020.49
物理实验教学中心	2023	41705042.30	2281	55148401.07	100	29335897.57	136	40730900.61
管理学院院属	1151	11903681.05	1164	11992782.69	21	3988068.60	22	4111818.60
信息管理与决策科学系	60	435300.00	73	516051.27	0	0.00	0	0.00
管理科学系	122	870702.33	195	1341808.37	0	0.00	0	0.00
统计与金融系	205	1619230.36	224	1811036.21	1	109738.98	1	109738.98

续表

单位名称	仪器设备拥有量				其中：10万元以上			
	年初数		年末数		年初数		年末数	
	台件	金额	台件	金额	台件	金额	台件	金额
工商管理培训部	10	26252.00	10	26252.00	0	0.00	0	0.00
MBA 中心	347	2867357.56	370	3378323.86	3	640160.00	5	1118192.90
化学院院属	596	12612691.36	610	14009817.38	23	7308378.53	27	8688129.25
化学物理系	1807	85718503.30	1943	97099615.51	166	59734030.54	197	68541046.35
材料科学与工程系	1708	52437485.38	1972	61679923.14	122	34185316.06	146	41038260.69
化学系	4319	101765406.19	5005	130349673.15	225	63778222.97	293	84950674.78
高分子科学与工程系	1226	29071668.53	1303	34301034.75	67	19287832.67	82	23824362.66
化学院实验教学中心	2140	31922794.02	2417	38467064.49	53	16016363.64	62	19526317.17
地球和空间科学学院	3961	211718244.68	4499	246347925.01	388	154606178.59	476	182662015.78
生命科学学院	0	0.00	7	38600.00	0	0.00	0	0.00
生命科学学院院属	4868	212064119.72	5136	254109835.67	384	149957897.33	450	185462604.20
分子生物学与细胞生物学系	1823	63824055.08	1838	71225030.11	134	37532030.18	155	44112863.96
神经生物学与生物物理学系	277	11821570.56	332	13618339.85	26	7221161.11	31	8201428.26
系统生物学系	48	1757980.34	75	2643407.64	4	1254110.39	5	1452710.32
医药生物技术系	45	3757696.85	48	3943726.11	9	3207282.44	10	3374726.37
工程科学学院	0	0.00	4	8400.00	0	0.00	0	0.00

续表

单位名称	仪器设备拥有量				其中：10万元以上			
	年初数		年末数		年初数		年末数	
	台件	金额	台件	金额	台件	金额	台件	金额
工程学院院属	1031	23510809.80	1144	26871713.40	48	15727448.43	54	17841298.80
近代力学系	1815	55563665.16	2002	70351938.73	107	31926672.34	142	42552036.65
精密机械与精密仪器系	1709	25460240.94	1885	41049917.48	41	9420318.92	68	22153648.98
热科学和能源工程系	1570	26858619.84	1614	29970612.21	48	11771277.05	55	13985208.71
安全科学与工程系	1	5360.00	1	5360.00	0	0.00	0	0.00
信息学院院属	2099	17740439.97	1841	17062831.77	19	5990679.48	21	6285079.48
电子工程与信息科学系	2532	58574733.21	2693	66036017.73	121	33260764.95	145	37432546.11
自动化系	1590	18182314.86	1657	21370926.65	15	3849608.17	20	6096717.26
电子科学与技术系	1877	17274966.04	1941	18226687.40	19	6389655.87	21	6790655.87
信息安全专业	125	2496187.56	135	2991340.74	5	994229.06	7	1422229.06
信息中心	20	157200.00	309	3073441.75	0	0.00	4	1355689.75
军事与空间研究基地	38	1475266.73	38	1475266.73	5	1150086.73	5	1150086.73
教育部微软重点实验室	260	5414075.63	334	11341211.63	7	1413113.63	25	6443673.63
未来网络实验室	44	324000.00	87	587250.00	0	0.00	0	0.00
人文与社会科学学院院属	274	2560024.11	275	2690035.79	1	166635.69	1	166635.69
外语系	324	1770661.63	309	1701411.63	0	0.00	0	0.00
科技史与科技考古系	275	8093669.95	305	9836212.80	19	5984491.97	23	7560841.99

续表

单位名称	仪器设备拥有量				其中：10万元以上			
	年初数		年末数		年初数		年末数	
	台件	金额	台件	金额	台件	金额	台件	金额
科技传播与科技政策系	58	575489.50	126	1464236.50	0	0.00	0	0.00
科技哲学教学研究部	17	76204.00	17	76204.00	0	0.00	0	0.00
人文素质教学研究部	14	69456.00	14	69456.00	0	0.00	0	0.00
马克思主义理论教学研究部	12	50359.00	12	51339.00	0	0.00	0	0.00
体育教学部	202	1547144.78	199	2096125.78	1	637700.00	2	1195700.00
现代艺术中心	1	5400.00	1	5400.00	0	0.00	0	0.00
陶瓷艺术中心	14	134969.00	14	134969.00	0	0.00	0	0.00
经济学院院属	3	21730.00	3	21730.00	0	0.00	0	0.00
烟草科学系	24	128500.60	23	122920.60	0	0.00	0	0.00
食品科学与工程系	20	80658.00	19	63978.00	0	0.00	0	0.00
机电工程系	59	301750.00	14	46860.00	0	0.00	0	0.00
核科学技术学院	886	35594450.36	1097	46369660.68	93	22412274.90	123	29374547.10
计算机科学与技术学院	2057	32949077.82	2604	45888627.83	25	13205087.53	60	20781985.60
软件学院	1338	7421805.37	1704	9672460.83	7	1287428.50	7	1287428.50
公共事务学院	253	1546054.70	297	2129816.74	0	0.00	1	200900.00
继续教育学院	409	3168902.00	409	3168902.00	2	492600.00	2	492600.00
国家同步辐射实验室	2982	205216052.49	3718	253133701.42	321	150964201.58	405	185808657.15

续表

单位名称	仪器设备拥有量				其中：10万元以上			
	年初数		年末数		年初数		年末数	
	台件	金额	台件	金额	台件	金额	台件	金额
火灾科学国家重点实验室	2,101	70929730.95	2166	75260224.54	129	42199742.78	136	46407083.08
合肥微尺度物质科学国家实验室	6410	587375792.92	7566	755107719.88	963	499390824.21	1213	648809381.15
核探测与核电子学国家重点实验室	9	212015.64	82	2239696.55	0	0.00	4	1009123.99
中国科学院量子信息重点实验室	1741	136970757.18	1832	161990678.57	285	107162677.33	320	130730977.58
非线性中心	227	7988033.82	227	7988033.82	13	5447697.62	13	5447697.62
烟草与健康研究中心	367	5629824.70	202	4080743.47	11	3439373.29	8	2399645.02
理化科学实验中心	158	6028529.05	158	6028529.05	2	5352713.05	2	5352713.05
工程科学实验中心	407	46967713.11	402	54031718.01	70	43408473.14	74	50567019.04
信息科学实验中心	390	27536298.20	413	27962945.02	53	21368317.58	54	21352949.83
生命科学实验中心	158	20062420.54	167	20777741.10	31	18864548.98	33	19418497.92

年度办学经费收入情况统计

单位：万元

项 目	本 年 收 入
一、教育经费拨款	159917.31
二、科研经费拨款	109009.80
三、基本建设拨款	30998.00
四、其他经费拨款	4160.10
五、上级补助收入	10000.00
六、教育事业收入	41033.43
七、科研事业收入	249047.13
八、经营收入(所属单位对外收入)	11230.88
九、附属单位缴款	1352.53
十、其他收入	42870.88
十一、拨入专款	158.22
合 计	659778.28

年度经费支出情况统计

单位：万元

项 目	本 年 支 出
一、教育事业支出	204466.57
二、科研事业支出	111949.63
三、院拨科研经费支出	109456.83
四、经营支出(所属单位对外支出)	8649.42
五、专款支出	158.22
六、基本建设支出	21401.62
合 计	456082.29

年度固定资产情况表

单位：万元

项　　目	金　　额
固定资产原值	632749.60
其中：1. 房屋建筑物原值	209295.77
2. 专用设备原值	292768.18
3. 通用设备原值	97643.55
4. 图书原值	29906.65
5. 其他固定资产	3135.45

年度科研经费到款情况

单位：万元

类　　别	金　　额
一、科研事业费	5778.73
二、主管部门专项费	103231.07
三、国家发改委、科技部专项费	54221.73
四、国家自然科学基金项目费	47648.00
五、国务院其他部门专项费	25026.31
六、省、市、自治区专项费	113802.02
七、企、事业单位委托经费	8349.07
八、其他	10158.22
合　　计	368215.15

年度竣工和在建校舍情况

单位：万元、m^2

项目类别	投资资金来源			房屋建筑面积		
	完成投资合计	其中		施工面积	其中	
		国家预算内投资	自筹资金		竣工面积	在建面积
一、教学科研	10470	56000	30874	174878		174878
物质科学教研楼	4300	31700	3300	91366		91366
综合体育中心	3200	24300	2474	31605		31605
生命科学楼扩建	1320		5800	14500		14500
西区特种实验楼	200		14800	31188		31188
中校区动力保障站房	1450		4500	6219		6219
二、生活用房	10000		41255	109161		109161
学生生活服务中心	1500		3787	10267		10267
学生宿舍楼	8500		37468	98894		98894
合计	20470	56000	72129	284039		284039
校园总面积	1626132		校园总建筑面积	964706		

十七、2017年大事记

1月

2日 《德国应用化学》杂志发表我校合肥微尺度物质科学国家实验室和化学与材料科学学院曾杰教授课题组研究成果。该组与美国 Akron 大学彭振猛教授合作，在高效电解水析氧催化剂的导电性调控方面取得重要进展。研究人员基于电子离域与离子离域的协同作用调控银掺杂硒化钴纳米带的导电性，从而实现高效电解水析氧。

3日 王晓平副校长参加网络信息中心领导班子民主生活会。

3日 教育部高等学校国家级实验教学示范中心联席会首席技术专家、教育部高等学校仪器设备和优质资源共享系统项目管理中心技术委员会专家、北京大学信息科学技术学院郝永胜教授（我校 842 校友）来我校作题为《面向创新的国家级实验教学资源建设》的讲座。

4日 学校召开交叉学科与前沿科学系列研讨会之生物力学专题会议暨“生物力学在特定疾病演化中的作用机理”创新团队项目启动会。

4日 副校长朱长飞参加先研院领导班子民主生活会。

4日 国家同步辐射实验室组织举行 2016 年度同步辐射联合基金评审。

5日 中国科学院人才工作会议在北京召开。我校荣获中国科学院“十二五”人事人才工作先进单位，量子信息技术研发团队和由我校核探测与核电子学国家重点实验室作为重要组成的“暗物质粒子空间探测团队”获得中国科学院“十二五”突出贡献团队表彰。

5日 美国《纳米快报》杂志发表我校合肥微尺度物质科学国家实验室和化学与材料科学学院曾杰教授课题组研究成果。他们通过构筑二维 RhW 纳米片并利用其量子限域效应和双金属协同效应实现高效 CO_2 催化加氢。

5~6日 学校召开 2016 年度院系级党组织书记抓基层党建述职评议考核会。

5~6日 中国科学院天然免疫与慢性疾病重点实验室召开第五届学术研讨会。

6日 火灾科学国家重点实验室召开第五届学术委员会第三次会议暨学术年会。

7日 校长万立骏院士在京看望了中科院院士、中科院物理所研究员赵忠贤。

7日 学校召开 2017 年全校民族学生教育管理服务工作会议。

7日 校教工合唱团举行 2017 新年音乐会。

7~8日 校教师教学发展中心、人力资源部和教务处联合举办 2016 年度新进教师教学研习营。

8日 由郑永飞院士担任项目负责人的国家自然科学基金重大项目“地球内部水的分布和效应”2016 年度研讨会在我校召开。

8日 由安徽 MBA 培养院校联盟主办、我校管理学院承办的第六届安徽 MBA 教育发展论坛在合肥举行。

8日 化学与材料科学学院举办青年教师学术研讨会，邀请 14 位化学院青年教师和 1 位帝国理工学院青年教师作学术报告。

8日 《美国化学会会刊》在线发表我校化学与材料科学学院梁高林教授课题组研究成果。该组研究人员首次用化学发光信号表征超分子自组装的成胶过程，从而在超分子自组装的表征研究上取得重要进展。

9日　中共中央、国务院在北京隆重举行2016年度国家科学技术奖励大会。我校共有3项成果获奖。俞书宏教授与同事梁海伟、从怀萍、刘建伟、姚宏斌组成的研究团队因在“纳米结构单元的宏量制备与宏观尺度组装体的功能化研究”方面的突出贡献获得国家自然科学奖二等奖；我校与中国科学院高能物理研究所等十五家单位合作完成的“北京正负电子对撞机重大改造工程”获得国家科技进步奖一等奖(排名第四)；我校陈宏芳教授与中国科学院上海应用物理研究所合作完成的“重离子碰撞中的反物质探测与夸克物质的强子谱学与集体性质研究”项目获得国家自然科学奖二等奖。此外，我校1964届技术物理系毕业生赵忠贤院士荣获2016年度国家最高科学技术奖；我校客座教授凯瑟琳娜·科瑟·赫英郝斯获得国际科学技术合作奖。

9日　学校召开校内各级人大代表、政协委员、政府参事等新年座谈会。

9日　工程科学学院举行2016年度“合志奖学金”签约暨颁奖仪式。

9日　英国《自然》杂志子刊《自然·通讯》发表我校生命科学学院及中科院天然免疫与慢性疾病重点实验室田志刚教授研究组在黏膜免疫领域取得的重要进展。该组揭示了肝脏-肠道免疫交互作用的机制。

9日　美国《纳米快报》杂志再次发表我校中科院量子信息重点实验室在基于碳纳米管的纳米机电系统(NEMS)方面取得的重要进展。该实验室固态量子芯片组郭国平研究组与清华大学姜开利研究组等合作，成功实现了两个串联碳纳米管谐振器的强耦合、碳纳米管谐振器中两个模式的强耦合，并利用这种耦合实现了声子的相干操控。相关成果此前曾发表在《纳米快报》(2016年8月3日)和英国《纳米尺度》(2016年7月13日)杂志上。

9日　英国《物理化学·化学物理》杂志发表我校生命科学学院、微尺度物质科学国家实验室田长麟教授，微尺度物质科学国家实验室郑晓教授和清华大学杨茂君教授合作研究成果。他们揭示了酵母NADH-泛醌氧化还原酶Ndi1催化电子传递的具体机制，并发现Ndi1中电子传递通路间存在反铁磁量子行为。

10日　安徽省、中国科学院联合申报的《合肥综合性国家科学中心建设方案》获国家发展和改革委员会、科学技术部正式批准。合肥成为继上海之后第二个获批的城市。

10日　招商银行代表团访问我校，双方就联合培养人才与新兴交叉学科发展相结合、金融科技应用前景、金融数据化服务等问题展开讨论。

10日　副校长陈晓剑参加信息科学技术学院领导班子民主生活会。

10日　校党委副书记叶向东参加化学与材料科学学院领导班子民主生活会。

10日　副校长周先意参加管理学院领导班子民主生活会。

11日　学校召开2016年度校级领导班子民主生活会。中央第五十督导组成员、中科院人事局、中纪委驻中科院纪检组负责人到会指导，党员校级领导班子成员参加会议，潘建伟、黄素芳列席会议。

11日　学校召开2016年度学生工作总结会。

11日　校党委副书记蒋一参加团委工会领导班子民主生活会暨团委工会党支部专题组织生活会。

11日　马克思主义学院召开教学共建专题研讨会。

12日　我校创建者之一郭永怀先生的夫人、原外语教研室教授、我国著名应用语言学家李佩先生在京逝世，享年99岁。

12日　中国科学技术大学-中科院南京分院研究生联合培养和成果转化句容基地项目框架协议签约仪式在江苏省句容市举行。

12日　美国《物理评论快报》杂志发表我校中科院量子信息重点实验室在量子相干性实验研究中取得的重要进展，该实验室李传锋、唐建顺等人利用干涉条纹实验实现了对量子相干性这一最基本量子资源的直接测度，为量子相干的深入研究和进一步应用于量子信息过程打下重要基础。

13日　学校召开2016年度宣传工作座谈会。

13日　全国工程教指委教学培养组2017年度第一次工作会议在我校召开。

14日　副校长周先意参加校医院领导班子民主生活会。

15日　副校长朱长飞参加科研部领导班子民主生活会。

15日　由中国科学技术大学生命科学学院申勇教授作为项目总负责人的国家重点研发计划"重大慢性非传染性疾病防控研究"重点专项实施工作推进会在四川成都华西医院召开。

16日　副校长周先意参加地空学院领导班子民主生活会。

17日　校党委副书记蒋一参加数学科学学院领导班子民主生活会。

18日　我国发射的世界首颗量子科学实验卫星"墨子号"圆满完成了4个月的在轨测试任务，正式交付用户单位使用。我校与中科院微小卫星创新研究院、西安卫星测控中心、中科院国家空间科学中心等单位相关领导在交付使用证书上签字。

18日　"中国科大-紫金山天文台共建天文与空间科学学院建设方案"专家评审会在中科院紫金山天文台召开。

18日　教育部公布首批深化创新创业教育改革示范高校名单，包括我校在内的全国99所高校入选。

19日　由北京理工大学、中国科学技术大学、清华大学、北京大学等单位共同承担的教育部哲学社会科学研究重大课题攻关项目"世界一流大学和一流学科建设评价体系与推进战略"开题会暨"双一流"高端论坛在京召开。

20日　我校扶贫工作领导小组副组长、副校长朱长飞带队深入我校对口扶贫村金寨县燕子河镇龙马村走访慰问，并送我校企业工作委员会副书记李静赴任驻村第一书记。

21日　九三学社安徽省十届八次全委扩大会议为2016年度受九三学社安徽省委表彰的先进集体和先进个人颁奖。我校九三学社基层委员会荣获九三学社安徽省委2016年度社务工作"先进基层组织""社会服务工作先进集体""宣传工作先进集体"等多项表彰。王永荣获九三学社安徽省委首届"安徽九三模范"荣誉称号；潘建伟、陈乾旺、王永、孙立广荣获"建功立业奖"；刘晓东获评"社务工作先进个人"；倪向贵获评"宣传工作先进个人"；王永、胡小方、倪向贵、陆朝阳、刘晓东获评"百名专家乡村学堂讲科普"活动优秀专家。

24日　科技部副部长黄卫一行来我校调研。

27日　美国《物理评论快报》杂志发表我校合肥微尺度物质科学国家实验室国际功能材料量子设计中心在二维材料系列研究中取得的新进展。该室曾䶮与崔萍博士、张振宇教授从理论上预言了在 GaN(001)衬底上可外延生长单层蓝磷,并提出非常规的“半层－半层”生长机制。

2 月

1日 《德国应用化学》杂志发表我校生命科学学院、合肥微尺度物质科学国家实验室田长麟教授和清华大学刘磊教授合作研究成果。他们基于蛋白质化学全合成方法制备了不同类型的双泛素蛋白,在特定位点引入光活化交联基团,并成功鉴定高选择性双泛素结合蛋白。

3日 英国《自然》杂志子刊《自然·通讯》发表我校物理学院光电子科学与技术安徽省重点实验室张斗国副教授和能源化学协同创新中心、化学与材料科学学院邹纲教授,美国马里兰大学医学院荧光谱学中心 J. R. Lakowicz 教授,西南科技大学理学院陈俊学博士的合作研究成果。他们提出了一种新型光学模式:存在于多层介质薄膜与纳米光纤复合结构中的一维布洛赫表面波(BSW-1D),利用该模式成功解决了极细聚合物纳米光纤在常规衬底上无法传输光信号的技术难题。

6日 英国《自然》杂志子刊《自然·通讯》发表我校生命科学学院及中科院分子细胞科学卓越中心光寿红教授课题组在小干扰 RNA 领域取得的突破性进展。他们的研究证明了 risiRNA 是一类新的可被调控的小干扰 RNA,对于维持环境胁迫条件下的核糖体 rRNA 稳态有着重要意义,并为治疗人类的珀尔曼综合征提供了新的方向。

6日 《美国科学院院报》发表我校地球和空间科学学院沈延安教授课题组研究成果。该文报道了二叠纪末期泛古洋深海环境的时空动态演化过程,为生命灭绝和迟缓生命复苏的发生机制提供了新的模型和认识。

8日 《感动中国 2016 年度人物》颁奖典礼在中央电视台综合频道播出。我校常务副校长、中科院院士潘建伟作为“量子通信的领跑者”成为“2016 年感动中国的十大年度人物”之一。

10日 教育部公布《关于 2016 年度高等学校科学研究优秀成果奖(科学技术)奖励的决定》,我校管理学院“基于供应链创新的决策问题研究”项目成果荣获一等奖。

13日 中国侨联副主席、中国科大校长万立骏会见安徽省侨联党组书记、主席吴向明一行并座谈。

14日 校党委书记许武、校长万立骏主持召开 2017 年校务工作会议,深入学习党的十八届六中全会、十八届中央纪委七次全会和习近平总书记系列重要讲话精神,对当前国家科教形势变化及学校发展面临的机遇和挑战进行了分析与研判,并讨论了 2017 年学校重点工作。

14日 加州大学旧金山分校唐诗杨博士来我校,作题为《Harnessing Properties of Liquid Metals for Future Devices》的学术报告。

15日 学校召开党委全委扩大会议暨党委中心组学习会议,学习传达习近平总书记在 2017 年中央党校省部级主要领导干部专题研讨班上的重要讲话精神,国务院副总理刘延东、教育部部长陈宝生在 2017 年中组部加强和改进新形势下高校思想政治工作专题研讨班上的讲话精神，对迎接中央巡视工作作动员，并部署 2017 年校党委主要工作。

15 日　学校召开“两学一做”学习教育领导小组工作会议，布置基层党建重点任务和近期“两学一做”学习教育工作。

16 日　中科院党组副书记、副院长刘伟平到我校上海研究院调研考察中科院量子信息与量子科技前沿卓越创新中心科研工作。

16 日　上海市副市长赵雯一行赴我校上海研究院调研考察中科院量子信息与量子科技前沿卓越创新中心科研工作。

17 日　学校召开 2017 年度学生工作指导委员会扩大会议，审议学生工作部(处)、人武部、校团委 2017 年工作要点，研讨相关问题，布置 2017 年学生工作。

17 日　中国侨联“亲情中华・欢聚中国科大”慰问演出在我校上演。这是中国侨联“亲情中华”巡演活动首次走进高等学府。

20 日　科技部发布 2016 年度中国科学十大进展。我校谢毅院士团队的成果“研制出将二氧化碳高效清洁转化为液体燃料的新型钴基电催化剂”名列榜首。

20 日　《德国应用化学》杂志发表我校合肥微尺度物质科学国家实验室和化学与材料科学学院曾杰教授课题组与杨金龙教授课题组合作研究成果。他们在理解表面应力效应对 CO_2 电催化还原反应的调制方面取得重要进展。研究人员设计合成了 Pd 单晶八面体纳米晶和孪晶二十面体纳米晶的准模型催化体系，详细阐述了 Pd 纳米晶表面应力与 CO_2 电催化还原性能之间的内在关联。

21 日　《美国科学院院报》发表我校化学与材料科学学院黄光明教授与生命科学学院熊伟教授合作研究成果。他们基于自行开发的单细胞电生理与质谱联合检测平台，对小鼠大脑中单个神经元开展了多种化学成分的快速质谱检测，并且可以做到同步采集电生理信号，在单细胞层次上成功完成了对神经元功能、代谢物组成以及代谢通路的研究。

21～23 日　招生就业处就业指导办公室连续开展“求职就业工作坊”四个主题的就业指导讲座。

22 日　美国《物理评论快报》杂志发表我校中科院量子信息重点实验室在量子模拟方面取得的重要进展。该实验室周正威、周祥发等提出了一种只需要单个简并腔就可以模拟重要拓扑物理机制的新方案，从而大大简化了在光学谐振腔系统中仿真拓扑现象的物理需求。

22 日　美国《先进材料》杂志发表我校化学与材料科学学院余彦教授课题组研究成果。该组研究人员通过构筑氮掺杂微孔碳负载无定型红磷，利用其电子及离子导电性和结构稳定性三者增强协同效应，实现了磷基负极材料在钠离子电池中的长循环性能及高倍率性能的突破。

23 日　教育部副部长杜占元一行到我校调研考察量子信息与量子科技前沿协同创新中心。

23 日　校党委副书记蒋一参加教务处党支部民主评议党员会议。

23 日　在由中国科学院科学传播局主办的中国科学院 2017 年度科普工作业务交流会上，我校科研部获科学技术部、中共中央宣传部、中国科学技术协会表彰，荣获“全国科普工作先进集体”称号。

23 日　美国《纳米快报》杂志发表我校合肥微尺度物质科学国家实验室国际功能材料量

子设计中心与中科院强耦合量子材料物理重点实验室曾长淦教授研究组研究成果。该组成功制备强关联体系单晶纳米线和原子尺度的二维范德瓦尔斯异质结，并发现其物性被维度所显著调控。相关结果还曾于 2016 年 12 月 14 日发表在英国《自然》杂志子刊《自然·通讯》上。

24 日 学校召开全校干部大会，校党委书记许武传达学习习近平总书记在全国高校思想政治工作会议上的重要讲话精神和国务院副总理刘延东、教育部部长陈宝生在“加强和改进新形势下高校思想政治工作专题研讨班”上的讲话精神，部署迎接中央巡视工作。

24 日 学校召开 2016 秋季学期“优秀助教”表彰暨 2017 春季学期助教培训会。

24 日 美国《物理评论快报》杂志发表我校中科院量子信息重点实验室在自旋压缩研究方面取得的重要进展。该实验室周正威等在单个光学微腔中利用相位锁定技术，提出了产生双轴自旋压缩态的新方案。

25 日 学校举行“中国科大杨元庆教育基金”捐赠仪式，联想集团董事长兼首席执行官杨元庆(8611 硕校友)向母校捐赠 1000 万元教育基金。

27 日 合肥综合性国家科学中心暨量子信息与量子科技创新研究院建设动员大会在合肥召开。中共中央政治局委员、国务院副总理刘延东作出批示。安徽省委书记李锦斌出席会议并讲话，省长李国英主持会议并宣读刘延东副总理的批示，国家发展改革委副主任林念修，中国科学院党组成员、副院长相里斌，科技部党组成员、秘书长徐建培出席会议并讲话，共同为合肥综合性国家科学中心、量子信息与量子科技创新研究院揭牌。

27 日 国家发展改革委副主任林念修、中国科学院副院长相里斌一行到中国科大先研院调研。

27 日 为落实双方“长期稳定的战略合作关系”的倡议及深化联合研究中心建设，北京航天发射技术研究所韦学中、齐志会主任等一行访问我校工程科学学院。

27 日 中华全国总工会在北京人民大会堂举行全国先进女职工集体和个人表彰大会。我校化学与材料科学学院谢毅院士荣获“全国五一巾帼标兵”荣誉称号。

28 日 学校召开会议，布置 2017 年硕士研究生招生复试录取等工作。

28 日 机关党委召开机关党支部书记会议，集体学习习近平总书记在省部级主要领导干部学习贯彻十八届六中全会精神专题研讨班开班式上的重要讲话精神，通报 2017 年机关党委主要工作，布置近期机关“两学一做”学习教育工作。

3 月

1 日 校团委第十二届委员会举行第三次全体(扩大)会议，专题学习《关于加强和改进新形势下高校思想政治工作的意见》精神，研究部署全校各级团学组织学习贯彻全国高校思政工作会议精神及《意见》相关工作。

3 月 3 日～4 月 30 日 现代艺术中心举办“永恒的对称”学生艺术作品展。

4 日 根据中央关于巡视工作的统一部署，中央第四巡视组专项巡视中国科大党委工作动员会召开。会前，中央巡视工作领导小组办公室负责同志向党委书记许武、校长万立骏传达了习近平总书记关于巡视工作的重要讲话精神。会上，中央第四巡视组组长马瑞民就即将开展的专项巡视工作作了讲话，中央巡视工作领导小组办公室负责同志就配合做好巡视工作提出要求。许武主持会议并作表态讲话。

5 日 校团委召开团学干部大会，部署“学习总书记讲话 做合格共青团员”教育实践（“一学一做”）工作。

5 日 值学雷锋纪念日，校团委、校芳草社青年志愿者协会以“弘扬雷锋精神 青春志愿同行”为主题，举办学习雷锋系列纪念活动暨中国科大首届志愿服务项目大赛启动仪式。

6 日 中国科学院召开全院领导干部报告个人有关事项工作视频部署会，我校校领导，机关、直属单位负责人等近 100 人参加会议。

8 日 中国科学院纪念“三八”国际劳动妇女节 107 周年暨第五届“十大杰出妇女”表彰大会在京隆重召开。我校地球和空间科学学院秦礼萍教授荣获中科院“十大杰出妇女”荣誉称号。

8～17 日 特步全国大学生足球联赛东南大区赛在广东珠海举行。我校男子足球队取得五胜一负的战绩，名列第九。

10 日 全国政协十二届五次会议在北京人民大会堂举行第三次全体会议。全国政协委员、我校常务副校长潘建伟院士代表九三学社中央作题为《敢于担当 从我做起 为建设科技强国建功立业》的发言。

10 日 香港大学副校长 Ian Holliday（何立仁）一行三人访问我校。

11 日 我校 2017 年硕士研究生招生考试复试工作陆续开展。其间，校长万立骏到化学与材料科学学院、公共事务学院、人文与社会科学学院复试现场巡视，了解和检查相关专业的复试录取工作。

13 日 我校硅谷校友会会长董桂强博士（006 校友）回访母校，先后与信息科学技术学院、国际合作部、校友总会等部门交流，参观了科大讯飞、合肥庐阳区工投庐阳产业园，与合肥创业创新校友代表进行了交流，并得到校长、校友总会会长万立骏与校党委副书记蒋一接见。

13 日 973 计划项目首席科学家、我校兼职教授、中科院广州能源研究所所长马隆龙研究员和赵黛青研究员来我校，分别为热科学和能源工程系师生作题为《生物质产业技术发展展望》《微型能源动力系统的研究进展和应用展望》的学术报告。

14 日 学校召开会议，布置新学期学位与研究生招生宣传等工作。

14 日 校机关退休干部党支部召开组织生活会。校党委书记许武出席并全程参与了本次会议。

14 日 中科院离退休干部工作局局长孙建国一行来校督导调研我校和合肥物质科学研究院离退休干部工作。

14 日 学校举行中电仪器奖学金颁奖仪式，中国电子科技集团公司首席科学家年夫顺研究员等出席了活动。中电仪器和校领导共同为获奖学生颁发了奖学金证书。

14 日 管理学院 2015 级工商管理硕士党支部召开专题组织生活会。校长万立骏参加了会议。

15 日 学校召开意识形态工作领导小组工作会议。

15 日 美国物理学会三月会议期间，我校物理学院与北京大学物理学院、复旦大学物理系、南京大学物理学院、清华大学物理系五所具有物理学国家一级重点学科的学校在美国路易斯安那州新奥尔良市联合举办2017海外人才引进宣讲会。来自世界各地近千名的海外物理学者参加了此次盛会。

15日 伊朗马什哈德大学校长 Mohammad Kafi 教授率该校工程学院院长 Habib Rajabi Mashhadi、人文与社会科学院院长 Hohammad R. Rahnama 以及国际关系部部长 Abedin Vahedian Mazloum 访问我校，两校就未来合作开展会谈。

16日 校长万立骏在副校长陈初升的陪同下到教务处调研本科教学工作，各学院教学副院长、教务处全体工作人员参加调研座谈。

16日 校团委举行第十二届委员会第四次全体(扩大)会议，传达学校意识形态工作领导小组工作会议精神。

16日 受中国科学院条件保障与财务局委托，华盛中天咨询有限责任公司组织业务和财务专家对我校国家同步辐射实验室国家重大科研装备研制项目“新一代高衬度低剂量X射线相位衬度CT装置”开展2016年度绩效评价。

16~17日 合肥光源顺利通过2017年中科院重大科技基础设施基本运行经费实地审核。

17日 我校创客中心举办3D打印机训练营活动。

18日 “少年匡明致远，英才竺梦同行”——2017长三角高校荣誉学院青年交流峰会在浙江大学竺可桢学院举行，我校少年班学院选派30余名师生代表参加。

20日 学校召开学习贯彻全国高校思想政治工作会议精神工作研讨会，学习传达中共中央、国务院关于加强和改进新形势下高校思想政治工作的意见精神。

20日 生命科学学院举办海外专家与本科生交流会，美国加州大学圣地亚哥分校付向东教授和耶鲁大学林海帆教授应邀参加，分享了他们的学习、科研和人生经验。

22日 学校召开“两学一做”学习教育领导小组工作会议，集体学习《关于加强和改进新形势下高校思想政治工作的意见》精神，研究部署近期“两学一做”学习教育重点工作。

22日 校党委常委、副校长朱长飞率科研部部长罗喜胜等专题调研马克思主义学院科研工作。

22日 机关党委召开机关党支部书记会议，集体学习《关于加强和改进新形势下高校思想政治工作的意见》精神。

22日 学生工作部(处)举办研究生班主任交流会。

22~23日 在教育部和安徽省合肥市巢湖开发区政府共同资助和赞助下，我校神经退行性疾病研究中心在巢湖举办“神经免疫学及相关脑疾病国际研讨会”。

23日 学校召开校党委全委(扩大)会议，学习传达全国高校思想政治工作会议精神和中共中央、国务院关于加强和改进新形势下高校思想政治工作的意见精神，审订《中国科学技术大学关于加强和改进新形势下思想政治工作的实施意见》《中国科学技术大学党委网络意识形态工作责任制实施办法》。

23日 美国《战略管理杂志》发表我校管理学院战略与风险管理研究中心魏玖长教授等人研究成果。该文主要研究了危机情景下企业声誉资产的效用表征，即社会感知(企业声誉)和情境因素(责任归因)在影响投资者如何应对企业危机时发挥重要作用。

24 日　学校举办学习贯彻十八届六中全会、全国高校思想政治工作会议精神专题培训班。

24 日　学校召开全校教授干部大会，传达学习 2017 年全国“两会”精神，部署本年度党政主要工作。

25 日　中共中央政治局委员、国务院副总理刘延东考察中国科大先进技术研究院，并出席全国教育工作座谈会。刘延东对先研院建设发展情况予以肯定，称赞我校科研团队在量子通信研发领域取得的骄人成绩。在教育工作座谈会上，刘延东听取了万立骏校长关于中国科大“双一流”建设情况的汇报，并座谈听取了各级各类教育工作者代表对教育改革发展的意见和建议。

25 日　学校举办 2017 届毕业生就业春季供需洽谈会，来自全国近 20 个省市的 257 家单位来我校招纳人才。

26 日　学校召开 2017 年工会干部学习培训暨工作交流会。

26 日　学校举办第三届“节能减排”创新大赛启动仪式暨经验交流会。

27 日　中国医学科学院北京协和医学院曹雪涛院校长一行来我校访问，双方举行校际座谈会及“中国科学技术大学-中国医学科学院北京协和医学院生物医学交叉论坛”与“中国科学技术大学-北京协和医学院生物医学交叉学科人才培养计划”项目宣讲会。曹雪涛院校长还为我校 2016 级新生“科学与社会”研讨课作了报告。

27 日　英国《自然》杂志子刊《自然・物理》发表我校微尺度物质科学国家实验室及物理系的袁军华、张榕京课题组研究成果。他们在细菌运动行为研究领域取得新进展，发现细菌鞭毛转向别构调控中的非平衡因素。

27 日　《德国应用化学》杂志发表我校国家同步辐射实验室朱俊发教授课题组与化学与材料科学学院武晓君教授课题组合作研究成果。他们发展了一种全新的炔烃化合物的表面限域合成法，成功地在 Ag(111)单晶表面合成出产率高达 90%的顺式烯二炔型化合物，并结合一系列控制对比实验和密度泛函理论计算，揭示了调控该反应的机理。

27～28 日　合肥微尺度物质科学国家实验室和生命科学学院联合举办生物磁共振学术研讨会。

3 月 29 日～4 月 2 日　第 45 届日内瓦国际发明展在瑞士日内瓦举行。我校组织参展成果 5 项，窦贤康课题组夏海云副教授与潘建伟课题组张强教授参展的“微脉冲多普勒测风激光雷达”、裴刚教授团队参展的“带内遮热板的太阳能高温真空集热管”获得特别嘉许金奖，汪志勇教授参展的“环保阻燃多功能油漆”获得金奖，创客中心选派的“一种可穿戴式热电发电安全指示系统”和“基于飞秒激光微纳米技术的金属表面蝴蝶结构色研究”分获金奖和银奖，所获特别嘉许金奖数量在参展的国内高校中排名第一。

30 日　第八届校学位委员会召开春季学位工作会议，审核新增博导申请人情况，审议我校 2017 年春季各学科学位申请情况，听取学校近期学位与研究生教育各项工作及下一步工作设想的汇报。

30 日　武汉大学本科生院弘毅学堂首席责任教授石兢、党委学生工作部副部长仲华、数学与统计学院副院长涂振汉、物理科学与技术学院副院长乔豪学、化学与分子科学学院副院长庄林等一行 9 人来我校，与少年班学院老师就拔尖人才培养问题进行了交流。

30日 生命科学学院2015级、2016级本科生举办缅怀科学前辈贝时璋先生的主题团日活动。

30日 《德国应用化学》杂志发表我校合肥微尺度物质科学国家实验室和化学与材料科学学院曾杰教授课题组、南开大学胡振芃教授和中科院上海应用物理研究所司锐教授合作研究成果。他们基于单原子催化剂,从电子最高占据态角度定量研究了金属-载体相互作用。

31日 美国《物理评论快报》杂志发表我校杜江峰院士课题组研究成果。他们利用金刚石中的自旋作为量子处理器,首次在室温大气条件下实现了基于固态单自旋体系的质因数分解量子算法。

3月31日、4月11日 《美国化学会志》、英国《能源环境科学》先后发表我校合肥微尺度物质科学国家实验室、化学与材料科学学院俞书宏教授课题组研究成果。他们实现了一维超细四元PtPdRuTe纳米管与一维开孔结构的PtCu纳米管催化剂的成功制备,该类型催化剂具有稳定而高效的甲醇氧化性能。

31日 校团委和少年班学院共同举办首届本科生学术论文大赛颁奖暨第二届大赛。

本月 根据学校工作部署,各单位积极推进、协同配合,校园网主要应用系统接入统一身份认证工作顺利完成。

4月

3日 英国《自然》杂志子刊《自然·纳米技术》发表我校微尺度物质科学国家实验室、化学与材料科学学院俞书宏教授课题组研究成果。他们在高黏度浮油吸附材料设计上取得突破性进展,首次将焦耳热效应引入多孔疏水亲油吸油材料中,设计并研制出可快速降低水面上原油黏度的石墨烯功能化海绵组装体材料和连续收集环境中泄漏的原油的收集装置,大幅提高了吸油材料对高黏度浮油的吸附速度,显著降低了浮油清理时间。

3日 《德国应用化学》发表我校熊宇杰教授课题组研究成果。该组研究人员基于阳离子交换合成路线,构筑了一类无贵金属的Z型光催化剂,在广谱光解水制氢方面展现出优异的性能。

4日 《欧洲分子生物学学会杂志》发表我校生命科学学院高平课题组与张华凤课题组研究论文。该研究揭示了脂肪酸的从头合成途径可以影响线粒体的分裂从而调控细胞多能性。

4日 值清明节之际,数学科学学院大一、大二学生代表齐聚华罗庚雕像前,共同缅怀华罗庚先生。

5日 "两弹一星"功勋科学家郭永怀与夫人李佩合葬仪式在中国科学院力学研究所举行。

5日 学校召开本学期第一次就业工作专题例会。

5日 美国《物理评论快报》杂志发表我校潘建伟教授及其同事张强、范靖云等与清华大学、中国科学院国家天文台、中国极地研究中心研究组合作研究成果。他们在国际上首次实现基于探测遥远星光的随机数产生器,并提出运用该随机数产生器实现无漏洞贝尔不等式实验检验的可行性方案。

5日　美国《物理评论快报》杂志发表我校中科院量子信息重点实验室在量子力学基础研究方面取得的重要进展。该实验室李传锋、许金时研究组首次在两比特系统中观测到多种测量设置的单向EPR量子导引。

6日　由国家自然科学基金委组织、我校陆亚林教授承担的国家重大科研仪器研制项目"太赫兹近场高通量材料物性测试系统"项目启动会及管理工作组和监理组会议在我校召开。

6日　教务处和学工部(处)联合召开我校首次"教学管"联动工作会议。

6日　学生工作部(处)邀请安徽省精神卫生中心副院长、主任医师李晓驷教授来我校举办题为《心理压力与心理调整》的心理健康教育专题报告会。

7日　著名植物分子遗传学家李家洋院士做客"中国科大论坛",作题为《青年学子如何做好科研》的报告。

7日　英国《自然》杂志子刊《自然·通讯》发表我校合肥微尺度物质科学国家实验室国际功能材料量子设计中心及物理系朱文光研究组与校内外同行合作研究成果。他们通过理论计算预言了首类同时具有面内和面外极化且单层稳定的二维铁电材料。

7日　校团委召开第十二届五次全体(扩大)会议,进一步深入学习贯彻中央八项规定精神,持续加强作风建设。

7日　由安庆师范大学黄梅剧艺术学院带来的"不忘初心"大学生文化素质教育活动黄梅戏专场演出在我校举行。

9日　由我校管理学院主办、安徽云计算产业促进会协办的"第二届国际商务数据论坛"在我校举行。

9日　少年班学院200余名师生赴安徽金寨,在红军广场革命烈士纪念塔前举行一年一度的十八岁学生成人宣誓仪式。

9日　民革科大支部举行换届大会,民革安徽省委副主委李爱青、秘书长张子强出席大会。大会选举汤家骏、朱信龙、蔡俊、郭国平、崔峡5位同志为新一届支部委员会委员,汤家骏继续担任主任委员。

10日　学校召开扶贫开发领导小组扩大会议,传达学习习近平总书记扶贫开发重要战略思想和系列讲话精神,研讨学校定点扶贫开发工作。

10～11日　管理学院召开国际咨询委员会(IAC)第二次会议。

11日　学校召开会议,布置2017年博士生招生录取等工作。

11日　校党委组织召开学校领导班子专题民主生活会。

11日　以"开放的中国:锦绣安徽　迎客天下"为主题的外交部安徽全球推介活动在外交部"蓝厅"举行。由我校研发的我国首台特有体验交互机器人"佳佳"获王毅部长称赞。

11～12日　核探测与核电子学国家重点实验室举行2017年学术年会。

13日　全国核电子学与核探测技术分会微电子专委会成立大会暨专委会第一次委员会议在我校核探测与核电子学国家重点实验室举行。

15日　中科院吴文俊数学重点实验室2017年度学术委员会暨学术年会在我校召开。

16～17日　美国艺术和科学院院士、哈佛大学医学院细胞生物学系终身教授袁钧瑛访问我校，并作题为《发现细胞死亡的秘密》的“大师论坛”报告。

17日　中科院召开“两学一做”学习教育常态化制度化工作部署会和“信念引领科研党建促进创新”主题交流研讨活动。我校党员校领导、党群部门主要负责人，各分党委、党总支、直属党支部负责人，党务秘书、基层党支部书记等160余人通过视频参加了会议。

17日　校党委书记许武主持召开党委常委会议，传达学习习近平总书记关于推进“两学一做”学习教育常态化制度化重要指示精神。

17日　学校召开资产管理与物资采购专题工作会议，专题研讨我校资产管理与物资采购工作，进一步宣传贯彻国家有关法律法规和学校相关规章制度。

18日　党委人民武装部举办国防教育知识培训会。

19日　校团委召开贯彻落实习近平总书记考察中国科大重要讲话精神一周年座谈会。

19～20日　第二届“CFETR物理国际顾问委员会”在我校召开。

20日　在习近平总书记考察我校即将一周年之际，学校召开贯彻落实习近平总书记考察中国科大重要讲话精神工作交流暨媒体集中采访座谈会。

22日　中国科大-香港交易所“国际资本市场前沿动态”证书课程第二期在我校举办。

23日　芳草社图书馆志愿服务分队和惊蛰文学社、摄影协会举办“胸存点滴墨，传承中华情”读书沙龙活动。

23日　体育教学部、校学生自行车协会举办“第三届中国科大骑行台挑战赛”。

24日　我校智能机器人佳佳作为新华社特约记者，越洋采访了美国著名科技观察家凯文·凯利。这是全球首次由高仿真智能机器人作为记者与人进行交互对话，专家认为具有标志性意义。

24日　荷兰特文特大学校长Thom Palstra一行访问我校。双方签署了博士生双学位联合培养项目合作协议，为两校在教学、科研方面的深入合作提供了保障。

25日　学校举行学习贯彻党的十八届六中全会、全国高校思想政治工作会议精神专题培训班第二专题的培训，校党委副书记、校长万立骏作题为《不忘初心、立德树人，加快建设世界一流大学》的专题辅导报告。

25日　学校举行2017年度大学生征兵宣传咨询活动。

25日　美国《物理评论快报》杂志发表我校中科院近地空间环境重点实验室在磁重联研究方面取得的重要进展。实验室陆全明、王荣生课题组利用卫星观测数据首次发现了地球磁层顶磁重联区域的电子尺度的霍尔四极型磁场分布，并指出磁重联过程中某些区域同时存在着磁能的续存过程。

25日　英国《自然》杂志子刊《自然·通讯》发表我校陈乾旺教授课题组研究成果。他们通过理论计算，提出了将少量的贵金属钌与过渡金属钴合金化来提升钴催化活性的思想，并设计出一种以金属有机框架化合物为前驱体来制备氮掺杂的类石墨烯层包裹合金内核复合结构的工艺，所制备的复合纳米结构作为碱性析氢电催化剂，表现出与贵金属可比的析氢性能。

25～29日　安徽省大中学生田径运动会在安徽财经大学举办，我校田径代表队有2人1队6次分别打破女子100米栏、女子400米、女子跳远、女子4×400米四项学校纪录，在我校体育竞赛史上少见。

27日　学校召开党风廉政建设警示教育大会。

28日　巴基斯坦高等教育委员会、“中巴经济走廊”顾问 Muhammad Asghar 中将一行访问我校。

28日　学校召开贯彻落实中央财政科研项目资金管理政策集中宣讲会。

28日　安徽省外国专家局国际交流处王军处长来我校，为意大利籍 Maria Messineo 博士颁发安徽省签发的第一张“外国人工作许可证”。同时，王军为我校“中国科学院国际人才计划”印度籍博士后 Wageesh Mishra 颁发“外国人工作许可证”。

28日　我校与合肥工业大学、安徽大学、安徽农业大学联合主办的“放飞梦想　同庆五一”四校后勤联欢晚会在合肥工业大学举行。

28日　我校创客中心举办第八期“创新创业沙龙”活动。

本月　学校收到李岚清同志惠赠的校训印章和《中国部分高校校训篆刻作品选》。印章为李岚清同志亲手篆刻，边款为“红专并进、理实交融”“赠中国科技大学，李岚清刊，乙未春”。

本月　国际地球化学学会和欧洲地球化学协会公布了2017年国际地球化学会士名单，我校郑永飞院士以其在大陆俯冲带化学地球动力学与流体地球化学领域的突出贡献而入选。

本月　美国光学协会旗下杂志《光学》发表我校中科院量子信息重点实验室在量子相干性实验研究方面取得的重要进展。该实验室李传锋、项国勇研究组首次实验实现了基于辅助比特的量子相干性蒸馏。

本月　教育部高等教育司公布2017年“基础学科拔尖计划学生培养试验计划”研究课题立项名单，我校5项教学研究项目获批2017年度“拔尖计划”研究课题。

5月

2日　校长万立骏与人力资源部全体工作人员座谈交流。

2日　英国《自然》杂志子刊《自然·光子学》发表我校潘建伟教授及其同事陆朝阳、朱晓波等联合浙江大学王浩华教授研究组在基于光子的量子计算机研究方面取得的系列合作研究成果。研究团队在去年首次实现十光子纠缠操纵的基础上，利用高品质量子点单光子源构建了用于玻色取样的多光子可编程量子计算原型机，首次演示了超越早期经典计算机(ENIAC、TRADIC)的量子计算能力。此外，在超导体系，研究团队打破了之前由谷歌、NASA 和 UCSB 公开报道的九个超导量子比特的操纵，首次实现了十个超导量子比特的纠缠，并在此基础上实现了快速求解线性方程组的量子算法。该成果已被美国《物理评论快报》杂志接收。

2日　美国《物理评论快报》杂志发表我校天文学系特任研究员方文娟与合作者在利用天文数据检验引力理论的研究中取得的重要成果。他们提出了利用宇宙大尺度结构的形态学特征来检验引力理论的新方法，并通过大型数值模拟验证了该方法的有效性。

3日　在“五四”青年节到来之际，团省委公布第20届“安徽青年五四奖章”获得者名单，我校地球和空间实验室教授秦礼萍荣获“安徽青年五四奖章”。

3日　学校召开本学期第二次就业工作专题例会。

4日 英国《自然》杂志子刊《自然·通讯》发表我校合肥微尺度物质科学国家实验室国际功能材料量子设计中心崔萍博士与校内外同行合作研究成果。他们揭示了过渡金属二硫族化合物锯齿型纳米条带边缘重构的普适性原子尺度机理，并进一步基于所发现的边缘重构模式的可调性，与实验结合首次实现了二硒化钼纳米条带自下而上的可控生长，并揭示了其微观机理。相关成果此前曾于 2016 年 12 月 28 日发表在美国《纳米快报》杂志上。

4日 美国《物理评论快报》杂志发表我校杜江峰院士领衔的研究团队和首都师范大学费少明教授研究组合作研究成果。他们利用金刚石中的单自旋体系，首次实验检验了一类包含角动量三个分量的不确定关系。

4日 全国博士后管委会办公室公布 2017 年度"博士后创新人才支持计划"获选结果，我校李周等 14 名博士获得此项资助。

4日 校团委举办纪念建团 95 周年暨五四运动 98 周年升旗仪式和"不忘初心跟党走"五四主题团日活动。

4日 第 21 届中国青年五四奖章名单揭晓，我校微尺度物质科学国家实验室教授陆朝阳荣获这一中国青年最高奖项，并参加共青团中央在北京召开的"不忘初心跟党走"团员青年座谈会。

4日 磁约束聚变堆总体设计组(筹)第十三次工作会议在我校召开。

4日 中国科大-香港城大第十一届博士生学术论坛暨研究生教育交流研讨会在我校苏州研究院举行。

5日 英国《自然》杂志子刊《自然·通讯》发表我校生命科学学院高平课题组和张华凤课题组在肿瘤代谢基因调控研究领域取得的成果。研究者发现组蛋白甲基化转移酶复合物中的一个共调控因子 Menin 在 c-Myc 介导的基因调控、肿瘤代谢和肿瘤发生发展过程中发挥重要作用。高平课题组、军事医学科学院李爱玲课题组和张华凤课题组近期的合作研究还发现，促癌因子 CUEDC2 对于肿瘤细胞的代谢重编程有着重大的影响。成果于 3 月 21 日发表在欧洲分子生物学组织《EMBO 报告》上。

5日 学校召开赴贵州六枝特区扶贫调研专题培训会。

5日 我校第十六届大学生心理健康主题活动月启动。

6日 教育部党组书记、部长陈宝生一行到中国科大先进技术研究院调研。

7日 著名数学家，中国科学院院士，首届国家自然科学一等奖、首届国家最高科学技术奖、邵逸夫数学奖得主，我校数学科学学院(原数学系)主要创办人吴文俊先生在北京去世，享年 98 岁。

7日 英国《公众理解科学》杂志发表我校人文学院科技传播与科技政策系王国燕课题组与英国曼彻斯特大学科技史研究中心 Jane Gregory 合作研究成果。他们揭示了封面图像对于学术论文引用率的放大效应。

8日 中国博士后科学基金会公布中国博士后科学基金面上资助第六十一批获得资助人员名单，我校茅瓅波等 32 名博士后获得此项资助。

8日 由中央音乐学院教授刘月宁领衔的"新丝路探索者"乐队在我校演出。

9日 中国科学技术大学-华盛顿大学全球商业与金融创新研究所启动仪式在美国华盛顿西雅图举行。

9～10日　美国密歇根大学文理学院副院长 James E. Penner-Hahn 教授率代表团访问我校，双方就科研合作、学生科研实习项目、联合英文授课项目和联合学位项目等基本达成一致。

10日　校长万立骏在副校长陈晓剑的陪同下，与党政办公室全体工作人员进行了座谈交流。

10日　中国文联副主席胡占凡（中央电视台原台长）做客我校“复兴论坛”，作题为《当前电视节目创新的实践与思考》的报告。

10日　校团委、校研究生会、数学科学学院分团委与数学科学学院研究生会联合举办“礼尚网来”礼仪培训活动。

10～14日　欧洲核子中心（CERN）ATLAS 国际合作组前负责人 Peter Jenni 教授访问我校，其间作题为《The Hunt for the Higgs Boson and its Discovery at the LHC》的“大师论坛”报告。

11日　学校召开“实验教学三期建设”工作研讨会。

11日　常州市委书记、市人大常委会主任费高云率党政企代表团访问我校。

11日　2017年度亚太经合组织科学创新研究与教育奖颁奖典礼在越南河内举行，我校朱彦武教授受邀出席，并荣获该奖。

12日　《美国化学会志》发表我校合肥微尺度物质科学国家实验室国际功能材料量子设计中心崔萍博士与李震宇教授、曾长淦教授等校内外同行合作研究成果。他们在氮掺杂石墨烯生长的原子尺度机理研究方面取得重要进展，通过理论计算预言了利用芳香性分子 C_5NCl_5 在 Cu(111)表面上可自组装实现高浓度、高有序的氮掺杂石墨烯。

13日　“类脑智能技术及应用国家工程实验室”成立大会暨首届中国（合肥）类脑智能高峰论坛及实验室共建单位授牌仪式在合肥政务中心举行。该实验室是国家发改委正式批准成立的应用研究平台；是在国家发改委的领导下，由安徽省和中国科学院主管、中国科学技术大学和共建单位联合组成的研究开发实体；是我国类脑智能领域唯一的国家工程实验室，居于全国领先地位；是合肥综合性国家科学中心的重要建设内容；是国家技术创新体系建设的重要组成部分。实验室交叉融合了我校信息、生命、物理、计算机等多个学科的力量，发挥了学校的学科群优势和跨学科聚集能力，其正、副主任分别由信息科学技术学院吴枫、查正军担任。

13日　学校召开第二十一次学生代表大会和第六次研究生代表大会。

13日　学生工作部（处）举办辅导员班主任学校第十七期培训班开学典礼。

13日　第三届中国科大“节能减排”创新大赛圆满完成。

13日　校野战运动俱乐部组织学生“战术体验营”真人 CS 体验活动。

15日　美国《ACS 纳米》杂志在线发表我校物理学院光学与光学工程系、光电子科学与技术安徽省重点实验室明海教授、王沛教授领导的微纳光学与技术研究组成员张斗国副教授与美国马里兰大学医学院 J. R. Lakowicz 教授，深圳大学纳米光子学研究中心袁小聪教授、林佼博士、杜路平博士，澳大利亚 La Trobe University 寇珊珊博士合作研究成果。他们实验生成了液体环境中的无衍射表面光波。该光波可在样品上方约半个波长范围内，紧贴着表面传输 110 微米，同时保持束腰半径不变，即无衍射传输，可以形象地比喻为一根细长扁平的“光针”。

16日 由教育部国际司主办、教育部留学服务中心承办、中国科学技术大学协办的2017“平安留学”出国留学行前培训会在我校举行。

16日 我校姚雪彪教授领衔的“细胞动力学和化学生物学”教育部创新团队通过结题验收。

17日 学校召开2017届本科毕业生工作会议。

17日 东南大学由校长张广军院士带队访问我校，调研我校在人才引进、学生培养以及科研平台建设等方面的工作。

18日 西安石油大学校长屈展一行访问我校。

18日、21日 数学科学学院举办“我的大学”生涯导航之选专业讲座。

19日 我校首届“墨子论坛”开幕，来自16个国家和地区的青年科学家、国内有关高校知名学者等200余人齐聚我校，共话创新驱动、人才引领。合肥市市长凌云参加论坛开幕式并讲话。论坛特别邀请了我校杰出校友饶子和院士和谢心澄院士作主题报告。

19日 美国《物理评论快报》杂志发表我校工程科学学院近代力学系、中科院材料力学行为和设计重点实验室姜洪源教授团队在细胞的动态黏附和脱黏过程领域的研究成果。

19日 英国《自然》杂志子刊《自然·通讯》发表我校单分子科学团队的董振超研究小组研究成果。该组研究人员利用亚纳米空间分辨的电致发光技术，在国际上首次对分子与纳腔等离激元之间的相干相互作用进行了亚纳米精度的操控，在单分子水平上观察到了法诺共振和兰姆位移效应。

20日 中共中央政治局委员、国家副主席李源潮调研中国科大先进技术研究院。李源潮认真听取了潘建伟院士关于量子通信基础研究、科研进展、技术应用以及量子科学实验卫星、京沪干线工作进展情况的汇报，鼓励量子团队要理论与实践结合，注重理论指导下的应用实验与实践，在抓好前沿科学理论创新的基础上，深入开展实践探索。

20日 信息科学技术学院举办设计思维与创新实践研讨会。

20～21日 学校举办2017年科技活动周公众科普日活动，面向社会公众开放国家同步辐射实验室、微尺度物质科学国家实验室、火灾科学国家重点实验室、核探测与核电子学国家重点实验室、中科院宇宙星系学重点实验室、光电子科学与技术安徽省重点实验室、语音及语言信息处理国家工程实验室、中科院近地空间环境重点实验室、数学科学学院、化学与材料科学学院、工程科学学院、信息科学技术学院、地球和空间科学学院、生命科学学院、计算机科学与技术学院、人文与社会科学学院、核科学技术学院、校史馆、博物馆、先进技术研究院、微纳研究与制造中心、上海研究院、团委、出版社等24个开放点，利用科研平台与装置、展板、图片、多媒体演示、现场解说、互动游戏、科普教育影片和知识问答等多种形式，为公众奉献内容丰富、形式多样的科技大餐。同时，校创客中心举办“一周年创客成果汇报展”，上海研究院和墨子沙龙携手在上海举办科技活动周系列活动。

21日 “一流大学建设系列研讨会——2017”暨中国大学校长联谊会在浙江大学举行。我校常务副校长潘建伟院士代表学校出席会议，并在会上作题为《科教报国、创新立校——中国科大的使命与担当》的大会报告。

21日　由校团委、校友总会及校研究生会、校学生会、管指委举办2017"see you"毕业纪念晚会。

21～26日　2017年安徽省大学生羽毛球比赛在安徽建筑大学举行。我校代表队在总共6个项目比赛中，取得五金一银的好成绩。

23日　我国著名的等离子体物理学家及教育家、中国科学院院士、我校教授俞昌旋先生，因病医治无效，在合肥逝世，享年76岁。

24日　中国科学院副院长相里斌研究员来我校作题为《空间科技发展现状与趋势》的学术报告。

24日　学校设立2017届本科毕业生离校手续集中办理点，由学生工作部(处)牵头，汇集财务处、图书馆、网络信息中心用户服务部、学生工作处助学办公室等部门以及有关银行，为2017届本科毕业生集中办理了补交学费、归还图书、结算网络费用以及偿还助学贷款等手续。

24～26日　学生工作部(处)向近6000名2017届本科毕业生、毕业研究生(含硕士、博士和直接转博的研究生以及代培生)发放《中国科学技术大学毕业纪念册》和毕业纪念戒指。

25日　中科院副院长、党组成员张亚平在贵州省六盘水市水城县主持召开定点扶贫工作推进会。我校党委常委、副校长、扶贫开发领导小组副组长朱长飞带队参会。

25日　《美国化学会志》发表我校合肥微尺度物质科学国家实验室和化学与材料科学学院曾杰教授课题组与美国Akron大学彭振猛教授、上海应用物理研究所司锐教授合作研究成果。他们在质子交换膜燃料电池阴极催化剂研制方面取得重要进展。研究人员基于集团效应设计出一种铑原子掺杂的铂超细纳米线催化剂，其在燃料电池阴极氧化还原反应中表现出高活性和高稳定性。

26日　科大讯飞董事长刘庆峰校友应邀为我校新生作题为《"人工智能＋"时代的创新创业》的"科学与社会"研讨课主题报告。

26日　校图书馆和超星集团联合举办题为"新一代知识出版与服务创新"的研讨会。

27日　庆祝全国科技工作者日暨创新争先奖励大会在京举行。会上颁发了首届全国创新争先奖，全国10个科研团队被授予创新争先奖牌，28名优秀科技工作者被授予创新争先奖章，254名优秀科技工作者被授予创新争先奖状。我校陈仙辉院士、谢毅院士、潘建伟院士获得全国创新争先奖章，杜江峰院士获得全国创新争先奖状。谢毅院士作为获奖代表在大会上发言。

27日　美国德克萨斯大学圣安东尼奥分校化学系教授、美国化学会《ACS应用材料与接口》杂志创刊主编Kirk S. Schanze来我校开设面向研究生和高年级本科生的为期半个月、20个学时的"分子和材料光化学"课程，其间于6月8日作题为《Applications of Conjugated Polyelectrolytes in Biosensing and Disinfection》的报告。

28日　第四届纳米研究奖在第12届中美华人纳米论坛期间颁发，我校谢毅院士因"在纳米尺度的无机固体化学，特别是在基于电子、声子结构的无机功能固体方面的突出贡献"而获此奖项。谢毅教授出席论坛，并作获奖报告。

28日、29日　校龙舟队先后在"领航蜀山"2017合肥市端午龙舟赛中代表蜀山区获得第一名，在第六届杭州中国名校龙舟竞渡暨在杭高校龙舟赛中夺得C9高校组冠军。

31 日 学校召开合肥选调生座谈会。

30～31 日 2016 年玻尔兹曼奖章得主、剑桥大学化学系 Daan Frenkel 教授访问我校，并作题为《The Puzzle of Self-assembly and the Self-assembly of Puzzles》的"大师论坛"报告。

本月 中国科协、教育部"中学生科技创新后备人才培养计划"学科工作委员会先后到我校调研计算机学科、生物学科学生培养情况。

6 月

1 日 中国科学院条件保障与财务局组织召开由我校陆亚林教授承担的中科院重大科技基础设施开放研究项目"量子信息过程中关键功能材料与器件研究"实施方案论证会。

1 日 由中国科学院条件保障与财务局会同安徽省发展和改革委员会、合肥市发展和改革委员会、合肥市高新技术开发区共同组织召开的"合肥先进光源预研方案论证会"在我校举行。

1 日 校团委、人文与社会科学学院团委、科技传播与科技政策系联合举办我校首届"科学智慧火花"科普创意大赛。

2 日 中国博士后科学基金会公布中国博士后科学基金特别资助第十批获资助人员名单，我校陆熹等 16 名博士后获得此项特别资助，本批次申报入选比例达 33%。

2 日 由研究生院主办，生命科学实验中心和理化科学实验中心承办，安徽省细胞学会、安徽省电镜学会、安徽省神经学会协办的我校第五届"显微摄影比赛暨优秀作品展"举行颁奖仪式。

5 日 英国《自然》杂志子刊《自然・通讯》发表我校刘海燕教授课题组与华东理工大学杨弋教授、赵玉政研究员课题组合作研究成果。刘海燕团队基于他们在蛋白质设计、结构生物信息学等方面的经验和方法积累，系统分析比较了现有蛋白质结构数据库中的相关小分子结合口袋，设计了突变方案，促成了首类烟酰胺腺嘌呤二核苷酸磷酸（NADPH）荧光蛋白探针 iNap 的发明。

5 日 美国杜克大学宋京生教授来我校交流并作学术报告。他介绍了 3D 打印在备用零件储备方面的应用以及产生的影响，证明在该领域应用 3D 打印技术能较大程度提高系统灵活性，提高库存灵活性，有效提高生产效率、降低成本。

6～12 日 我校"设计创新"课程部分师生赴美国旧金山参加 SUGAR EXPO（斯坦福全球高校设计联盟成果展示）大会，展示教学成果，并与来自不同国家的十多所高校师生开展交流。

7 日 第四届中俄"长江-伏尔加河"青年论坛在我校开幕。俄罗斯联邦总统伏尔加河沿岸联邦全权代表办公厅司长克林采维奇・安德烈・弗兰采维奇，安徽省、合肥市有关单位负责人及合肥工业大学、安徽大学、安徽农业大学、合肥学院等承办高校负责人出席了开幕式。

7 日 学校与硅谷校友会在美国与斯坦福大学共同举办的旧金山（硅谷）高层次人才暨中国科技大学校友座谈会，旧金山硅谷地区 120 余名来自大学和企业的高科技人才（其中我校校友70余名)参加了座谈。安徽省委书记李锦斌参加座谈会并与我校校友进行了交流。中国驻旧金山总领事馆副总领事查立友、安徽省委副秘书长方正、安徽省委组织部副部长肖超英、安徽省发改委主任张韶春、安徽省科技厅厅长宛晓春、安徽省外事办公室主任王信、合肥市市长凌云以及中国科大副校长陈初升参加了座谈会。

7日　学生工作部(处)举办2014级本科生辅导员班主任座谈会。

8日　学校举行全校教授干部大会。中共中央组织部干部三局局长赵凡宣布中共中央、国务院关于包信和同志担任我校校长的决定。中国科学院院长、党组书记白春礼,安徽省委副书记信长星,安徽省委常委、常务副省长、省委组织部部长邓向阳出席会议。

8日　学校举办2017年教职工团体操展演活动。

9~11日　由核探测与核电子学国家重点实验室承办的"第三届中日正电子科学研讨会"在我校召开。

10~11日　信息安全铁人三项赛华东区决赛在浙江警察学院举行,我校"星云战队"夺得了企业赛冠军。

10~17日　第12届国际火灾安全科学大会在瑞典隆德大学召开。会上,我校火灾科学国家重点实验室胡隆华研究员当选为国际火灾安全科学学会副主席,并受邀作题为《A Review of Physics and Correlations of Pool Fire Behaviors in Wind and Future Challenges》的大会特邀报告,并获大会"Judges Choice Outstanding Image Award"。

12日　学校召开2017年度"中国科学院院长奖"评审会。

12日　美国《纳米快报》杂志发表我校合肥微尺度物质科学国家实验室和化学与材料科学学院曾杰教授课题组研究成果。该组开发出了一种廉价、高效、稳定的电解水产氢催化剂。他们通过界面调控,设计出一种二硫化钼-黑磷杂化的纳米片催化剂,在电解水产氢反应中表现出高活性和高稳定性,能够大幅降低成本,加快电解水产氢技术的商业化应用进程。

12日　贵州省六枝特区驻村第一书记能力素质提升培训班开班式在我校举行。

12~14日　美国康奈尔大学Michael L. Shuler院士访问我校,其间作题名为《Models of Life: Simple Cells to Humans》的"大师论坛"学术报告。

13日　学校召开安徽省选调生工作座谈会。

13日　《德国应用化学》杂志发表我校国家同步辐射实验室韦世强教授和姚涛特任教授课题组研究成果。他们在利用同步辐射X射线吸收谱学(XAFS)技术精确设计单活性位点钴基催化剂实现太阳光驱动自发水分解中取得重要进展。

14日　学校举行2016～2017学年度先进毕业班集体表彰会,34个学生班级获得表彰。

15日　美国《癌细胞》杂志发表我校生命科学学院医学中心及中科院天然免疫和慢性疾病重点实验室瞿昆教授课题组与美国斯坦福大学Howard Chang实验室合作研究成果。他们首次揭示了T细胞淋巴瘤的表观遗传调控机制。

16日　中央第四巡视组向我校党委反馈专项巡视情况。中央巡视工作领导小组办公室负责同志向校党委书记许武传达了习近平总书记关于巡视工作的重要讲话精神,中央第四巡视组组长马瑞民代表中央巡视组分别向许武和我校党委领导班子反馈了专项巡视情况,副组长赵树林、章轲、王利华参加反馈会议。许武主持向领导班子反馈会议并就做好巡视整改工作作表态讲话。

16日 美国《科学》杂志以封面论文的形式发表我校常务副校长潘建伟院士及其同事彭承志等组成的研究团队，联合中国科学院上海技术物理研究所王建宇研究组、微小卫星创新研究院、光电技术研究所、国家天文台、紫金山天文台、国家空间科学中心等单位的合作研究成果。他们在中国科学院空间科学战略性先导科技专项的支持下，利用“墨子号”量子科学实验卫星在国际上率先成功实现了千公里级的星地双向量子纠缠分发，并在此基础上实现了空间尺度下严格满足“爱因斯坦定域性条件”的量子力学非定域性检验，在空间量子物理研究方面取得重大突破。

16日 学校举办第十五届三星奖学金颁奖典礼。

16日 校团委举办全校团干部学习贯彻全国高校共青团思想政治工作会议精神专题培训班。

17日 我校2017年上半年大学英语四六级考试顺利完成。此次我校考点共安排了134个考场，共有3892名考生参加了英语、日语、德语、法语四个语种的考试。

19日 学校第八届校学位评定委员会召开第九次工作会议，审议我校2017年夏季各学科学位申请情况，评选首届校级优秀博士学位论文，听取研究生教育有关管理文件修订的说明。

19日 学校召开2017届毕业生到西部、基层和部分国家重点单位工作表彰会。

19～23日 由我校大气探测和气候环境实验室、中科院大气成分与光学重点实验室、安徽省气象学会联合举办的第五届“大气光散射和遥测技术国际学术会议”在我校召开。

20日 学校召开“两学一做”学习教育领导小组工作会议，集体学习《县以上党和国家机关党员领导干部民主生活会若干规定》精神，研究部署“两学一做”学习教育常态化制度化等工作。

20日 学校举行2017届本科生毕业典礼暨学位着装授予仪式，校长包信和院士作题为《温暖做人，光照四方》的讲话。

21日 学校举行2017届研究生毕业典礼暨学位着装授予仪式。校长包信和院士以“当好第一流大学的校友”与毕业生们共勉。此次学位授予中，王谢平等768人获得博士学位，杨宏伟等1801人获得硕士学位，张琪等28人获得校优秀博士学位论文奖。

21日 美国《天体物理学杂志快报》发表我校王俊贤教授与中国、美国、智利三国天文学家在宇宙再电离研究领域获得的突破性进展。他们使用智利CTIO天文台4米口径望远镜上的超大视场暗能量相机，通过专门定制的窄带滤波片，系统搜寻宇宙黑暗时代莱曼阿尔法发射线星系(红移～7.0)，观测获得一个宇宙早期的星系样本，并由此发现在该宇宙年龄处，宇宙星系际弥散介质中氢的电离比例为约为50%。美国国家光学天文台以《遥远的星系揭开宇宙黑暗时代末期的面纱》为题专门撰文报道了此项研究突破。研究同时被美国天文学会AAS Nova Journals Digest栏目推荐介绍。

21～23日 由中国免疫学会和中国抗癌协会共同主办、我校生命科学学院和中国科学院天然免疫与慢性疾病重点实验室承办的“第十五届全国肿瘤生物治疗大会暨第六届CMI国际免疫学研讨会”在合肥召开。

22日 中共中央政治局常委、国务院总理、党组书记李克强主持国务院党组理论学习中心组学习讲座，就新一轮世界科技革命和产业变革以及人工智能、量子科学、基因编辑等前沿领域发展态势进行学习。我校常务副校长潘建伟院士应邀出席并就量子信息研究作讲解发言。

22日　校长包信和院士在副校长周先意、王晓平的陪同下，调研中校区和东校区园区规划和建设工作。

22日　按照中科院党组统一部署，由长春分院和上海分院组成的“两学一做”学习教育常态化制度化督查组，在长春分院党组书记、副院长甘建国组长带领下，先后对我校党委、管理学院党委和计算机科学与技术学院党委推进“两学一做”学习教育常态化制度化情况进行了督查。

23日　我校巡视整改领导小组召开第一次会议，传达学习中科院院长、党组书记白春礼，中科院党组副书记、副院长刘伟平关于巡视整改工作的重要指示精神，讨论并通过巡视整改工作小组成员单位名单，通报了巡视整改工作进展，逐一审议了各单位提交的巡视整改问题清单、任务清单和责任清单以及时间表，并提出整改要求。

24日　国家同步辐射实验室组织召开“核科学与技术学科”一流学科建设专家论证会。

24日　我校民兵分队开展2017年上半年军事训练活动。

25～26日　2017年中国大荔世界名校龙舟赛在陕西大荔举行。首次参赛的我校龙舟队取得三个参赛项目的两项冠军（500米直道、200米直道）、一项第四名（2000米绕标赛）、男子组计算总成绩第一名的好成绩。

26日　校党委理论学习中心组召开学习会，深入学习党的十八届六中全会精神。

26日　英国《自然》杂志子刊《自然・通讯》发表我校生命科学学院毕国强课题组与北京大学分子医学研究所程和平课题组合作研究成果。他们研究发现神经元树突“线粒体炫信号”在神经突触传递短时程记忆向长时程记忆的转化中可能发挥着关键作用。

26～30日　德国科学院院士、德国马普学会弗里茨-哈伯研究所所长和化学物理系主任Hans-Joachim Freund教授率弗里茨-哈伯研究所化学物理系研究团队一行访问我校。其间，Freund教授受聘我校“爱因斯坦讲席教授”，并作题为《Model Systems in Heterogeneous Catalysis at the Atomic Level》的“大师论坛”学术报告。

26～30日　中国新时代认证中心审核组对我校质量管理体系进行了第一次监督审核和扩大范围审核。

27日　欧洲物理学会授予我校陆朝阳教授2017年度菲涅尔奖（Fresnel Prize），以表彰其“在量子光源、量子隐形传态和光学量子计算方面的杰出贡献”。

27～30日　著名数学家、加州大学圣芭芭拉分校数学系张益唐教授访问我校，并作题为《Methods of Undetermined Quantities in Number Theory》的“大师论坛”学术报告。

29日　校巡视整改领导小组召开第二次会议。许武书记传达学习了中共中央政治局审议《关于巡视31所中管高校党委情况的专题报告》的会议精神。会议审议通过学校巡视整改方案，研究了党的建设和干部工作的专项整改，还通报了最近一周的巡视整改工作进展。

29日　机关党委召开机关党支部书记会议，布置机关党支部“两学一做”学习教育常态化制度化工作，表彰机关党委“两学一做”学习教育先进党支部、优秀共产党员和优秀党务工作者。

29日 校党委常委、副校长王晓平主持召开校离退休干部工作委员会2017年第一次工作会议。

29日 校医院与安徽医科大学第一附属医院医联体签约授牌仪式在我校举行。

30日 学校隆重召开纪念中国共产党建党96周年暨“七一”表彰大会，表彰了“两学一做”学习教育先进基层党组织和优秀共产党员、优秀党务工作者，并向入党50年以上的老党员颁发纪念章。校党委书记许武就进一步推进我校党的建设作重要讲话。

30日 校党委书记许武以《全面推进“两学一做”学习教育常态化制度化，大力抓好巡视整改落实》为题，作巡视整改动员暨党支部书记培训专题报告。

30日 中国科学院公布2016年中国科学院教育教学成果奖获奖名单，我校或我校为第一完成单位的3项教学成果荣获一等奖，8项教学成果荣获二等奖。

本月 应美国科学院院士、德克萨斯A&M大学量子科学与工程研究所所长Marlan O. Scully教授邀请，我校物理专业的14名学生前往美国参加暑期交流活动，为期两个月。

7月

1日 学校开展2017年校友值年返校活动。

1日 校研究生支教团座谈会暨第十九届研究生支教队举行出征仪式。

1~3日 国际著名物理学家、化学家、生物物理学家庄小威校友应邀回母校访问。其间作题为《揭示生命中不可见的奥秘——利用超分辨率成像在纳米尺度上对生物系统的精细解析》的“大师论坛”学术报告。

3日 我校第三届“未来科学家”国际夏令营正式开营。

4日 学校召开2017年度第六次学生工作例会。

4日 英国《自然》杂志子刊《自然·物理》发表我校潘建伟教授及其同事赵博、陈宇翱等在超冷分子和超冷化学量子模拟研究领域取得的重要进展。他们首次在实验上直接观测到超低温度下弱束缚分子与自由原子间发生的态态的化学反应，实现了可控态态反应动力学的探测，从而向基于超冷分子的超冷量子化学的研究迈进了重要一步。

5日 为深入学习贯彻十八届六中全会精神和习近平总书记系列重要讲话精神，进一步推进“两学一做”学习教育常态化制度化，切实提高学校党务工作者的综合素质和业务能力，充分发挥基层党组织的战斗堡垒作用，校党委举办2017年党支部书记培训班。

5日 2017年华东地区高等学校物理实验课程青年教师讲课比赛在南京信息工程大学举行，我校物理实验教学中心青年教师赵霞荣获二等奖。

6日 包信和校长率领调研组，先后到中科院合肥物质科学研究院、中国科大先进技术研究院和科大讯飞公司开展调研工作。

6日 根据学校巡视整改领导小组的统一部署，党委常委、副校长、学校巡视整改第二督导组组长陈晓剑带领第二督导组，先后赴信息科学技术学院、计算机科学与技术学院、工程科学学院召开座谈会，就学院巡视整改工作情况进行督导。

6 日　学校举办十八届六中全会精神辅导报告会，邀请中共安徽省委党校郝欣富教授作题为《学习贯彻六中全会精神　开辟制度治党新境界》的专题辅导报告。

6 日　英国《自然》杂志子刊《自然・通讯》发表我校合肥微尺度物质科学国家实验室江俊教授与赵瑾教授合作研究成果。他们利用第一性原理计算，提出了首个光解水制氢储氢一体化的材料体系设计，该方案具有低成本、通用性、安全储氢的优点。

7 日　巡视整改领导小组组长、校党委书记许武主持召开巡视整改领导小组第三次会议，传达学习了前日教育部党组关于中管高校巡视整改的 8 项重点任务会议精神。党委常委、副校长朱长飞汇报了“马克思主义理论研究”专项进展情况。会议审议了 27 个基层党组织提交的巡视整改方案初稿，要求巡视整改领导小组成员和巡视整改督导组切实发挥作用，指导督导单位和分管单位进一步完善巡视整改方案，督促其按时高质量完成学校部署的各项整改任务。

7 日　美国《物理评论快报》杂志发表工程科学学院罗喜胜教授、陆夕云教授等在汇聚激波诱导的流体力学界面不稳定性研究方面取得的突破性进展。他们在国际上首次通过实验得到了汇聚激波管中界面扰动的演化规律，发现在反射激波再次作用之前界面扰动会出现衰减，证明了在汇聚激波作用下存在轻重界面减速引起的 Rayleigh-Taylor 稳定性。

7 日　美国《基因组研究》杂志发表我校生命科学学院汪香婷课题组与中科院昆明动物所李家立课题组等合作研究成果。他们揭示了 lncRNAs 在灵长类大脑发育和老化过程中的动态变化和作用。

8 日　由中国图像图形学学会主办、我校承办的“中国图像图形学学会数字媒体取证与安全专业委员会成立大会暨第一届数字媒体取证与安全前沿学术研讨会”在我校召开。

9 日　中国侨联 2017 海外侨领中国国情研修班来我校进行现场教学活动，校党委常委、副校长周先意应邀为研修班学员们作报告。

9 日　中国科大学生合唱团在上海音乐学院贺绿汀音乐厅举办“瀚海之音”上海校友专场音乐会。

9～14 日　第五届高校研究生信息素养夏令营在合肥工业大学举行，我校参赛代表队的成员荣获“十佳优秀海报奖”第一名，包揽信息检索课题大赛一等奖、二等奖和三等奖并获得“优秀营员”“优秀指导老师”等奖项。

10 日　学校巡视整改第七督导组组长、校总会计师黄素芳带领第七督导组成员对数学科学学院党委的巡视整改工作进行督导。

10～14 日　党委常委、副校长、学校巡视整改第六督导组组长王晓平带领第六督导组成员，先后对图书网络档案联合党总支、离退办党总支、软件学院党委、生命科学学院党委巡视整改工作落实情况进行督导。

11～14 日　党委常委、副校长、学校巡视整改第四督导组组长朱长飞带领第四督导组成员，先后赴火灾科学国家重点实验室、国家同步辐射实验室、核科学技术学院、合肥微尺度物质科学国家实验室(筹)、先进技术研究院召开座谈会，督查巡视整改工作落实情况。

12～15 日　第四届全国大学生物理实验竞赛在南京大学举行，代表我校参赛的 4 名同学取得一金二银的优异成绩，高万鹏获基础实验 A 题一等奖，刘浩彧获基础实验 B 题二等奖，康原和朱振宇组队获综合实验 C 题二等奖。

12日、18日　党委副书记、学校巡视整改第五督导组组长蒋一带领第五督导组成员，先后赴物理学院、人文与社会科学学院、少年班学院、公共事务学院召开座谈会，就各学院党组织巡视整改工作落实情况开展督导。

13日　党委副书记、纪委书记、学校巡视整改第一督导组组长叶向东带领第一督导组成员，赴化学与材料科学学院召开座谈会，督查巡视整改工作落实情况。

14日　学校巡视整改领导小组组长、校党委书记许武主持召开巡视整改领导小组第四次会议，传达学习13日教育部部长、党组书记陈宝生在中管高校巡视整改中期推进会上的讲话精神。会议布置了学校巡视整改中期推进会和校级领导班子民主生活会的有关工作。校党委副书记、纪委书记叶向东通报了各督导组赴基层党组织开展第一轮督导的情况。会议审议了学校巡视整改中期各项具体任务的落实情况，还通报了最近一周的巡视整改工作进展。

14日　美国《科学》杂志发表我校合肥微尺度物质科学国家实验室吴文彬课题组研究成果。他们在氧化物自旋电子学研究领域取得突破，首次制备出基于全氧化物外延体系的人工反铁磁体——$[La_{2/3}Ca_{1/3}MnO_3/CaRu_{1/2}Ti_{1/2}O_3]_N$，观察到随外加磁场清晰的具有层分辨的分步磁化翻转模式。

14日　英国《自然》杂志子刊《自然・通讯》发表我校中科院量子信息重点实验室在基于人工维度的全光器件的设计方面取得的重要进展。该室周正威教授小组在理论上提出通过调控简并光腔中的轨道角动量光子可以实现全光量子存储器和滤波器，这为光学人工维度的应用开创了一条新的道路。

14日　英国《自然》出版集团旗下杂志《光：科学与应用》发表我校工程科学学院微纳米工程实验室吴东教授等在利用调制光场加工三维微结构研究领域取得的重要进展。他们通过涡旋光束与平面波同轴干涉形成三维螺旋光场，在各向同性材料中加工出具有扭臂截面的3D螺旋手性结构。

17日　学校召开巡视整改中期推进会，校党委书记、巡视整改领导小组组长许武在会上传达学习中央有关会议精神，通报当前学校巡视整改工作进展情况，指出巡视整改过程中发现的问题，并对下一步巡视整改工作做出安排。

17日　由中国科协、教育部主办，安徽省科协、安徽省教育厅与我校承办的2017年青少年高校科学营中国科学技术大学分营开幕，来自广西、福建、河南、江苏、安徽和上海六个省市的140名高中生齐聚我校。

17日　党委常委、副校长、学校巡视整改第三督导组组长周先意带领第三督导组成员，分别对地球和空间科学学院党委、管理学院党委、后勤党总支和医院直属党支部的巡视整改工作进行督导。

18日　由研究生院科学岛分院主办的第四届科学岛优秀大学生夏令营开营，共有来自全国130余所高校的360余名优秀大三学子参加。

18日　学校学生军训工作领导小组召开会议，研究部署2017级本科生军训工作。

18～19日　中国科学院条件保障与财务局原基建局局长孔繁文率基建项目督导组一行5人，对我校基建工作进行督导。

19日　澳门青年代表团一行30余人赴中国科大先进技术研究院和创客中心参观访问，

创客中心部分入驻学生创客与代表团成员座谈交流，分享创新创业经验。

19～21日　由住房和城乡建设部防灾研究中心与我校热安全技术国家地方联合工程研究中心联合主办的第五届全国建筑防灾技术交流会在合肥召开。

20日　学校举办2017年纪检委员、纪检监察干部培训班。

20～23日　由国际低温生物学会和中国医学生物技术协会主办、我校（第一承办单位）与多家高校和行业领军企业承办的“世界低温生物科技与生命资源库大会”在合肥召开。

21日　巡视整改领导小组组长、校党委书记许武主持召开巡视整改领导小组第五次会议，传达学习了新修订的《中国共产党巡视工作条例》、王岐山同志在《人民日报》上署名文章《巡视是党内监督战略性制度安排　彰显中国特色社会主义民主监督优势》、黎晓宏同志督查清华大学巡视整改工作的讲话精神以及中科院巡视办《关于进一步完善中国科大巡视整改工作的建议》。会议审议了《中国科学技术大学“六有”大学生培养方案》，听取了规范党支部工作、党员发展工作、干部兼职清理、意识形态工作等专项整改情况报告。会议还通报了最近一周的巡视整改工作进展。

21日　我校2017年优秀大学生夏令营闭营。

7月21日～8月8日　党委常委、副校长、学校巡视整改第四督导组组长朱长飞先后到合肥微尺度物质科学国家实验室（筹）、火灾科学国家重点实验室、先进技术研究院、资产经营有限责任公司、出版社、国家同步辐射实验室等单位参加各单位领导班子关于中央巡视整改专题民主生活会并进行第二轮巡视整改督导。

22日　先进技术研究院与省国防科学技术工业办公室联合举办推进军民融合发展交流座谈会。

22日　第三届全国大学生创业家成长计划夏令营开营。

22日　学校举办第三届“软通动力杯”“互联网＋”大学生创新创业大赛。

23日、27日、29日　党委副书记、学校巡视整改第五督导组组长蒋一带领第五督导组成员，先后赴物理学院、少年班学院、人文与社会科学学院参加各学院领导班子关于中央巡视整改专题民主生活会并进行督导。此前，蒋一一行已经在督导巡视整改工作中参加了公共事务学院领导班子民主生活会。

24日　英国《自然》杂志子刊《自然·光子学》发表我校潘建伟院士及其同事彭承志、张强等组成的研究小组最新成果。他们在国际上首次成功实现了白天远距离（53 km）自由空间量子密钥分发，通过地基实验在信道损耗和噪声水平方面有效验证了未来构建基于量子星座的星地、星间量子通信网络的可行性。

24日　校创客中心召开首届优秀创客项目答辩评审会。

24～31日　第21届RoboCup机器人世界杯及学术大会在日本名古屋举行。在服务机器人比赛中创新性最强的“开放挑战”测试中，中国科大柔性手爪获得了唯一的“最佳操作奖”。

25日　党政办公室、机关党委举办机关管理论坛-会议纪要专项培训，邀请省委政策研究室（省委改革办）协调处邓少聃老师担任主讲嘉宾。

26日　校医院党政班子全体成员召开专题民主生活会，校党委常委、副校长周先意到会指导。

26～30日　我校博士生实践服务团赴安徽省阜阳市进行实践调研工作。

27日　学校召开党委全委(扩大)会议，重温习近平总书记考察我校重要讲话精神，传达学习意识形态工作相关讲话精神，审议修订学校有关文件制度等。

27日　校党委理论学习中心组召开学习会，学习贯彻习近平总书记重要指示，深入开展向黄大年同志学习，传达学习中宣部、教育部党组有关意识形态工作的文件精神，深刻反思学校历史上的深刻教训。

27日　财务处邀请安永(中国)企业管理咨询有限公司合伙人曹驯来我校作题为《高校内部控制体系建设的思路与方案》的专题辅导报告。

7月27日、8月4日　党委常委、副校长、学校巡视整改第二督导组组长陈晓剑带领第二督导组成员，通过参加中央巡视整改专题民主生活会、召开座谈会等形式对计算机科学与技术学院、工程科学学院、信息科学技术学院进行了第二轮督导。

7月27日～8月5日　在我校数学科学学院张伟老师的带领下，由我校(7人)、中国科学院计算所、苏州大学、华东师范大学的14名同学组成的访问团赴日本新潟大学等科研机构进行访问交流。此次活动得到日本科学技术振兴机构(JST)所发起的"日本-亚洲青少年科技交流项目"(樱花科技计划)的全额资助。

27日　校团委举行第十二届七次全体(扩大)会议，研究共青团意识形态工作并作相关巡视整改工作部署。

28日　学校召开党委常委会议，传达学习习近平总书记在省部级主要领导干部专题研讨班上的重要讲话精神。

28日　巡视整改领导小组组长、校党委书记许武主持召开巡视整改领导小组第六次会议，研究了巡视整改报告的框架，审议了监察审计处工作职责，通报了最近一周的巡视整改工作进展。

29日　由我校和百度公司联合举办的第三届全国大学生创业家成长计划夏令营举行闭营仪式暨颁奖典礼。

31日　校党委组织召开学校领导班子巡视整改专题民主生活会，深入学习领会习近平总书记关于中管高校巡视的重要讲话精神，以中央第四巡视组反馈的问题和意见为主题，围绕巡视整改工作，深入剖析问题、进行党性分析，结合思想和工作实际开展批评与自我批评，做到两个"看一看"和三个"查一查"，做到政治站位人人过关，不断增强"四个意识"和"四个自信"。中央纪委驻中科院纪检组和中科院人事局有关处室负责同志到会指导。

本月　荷兰《地球科学评论》发表我校地空学院刘桂建教授研究组成果。他们通过对采自中国和美国多个煤田的煤样品中多环芳烃的分析并结合对煤体结构及重要官能团的研究，发现煤中多环芳烃的组成与煤变质作用过程中煤体结构的演化有着非常密切的联系。

本月　由管理学院案例中心主任刘志迎教授主导撰写的大型原创工商管理教学案例正文《Midea Refrigerator：The "Go Global" Odyssey》及其使用说明入选IVEY商学院案例库，并在线发行。

8月

1日　党委副书记、纪委书记、学校巡视整改第一督导组组长叶向东带领督导组成员，赴化学与材料科学学院召开第二次座谈会。

1日　英国《自然》杂志子刊《自然·通讯》发表我校地震与地球内部物理实验室温联星教授研究组成果。他们利用地震观测资料首次发现地球内核边界在局部区域存在糊状层。

2日　由中央电视台和中国科学院共同主办的《机智过人》栏目新闻发布会在北京举行。中国科学院副院长张涛、我校校长包信和等出席发布会。计算机科学与技术学院报送的"医学影像阅片机器人"项目成为30个入选项目中的重点拍摄项目。

2日　党委常委、副校长、学校巡视整改第三督导组组长周先意及小组成员参加饮食服务集团领导班子成员召开的专题民主生活会。

3日　机关党委举办机关部门主要负责人研讨班第一次集中研讨交流。

3日　英国《自然》杂志发表包括我校学者在内的中国科学家参加的美国布鲁克海文国家实验室STAR国际合作组研究成果。该组在重离子碰撞中首次观测到了夸克胶子等离子体的"整体极化",发现碰撞产生的Lambda超子相对于碰撞反应平面存在明显的自旋极化。

4日　学校巡视整改领导小组召开巡视整改领导小组第七次会议。领导小组与工作小组的成员认真讨论了学校巡视整改报告撰写事项,梳理了学校巡视整改工作133项具体任务完成情况,还讨论了学校教师教学工作量考核奖惩办法,通报了最近一周的巡视整改工作进展。

4日　英国《自然》杂志子刊《自然·通讯》发表我校生命科学学院、微尺度国家实验室(筹)、医学中心及中科院天然免疫和慢性疾病重点实验室周荣斌、江维教授研究组与王均教授研究组、白丽教授研究组及中山大学崔隽教授研究组合作研究成果。他们揭示了胞内氯离子通道蛋白CLICs家族在NLRP3炎症小体活化中的重要作用。

8日　中国博士后科学基金会和中国科学院人事局公布2017年度"支持'率先行动'中国博士后科学基金会与中国科学院联合资助优秀博士后项目"获资助人员名单,我校6名博士获得此项资助。

8日　美国《植物细胞》杂志发表我校生命科学学院及中科院分子卓越中心丁勇教授课题组研究成果。他们发现植物组蛋白H2A第95丝氨酸磷酸化修饰位点,该位点系植物特有的位点,经磷酸化的95丝氨酸,能够调节拟南芥的开花时间,以及组蛋白变化H2A.Z的富集。

9日　全国博士后管委会办公室以博管办公布2017年度"中德博士后交流项目"(第一轮)获得资助人员名单,我校宋俊达、王维嘉两名博士获得此项资助。

10日　英国《自然》杂志同时在线发表我校潘建伟院士及其同事彭承志等组成的研究团队,联合中国科学院上海技术物理研究所王建宇研究组、微小卫星创新研究院、光电技术研究所、国家天文台、紫金山天文台、南京天文仪器有限公司、国家空间科学中心等的两项合作研究成果。他们在中国科学院空间科学战略性先导科技专项的支持下,利用"墨子号"量子科学实验卫星,在国际上首次成功实现了从卫星到地面的量子密钥分发和从地面到卫星的量子隐形传态。

11日　"神雾杯"第十届全国大学生节能减排社会实践与科技竞赛决赛在华北电力大学落幕,我校学生创客项目"人体温差自发电指示头盔"排名全国前十,获得本届赛事最高奖项特等奖。

14日 学校举办校院领导增强“四个意识”、学习“7·26”重要讲话精神专题研修班，深入学习贯彻习近平总书记系列重要讲话精神和治国理政新理念新思想新战略，深入学习、研讨、交流习近平总书记在省部级主要领导干部专题研讨班开班式上的重要讲话精神，切实增强“四个意识”，牢牢扎根中国大地建设世界一流大学。

15日 加州大学伯克利分校副总教务长 Tsu-Jae King Liu、我校校友杨培东、华西希望集团首席执行官王德根等一行十人访问我校。

17日 2017年国家自然科学基金评审结果正式揭晓，优秀青年科学基金项目共有152家单位获得，其中我校获得20项，在所有入选科研单位中位列第二。

17日 美国《天体物理快报》发表我校王俊贤教授发起组织的由中国、美国、智利三国天文学家参加的“宇宙再电离时期的莱曼阿尔法星系”研究项目在宇宙黑暗时代星系观测研究领域的突破性进展。他们使用美国卡内基天文台麦哲伦望远镜获得了其中6个星系的光谱证认，确认它们为宇宙大爆炸后约8亿年的星系，证认成功率高达67%。10月1日，美国卡内基天文台对该项研究做了新闻发布。

17～18日 我校王瑞珉、周梦雯和王耀三位同学参加中央国家机关大学生(“紫光阁”)实习计划。

18日 我校2017级本科新生入学报到。

18日 英国《自然》杂志子刊《自然·通讯》发表我校俞书宏教授课题组和倪勇教授课题组研究成果。他们在人工珍珠层材料仿生宏量制备方面取得重要进展，设计并成功发展了适用于高性能、大尺寸、体型人工珍珠层材料的仿生宏量制备新策略。

18日 第八届全国大学生物理学术竞赛在哈尔滨工业大学落下帷幕，我校代表队荣获一等奖，汪航同学获得了最佳选手奖。诺贝尔奖得主大卫-格罗斯教授为获奖同学颁奖。

19～23日 我校民主党派负责人赴贵州开展增进共识教育和扶贫调研。

20～22日 2017年合肥光源用户学术年会在合肥市召开，校长包信和院士应邀参会作专题学术报告，参加了大会闭幕式并讲话。

21日 学校举行2017级本科生军训动员大会。

21～26日 生命科学学院举办广州深圳生物医药健康行业夏令营。

24日 英国《自然》杂志子刊《自然·通讯》发表我校化学与材料科学学院、合肥微尺度物质科学国家实验室傅尧教授和肖斌副教授课题组合作研究成果。他们在偕二硼化合物的非常规合成领域取得重要进展，发现了一种金属镍催化末端烯烃合成偕二硼化合物的新反应。

24日 《欧洲分子生物学学会杂志》发表我校生命科学学院赵忠课题组研究成果。他们研究揭示了植物干细胞调控的新机制。

27日 我校与中国科学院长春应用化学研究所合作共建中国科学技术大学应用化学与工程学院签约揭牌仪式在长春应化所举行。

27日 由我校牵头承担的国家重点研发计划项目“重大事故灾难次生衍生与多灾种耦合致灾机理与规律”年度总结暨专家组联席会议在南京召开。

27日 我校与东北师范大学附属中学共建“少年班创新人才培养实验基地”签约暨揭牌仪式在东北师大附中明珠学校举行。

28日　英国《自然》杂志子刊《自然·物理学》发表我校潘建伟院士及其同事苑震生、陈宇翱等研究成果。他们在国际上首次通过量子调控的方法在超冷原子体系中发现了拓扑量子物态中的准粒子——任意子，并通过主动控制两类任意子之间的交换和编织，证实了任意子的分数统计特性，向着实现拓扑量子计算的方向迈出了重要一步。

28~29日　中巴经济走廊商学院联盟成立大会及学术研讨会在巴基斯坦国立科技大学举行。我校党委副书记蒋一应邀参加了会议。

29日　校党委召开中央专项巡视整改情况通报大会，通报中央专项巡视整改情况，并对下一阶段的整改工作提出要求。

29日　国家自然科学基金委副主任沈岩院士、医学部主任王红阳院士、常务副主任董尔丹教授和专家组组长徐建国院士等一行15人赴我校现场考察基础科学中心项目“天然免疫细胞活化和死亡机制及其炎性疾病”。

29日　《德国应用化学》杂志发表我校阮科副教授课题组在核磁共振研究中等亲和力的化学工具分子和靶点蛋白作用模式方面取得的重要进展。他们解决了核磁共振表征中等亲和力范畴的先导化合物与靶标的结合模式的难题，拓展了核磁共振在结构指导的苗头化合物到先导化合物演化中的应用。

30日　国家量子保密通信“京沪干线”技术验证及应用示范项目技术验收评审会在我校举行。评审专家组听取了项目组关于项目建设基本情况和分系统验收情况的汇报，经现场质询和讨论，认为项目已完成了预期的技术验证和应用示范任务，具备开通条件，同意通过技术验收。

31日　我校与中国科学院云南天文台合作共建的“中国科学院近地空间环境重点实验室丽江高美古观测站”暨“中国科学技术大学地球和空间科学学院丽江高美古学生野外实习基地”揭牌仪式在云南天文台丽江高美古观测站举行。

8月31日~9月1日　校党委副书记、纪委书记、机关党委书记叶向东率机关部门负责人赴铜陵市开展党性教育，举办机关部门主要负责人研讨班第二次集中研讨。

9月

1日　学校举行2017级本科生开学典礼，校长包信和院士以《我们的责任与义务》为题，为2017级全体本科新生作“科学与社会”新生研讨课主题报告第一讲。

5日　我校2017级研究生入学报到。

5日　由国家卫生计生委科教司实验室处处长刘桂生带队、辽宁省卫生计生委副巡视员柴金龙任组长的国家卫生计生委督查组，在安徽省卫生计生委和合肥市卫生计生委领导陪同下对我院实验室生物安全工作进行检查督查。

6日　教育部举行教育金秋系列新闻发布会的第七场，全面介绍十八大以来学生资助政策体系建立情况和政策落实情况，我校党委副书记蒋一在会上详细介绍了我校学生精准资助工作。

6~8日　招生就业处就业指导办公室举办“求职就业工作坊”系列讲座。

7日　学校举行“八一勋章”获得者韦昌进英雄事迹报告会。国防科技大学电子对抗学院刘辉大校、枣庄军分区组干科长吴杰中校等出席报告会。

7日 中国船舶重工集团公司代表团来我校访问，调研我校科技创新有关情况，召开座谈会，并签署合作协议。

7日 人文与社会科学学院与公共事务学院联合开设的首届文理复合英才班召开第一次班会。

8日 我校举行2017级研究生开学典礼暨入学教育。校长包信和院士代表全校师生员工向新同学表示热烈的欢迎，并从“格局”的话题展开，对研究生新生提出了期望和建议。

8日 学校举行2017级本科生军训总结大会，国防科技大学电子对抗学院张战大校、荣之文大校、杨洋上校、仇陶上校等出席了大会。

11日 中国科学院公布2017年度中科院优秀博士学位论文评审结果，共评选出优秀博士学位论文100篇，我校刘永强等14名博士获奖。

11日 华为公司来我校访问，召开座谈会，并举办2018届毕业生校园宣讲报告会。

13日 中国科学院院士、中国工程院院士、武汉大学李德仁教授应邀做客我校地空学院杰出讲座，作题为《脑认知与空间认知》的报告。

13日 国际iCAN联合会和iCAN大赛主席、北京大学信息科学技术学院张海霞教授做客我校第十三期“教师教学发展论坛”，作题为《创新的教育和教育的创新》的报告。

15日 全国工程专业学位研究生教育指导委员会发布《关于公布获得第三届“全国工程专业学位研究生联合培养示范基地”荣誉称号名单的通知》，“科大讯飞股份有限公司-中国科学技术大学软件工程专业学位研究生联合培养基地”荣获“全国工程专业学位研究生联合培养示范基地”称号。

15～16日 中国消防协会科普教育工作委员会换届会议暨第七届委员会第一次会议在安徽合肥举行，我校火灾科学国家重点实验室成为中国消防协会科普教育工作委员会挂靠单位。

15～17日 在2017年全国双创活动周合肥分会场，我校创客中心组织了三个学生创客项目参展，以实物展示和互动演示的方式充分展示了我校学生的最新创新创业成果。在15日举行的2017年“创客中国”安徽省创新创业大赛决赛中，我校创客中心的项目“一种可垂直起降的变结构飞行器”和“太阳能光电-光热-辐射制冷综合利用装置”分别以总分第五、第六的好成绩获得创客组三等奖。

16日 2017年国家网络安全宣传周在上海开幕，中央网信办、教育部公布了“一流网络安全学院建设示范项目高校”名单，我校等7所高校入围。

16日 2017年度“求是科学家奖”在复旦大学揭晓。我校地球和空间科学学院赵纯教授和生命科学学院孙林峰教授等10位青年学者获得“求是杰出青年学者奖”。

18日 中国工程院院士、天津药物研究院研究员、释药技术与药代动力学国家重点实验室主任、中药现代制剂与质量控制国家地方联合工程实验室主任、国家GLP认证新药安全评价研究中心主任、中国药理学会药物代谢专业委员会主任、天津药理学会理事长、天津药学会会长刘昌孝院士做客“中国科大论坛”，作题为《创新药物研究开发的难点和挑战》的报告。

18日 《德国应用化学》杂志发表我校合肥微尺度物质科学国家实验室、量子创新研究院、化学物理系罗毅教授研究团队叶树集研究员小组在膜蛋白界面振动能量转移方面取得的重要进展。该小组成功揭示了生物膜界面蛋白质酰胺键骨架振动的能量转移速率与途径。

18 日　英国《自然》杂志子刊《自然・通讯》发表我校单分子科学团队的董振超研究小组研究成果。该组研究人员通过发展与扫描隧道显微镜(STM)相结合的单光子检测技术和分子光电特性调控手段,首次清晰地展示了空间位置和形貌确定的单个分子在电激励下的单光子发射行为及其单光子源阵列。

18 日　2017 年度全国大学生电子设计竞赛成绩正式公布,我校 4 个队参加国赛评测,获得 2 个全国一等奖、2 个全国二等奖。

18 日　美国工程院院士、美国 AAAS/AGU/AMS 会士 L. Ruby Leung 教授做客我校地球和空间科学杰出讲座,作题为《Global Warming and Extreme Events》的报告。

18 日　校离退办、老年大学联合举办的"我爱中科大"老年大学学员书法绘画摄影手工作品展开幕。

19 日　周先意副校长及校基建处、管理学院有关领导一行,赴滨湖考察我校国际金融研究院基建工作。

19 日　为支持母校的医疗和教育事业,1981 级硕士校友、欧普康视科技股份有限公司创始人陶悦群向学校捐赠一千万元。

20 日　教育部、财政部、国家发展改革委印发《关于公布世界一流大学和一流学科建设高校及建设学科名单的通知》,公布世界一流大学和一流学科建设高校及建设学科名单。我校入选 A 类世界一流大学建设高校,数学、物理学、化学、天文学、地球物理学、生物学、科学技术史、材料科学与工程、计算机科学与技术、核科学与技术、安全科学与工程等 11 个学科入选世界一流学科建设名单。

20 日　值建校 59 周年校庆日,学校召开迎校庆教师座谈会。

20 日　神州数码控股有限公司董事局主席郭为(85 硕校友)一行来我校访问,并召开座谈会。

21 日　学校召开会议,传达中组部、教育部有关党建工作会议精神,布置近期党建重点工作,落实意识形态工作责任制,开展意识形态工作培训。

21 日　由我校田志刚教授主持的国家重大科学研究计划项目"肝脏造血免疫组织发育分化的分子调控"课题验收会在合肥召开。

21 日　耶鲁大学 Anna Marie Pyle 教授应邀来我校,与生命科学学院本科生进行了交流。

23～24 日　应日本筑波大学校长永田恭介邀请,我校校长包信和院士代表学校出席了在日本筑波举行的东亚研究型大学协会(AEARU)第 23 届年会,并在会议期间亲切会见我校在日本学习或工作的部分校友。

23～25 日　我校举办"第四届中英大分子与软物质材料双边国际会议"。

24 日　著名理论物理学家、荷兰乌得勒支大学教授、诺贝尔物理学奖获得者、我校名誉博士 Gerard't Hooft 应邀来校访问,并作题为《The March of the Quanta》(《量子进行曲》)的报告。

24日 第三届中国科大“节能减排”创新大赛闭幕，并举行颁奖典礼。

24日 第二届安徽省老年文化艺术节合唱比赛在合肥举行，我校金秋合唱团荣获铜奖。

25日 全国人大常委会原副委员长、中国老科技工作者协会会长陈至立一行来我校先研院参观调研。

25日 学校颁发第十二届“困学守望”教学奖，奖项创始人、我校774校友刘亚东出席颁奖典礼。叶怀安、方容川、刘耀阳、李永平等4位老师荣获育人终身成就奖，郭文彬、李娟、潘必才、朱林繁、刘磁辉、陶小平、张增明等7位老师荣获杰出教学奖，徐岩等21位老师荣获优秀教学奖。

26日 学校召开第四届学术交流会议。

26日 学校召开第六届校本科教学督导组成立大会。

27日 中国科学院院长、党组书记白春礼到我校调研并听取学校工作汇报。中科院办公厅主任乔均录、科学传播局局长周德进、条件保障与财务局副局长郑晓年、前沿科学与教育局副局长黄敏，院机关相关处室负责同志参加会议。在听取学校工作汇报后，白春礼院长发表了重要讲话。他充分肯定了中国科大党政领导班子团结一致、齐心协力、密切配合，全校师生员工共同努力，推动学校近年来较快发展，成效明显。他希望中国科大能承担更多的建设任务，在“率先行动”计划升级版中发挥更重要的作用。白春礼院长还代表院党组对中国科大发展提出三点希望。

27日 由中国地震局地球物理研究所与阿里云联合主办的“余震捕捉AI大赛”决赛在杭州落幕。我校计算机科学与技术学院陈恩红教授领导的大数据分析及应用实验室的EarthBrain团队获得大赛亚军。

27～29日 学校举办党务工作者培训班。

28日 中科院条件保障与财务局副局长郑晓年，我校副校长朱长飞、王晓平，国家同步辐射实验室主任陆亚林，中科院条件保障与财务局重大设施处处长曾钢等一行，与合肥市高新区管委会主任宋道军及建发局、科技局、经贸局主要负责人，围绕合肥先进光源园区规划及推进合肥先进光源预研项目等有关事宜，召开座谈会。

28～30日 美国康宁玻璃博物馆首席专家Stephen Koob访问我校，并作题为《古代玻璃器的科技分析》的讲座。

29日 由国家发改委批复立项、中科院统一领导、我校作为项目建设主体承担的世界首条量子保密通信干线——“京沪干线”正式开通，并现场进行了演示活动。中国科学院院长、党组书记白春礼，安徽省省长李国英及我校校领导包信和、潘建伟、朱长飞、蒋一等参加了“京沪干线”不同站点的开通演示活动。其间，结合“京沪干线”与“墨子号”的天地链路，白春礼院长和奥地利科学院院长安东·塞林格(Anton Zeilinger)通过“墨子号”量子卫星与奥地利地面站的卫星量子通信，互致问候，成功实现了洲际量子保密通信。

29日 中科院召开党支部书记轮训第一次集中培训视频会，我校党员校领导，各分党委、党总支、直属党支部负责人，基层各党支部书记近200人参加了会议。

30日 校长包信和、副校长王晓平分赴东西校区的科研教学实验室检查安全工作。

本月 校党委书记许武、校长包信和分别深入思政课课堂随堂听课，率先示范，以随机的方式调研思政课教学情况。

本月 值建校 59 周年华诞、启动 60 周年校庆筹备工作之际，校领导包信和、周先意、蒋一、王晓平、黄素芳等考察了学校“十二五”园区规划在建项目、60 周年校庆重点建设工程物质科学教研楼、中校区学生宿舍楼等。

本月 学校持续举办招聘宣讲会 150 余场，近 300 家单位来校招聘，为毕业生提供众多就业岗位。

本月 美国光学学会《光学》杂志发表我校中科院量子信息重点实验室在测量设备无关量子密钥分配研究方面取得的重要进展。实验室量子密码研究组银振强、王双、韩正甫、陈巍等在国际上首次实现了“环境鲁棒型”测量设备无关量子密钥分配（MDI-QKD）实验系统，利用扰偏装置，消除了实地信道偏振扰动的影响，解决了 MDI-QKD 系统在复杂环境下的实用化问题，增强了系统的实际安全性与运行效率。

本月 科睿唯安（Clarivate Analytics）发布最新一期 ESI（Essential Science Indicators）数据。在学科排名中，我校“社会科学总论”首次进入世界前 1%。截至目前，我校进入 ESI 学科排名的学科增至 11 个。

10 月

1 日 2017 中国科大纽约峰会在泽西城揭幕，550 多人参加了峰会。

2 日、13 日 美国《纳米快报》《物理评论快报》杂志先后发表我校合肥微尺度物质科学国家实验室国际功能材料量子设计中心与中科院强耦合量子材料物理重点实验室曾长淦教授研究组在低维量子输运领域取得的新进展。他们发现电子-等离激元耦合对石墨烯电子输运过程中的量子相干性有极大的增强效应，并实现氧化物界面二维电子气自旋轨道耦合的光学调控。

2 日、23 日 英国《自然》杂志子刊《自然 · 光子学》、美国《物理评论快报》杂志先后发表我校潘建伟院士及其同事陈宇翱、赵博等研究成果。他们在国际上首次利用参量下转换光源实现了基于线性光学的量子中继器中的嵌套纠缠纯化和二级纠缠交换过程。基于该技术，以往量子纠缠交换过程中阻碍分发态被进一步相干操作的主要噪声可以被自动剔除，这为将来实现基于原子系综的可扩展线性光量子中继器提供了前瞻性的技术指引。

6 日 我校安琪教授、曹平副教授课题组所研制的新型海上石油地震勘探数据采集装备在渤海旅大工区试验线成功完成首次海上试验，为顺利推进我国自主物探装备产业化进程打下了基础。

9 日 英国《自然》杂志子刊《自然 · 能源》发表我校合肥微尺度物质科学国家实验室和化学与材料科学学院曾杰教授课题组关于钴（Co）基催化剂在 CO_2 加氢反应中的活性物相研究成果。他们将 N 原子引入 Co 催化剂中构筑出 Co_4N 催化剂，并通过原位机理研究发现 Co_4NH_x 是该催化过程中真正的活性物相。

9～13 日 第 25 届世界先进材料论坛在马来西亚吉隆坡举办。其间颁发了以瑞典著名高分子材料科学家 Carl Klason 命名的“Carl Klason Student Award”，我校微尺度物质科学国家实验室徐春叶教授的博士生刘健获此奖项。

9～17 日 2017 年安徽省大学生足球联赛暨全国大学生足球联赛安徽赛区选拔赛在滁

州举行。我校女子足球队首次夺得全省大学生足球比赛冠军，并取得了2018年代表安徽省参加全国大学生运动会和大学生足球联赛的资格。我校男子足球队获得第三名。

10日　中央国家机关定点扶贫工作展在北京开幕。我校党委副书记蒋一带队参加了成果展。

10～17日　第12届国际火灾安全科学大会在瑞典隆德大学召开，我校火灾科学国家重点实验室孙金华教授和纪杰教授指导的博士高子鹤的博士学位论文获2017年国际火灾安全科学学会最佳学位论文奖。

11日　中科院举行南仁东先进事迹报告视频会，我校各学院、实验室党委(党总支)负责人，科研骨干代表，研究生代表，机关相关单位负责人等参加了视频会。

11日　中国科学院公布了青促会2017年度优秀小组、优秀分会、优秀论坛与优秀政策报告入选名单。青促会中国科学技术大学小组当选中科院青促会2017年度优秀小组。

11日　由教育部高等教育司指导、新工科研究与实践综合性高校工作组主办、我校承办的“综合性高校新工科建设研讨会暨工作组第一次会议”在合肥召开。

11日　校团委举办学习《习近平的七年知青岁月》读书座谈会，深入学习习近平总书记系列重要讲话精神和青年工作思想。

11日　美国《实验医学杂志》发表我校生命科学学院、医学中心和中科院天然免疫与慢性疾病重点实验室周荣斌、江维、金腾川和王朝研究组与厦门大学邓贤明、中国科学院强磁场科学中心刘青松研究组的合作研究成果。他们发现了一个NLRP3炎症小体特异性抑制剂CY-09。

12日　美国《发育·细胞》杂志发表我校生命科学学院单革教授实验室研究成果。他们发现，秀丽线虫中两个高度保守的转录因子UNC-30和UNC-55，共调控包括cAMP通路、微小RNA和长链非编码RNA等在内的数以千计的靶基因的表达，从而调控D型运动神经元的发育和可塑性。

12日　龙芯中科技术有限公司总经理、中科院计算所总工程师、我校86级校友胡伟武研究员回母校作题为《自主CPU发展道路》的新生“科学与社会”研讨课主题报告。

12～13日　中国人工智能学会(CAAI)在第七届中国智能产业高峰论坛举办期间，举行了优秀博士学位论文奖颁奖大会，计算机科学与技术学院陈恩红教授指导的吴乐博士荣获CAAI优秀博士学位论文奖。

13日　学校召开六十周年校庆工作领导小组会议。

13日　第七届全国大学生集成电路设计·应用创新大赛全国总决赛在成都举行，由我校信息学院电子科学与技术系指导的项目“适用于5G通信的宽带低噪声放大器设计”荣获IEEE工程之星杯国家一等奖。

14日　我校2017年度基本科研业务费青年创新基金学生创新创业类项目评审会在先研院举行。

15日　学校举办第17届RoboGame机器人大赛决赛。

16日　英国《自然》杂志子刊《自然·物理》发表我校中科院微观磁共振重点实验室在探测拓扑相研究方面取得的重要进展。实验室核磁实验组彭新华教授与理论合作者复旦大学孔令欣教授和万义顿教授合作，在国际上首次利用量子模拟方法，通过高精度量子控制实验手段在原理上唯一识别了一类二维晶格体系的不同拓扑相，探测并证实了这类拓扑相存在的广泛区域，向着利用实验手段研究复杂的量子物质和实现拓扑量子计算的方向迈出重要一步。

17 日　学校召开安全工作专项会议。

17 日　由我校牵头承担的国家重点研发计划“适用于深海深地层地震拖缆高速率高可靠数据传输关键技术及通用平台研究”项目总体方案设计评审会在合肥召开。

17 日　英国《自然》杂志子刊《自然 · 通讯》发表我校化学与材料科学学院崔华教授课题组与马明明教授及南京大学王伟教授合作研究成果。他们成功制备了一种具有高强度和长时间化学发光的水凝胶，其发光在黑暗中肉眼可见，且持续时间长达 150 小时以上，并提出了新的“辉光”型化学发光机理-慢扩散控制的异相催化作用机理。

17～19 日　我校中国科学院材料力学行为和设计重点实验室召开 2017 年度学术年会。

18 日　中国共产党第十九次全国代表大会在人民大会堂隆重开幕。十九大代表、我校党委书记许武出席大会。我校各级领导、师生通过多种途径认真收听、收看了党的第十九次全国代表大会开幕式电视直播。

18 日　美国《物理评论快报》杂志发表我校潘建伟院士及其同事苑震生等与中科院武汉物理与数学研究所研究员管习文小组合作研究成果。他们通过对光晶格中的超冷原子进行量子调控和测量，结合量子可积系统理论，在国际上首次得到了一维有限温多体系统在经典气体和量子液体之间转变的量子临界性质，并通过测量其相位关联观测到了拉亭杰液体的幂定律关联特性，在低维量子多体系统研究领域取得了重要进展。

18 日　《欧洲分子生物学学会杂志》发表我校生命科学学院吴缅教授研究组题为《The p53-inducible Long Noncoding RNA TRINGS Protects Cancer Cells from Necrosis under Glucose Starvation》的研究成果。

18 日　国际高性能计算咨询委员会主办的中国研讨会在合肥举行，并正式揭晓了第五届国际大学生 RDMA 编程挑战赛的结果。我校超算鸿雁队与上海交通大学参赛队同获一等奖。

18 日　我校举行第十八期学生骨干培训班开学典礼。

19 日　南京大学党委常务副书记杨忠等一行来我校调研交流。

19 日　第 19 届“21 世纪的计算”学术研讨会在哈尔滨举行。10 位博士生获得“微软学者”称号，其中包括我校李博杰和邱钊凡 2 位博士生。

19～20 日　2017 年度中国科学院重大科技基础设施年会在贵州召开。合肥光源以总分第四的成绩荣获“2016 年度中国科学院重大科技基础设施综合运行奖”二等奖。

19～20 日　我校牵头承担的国家重点研发计划“国家棉麻、粮食物资储备库安全保障技术与装备研发”项目启动暨实施方案论证会在合肥召开。

20 日　在第九届全国环境化学大会开幕式上，主办方中国化学会环境化学专业委员会、中国环境科学学会环境化学分会将首届环境化学终身成就奖颁发给我校环境科学与光电技术学院院长魏复盛院士。

20 日　美国《科学 · 进展》杂志发表我校中科院量子信息重点实验室在半导体门控量子

点的研究中取得的重要进展。该实验室郭国平教授研究组与其合作者深入探索二维层状过渡金属硫族化合物应用于半导体量子芯片的可能性，实验上首次在半导体柔性二维材料体系中实现了全电学调控的量子点器件。

20日 学校举办第二届后勤职工趣味运动会。

20日、27日 机关党委、机关工会举办2017年机关教职工拔河比赛。

22日 我校1973级校友饶子和院士做客“中国科大论坛”，作题为《蛋白质机器和抗病原体研究》的报告。

22日 第四届安徽省高校龙舟公开赛在颍上县举行。我校龙舟队一队获得总成绩第一、500米第一、200米第二的好成绩，二队夺得500米二等奖和200米三等奖。

23日 学校举办2017年研究生导师培训研讨会。

23日 我校生命科学学院姚雪彪教授牵头主持的2017年度国家重点研发计划蛋白质机器与生命过程调控重点专项“着丝粒蛋白质机器调控细胞命运抉择的分子机制”项目启动会在合肥召开。

24日 学校举办“高雅艺术进校园——中央民族乐团走进中国科大《国风绕梁》音乐会”。

25日 中科院前沿科学与教育局王颖副局长一行来我校调研，就中科院教育信息化平台数据报送、院内教育资源共享以及我校科教融合学院的建设进展与规划设想等情况召开座谈会。

25日 学校召开2017级新生“科学与社会”研讨课导师讨论会。

25日 机关党委召开党委中心组学习会议，集体学习党的十九大精神。

26日 美国哥伦比亚大学副教务长兼工程学院常务副院长Soulaymane Kachani一行再次访问我校，与陈初升副校长讨论推进合作事宜。

26日 由我校陆轻铀教授承担的国家重点研发计划大科学装置前沿研究重点专项“基于加速器光源的高通量物性与结构原位表征”项目启动会在合肥召开。

26日 由我校吴宇恩教授主持的国家重点研发计划纳米科技重点专项“原子尺度纳米催化剂的结构调控及小分子高效活化研究”项目实施方案研讨会暨项目启动会在合肥召开。

26日 美国Keystone Symposia总裁Jane Peterson(President & CEO)一行访问我校，与陈初升副校长讨论推进在中国(科大)举办高水平国际会议的合作事宜，促进长期合作的可持续发展。

27日 学校召开传达学习党的十九大精神暨党委理论学习中心组学习扩大会。

27日 美国工程院院士、斯坦福大学海外交流项目主任兼地球物理学教授Amos Nur博士访问我校。

27～28日 学校举行2017年体育运动大会。

27～29日 由国家自然科学基金委员会数理科学部、中国力学学会爆炸力学专业委员会共同主办，我校工程科学学院近代力学系、中科院材料力学行为和设计重点实验室联合承办的第二届全国爆炸与冲击动力学青年学者学术研讨会在合肥召开。

27～29日 由华东地区生物化学与分子生物学学会联席会议主办、安徽省生物化学与分子生物学学会和我校生命科学学院协办的“华东地区生物化学与分子生物学学会2017年学术交流会暨华东地区生物化学与分子生物学学会联席会议”在合肥召开。

28～29日　2017未来科学大奖颁奖典礼在京举办。我校常务副校长、量子通信实验卫星“墨子号”首席科学家潘建伟院士获得“物质科学奖”。

30日　校党委召开民主党派学习贯彻十九大精神座谈会。

30日　民进中国科大支部召开换届大会，选举新一届支部委员会，何陵辉连任主委，李卫芳、徐松林任副主委，纪勇任委员。

30日　化学与材料科学学院举办“郭永怀讲坛”首场讲座。中国科学院大连化学物理研究所洁净能源国家实验室(筹)主任、我校化学与材料科学学院院长李灿院士作题为《太阳能人工光合成：人类生产太阳燃料之梦》的报告。

31日　中国科学技术信息研究所正式发布“2016年度中国科技论文统计结果”。在本次统计期间，我校篇均被引达15.08次，连续7年保持C9高校第一，自2013年度首次超过世界平均值以来保持快速增长，远超同期世界平均值11.80次；第一署名单位发表的SCI论文中卓越科技论文占比54.9%，该比例在C9高校中排名第三。

31日　学校召开六十周年校庆动员大会。

本月　荷兰《地球与行星科学通讯》杂志发表我校极地环境研究室孙立广-谢周清小组与美国北卡罗来纳大学Steven D. Emslie教授合作研究成果。他们提出一个解释企鹅古生态的新模式，将大气/海洋动力学过程与企鹅古生态和现代生态结合起来，探讨多种因素对于极地海洋动物种群兴衰的影响，表明气候冷暖变化不是种群盛衰的唯一因素。

11月

1日　由联想创投集团主办的“中国有AI·联想高校AI精英挑战赛”正式启动，大赛首站暨华北华东赛区晋级赛在我校计算机科学与技术学院开幕。

1～2日　学校举办“喜迎校庆六十周年，争做文明饮食人”签名活动。

3日　校党委常委、副校长、校扶贫开发领导小组副组长朱长飞率队赴学校对口扶贫单位六安市金寨县燕子河镇龙马村检查指导扶贫工作。

3～4日　学校举行2017年度老年趣味运动会。

4日　英国皇家化学会在北京为我校校长包信和院士颁发“荣誉会士”证书。

4～5日　我校组织两支留学生队伍赴安徽大学磬苑校区参加安徽省首届“中华情”外国留学生中华文化风采大赛，取得团体一等奖、个人演讲一等奖和三等奖、才艺表演二等奖的优异成绩。

5日　学校举办第十二届“晨光基金会奖助学金”颁发典礼。

5～8日　中科院青年创新促进会2017年学术年会在兰州召开。会议宣布第三届优秀会员名单，我校5位青年教师入选。信息科学技术学院康宇当选第四届中科院青促会理事会理事。

6日　英国《自然》杂志子刊《自然·通讯》发表我校地球和空间科学学院刘睿教授等人在太阳爆发活动的研究中取得的重要进展。他们观测到磁绳结构在爆发中形成的详细过程，并揭示其内部磁场的扭缠分布。

7～10日　校庆工作领导小组到各学院、国家(重点)实验室进行六十周年校庆活动调研。

8日　新华社总编辑、党组副书记何平一行来我校调研。

8日　英国曼彻斯特大学科技史与医学史研究中心弗拉基米尔·杨科维奇(Vladimir Jankovic)教授访问我校。

9～10日　国家同步辐射实验室举办"相干光源和科学国际研讨会(2017)"。

9～13日　我校 iGEM 团队——实验队与软件队,在波士顿 Hynes Convention Center 举办的国际遗传工程机器设计竞赛(iGEM)中再创佳绩,其中软件队获得金牌,实验队获得银牌以及最佳新应用奖的提名。

10日　数学科学学院召开 2017 年秋季学期第一次教学报告会,程艺教授作题为《"数学分析"课程结构改革及相关问题》的报告。

11日　2017 年度宝钢教育奖颁奖典礼在宝钢人才开发院举行。我校 7 名学生和 4 位教师获奖,其中王梁炳同学获宝钢优秀学生特等奖。党委副书记蒋一、获奖教师代表欧阳毅等参加了颁奖典礼。

11～12日　民建浙江大学基层委员会一行来校调研,并与民建中国科大支部对口交流。

13日　中国博士后科学基金会公布中国博士后科学基金面上资助第六十二批获得资助人员名单,我校黎才昌等 40 名博士后获得此项资助。

14日　中科院召开领导干部战略思维能力专题培训视频会,中科院院长、党组书记白春礼作了科技战略形势专题报告。我校校领导、党委委员、纪委委员、全体中层领导干部参加了会议。

15日　信息科学技术学院举行"增华奖教学金"签字仪式。该奖学金由我校 1960 级 6 系陈增圭校友及夫人王爱华女士捐赠。当日,陈增圭校友及夫人出席签字仪式。

15日　英国《自然》杂志子刊《自然·通讯》发表我校生命科学学院张华凤课题组、高平课题组联合中科院强磁场科学中心王俊峰课题组在肿瘤细胞的代谢重编程与周期调控研究领域取得的重要进展。该研究首次发现了周期调控蛋白 Plk1 在调节生物大分子合成方面的新功能,揭示了代谢重编程与周期调控相互协调共同促进肿瘤细胞快速增殖的新机制,对临床肿瘤的靶向治疗有潜在的指导意义。

17日　学校举办离退休干部骨干培训班。

17日　学校举办 2017 年环球数码科技奖学金颁奖典礼。环球数码创意科技有限公司创始人、董事会主席兼首席执行官张万能博士,深圳市环球数码科技有限公司总经理申优桦女士出席典礼。

17日　"R&D 100"奖委员会在美国佛罗里达州奥兰多"R&D 100"会议晚宴上宣布 2017 年度获得"R&D 100"的项目名单,我校物理学院/先进技术研究院刘文教授主持的"太阳光的光谱分离与光伏农业"名列其中。

18日　我校创客中心顾问团远程指导中心启用。

18日　学校举办 2018 届毕业生就业供需洽谈会。

19～20日　苏里南共和国驻华大使、我校科技史系校友罗伊德·皮纳斯(Lloyd Pinas)访问我校。包信和校长在办公室会见了罗伊德大使,进行了亲切的交谈。值我校首届文理复合英才班在合肥天鹅湖大酒店开展“国际礼仪”实践活动，罗伊德大使受邀为同学们讲授国际交往中的规范与礼仪。

19～27日　2017安徽省大学生篮球比赛在合肥市举行。我校女子篮球队获亚军。

20日　数学科学学院举办“庆祝中国科学技术大学成立六十周年——杰出校友数学论坛”。数学科学学院1977级杰出校友、美国西北大学数学系徐佩教授作题为《作为基础数学与应用数学的概率论》的学术报告。

20日　美国《物理评论快报》杂志发表我校物理学院徐宁教授与美国宾夕法尼亚大学Andrea J. Liu教授、美国芝加哥大学Sidney R. Nagel教授合作文章。他们在非晶固体特别是Jammed固体和玻璃态的振动特性研究中取得一系列重要研究成果。

21日　科技部正式发布《关于批准组建北京分子科学等6个国家研究中心的通知》，批准组建6个国家研究中心，其中包括我校合肥微尺度物质科学国家研究中心。

21日　党的十九大代表、校党委书记许武到教务处党支部宣讲党的十九大精神，传达宣传十九大报告主要精神，分享作为十九大代表的学习体会。

21日　我校常务副校长潘建伟院士为中科院领导干部战略思维能力专题培训暨院党支部书记轮训第三次集中培训会作题为《量子物理基础检验与新量子革命》的首场报告。

21日　以色列驻沪总领事普若璞（Eyal Propper）、政经处主任徐俊杰一行来我校参观访问。

21日　我校“长江学者奖励计划”讲座教授麻小南获得法国科学院授予的索菲杰尔曼2017年度大奖（Grand Prix Sophie Germain 2017）。

22～25日　由国家自然科学基金委员会化学科学部主办、我校承办的“2017年化学生物学青年学术研讨会”在合肥召开。

23日　第九届C9高校研究生院培养办主任会议暨教育部博士研究生教育综合改革工作研讨会在我校召开。

23日　校常委书记许武、校长包信和、常务副校长潘建伟与我校即将出征南极、参加中国第34次南极科学考察的队员代表们共话科研，勉励大家投身极地研究事业。

23日　常务副校长潘建伟院士为全体新生作题为《探索的动机》的“科学与研讨”研讨课主题报告。

23～24日　我校校友蒋里代表美国斯坦福全球创新设计联盟访问母校，并作题为《斯坦福设计思维及其国际影响》的报告。

24日　我校与延长石油集团签署战略合作框架协议。

24日　为学习宣传贯彻党的十九大精神，抒发青年爱国情怀，提高大学生文化素质水平，南京艺术学院应邀为我校师生带来“拥抱新时代　壮哉中国梦”大型诗歌朗诵会。

25～26日　由我校郑永飞院士担任首席科学家的国家科技部973项目“大陆俯冲带壳幔相互作用”2017年度学术交流会在北京举行。

26日　学校举行六十周年校庆校友组织代表大会，全球校友组织代表五十余人参加会议，部分海外校友组织代表通过视频连线的方式参加了会议。

27日　中国工程院公布新当选的67名院士名单，我校田志刚教授名列其中。

27日　化学与材料科学学院举办“郭永怀讲坛”第二讲。中科院大连化物所化学物理研究所、中国科大化学物理系主任杨学明院士作题为《超越化学教科书》的报告。

28日 安徽省委书记李锦斌到中国科学技术大学宣讲党的十九大精神，作形势政策报告。

28日 中国科学院公布2017年新当选的61名院士名单。中国科大中国科学院近地空间环境重点实验室主任，中国科大党委原常务副书记、副校长窦贤康当选。

28日 学校举行2017年度“华罗庚奖学金”颁奖仪式。华罗庚先生之子华光等嘉宾出席了颁奖仪式。

28～29日 2017年“创响中国”安徽省创新创业大赛决赛暨颁奖仪式在安徽电视台举行。我校全色激光显示项目荣获二等奖，也是本次大赛唯一获奖的创新项目。

29日 学校召开“两学一做”学习教育领导小组工作会议，布置近期党建重点工作。

29日 校党委理论学习中心组召开学习会，深入学习贯彻党的十九大精神，深入学习习近平关于如何学哲学用哲学重要论述，学习新修改的《中国共产党巡视工作条例》，交流十九大精神学习体会。

29日 数学科学学院举行“庆祝中国科大成立六十周年——杰出校友数学论坛”之左康教授报告会。我校1977级校友、德国美因茨大学数学系左康教授作题为《New Directions in Higgs Bundle Theory》的报告。

29日 美国科学院院士、中国科学院外籍院士叶军教授访问我校并做客合肥大师论坛，作题为《Atomic Clock and Quantum Physics》的报告。

30日 英国《自然》杂志在线发表以我校研制的BGO量能器为核心分系统的暗物质粒子探测卫星“悟空”(DAMPE)的高能电子宇宙射线探测结果。科研人员首次直接测量到电子宇宙射线能谱在1 TeV左右处的拐折，其精确的下降行为对于判定部分(能量低于1 TeV)电子宇宙射线是否来自于暗物质起着关键性作用。

30日 英国《自然》杂志子刊《自然·光子学》发表我校赵瑾教授与匹兹堡大学Hrvoje Petek教授合作研究成果。他们揭示了金属与半导体界面的等离激元耦合的微观物理机制。此前，赵瑾研究小组开发了原创性的非绝热分子动力学计算软件程序包Hefei-NAMD，模拟了CH_3OH/TiO_2界面的空穴动力学过程，相关成果于2016年9月22日发表在《美国化学会会刊》上。他们还利用非绝热分子动力学方法研究了二维范德华异质结界面的超快电荷转移过程，相关成果于2017年9月15日发表于美国《纳米快报》杂志上。

本月 美国微生物学会《mSphere》杂志发表我校生命学院及医学中心孙宝林研究组在CRISPR-Cas(成簇的规律间隔的短回文重复序列及其相关蛋白质)系统领域取得的研究进展。他们不仅深入阐释了Ⅲ-A型CRISPR-Cas系统作用的分子机制，也为CRISPR-Cas系统在细菌病原体的临床感染治疗的应用提供了新的策略。

本月 《美国科学院院报》发表我校生命科学学院臧建业教授课题组与符传孩教授、姚雪彪教授课题组合作研究成果。他们阐明了内层动粒蛋白CENP-C能被激酶Aurora B磷酸化，作为旁路途径在细胞有丝分裂期动粒-微管连接纠错过程中发挥重要作用。

本月 《美国科学院院报》发表我校物理学院及合肥微尺度物质科学国家研究中心袁军华、张榕京课题组在细菌运动行为研究领域取得的新进展。该组通过发展新实验手段，精确测量并澄清了细菌鞭毛马达动力学的一个重要特征3/4马达力矩产生单元的占空比(Duty ratio)的高低。

本月 《美国计算机学会图形学汇刊》发表我校国家数学与交叉科学中心(合肥)图形与几何计算实验室董智超和计算机学院宋鹏等在虚拟现实和计算制造领域的三篇论文。在上周结束的计算机图形学领域顶级会议Siggraph Asia上,他们作了报告。

12月

1日 学校举办2017年科技英才班研讨会。

1日 美国《科学》杂志发表我校蔡刚课题组与南京农业大学王伟武课题组合作研究成果。他们首次揭示了ATR-ATRIP复合体的近原子分辨率结构,揭示了ATR激酶活化的分子机制,为研制新型ATR激酶抑制剂用于肿瘤治疗奠定了结构基础。

2日 校工会、中国科大青年学者联谊会和管理学院举办主题为"人工智能与未来"的第四届交叉科学与应用论坛。

2~3日 中国科学院壳幔物质与环境重点实验室2017年度学术委员会会议在北京召开。

3日 美国科学院外籍院士、中国科学院院士周忠和来我校,作题为《生命的演化及其现代启示》的报告。

4日 学校十九大精神宣讲团成员、校党委副书记、纪委书记叶向东为物理学院和化学与材料科学学院师生集中宣讲党的十九大精神。

4日 生命科学实验教学中心举行国家级生命科学实验教学示范中心教学指导委员会第一次会议暨授聘仪式。

4日 英国《电子生命科学》杂志在线发表我校吴缅教授研究组成果。该研究首次阐明了长非编码RNA调控CCND1 mRNA稳定性的机制,并证明了LAST是促癌的非编码RNA因子,为相关癌症的诊断治疗提供了潜在的靶位。

5日 "中国聚变工程实验堆集成工程设计研究"项目启动会在我校举行,宣布中国聚变工程实验堆正式开始工程设计。

5日 校党委常委、副校长王晓平到图书网络档案联合党总支宣讲党的十九大精神。

5日 第三届"闵恩泽能源化工奖"颁奖典礼暨学术报告会在中国工程院举行。我校傅尧教授因在生物质能源化工领域所作出的突出贡献,荣获"杰出贡献奖"。

6日 学校召开第八届学位委员会工作会议,审议了2017年下半年各学科学位申请情况,讨论了《关于授予普通高等教育本科毕业生学士学位实施细则》的修订,听取了科学岛分院学位分委员会关于工程管理硕士专业学位培养方案和电子信息与计算机学科学位分委员会关于涉密研究生培养过程要求的汇报。

6日 学校召开2015级本科生辅导员班主任工作会议。

6日 中国科大-紫金山天文台青年学者交流会在合肥举行。

7日 九三学社第十一次全国代表大会闭幕,我校常务副校长潘建伟院士当选副主席。

7日 著名化学家、美国国家科学院院士Shaul Mukamel教授做客合肥大师论坛,作题为《Study of Nonadiabatic Dynamic and Conical Intersections by Nonlinear Broadband X-ray

Spectroscopy》的学术报告。

8日　校党委常委、副校长王晓平为工程科学学院和生命科学学院师生宣讲党的十九大精神。

8日　学校开展辅导员班主任研讨课第三期交流。

8日　学校举行2017级新生“科学与社会”研讨课。暗物质粒子探测卫星“悟空号”首席科学家、中科院紫金山天文台副台长、我校1984级校友常进研究员应邀为全校大一新生作题为《空间探测暗物质粒子》的主题报告。

8日　由安徽省教育厅、人力资源和社会保障厅、共青团安徽省委共同主办的第十二届安徽省大学生职业规划设计大赛暨大学生创业大赛决赛落幕。我校同学组建的“医药供应链智能调度系统”创业团队荣获“安徽省大学生创客之星(金奖)”。

9日　学校举行2017年冬季学位着装授予仪式。271人获得博士学位,548人获得硕士学位,65人获得普通高等教育本科毕业生学士学位。

11日　应安徽省外国专家局和学校的邀请,美国卡内基梅隆大学机器人研究所主任马歇尔·赫伯特(Martial Hebert)教授与首席科学家大卫·伯恩(David Bourne)教授访问我校,并分别作题为《人工智能的前沿技术及研究实例》和《机器人技术与商业机遇》的“大师论坛”报告。

12日　校党委常委、副校长陈晓剑为信息学院和计算机学院师生集中宣讲党的十九大精神。

12日　英国《自然》杂志子刊《自然·通讯》发表我校物理学院徐宁教授研究组与复旦大学谭鹏教授合作研究成果。他们在非常简单的软物质模型体系中发现了准晶的存在,为准晶理论的发展提出了新的具有挑战性的问题。

13日　安徽省副省长张曙光到我校大数据分析与应用安徽省重点实验室看望陈恩红教授。安徽省于2001年建立了领导干部与专家联系制度,省委、省政府领导专门联系在皖高层次专家。

13日　校党委常委、副校长周先意为地球和空间科学学院、管理学院师生集中宣讲党的十九大精神。

13日　学校举办2017年度国元证券奖助学金捐赠暨颁奖仪式。国元证券股份有限公司党委书记、董事长蔡咏一行四人参加了颁奖仪式。

13日　总会计师黄素芳为数学科学学院和财务处师生员工集中宣讲党的十九大精神。

14日　在习近平总书记出席全国高校思想政治工作会议并发表重要讲话一周年之际,中宣部、中组部、教育部党组在京召开加强和改进高校思想政治工作座谈会。我校党委书记许武参加会议并代表校党委作题为《聚焦“六有”要求　坚持红专并进　努力培养中国特色社会主义建设者和接班人》的交流发言。

14日　校党委常委、副校长朱长飞为国家同步辐射实验室和火灾科学国家重点实验室师生宣讲十九大精神。

14日　校党委副书记蒋一为少年班学院、人文与社会科学学院、公共事务学院师生作题为《不忘初心、牢记使命,迈进新时代》的十九大宣讲报告。

14日　学校举行2017年光华奖学金颁发仪式。颁奖嘉宾、光华教育基金会代表曾达梦先生参加了颁发仪式。

15～17 日 中国科学技术法学会 2017 年年会暨何梁何利基金高峰论坛在广州举行。我校宋伟教授再次当选学会副会长，并荣获科技法学杰出贡献奖。公共事务学院博士后葛章志荣获优秀人才奖，研究生韦国荣获高峰论坛优秀论著三等奖。

16 日 2017 年下半年全国大学英语四、六级考试如期举行。我校共安排三个考点 129 个考场，共有 3823 名考生参加了考试。

16 日 中国社会科学研究评价中心公布《中文社会科学引文索引（CSSCI）来源期刊（2017～2018）目录》，由我校主办的中国学位与研究生教育学会会刊《研究生教育研究》名列其中。

18 日 英国《自然》杂志发布过去一年对科学产生重大影响的《自然》十大科学人物，我校常务副校长潘建伟院士名列其中。《自然》杂志为每一位入选者作了一篇新闻特写，其中以《量子之父》为题报道了潘建伟，开头这样写道："在中国，有人称他为'量子之父'。对于这一称呼，潘建伟当之无愧。在他的带领下，中国成为远距离量子通信技术的领导者。"

18 日 2017 年度诺贝尔物理学奖获得者、美国麻省理工学院教授雷纳·韦斯（Rainer Weiss）、加州理工学院教授基普·索恩（Kip Stephen Thorne）和巴里·巴里什（Barry Clark Barish）访问我校上海研究院，并做客"墨子沙龙"和"大师论坛"，与现场观众和线上网友分享了引力波探测背后的故事。常务副校长潘建伟院士为他们颁发了我校"爱因斯坦讲席教授"荣誉证书。

18 日 美国《植物细胞》杂志发表我校生命科学学院及中科院分子卓越中心丁勇教授课题组研究成果。该组发现了组蛋白修饰因子调控拟南芥下胚轴伸长的新机制。

18 日 化学与材料科学学院举办"郭永怀讲坛"第三讲，中科院上海有机化学研究所所长、我校兼职博导丁奎岭院士作题为《合成创造未来》的报告。

19 日 十九大代表、教育部十九大精神"百人宣讲团"成员、中国科大党委书记许武为安徽高校师生代表宣讲十九大精神。来自安徽大学、安徽农业大学、安徽医科大学、安徽中医药大学、安徽交通职业技术学院、安徽电气工程学校的师生代表及中国科大东西区面授党校学员，省教育工委有关部门负责人和我校机关管理干部近 700 人参加了报告会。

19 日 学校召开 2017 届毕业生就业工作总结暨表彰会。

19 日 美国《细胞》杂志子刊《免疫》发表我校免疫学研究所魏海明教授和田志刚教授课题组合作研究成果。他们发现在人和小鼠早期妊娠蜕膜组织局部存在大量 $CD49a^{+}$ $Eomes^{+}$ NK 细胞亚群，通过分泌生长因子促进胚胎的发育。缺失这种可以分泌生长因子的 NK 细胞，会出现胚胎生长受限现象。

20 日 我校陆亚林教授承担的国家自然科学基金委重大科研仪器研制项目"太赫兹近场高通量材料物性测试系统"2017 年度项目管理暨监理工作会议在国家同步辐射实验室召开。

20 日 中国学位与研究生教育学会发布《2017 年学会研究课题立项通知》，公布 27 项重点课题和 179 项面上课题，我校 6 项研究课题获批立项，其中重点课题 2 项、面上课题 4 项。

21 日 英国《自然》杂志以封面形式公布了该杂志评选的 2017 年度改变世界的十大科

学人物，我校潘建伟院士名列其中，并被称为“让量子通信驰骋于天地之间的物理学家”。此外，同期的《自然》杂志在其点评2017年度重大科学事件时，“墨子号”量子卫星的研究成果也入选其中。

22日　以色列驻沪总领事 Dr. Eyal Propper 及夫人、希伯来大学“天才少年”计划(Odyssey Program)负责人 Ifat Propper 访问我校。

22日　学校举行学生工作系统心理咨询师心理技能进阶培训。

22日　学校举行“方容川发光实验室”揭牌仪式。

22～24日　“2017 IBM 区块链技术黑客马拉松全国校园大赛”在中国科大苏州研究院举行。

23日　中国科学技术大学生命科学与医学部揭牌成立，安徽省立医院成为中国科学技术大学附属第一医院。同日，中国科学技术大学附属第一医院挂牌仪式在安徽省立医院总院隆重举行。全国政协副主席韩启德院士、国家卫生计生委副主任曾益新院士、中国科学院副院长张亚平院士、安徽省委副书记信长星、安徽省副省长谢广祥、中国科大生命科学与医学部筹建工作组组长饶子和院士，全国政协、国家卫生计生委、中国科学院、安徽省、合肥市领导，以及顾问委员会专家和特邀嘉宾出席成立大会。会后，安徽省委书记李锦斌、省长李国英会见了出席大会的部分专家和嘉宾。同日，生命科学与医学部顾问委员会第一次会议在中国科大附属第一医院(南区)召开。

23日　由中国科协科普部、共青团中央学校部主办的“SOLVE FOR TOMORROW 探知未来2017年全国青年科普创新实验暨作品大赛”落幕，我校科技传播与科技政策系研究生组成的团队在全国总决赛中获得二等奖。

23～24日　全国政协副主席韩启德院士考察我校，与安徽省委副书记信长星共同为我校生命科学与医学部揭牌；赴潘建伟、杜江峰、郭光灿几位院士实验室调研量子科技发展情况；赴科大讯飞公司调研、参观、座谈，并听取董事长刘庆峰的汇报；为我校2017级全体本科生作“科学与社会”新生研讨课报告；与我校科技史与科技考古系教师就科学技术史学科建设与发展进行了座谈。

23～24日　2018年全国硕士研究生招生考试如期举行。我校作为合肥考区考点之一，设标准化考场102个，共2859名考生在我校考点参加了考试。

24日　校长包信和院士在附属第一医院(南区)为医院集团近600位管理干部和教职工代表作题为《红专并进一甲子　科教报国六十年》的报告。这是中国科大附属第一医院举行的第一场报告会，也是“校院融合系列活动”首场报告。

26日　学校召开党委常委会议，传达学习近期中央有关会议和文件精神，通报学校学习宣传贯彻十九大精神情况，安排部署近期重点工作。

26日　学校召开“两学一做”学习教育领导小组工作会议，集体学习习近平总书记关于作风建设的重要批示精神，布置近期重点党建工作。

26日　机关党委召开党委中心组学习会议，集体学习党的十九大精神和习近平总书记关于作风建设的重要批示精神。

26日　由科技日报社主办，部分“两院”院士、资深科技记者和网友共同评选出的“国安杯”2017年国内、国际十大科技新闻揭晓，我校主导研制的“墨子号”卫星实现星地量子通信入选国内十大科技新闻之首，并同时入选国际十大科技新闻。

26日 《美国科学院院报》发表我校微尺度物质科学国家研究中心和生命科学学院周丛照教授、陈宇星教授课题组与中国科学院武汉水生所张承才教授课题组合作研究成果。他们阐明了蓝藻全局性转录因子NdhR通过结合不同的代谢小分子，快速响应环境变化，协同调控碳氮代谢的分子机制。

26日 校离退办、金秋艺术团举办以“不忘初心 筑梦科大”为主题的离退休干部2018年迎新年联欢会。

27日 工程科学学院举行2017年度“合志奖学金”颁奖仪式。奖学金捐赠人中国工程院院士、中国石油勘探开发研究院副总工程师刘合出席颁奖仪式。

28日 教育部发布全国第四轮学科评估结果，我校物理、化学、地球物理、天文学、科学技术史、核科学与技术、安全科学与技术等7个学科入选A＋学科、15个学科入选A类学科，理学基础学科全部入选A类学科。

28日 中国极地科学技术委员会成立大会在北京召开。我校地空学院王水院士、孙立广教授应邀担任了委员会委员。

28日 中国科学院条件保障与财务局组织对合肥先进光源预研工程项目任务书进行评审。专家组一致同意通过合肥先进光源预研工程项目任务书评审。

28日 美国《物理评论快报》杂志发表我校微尺度物质科学国家实验中心激光精密测量与痕量探测研究组成果。该组将氦-4原子2S-2P跃迁能级中心频率测定到了1.4 kHz的精度，相对精度5.1×10^{-12}。论文第一作者为博士研究生郑昕，通讯作者为特任副研究员孙羽博士和胡水明教授。

29日 “合肥先进光源预研工程启动会”在国家同步辐射实验室举行。安徽省、合肥市相关政府领导，中科院领导，相关兄弟单位领导，于渌院士、陈森玉院士、杨学明院士、夏佳文院士、何多慧院士、施蕴渝院士、万元熙院士、赵政国院士等特邀专家出席了本次会议。

29日 美国《应用物理评论》杂志发表我校中科院量子信息重点实验室郭国平教授研究组在新型量子比特编码方面取得的新进展。该组在半导体量子芯片中，创新性地引入第三个量子点作为控制参数，在保证新型杂化量子比特相干性的前提下，成功实现了量子比特能级的连续调节，极大地增强了杂化量子比特的可控性。

31日 国家主席习近平发表2018年新年贺词，在回顾我国2017年科技创新方面的成就时，特别提到了我校潘建伟团队研制的世界首台超越早期经典计算机的光量子计算机。这是继去年“‘墨子号’飞向太空”入选习主席新年贺词后，我校领衔完成的科研成果连续第二年入选。

31日 校团委、校研究生会举办2018新年联欢晚会。

本月 美国《光学快报》杂志发表我校潘建伟院士及其同事张军等研究成果。他们在国际上首次实现1.25 GHz InGaAs/InP单光子探测器单片集成读出电路。该技术突破可使高速量子通信终端设备中体积占比最大的探测器模块尺寸减小一个数量级以上，为未来研制小型化量子通信系统奠定了重要的器件基础。

本月 安徽省教科文卫体工会发文通报全省教科文卫体系统职业道德先进个人评选结果。我校数学科学学院宣本金副教授、物理学院丁泽军教授、信息科学技术学院顾为兵副教授、人文与社会科学学院陈纪梁教授和方刚副教授荣获“安徽省教科文卫体系统师德先进个人”荣誉称号。

本年度 各民主党派安徽省委相继召开代表大会，选举产生新一届领导机构，我校有13位民主党派人士在其中担任重要职务。其中，常务副校长潘建伟院士新当选九三学社安徽省第十一届委员会主任委员，郑永飞院士继续担任民盟安徽省第十三届委员会主任委员，牛立文教授继续担任农工党安徽省第十一届委员会主任委员。

十八、各学院、国家实验室介绍

少年班学院

学院概况

1978 年 3 月，在著名物理学家、诺贝尔物理学奖获得者李政道教授等的大力倡导和热心支持下，在邓小平、方毅等党和国家领导人的鼓励和推动下，中国科学技术大学创建了少年班，主要招收尚未完成常规中学教育但成绩优异的青少年接受大学教育。其目的是探索中国优秀人才的培养规律，培育在科学技术等领域出类拔萃的卓越人才，推动中国科技、教育和经济事业的发展。少年班的出现是我国教育史上的一大创新，是一项具有重要意义的教育实践。

1985 年，中国科大在总结和吸收少年班办学成功经验的基础上，又针对高考成绩优异的学生，仿照少年班模式创办了不分系科的理科试验班——“教学改革试点班”(简称试点班，又称零零班)。两类学生由少年班管理委员会统一管理、相互补充，成为一个和谐的整体。少年班的办学受到各级领导和国内外教育家、科学家的充分支持与肯定。

2007 年，少年班与合肥微尺度物质科学国家实验室(筹)联合，实施教育部的交叉学科人才培养模式创新实验区项目。

2008 年，在少年班创办 30 周年之际，中国科大将原少年班管委会(系级建制)升格为少年班学院。

2010 年，应国家对创新人才的培养需求，中国科大获教育部许可，在少年班学院创建“创新试点班”，开始尝试与中学直接对接，计划将少年班英才教育的经验在更大范围内加以推广。创新试点班的人才培养已初见成果，招生规模不断扩大。

2017 年，学院共招收 327 名学生。其中少年班 40 人，创新试点班 187 人，理科试验班 100 人。当年毕业本科生 279 人，学生毕业去向以升学深造为主，深造率达 77.4%。其中出境深造 106 人，占毕业生总数的 38%；国内读研 110 人，占毕业生总数的 39.4%。直接就业 37 人，占毕业生总数的 13.3%。截至 10 月底，学院 2017 届本科毕业生的就业率为 90.7%。

招生选拔及学业培养

少年班自创立以来，一直秉承中国科学技术大学“精英化教育”的方针，坚持“以生为本”“因材施教”“教学相长”“基础与创新并重”，以培养未来 10～20 年后中国乃至世界学术界、产业界科技创新的领军人物为目标，开展了一系列改革探索和创新实践，一步步构建完善超常人才选拔机制与培养体系。

一、早慧少年破格选拔体系的改革与创新

在招生选拔上，少年班学院始终坚持“不拘一格降人才”的理念，不拘泥于初高中教育经历完整性以及高考分数，实行笔试(高考、自主招生考试)与面试相结合的办法，着重考察学生的综合素质和创新潜力。根据国家和社会发展的需求，学院不断调整和优化招生计划，改善招生步骤和流程，努力拓宽生源渠道，招收真正适合少年班学院培养模式的学生。

少年班的选拔目前已经建立起一整套严格规范的流程，招生对象面向年龄不超过16周岁、高二及以下年级、具有优秀高中文化程度兼综合素质突出的学生。学生首先在网上预报名，少年班学院对报名材料进行初步筛选，给予符合报名要求的优秀学生参加全国统一高考的资格，再根据高考成绩确定复试名单，最后依据复试成绩确定最终录取名单。

创新试点班从2010年开始招生，面向年龄不超过17周岁、高二及以下年级学生。现主要采取中学推荐和个人自荐的方式，学生首先在网上预报名，通过学校审核以后获得参加高考的资格。除了高考以外，学生还要参加学校的自主招生考试和复试，确定相应的档次，再结合高考成绩最后确定录取名单。

少年班学院在复试过程中采取现场教学、现场考试等方式来考察学生的接受能力。近年来，学院也开始与北京师范大学等合作，在复试时从心理素质等角度对考生进行全方位的考察。

二、个性化培养方案的改革和英才教育模式的创新

在培养模式上，少年班学院始终以学生为主体，进行贯穿大学全程的、基础与创新并重的自主化学习与研究的培养，形成了基础宽、厚、实和专业精、新、活的“分段式、宽口径”的个性化培养模式。

少部分专业意愿十分明确的学生，可以从入学起直接进入修读专业，按照相关培养计划进行学习；大部分学生实行2+2两段式学科平台培养模式，前两年完成基础课程学习，之后根据自己的学习志趣在全校范围内自主选择专业，或者在学业指导老师指导下进行个性化专业学习。少年班学院的学生100%自由选择专业。

少年班学院注意到学科交叉在创新人才培养中的重要性，以及本学院学生年龄小、能力相对突出的优势，创建了交叉学科英才班，继续发挥学院宽口径人才培养的优势。交叉学科英才班面向二、三年级主观能动性高、学有余力的同学，实行四到五年的弹性学制，培养方案百分百个性化定制。学生先选定第一专业方向，其毕业要求按学校现行培养计划执行；然后再跨学院跨一级学科选择第二专业，需在此专业选修不低于40学分的专业课程。学位论文实行双导师制，选题方向应是与两个专业都相关的交叉学科方向。达到要求后，授予学生两个相关专业的学位。第二届交叉学科英才班招收学生11名，涉及数学、计算机、生物等6个第二专业。这是围绕创新人才培养改革进行的一次有益探索，进一步突出了少年班学院“自由、自主、自信”的人才培养特色，也将为培养优秀的复合型领军人才提供新的重要支撑。

三、创新实践教育和国际交流的推广

少年班学院重视激发学生对科学的兴趣，引导他们尽早进入科研一线，经受实践锻炼，并且鼓励专业交叉和学业自主，使学生形成较为广泛的适应面，同时在符合自己兴趣、特长的方向上得到充分的发展。

少年班学院学生可以利用全校所有院系的实验教学中心进行实验以及创新实践。同时，为了更好地加强实践教学与创新培养，少年班学院还自己建设了微机与网络开放实验室、动手创新实验室以及图书资料室，主要由学生自己维护和管理。此外，学院积极鼓励和指导学生参与各类竞赛，在紧密联系课堂教学的基础上，培养学生发现和解决问题的能力，

以及创新实践、团队合作等综合素质。2017 年，108 名学生参加了大学生研究计划，多名学生申请或参与到了国家大学生创新创业训练计划共计 14 个研究项目中来。

随着全球化趋势的加剧，国际视野成为高端人才的必备素质。少年班学院充分认识到国际交流对于本科生培养过程的重要性，设立专门的经济支持，鼓励学生积极参加国际游学、科研实习和学术会议。学院也经常邀请包括少年班校友在内的国外著名学者、企业家来校访问讲学，通过座谈、午餐会等形式与学生进行面对面交流。2017 年，有 162 名本科生参加了美洲、欧洲、澳洲、亚洲等地区名校的交流项目。这些科研实践都为学生将来的发展打下了良好的基础。

学生管理和综合素质培养

一、加强党建工作，重视学生思想政治教育

学院党总支包括 1 个教工党支部和 2 个学生党支部，学生党支部在高年级分年级设立并由年级负责老师兼任支部书记。2017 年，学院继续加强党建工作，高度重视学生的思想政治教育。具体工作有：

1. 坚持“三会一课”制度，定期开展时政理论集中学习会，举办主题党日活动，提高院内党员的思想理论水平，强化“四个意识”。

2. 学以致用，切实落实中央、省委和学校党委的决策部署和指示精神，除按时保质完成党建工作和信息报送任务外，学院党总支在党员组织关系排查、党费补交、党组织活动开展方面工作扎实到位，在网络信息方面做到了正确的舆情引导。

3. 认真做好学生党支部建设和党员发展工作，2017 年少年班学院严格按照党员发展程序，新发展党员 18 名，其中男生 16 名，女生 2 名，少数民族学生 1 名。主要以大三、大四高年级学生为主；2017 年毕业生党员转出 22 名。

二、加强管理团队建设，做好学生日常服务引导工作

少年班学院有专职管理团队负责学生工作。在班主任队伍建设上，学院实行专兼职班主任并行，从整体工作层面考虑管理人员的合理分工，各自侧重。院工会也大力组织教职员工参加校运动会、机关工会拔河比赛、健身走跑活动等，增强了集体凝聚力。

学院通过先进班主任评选、院内班主任测评、日常学习交流，来提升学工队伍的专业化和职业化素养，并积极倡导班主任参加业务培训，提高自身素质，以更好地引导帮助同学解决问题，成长成才。2017 年，王莉获得心理咨询师二级（国家职业资格二级）证书；兰荣参加全球生涯教练认证培训，并获得心理咨询师三级（国家职业资格三级）证书；郭民生、唐宁、李娜颖、兰荣、王莉、赵茹参加“心理咨询基本理论与技能训练”课程。

三、积极打造少年班品牌项目，传承学校和学院文化精神

少年班学院的管理和教育对象主体在入校时是未成年学生，学院党总支在日常管理和思政教育过程中注重特色活动的开展，坚持全员全方位育人，以培养学生的公民意识、责任意识、奉献情怀和科研精神。

1. 4 月 9 日，少年班学院 200 余名师生赴安徽金寨红军广场革命烈士纪念塔下举行一年一度的“十八岁学生成人宣誓仪式”。这个活动侧重于培养学生的社会公民意识和成人意

识，使同学们意识到自己肩负的责任和义务，实现从少年学生向成年公民的转变，抱感恩之心，秉成才之志，树立远大的目标并为之而努力奋斗。

2. 2017年，朋辈帮扶活动继续展开。当年郭沫若奖和国家奖学金的获得者编纂了《筑梦、自强、飞翔》的成长手册，38位高年级学长义务担任低年级班级助理班主任。这些措施为低年级学生了解高年级优秀学长的成长经历提供了很好的渠道，也有效缓解了学生的学业焦虑情绪，增强了不同年级同学间的感情和学院的集体凝聚力，让“接受、奉献、传承”的优秀传统薪火相传。

3. 2017年暑期，少年班学院共组建三支社会实践队伍：无为调研团前往安徽无为县展开红色文化旅游资源开发情况调研；长三角四校荣誉学院暑期社会实践团联合南大匡亚明学院、浙大竺可桢学院、交大致远学院前往贵州台江县二中展开了为期两周的支教活动，并围绕当地民俗文化展开调研；魂牵皇冠队联合西北农林科技大学前往山西秦岭皇冠山围绕生态资源保护展开调研。三支队伍均取得翔实调研成果，并形成调研报告。同学们经过社会锻炼，彰显了青年人的奉献情怀，培养了团队合作精神和处理实际事务的能力。

4. 3月31日下午，由校团委和少年班学院共同举办的中国科学技术大学首届本科生学术论文大赛颁奖暨第二届大赛启动仪式在少年班学院301报告厅举行。这一赛事旨在为同学们提供一个良好的展示平台，以激发本科生的创新精神，鼓励他们踊跃开展科学研究，培育更多优秀本科生论文。

5. 6月，6名学生荣获第三届“少年班校友奖学金”。这一奖学金由少年班校友王川先生捐资设立，面向本科大一、大二、大三学生，旨在督促学生注重品德养成和生涯规划，敢于创新、勇于表现，以培养青年一代奋发进取精神和理性规划意识，振兴中华民族教育事业。

四、鼓励学生团体开展丰富多彩的活动，实现自我管理和成长

1. 深化基层团组织建设，将基础工作做实做牢。这主要体现在加强对学生会的管理、监督和引导，修订完善少年班学院学生会章程，建立完善的评价体系，加强对学生会干部的考核和激励，提升学生会工作的制度化、规范化。4月13日，少年班学院第十届学生代表大会暨主席团换届选举成功举行。

2. 加强校际学习，实现优势互补，资源共享。3月18日，“少年匡明致远，英才竺梦同行”——2017长三角高校荣誉学院青年交流峰会在浙江大学竺可桢学院举行。南京大学匡亚明学院、上海交通大学致远学院、中国科学技术大学少年班学院和东道主浙江大学竺可桢学院共同参会。兄弟院校相互学习学生会工作经验，为进一步的交流合作奠定良好基础。

五、深入开展学习交流，探索高等教育改革新篇章

3月30日下午，武汉大学本科生院弘毅学堂来到少年班学院，就拔尖人才培养管理体制、学院运行机制、培养模式和学生管理方面工作进行了深入交流。

4月24日下午，北京科技大学高等工程师学院一行，与少年班学院老师就拔尖人才培养问题进行访问交流。

12月7日下午，浙江理工大学启新学院来到我院，就学院办学模式、人才培养方案、导师聘任与考核、学生管理、学院文化建设等事宜展开座谈。

数学科学学院

学 院 简 介

数学科学学院的前身数学系于 1958 年由著名数学家华罗庚教授亲自主持创办并任首任系主任,关肇直、吴文俊、冯康、龚昇、王元、万哲先、陆启铿、石钟慈、林群、张景中、陈希孺等一大批知名专家曾在此任教。2011 年 5 月,数学科学学院正式挂牌成立,首任院长为马志明院士。学院设有数学系、计算与应用数学系、概率统计系。2017 年学院各项工作进展顺利,取得了如下成绩。

党 务 工 作

数学科学学院根据《中国科学技术大学 2017 年党委工作要点》的精神,结合学院工作实际,明确了 2017 年的基本思路和工作重点。认真组织学习,不断提高认识,严格制度创新形式,确保学习落到实处。成立了理论学习中心组,印发了《数学院党委理论学习中心组学习实施细则》,力争将学习做到制度化常态化。管理好新媒体,积极传播正能量。坚持教育与宗教相分离,加强对外籍学生的引导。团结广大教师,打造高素质教师队伍。完成教工支部换届选举、学生党支部顺利拆分。

人才队伍建设

学院拥有一支由长江学者、国家杰出青年基金获得者、中科院百人计划及中青年博士生导师领头,具有坚实理论基础、学术上充满活力与创新精神的学术队伍。

2017 年学院 1 位教授获得国家“万人计划”科技创新领军人才,1 位入选中国青年促进会会员。

学院现共有在岗教授 37 人、副教授 34 人、特任副研究员 8 人。有 4 位“千人计划 A 类”教授,5 位“青年千人计划”教授,4 位长江学者,7 位杰出青年基金获得者。另有 2 位“千人计划 B 类”教授,5 位中国科学院“百人计划”教授,以及 6 位大师讲席教授和 2 位大师讲席(Ⅱ类)教授。

教 学 工 作

一年来顺利完成了学院的各项日常教学工作。承担本科生教学的老师 80 人,承担了 165 门课,超额完成教学工作量 12280 学时,2017 春季学期的教学检查,课堂问卷调查教学评估值满分 5 分的全校只有 2 人,我院有 1 人,评估值大于 4.9 分的全校有 30 人,我院有 18

人位居其中。学院积极开展教学教研活动,组织教师参加国内各种教学研讨会,并作会议报告。

建设教学团队方面,结合引进人才充实了基础课程和方向课程的教学团队。英才班管理方面,完善华班课程教学体系,“近世代数 H”“泛函分析 H”和“代数学”试行了全英语授课。以华罗庚班培养实践为基础的“数学拔尖人才教育教学实践”荣获中国科学院 2016 年教育教学成果奖二等奖。

学生参与国内外竞赛和实践活动的积极性有较大提高。共有 16 位同学完成了“大学生研究计划”项目结题。58 名同学参加了全国大学生数学竞赛,获一等奖 9 名、二等奖 11 名、三等奖 6 名。在 2017 年全国大学生数学建模竞赛中,4 名同学获安徽赛区一等奖、1 名同学获安徽赛区二等奖、3 名同学获安徽赛区三等奖。

科 研 工 作

2017 年我院教师共发表学术论文 140 余篇,其中 SCI 收录 120 余篇,部分发表在专业顶级学术期刊(如《Adv. in Math》《Journal of Functional Analysis》《Journal of Differential Geometry》《Trans. on Graphics》)。本年度获得国家自然科学基金 14 项,其中优秀青年科学基金项目 1 项,创新团体 1 项,科研经费到账共 702 万元;安徽省自然科学基金项目 2 项,到账基金 16 万元。

学术交流工作

一年来,学院组织各类学术报告讲座近 200 场,研究生教育创新计划 GAP 研讨班 29 场,共举办大型学术研讨会 18 次,8 期暑期学校及短期课程。

另外,在国际合作与交流部刚公布的我校“国际访问教授”(第二批)获评名单中,我院共有 3 人获得资助,占获评名单近半数席位。

2017 年,我院青年教师共有 34 人次受邀出访海外各大学和研究机构,从事合作研究。到访国家涵盖美国、英国、加拿大、意大利、德国、澳大利亚、日本等美洲、欧洲及亚洲各国。

研究生部工作

在研究生院的统一指导下,成功举办第七届大学生数学夏令营;院领导亲自带队到全国各地进行招生宣传、动员工作,圆满完成免试研究生的招生工作。所招收的校外 49 名免试生,来自“985”高校 15 名、“211”高校 23 名,生源质量有很大提高。

组织完成研究生创新项目申请和实施工作。在研究生院的大力支持下,举办 3 个暑期学校。

图书馆、编辑部工作

2017 年学院图书馆顺利完成图书的采购、编目、查重工作。购买中外文原版图书 245

册，中文期刊76种，外文期刊43种。包括JSTOR、Euclid Prime、Euclid DRAA电子数据库，新增Journal fur die reine und angewandte mathematik，一次性买断(1826～2017)；EMS电子期刊22种、电子书186册、MSP12种、Jstor电子数据库66种、International Press电子期刊22种、Elsvier电子书853册及Elsvier丛书51册；剑桥电子书874册。

2017年全年开馆的时间每天12小时，即每周开放80小时，在人员编制不足的情况下克服各种困难采取轮流排班，最大限度地把我们优质的服务和场地奉献给全校师生。

2017年1月至2017年12月底，学院期刊《Communications in Mathematics and Statistics》共收到投稿153篇，其中约稿为13篇，全年正式出版4期，每期6篇稿件。2017年，期刊被汤森路透的ESCI数据库收录，之前期刊已经被Mathematical Reviews，Scopus，Zentralblatt Math等收录。目前SCI总引用为143次，2015年和2016年发表的文章在2017年得到28次SCI引用，期刊论文下载量超过一万次。

学生工作

2017年，在学院党政班子的领导和支持下，以服务学生成长成才为根本目标，做好学生党建、学工队伍建设和思想政治工作。加强学生创新能力培养，除了对学生日常学业加强督促和指导外，积极组织学生参与数学建模等学科竞赛，鼓励学生走出去交流、参与大研、国创等科研实践活动，努力提升学生创新能力和自主学习能力。在就业指导和服务工作方面，加强分类指导，强化服务工作，积极为学生深造和就业提供有力支持。

物理学院

学院概况

物理学院由物理系、近代物理系、光学与光学工程系、天文学系和物理实验教学中心等单位组成。2017年12月，经校党委常委会议研究，决定对核科学技术学院管理模式进行调整，其整体纳入“科教融合共建学院”进行规划建设，依托物理学院管理运行。核科学技术学院教职工、学生纳入物理学院，在此基础上成立工程与应用物理系。物理学院现任院长为欧阳钟灿院士，执行院长为杜江峰院士。

物理学院现有教职员工266人，其中教授113人，副教授82人。教授中有中国科学院与中国工程院院士13人，“万人计划”入选者8人，国家级教学名师3人，“千人计划”入选者23人，教育部“长江计划特聘教授”7人，国家杰出青年基金获得者32人，中国科学院“百人计划”入选者36人。物理学院设有“严济慈大师讲席”和“赵忠尧大师讲席”，并聘请国内外近百名学者为兼职和客座教授。

物理学院内建有核探测与核电子学国家重点实验室，量子信息、星系与宇宙学、强耦合量子材料物理、微观磁共振、光电子技术、物理电子学等6个中国科学院及安徽省重点实验室。同时，物理学院还紧密依托合肥微尺度物质科学国家实验室、同步辐射国家实验室以及中国科学院强磁场科学中心开展研究工作。物理学院积极参与创建了教育部“高等学校创新能力提升计划”(2011 计划)的量子信息与量子科技前沿协同创新中心、基本粒子和相互作用协同创新中心。物理学院的学科领域涵盖物理学、天文学、核科学与技术、电子科学与技术、光学工程 5 个一级学科，包含光学、凝聚态物理、理论物理、粒子物理与原子核物理、等离子体物理、原子分子物理、天体物理、物理电子学、微电子与固体电子学、光学工程、生物物理等 11 个二级学科。物理学为国家一级重点学科，天体物理为国家二级重点学科，物理电子学、微电子与固体电子学、光学工程为安徽省重点学科。

物理学院以培养从事前沿和交叉科学的基础研究、应用研究和研制开发的领军人才为目标，注重对学生的物理素质和创新精神的培养。学院的物理学和天文学均为国家理科基础科学研究和教学人才培养基地，物理实验教学中心为首批国家级示范教学中心。

物理学院每年招收本科生和研究生各约 300 名。2017 年在校学生 2434 人，其中本科生 1245 人，硕士研究生 424 人，博士研究生 585 人，基础课代培研究生 180 人。物理学院本科毕业生约 80%进入国内外大学或研究院所继续深造，博士毕业生约 75%继续从事学术研究工作，为国际知名的物理学人才培养重镇。

教 学 工 作

物理学院承担着全校物理类基础课教学任务。2017 年，春、夏、秋季三个学期，学院共有 188 名教员承担了本科理论课堂教学 247 门，总授课 15870 学时(不含 1～5 级大物实验)；105 名教员承担了研究生课程 86 门，总授课 6180 学时。2017 年，物理学院顺利完成了所系结合英才班 2015 级学生选拔工作，成功举办了 2018 年物理类推荐免试研究生推介会，研究生基础课系列教材编写工作顺利进行。2017 年，我校代表队在第四届全国大学生物理实验竞赛中取得一金二银的优异成绩，我校代表队(成员：汪航、孙皓旻、关皓、汪艺塍、冯逸凡、高晓磊)在第八届全国大学生物理学术竞赛(China Undergraduate Physics Tournament，简称 CUPT) 荣获一等奖，汪航同学获最佳选手奖。赵霞荣获 2017 年华东地区高等学校物理实验课程青年教师讲课比赛二等奖。32 位教师获第十二届“困学守望教学奖”，邓友金荣获 2017 年度海外校友基金会“青年教师成就奖”，薛永泉荣获 2016 年度海外校友基金会“优秀教学奖”，黄民信荣获 2016 年度海外校友基金会“青年教师事业奖”，曹金祥、傅湘宁荣获第二届“中国科大-兴业证券教育奖”，翁明其、秦敢、王声波获 2017 年度“王宽诚育才奖”，陈志获 2017 年度“张宗植青年教师奖”，李雯、朱咏梅获第十二届杨亚校友基金——爱岗敬业奖，曾长淦、韩良获第十二届杨亚校友基金——教育奖，朱晓东、陈银华获第十届平凡基金——教育奖。

2017 年 5 月 2 日，近代物理系韩良教授 D0 课题组完成 Tevatron 实验弱混合角基本物理常数测量。我校两位本科生——13 级物理学院王晨和 14 级少年班学院项一帆，因为在这一重要实验测量中所做的工作与贡献，被 D0 合作组授予 single author。这在高能物理大型国际合作中是非常罕见的。2017 年 8 月 10～13 日，“2017 年中国光学学会学术大会”在长春吉林大学成功召开，沈镇获王大珩光学奖——高校学生光学奖。2017 年 9 月，黄璞、周宗权获 2017 年度中国科学院优秀博士论文奖。

科研工作

2017 年，学院组织申请国家自然科学基金获批 60 项，批准金额 6523 万元。2017 年，学院共申请专利 109 项，其中实用新型专利 34 项、发明专利 73 项、外国专利 2 项。专利授权 33 项，其中实用新型专利授权 3 项、发明专利授权 30 项。2017 年，物理学院发表高端论文《Science》2 篇，《Nature》4 篇，《Nature》子刊 16 篇，《Physical Review Letters》37 篇。

2017 年，我院参与的"天宫二号"研制团队当选 "年度科技创新团队"；刘文获 2017 年度 R&D100 研发奖；"暗物质粒子空间探测团队"获中国科学院"十二五"突出贡献团队表彰。核探测与核电子学国家重点实验室参与完成的"北京正负电子对撞机重大改造工程"获国家科学技术进步奖一等奖，陈宏芳领导的团队在"重离子碰撞中的反物质探测和夸克物质的强子谱学与集体性质研究"中作出重要贡献，获国家自然科学二等奖，《暗物质粒子探测卫星核心探测器——BGO 量能器》(完成人：安琪、刘树彬、封常青等)获安徽省科学技术一等奖，《磁约束聚变等离子体中快粒子与磁流体不稳定性的相互作用》(完成人：蔡辉山、李定、王少杰)获安徽省科学技术二等奖。

人才队伍建设

2017 年，潘建伟院士获 2017 未来科学大奖；陈仙辉院士、潘建伟院士获全国创新争先奖章，杜江峰院士获全国创新争先奖状；潘建伟院士当选"2016 年感动中国十大年度人物"，杜江峰院士当选 2016 年度最具影响力十大"年度科技创新人物"。袁业飞、许金时获国家杰出青年基金资助，蔡一夫、丁冬生、董春华、石发展、赵雷获国家优秀青年基金资助；石发展入选万人计划——青年拔尖人才。

交流合作

2017 年，学院成功举办第五届"未来物理学家国际夏令营"、中国科学技术大学-复旦大学物理实验教学双边研讨会。物理学院教师通过中科院电子政务系统上报出国访问申请 246 人次，出访十多个国家和地区，其中包括公派留学、参加国际科技项目合作、参加国际会议、合作交流。

化学与材料科学学院

基本情况

1958 年学校创立之初，成立了化学物理系、放射化学和辐射化学系、地球化学和稀有元素系、高分子化学和高分子物理系等与化学学科有关的系及公共基础课的化学教研室。1996年学校进行资源整合组建了化学与材料科学学院。现由化学物理系、化学系、材料科学与工程系、高分子科学与工程系和化学实验教学中心五个单位组成。现任院长为李灿院士，执行院长为杨金龙教授，学院分党委书记、副院长为葛学武教授，副院长为刘世勇教授、徐铜文教授、胡水明教授；副书记为闫立峰教授。

目前，学院现有教职工205人，其中教授98人，副教授44人。教授中有中国科学院院士4人，教育部"长江计划特聘教授"8人，国家杰出青年基金获得者26人，"万人计划"入选者6人，中组部"千人计划"入选者A类4人、B类2人，中组部"青年千人计划"入选者31人，中组部青年拔尖人才4人，科技部创新推进计划3人，国家优秀青年基金获得者18人，教育部"新世纪优秀人才"20人，中国科学院"百人计划"入选者26人。

学院拥有中国科学院能量转换材料重点实验室、中国科学院软物质化学重点实验室、中国科学院城市污染物转化重点实验室、安徽省先进功能材料重点实验室和安徽省生物质洁净能源重点实验室五个省部级重点实验室，以及能量转换材料应用研发中心和应用化工技术开发平台两个科技应用平台。同时，学院依托合肥微尺度物质科学国家实验室、国家同步辐射实验室和中国科学院强磁场科学中心等平台开展科学研究。学院的学科领域涵盖化学和材料科学与工程两个一级学科以及环境工程二级学科，其中，一级学科包含无机化学、分析化学、有机化学、物理化学(含化学物理)、高分子化学与物理、可再生洁净能源、应用化学、化学生物学、能源化学、材料物理与化学、材料学及材料加工工程等12个二级学科。

学院创建了两个院士工作室，分别是化学物理高等研究中心和纳米催化研究中心。参与三个"2011计划"国家协同创新中心，分别是首批获批的由我校牵头的量子信息与量子科技前沿协同创新中心、由苏州大学牵头的面向区域发展的苏州纳米科技协同创新中心和由厦门大学牵头2014年获批的能源材料化学协同创新中心。

学院现有学生2509人，其中本科生684人，硕士研究生911人，博士研究生616人，留学生62人，代培研究生236人。学院的本科毕业生80%以上进入国内外大学或研究院所攻读研究生学位。多年来，学院已经培养了一大批不同领域的杰出人才，为国家的科学教育事业、国民经济建设和国防科技建设事业作出了重大贡献。

重要发展状况

一、教学与学科建设方面

学院4门英文课获批学校英文授课推进计划；为少年班学院学生新开了"General Chemistry Experiment"英文实验课程；邀请美国威斯康星大学麦迪逊分校(UW-Madison)普化和无机化学实验室主任Dr. Chad来校讲授绪论课。

2017年学院在中科院优博论文奖评选中再获丰收，4名学子的博士学位论文入选；15个博士研究生和24个硕士研究生获得国家奖学金；在第11届上海大学生化学实验竞赛中再创佳绩，2014级本科生吴景行荣获一等奖，刘逸飞和何玉龙荣获二等奖。"化学拔尖人才科研能力培养机制"获批教育部2017年"基础学科拔尖学生培养试验计划"研究课题。

在第四轮学科评估中，我院化学学科获评A+，材料科学与工程学科获评A-。

教育部、财政部、国家发展改革委印发《关于公布世界一流大学和一流学科建设高校及建设学科名单的通知》，公布世界一流大学和一流学科（简称"双一流"）建设高校及建设学科名单。我校入选A类世界一流大学建设高校，其中我院化学、材料科学与工程2个学科入选世界一流学科建设名单。

学院在国内高校尝试安全教育新模式，率先开设"化学实验安全知识"MOOC，并在"好大学在线"等多个网络平台上线，得到国内高校的广泛好评。2017年秋季，该MOOC已经正式纳入我校自由选修课程体系，既能保证校内学生以"学分学习"模式进入学习，获得1个学分，又能开放给校外学生及社会学习者。

二、科研成果方面

新增省部级以上科技奖励2项，分别为国家自然科学二等奖（刘磊、傅尧、郭庆祥）和安徽省科学技术二等奖（宋乐新、滕越、杨正坤、夏娟）。学院以科大为第一单位发表SCI论文707篇，其中以学院教师为通讯作者的论文685篇。科大为第一单位且以学院教师为通讯作者的论文中，有Ⅰ区论文342篇，Ⅱ区论文187篇，高区论文比例为76%。今年申请专利137项，授权专利63项。

获批科技部国家重点研发计划牵头项目1项（青年科学家专题），课题8项，获批课题经费5433万元；获批国家自然科学基金项目76项，其中杰出青年基金3项、优秀青年基金4项、重点3项、重大研究计划重点支持项目1项、重大科研仪器研制项目1项、面上25项、重大研究计划培育项目1项、青年31项、海外及港澳合作1项、国际合作4项、外国青年学者研究项目1项、其他1项，获批直接经费6773万元；获批中科院前沿科学重点研究项目1项。今年各项科研经费到账（除去外拨经费）15310.49万元，其中纵向经费到账14957.24万元，横向经费到账353.25万元。

三、人才引进和师资队伍建设

2017年1人入选中组部第八批"青年千人计划"；1人在中国科学院"百人计划"终期评估中获"优秀"；2位聘期制人员选聘为副教授；引进1名特任研究员、9名特任副研究员。

黄伟新入选教育部"长江学者奖励计划——特聘教授"；熊宇杰、江海龙和梁高林等三位老师获国家基金委杰出青年基金资助；蒋彬、马明明、胡进明和刘贤伟等四位老师获优秀青年科学基金资助；吴长征入选首届学校"学术领军人才培养计划"；朱平平获海外校友基金会青年教师成就奖；江海龙和陈昶乐获校友基金会青年教师事业奖；徐鑫获宝钢优秀教师奖；罗时玮老师获第十届平凡基金——教育奖。

配合学校完成2017年聘期制科研人员专项年度考核。学院共有66位聘期制人员参加考核，经院考核小组评议，向学校推荐18名考核优秀候选人。

四、国际交流与合作

2017年全院教师通过中科院电子政务系统上报出国访问申请106人次，其中有103人次教师申请短期出国交流，出访地包括美国、日本等国家，其中包括公派留学、参加国际科技项目合作、参加国际会议，以及合作交流。参加国际会议的教师大部分都有会议报告和论文。

57名本科生参加了2017年的境外交流活动；获批13项2017年大学生创新创业训练（实践）计划项目；2017年共有13项大学生研究计划通过答辩。1名研究生入选学校2017

年度优秀学生国际交流资助计划；52人次研究生参加了境外学术交流活动；10名博士生获得2017年国家建设高水平大学公派研究生项目联合培养博士生被推荐资格。

成功举办了第三届"未来化学家国际夏令营"活动，来自剑桥大学、约翰霍普金斯大学、伊利诺伊大学香槟分校、北卡大学教堂山分校等17所国外知名高校，涵盖美国、英国、荷兰、比利时、澳大利亚、俄罗斯、乌克兰、马来西亚、孟加拉国等9个国家的30位国外营员和中国科大的20多名优秀学生一起参加了夏令营。

五、学术交流和科普活动

学院成功举办了"墨子论坛"化学与材料科学学院分论坛、中国科大化学物理系-德国马普学会弗里茨-哈伯研究所化学物理系氧化物表面化学研讨会、中国科大"分子反应动力学"小型研讨会、厦大-中科大青年教师学术交流会、第四届中英大分子与软物质材料双边国际会议、2017年北京大学-南京大学-中国科学技术大学三边高分子学术交流会、International Workshop on Membranes for Energy & Environmental Sciences（IMEES 2017）、Langmuir Symposium-2017等国际国内会议及多场学术报告，邀请了Prof. Chung-Hak Lee、Prof. Mark van Loosdrecht、Prof. Helmut Cölfen、Prof. Edward Hartley Sargent、Prof. Markus Antonietti、Prof. Ben Betlem等众多海内外专家学者来我院作学术报告或讲学，为大家提供了良好的学习和交流机会。学院首次设立"郭永怀讲坛"，邀请国内外大师级科学院士为学生讲学，目前，李灿院士、杨学明院士和丁奎岭院士已先后莅临科大，为学生传经授道。

六、学生工作

2017年学院共有192位本科生毕业，其中出国及赴港台读研学生58人，占毕业生总数的30.2%；国内读研学生86人，占毕业总数的44.8%；直接就业39人，占毕业生总数的20.3%，一次性就业率达95.3%。与去年相比，出国率保持稳定，一次性就业率稳中有升。

274名硕士研究生毕业，一次性就业率达到97.8%，保持稳定增长，有2个系的就业率达到了100%。硕士研究生就业选择较博士研究生更加多元化，去企业是硕士研究生直接就业的主要方向。

134名博士研究生毕业，一次性就业率达到95.5%，与去年基本持平，略有提高。学院就业工作获得2016～2017年度学校"先进集体奖"，另有三名老师获得优秀班主任个人称号。

七、党建工作

2017年学院分党委举办了多场专题报告，邀请了校党委副书记叶向东为全院党员师生上了两次专题党课，邀请了中共安徽省委党校党史党建部副主任吴梅芳教授作题为《学习党的十八届六中全会精神，增强"四个意识"》的报告，邀请了中共安徽省委党校郝欣富教授作题为《新时代要有新气象新作为，十九大关于全面从严治党的新要求》的报告。同时，学院党委结合"两学一做"、巡视整改和党的十九大，在学院范围内开展了一系列的学习教育教育活动，如支部书记培训会、各系和学工队伍集中学习全国高校思政工作会议精神、观看十九大开幕式、不同形式的主题党日和团日活动。此外，前往苏州中国科学技术大学纳米学院，举行学习十九大会议精神报告会和党课活动，纳米学院近200名师生参加报告会，在校内为中科院苏州纳米所、长春应化所等科教融合学院的学生作十九大专题辅导报告。本年度各系总支委员会完成换届工作。熊宇杰教授获得年度校优秀党员称号。

截至2017年底，学院教工支部有11个，其中直属支部3个，党员总计150名（含博士后）；学生党支部58个，学生党员700名，其中研究生党员687人，占研究生总数的41%；本科生党员13人，占本科生人数的2%。加强学生党支部建设，选拔品学兼优的学生党员担任支委会成员，特别是支部书记，调整学生支部设置，坚持支部生活制度，加强学生党员的党性锻炼。

生命科学学院

学 院 概 况

生命科学学院由我国著名科学家贝时璋先生于1958年创建，现设有4个系（分子生物学与细胞生物学系、神经生物学与生物物理系、系统生物学系、医药生物技术系）、3个研究中心（中国科学技术大学医学中心、生态与环境研究生交叉学科中心、中国科学技术大学生命交叉中心）、1个公共平台（生命科学公共实验中心）、1个实验中心（生命科学实验教学中心）。学院拥有学士、硕士到博士完整的人才培养体系，是“国家理科基础科学研究与教学人才培养基地”和“国家生物科学与技术人才培养基地”，是国家生物学一级重点学科和生物学、生态学博士学位一级学科授权单位，并与中国科学院所属北京生物物理研究所、北京微生物研究所、北京动物研究所等重要研究机构联合培养研究生。

学院师资力量雄厚，有Principal Investigator（PI）66人，均为博士生导师，其中教授65人，副教授1人。教授中包括3名中国科学院院士，1名中组部“千人计划”入选者，3名国家“万人计划”入选者，5名教育部“长江学者计划”特聘教授，9名“国家杰出青年科学基金”获得者，20名中组部“青年千人计划”入选者，8名“国家优秀青年科学基金”获得者，29名中国科学院“百人计划”入选者，1名国家七部委“百千万杰出人才”工程入选者，7名教育部“新世纪优秀人才支持计划”入选者。

教 学 工 作

2017年由我院负责组织的中国科大iGEM代表队继续参加了国际遗传工程机器竞赛，获得一金一银。

生命科学学院设有研究生基本奖学金（覆盖率100%）以及十余项研究生专项奖学金；近几年培养了大量的优秀研究生。2017年，有1人获中国科学院优秀博士学位论文奖，1人获中国科学院院长特别奖，5人获中国科学院院长优秀奖。

科 研 工 作

2017年，生命科学学院到款纵向科研经费1.04亿（不含外拨），获批国家重点研发计划首席科学家项目 1 项，国家重点研发计划课题或子课题 6 项，国家基金杰出青年基金 1 项，优秀青年科学基金 2 项，重大研究计划重点支持项目 1 项，面上项目 24 项，青年基金项目 15 项，其他国家基金项目 14 项。2017 年生命学院论文发表情况：生命科学学院蔡刚教授在国际一流期刊《Science》上发表学术论文。生命科学学院 2017 年在 SCI 杂志上以科大为第一单位名义共发表论文 154 篇，其中影响因子 9 分以上论文 23 篇，5 分以上论文 81 篇，以第一单位发表 SCI 一区论文 43 篇，二区论文 61 篇；合作发表论文 194 篇，合计发表论文 348 篇。

人才队伍建设

2017 年，生命科学学院田志刚教授当选中国工程院院士。生命科学学院新引进“杰出人才” 4 名，其中入选“青年千人计划” 3 名（朱书、黄成栋、陶余勇）；1 名获得“2017 年度求是杰出青年学者奖”（孙林峰）。

大 事 记

（一）2017 年 9 月，生命科学学院生物学入选“双一流”学科建设名单。

（二）2017 年 11 月 27 日，田志刚教授当选中国工程院院士。

（三）蔡刚教授研究成果发表在 2017 年 12 月 1 日出版的《Science》杂志上。

（四）2017 年 12 月 23 日，中国科学技术大学生命科学与医学部揭牌成立，安徽省立医院成为中国科学技术大学第一附属医院。中国科学技术大学生命科学与医学部的成立对落实“健康中国”战略，提升地方民生社会发展，推进中国科学技术大学世界一流大学建设和安徽省立医院一流医院建立具有重要意义。

（五）2018 年 12 月 28 日，教育部学位与研究生教育发展中心公布全国第四轮学科评估结果。生物学一级学科获评全国 A 类，生态学一级学科获评全国 B+。

工程科学学院

学 院 概 况

学院成立于 1998 年，其前身是由功勋科学家钱学森先生于 1958 年创建并担任首届系主任的近代力学系。目前学院由 4 个系组成，分别是近代力学系、精密机械与精密仪器系、热科学和能源工程系、安全工程系。2001 年由钱学森先生倡导成立的中国科学院材料力学行为和设计重点实验室也归属于工程科学学院。现任院长为杜善义院士，执行院长为陆夕云教授。

学院设有 5 个本科专业，即理论与应用力学、机械设计制造及其自动化、测控技术与仪器、热能与动力工程、安全科学工程专业，其中理论与应用力学专业为全国仅有的 2 个理科力学人才培养基地之一。设有一级学科博士点 3 个，二级学科博士点 12 个，其中国家一级重点学科 1 个，国家重点培育学科 1 个，省重点学科 3 个；学院还设有 3 个博士后流动站和 13 个硕士点。

学院拥有一支优秀的师资队伍，目前有教授 56 名，副教授 51 名，其中“两院”院士 3 名，长江学者 1 名，国家杰出青年基金获得者 5 名，国家优秀青年基金获得者 5 名，中科院“百人计划”入选者 14 名，国家“青年千人”9 名，大师讲席（Ⅱ类）教授 1 名。

本科教学

1. 2017 年招收本科生 225 人，毕业学生 159 人；目前在校生人数 706 人；2017 年度春、夏、秋季共为学院内外开设本科生理论课程 150 多个课堂；赴境外交流本科生 35 人。

2. “神雾杯”第十届全国大学生节能减排社会实践与科技竞赛中，热科学和能源工程系研究生黄宏杰小队的作品“人体温差自发电指示头盔”获得特等奖，王其梁小队的作品“带透明遮热板的双涂层太阳能高温真空集热管”获得二等奖，同时我校获优秀组织奖。

3. 组织 133 名学生参加全国第十一届周培源力学大赛，并获得“第十一届全国周培源力学竞赛安徽赛区团体特等奖”“安徽省大学生力学竞赛本科单科组优秀组织奖”“安徽省大学生力学竞赛基础力学实验团体赛特等奖”。

4. 金工实习课程组织：2017 春季、夏季和秋季共为约 200 多名学生完成金工实习训练。

5. 生产实习课程组织：2017 暑期我院共组织毕业班学生近 200 人赴中科院各院所进行生产实习，参观、了解各专业前沿动态；2017 暑期组织学生在校内、校外进行大学生研究计划，培养学生独立科研和动手实验能力。

6. 2017 年 5 月国家大学生创新实验计划结题 13 项，申请新项目 10 项。

7. 2017 春季学期伍小平院士为 2016 级学生开设“工程科学前沿”课程，邀请国内工程行业专家学者数十人为一年级学生进行工程科学科普讲座，为学生培养工程科学基础知识和基础科学素养。

8. 对 2017 级新生在全校范围内选拔了 35 名优秀学生进入钱学森力学科技英才班。对高年级英才班学生进行严格的滚动机制，2016 级现有 20 人，新进入 8 人，退出 18 人；2015 级现有 28 名，新进入 6 人，退出 1 人；2014 级现有 24 人，退出 2 人。学院新成立“新能源科技英才班”“吴仲华英才班”“精密光机电与环境科技英才班”三个英才班。

9. 2017 年秋季学期，将大一上的“机械制图与 ATUOCAD”（5 学分）课程改为“机械设计基础”（3 学分），将大一下的“工程科学前沿”（1 学分）和“金工实习”（1 学分）合并为“工程科学前沿与实践”（4 学分）。2017 年度“材料力学”课程实现全院 4 个课堂分两个时段开课，“理论力学”课程实现 4 个课堂分两个时段开课，学生可以自由选择课堂学习。

10. 承办中国科大第十七届 RoboGame(2017）机器人大赛活动，全校有 200 多名学生参加。

11. 科技活动周活动，积极开展科学普及教育活动，受益的大中小学生和社会公众有 10000 多人次。

研究生工作

1. 2017年我院招收硕士生216人、博士生93人、留学生8人、代培生(硕、博)99人,取得硕士学位101人,博士学位71人。

2. 成功举办中国科大"第五届力学与工程科学优秀大学生夏令营",其中"985"高校生源60%,"211"高校生源占35%,成绩排名前三位(系或专业)的占85%以上。

3. 研究生招生、录取工作采取网络视频面试与现场考核相结合。组织了20场网络面试,面试人数近400人,面试合格人数200余人。通过网络面试及夏令营,我院接收推免生166人,其中"211"生源148人,占89.2%,"985"生源69人,占41.6%。

4. 工程科学学位与研究生教育中心结合校"研究生教育创新计划"开展了一系列的研究生教育创新工作,包括:研究生论坛、博士生国际学术会议、高水平讲座、博士生学术新人奖、研究生公共课程建设、夏令营等,我院第二届热能学术论坛共举行了23期,先后邀请了25位专家来为我校师生举行高水平的讲座,开拓了研究生的学术视野。

5. 学院以教育部一级学科选优评估为契机,认真总结学科建设成果与发展经验;同时,结合本次一级学科评估设定的指标体系,加强与国内外一流学科方向的对比研究,找准学科建设中的问题与差距,切实加强学科内涵建设。

科 研 工 作

1. 学院2017年新立项纵向科研项目共计47项,合同经费4191.39万元,到款科研总经费2329.8万元;横向合同项目29项,合同经费1030.69万元。

2. 获国家自然科学基金资助项目29项,获批准经费共1695.9万元(其中:面上项目18项,优秀青年基金2项,青年基金7项,联合基金1项,海外及港澳合作-海外青年学者合作研究基金1项);科技部-国家重点研发计划6项,获批准经费共1760.05万元;中国科学院项目5项,获资助经费631.44万元;安徽省科技厅项目3项,获资助经费51万元;教育部基本科研业务费专项青年创新基金5项,获资助经费50万元;

3. 申请专利项:79项(其中发明专利54项,实用新型专利24项,PCT 1项);专利授权项:40项(其中发明专利30项;实用新型专利10项)。

4. 2017年度共发表论文被SCI收录397篇(截至2017年12月5日)。

5. 重要科研成果:细胞力学研究取得重要进展,研究成果以《Shape and Dynamics of Adhesive Cells: Mechanical Response of Open Systems》为题发表在《物理评论快报》上,博士生杨月华为第一作者,姜洪源教授为通讯作者;在流体力学界面不稳定性方面取得重要进展,研究成果以《Measurement of Richtmyer-Meshkov Instability at an Air-SF6 Interface in a Semiannular Shock Tube》为题发表在国际物理学期刊《Phys. Rev. Lett.》上,论文第一作者为工程科学学院的丁举春博士后和司廷副教授。

6. 获奖情况:李桂强副教授课题组论文获国际可持续能源技术学会主办期刊《International Journal of Low-Carbon Technologies》(IJLCT)2017年度唯一最佳论文奖;裴

刚教授课题组的"High-Temperature Solar Evacuated Vacuum Receiver with Inner Radiation Shield"获2017年日内瓦国际发明展特别金奖，"A Body-Heat Powered Wearable Safety Device"获2017年日内瓦国际发明展金奖；胡茂彬副教授（个人总排名第三，科大第二单位）"航空交通系统网络化协同调控理论与方法"获教育部2017年度高等学校科学研究优秀成果奖（科学技术）自然科学奖一等奖；程晓舫教授（个人总排名第六，科大第三单位）"高超声速飞行器高温结构主动冷却热防护与热测量技术"获教育部技术发明奖一等奖；任传胜副教授（个人总排名第四）"泵站群安全高效运行关键技术及自动化平台"获省科学技术奖二等奖；热科学和能源工程系中科院太阳能光热中心的项目"太阳能光电-光热-辐射制冷综合利用装置"以总分第五名的成绩获"创客中国"安徽省创新创业大赛决赛三等奖。

7. 2017年度邀请国内外专家举行学术交流报告会27场，到场约719人次。精密机械与机密仪器系举办了生物医学微纳米技术国际会议，邀请了包括美国科学院院士庄小威以及美国工程院院士何志明在内的30多位海外专家学者分别作学术报告交流。

党建工作

1. 对全院基层党支部书记、委员进行了三个阶段、为期一个月的培训教育活动，深入学习党的十九大精神；校党委常委王晓平副校长为学院全体学生教工支部书记作宣讲十九大精神专题报告会。

2. 教工党支部和学生党支部先后组织党员在南京等地开展"不忘初心，牢记使命""追寻红色记忆，勿忘砥砺前行"等主题党日教育活动。

3. 学院党委建立了党委微信群，在院主页建立了党建和思想工作专栏，强化宣传。

合作交流

举行中科院广州能源所奖学金奖教金颁奖仪式、"9513助力计划"启动仪式暨首批奖学金颁奖仪式。

杰出校友

1. 近代力学系校友刘合（02博后）当选中国工程院院士。

2. 热科学和能源工程系77级校友高大勇教授获国际低温生物学会最高奖项Luyet奖章。

3. 热科学和能源工程系84级校友徐先凡教授当选美国光学学会（OSA）会士。

信息科学技术学院

学 院 概 况

信息科学技术学院由电子工程与信息科学系、自动化系、电子科学与技术系、微电子学院、网络空间安全学院、信息与计算机实验教学中心、信息科学实验中心等单位组成。学院拥有 2 个国家工程实验室，即语音及语言信息处理国家工程实验室、类脑智能技术及应用国家工程实验室；3 个中国科学院重点实验室，即中科院电磁空间信息重点实验室、中国科学院无线光电通信重点实验室、中科院空间信息处理与应用系统技术重点实验室（与中科院电子学研究所共建）；1 个教育部重点实验室，即多媒体计算与通信教育部-微软重点实验室；2 个安徽省部级重点实验室，即无线网络通信安徽省重点实验室、网络传播系统与控制安徽省重点实验室。

目前，学院拥有电子信息工程/通信工程、自动化、电子科学与技术、信息安全、生物医学工程、人工智能等 6 个本科专业，信息与通信工程、电子科学与技术、控制科学与工程、生物医学工程、网络空间安全等 5 个国家一级学科，1 个工程博士点（电子与信息），3 个博士后流动站，13 个二级学科。

师 资 队 伍

学院现有教授 56 人、副教授 67 人，其中中国科学院院士 2 人、欧洲科学院院士 1 人，IEEE FELLOW 5 人、中组部“千人计划”入选者 5 人、国家杰出青年科学基金获得者 6 人、长江学者特聘教授 1 人、“青年长江”1 人、中组部“青年千人计划”入选者 7 人、中科院“百人计划”入选者 9 人、国家高层次人才特殊支持计划“万人计划”科技创新领军人才 3 人、“万人计划”青年拔尖人才支持计划入选者 1 人、科技部“创新人才推进计划”入选者 2 人、教育部新世纪优秀人才入选者 12 人、国家自然基金委员会优秀青年科学基金获得者 5 人、中科院卓越青年科学家计划入选者 1 人、安徽省“百人计划”入选者 3 人、中国科学院卢嘉锡青年人才奖 1 人、中国科学院青年科学家奖 1 人。

本科生教学

2017 年本科教学完成学校通修课、专业课、方向课、公选课共计 254 个课堂排课、助教选聘、教师工作量统计等教学任务，全院 1184 位学生的注册、成绩单和学生咨询及教学事务办理，春/秋学期 54/57 位困难学生的帮扶工作及学籍清理；学院鼓励学生参加学校和学院的国内外各项交流，2017 年学院共有 76 位学生出境学习。2017 年有 23 位学生参加大学生研究计划并顺利结题。有 23 组同学获得 2017 年国家大学生创新创业项目，2016 年的 25 项国家大学生创新创业计划项目顺利结题。学院各系抓本科毕业论文的质量，强调重合率要降低、论文内容水平要提高，2013 级 286 位学生毕业论文顺利通过。

为了进一步提高教学质量，优化培养方案，教学院长带领各系教学主任对 1 年级、2 年级学科群及 4 个专业的专业课程进行了修订，完成了本科生培养方案修订稿，除了学期的调整还新开设了多门课程，学院微机原理课程组进行了多次的讨论将部分课程内容删除增加新的内容，23 系的培养方案进行了较大变动，更符合专业的要求，调整后的学院整体培养方案更为完整和科学。根据学科调整和社会的需求，学院还制定了新增专业培养方案：① 交叉学科——生物医学工程专业培养方案；② 人工智能专业培养方案。我院“新工科研究与实践”项目获推荐至教育部；组织 2017 年教改项目申报共 8 项，22 项教学项目完成年度检查，2017 年学院申请 4 项省教学成果奖、1 项教材编写项目。

2017 年学院积极鼓励教师带领本科生参加科技活动，组织老师指导 19 组学生共 96 位同学参加了学校的机器人竞赛，2 组获得冠军，2 组获得亚军，3 组获得季军等；组织 2014 级、2015 级英才班学生分赴北京电子所和长春光机所开展暑期见习活动和科技实践夏令营活动，听取科技前沿报告，参观电子所各研究室，同时邀请研究所一线科研专家来学校开展了招生宣讲、英才班面试、发放助学金等工作。

研究生教学

1. 2017 年学院招收硕士生 441 人，招收学术型博士生 87 人、工程博士生 14 人。

2. 学院完成了校内外优秀应届本科毕业生的推荐免试研究生工作，共接收 2018 级推免生 306 人，推免生全部来自“985”或“211”高校。为了吸收校外优质生源，成功举办了第四届信息科技夏令营，营员规模达到 260 人。

3. 修订完善了《信息学院硕士研究生招生额度分配方法》，并形成学院〔2017〕02 号文件，以规范学院硕士研究生的招生工作。

4. 根据网络空间安全学科多学科交叉的特点，协同数学科学学院、物理学院、计算机科学与技术学院相关学科老师制定了网络空间安全学科研究生培养方案。

5. 为了贯彻党委意识形态工作责任制，修订了学院研究生高水平讲座实施办法，增加了邀请人的承诺和报告备案制。学院充分利用研究生院的“研究生创新论坛”管理信息系统，共举办了 41 场国内外专家教授的学术讲座，听报告学生达 1700 人次，申请到研究生院 20 万元资助。

6. 学院积极鼓励研究生参加国际学术交流，本年度参加国际交流达 114 人次。其中申请参加国际会议资助的人数为 36 人，资助总额约为 50.4 万元。

7. 完成 2017 届博士、硕士学位申请材料的审核申报工作，经学位委员会评审，我院本年度共有 70 名学生获博士学位，158 名学生获工学硕士学位，134 名全日制工程硕士获专业硕士学位，89 名在职单证工程硕士获专业硕士学位，还有 6 名留学生获博士学位，6 名留学生获硕士学位。特别是今年首届有 4 名工程博士获得了专业博士学位。

8. 为了加强研究生学籍管理，从 2017 年秋学期开始学校启动研究生学期注册工作，采取“学期电子注册＋研究生证注册”的模式。在学生本人、所有导师、班主任的共同努力下，学院顺利完成了1466名研究生的学期注册工作。

9. 2017年12月28日教育部学位与研究生发展中心公布了全国第四轮学科评估结果，我院信息与通信工程学科、控制科学与工程学科被评为B+，电子科学与技术学科被评为B，生物医学工程学科被评为B−。

10. 学校首次设立了优秀博士学位论文奖，我院有2名博士获得优秀博士学位论文奖，2名博士获得提名奖。

科研成果

2017年，学院瞄准国际科技前沿和国家重大需求，充分发挥学校理工结合的优势，学院积极组织力量争取各类项目，新批准项目数保持稳定增长的态势，在国家层面的大项目上取得较大的进步，并取得良好的科研成果。

2017年，学院主持新批国家自然科学基金项目18项，其中康宇、黄伟2位老师获得国家杰青项目，张文逸老师获得优青项目，还有面上项目8项，青年项目6项，海外合作1项。承担科技部项目17项，中科院项目11项，军工项目45项，横向项目29项。学院2017年科研经费到款额为1.45亿元，科研经费到款额首次过亿元。

2017年，学院共发表论文700余篇；学院申请专利123项，专利授权58项。

2017年，国家发改委正式批复建设类脑智能技术及应用国家工程实验室。国家发改委正式批复立项未来网络基础设施建设，已完成科研报告评审。

招生就业

本科生按电子信息类大类专业招生，两年后进行4个专业的选择和培养，研究生按5个学科方向招生。2017年我院共毕业本科生282人、硕士研究生355人、博士研究生75人。根据统计数据，本科生深造率达75%，其中出国留学比例达18.5%，大部分为全额奖学金；国内深造比例近57%，集中在本校、中科院各研究所以及其他重点高校和研究机构。我院毕业生的就业质量非常高，毕业生大多进入国内外著名的科研机构、高等院校和高新技术企业工作，如微软、IBM、华为、中兴、中电集团、腾讯等，深受用人单位好评。2017年我院获得校毕业生就业工作先进集体。

交流合作

2017年，学院与许多国内外著名大学、研究机构和企业开展了一系列重要的学术交流与合作活动，包括斯坦福大学全球设计创新课程联盟(SUGAR)国际交流活动、网络安全研究国际学术论坛(InForSec)国际顶级学术会议论文分享活动、世界低温生物科技与生命资源库大会、自动化前沿讲座、IC高水平学术前沿讲座(合肥IC咖啡)、海外专责委员会年度会议等。本年度信息学院出访境外进行各种学术交流的教师约140人次，邀请来访境外学者专家约120人次，该数据比上一年度有较大增幅。

学院与境外高校的学生交流活动继续稳健进行，本年度学院招收了 30 余名外国留学生，推荐了数十名优秀本科生积极参加教务处组织的各类短期境外交流项目，还有 80 余人次的硕士、博士研究生出国参加了各类国际会议或交换访学活动。这些都积极推进了我校信息学科领域的学生与境外高校相关领域学生之间的交流互动，也提升了学院教学科研的国际化水平和国际参与度。

计算机科学与技术学院

基 本 情 况

中国科学技术大学于 1958 年建校时就设置了计算机专业，老一辈计算机科学家夏培肃先生等亲自执教。创办之初，与中国科学院计算技术研究所合作自主设计并研制成功了我国第 1 台通用计算机——107 机，并于 1960 年安装于中国科大。1982 年成立了计算机科学技术系，与中国科学院计算技术研究所联合培养了我国首批 18 位博士之一的冯玉琳博士。1990 年获得计算机软件博士学位点；1995 年建成了我国第 1 个国家高性能计算中心；2000 年获得一级学科博士学位授予权；2003 年陈国良教授当选为中国科学院院士，并获得首届国家教学名师的称号；2007 年计算机软件与理论被评为国家重点学科；2009 年成立计算机科学与技术学院；2010 年本学科进入 ESI 排名世界前 1%；2012 年全国高校学科评估中，计算机科学与技术学科取得全国排名第 9 的成绩；2017 年全国第四轮学科评估中，计算机科学与技术学科获评 A－。

教学和人才培养工作

2017 年，学院共招收本科生 111 人，硕士研究生 171 人（科学学位 116 人、专业学位 55 人），博士研究生 32 人。学院尽力为学生提供国内外学习交流的机会，丰富学习经历，开阔科研视野。2017 年，学院共有 25 名学生分别赴美国华盛顿大学、台湾大学、台湾清华大学、香港理工大学、香港城市大学、北京大学等大学进行交流学习；学院安排 2014 级毕业班 21 名学生前往中科院计算所、软件所及微软亚洲研究院访问学习，其间还参观了谷歌（中国）、百度、腾讯、爱奇艺、滴滴研究院等单位；安排 2015 级英才班和部分非英才班 40 名同学到杭州华为、阿里巴巴、网易、微策略公司进行访问学习；安排 2016 级英才班和部分非英才班 40 名同学在北京进行为期一周的学习，并参观了中科院计算所、微软亚洲研究院、百度、腾讯等单位。

2017 年夏季学期，学院成功开设了 2 门面向本科生的课程："程序设计Ⅱ""龙星计划课程"，其中"程序设计Ⅱ"专门面向 2016 级刚转入的同学，用来补充他们欠缺的课程；"龙星计划课程"主讲教师为美国得克萨斯理工大学陈勇副教授，主要介绍当代并行计算机的体系结构模型。

学院积极举办丰富多彩的学术活动，努力培养学生的实践创新能力。4月8日，学院举办了第四届研究生学术论坛。多名学生参加国内外科技竞赛，并取得好成绩：2015级本科生马凯获得国际 Hackathon 全球 IT Pros 组第一名；2015级本科生林郅琦获得第五届 2017 RDMA 大学生编程竞赛一等奖；2015级本科生谢筠庭、蔡文韬获得国际 iGEM 比赛金奖；2015级本科生任才俊、陈翊辉获得安徽省大学生系统能力竞赛一等奖；陈恩红教授领导的“大数据分析及应用实验室”EarthBrain 团队参加中国地震局地球物理研究所与阿里云天池共同举办的“余震捕捉 AI 大赛”，从包括多支地震行业专业队、世界名校在内的 1143 支参赛队伍中脱颖而出，获得全国亚军；陈小平教授团队自主研发的一款机器人柔性手爪获得第 21 届 RoboCup 机器人世界杯及学术大会“最佳操作奖”；李向阳教授团队的“手语翻译手环”获得由联想创投集团主办的“中国有 AI · 联想高校 AI 精英挑战赛”华北赛区第一名。

学院 2017 届本科毕业生 105 人，硕士毕业生 152 人，博士毕业生 55 人。本科生继续深造率为 64%，留学深造率为 23%，直接就业率为 36%。本硕博各类毕业生初次就业率均为 100%。学院毕业生就业率和就业质量实现双丰收，连续第七年获评“就业工作先进单位”。

科研与学术交流工作

2017 年，学院教师队伍得到进一步加强，引进 2 位特任研究员杨盘隆、李诚，吉建民、吴锋 2 位特任副研究员转聘为固定编制副教授，中组部“千人计划”申报取得骄人成绩，共入选 2 位“大千人”张燕咏、陈世刚，4 位“青年千人”龚伟、程敬原、丁虎、杨亚玲。科研平台建设取得重要进展，大数据分析与应用安徽省重点实验室于 2017 年 3 月获批成立。

在科研项目方面，学院获批各类项目 44 项，总合同经费 5138.62 万元，其中，纵向项目 35 项，合同经费 4640.2 万元，横向项目 9 项，合同经费 498.42 万元。国家级重要科研项目取得可喜成果：共获批国家基金项目 14 项，直接经费 1578.6 万元。陈恩红教授的“基于大数据的微反应情感分析仪器”获批直接经费 845 万元，是学院的第一个国家重大科研仪器研制项目。

根据 2017 年 11 月最新发布的计算机科学学科 ESI 排名数据，学院的学科国际排名是 93 位，比去年同期提升 33 位。论文的篇均引用次数为 6.6，相比去年同期(5.59)也有大幅提高。2017 年以学院为第一作者单位正式发表的 CCF 推荐 A、B 类期刊和会议论文 86 篇。学院还新增国家授权发明专利 14 项，新申请专利 26 项。

学院获得了多项奖励：吴乐博士（导师：陈恩红教授）荣获中国人工智能学会优秀博士学位论文奖；王喆锋博士（导师：陈恩红教授）荣获中科院优秀博士学位论文奖；唐珂教授参与的成果“航空交通系统网络化协同调控理论与方法”获得教育部自然科学一等奖（北航第一单位，科大第二单位）；张信明教授的成果“无线自组织网络路由算法与性能优化的研究”获得安徽省自然科学二等奖；刘淇副教授入选 CCF“青年人才托举计划”，他还和钱超分别入选中国科协“青年人才托举工程”；安虹教授参加央视的《机智过人》节目，展示“医学影像阅片机器人”成果；陈小平教授团队研制的机器人“佳佳”作为新华社特约记者，越洋采访了美国著名科技观察家凯文 · 凯利，这是全球首次由高仿真智能机器人作为记者与人进行交互对话；在上海举行的第17届瑞银大中华研讨会上，机器人“佳佳”还与英国前首相戴维·卡梅伦进行了对话。

学院学术交流十分活跃，2017年组织了67场、90人次各类学术报告会。为加强学院青年教师间的科研合作和交流，学院开展了“青年教师学术沙龙”系列活动，全年共举办了20场。还承办了多个重要学术会议：全国高性能计算学术年会、第15届亚洲程序设计语言和系统会议、中国计算机学会青年计算机科技论坛合肥分论坛等。

地球和空间科学学院

学院概况

地球和空间科学研究领域由地球内部延伸到行星际空间，包括这个广大区域中不同层次的结构和物质组成，以及物质的运动和各种物理化学过程，其目标是以物理或化学为基础，认识我们生活的地球及其周围的宇宙空间，了解地球本身的运动规律和其他星体对它的影响，为更加有效地利用资源，保护环境，防灾减灾，实现可持续发展奠定科学基础。

学院前身为1958年中国科大建校时设立的地球物理系与地球化学和稀有元素系，经多次系科调整，于2001年12月成立学院。中国科学院院士、第三世界科学院院士陈颙教授担任院长，汪毓明教授担任执行院长，刘斌教授担任党委书记、副院长，陈福坤教授、姚华建教授担任副院长，熊成担任党委副书记。

学科建设

地球和空间科学学院现设2个系：地球物理与行星科学技术系、地球化学与环境科学系。地球物理与行星科学技术系有固体地球物理学、空间物理学、大气物理和大气环境3个学科方向，陆全明教授担任系主任，李锐教授担任副主任。地球化学与环境科学系有地球化学和环境科学2个学科方向，周根陶教授担任系主任，谢周清教授担任副主任。

学院现有4个一级学科，分别是地球物理学（包含固体地球物理学和空间物理学）、大气科学、地质学、环境科学和环境工程。学院拥有地球物理学、地质学和环境科学3个博士后科研流动站。

师资队伍

学院师资力量雄厚，现有教授64人，特任研究员2人，副教授28人，其中中国科学院院士6人，“大师讲席”教授4人，“千人计划”入选者5人，“青年千人计划”入选者16人，“国家杰出青年基金”获得者13人，“国家优秀青年基金”获得者12人，中国科学院“百人计划”教授8人，教育部“长江学者”特聘教授3人，教育部“长江学者”讲座教授2人，“新世纪百千万人才工程”国家级人选4人，省级教学名师2人。

2017年，学院新引进“青年千人计划”入选者3人、“百人计划”C类1人、特任副研究员1人，窦贤康教授当选中国科学院院士，高晓英入选国家优秀青年科学基金，赵纯获得“求是杰出青年学者”奖，秦礼萍教授获得中国科学院第五届“十大杰出妇女”和安徽青年五四奖章，夏海云获得日内瓦国际发明展特等金奖，薛向辉获得安徽省科学技术一等奖，张少兵获得青年地质科技奖(银锤奖)，杨晓勇获得安徽省自然科学二等奖。

2017年，学院继续加强与海外校友的交流，与人才招聘紧密结合。12月12日在美国地球物理学会2017年会举办地——新奥尔良举办了全球招聘会和校友招待会，向校友介绍了学院的发展情况和人才引进的相关政策，吸引优秀人才回国发展。

科研基地

学院拥有2个中国科学院重点实验室——“壳幔物质与环境实验室”和“近地空间环境实验室”，1个国家级观测研究平台——蒙城“国家野外地球物理观测研究站”。

2017年，学院获批新增科研经费总额4615.94万元，其中纵向经费4416.44万元，横向经费199.5万元。获批立项各类纵向科研项目总计69项，其中国家自然科学基金委资助项目49项，包括创新群体1项、优秀青年基金3项、面上基金32项、青年基金12项。获批立项的各类横向课题总计9项。

招生就业

2017年，学院招收本科生113人，硕士研究生124人，博士研究生89人。硕士研究生中通过推免接收76人，86.8%为“985”或“211”高校优秀学生；学院2017届毕业生共220人，其中本科生74人，硕士研究生107人，博士研究生39人，60%以上的毕业生进入国内外著名大学、研究机构继续深造。

人才培养

学院通过优化英才班、学业导师计划、加大野外实习力度、国际大研计划、推进教学实验中心建设、成立教研组进行教学研讨、组织教材建设及教学研究课题、创建地球和空间科学杰出讲座等多种举措，探索教学与学生培养新措施。

学院和中科院地质与地球物理研究所于2010年联合创办了赵九章现代地球和空间科学科技英才班，截至2017年底共毕业学生168人，其中2017秋季学期在籍学生2014级27人、2015级26人、2016级22人、2017级29人。2013级26名英才班毕业生，12人在国内深造，13人赴国外深造，1人就业(研发部门)，继续深造率达到96%。

2016年，学院与安徽省气象局、中国科学院云南天文台、中国科学院地质与地球物理研究所共建了教学与研究实习基地，恢复了普通地质学北戴河野外实习和云南省地震局及野外台站实习。2017年确定了30位教授为2017级本科生学业导师；19位同学开展了大学生研究计划,30 位同学组成的 11 个小组完成了大学生创新计划项目,27 位同学组成的 10 个小组成功申请大学生创新计划项目,支持 21 位同学出国出境参加暑期学校和研究实习。

管 理 学 院

基 本 情 况

管理学院共设有工商管理、管理科学、统计与金融 3 个系,以及 MBA(工商管理硕士)、EMBA(高级工商管理硕士)专业学位教育中心和 EDP 高层管理者培训与发展项目中心。同时,学院还设有数字化管理研究所、信息与决策研究所、统计咨询中心、电子商务研究实验室等 7 个研究机构。

学院现有教职工 209 人。其中,专职教师 82 人,聘期制科研人员 55 人,管理和支撑人员 31 人,院聘管理和支撑人员 41 人。学院教授 22 人,副教授 47 人。学院目前拥有国家自然科学基金委“创新研究群体”1 个,国家级教学团队 1 个,国家杰出青年基金获得者 2 人,优秀青年基金获得者 5 人,长江学者特聘教授 2 人,中组部青年千人计划 1 人,海外及港澳青年基金 1 人,中国科学院百人计划 4 人,教育部新世纪优秀人才 6 人。

教学与学科建设

一、科学学位教育

学院认真规范开展本科生教学、研究生培养和学位管理工作,配合学校教务处圆满完成教育部本科教学评估工作。目前学院 3 个系 4 个专业在读本科生总计 452 人,本科生规模总体稳定。学院顺利完成了中美合作“3+1+1”金融英才班的招生推荐工作。2017 年,获得郭沫若奖 2 人,本科生赴海外交流 28 人。

继续贯彻落实本科生学业导师制,42 位老师承担了本科生的学业导师任务。工商管理系创设的“工商管理研究生论坛”全年开展了“风险与战略管理”“创新与创业管理”“2017 年博士留学生进展汇报”等多项活动,收效和反响较好。

在教材和教研成果方面,秦进老师“科研实践对拔尖计划学生成长的影响研究”获批 2017 年“拔尖计划”研究重点项目;胡太忠教授的“随机过程”教学团队、毕功兵教授的“管理科学与工程专业本科课程体系建设研究”、张伟平副教授的“统计学课程教学质量提升探索与实践”获批省级质量工程项目。此外,学院稳步推进安徽省高等教育振兴计划“管理科学特色专业建设项目”,学科建设不断改革创新,教学质量持续提升。

在国家第四轮学科评估中,统计学、管理科学与工程一级学科获得 A-,工商管理获得 B。学院圆满完成 2017 年研究生招生和 2018 年推免工作,生源质量不断提高。通过第二届管理科学与统计金融夏令营的选拔,“985”“211”生源稳定增长。

二、专业学位教育

秉承学院使命，严格遵守国家和学校的规章制度，在学院研究生录取领导小组和研究生院指导下，2017 年，MBA、EMBA 等各专业学位教育中心修订和更新招生宣传资料，完善招生选拔制度，生源质量稳步提升。录取新生全日制 MBA135 人、非全日制 MBA450 人、非全日制 EMBA117 人，共计 702 人；录取金融硕士 67 人（含推免 29 人）、应用统计硕士 10 人、国际商务硕士 4 人、物流工程硕士 15 人（含推免 1 人）、项目管理硕士 21 人。总计录取专业学位研究生 819 人。

2017 年，MBA 中心顺利组织了约 30 个班级的教学工作，全年 3 次论文开题、评审、答辩和学位授予工作，涉及学员近 700 人。此外，MBA 中心全年共组织 IPMP 笔试 6 次、案例讨论和面试 3 次，参加 IPMP 认证人数达 170 人，其中 C 级 94 人、D 级 76 人。在 MBA 中心及其相关授课老师的带领下，共开展了 40 多场移动课堂，2 次海外游学活动，参访多类型企业，接受创新创业及领导力的培训，开阔学员视野，提升学员实战能力。

EMBA 中心在 2017 年度累计开展了 5 个班次、33 门课程的教学活动。全年有 3 个班级、152 名学员结课，95 名学员获得学业证书。EMBA 中心全年组织实施国内移动课堂 7 次，海外游学 2 次。完成论文辅导 2 次、论文发评 77 人、论文答辩 60 人，60 名学员被授予中国科大高级管理人员工商管理硕士学位。

科研工作及学术会议

2017 年，管理学院全年累计新增各类项目 36 项，经费总金额 1017.5 万元。其中包括 1 项国家自然科学基金委重点项目和 1 项国际合作项目，1 项国家社科基金项目，1 项教育部人文社科项目，1 项教育部创新团队培育基金滚动支持项目。

2017 年，管理学院全年发表 SCI 论文 110 余篇。科睿唯安已发布最新一期 ESI 数据。在学科排名中，中国科学技术大学的“社会科学总论”（Social Sciences, General）首次进入世界前 1%，我校社会科学相关学科发展取得新的突破。

我院言小明副教授作为第一作者，在管理科学领域国际顶级期刊《Production and Operations Management》上发表 1 篇学术论文。言小明副教授（独立作者）另一篇论文在《Production and Operations Management》上在线发表。中科大管理学院管理科学位列 UTD 全球商学院学术排名（2015～2017）第 83 位。

魏玖长教授等人研究撰写的论文被管理学领域的顶尖期刊《战略管理杂志》（《Strategic Management Journal》）在线发表。至今，以中国大陆高校和研究机构为第一单位在该杂志上发表的论文数量不超过 5 篇。这是我院在战略管理领域顶尖期刊发表的第一篇论文，体现了学院在高水平论文方面取得的又一重大突破。我院“基于供应链创新的决策问题研究”的项目成果荣获高等学校科学研究优秀成果奖自然科学奖一等奖，其中管理学领域获一等奖的项目仅有 2 项，该项目成果也是我校本年度获得的唯一的一等奖项目。

管理学院 2017 年主办或承办有影响力的学术会议和活动主要包括“第二届国际商务数据论坛”、国际咨询委员会（IAC）来访会议、2017 年管理科学暑期夏令营活动、“人工智能与未来”的第四届交叉科学与应用论坛等。2017 年，管理学院共出访国际会议 16 场，举办来访学术报告 94 场，来访专家学者包括美国华盛顿大学谭勇教授、范明副教授，华南理工大学牛保庄教授，西班牙 IE 商学院崔志坚副教授，香港城市大学陆晔副教授等。

国际交流与合作

学院积极承担国际认证各项后续工作，定期整理 AACSB 认证标准和需要持续改进的内容，及时在线提交认证资料和信息，保证持续改进工作顺利进行，认真维护国际认证后续相关工作。

2017 年，学院接待境外来访 130 余人次，专家主要来自包括美国西雅图华盛顿大学、伊利诺伊州立大学，密西根州立大学，澳大利亚西澳大学，加拿大滑铁卢大学，新加坡国立大学等国外知名高校。为弥补英文授课师资的不足，学院多次邀请国外高校外教为 MBA 国际班授课。鼓励本院教师参加国际学术会议与出国访问。全年共有 105 人次出境参加国际学术会议或开展科研教学合作，较 2016 年增长了 26%。学院先后派出老师访问美国西雅图华盛顿大学、天普大学、加州大学尔湾分校，荷兰特文特大学、史蒂文斯理工学院，洽谈教育和科研方面的合作事宜，并与天普大学、史蒂文斯理工学院签订了合作培养协议。

在留学生工作方面，配合学校国际合作部招收留学生 23 人，其中硕士 14 人、博士 9 人。

人才引进与人事管理

2017 年，学院继续加大人才引进的力度，大力推进海内外高水平人才、高端人才和优秀青年人才的引进工作。学院人才引进与服务工作办公室全年组织了 6 批海外人才引进面试工作，共有 38 位优秀青年人才进行了校园访视，并成功引进入职 5 位境外优秀青年人才。积极组织申报中组部千人计划和教育部长江学者项目，美国圣路易斯华盛顿大学张付强教授成功入选教育部长江学者讲座教授，香港城市大学陆晔副教授进入青年千人现场答辩环节。此外，学院还协助校人力资源部认真做好 40 位聘期制科研人员的考核、聘用、转编和日常管理等工作。

2017 年，魏玖长教授荣获中国科学院青年促进会优秀会员的称号，学院"青年千人"郑泽敏博士到岗，引进教授 4 人(美国威斯康星大学麦迪逊分校王潇副教授、西班牙 IE 商学院崔志坚助理教授、香港城市大学陆晔副教授、复旦大学张洪研究员)，其中王潇和崔志坚已经到岗，张洪和陆晔暂未到岗。3 位聘期制科研人员郭晓龙、刘杰、黄茜博士成功转聘固定岗副教授。

党务党建工作

2017 年，管理学院党委根据中央、中科院等有关文件精神，按照校党委的统一部署，面对新形势和新任务，结合管理学院使命、愿景与中心工作，凝聚党内外各方面的力量，激发全体党员的积极性和创造性，学习与工作相结合，继承与创新相统一，齐心协力，认真做好基层党建工作，深入开展"两学一做"学习教育与十九大精神的学习宣传贯彻。

一、扎实开展学习教育

学院党委以高度的政治责任感和扎实的工作作风，认真开展“两学一做”学习教育与十九大精神学习宣传贯彻。制定了《管理学院党委 2017 年重点工作》《管理学院 2017 年开展“两学一做”学习教育工作计划》《管理学院党委学习宣传贯彻十九大精神方案》等。各党总支、党支部根据学院的实施方案和工作计划，结合自身实际制定本单位的实施方案和具体学习教育计划。

二、扎实推进十九大精神学习宣传贯彻

2017 年，学院共召开四次学院党委理论学习中心组集中学习会。面向全院教职员工的学习会一次，面向全院党员师生的“两学一做”学习教育专题党课一次。十九大召开之后，学院党委组织安排全院师生通过多种途径认真收听收看党的第十九次全国代表大会开幕式，并采取多形式、全覆盖的方式，开展党的十九大精神专题学习会，贯彻落实十九大精神。学院院部教工党支部、管理科学系教工党支部、统计与金融系教工党支部、工商管理系教工党支部分别召开专题会议，集体学习十九大会议精神并交流讨论学习心得。各学生党支部积极组织学习，做到了十九大精神学习的全覆盖。积极拓展主题党日活动，组建管理学院研究生十九大精神学习实践团，赴金寨开展了“红色金寨行” 主题党日活动。

三、夯实基层党建工作

院党委制定并实施了学院党建指导性文件《管理学院关于加强和改进基层党建工作的实施意见》。继续加强党务各项管理规章制度建设，落实基层党建工作责任制，认真贯彻落实民主评议制度、“三会一课”及民主生活会制度、党组织例会制度以及党员教育、新党员入党宣誓、老党员重温誓词仪式等制度。继续执行以往制定的《管理学院党支部工作规程》《管理学院先进基层党组织、优秀党务工作者与优秀共产党员评选办法》等文件。

学院党委高度重视制度性建设，2017 年相继制定了《管理学院党政联席会议议事规则》《管理学院党委会议事规则》《管理学院理论中心组规则》，以狠抓各支部“三会一课”为抓手，积极推进标准化支部建设。

四、重视统战，积极发展优秀教工加入党组织

积极推荐合适教师加入民主党派或进入地方工作。统计与金融系系主任张伟平、金百锁正式加入民主建国会。积极贯彻校党委统战部联系交友活动，定期开展工作。目前，由党委书记刘天卓联系的刘和福（优青）、由执行院长余玉刚联系的郑泽敏（青千）已递交了入党申请书，参加了党校的学习，并被所在系支部列为入党积极分子。

五、党政协同互动，为学院发展提供动力保障

学院继续坚持院系党政联席会议制度，确保学院党委的政治核心地位和监督保障作用。逐步建立健全推行实施“三个结合”的工作模式和“三位一体”的工作机制，“三个结合”即基层党组织工作始终与学院科研、教学、行政服务相结合，促进学院中心工作和发展战略的顺利推进；“三位一体”即在教工层面，党支部、院系行政与院系工会三位一体，在学生层面，党总支（党支部）、分团委（团支部）、学研两会（班委会）三位一体，使基层党组织活动具有真正载体和抓手，充分体现围绕中心工作的基本原则。

行政与学生工作管理

2017年，在学院领导的指导和带领下，学院重新梳理了行政管理和综合服务工作的内容、范围和岗位。日常行政管理逐步规范并持续改进，工作流程不断优化，后勤保障支撑到位。确保每项工作规范、有序并落到实处，努力提高行政管理和综合服务的质量和水平，切实保障学院各项工作的正常运转。学院对教职工的办公场所重新进行了合理分配，进一步完成了MBA中心的更新改造任务，物资采购和设备维护维修等工作不断规范。2017年底，中科大国际金融研究院建筑群三栋建筑封顶，预计2018年底建筑群全部封顶，2019年可以投入使用，它是继中科大先进技术研究院之后，合肥市和学校全面战略合作、协同共建创新平台的又一力作，它将为管理学院相关学科的跨越式发展增加新的动力引擎。

实验中心完成了虚拟化计算环境和并行运算平台的总体设计和测试工作，进入了实施阶段，已经实现了为院内部分老师提供包括虚拟桌面和虚拟服务器在内的云服务。中心利用技术手段加强了无线网络的管理，提升了无线网络的应用效果。完成了AACSB信息管理系统的软件著作权申报工作，初步实现为国内多家商学院提供国际认证信息系统试用版的远程服务。

学 生 工 作

学院全方位加强学生工作和就业教育，以加强和改进大学生思想政治工作为统领，以提高学生工作队伍工作水平为重点，以创建良好院风学风和搭建各类文体智活动平台为抓手，致力促进学生全面综合素质的发展。

学院分团委以十九大精神学习、理想信念教育、国情时政热点、传统文化、亲情感恩教育等为主题，积极开展各种形式的主题团日活动50多个。学院团委荣获“优秀分团委标兵”称号，学院学生会、研究生会分别荣获“优秀院系学生会标兵”和“优秀院系研究生会标兵”称号。

2015级工管精英班等4个毕业班荣获校“先进毕业班集体”称号，2016级经管实验班更是荣获“六有大学生先进班集体”称号(全校6个)。逐步完善学业预警管理工作，对学困生进行分级管理，推行定期谈话制度，根据学业困难的情况由班主任、辅导员、学业导师、院系学生工作负责人协同配合开展帮教工作。此外，学院还认真做好助勤贷免、评优评奖、应急疏散演习、心理健康教育、职业生涯规划等方面的工作。

2017届管理学院毕业生总计346人，其中本科生109人、硕士研究生199人、博士研究生38人。本科生就业率为97%，硕士生就业率为98% ，博士生就业率为100%。本科、硕士、博士毕业生的整体就业率与往年相比，呈现出逐年稳步上升的增长态势。

鼓励学生参加学术科技、创新创业以及各种健康的文体活动。以科学学位为主的学生代表队在第14届企业文化案例分析大赛全国总决赛上获得二等奖和团体优秀奖，在第九届“尖烽时刻”商业模拟大赛全国总决赛中荣获二等奖。MBA教育培养各项比赛成绩优异。在第六届安徽MBA教育发展论坛中，MBA中心刘梦娴、徐祝琴获安徽MBA优秀学员奖；

由中国科大MBA学员余光、朱珉、周洋洋、姚琴四位同学组成的中国科大队获得第十六届(2017年)全国MBA培养院校企业竞争模拟大赛冠军；中国科大MBA队荣获第六届亚太地区商学院沙漠挑战赛最高奖项——沙鸥奖；中国科大队荣获第三届国际商学院黄山挑战赛最高奖项——黄山松奖，中国科大代表队荣获“优秀团队奖”；中国科大MBA队荣获第七届安徽MBA羽毛球大赛团体冠军；中国科大MBA中心两支参赛队伍分别荣获2017第五届全国管理案例精英赛华东二区晋级赛冠军和季军；中国科大MBA中心参赛队伍荣获2017第五届全国管理案例精英赛华东二区晋级赛季军，MBA学员傅楠荣获“最有价值队员奖(MVP)”；在第十七届中国MBA发展论坛中，中国科大MBA校友汪先锋荣获“中国MBA十大精英人物”，MBA校友汤允金、季琳荣获“中国MBA商学院创新创业新星”，MBA学员胡显锐、刘孝贤荣获“中国MBA新秀100”；在第38届国际企业管理挑战赛(GMC)中，中国科大37支队伍以小组第一的优异成绩晋级复赛，目前已有1支队伍晋级全国总决赛。

EMBA中心全年参与和组织各类活动30余场，有EMBA毕业典礼暨新春联谊会、EMBA2017樱花节返校日、第二届EMBA学员手机摄影大赛、EMBA第二届“Family Day”家庭日活动、2017年5月份美国游学活动、2018年EMBA毕业典礼暨新春联谊会主题征集活动等。EMBA学员俱乐部有20余场专项活动，网球俱乐部参加了2017年商学院网球挑战赛、羽毛球俱乐部参加了全国EMBA羽毛球联赛和第四届华东商学院羽毛球邀请赛、EMBA“戈十三”开营仪式及六安拉练等。

校友工作

2017年，中国科大管院校友办以服务校友为基础，邀请校友回到母校，参与学校发展建设，参与学生培养工作，加强校友意识，增强校友荣誉感；以联络校友为纽带，加强深化校企合作，帮助校友企业发展。成立中国科大管理学院校友会教育分会，目前，共有十个理事单位，一百多位会员，举办了“关注‘科二代’养正教育”活动，成立玄奘之路安徽戈友会等。建立中国科大管院校友会公众号“中国科大管理大院”，每周整合并发布学校、学院及校友相关新闻，总阅读数35987次，分享3238次。建立管院校友会相关微信群串起分散在各处的校友，架起校友联络互助成长的桥梁。

人文与社会科学学院

学院概况

人文与社会科学学院设有科技史与科技考古系、科技传播与科技政策系、人文社科基础教学中心。学院现有教职工130人，其中教授19人。设有2个本科专业，1个国家重点学科，2个博士点，8个科学学位硕士点，3个专业学位硕士点，1个“985”二期国家文科基地，1个省级重点学科，2个安徽省文科科研基地，1个安徽省级本科特色专业，4门教育部中国大学精品视频公开课，1 门国家级精品课程、国家级精品资源共享课程。

党政管理

全面学习宣传贯彻党的十九大和十八届三中、四中、五中、六中全会精神，扎实推进“两学一做”学习教育。深化落实中央“八项规定”精神，持之以恒抓好正风肃纪工作。严肃对待中央巡视，认真开展巡视整改。党建和思想政治工作深入开展，基层党组织和党员队伍建设全面加强。

队伍建设

外语系引进一名博士学位教师。

体育教学部引进两名硕士学位教师。

学科点建设

科学技术史学科获“建设世界一流学科”，在教育部学科评估中获得 A+。

完成国务院学位委员会和教育部联合布置的学科授权点合格评估科学技术史学科自评工作。

24 系实行“研究生学位论文预审制”，获校级优秀博士论文 1 篇。

教学培养

一、人文社科基础教学中心

首届文理复合英才班录取 25 人，秋季学期开始正式上课。

强化课程组工作制度化、管理规范化。

采取积极措施鼓励老师开展教学研究。

开展“学习教学管理规定，规范教师教学行为”活动。

全面加强和改进思想政治理论课教学，将党的十九大精神和习近平新时代中国特色社会主义思想及时准确地融入思想政治理论课教学。

马克思主义学院实现本科和研究生思想政治理论课共建教学的全覆盖，实行硕士研究生双导师制。

大学英语开设系列 EST 课程；读写组编写《原生态英语阅读》教程供本科生使用；听说组开发具有科大特色的听说课程 MOOC，主编的《新思维大学英语视听说》第四册出版发行；研究生英语实践中心建立一套具有科大特色的外籍教师教学管理和教学效果评价机制；进一步完善机考试题库、试卷合成系统、考试系统、阅卷系统的建设。

人文素质教研部逐步打造层次化、精品化与核心化的综合素质课程体系，公共选修课贴近学生需求，凸显“体验”，实现“做中学”“做中创”。

二、科技传播与科技政策系

参与首届文理复合英才班的招生和教学工作。

7月和科技史与科技考古系共同举办首届科技与文化夏令营，负责新闻传播分营。

三、科技史与科技考古系

7月与科技传播与科技政策系共同举办首届科技与文化夏令营。

科 学 研 究

纵向项目立项26项，立项经费总额581万元，其中国家社科基金重大项目1项，国家社科基金项目2项，国家自然科学基金项目4项。2017横向项目立项5项，立项经费69万元。2017年科研到账经费865.66万元，其中纵向781.65万元，横向84.01万元；

以石云里教授为首席专家申报的“中日韩古天文图整理与研究”课题获得国家社会科学基金重大项目立项，这是我校首次获得国家社科基金重大项目的立项。

金正耀教授同英国牛津大学Mark Pollard教授双方团队合作，应用铅同位素质谱方法研究了西安地区出土汉代铜镜，相关成果在线发表于国际科技考古权威期刊《Archaeometry》。

王国燕博士课题组与英国曼彻斯特大学科技史研究中心Jane Gregory合作，揭示封面图像对于学术论文引用率的放大效应，其成果以理论研究型论文《Cover Stories: An Emerging Aesthetic of Prestige Science》为题在线发表在国际权威期刊《Public Understanding of Science》上，这是我校人文学院在SSCI一流期刊中的首篇论文。

方浩老师申报的“中国传统色彩在公共空间的应用研究”课题获得国家社科基金艺术学项目立项，这是我校首个国家社科基金艺术学课题。

8月13日王国燕博士受邀登临CCTV2黄金时段节目《未来架构师》，做了题为《科学与艺术的重逢》的科普演讲。

“马克思主义理论研究”获得校级创新团队培育基金支持。

校园文化活动

我院主办的“复兴论坛”“魅力人文-兴业讲坛”“文化遗产科学与工程论坛”“中科大传播论坛”“科技人文学术论坛”等系列活动已经成为学校品牌活动。

交 流 合 作

科技史与科技考古系已经与中科院自然科学史研究所、国家文物局、故宫博物院、安徽省博物院、安徽省考古文物研究所、南京博物院、河南省博物院、河南省考古研究所等达成全面合作协议；3月份科技史与科技考古系代表团出席了在巴西里约热内卢召开的“第25届国际科学技术史大会”。

科技传播与科技政策系与中国科协、中国科普研究所、新华社、中国科学报、中国科学院计算机网络信息中心、网络科普教育中心、安徽省科协、合肥市科技馆以及安徽省出版集团、安徽省新华发行集团等建立了产学研一体化的完善发展路径。

美国圣母大学程莹博士，美国佛罗里达州立大学 Jeannine E. Turner 副教授，香港城市大学数学系韩耀宗教授、于肖楠博士，哈尔滨工程大学金宏章教授等中外专家到访，为学生开讲人文素质类课程，受到好评。

所获荣誉

1. 我校学生龙舟代表队继续高奏凯歌，在 C9 高校龙舟竞渡赛上再获冠军；在 2017 大荔世界名校龙舟赛上夺得 2 项冠军。

2. 我校学生代表队在全省大学生羽毛球竞赛上取得 5 金 1 银的辉煌战绩。

3. 我校女子足球队和男子足球队分获 2017 年安徽省大学生足球比赛冠军和季军。

4. 我校学生代表队在安徽省大学生乒乓球比赛中获得女团冠军。

5. 我校学生代表队在安徽省大中学生田径运动会上，2 人 1 队 6 次打破四项我校女子田径纪录。

6. 作为主办方之一，成功举办了清华、北大、复旦和中国科学技术大学四所名校间的女足比赛，我校女足喜获冠军。

7. 我校荣获中国大学生羽毛球协会颁发的中国大学生羽毛球运动 20 年“特别贡献奖”。

8. 我校学生在 2017 外研社大学英语挑战赛中获得佳绩，获得 3 个一等奖，1 个二等奖和 2 个三等奖。

9. 外语系陈纪梁等五位老师获中科院教学成果二等奖。

10. 外语系邢鸿飞等五位老师获安徽省教学成果二等奖。

11. 宋怡获智慧树颁发的“2017 年第一届混合式教学优秀指导教师”。

12. 25 系张燕翔与黄雯老师合作的项目获得中科院教学成果奖二等奖。

13. 外语系 MTI 专业学位学生参与并主持了 2017 年中俄青年论坛圆桌会。

14. 周梦雯同学获 2017 年度中国科学技术大学最美“六有”大学生称号。

15. 周川云同学获得“全国节能减排大赛”三等奖。

16. 黄山、江赛民、杨素雪参加的甘肃星火实践团获得三等奖，谢珊参与长白山实践团获得二等奖。

学生工作

在 2017 年 8 月“首届全国青少年优秀原创科幻作品大赛”上由我校科研部、校团委、人文学院科技传播系联合推选的科幻作品《桥头下的老疯子》摘得全国短篇科幻小说大学组唯一的一等奖。

人文学院初次就业率达到 97.9%，为历史最好成绩，因此获校毕业生就业工作先进集体称号。

核科学技术学院

学 院 概 况

核科学技术学院是国内外唯一同时依托热核聚变实验装置、同步辐射光源等国家大科学装置及实验室，以国际、国内重大科学计划为牵引，围绕国家重大战略需求而建立的培养高端核能工程和核科学技术人才的重要基地。

核科学技术学院于2009年1月由中国科学技术大学和中国科学院合肥物质科学研究院联合共建，学院具有本-硕-博完整的教学体系，拥有“核科学与技术”国家一级重点学科，设有核能科学与工程、核技术及应用2个本科专业方向，已开展“能源与环保”领域工程博士专业学位授予工作。学院内建有核裂变能科学与工程、核聚变能科学与工程、核技术及应用、核燃料循环与材料、辐射防护与环境保护、放射化学与辐射化学、核电子学7个教研室，负责相关教学和研究工作，并拥有“磁约束聚变堆总体设计研究中心”“磁约束聚变理论中心”和“放射医学物理中心”作为科研和人才培养的基地。

学院拥有院士3人、“千人计划”A类2人、“千人计划”B类1人、“千人计划”C类1人、国家自然科学基金杰出青年8人、中国科学院“百人计划”14人、教授70人、副教授30人，其中90%以上人才具有大科学工程与国际合作背景，50余人次在国内外学术组织或学术机构任职，还拥有中国科学院创新交叉团队1个。学院拥有本科生210人，研究生270人。2016年学院引进国际访问教授4人，从事科研相关工作；引进支撑岗人员1人，博士后研究员1人，进一步充实学院师资力量。

党建、意识形态和思想教育工作

学院认真学习习近平总书记系列重要讲话精神，尤其是习总书记考察中国科大重要讲话精神，增强“四个意识”。深入贯彻全国高校思想政治工作会议精神，加强师德师风建设，坚持“三全育人”，注重学生综合素质的培养和创新创造能力的提升，增强学生文化自信，增进学生身心健康，努力培养“有理想、有追求、有担当、有作为、有品质、有修养”的“六有”大学生。以中央巡视和学校整改工作为契机，制定学院整改方案并认真加以落实，切实加强理论学习和基层党组织建设，坚持党员“两学一做”教育活动的常态化和制度化，规范党支部“三会一课”制度。认真做好党员发展工作，2017年新发展31名学生党员，其中本科生党员8名，研究生党员23名，另外还有15名本科生和研究生入党积极分子正在培养当中。认真落实意识形态工作责任制和网络意识形态工作责任制，每半年向校党委专题汇报一次意识形态工作，规范和加强学院网站和微信公众号等新媒体的管理。

教学和人才培养

一、专业实验课程建设。在学校的大力支持下，学院开设了由基础实验课程和综合实验课程两大类实验课程组成的专业实验课程，基础实验课程在内容上紧密联系专业理论课程知识，强化学生对理论课程知识点的理解与巩固，是学院本科生的专业核心课程。基础实验课程包括反应堆热工水力、反应堆虚拟仿真、辐射防护、核燃料循环、核材料及核电子学相关基础实验，目前已全面完成建设，开始向学生授课。

二、完善本科培养方案和课程体系。在教学计划和培养方案修订上，2017 年对本科生的培养计划进行了局部的修订，将原来的电子类课程“电子线路”(4 学分)、“电子线路实验”(1 学分)、“电工基础”(2 学分)分别替换为“电子技术基础”(1)(2)(3)(共 7 学分)，从而在一年级和二年级的本科培养计划上与物理学院完全一致，为今后物理大类培养方案的整合奠定了基础。

三、教学活动平稳开展。2017 年的本科教学活动继续顺利开展。共有 11 项大学生创新计划项目和 2 项大学生研究计划项目完成立项。5 月开展了本科教学质量检查工作，对教学工作的改进起到了良好的推进作用。9 月下旬，首次与中广核集团开展实习合作，16 名本科生赴深圳大亚湾核电站参观实习。2017 年 6 月，我院 2014 级本科生张俊涛参加第十一届周培源全国大学生力学竞赛获得一等奖；由我院 2015 级本科生为主要队员的“机械师”代表队在校机器人比赛中获得亚军，这是我院本科生在机器人比赛中获得的最好成绩。

四、招生与就业。学院负责广西本科招生工作取得较好的成绩，获学校招生工作二等奖。学院 2017 年研究生招生中推免生比例高达 73%，生源本科来自“985”“211”学校比例达到 90%。举办第三届核科学与技术优秀大学生夏令营，为学院 2018 年硕士录取争取了 33 名本科来自“985”“211”院校的推免研究生。学院 2017 届本科毕业生 48 名，国内外深造 73%，直接就业 11%，初次就业率 84%；学院 2017 届硕士毕业生 56 人，初次就业率 100%；2017 届博士毕业生 15 人，初次就业率 100%。

五、学生工作重点突出。坚持文化育人和实践育人。通过新生入学教育和学院特色系列活动，如“核院诵读时间”“晨读夜跑”“‘核’您面对面”的开展，用中国科大优秀文化传统教育感染学生，用中华民族优秀传统文化陶冶学生，用成功人士的精神文化品格激发学生内在成长动力，加强文化育人工作。

科 研 工 作

积极组织 2017 年度国家自然科学基金的申报、安徽省自然科学基金的申报等工作。2017 年新增纵向课题 6 项(分别来自科技部重点研发项目 1 项、子课题 1 项、基金委联合资助项目 1 项、基金委面上项目 2 项、青年项目 1 项)。目前学院各类科研项目在研纵向经费 28222.91 万元。

国际交流与合作

学院与众多世界领先的研发机构（ITER 热核聚变实验堆国际组织、法国原子能委员会、德国卡尔斯鲁厄研究中心、欧洲核子研究组织、日本国立核聚变科学研究所、德国马普学会、美国普林斯顿大学、美国加州大学圣地亚哥分校、英国伯明翰大学、美国通用集团、日本名古屋大学、韩国国立聚变研究所等）建立定期合作交流机制，本年度共邀请知名专家来访约 10 人次；遴选学院优秀青年学生和职工进入国外顶尖聚变研究机构进行交流与学习，积极参加国际学术交流活动，开展聚变能源合作研究等 32 人次。学院在培数名留学生。

举办国际影响的学术活动。① 第二届“CFETR 物理国际顾问委员会”在我校举办，来自美国、日本等国的核聚变领域国际著名专家，以及国内知名高校和科研院所老师 70 多人参与了会议；② 5 月 4 日，磁约束聚变堆总体设计组（筹）第十三次工作会议在我校召开；③ 12 月 5 日，“中国聚变工程实验堆集成工程设计研究”（CFETR 集成工程设计研究）项目启动会在我校水上报告厅举行，会上宣布了中国聚变工程实验堆（CFETR）正式开始工程设计，约 300 名领导、专家和学生来我校参加此次论坛。

其　他

2017 年学院共举办“安徽省辐射安全与防护”初级培训班 10 期，培训人数 1426 人；初级复训班 5 期，培训人数 34 人。

软 件 学 院

学 院 概 况

软件学院是 2001 年国家教育部和发改委首批批准设立的 35 所示范性软件学院之一。学院秉承我校“红专并进、理实交融”的校训和“我创新故我在”的教育理念，坚持“质量优异、规模适度、夯实基础、注重实践”，依托学校计算机、信息等学科基础、师资力量办学。积极探索产学研合作教育和国际合作教育模式，聘请海内外著名企业和大学专家、教授授课，课程设置与国际接轨，课程内容面向软件市场和企业，注重实践教学。强调专业基础理论和工程实践能力培养，强化实践和外语能力，提高系统开发和管理能力，培养“技管兼备”的复合型软件工程领军人才。

软件学院在合肥、苏州两地培养学生，至 2017 年底累计毕业生 4800 余名。学院与科大讯飞、中科院计算所、中科院深圳先进技术研究院、微软、IBM、HP、思科等许多国内外著名研究院所和 IT 企业建立了长期的合作关系，与北京、上海、深圳、合肥和苏州等地的 70 余家知名软件企业以及日本的软件企业建立了实习基地，并与美国克莱姆森大学和日本法政大学、法国 SKEMA 商学院、荷兰代尔夫特理工大学以及澳大利亚南澳大学等大学合作办学，建立了联合培养软件工程硕士计划，以培养国际化软件人才。

重要发展及重大事件

在教育部学位与研究生教育发展中心公布的全国第四轮学科评估结果中，软件工程专业获评为 A－，全国排名并列第九，相对于上一次评估有了较大飞跃。

一、党团建设与思想政治工作

以制度建设为引领，规范学院各项工作，全面落实巡视整改各项工作要求，形成长效机制。研究制定了党政联席会议制度实施细则、党委会议议事决策规则等多项管理制度。

推进“两学一做”学习教育制度化、常态化，深入学习宣传贯彻落实党的十九大精神。组织召开了 4 次院党委中心组集中学习会，8 次院党委（扩大）会议，6 次全体教职工学习会。各基层党支部按要求每个月开展一次理论学习。

落实党风廉政建设责任，成立学院党风廉政建设工作领导小组。贯彻落实《中国科学技术大学党委意识形态责任制实施细则》，成立意识形态工作领导小组。

2017 年共发展党员 93 名，表彰优秀党务工作者 30 名，优秀共产党员 42 名，慰问困难党员 33 名。

加强学工队伍建设，建立 6 人专兼职辅导员队伍。制定学院班主任考核办法，对班主任工作进行全面考评。

加强师德师风建设，定期召开师生座谈会，学院党委会每半年召开一次专题会议，研究师生思想动态。

二、教学

全年开设课程 73 门，其中含罗格斯-新泽西州立大学熊辉教授等海外专家开设的全英文课程 4 门。根据教育部“新工科建设”精神，调研软件工程学术研究和工业应用新方向和新需求，探讨开设“机器学习”和“人工智能”等新课程。邀请中兴通讯首席架构师罗圣美总工等业界专家、校友开设了云计算机和大数据、人工智能等热点方向的讲座多场。

积极优化教育环境，建立创新实验室，添置新型机器人等嵌入式系统，设置人工智能实验室等，提升双创人才培养能力。加强实习不定期检查，抽查学生共计 162 人，占学生总数的 33％。今年共有 464 位同学获得学位。

三、教学研究及科研工作

目前学院教师承担国家科技重大专项、国家基金委、江苏省基金委、苏州市科技计划等纵向课题十余项，与华为公司等单位进行技术合作，承担企业类项目多项。新立项苏州市科技计划项目 1 项。在《IEEE ACCESS》等 SCI 期刊和国际会议发表论文十余篇。

学院教师积极参与教学改革研究和实践，目前承担安徽省高等教育省级振兴计划项目 1 项、安徽省质量工程 2 项，新立项教育部高教司产学协同育人项目 1 项。

四、对外合作

进一步加强与国内外知名企业、科研院所及当地政府的交流与合作，并保持与实习重点企业定期沟通机制。接待来访企业 30 余家；获得新华三技术有限公司实习管理相关资金支持20多万元；与新华三技术有限公司、友励科软件(上海)有限公司、上海无线通信研究中心等签订实习基地协议。

不断深化与克莱姆森大学计算学院、日本政法大学、法国SKEMA商学院的合作，2017年与克莱姆森大学计算学院续签合作协议。

五、招生就业、学生活动等

2017年，共录取全日制软件工程专业学位研究生550人，其中第一志愿录取考生203人，调剂录取347人。目前我院已成为全校第一志愿报考人数最多的学院。

2017届双证毕业生406人，初次就业率98%，平均起薪17.1万元，入职排名前十位著名跨国公司(Google、Facebook、Microsoft、IBM、Cisco、Intel、AMD、Amazon、SAP、Sony)比例稳定在11%，入职国内10家著名IT企业(阿里巴巴、腾讯、百度、华为等)比例为43%。学院荣获学校“2017年毕业生就业工作特色奖”，3位老师获得“2017年毕业生就业工作先进个人”称号。

学院高度重视创新创业教育，成立创新创业实验室，为学生提供在校创新创业平台。成功举办第一届创新创业软件设计大赛，探索学院工程试验项目的孵化、产学研新生态圈建设。与国际商业机器(中国)有限公司、苏州独墅湖科教创新区管委会联合举办2017 IBM区块链技术黑客马拉松全国校园大赛，学院参赛队获二等奖。参加第九届“姑苏精英创业大赛”，获得非企业类三等奖1项和优秀组织奖。参加“创业吴江暨千人计划创业大赛华东赛区总决赛”，获得三等奖2项，优秀创意奖1项。

加强建设线上软件学院校友平台，运营微信公众号，定期发布校友、学院、在校生相关信息，组织活动，分享就业经验，开展校友合作。

环境科学与光电技术学院

学 院 概 况

环境科学与光电技术学院是中国科学院领导在践行科教结合、教育创新的基础上，进一步推进“寓教于研”的重要举措。学院经中国科学院批准，由中科院合肥物质科学研究院和中国科学技术大学共同筹建，以中科院安徽光学精密机械研究所为主，负责落实中国科大环境科学与光电技术学院的合作事宜，以培养环境科学与光电技术交叉学科方面具有实际科研能力的高层次精英人才和领军人才为目标。

中科院合肥物质研究院与中国科大在物质科学研究领域具有深厚的基础和优势，其中安徽光学精密机械研究所(安徽光机所)拥有大气光学、环境光学及环境遥感监测技术、激光技术等有特色、有优势的学科领域，现有国家“863”计划大气光学重点实验室、中科院通用光学辐射定标与表征技术创新重点实验室、中科院环境光学与技术重点实验室、安徽省环境光学监测技术重点实验室，形成了在国内具有鲜明特色的一流科研团队。

2011年9月28日，白春礼院长出席环境科学与光电技术学院揭牌仪式并亲自为学院题名。学院将按照科教结合的崭新方式，对学生进行个性化的培养。在中国科大完成基础课和专业基础课教育，在科学岛完成专业方向课学习，并依托科学岛相关研究单位雄厚的科研能力和条件完成毕业论文。研究院所将选派相关领域专家承担相应的教学任务，学生将深入研究院所进行专题讨论和科研实习。在校期间，学院还将选派有丰富经验的教授作为学生的学业导师，并聘请国内一流的院士、专家亲自指导学生的学习和科研工作。

学院建设基本思路

以“科教结合、协同创新”为宗旨，发挥中国科大和合肥物质科学研究院综合优势，面向国家环境科技需求和光电技术前沿，探索科技创新与人才培养紧密结合、协同发展的运行机制，培养和造就具有国际视野、立志造福社会，既掌握环境科学又拥有光电技术的高科技综合型实用人才。

专 业 设 置

学院现有两个一级学科：物理学、环境科学与工程。

物理学目前的主要专业方向有：环境光学、大气光学、光学遥感、光电子技术、激光技术等。

环境科学与工程目前的主要专业方向有：大气物理化学、环境毒理学。

师 资 队 伍

学院师资力量雄厚，现有教授 22 人，中国工程院院士 3 人，“万人计划”入选者 1 人，中科院“百人计划”入选者 3 人，“安徽省百人”入选者 1 人，“青年千人”入选者 1 人。

研究生工作

2017 年招收 22 名硕士研究生，9 名博士研究生。学院首次采取网络宣讲，扩大学院影响力，吸引优秀毕业生，提高学院的生源质量。

2017 年毕业的 14 名硕士研究生，毕业率达 100%，毕业生就业质量非常高，大多进入国内外著名的科研机构、高等院校和高新技术企业工作，如华为、中兴、京东方等，深受用人单位青睐。

科 研 成 果

承担的科研项目：突发大气污染事故应急预警评估技术与示范研究，重点研发计划、化工园区 VOCs 排放通量太阳光谱遥感研究，院重点部署项目、天地空一体化大气环境跨学科综合观测实验，总理专项、国家自然科学基金、面上项目、院长基金特别支持等。

合 作 交 流

邀请了来自美国、德国、荷兰、英国等多个国家的专家学者来我院进行学术交流。协助承办了第十二届中欧贸易科技洽谈会——交通与环境国际论坛,论坛旨在加强交通运输管理和环境保护领域的交流与合作,共同促进环境友好高效出行的城市交通改善。

人 才 队 伍

在第九届全国环境化学大会上,魏复盛院士获得"环境化学终身成就奖",谢品华研究员入选 2017"国家百千万人才工程"。

公共事务学院

学 院 概 况

公共事务学院成立于 2010 年,是中国科大实施建设世界一流研究型大学的发展战略,完善高校服务社会功能,促进社会经济发展和公共事务管理创新而成立的新型学院。

学院已经形成了以知识产权与创新管理、科技政策与科技管理为核心的优势学科,拥有多家成果突出、社会影响力较大的科研机构。国家知识产权培训(安徽)基地是京外首批国家级知识产权培训基地,也是全国唯一连续六年获得国家知识产权局考评优秀的机构;安徽省版权教育示范基地(全国版权示范基地)是全国首家以版权教育为目的的全国版权示范基地;合芜蚌创新人才培训基地多家年来为安徽省、合芜蚌试验区培养了一大批科技与管理方面的人才,积极为国家和地方经济建设与社会发展贡献力量;全国专利代理人资格考试考点也落户在学院,是安徽省唯一的专利代理人考试考点。

学院与安徽省知识产权局共建有安徽知识产权发展研究中心,科研单位有中国科大科技法学研究室、知识产权研究中心、环境政策与环境管理研究中心、公共政策研究中心等。全国科技类核心期刊《科技与法律》编辑部自 2016 年 9 月落户学院以来,除以传统的纸媒形式出版外,更顺应当前期刊发展数字化、网络化的趋势发展,为扩大期刊的影响力奠定了良好的基础,对我院的相关研究起到有利推动和人才支撑作用。

学 科 建 设

在学科建设方面,学院的办学特色主要体现在教学-科研-实践的紧密结合,形成了以知识产权(科技法学)与创新管理、科技政策与科技管理为特色的优势学科。同时,学院的专业学位教育特点鲜明,公共管理硕士(MPA)、法律硕士(JM)、项目管理硕士(MPM)等学科稳步发展，为国家和地方培养了大批优秀人才。学院践行科技-经济-社会管理复合型人才培养模式，强化以掌握现代科技知识的社会高级公共事务管理型、知识经济管理型以及应用管理型人才的培养。

学院秉承教学、科研与服务社会深度融合的发展思路，在学科建设中充分结合国内社会、政策发展的最新实践，通过参与国家重大研究项目的方式，将学科发展与国家需求紧密结合，以科学研究、政策实践带动学科的优质发展。学院师生参与了国家和地方科技法与科技政策、知识产权等领域的立法工作，得到广泛好评；在知识产权领域，学院师生积极参与《国家知识产权局十三五发展规划》的制定和完善工作，主持和参与多项国家知识产权局委托科研项目，围绕知识产权开展了社科基金、自然科学基金、国家软科学等项目的研究；同时，学院响应国家支持扶贫的号召，以国家自然科学基金立项、学校重点支持等形式，积极开展与后发区域、贫困地区的交流与合作；我院师生与贵州六枝特区积极开展知识产权富民工程，创新扶贫思路，得到了六枝特区多个部门领导和企事业单位负责人的表扬，国家知识产权战略网也进行了报道；学院与世界知识产权组织（WIPO）保持联系，学院师生对于国际知识产权事务参与的热情得到了国际知识产权组织总干事弗朗西斯·高锐的好评。

2017 年，在马来西亚吉隆坡举行的国际律师联盟会议上，我院院长宋伟教授当选为 UIA 生物技术法学会新一届主席，这也是我国专家首次担任该国际组织主席。此外，中国科技法学会 2017 年会中，我院喜获大丰收，宋伟教授再次当选为中国科学技术法学会副会长并获突出贡献奖，我院国际合作部主任刘颖华、科技与法律杂志执行主任许绍定新当选为理事；我院博士后葛章志荣获优秀人才奖，研究生韦国荣获高峰论坛优秀论著三等奖，在全国各高校科研单位中成为获奖最多的单位。

学院积极参与国家、地方的政策咨询活动，多次以内参、研究报告的形式为科技部、司法部、发改委、国家知识产权局、中国科学院以及地方政府部门提供智力支持，已经建设成为了以知识产权、科技政策为特色的研究团队。由我院和中科大先进技术研究院联合申报的中国科学技术大学“科技创新与区域发展研究中心”获批为安徽省重点智库，智库承担的安徽省政法委委托项目——“利用信息技术提升社会治理现代化水平研究”成功入选 2017 年度安徽省优秀智库成果；2017 年度我校智库还荣获 CTTI 中国智库索引最佳管理智库二等奖，是安徽唯一获奖智库。智库正在发挥我校服务社会、促进地方经济社会发展的职能，对目前正在进行的安徽省系统推进全面创新改革试验区建设提供相关的应用研究支撑。

2017 年，《科技与法律》期刊完成了改版工作，得到了校领导和业界的大力支持和广泛赞誉，万立骏校长为改版后的第一期杂志做了卷首语。2017 年，《科技与法律》期刊各项工作稳步推进，该期刊在国内科技法、知识产权、科技政策与管理领域属于顶级期刊，为业界和我校师生提供了一个广阔的学术交流和发展平台。

由我院主持的国家软科学项目“协同创新中的知识产权参与、共享和利益分配机制研究”课题组，完成了《以互联网思维促进协同创新的发展》的研究报告。该建议在明确知识产权权利属性和确权原则的基础上，积极推进参与各方的知识产权共享模式，加速知识产权产业化进程，打造以知识创造和应用为依托、以知识产权运营为核心的产业化新模式。这些政策建议对于我国知识产权战略的实施和知识产权产业化的发展有较强的参考意义。

学院拥有一支年轻化的教师队伍，青年教师人数占半数以上，具有博士学位的教师占半数以上。青年教师、博士后是学院发展的主力军，青年教师大多具有丰富的国际交流经验，在知识产权与创新管理、科技政策与科技管理领域拥有扎实的研究基础。在科研项目方面，我院今年成功申请了一批新的科研项目，如科技部首批创新计划，国家版权局重大课题等；青年教师、博士后等担任负责人或主要参与人的比例持续上升，学院青年人才科研发展呈现良好态势。在学科建设上，学院师生不仅积极开展纵向课题研究，形成学术高地，而且还主动将研究目标与实践发展相对接，发挥公共政策的应用性，为国家、地方和区域发展提供智力支持。

高端培训

2017 年，公共事务学院面向中国科学院、各级政府部门、部队及重点行业，成功举办 22 个政府培训班，培训人数 2800 余人。同时，学院还承担了学校定点扶贫单位——贵州六枝特区培养培训基层干部的培训班。2017 年，中国科大已经为六枝特区举办了 12 场次各类培训班和专题报告会，培训人数 3600 余人。

我院在培训过程中，采用双师教育、移动课堂、个性化课程设置等一系列特色鲜明的办学方式，强调创新人才的培养，引进先进的学术资源，形成以知识产权、创新管理、科技管理和科技政策为特色的高端培训。其中特色培训项目如中科院国际组织任职及后备人员培训、联想培训班、科研院所知识产权与创新管理培训项目、数字出版与版权管理系列培训项目、科技成果转移及规模产业化系列培训项目、全国专利代理人资格考试强化培训系列项目、安徽省专利工程师岗位培训、国际专利申请(PCT)实务培训项目等。培训班采取理论与实践相结合的方式，除了学习理论知识外，培训班移动课堂到科研机构、高新技术企业等地进行实地考察学习，以进一步提高学员在工作中的实战能力。

国际交流与合作

2017 年，学院共邀请和接待来自美国、加拿大、荷兰、芬兰、意大利、塞尔维亚、苏里南等 7 个国家的专家学者 15 人，举办学术讲座 12 场，内容涉及创新管理、“一带一路”建设、公共政策、国际礼仪、领导力理论与实践以及跨学科研究方法等多领域学术前沿问题，进一步为学院师生搭建国际交流与合作平台。接待荷兰特温特大学代表团、“一带一路”基础设施建设代表团、发展中国家农业科技官员代表团，就学院与国外大学在人才培养与教学科研合作等方面加强国际合作进行交流。

学院通过邀请海外学者访学、接纳外国留学生来校攻读学位、接受交换生、选派教师和优秀学生，参加国际学术交流、与海外高水平大学开展联合培养、与港台高校建立双向交流机制、承担中科院的国际合作局培训任务、承担安徽省相关厅局海外培训任务等多种形式，全方位地开展国际交流与合作。

随着国家对国际化人才的需要与日俱增，学院未雨绸缪，提早布局，积极响应国家“一带一路”战略建设，积极稳妥地推进留学生教育，今年利用中国政府奖学金和中国科学院针对发展中国家奖学金来我院留学的海外学子人数再创新高。国际学生的增加也为我院的教学和管理工作带来了新的挑战。为了适应国际化水平的发展，高质量完成留学生的培养任务，学院加大了国际化课程的开发力度，开展了涉及创新管理、科技法律、公共管理研究方法、政策分析等多个领域的全英文授课课程，此外学院还举办了一系列讲座活动、中外学生混班教学等，很好地满足了外国留学生的需求，提高了我院学生的国际化水平和能力，适应了国家和社会的需要。

学院围绕研究生教育、科研工作为需求导向，按质按需邀请外国专家来我院进行交流、访问及开展合作，着力推动我院国际交流向纵深和广度发展。国内外知名教授来院开展学术讲座等交流活动更加频繁。今年，学院赴海外进行学术交流和联合培养的学生数量也有所增加，毕业的全日制博士研究生都有至少一次的海外学术交流经历。

经过几年持续建设和发展，我院的国际化层次也在不断提升。很多研究生利用外国专家在院工作的机会，与外国专家共同开展课题研究，共同进行论文写作，大大提高了研究生的创新能力和培养质量。多名研究生通过与外国专家合作，在国际知名期刊上发表了多篇高质量论文。今年，我院组织中外研究生一起开展了“一带一路”区域各国创新政策和知识产权制度的预研，为我国企业走出去、为“一带一路”战略目标的实现提供支撑。

招生与就业状况

2017 年学院共招收研究生 172 人，其中 MPA108 人，法硕 40 人，留学生 24 人。目前学院有来自美国、巴基斯坦、柬埔寨、菲律宾、哈萨克斯坦、尼日利亚、坦桑尼亚等 21 个国家的留学生 116 人。2017 年学院共有毕业生 54 人，其中公共管理博士 9 人(4 人在职攻读)，公共管理硕士 22 人，法律硕士 23 人。截至 2017 年 10 月底，总就业率为 100%。学院毕业生就业去向形式多样，到国家机关或事业单位就业 16 人，占就业人数的 29%；到国有企业、科技企业、其他企业等就业 36 人，占就业人数的 67%；出国留学 2 人，占就业人数的 4%。

党群与学生工作管理

学院党委重视学生党支部建设，指导学生党支书工作。党总支每年对各班党支部书记进行集中培训，明确党员发展程序，传达党的先进政策，支持党支部工作开展。在青年教工、学生撰写党建征文活动中，2 篇获得二等奖，1 篇获得三等奖。分党委组织主题党日活动，带领党员前往渡江战役纪念馆、长临河镇等地接受党的文化熏陶，坚定党员意志。

材料科学与工程学院

学 院 概 况

材料科学与工程学院的成立是学校按照中国科学院“率先行动”计划部署，深化科教融合、协同创新，丰富“全院办校、所系结合”的新形式和新内涵的重要举措。学院经中国科学院批准，由中国科学技术大学和中国科学院金属研究所（以下简称“金属所”）共同建设，于2015年9月2日正式成立，以培养材料科学与工程学科研究生和高年级本科生为目标。

金属所所长杨锐研究员任学院院长，副所长张哲峰研究员任常务副院长，刘世勇教授、刘敏研究员任副院长。2016年2月22日成立中国科学技术大学金属所学位评定分委会，李依依院士任主任，张哲峰研究员任副主任。

金属所成立于1953年，是中华人民共和国成立后中国科学院新创建的首批研究所之一，是涵盖材料基础研究、应用研究和工程化研究的综合型研究所，创建者是我国著名的物理冶金学家李薰先生。金属所以“创新材料技术，攀登科技高峰，培育杰出人才，服务经济国防”为使命，主要学科方向和研究领域包括：纳米尺度下超高性能材料的设计与制备、耐苛刻环境超级结构材料、金属材料失效机理与防护技术、材料制备加工技术、基于计算的材料与工艺设计、新型能源材料与生物材料等。2001年成立沈阳材料科学国家（联合）实验室，是我国第一个以学科命名的研究类国家实验室。

专 业 设 置

学院按材料科学与工程一级学科培养硕士、博士研究生，设材料物理与化学、材料学、材料加工工程、腐蚀科学与防护（自主增设）、材料工程5个二级学科。

师 资 队 伍

截至2017年底，金属所共有在职职工945人，包括中国科学院院士5人、中国工程院院士1人、发展中国家科学院院士3人、研究员及正高级工程技术人员160人、副研究员及高级工程技术人员374人、博士生导师88人、硕士生导师260余人，2017年新增博士生导师5人。

导师们在国内外影响力进一步增大，卢柯“万人计划”科学家工作室正式挂牌，李殿中荣获首批“全国创新争先奖”，陈星秋、张健、李峰、刘岗4人入选创新人才推进计划——中青年科技创新领军人才，马宗义、张士宏荣获国务院政府特殊津贴，李殿中、戎利建荣获辽宁省杰出科技工作者，陈星秋获得“国家杰出青年科学基金”资助，孙明月团队入选科学院创新交叉团队。在国际学术舞台上发挥重要影响。卢柯院士被授予TMS Fellow Award，王京阳获得美国陶瓷学会ACerS Global Ambassador Award并当选世界陶瓷科学院院士，刘岗研究员荣获美国陶瓷学会工程陶瓷研究部Global Young Investigator Award。

课 程 教 学

2017年在金属所开设课程45门次，其中博士生课10门次，硕士生课35门次。外聘教师14人（含外籍教师3人），学院教师31人。新开课程2门：半导体物理、非平衡材料专题。选送58名学生到合肥本部上课。

招生就业

2017年招收硕士生132人,招收国内博士生126人,留学生博士生11人。截至2017年底,金属所在学研究生901人(含国科大学籍学生),其中博士生581人(含留学生42人),硕士生320人。在学非全日制专业学位生42名,在站博士后39人。全年毕业博士101人,硕士47人,年终就业率99%。

2017年一系列的招生宣传举措收效显著。从一年级硕士研究生中选拔37名招生宣传员并进行培训,参与招生咨询。有10名导师和30名招生志愿者(包括已录取推免生)赴40所高校进行了宣讲。进一步扩大了夏令营规模,分别在7月和8月举办2次夏令营活动,共有540人报名,286名同学参加。此外本年度继续利用QQ群、微信公共平台、论坛等新媒体开展招生宣传,并进行了3次网络面试,共面试70人,5月底、6月中旬还组织了2场学院网络视频宣讲会。招生质量不断提高,共享学校教育资源,实现课程教学等多方面与中国科大的深度融合。同时,2017年度实行了博士生"申请-考核制"招考方式。

培养学位

为保证培养质量,2017年继续对本年度毕业研究生的学位论文进行随机抽查,11本博士论文和5本硕士论文通过了抽查。全面实行博士学位论文查重检测。针对学位论文撰写存在不规范的问题,聘请三位专家对博士学位论文进行形式和格式审查。制定了《中国科学技术大学材料学院(金属所)博士生学习培养及毕业答辩要求》《中国科学技术大学材料学院(金属所)硕士生学习培养及毕业答辩要求》。为鼓励研究生创新,继续资助研究生创新项目,11名同学通过专家评审获得项目资助。

合作交流

2017年金属所国际合作持续活跃,不断拓展与国际知名研究所、大学和跨国公司的交流合作领域。年度师生派出300人次,接待来访330人次,新争取国际科技合作项目5项,与德国卡尔斯鲁厄理工学院等签署合作协议8项。举办了"2017材料多尺度计算模拟国际会议"等4个国际会议。

积极与地方政府、企业开展了多元化、深层次的政产学研合作,面向国内不同区域的产业特点,有针对性地开展了重点领域的院地合作工作。2017年金属所院地合作工作持续保持高速增长的态势,共签订"四技"合同347项,合同额1.94亿元。合作领域集中在装备制造、核电、航空航天等领域。

2017年派出35名研究生、博士后出国(境)参加会议和短期培训,其中5人获得国科大国际会议资助,22人获得金属所国际会议基金资助。派出9名研究生联合培养或攻博。

科 研 进 展

2017 年金属所科研工作进展顺利，在基础研究方面，“高质量石墨烯材料的制备与应用基础研究”获国家自然科学二等奖，“太阳能转换用光催化材料的设计与构建”获辽宁省自然科学一等奖。发现纳米金属中晶界稳定性控制的硬化和软化行为，发表在《科学》杂志上；纳米孪晶金属与历史无关的稳定循环响应研究取得重要突破，发表在《自然》杂志上。铁电薄膜、固态非晶化机制、功能梯度材料、高湿热海洋环境电化学腐蚀机制、隧穿晶体管、石墨烯、催化材料、热电材料等研究取得重要进展。在应用研究方面，金属所积极承担和参与了两个专项的研制任务，承担的航空航天、核电装备、燃气轮机、海洋工程等重大工程用关键材料研制任务和小批量供货任务进展顺利，金属所被评为长征五号火箭首飞任务“突出贡献单位”。钛铝叶片、重腐蚀防护、钛合金载人球舱、金属构筑成形、防护涂层、稀土钢、医用钛合金棒丝材、抗菌不锈钢、耐磨农机具等研究取得重要进展。“新型亚稳金属材料制备技术及应用”获辽宁省技术发明一等奖。

国家同步辐射实验室

基 本 情 况

国家同步辐射实验室（“NSRL”）是我国批准建设的第一个国家实验室，建有我国第一台从红外到软 X 射线的专用同步辐射光源（“合肥光源”“HLS”）。

合肥光源历经 HLS-Ⅰ和 HLS-Ⅱ两个阶段。HLS-Ⅰ（1984～2012）包括一期工程和二期工程建设项目。HLS-Ⅱ建设自 2010 年开始，新建直线加速器、储存环及 5 条光束线站，并在 2016 年 1 月 5 日正式完成改造工程竣工验收的基础上，进一步实施恒流运行、供电系统改造及老光束线站的性能提升等，从而实现 HLS-Ⅱ整体性能提高。

作为国家大科学装置和合肥大科学中心及合肥综合性国家科学中心的重要组成部分，NSRL 将继续面向国家战略需求和前沿基础科学研究，为国内各领域科学家提供长期、可靠、稳定的技术支撑。

工 作 进 展

一、运行开放

2017 年度，合肥光源总运行时间为 7133.48 小时，供光时间为 5249.98 小时，占运行时间的 73.60％，圆满超额完成中国科学院下达的年度计划任务。关键运行指标参数如开机率 99.15％，平均无故障时间 102.94 小时，平均故障修复时间 0.896 小时，均达到国际同行装置优秀水平。

10条线站全面向国内外用户开放，线站性能持续优化、用户需求逐步增加，申请课题数大幅增长，机时供不应求。2017年合肥光源共执行用户课题337个，实验人次为1156。

二、科研项目进展

2017年新增科研项目47项，其中国家重点研发项目1项、课题3项，国家自然科学基金获批22项，国家自然基金合作项目3项，中科院项目10项，安徽省基金项目3项等。

2017年，实验室申请国家发明专利44项；授权发明专利24项。

重要项目进展如下：

(1) 国家重大科研仪器设备研制专项“基于可调红外激光的能源化学研究大型实验装置”，实验室承担该项目红外自由电子激光光源的建设。光源的工程设计于2015年底确定并开始正式施工，2016～2017年完成了主体关键设备设计、选型和采购，现已进入安装阶段。

(2) 国家重大科研仪器研制项目“太赫兹近场高通量材料物性测试系统”于2017年开始实施，项目物理设计基本完成，并完成了光电导天线、THz-STM、脉冲串成型等关键技术验证实验。

(3) 中科院大科学装置维修改造项目“合肥光源恒流运行关键系统改造项目”于2016年获批，该项目对进一步提升合肥光源的运行能力具有重要意义，将更好地满足用户实验连续性以及光通量稳定性的需求。2017年度该项目完成了前期所有准备工作并进行了调试，2018年度将进行试运行来进一步验证与完善。

(4) 国家重大科研仪器设备研制专项“新一代高衬度低剂量X射线相位衬度CT装置”由实验室牵头承担。2017年度对物理设计进行了部分指标的实验验证，完成了原理样机的机械部分。

三、成果产出

实验室重视吸引高端用户，积极与用户开展合作研究并取得重要成果。2017年实验室及用户共发表论文325篇，其中影响因子大于9的论文67篇，一区论文116篇。发表在《Advanced Materials》《Nature communications》《PNAS》《ACS Nano》《JACS》《Nano Letters》《Nano Energy》《Advanced Functional Materials》《Angew. Chem. Int. Ed.》等国际著名期刊上。

2017年，国家同步辐射实验室在大尺寸光栅方面取得的科研成果“米级高阈值介质膜脉冲压缩光栅”获得了中央军委科技委员会颁发的军队科学技术进步一等奖。合肥光源计量站为X射线脉冲星导航探测器开展滤光膜的测试验证，并根据测试结果提出改进建议，航天科工集团513所特别发来感谢信致谢。

四、国内外合作与交流

实验室成功举办“相干光源和科学国际研讨会(2017)”(会议英文名称：Workshop on Coherent Light Source and Sciences(CLSS) 2017)。

发起设立国际先进光源论坛，由国家同步辐射实验室主任陆亚林和法国Soleil光源主任Jean Daillant担任论坛共同主席。今后，论坛每年都将进行先进光源相关主题研讨。

认真组织申报并获批2个国家外国专家局外国文教专家项目。邀请了来自美国、加拿大、德国、法国、日本等多个国家的同步辐射领域专家来我室进行学术交流。

在加强外国知名专家请进工作的同时，鼓励实验室的研究人员积极走出去，拓展眼界、提高知名度，2017 年共计 40 余人次出访参加国际会议及进行合作交流，并有多人次受邀在国际大会上作邀请报告。

2017 年 5 月 21～26 日，国家同步辐射实验室主任陆亚林教授一行出访日本，陆续访问了国际知名加速器及同步辐射应用研究机构。通过交流访问，陆亚林教授一行详细了解了日本相关领域的研究进展及未来发展规划，也向他们介绍了中国同步辐射的现状及未来，并与有关单位达成了合作研究及人才交流计划。

五、学科建设、研究生培养及科普活动

依托合肥光源，中国科学技术大学核科学与技术学科建设取得长足进步，于 2017 年在全国学科选优评估中被评为本一级学科国内仅有的两个 A＋学科之一。

2017 年实验室在读研究生 271 人，毕业授博士学位 27 人，硕士学位 35 人。实验室通过一系列措施致力于提升研究生培养质量，成功举办第七届光子科学夏令营、2017 年研究生学术论坛等活动。

实验室重视科普工作，专门设置了科普图片展板、模型展示、退役实物展示等，吸引了各地、各年龄段科技爱好者来室参观，2017 年共接待 7000 余人来室参观。

六、合肥先进光源项目进展

合肥先进光源得到了中国科学院、安徽省、合肥市、中国科学技术大学的一致支持。2017 年 4 月 6 日，中国科学院院长办公会通过支持合肥先进光源预研项目；同月，安徽省人民政府向中国科学院发文承诺支持合肥先进光源建设，将按照省、合肥市 1∶2 比例，及时兑现配套资金，支持先进光源等项目预研，争取列入国家布局。《合肥综合性国家科学中心实施方案（2017～2020 年）》中明确提出合肥先进光源及先进光源集群规划建设，开展世界领先的中低能区具有衍射极限及全空间相干特色的第四代同步辐射光源预研及建设。

2017 年 6 月 1 日，举行“合肥先进光源预研方案论证会”；12 月 28 日，接受中国科学院条件保障与财务局组织的合肥先进光源预研项目任务书评审；12 月 29 日，合肥先进光源（简称 HALS）预研工程正式启动，并将力争“十四五”国家立项建设合肥先进光源。目前预研工作全面推进中。

合肥微尺度物质科学国家研究中心

2003 年 11 月，科技部正式批准筹建包括合肥微尺度物质科学国家实验室在内的首批 5 个国家实验室。

2017 年 11 月，科技部正式发布《关于批准组建北京分子科学等 6 个国家研究中心的通知》（国科发基〔2017〕358 号），批准组建包括合肥微尺度物质科学国家研究中心（以下简称研究中心）在内的 6 个国家研究中心。

至此，研究中心全面组建了一支结构合理、质量优异、勇于创新的高水平人才队伍，取得了一系列代表国家最高水平的原创成就，圆满完成了试点建设目标。2017 年，作为研究中心面临转型的关键时期，科技创新、人才培养、队伍建设等相关工作平稳有序并取得一系列创新成果。

研究中心现有研究人员 194 人，包括 9 支国家基金委创新群体，6 支教育部创新团队，11 位中国科学院院士，1 位中国工程院院士，14 位长江特聘教授，46 位国家杰出青年，8 位国家长期"千人计划"入选者，56 位"百人计划"入选者，36 位青年"千人计划"入选者。

研究中心已在国家"重大研究计划"中领衔承担项目 20 项，名列国内研究机构前列。实验室还承担了中国科学院"量子科学与技术前沿交叉研究" B 类先导专项、中国科学院"量子科学实验卫星"A 类先导专项及多项知识创新工程重大项目和国家有关军工重大项目。实验室支撑的"量子信息与量子科技前沿协同创新中心"成为教育部公布的首批 14 家通过认定的协同创新中心之一。所支撑的"量子信息与量子科技前沿卓越创新中心"成为中国科学院首批启动的五个卓越中心之一。

本年度研究中心承担和参与的省部级以上研究项目共 332 项，累计到位竞争型科研经费 41588 万元(不包括军工项目经费)。其中，承担科技部国家重大研究计划、"973"项目、"863"项目等经费约 18976 万元，占总经费的 46％；中国科学院战略性先导专项等经费约 12930 万元，占总经费的 31％；承担国家自然基金项目(课题)的经费约 9296 万元，占总经费的 22％；其他部委和省市项目(课题)经费约 386 万元，占总经费的 1％。国际合作项目 6 项，到位经费 397 万元；横向项目 12 项，到位经费 3311 万元。

本年度，傅尧教授课题组完成的"有机化合物结构性质关系及反应规律性"荣获国家自然科学奖二等奖；潘建伟团队两项成果"世界首台超越早期经典计算机的光量子计算机诞生"和"量子通信'从理想王国走到现实王国'"，同时入选由"两院"院士投票评选的 2017 年中国十大科技进展新闻，至此研究中心成果入选累计达 15 次；谢毅院士荣获 2017 年度安徽省重大科技成就奖。此外，研究中心研究人员共获国家授权发明专利 66 项，实用新型 3 项。

本年度研究中心发表 SCI 收录论文 901 篇(独立完成或第一单位的文章计 399 篇)，其中Ⅰ区论文 399 篇(独立完成或第一单位 199 篇)，占发表论文总数的 44％。这些优秀论文很多发表在包括《Science》，《Nature》及其子刊在内的国际顶级期刊上(《Science》3 篇，《Nature》2 篇，《Nature》子刊 31 篇)。

2017 年引才成果斐然，新增 1 位中国工程院院士(田志刚)，2 位国家杰青(江海龙、熊宇杰)。2017 年获得的荣誉有：潘建伟院士获 2017 未来科学大奖，陆朝阳教授获 2017 年度菲涅尔奖，陈仙辉院士、谢毅院士、潘建伟院士获全国创新争先奖章，杜江峰院士获全国创新争先奖状，谢毅教授获第四届 Nano Research Award，陆朝阳教授获第 21 届"中国青年五四奖章"，谢毅院士获"全国五一巾帼标兵"荣誉称号，潘建伟院士入选《自然》2017 十大科学人物，傅尧教授获第三届"闵恩泽能源化工奖杰出贡献奖"等。

2017 年度，研究中心招收博士生 82 人，其中享受政府奖学金的外国留学生 7 人；硕士生 105 人，其中享受政府奖学金的外国留学生 1 人。目前，在籍研究生总人数已达 470 人(含硕士生 213 人，博士生 257 人，其中留学生 30 人)。微尺度 2016 级硕士博士 2 班荣获校 2016～2017 学年度"先进班集体"和"六有大学生班集体"荣誉称号。本年度，研究生获"中科院院长特别奖"2 人、"中科院院长奖"5 人、"中国科学院朱李月华优秀博士生奖"4 人、"宝钢优秀学生特等奖"1 人、"国家奖学金"15 人、"求是研究生奖学金"3 人、"苏州育才奖学金"1 人、

“智造顺德奖学金”2人、“光华奖学金”5人、省高校品学兼优毕业生6人。

2017年，有120位海内外学者应邀前来实验室开展合作研究与学术交流，共作学术报告124场次(其中美国和欧洲等海外人员70人次)。实验室研究人员受邀在美国物理学年会、美国化学年会等国内外重要会议上作学术报告189人次。

研究中心十分注重强化公共技术体系的共建，信息的开放和共享，加强对外交流研讨，提高仪器使用效益和技术支撑水平，从而发展壮大在学校教学科研工作中的效应。理化分析实验室、生物技术实验室和微纳研究与制造中心积极响应学校2017年4月正式运行的“科研设施与仪器设备开放共享在线服务平台”，深化大型仪器和测试技术的信息共享，实现与国家网络管理平台数据对接。公共平台支撑了诸多高水平成果的产出：理化分析实验室和低温强磁场实验室为吴文彬教授于2017年7月发表在《Science》上的在氧化物自旋电子学领域取得的成果提供了关键技术数据；微纳研究与制造中心为郭光灿院士和郭国平教授于2017年10月在线发表在《Science Advances》上的有关半导体门控量子点的研究成果提供了部分样品的加工服务；集成影像中心为蔡刚教授于2017年12月发表在《Science》上的在DNA修复的关键蛋白ATR激酶研究方面取得的成果提供了组装的GPU工作站服务。

研究中心秉承“科教报国，服务社会”的理念，十分重视公众开放和科技普及活动，本年度共接待了参观访问交流团约4200人次。其中包括承办“全国优秀大学生夏令营”，集中选拔全国优秀学子来实验室参观学习、聆听大师报告、进行现场面试；还包括农工党安徽省文化支部、科技部基础司、安徽电视台、荷兰特文特大学、荷兰UT MESA＋代表团、美国国家科学院等国内外院校、研究机构、社会团体来访人员。

附录　新闻媒体有关我校的报道索引

国际新闻媒体有关我校的报道索引

媒体名称	时　间	文　章　标　题
China Daily Asia	1.1	Report：Prehistoric silk found in Henan
Fiber2fashion	1.2	New research to advance study of early silk production
Hindustantimes	1.9	The not so small wonder：Chinese human-like robot turns on the charm
Yahoo Tech	1.10	This Chinese woman isn't real
livescience	1.10	Oldest evidence of silk found in 8500-year-old tombs
iTechPost	1.11	Westworld's robots In real life：Japan creates robot with artificial muscles
EurekAlert!	1.15	China develops world's brightest VUV free electron laser research facility
GBTimes	1.18	China's quantum science satellite begins "spooky" and "unhackable" experiments
Phys. org	1.19	Physicists observe spontaneous symmetry breaking in an optical microcavity
YIBADA News	1.19	Chinese scientists unveil world's brightest UV light
SAT Press Releases	1.23	Scientists develop a path toward improved high-energy accelerators
Daily Mail	1.29	Is this the world's most realistic droid? Jia Jia, the creepily life-like "robot goddess", greets fans in China
International Business Times	2.6	Great Dying could have been caused by stirring up sulphides from the deep oceans
Chemistry World	2.7	Ocean chemistry changes triggered Earth's greatest extinction event
COSMOS	2.7	Sulfur choked sea life during end-Permian mass extinction：Study
iStock	2.7	The Great Dying 250 million years ago has its roots in the intrusion of deadly sulfide rich waters into oxygenated shallows with lessons for today
Xinhua	2.15	Poisonous gas may have driven prehistoric mass extinction：Chinese scientists
INDIANA UNIVERSITY BLOOMINGTON	3.8	IU chemists create molecular "leaf" that collects and stores solar power without solar panels
The Star Online	3.8	School-leavers heading to China for degrees
Yahoo	3.9	Top 10 universities in emerging economies

续表

媒体名称	时　间	文　章　标　题
Yahoo	3.16	Yirendai appoints chief credit officer
Forbes	3.23	Meyer eyes healthcare, hopes for tougher China food safety rules
Nature Physics	3.27	Biomolecular switches: Driven to peak
XinHua News Agency and the L'Oréal Corporate Foundation	4.1	Postdoc from USTC wins 2017 L'Oréal-UNESCO international rising talent fellowship
Xinhua	4.10	Chinese scientists pioneer new method to absorb oil spills
PhysicsWorld	4.13	Ten superconducting qubits entangled by physicists in China
Xinhua	4.25	Man-machine dialogue conducted in east China's Hefei
ECNS	4.25	Man-machine dialogue conducted in east China's Hefei
Xinhua	5.12	Chinese scientist awarded APEC prize in Vietnam
Xinhua	5.15	China sets up national lab developing brain-like AI technology
Xinhua	5.15	Chinese scientist awarded APEC prize in Vietnam
China Daily	5.18	She's only a robot
PhysicsWorld	5.18	Particle-free quantum communication is achieved in the lab
Xinhua	5.23	Unveiling China's "baby" quantum computer
Phys.org	5.27	Researchers achieve direct counterfactual quantum communication
China.org	5.28	Chinese scientist compares quantum mechanics to Monkey King
EurekAlert!	6.7	Springer Nature and Tsinghua University Press present the fourth Nano Research Award
Phys.org	6.12	Physicists use quantum memory to demonstrate quantum secure direct communication
The Science Times	6.13	Quantum cryptography reaches a new milestone in quantum secure direct communication
Wired	6.15	Chinese satellite relays a quantum signal between cities
Nature	6.15	China's quantum satellite clears major hurdle on way to ultrasecure communications
The Globe and Mail	6.15	China's quantum breakthrough a step forward in space race to end hacking
Los Angeles Times	6.15	Chinese satellite breaks a quantum physics record, beams entangled photons from space to Earth
Gizmodo	6.15	Experiment with Chinese satellite demonstrates quantum weirdness over record distances

续表

媒体名称	时　间	文　章　标　题
GeekWire	6.15	China's Micius satellite sets distance record for quantum entanglement in space
BBC	6.15	China's quantum satellite in big leap
Science	6.15	Quantum satellite shatters entanglement record
Washington Post	06.15	Quantum entanglement, science's "spookiest" phenomenon, achieved in space
IEEE Spectrum	6.15	Quantum networks in space closer to reality
Optics & Photonics News	6.15	Quantum key distribution takes flight
Pulse Headlines	6.15	Chinese scientists generated entangled particles in space
Newsweek	6.15	Cybersecurity attacks are a global threat. Chinese scientists have the answer: Quantum mechanics
The Guardian	6.15	Scientists make quantum leap towards a secure new kind of internet
New Scientists	6.15	Chinese satellite beats distance record for quantum entanglement
ScientificAmericans	6.15	China shatters "spooky action at a distance" record, preps for Quantum Internet
The Globe and Mail	6.15	China's quantum leap in space a step toward unhackable communications
Wall Street Journal	6.15	China makes leap toward "Unhackable" quantum network
Economic Times	6.15	Chinese scientists beam back 'entangled' photons from space
Physicsworld	6.16	Entanglement distributed over 1200 km by quantum satellite
Xinhua	6.16	China's quantum satellite establishes photon entanglement over 1200 km
The Australian	6.16	Quantum leap to catch hackers on the hop
Live Science	6.16	New quantum-entanglement record could spur hack-proof communications
GoKunming	6.16	Lijiang observatory helps unravel mysteries of quantum communication
OpenGov Asia	6.16	Chinese scientists achieve quantum entanglement over a record distance of 1200 km
The Guardian	6.16	Scientists make quantum leap towards a secure new kind of internet
ScienceAlert	6.16	Physicists just smashed a record to achieve quantum entanglement in space
The Sydney Morning Herald	6.16	Chinese quantum satellite Micius breaks record for distribution distance of quantum entangled photons
Yahoo7 News	6.16	Big scientific breakthrough at sub-atomic level holds promise for secure comms

续表

媒体名称	时 间	文 章 标 题
The Conversation UK	6.16	Satellite sends quantum-spooky signals to Earth — raising hopes of secure global communications
The Register	6.16	Just like knotted-up headphones：Entangled photons stay entwined over record distance
the Engineer	6.16	Quantum breakthrough from Chinese satellite mission could improve communications security
TechTimes	6.16	How quantum mechanics is Chinese scientists' answer to cybersecurity attacks
NOVANEXT	6.16	Scientists generate quantum entanglement in space for the first time
Yahoo News	6.16	New quantum-entanglement record could spur hack-proof communications
ZME Science	6.16	Chinese satellite beams entangled particles over 1200 km away, sets the stage for unhackable quantum network
TechTimes	6.16	China quantum satellite beams entangled photons from space
PC-Tablet	6.16	Chinese scientists breaks record in quantum satellite network
GIZMODO	6.16	Experiment with Chinese satellite demonstrates quantum weirdness over record distances
ZEENews	6.16	Quantum breakthrough? Chinese scientists beam back "entangled" photons from space
babwnews	6.17	Scientists astonished by "spooky" discovery in space
PerfScience	6.17	China's Micius mission sets new grounds in quantum science
adn.com	6.18	Physicists create quantum entanglement, science's "spookiest" phenomenon
fudZilla	6.19	Chinese networked intertwined quantum particles
EurekAlert!	6.19	A no-brainer? Mouse eyes constrict to light without direct link to the brain
Wall Street Pit	6.20	China just made a huge breakthrough in quantum communication
Science World Report	6.21	Quantum entanglement is achieved in space for the first time
EurekAlert!	6.23	Equipping form with function
EurekAlert!	6.26	Mitochondrial flash signals long-term memory at neuronal synapse
Xinhua	6.26	A low-profile university aims high
Scientific American	6.27	Nil communication：How to send a message without sending anything at all
PHOTONICS MEDIA	7.3	Xie awarded Tsinghua Press-Springer nano research award

续表

媒体名称	时 间	文 章 标 题
Xinhua	7.10	Feature: A life of quantum entanglement
NOAO	7.11	Distant galaxies "lift the veil" on the end of the cosmic dark ages
the Guardian	7.12	Beam me up, Scotty! Scientists teleport photons 300 miles into space
upi	7.13	China teleports quantum information to space, a first
khaleej times	7.13	Star Trek is here: Object teleported from Earth to space
Nova Next	7.14	Scientists "Teleport" photons into space for the first time
China Daily	7.14	Subsidies need discretion, not fanfares
SIXTH TONE	7.17	Universities monitor eating habits to subsidize poor students
EurekAlert!	7.18	A breakthrough in "dead layer" of antiferromagnet
China Daily USA	7.20	Having fun with science
EurekAlert!	7.21	Scientists uncover biogeochemical controls on occurrence and distribution of PACs in coals
EIN Newsdesk	7.21	Inprentus broadens its market presence with contract to deliver X-ray diffraction gratings to China
China Daily	7.24	iFlytek marries voice tech with artificial intelligence
IEEE Spectrum	7.24	Quantum cryptography system breaks daylight distance record
Xinhua	7.25	Chinese scientists make new breakthrough in quantum communication
opengovasia	7.26	Chinese scientists demonstrate feasibility of satellite-based quantum communications in daylight
Nature	7.28	Clues emerge in mystery of flickering quasars
IEEE Spectrum	7.21	Unhackable quantum networks take to space
EurekAlert!	8.1	Magnetized viruses attack harmful bacteria
Phys.org	8.1	Team uses phage-enhanced nanoparticles to kill bacteria that foul water treatment systems
Xinhua	8.10	Chinese scientists conduct ground-to-space quantum teleportation
China Daily	8.11	Chinese science teleported into the lead in quantum race
Xinhua	8.11	China's satellite sends unbreakable cipher from space
Xinhua	8.11	Chinese scientists aim to launch more quantum satellites
Xinhua	8.12	Quantum communication experiments lead China's sci-tech innovation
China Daily	8.12	Quantum communication experiments lead China's sci-tech innovation
WIRED	8.15	Quantum internet is 13 years away. Wait, what's quantum internet?

续表

媒体名称	时　间	文　章　标　题
China Daily	8.16	Chinese universities increase visibility in list of global top 500
futurism	8.17	The "quantum internet" is just a decade away. Here's what you need to know
micetimes	8.20	Chinese scientists improved the process of quantum movement
The Street	8.23	The next great supercomputer is coming——here's everything to know about it
physicsworld	8.25	Qubits can swim through seawater
Biospectrum	8.25	Scientists in China use nanoparticles to kill bacteria
Deccan chronicle	8.27	Get physical: Quantum teleportation into the orbit is a reality
Global Times	8.28	Quantum communication test successful, good news for the Navy
The economist	8.31	The first quantum-cryptographic satellite network will be Chinese
The News International	8.31	"CPEC Consortium of Business Schools" launched
cnanhui	8.31	Sci-tech innovation drives agricultural province up
Xinhua	9.2	Chinese, US scientists create electronics that degrade in air moisture
Six Tone	9.2	Universities to deny financial aid to conspicuous consumers
Globaltimes	9.10	China's 2017 Future Science Prize winners announced
DIGITAL TRENDS	9.11	Humidity is all it takes to kill this decice-and that's a good thing
phtonics	9.12	Doppler lidar could aid weather forecasting, aircraft safety
EurekAlert!	9.13	Localized orbital scaling correction functional ushering DFT to a new level of accuracy
ecns	9.13	AI industry in need of a helping hand
OSA	9.15	Light-based method improves practicality and quality of remote wind measurements
optics. org	9.18	Toshiba speeds quantum key beyond 10 Mb/s
EurekAlert!	9.21	Quantum twisted Loong confirms the physical reality of wavefunctions
ShanghaiDaily	9.28	Test success for magnetic fields facility
China Daily	9.29	Visit by Xi bolsters youths' confidence
Physicsworld	9.29	Beijing and Vienna have a quantum conversation
OpenGov Asia	10.3	World's longest unhackable communications link opened between Beijing and Shanghai
Sixtone	10.11	Breakthrough for scientists converting carbon dioxide into fuel

续表

媒体名称	时　间	文　章　标　题
Asian Scientist	10.17	Scientists achieve long-distance entanglement swapping
Sixtone	10.18	Facial recognition company founder courts banks for business
ABC News	10.18	China's Xi calls for more technology development
China Daily	10.19	China to make new breakthrough in quantum communication: CPC delegate
Physics World	10.19	Atoms and Josephson junctions simulate 1D quantum liquid
QUARTZ	10.22	Robot women in Asia now have human stylists
China Daily	10.25	Scientists push for breakthroughs
China Daily	10.25	iFlytek plans incubators for startups
china.org	11.1	Wuhan launches world-leading quantum network
China Daily	11.1	Making an impact on the world stage
chemical & engineering news	11.7	Beauty of science founder reveals his tips for making awe-inspiring chemistry videos
China Daily	11.10	Chinese robot becomes world's first machine to pass medical exam
Physicsworld	11.10	Superconducting quantum computer achieves ten-qubit entanglement
photonics	11.13	Superconducting nanowire single-photon detector sets efficiency record
ecns	11.15	Thousands compete in innovative challenge
physicsworld	11.16	Earth's body tide hints at deep mantle structure
EurekAlert!	11.17	New computational method provides optimized design of wind up toys
i-programmer	11.19	Algorithmic designs of wind-up toys
3ders.org	11.20	3D printed wind-up toys can be made automatically using new computational system
i-programmer	11.22	Gordon Bell Prize for earth shattering research
EurekAlert!	11.22	Mysterious deep-earth seismic signature explained
Xinhua	11.23	Chinese colleges top QS' BRICS university rankings
nanotechweb	11.27	Graphene transistor goes magnetoelectric
anhuinews	11.27	China's 34th antarctic expedition team includes 4 from Anhui-based USTC
Xinhua	11.27	Interview: China's advances in quantum-encrypted communications go one up on Einstein: physicist
Science	11.29	China's dark matter space probe detects tantalizing signal

续表

媒体名称	时　间	文　章　标　题
EurekAlert!	11.30	Scientists visualize structure of key DNA repair component with “Near-atomic resolution”
Xinhua	12.2	Chinese researchers map key protein in DNA repair with near-atomic resolution
ecns	12.4	iFlytek boosts use of AI in healthcare sector
racked	12.6	Why androids like sophia dress conservatively
China Daily	12.9	Inland innovators
Science News	12.14	A quantum communications satellite proved its potential in 2017
ecns	12.19	Science journal Nature recognizes Chinese quantum pioneer
GBTIMES	12.19	Chinese scientist among Nature magazine's “ten people who mattered this year”
Xinhua	12.19	Chinese scientist among Nature magazine's 10 people who matter in science
newscientist	12.19	The body's killer immune cells also feed fetuses in the womb
EurekAlert!	12.19	Immune cells in the uterus help nourish fetus during early pregnancy
China Daily	12.20	Quantum scientist among Nature's “people who mattered” in 2017
Xinhua	12.21	Chinese scientists say penguins date back 14600 years
CGTN	12.25	Huang Fang：Solving eco problems using geochemistry
EurekAlert!	12.26	A powerful guiding principle for topological quantum synthesis
Xinhua	12.29	Major science events that define 2017

国家级新闻媒体有关我校的报道索引

综合报道篇

媒体名称	时　间	文　章　标　题	作　者
中国科学报	1.3	中科院多成果“入选”习近平新年贺词	丁　佳
中国新闻网	1.20	合肥综合性国家科学中心成中国科技创新战略布局重大平台	
光明日报	1.26	为读者提供感同身受的阅读空间	李陈续 刘爱华

续表

媒体名称	时间	文章标题	作者
中国广播网	2.25	中国科技大量子相关研究引领世界	刘军
新华网	2.28	合肥综合性国家科学中心获批	刘淑
人民网	3.1	合肥综合性国家科学中心开建　安徽创新发展增添新引擎	常国水 刘甜甜
中国科学报	3.1	合肥综合性国家科学中心启动建设	徐海涛
中国广播网	3.1	国家综合性科学中心为何落户安徽?	孙叶
人民网	3.1	合肥综合性国家科学中心今日揭牌	刘甜甜 苗子健
中国新闻网	3.1	合肥综合性国家科学中心正式启动建设	吴兰
新华网	3.1	合肥综合性国家科学中心启动建设　聚焦科技前沿带动区域发展	徐海涛
中国广播网	3.1	合肥综合性国家科学中心2020年目标:为系统推进全面创新改革提供有力支撑	孙叶
新华网	3.1	安徽:中部崛起"创新极"——写在合肥综合性国家科学中心启动建设之际	徐海涛
中国广播网	3.2	安徽加快推进合肥综合性国家科学中心建设　努力从创新跟跑者迈向领跑者	张秋实 刘军
CCTV新闻联播	3.8	点赞中国	桂运安
科技日报	3.26	合肥综合性国家科学中心:平添创新发展强力引擎	吴长锋
科技日报	3.26	合肥高新区精准发力打造国家科学中心核心承载区	吴长锋
人民日报	3.26	唤醒休眠的科技成果	孙振
中国新闻网	4.21	潘建伟院士:"京沪干线"正进行稳定性、安全性测试	吴兰
中国科学报	4.24	中国科大多项成果获日内瓦国际发明展大奖	杨保国
中国科学报	4.25	图片新闻	郭晨摄
人民网	4.26	中科大师生携手认购扶贫茶　助力贫困村早日脱贫	汪瑞华
人民网	4.26	中科大跨学科协同创新:打造科技创新的"安徽高地"	刘甜甜 陆晓芬
中国广播网	4.27	总书记,中国科大的师生有话对您说	张大岗
科技日报	4.27	佳佳越洋采访凯利:人类同行,你们有压力吗	吴长锋
新华网	5.9	化身"精灵、魔法师、剑客"——对话中科大青年创客	刘美子
中国科学报	5.17	类脑智能领域首个国家工程实验室成立	曾皓

续表

媒体名称	时 间	文 章 标 题	作 者
CCTV 新闻直播间	5.17	类脑智能技术及应用国家工程实验室成立:借鉴人脑机制 攻关人工智能	
中国新闻网	5.17	“类脑智能技术及应用国家工程实验室”在合肥揭牌	
中国广播网	5.17	“类脑国家工程实验室”成立	
中国广播网	5.17	中国类脑智能领域首个国家级工程实验室落户合肥	徐 鹏
新华网	5.17	我国成立“类脑国家实验室”	徐海涛
中国科学报	5.24	勉励量子科技工作者勇攀高峰	
安徽新闻联播	5.25	中科大科学家在世界通信史上首次实现反事实量子通信	
CCTV 新闻联播	5.31	科技强国 创新圆梦——我国科技界坚实推进科技改革发展	
人民网	6.9	包信和院士任中国科学技术大学校长	申 宁
中国青年报	6.9	中央任命包信和为中国科学技术大学校长	王 磊
光明日报	6.9	“把红旗插上一流大学的高峰”	李陈续
新华网	6.9	包信和任中国科学技术大学校长	新华网
中国科学报	6.12	包信和任中国科大校长	倪思洁
中国新闻网	6.12	中国科大每届三成本科生获全额奖学金出国(境)留学	吴 兰
中国科学报	6.12	第四届中俄“长江-伏尔加河”青年论坛在合肥举办	杨保国
科技日报	6.13	“院士也是平常人,没有高人一等”	吴长锋
CCTV 新闻 30 分	6.16	引领量子科学革命风骚 中国量子卫星科学实验取得重大突破:“墨子号”实现“一步千里”跨越	
CCTV 新闻联播	6.19	“墨子号”量子卫星最新成果实现新跨越	
新华网	6.19	量子卫星在国际上率先实现千公里级量子纠缠分发 量子通信向实际应用迈出大步	
中国青年报	6.19	这一次,中国站在世界最前沿	邱晨辉
参考消息	6.19	各国专家盛赞中国量子卫星实验:伟大技术成就	
参考消息	6.20	英媒称中国量子卫星是神来之笔:开启世界量子太空竞赛	金立旺
科学网	6.21	科大之问——“中国科大现象”启示录	

续表

媒体名称	时 间	文 章 标 题	作 者
新华社	6.21	科技之问——"中国科大现象"启示录(中)("解码中国科大"系列报道之三)	梁 强 徐海涛 王 敏 张旭东 陈 诺 杨玉华 周 畅 董瑞丰
新华社	6.21	校城之问——"中国科大现象"启示录(下)("解码中国科大"系列报道之四)	徐海涛 王 敏 杨玉华 陈 诺 周 畅 梁 强
新华每日电讯	6.21	科大之问——"中国科大现象启示录"(上)	杨玉华 张旭东 王 敏 徐海涛 梁 强 陈 诺 胡 浩 周 畅
新华每日电讯	6.22	科技之问——"中国科大现象"启示录(中)	梁 强 徐海涛 王 敏 张旭东 陈 诺 杨玉华 周 畅 董瑞丰
新华社	6.22	新华社评论员:让大学精神照亮创新征程	
CCTV 新闻联播	6.26	李克强主持国务院党组理论学习中心组学习讲座	
合肥晚报	6.27	国家创新人才推进计划入选名单公布 中科大位列全国第二	蒋瑜香
中国广播网	6.28	量子研究院省级层面立项 中科大高新区规划方案初步确定	

续表

媒体名称	时　间	文　章　标　题	作　者
中国广播网	7.10	科大少年班今年报考超 2000 人　复试人数不到报考总数 3%	
中国广播网	7.10	中国科大用大数据“偷偷”资助贫困生　暖心之举已全国推广	张建亚 唐玉玲
中国教育报	7.11	“隐形资助”彰显制度善意	杨朝清
新华视点	7.12	还有这种操作？这所大学偷偷资助“不舍得吃饭”的学生 4 万人次	徐海涛
中国新闻网	7.13	中国新闻网正能量满满！中国科大“隐形资助”贫困生 4 万人次	吴　兰 赵　强
光明网	7.14	“隐性资助”有尊严更要树诚信	朱永华
央视网	7.14	原来你是这样的科大　下辈子读书一定去这里啊	孔　华
新华每日电讯	7.14	中科大用大数据“隐形资助”贫困学生	徐海涛
人民日报海外版	7.18	首次完成商用专网测试　中国量子通信商业化时代到来	朱昌俊
央广网	7.19	中科大寄出 2017 年本科新生首批近 600 份录取通知书	潘旭涛 常红星 李昊朗
新华网络电视台	7.20	中科大监测“饭卡”　暗补困难生	
光明日报	7.21	隐形资助体现大学人文关怀	
中国科学报	7.25	大学管理需要互联网思维	卢荻秋
人民日报	7.30	让助学温暖直抵人心(今日谈)	
科技日报	8.1	中科大机器人柔性手爪“世界杯”获奖	华　义
人民日报	8.2	中科大机器人柔性手爪在机器人世界杯上获奖	华　义
央广网	8.12	中科大教授陈小平：合肥应抓住机器人产业发展机遇实现“弯道超车”	徐　鹏
科学网	8.31	张春贤在安徽调研期间考察中科院合肥研究院和中国科大先研院	桂运安
中国科学报	9.4	中国科大与长春应化所共建应用化学与工程学院	沈春蕾 于　洋
新华网	9.4	13 家中国机构跻身自然指数世界百强	
新华网	9.5	中国科学技术大学陈宇翱：量子技术领域国际竞争激烈	廖国红

续表

媒体名称	时　间	文　章　标　题	作 者
新京报	9.7	量子通信见证中国高端制造业转型升级	许维鸿
参考消息	9.12	港媒:中国正建世界最大量子实验室　将大幅改善潜艇隐形能力	
科学网	9.12	中国船舶重工集团公司访问中科大并签署合作协议	
新华网	9.13	马化腾中国科大探究前沿科技	姚　琼
新华网	9.14	中科大应邀参加 ETSI/IQC 国际量子安全研讨会	程　诚
人民网	9.14	科大国盾量子等三单位应邀参加国际量子安全研讨会	
新华网	9.16	首批一流网络安全学院建设示范项目高校名单公布	
新华网	9.25	荷兰诺奖得主中国科大说量子	朱　倩
合肥晚报	9.26	中科大自然指数排名世界百强	蒋瑜香
新华社客户端	9.28	为了总书记的嘱托　让创新成为发展的第一动力	余晓洁 董瑞丰 徐海涛 陈　晨 段　续 贾远琨 盖博铭 刘姝君 屈凌燕
中国科学报	9.28	推动"双一流"建设　培养"六有"大学生	高雅丽
人民日报海外版	10.1	中科大纽约峰会举行	彭训文
中国广播网	10.1	【砥砺奋进的五年·为了总书记的嘱托】科技界要树立强烈创新自信	
CCTV 还看今朝	10.7	大科学装置集聚省会合肥	
中国教育报	10.9	大数据精准识别"隐性贫困"	刘爱华
中青在线	10.11	潘建伟现身云栖大会　阿里云和中科院发布量子计算云平台	
中国科学报	10.12	中国量子通信技术有望长时间保持国际领先	王佳雯
经济日报	10.12	借创新"翅膀"展翅高飞	牛　瑾 常　理 文　晶
新华网	10.12	中科大推出量子计算云平台　公众可"网上量子编程"	徐海涛

续表

媒体名称	时间	文章标题	作者
中国科学报	10.12	“京沪干线”项目首席科学家潘建伟:中国量子通信技术有望长时间保持国际领先	王佳雯
科技日报	10.13	世界首个基于半导体量子芯片的量子计算云平台上线 个人可自行“量子编程”	吴长锋
新华网	10.14	中国共产党第十八届中央委员会第七次全体会议公报	
光明日报	10.22	对标十九大 勇做创新引领排头兵	李陈续 李睿宸
中国广播网	10.25	【十九大时光】科技创新人员聚焦十九大报告	
CCTV 新闻直播间	10.25	聚焦十九大 科技引领未来 凝心聚力迈向新征程	
中国经济网	10.30	未来科学大奖得主共同呼吁:在科学中实现自我价值应是中国更多年轻人选择	红 岩
CCTV 新闻直播间	11.3	潘建伟:创新科技 建设现代化强国	
新华网	11.6	海归梦,中国梦 中国最大留学人才“归国潮”启示录	何雨欣 杨玉华 董瑞丰 崔 静 胡 喆 陈 聪
新华网	11.20	潘建伟:伟大新时代,迎来科研黄金时间	陈 芳 徐海涛
人民日报	11.24	四问量子通信	吴月辉
CCTV 焦点访谈	11.24	新时代怎么干 科技创新出成果	
中国新闻网	11.24	合肥微尺度物质科学国家研究中心获批组建	吴 兰
CCTV 中国新闻	11.25	大国重器(四)“悟空”:九天之上捕捉暗物质	
CCTV 中国新闻	11.26	大国重器(五)“墨子号”:传送绝对安全的数据	
科技日报	11.27	合肥微尺度物质科学国家研究中心获批	吴长锋
中国科学报	11.27	中国科大代表队 2017iGEM 获金摘银	杨保国
人民网	11.28	中科大美国硅谷校友会安徽创新创业基地成立	赵 越
人民日报	12.4	测量量子有啥用途	吴月辉
中国新闻网	12.5	中国聚变工程实验堆开始工程设计 开启聚变能研究新征程	吴 兰

续表

媒体名称	时　间	文　章　标　题	作　者
新华网	12.6	中国聚变工程实验堆启动工程设计　瞄准人类终极能源问题	徐海涛
新华日报	12.7	中国发力寻找人类终极能源	徐海涛
中青在线	12.7	中国聚变工程实验堆开始工程设计	王　磊 杨保国
中国科学报	12.7	我国聚变能研究开启新征程	杨保国
光明日报	12.7	中国聚变工程实验堆开始工程设计	李睿宸 杨保国
工人日报	12.13	在数字化、无纸化潮流下，传统的手工纸如何传承与发展　当传统手工纸遇上现代科技	谢晓侠 陈　华
中国青年报	12.18	中国聚变工程实验堆开始工程设计	王　磊 杨保国
光明日报	12.18	不忘育人初心，牢记时代使命	
新华网	12.19	这一年，他们颠覆了什么——解析《自然》十大科学人物	张家伟 徐海涛
中国新闻网	12.22	中国量子信息研究成果获国际学术界高度评价	吴　兰
新华网	12.23	中国科大附属第一医院今日挂牌	钟红霞
新华网	12.23	中科大成立生命科学与医学部　安徽省立医院成为其附属医院	鲍晓菁
光明网	12.23	医疗队伍再添生力军　"科大新医学"助力健康中国	李睿宸
中国科学报	12.23	中国科学技术大学生命科学与医学部揭牌成立	杨保国
光明日报	12.23	国际学术媒体聚焦潘建伟团队	李睿宸 杨保国
中国新闻网	12.23	中国科学技术大学成立生命科学与医学部	吴　兰 张　强
中国广播网	12.23	安徽省立医院成中国科大附属第一医院　今日挂牌	王　利
科技日报	12.24	中科大成立生命科学与医学部，发力人工智能和精准诊疗	吴长锋
中国教育报	12.24	中科大成立生命科学与医学部	方梦宇

科学研究篇

媒体名称	时　间	文　章　标　题	作　者
中国青年报	1.19	量子卫星“墨子号”交付	
CCTV 新闻直播间	1.19	世界首颗量子卫星“墨子号”:完成在轨测试　交付用户开展实验	
科技日报	1.19	“墨子号”在轨交付使用——外媒将其视为中国创新能力提升的重要标志	李大庆
人民日报	1.19	首颗量子卫星“墨子号”在轨交付　可为南海诸岛提供量子通信保障	
光明日报	1.19	世界首颗量子科学实验卫星在轨交付使用	
经济日报	1.19	世界首颗量子卫星“墨子号”正式交付使用	
中国科学报	1.19	量子卫星“墨子号”交付用户	
新华网	1.19	世界首颗量子科学实验卫星“墨子号”在轨交付	
人民网	1.19	“墨子号”量子科学实验卫星完成在轨测试交付用户	
新华网	1.19	世界首颗量子科学实验卫星“墨子号”正式交付使用	
人民日报海外版	1.20	量子卫星“墨子号”交付使用	
CCTV 新闻联播	1.20	世界首颗量子卫星交付　开始正式实验	
中青在线	2.14	二叠纪末生命大灭绝及其后生命迟缓复苏新机制被提出	王　磊 杨保国
中国新闻网	2.15	中国学者提出距今约 2.52 亿年生命大灭绝及复苏新机制	
新华网	2.15	我国科学家提出假说:2.5 亿年前地球生命大灭绝或因“深海毒气上涌”	
中国科学报	2.15	2.5 亿年前生命大灭绝或因“深海毒气”	杨保国
CCTV 新闻直播间	2.15	生物灭绝或因深海毒气上涌	
中国新闻网	3.6	潘建伟:量子通信有望解决安全信息“裸奔”难题	张　素
中国经济网	3.9	中国科大实现对单个神经细胞活体的实时研究	佘惠敏
新华网	3.10	我国学者实现对单个神经细胞活体的实时研究	
中国科学报	3.13	中科大实现单个神经细胞活体实时研究	刘爱华
中国经济网	4.7	石墨烯功能化海绵:开启快速清理水面高黏度浮油的新纪元	

续表

媒体名称	时　间	文　章　标　题	作　者
中国科学报	4.10	我国科学家研制出快速吸附水面浮油材料	郭　爽
中国科学报	4.12	科学家发现细菌鞭毛转向调控非平衡因素	杨保国
新华每日电讯	4.25	中国机器人记者与美科技大咖“失控”对话	郭晨摄
新华网	4.25	特写：你喜欢我吗——中国智能机器人对话美国科技观察家	郭　爽 杨　骏 彭　茜
新华网	4.25	全球首个机器人记者与科技大咖“失控”对话	
新华每日电讯	4.25	佳佳对话“渐入佳境”，赢得网友青睐	郭　爽 杨　骏 彭　茜
中国科学报	4.25	中国科大首次在两比特系统中观测到单向量子导引	杨保国
中国经济网	4.30	中国科大首次在室温固态体系中实现绝热量子质因数分解	
新华网	4.30	我国学者在室温固态体系中实现绝热量子质因数分解	徐海涛
人民日报	4.30	我国科学家公布科研突破　离建造量子计算机更近了	喻思娈
中国新闻网	4.30	中国学者向建造室温固态量子计算机迈进了重要一步	杨保国 吴　兰
新华网	5.3	世界首台超越早期经典计算机的光量子计算机在中国诞生	金立旺
央视网	5.3	世界首台超越早期经典计算机的量子计算机问世	帅俊全
人民网	5.3	世界首台！我国量子计算机超越早期经典计算机	赵竹青
CCTV 新闻 30 分	5.3	我国量子计算机研究取得重大突破：量子计算机首超越早期经典计算机	
中国广播网	5.3	中科院构建世界首台超越早期经典计算机的光量子计算机	黄光辉
中国新闻网	5.3	世界首台经典计算机被“中国量子计算机”超越	张　素
中国科学报	5.3	中科大在室温固态体系中实现绝热量子质因数分解	杨保国
人民日报	5.4	量子计算机，开启中国速度	陈　芳 徐海涛 周　琳
中国青年报	5.4	世界首台光量子计算机在中国诞生	邱晨辉
中国青年报	5.4	陆朝阳：这个时代需要仰望星空的年轻人	王　磊
中国科学报	5.4	中国量子计算机：超越经典　朝梦前行	丁　佳

续表

媒体名称	时 间	文 章 标 题	作 者
科技日报	5.4	“中国造”光量子计算机问世	李大庆
人民日报	5.4	世界首台超越早期经典计算机的光量子计算机在中国诞生	吴月辉
光明日报	5.4	我国量子计算机研究取得重大突破	齐 芳
中国广播网	5.4	世界首台超越早期经典计算机光量子计算机在中国诞生	
中国广播网	5.4	中国制造的量子计算机超越早期经典计算机	
解放军报	5.4	世界首台超越早期经典计算机的光量子计算机在中国诞生	
经济日报	5.5	我国量子计算机研究取得系列突破	
经济日报	5.5	量子计算“称霸”在望	佘惠敏
人民日报海外版	5.5	中国光量子计算机诞生	李 贞 张 帅
中国新闻网	5.5	潘建伟:中国量子计算将如“雨后春笋”	
CCTV 新闻联播	5.5	我国量子计算机研究取得重大突破	
中国青年报	5.5	超越经典一小步 量子计算一大步	邱晨辉
新华网	5.9	“中国造”光量子计算机问世	
新华网	5.9	量子时代的探寻与追问	陈 芳 董瑞丰 周 琳 徐海涛
新华网	5.9	揭秘微观世界“小精灵”:量子为人类打开“新世界”	陈 芳 徐海涛 周 琳
新华网	5.10	这个临界点中国科学家抓住了,量子计算机到底牛在哪?	周 琳 徐海涛
中国教育在线	5.25	中国科学技术大学首次实现“反事实直接量子通信”	中国教育在线
科技日报	5.27	Alpha Go 赢了,但其实它远不及人脑	范 琼 吴长锋
中国科学报	6.1	科学家首次基于遥远星光生成随机数	杨保国
科技日报	6.1	不传输粒子也能实现量子通信	吴长锋
中国科学报	6.5	中国科大首次实现反事实直接量子通信	杨保国

续表

媒体名称	时　间	文　章　标　题	作　者
光明日报	6.15	引领量子科学革命风骚	齐　芳
科技日报	6.15	量子安全直接通信在量子存储中实现最新发现与创新	聂翠蓉
中国科技网	6.16	中国“墨子号”量子卫星首次实现千公里量级量子纠缠	
参考消息	6.16	中国量子卫星“墨子号”实现“一步千里”跨越	
中国广播网	6.17	中国“墨子号”量子卫星实现全球首次千公里级量子纠缠分发	潘　毅 王　利
中国广播网	6.17	世界首颗量子科学实验卫星实现千公里级的量子纠缠分发	黄光辉
中国广播网	6.18	中国科学家率先实现千公里级量子纠缠分发	潘　毅 王　利
央广网	6.19	中国量子卫星实现千公里级量子纠缠分发	
光明日报	6.19	我国量子研究领先世界　《科学》以封面论文形式发表该成果	李陈续
科技日报	6.19	证实了,“幽灵作用”延绵千里　“墨子号”实现 1203 公里量子纠缠	吴长锋
新华网	6.20	中国量子卫星新成果九问	林小春 黄　堃
中国科学报	6.20	1203 公里的纠缠	丁　佳
新华网	6.20	“墨子号”量子卫星在国际上率先实现千公里级量子纠缠分发	王　莹
新华网	6.21	回答爱因斯坦“百年之问”中国量子研究领先世界	董瑞丰 徐海涛 周　琳
经济日报	6.21	国际权威学术期刊《科学》封面发表我国量子通信研究重大成果——“墨子号”率先实现千公里级量子纠缠分发	
中国经济网	6.21	“墨子号”牛刀小试震动国内外	张　素
人民日报	6.22	“墨子号”率先实现千公里级量子纠缠分发	吴月辉
科技日报	6.23	“幽灵作用”上千公里仍存在,爱因斯坦输了吗	吴长锋
人民日报	6.24	量子通信研究　中国继续领跑	吴月辉
解放军报	6.24	我“墨子号”卫星成功回答爱因斯坦“百年之问”	吕珍慧 邹维荣

续表

媒体名称	时　间	文　章　标　题	作　者
中国广播网	6.24	中国率先实现千公里级量子纠缠分发　未来可用于防范黑客	潘　毅 王　利
中国新闻网	6.25	中国“墨子号”在国际上首次实现千公里级量子纠缠分发	张　素 吴　兰
新华每日电讯	6.25	我国量子卫星实现“一步千里”跨越	董瑞丰 徐海涛
新华网	6.25	我国“墨子号”卫星实现千公里级量子纠缠分发	董瑞丰 徐海涛
解放日报	6.25	量子通信向实际应用迈出大步	
中国教育报	6.25	中国量子卫星实现“一步千里”	方梦宇
人民日报海外版	6.25	中国实现千公里级量子纠缠分发	董瑞丰 徐海涛
中国经济网	6.25	一场跨越千里的纠缠	沈　慧
经济日报	6.25	“墨子号”率先实现千公里级量子纠缠分发	沈　慧
科技日报	7.5	中科大研发出高效质子交换膜燃料电池阴极催化剂	吴长锋
新华网	7.6	我国学者在超冷化学量子模拟研究领域取得进展	徐海涛
科技日报	7.7	我超冷化学量子模拟研究领域获重要进展	吴长锋
光明日报	7.7	超冷化学量子模拟取得重大突破	李陈续
安徽日报	7.10	潘建伟团队又解决一个“世界难题”　中科大成功探测到超冷化学反应的产物	桂运安
科技日报	7.11	石墨烯“绝技”解决光解水制氢难题　最新发现与创新	吴长锋
新华网	7.11	我国学者实现光解水制氢储氢一体化体系设计	徐海涛
中国科学报	7.12	中国科大研制出铂超细纳米线催化剂	张致远 杨保国
新华网	7.12	中美学者在质子交换膜燃料电池阴极催化剂领域取得重要进展	徐海涛
中国科学报	7.13	科学家发现宇宙黑暗时代星系样本	黄　辛
中国新闻网	7.15	中国科大设计首个太阳光分解水制储氢一体化体系	吴　兰 张致远
中国科学报	7.19	中国科大设计出首个光解水制氢储氢一体化系统	张致远 杨保国
中国科学报	7.26	中国科大首次实现白天分发量子密钥	曾　皓

续表

媒体名称	时　间	文　章　标　题	作　者
科技日报	7.26	白天远距离量子密钥分发实现	吴长锋
新华每日电讯	7.26	首次实现白天远距离量子密钥分发　我国太空量子通信技术获突破	徐海涛
中国广播网	7.27	中国科大首次验证“量子星座”可行性	刘　军 曾　皓
科技日报	8.2	黑暗时代再电离研究　获重要突破	
中国新闻网	8.4	水中取氢催化剂研究获重要进展	吴　兰
新华网	8.6	我国学者研究发现地球内核边界局部存在“糊状层”	徐海涛
中国科学报	8.7	地球内核边界局部糊状层获证实	晋　楠
中国科学报	8.8	中国科大光催化分解水研究获进展	柯　讯
中国科学报	8.9	中国科大等揭示人体炎症发生机制	徐海涛
新华网	8.9	我国学者在人体炎症发生机制研究方面取得重要进展	徐海涛
CCTV 新闻频道	8.10	详解“墨子号”神奇使命:量子密钥分发　远距离保密通信	
人民日报	8.10	“墨子号”卫星提前实现全部既定科学目标　中国量子通信领跑世界(砥砺奋进的五年)	吴月辉
人民日报	8.10	“墨子号”,抢占量子科技创新制高点	
光明日报	8.10	“墨子号”实现三大既定科学目标	齐　芳
光明日报	8.10	量子技术已经突破了天空的限制	卡尔·齐姆勒斯
光明日报	8.10	中国空间科学期待持续发力	齐　芳
光明日报	8.10	关于量子通信,这些问题你困惑过吗	齐　芳
科技日报	8.10	我科学家实现星地量子密钥分发和地星量子隐形传态　“墨子号”圆满实现三大既定科学目标	李大庆
中国科学报	8.10	千公里级星地双向量子通信“从理想王国走到现实王国”　“墨子号”实现量子通信“三级跳”	丁　佳
中国科学报	8.10	“墨子号”提前完成既定科学目标　中科院空间科学卫星“不断档”	丁　佳
新华网	8.10	《自然》发表两项成果　“墨子号”提前实现既定科学目标	董瑞丰 徐海涛
新华网	8.10	“墨子号”完成最难实验:现实版超时空传送?	喻　菲

续表

媒体名称	时　间	文　章　标　题	作　者
新华网	8.10	千里纠缠、星地传密、隐形传态——“墨子号”抢占量子科技创新制高点	董瑞丰 徐海涛
中国网	8.10	《自然》发表两项成果　“墨子号”提前实现既定科学目标	陈晔华 金立旺
CCTV 朝闻天下	8.10	中国科学院　量子卫星提前实现三大科学目标	
央视网	8.10	详解“墨子号”神奇使命——时空穿越真的存在	
新华网	8.10	“墨子号”是起点，中国科学家谋划建“量子星座”	喻　菲
人民日报海外版	8.10	“墨子号”量子卫星实现三大目标	吴月辉
新华网	8.10	中国成功从太空发送不可破解的密码	喻　菲
经济日报	8.11	国际权威学术期刊《自然》发表我国两项成果　“墨子号”提前实现既定科学目标	
科技日报	8.11	中国科大破解炎症发生机制	吴长锋
中国教育报	8.11	“墨子号”提前实现三大科学目标	方梦宇
新华日报	8.11	“墨子号”抢占量子科技制高点	董瑞丰 徐海涛
中国广播网	8.12	“墨子号”取得最新成果：国际上首次成功实现千公里级的星地双向量子通信	张棉棉
光明日报	8.15	“墨子号”的成功体现科技创新底气	柯　济
光明日报	8.16	在世界一流大学建设路上行稳致远	包信和
光明日报	8.16	做科技创新的引领者	李陈续 李睿宸
新华网	8.20	王建宇：科学家的创新思想及技术经验成就“墨子号”	刘　丫
科技日报	8.25	高性能大尺寸人工珍珠层仿生材料实现宏量制备	吴长锋
科技日报	8.29	破解种植与光伏发电“争光”难题　中科大新成果入围科技创新“奥斯卡”	吴长锋
人民日报海外版	9.4	全球首条量子保密通信网　“京沪干线”通过验收可开通	吴月辉
中国科学报	9.5	实验卫星：空间科学“群星”闪耀	高雅丽
中国科学报	9.5	全球首条量子保密通信骨干网“京沪干线”项目通过总技术验收	徐海涛
人民日报	9.5	全球首条量子保密通信骨干网“京沪干线”具备开通条件	吴月辉

续表

媒体名称	时　间	文　章　标　题	作　者
中国青年报	9.5	我国量子保密通信“京沪干线”通过技术验收	邱晨辉
科技日报	9.5	量子保密通信“京沪干线”具备开通条件最新发现与创新	吴长锋
新华每日电讯	9.5	量子通信“京沪干线”通过总技术验收	徐海涛
新华网	9.5	国家量子保密通信“京沪干线”项目通过技术验收	董瑞丰
CCTV 新闻联播	9.9	喜迎十九大:科技新跨越　硕果迎盛会	
中国新闻网	9.12	中国学者在量子研究领域又获重要进展	吴　兰
中国科学报	9.13	超冷原子体系中首次观测到任意子激发	徐海涛
新华网	9.13	我国学者拓扑量子计算研究获重要进展:首次在超冷原子体系中观测到任意子激发	徐海涛
人民网	9.13	中国科大首次在超冷原子体系中观测到任意子激发	张　歌
新华网	9.18	我国学者成功研发高性能测风激光雷达	徐海涛
科技日报	9.20	单分子单光子发射及其源阵列首次清晰展示	吴长锋
新华网	9.21	我国电泵单光子发射研究达到国际先进水平	徐海涛
人民网	9.29	世界首条量子保密通信干线开通实现洲际量子通信	赵竹青
科学网	9.29	我国初步构建天地一体化广域量子通信网络	王佳雯
中国新闻网	9.29	中国宣布开通世界首条量子保密通信干线“京沪干线”	张　素
经济日报	9.29	“京沪干线”与“墨子号”成功对接　“京沪干线”与“墨子号”成功对接	沈　慧
新华网	9.29	世界首条量子通信干线开通　实现首次洲际量子通信	王　莹
央广网	9.30	世界首条量子通信干线京沪干线开通　实现“无条件安全”通信	潘　毅
光明日报	9.30	世界首条量子保密通信干线开通	齐　芳
人民日报	9.30	我国开通全球首条量子通信干线	吴月辉
解放日报	9.30	世界首条量子保密通信干线开通	黄海华
CCTV 新闻直播间	9.30	世界首条量子通信干线顺利开通	
中国教育报	9.30	我国开通世界首条量子保密通信干线	方梦宇
人民日报海外版	9.30	我开通全球首条量子通信干线	董瑞丰 徐海涛
中国教育报	10.9	中国科学技术大学:高性能测风激光雷达研发成功	

续表

媒体名称	时　间	文　章　标　题	作　者
中国科学报	10.9	首条量子保密通信干线开通	王佳雯
新华网	10.10	我国学者发明新型催化剂可大幅提高二氧化碳加氢反应效率	徐海涛
中国经济网	10.10	二氧化碳加氢,发现简单高效催化剂	佘惠敏
中国科学报	10.11	氮化钴催化剂大幅提高二氧化碳加氢反应效率	杨保国
科技日报	10.11	氮化钴催化剂轻松让二氧化碳"变废为宝"	吴长锋
新华网	10.12	量子计算云平台"中国版"启动　量子信息革命正在加速到来	周　琳 徐海涛
人民网	10.12	探秘宇宙早期的星系形成与演化　中科大再获突破	张　歌
新华网	10.13	中外学者发现一批宇宙大爆炸后约8亿年形成的古老星系	徐海涛
中国广播网	10.17	复旦、中科大团队合作研究　首次脱离严格可解模型识别拓扑序	傅闻捷 方　圆 宋晗煜 罗智煌
中国新闻网	10.23	中国科学家在一维量子液体研究领域获重要进展	吴　兰
新华网	10.23	我国科学家在一维量子液体研究领域获重要进展	徐海涛
中国科学报	10.24	一维量子液体研究获重要进展	徐海涛
人民日报海外版	10.24	一维量子系统研究领域中国科学家获重要进展	徐海涛
新华网	10.25	中日科学家研究出新型二维材料半导体量子晶体管	徐海涛
新华网	10.30	我国学者仿萤火虫研制出"高亮发光"水凝胶　持续时间超150小时	徐海涛
中国教育报	11.1	我国量子科研获重要进展	方梦宇
科技日报	11.1	我国首次实现可扩展量子中继器的光学演示	吴长锋
人民日报	11.1	中日科学家研制出新型量子晶体管	孙　振
中国科学报	11.2	我国实现可扩展量子中继器光学演示	
中国科学报	11.2	我国实现可扩展量子中继器光学演示	
中国科学报	11.9	创新驱动量子信息科技发展	高雅丽
新华网	11.10	合肥国家科学中心筹建国际最先进低能区同步辐射光源	徐海涛

续表

媒体名称	时　间	文　章　标　题	作　者
中国科学报	11.30	中国科大动粒-微管连接纠错机制研究获进展	杨保国
新华网	11.30	中国科学家绘出 DNA 修复关键组分的高清结构	林小春
人民网	11.30	暗物质粒子探测卫星“悟空”获得世界上最精确的 TeV 电子宇宙射线能谱	姚雪青
新华网	11.30	暗物质研究取得重要进展！“悟空”卫星获得世界上最精确高能电子宇宙线能谱	王　莹
新华网	12.1	我国科学家首次在亚纳米尺度上描绘 DNA 修复关键蛋白	徐海涛
中国科学报	12.4	DNA 修复蛋白三维结构获亚纳米尺度解密	范　琼
科技日报	12.4	癌细胞“杀手”现真容	张　晔 吴长锋
中国新闻网	12.11	中国科大在小型化量子通信系统研制方面实现重要技术突破	吴　兰
中国科学报	12.13	小型化量子通信系统研制获进展	
科技日报	12.14	东南极发现最古老的企鹅聚居地	吴长锋
中国科学报	12.18	中国科大等在东南极发现最古老的企鹅聚居地	杨保国
人民日报	12.18	DNA 修复蛋白研究进入亚纳米时代　抗癌新药开发有了新思路	刘诗瑶
中国广播网	12.19	中国科大在东南极发现最古老的企鹅聚居地	刘　军 杨保国
科技日报	12.27	“墨子号”实现星地量子通信	

人才培养篇

媒体名称	时　间	文　章　标　题	作　者
中国教育在线	5.20	中国科学技术大学首届“墨子论坛”开幕	
中国广播网	5.22	中国科学技术大学首届“墨子论坛”开幕	徐　鹏
中国广播网	5.25	王永，下苦功在少年	央广网
新华网	6.13	50 中新区迎来科大教授天文学科普讲座	

续表

媒体名称	时　间	文　章　标　题	作　者
新华社	6.20	揭秘中国科大少年班(“解码中国科大”系列报道之一)	张旭东 王　敏 周　畅 胡　浩 杨玉华 梁　强 徐海涛 陈　诺
新华社	6.21	科大之问——“中国科大现象”启示录(上)(“解码中国科大”系列报道之二)	杨玉华 张旭东 王　敏 徐海涛 梁　强 陈　诺 胡　浩 周　畅
人民网	6.21	中科大校长毕业寄语:如何当好第一流大学的校友	
新华每日电讯	6.22	揭秘中国科大少年班	张旭东 王　敏 周　畅 胡　浩 杨玉华 梁　强 徐海涛 陈　诺
中国青年报	6.28	少年班	徐　昊
中国青年报	6.28	中国科大:守护创新火花　培养“极客”成“创客”	
科学网	9.2	中科大校长包信和:以梦为马　不负韶华	
中国科学报	9.8	中科大科技英才班:以创新实践培养拔尖人才	胡珉琦
新华网	11.23	中国科大为非遗传承人开设研修班	金　剑 汤　阳

校园文化篇

媒体名称	时　间	文　　章　　标　　题	作　者
人民网	2.22	“亲情中华”走进中国科大　皖风徽韵惹人醉	金　晨
新华网	4.6	中科大校园樱花绽放　春色烂漫游人如织	刘雪松
中国新闻网	5.22	中科大科技周展示“墨子号”量子卫星等高科技	韩苏原
新华网	6.28	这一天，我们毕业啦	杨晓原
中国新闻网	11.11	中科大双十一举办交友活动　数千名学子上演“美丽邂逅”	余　皓
人民网	11.13	合肥高新区“双创进高校院所”活动首站走进中科大	赵　越

科大学人篇

媒体名称	时　间	文　　章　　标　　题	作　者
中国新闻网	1.10	中国科大俞书宏三摘国家自然科学奖　详解“组装”神奇纳米	吴　兰
光明日报	1.16	一辈子都在寻找更好的超导材料	詹　媛
科技日报	1.16	赵忠贤：探寻超导世界“新高度”	李　艳
中国科学报	1.20	寿终德望在　身去音容存	
光明日报	2.10	科学家孙家栋、潘建伟当选“感动中国 2016 年度人物”	苏丽萍
科技日报	4.19	她让二氧化碳变身可用能源	吴长锋
CCTV 朝闻天下	5.2	领跑者·彭承志：与量子对话的人　志在深空	
中国科学报	5.9	龙冉：将兴趣沉淀为事业	沈春蕾
科技日报	5.15	我科学家获 APEC 创新、研究与教育科学奖	
中国科学报	5.24	朱彦武获 APEC 科学创新研究与教育奖	杨保国
新闻联播	5.31	默默奉献　共筑繁荣——江俊专访	
央广网	6.19	那年我高考：王永，下苦功在少年	
光明日报	6.23	陆朝阳获菲涅尔奖	李陈续
中国新闻网	6.23	中国科大陆朝阳教授获欧洲物理学会菲涅尔奖	吴　兰
中国经济网	6.23	陆朝阳获欧洲物理学会菲涅尔奖	佘惠敏
新华网	6.25	我国学者陆朝阳荣获欧洲物理学会菲涅尔奖	徐海涛

续表

媒体名称	时　间	文　章　标　题	作　者
科技日报	6.25	中国科大学者获欧洲物理学会菲涅尔奖	吴长锋
新华网	6.28	潘建伟:与量子纠缠的人生	喻　菲 徐海涛
中国科学报	6.28	中科大教授陆朝阳获菲涅尔奖	杨保国
中国网	6.28	潘建伟科研团队成功实现千公里级星地双向量子纠缠分发	
解放日报	7.4	专访菲涅尔奖最新得主陆朝阳:科研是美妙的	
中国广播网	7.4	中国科大陆朝阳教授获欧洲物理学会菲涅尔奖	刘　军
科技日报	8.7	量子世界有位年轻的“徐霞客”	张佳星
新华网	8.29	“量子追梦人”潘建伟:科研雄心在祖国“一飞冲天”	徐海涛 董瑞丰
中国教育报	9.4	二十九岁,登上“世界杰出女科学家”奖台	刘爱华
新华网	9.9	2017 未来科学大奖揭晓　潘建伟、施一公、许晨阳获奖	
中国网	9.10	2017 未来科学大奖名单公布　潘建伟、施一公、许晨阳获奖	符　琦
人民网	9.10	2017“未来科学大奖”百万美元得主揭晓　施一公、潘建伟、许晨阳获奖	
新华网	10.28	中科院院士郭光灿:学生多出一篇好文章,我就多活一年	汤　阳 水金辰
新华网	12.18	潘建伟入选《自然》2017 十大科学人物	张家伟
CCTV 新闻直播间	12.19	潘建伟入选《自然》十大科学人物	
新华网	12.19	《自然》发布 2017 十大科学人物　潘建伟入选	
科技日报	12.19	《自然》杂志评出 2017 年度十大科学人物　中国物理学家潘建伟入选	张梦然 操秀英
中国教育报	12.19	《自然》发布年度十大科学人物,中国科技大学潘建伟院士入选　“在中国,人们称他‘量子之父’”	方梦宇
新华每日电讯	12.20	潘建伟入选 2017 年《自然》十大科学人物	张家伟
中国科学报	12.20	潘建伟等入选《自然》年度十大人物	冯丽妃
中国青年报	12.20	潘建伟入选《自然》2017 十大科学人物　获称“量子之父”	邱晨辉
人民日报海外版	12.20	潘建伟入选《自然》年度科学人物	张家伟